601
SPANISH
VERBS

Lori Langer de Ramírez Ed.D.
with
Stephen Kehs M.A.T., Asela Laguna-Mourao M.A.Ed.,
Jim Sarris M.A., Sandy Williamson, M.A.T.

Berlitz Publishing

New York   Munich   Singapore

601 Spanish Verbs

Contacting the Editors
Every effort has been made to provide accurate information in this publication, but changes are inevitable. The publisher cannot be responsible for any resulting loss, inconvenience, or injury. We would appreciate it if readers would call our attention to any errors or outdated information by contacting Berlitz Publishing, 193 Morris Avenue, Springfield, NJ 07081, USA. email: comments@berlitzbooks.com

First Printing: March 2009
Printed in Canada

Publishing Director: Sheryl Olinsky Borg
Project Manager/Editor: Nela Navarro
Editorial: Nancy Kelly, Janeth Pataroyo, Alejandra Gritsipis
Production Manager: Elizabeth Gaynor
Cover Design: Claudia Petrilli
Interior Design/Art: Claudia Petrilli and Datagrafix, Inc.

Contents

Lori Langer de Ramírez, Ed.D.

Lori Langer de Ramírez holds a Master's Degree in Applied Linguistics and a Doctorate in Curriculum and Teaching from Teachers College, Columbia University. She is currently the Chairperson of the ESL and World Language Department for Herricks Public Schools in New Hyde Park, N.Y. Dr. Langer de Ramírez is the author of several Spanish-language books and texts and has contributed to many textbooks and written numerous articles about second language pedagogy and methodology. Her interactive website, www.miscositas.com, offers teachers over 40 virtual picturebooks and other curricular materials for teaching foreign languages.

Stephen Kehs, M.A.T.

Stephen Kehs has a B.A. in Spanish and an M.A.T. from the University of North Carolina at Chapel Hill. He is an upper school Spanish teacher at Saint John's School in Houston, Texas. Over the course of his career, he has taught Spanish I through IV, served as a student advisor, and lead several student trips to Spain.

Asela Laguna-Mourao, M.A.Ed.

Asela Laguna-Mourao has a B.A. in Latin American Studies from Rutgers University and an M.A.Ed. in Supervision from St. Peter's College. She has studied abroad at University of Salamanca, Spain and in Costa Rica. She has taught all levels of Spanish including heritage speakers and she is currently teaching middle and high school Spanish in the Dunellen, N.J. school district.

Jim Sarris, M.A.

Jim Sarris has B.A. in Education from the University of Massachusetts, Amherst and an M.A. in TESOL/Bilingual Ed. from Southern Connecticut State University. He has been teaching all levels of Spanish (from beginner to AP) for 15 years and is currently at Horace Greeley High School in Chappaqua, N.Y. He has also published various books on enhancing memory skills as well as Spanish language learning books.

Sandy Williamson, M.A.T.

Sandy Williamson received her B.A. and M.A.T. from Duke University and has taught Spanish in North Carolina schools since 1974, from levels I through AP. She was a Fulbright Teaching Fellow in Argentina and a Carnegie Mellon Fellow at the University of North Carolina at Chapel Hill. She has traveled extensively with her students throughout the Hispanic world. She has presented at state and national conferences and has been an AP reader since 1996. She is currently teaching at East Chapel Hill High School in Chapel Hill, North Carolina.

Reviewers

Berlitz Publishing is grateful for the valuable comments and suggestions made by the team of teacher and student reviewers during the stages of development. Their contributions, expertise, experience and passion for the Spanish language are clearly reflected in this important project.

¡*Mil gracias*!

Teachers

María Bazarra, Science Park High School, Newark, New Jersey

Ana Medina Burgess, Great Falls Language Academy, Great Falls, Virginia

Ximena Mieles, Fordham University, Bronx, New York

Catalina Nacher, Edgemont High School, Scarsdale, New York

Susan Quintyne, Herricks High School, Herricks, New York

Marta Cabrera-Serrano, Rutgers University-Newark, Newark, New Jersey

Rebecca Spring, North Carolina State University, Raleigh, North Carolina

Danielle Zieser, Glen Ridge High School, Glen Ridge, New Jersey

José Borreguero, Kean University, Union, New Jersey

Nancy Kelly, Chapel Hill-Carrboro City Schools, Chapel Hill, North Carolina

Students

Gerren Crosson, St. John's School, Houston, Texas

Yasmine Kulesza, St. Thomas University, Miami, Florida

Rebecca Lange, East Chapel Hill High School, Chapel Hill, North Carolina

Cody Rapp, St. John's School, Houston, Texas

Ana Rivera Mosquera, Rutgers University-Newark, Newark, New Jersey

Nicole Roscigno, East Chapel Hill High School, Chapel Hill, North Carolina

Yannek Smith, Rutgers University-Newark, Newark, New Jersey

Damian Williams, State University of New York at Albany, Albany, New York

Dear Students,

As with everything in life, if you want to become good at something, you have to practice. Learning Spanish is the same: it is crucial to your growth as budding Spanish speakers that you practice the language in many different contexts. For example:

- *watching Spanish language television*
- *listening to Spanish language radio broadcasts and podcasts*
- *reading Spanish language books, stories, and newspaper magazine articles*
- *and, most importantly: engaging native speakers of Spanish in conversation*

These are all critical ways to expose yourself to the structures and vocabulary of Spanish. Along with this authentic practice is the need for precision – and this is where 601 Spanish Verbs can help you to improve your fluency. When you are through producing a story, an essay, a blog entry or an email in Spanish, consult 601 Spanish Verbs to ensure that your message is being communicated correctly. A good understanding of the verb tenses, their conjugations and their structures will enable you to express yourself freely and correctly. And take some time to work through the activities at the end of 601 Spanish Verbs. They are aimed at assessing your understanding of the use of verbs in real-life contexts such as conversations and short stories.

It is our hope that 601 Spanish Verbs will become an invaluable source of information for you during your years on the road to Spanish fluency.

It is also our hope that your road will be paved with the joy of learning and the wonder of communicating in a new language. ¡Buena suerte!

- Dr. Lori Langer de Ramírez

Dear Teachers,

It is so exhilarating to watch our students grow and thrive in their study of the Spanish language. We watch in awe as they master subject-verb agreement and we smile with delight when they finally grasp the subjunctive mood! But there are also trying times on the road to Spanish proficiency. Understanding the many different tenses and conjugations in Spanish can prove challenging to many students. This is where 601 Spanish Verbs can serve as an important source of support and encouragement for our students.

601 Spanish Verbs is an essential book for your students and you to use as a reference at home, in the classroom or library. We all recall times when a student wants to say or write something in Spanish, but just doesn't have the verb paradigm mastered quite yet. While communication can certainly take place without this precision of language, it is less likely to be successful and can often frustrate students. By having 601 Spanish Verbs handy when students are working in the language, teachers can help scaffold the language that students have already acquired. Students can check their work using the book as well as use it for reference as they create essays, blog entries, original creative writing pieces and other writing or oral productions in the Spanish classroom.

601 Spanish Verbs can help students to feel secure in the language while also providing valuable information and practice that can lead to more advanced proficiency in the language. We all know that a secure student is a student who is open to learning more. It is our hope that 601 Verbs serves as an important support for students as they continue on their road to Spanish proficiency. ¡Buena suerte!

- Dr. Lori Langer de Ramírez

Welcome to *601 Spanish Verbs*! This is *the* verb reference book for today's student. This book was created to help you learn the Spanish verb system, not for the sake of studying about Spanish verbs, but so that you can communicate and enjoy speaking Spanish! *601 Spanish Verbs* will help make studying easier and also provide you with opportunities to improve, practice and even have fun *en español*.

Learn to make the most of this book by becoming familiar with the contents. Go back to the Table of Contents (TOC) on Page 3. The TOC will help you navigate and locate the following sections in this book.

About the Authors/Reviewers
You will notice that *601 Spanish Verbs* is written by a team of experienced teachers committed to helping you learn Spanish. The book was reviewed by another team of equally experienced teachers and engaged students from various schools and universities.

Letter to the Student/Letter to the Teacher
Dr. Lori Langer de Ramírez, one of the book's main authors, shares tips to help you practice Spanish in different contexts. Dr. Langer de Ramírez also tells you how *601 Spanish Verbs* will help you improve your overall fluency in Spanish, whether you are writing an essay, a blog, an email, a text-message or prepping for an exam.

Verb Guide
The Verb Guide is a brief, clear, student-friendly overview of all the important parts of the Spanish verb system. The Verb Guide also provides you with practical tips on how to place accents correctly to enhance your writing skills. It also provides useful memory tips to help you understand how important verbs, such as *ser* and *estar*, are used.

Alphabetical Listing of 601 Verbs
601 Spanish Verbs provides an alphabetical listing of 601 of the most commonly-used Spanish verbs in academic, professional and social contexts. Each verb page provides an English translation of the Spanish verb. The verb conjugations have endings that are highlighted for easy reference, which makes learning the conjugations of the different tenses much easier! We have identified 75 of the most useful and common Spanish verbs. These *75 Must Know Verbs* are featured with a blue background for easy reference. In addition author Jim Sarris, who is a memory expert, wrote tips to help you remember key verbs. These verbs are also marked for easy reference.

Verb Activity Pages/Answer Key for Activities
These activity pages provide you with a variety of accessible and practical exercises that help you practice both the conjugation and usage of verbs. There is an answer key on page 686 so that you can check your own answers.

Must Know Verb List
You will find a list of Must Know Verbs. These verbs are 75 of the most useful and common Spanish verbs. Remember, these verbs are marked for easy reference in the body of the book. Note: sometimes Must Know Verbs have memory tips, and in this case the page is only marked with the memory tip design.

Tech Verb List
Here you will find a list of verbs commonly used with technology. Now you can send email, download a podcast, open documents and use search engines in Spanish!

Text Messaging in Spanish Guide
Time to have fun in Spanish! Use this text-messaging guide to text *en español*. You can also use this text-messaging guide when writing emails or when communicating in social networking sites.

Test Prep Guide
The Test Prep Guide offers a quick bulleted list of helpful strategies for test prep for Spanish and for your other classes. These tips will help you before, during and after the exam. *¡Buena suerte!*

Index of Over 2500 Spanish Verbs Conjugated Like Model Verbs
At the beginning of the index you will find a list of model verbs. We have included these verbs since most other Spanish verbs are conjugated like one of these model forms. We suggest that you study these model verbs; once you know these conjugations you will be able to conjugate most any verb!

The index provides an additional 2500 verbs used in Spanish. Each verb includes an English translation. The English translation is followed by a number, for example: *abalanzar*, to balance, 67. The number 67 refers to the page where you will find the conjugation of the verb *colgar*. The verb abalanzar is conjugated like the model verb *colgar*.

Essential Phrases for Ipod®
Use your iPod to communicate instantly in Spanish! The free software that accompanies 601 Spanish Verbs gives you access to hundreds of words, phrases and useful expressions. See page 734 for more information.

Verb Guide Table of Contents

Introduction

The purpose of this book is to help you understand and successfully navigate the Spanish verb system. There are three broad concepts that you need to understand to help you do this, and they are the following:

- What is meant by "conjugating" a verb
- What is meant by "tense" and how the Spanish verb tenses work
- What is meant by "mood" and how the indicative, subjunctive, and imperative moods are used in Spanish

In this introduction you will learn about these three concepts and you will see that what appears to be a dauntingly complicated system is really quite simple once you understand the key, which is the use of patterns. Armed with your knowledge of patterns in the Spanish verb system, you will be able to use this book to help you communicate well in Spanish.

List of tenses

English/English explanation	Spanish/Spanish example using "hablar"
present indicative (what you do or are doing)	presente de indicativo (*hablo*)
imperfect indicative(what you used to do/ were doing)	imperfecto de indicativo (*hablaba*)
preterite (what you did)	pretérito (*hablé*)
future (what you will do)	futuro (*hablaré*)
conditional (what you would do)	condicional simple (*hablaría*)
present perfect (what you have done)	perfecto de indicativo (*he hablado*)
past perfect (what you had done)	pluscuamperfecto de indicativo (*había hablado*)
pretéterito anterior	pretérito anterior (*hube hablado*)
future perfect (what you will have done)	futuro perfecto (*habré hablado*)
conditional perfect (what you would have done)	condicional compuesto (*habría hablado*)
present subjunctive*	presente de subjuntivo (*hable*)
imperfect subjunctive*	imperfecto de subjuntivo (*hablara*)
present perfect subjunctive*	perfecto de subjuntivo (*haya hablado*)
past perfect subjunctive*	pluscuamperfecto de subjuntivo (*hubiera hablado*)

*Translation of these tenses will vary with the context. See examples in sections on the uses of the subjunctive mood.

What is conjugation?

Let's start by thinking about what you know about verbs in general. You know that they are sometimes called "action words" and that no sentence is complete without a verb. In English, verbs almost always have a subject or word that does the action of the verb. Without the subject, the sentence seems incomplete. What you will find about Spanish verbs that makes them special is that each verb form gives you more information than its English counterpart. While an English verb form communicates only the action, a Spanish verb form also tells who does the action and when it takes place.

The infinitive

In Spanish, the basic form of a verb that you will see when you look in the dictionary is called an infinitive. This form has no subject because it is unconjugated, but it carries the basic meaning of the verb, the action. In Spanish all infinitives end in "-ar," "-er," or "-ir," and each one of these endings indicates how you will conjugate or change the verb to make it agree with a subject. While there are times when you will leave the verb in the infinitive form, most of the time you will need to change the infinitive ending to agree with a subject and to show a tense. Once you learn the basic pattern that all Spanish verbs follow for conjugation, you will see that changing a subject or a tense is very simple. Even irregular verbs will follow this simple pattern.

When can you leave a verb in the infinitive, or unconjugated, form?

- An infinitive may act like an English gerund. A gerund is a verb form that is used as a noun. In the English sentence "*Running* is good for your health", the subject of the sentence is the gerund "running." In Spanish, however, you use an infinitive to express the same idea: "*Correr* es bueno para la salud."
- An infinitive is frequently used as a complement to a conjugated verb. A complement is a second verb form that completes the meaning of the first verb, as in these examples:

Quiero *practicar* español.	I want *to practice* Spanish.
Tengo que *ir* a la tienda.	I have *to go* to the store.
Voy a *estudiar* mañana.	I am going *to study* tomorrow.

- An infinitive is often used after a preposition in Spanish, where a gerund might be used in English:

antes de *comer*	before *eating*
después de *llegar*	after *arriving*
al *entrar*	upon *entering*

How do I conjugate a verb so that I can use it in a sentence?

In order to master the conjugation pattern that all Spanish verbs follow, you just need to learn the basic format. Here is a simple chart to help you visualize the pattern:

singular forms   **plural forms**

1st person = the one speaking/acting	1st person = the ones speaking/acting
2nd person = the one spoken to	2nd person = the ones spoken to
3rd person = the one spoken about	3rd person = the ones spoken about

In any tense, Spanish verbs always have six forms, and they always follow this pattern. Which form you need to use depends on who or what the subject of the verb is, no matter what tense you are using. You can always use this pattern to help you understand and use verbs in Spanish. It will never change, no matter what the verb or the tense.

Subject pronouns

The first thing you need to learn is the pattern for personal (or subject) pronouns in Spanish, which are the same for all verb conjugations.

1st person singular = yo (I)	1st person plural = nosotros, nosotras (we)
2nd person singular = tú (you, informal)	2nd person plural = vosotros, vosotras (you plural, informal)
3rd person singular = él, ella, usted (he, she, you formal)	3rd person plural = ellos, ellas, ustedes (they, masculine/they, feminine/you plural, formal)

Notice that while in English there is only one way to say "you," in Spanish there are four variations. That is because in Spanish there is a social distinction between the two ways to address others, depending on how well you know someone. Second person subject pronouns and verb forms are used to indicate familiarity, and third person forms indicate a social distance and are therefore more formal.

In all Spanish-speaking countries, you use the "tú" form of the verb when you are addressing someone with whom you are on a first-name basis, like a friend or family member, especially someone younger. An exception would be when you address an older family member to whom you wish to show respect, like a grandparent. The "usted" form is used with strangers, people you know but with whom you have a more formal relationship, or with older people who deserve your respect, like your teacher. In Spain, this same distinction is made in the plural verb forms, but "vosotros" is not used in other countries. In all other countries, the "ustedes" verb form is used for all plural expressions of "you." In this book, "you" will be used to indicate a singular form ("tú" or "usted"), and "you all" will be used to indicate a plural form ("vosotros" or "ustedes").

In some countries in Central and South America, there is an alternate form for the second person singular, or familiar "you" form, which is the "vos" form. It requires slightly different verb forms, but anyone in the countries where "vos" is commonly used will understand you if you use the "tú" form, so it is really not necessary to learn it. If you spent some time in a country where "vos" is common, you would easily learn the correct usage.

You will also notice that the plural forms of personal pronouns in Spanish (nosotros/nosotras, vosotros/vosotras, ellos/ellas) can generally be masculine or feminine, another concept that is different from English. In Spanish, all nouns have gender and number, and so do these personal pronouns. You will see that the ending "-os" will be used to designate a group of masculine persons or things or a mixed gender group, while the ending "-as" designates a group of feminine persons or things.

The last big difference about personal pronouns used with verbs in Spanish is that you can often omit them, unlike in English. This is because the endings in different verb conjugations will generally tell you who the subject is. Examples will be given later to show you how all these concepts work.

What is meant by "tense" in Spanish?

In any language, the verb's tense indicates the time frame for the action of the verb. In fact, in Spanish the word for "tense" (tiempo) is also the word for "time." So, if you want to talk about what is going on now, you will choose the present tense. If you want to talk about what happened yesterday or last year, you will choose one of the two simple past tenses. If you want to talk about your life in twenty years, you will choose the future tense, and so on. This is the same in Spanish as it is in English. What is different about Spanish is that the verb endings you will learn for each tense convey more information than those in English. They will tell you not only what time period is being referred to, but also who or what the subject of the verb is.

Verb Guide

The Present Indicative Tense (el presente de indicativo)

Let's start with the present tense, which can be used to talk about current action or routine action. Verbs whose infinitives end in "-ar" are called first conjugation verbs and are the most common type of verb in Spanish. All "-ar" verbs are conjugated the same way, unless they are irregular. A regular verb is simply one that follows the rules for conjugation, and an irregular verb does not follow those rules. Once you learn the pattern for each conjugation, you can apply it to any regular verb in that category. If a verb is irregular, you will use the same basic pattern, but you will have to memorize the irregular forms.

In order to conjugate a regular verb, you start with the infinitive stem, which is the infinitive minus the "-ar,' "-er," or "-ir." So, for the verb "hablar" (to speak or talk), you remove the "-ar" and get the infinitive stem "habl-." Then you simply add the present tense for "-ar "verbs, which are given below:

-o	-amos
-as	-áis
-a	-an

These endings correspond to the chart of personal pronouns given previously and automatically tell you who the subject is. For example, if a verb ends in "-o," you know right away that the subject is "yo" (I) and that you are using the present tense. If it ends in "-as," the subject can only be "tú" (the informal, singular "you"). Let's look at an example to see how this works. A common regular "-ar" verb in Spanish is "hablar." Here is the chart for the present tense conjugation of this verb:

yo hablo = I speak	nosotros hablamos = we speak
tú hablas = you speak	vosotros habláis = you all speak
él, ella, usted habla = he speaks, she speaks, you speak	ellos, ellas, ustedes hablan = they speak, you all speak

The translation of the present tense in Spanish is pretty flexible. For example, "yo hablo" may mean "I speak, I do speak, or I am speaking," depending on the context. As we saw before, since each verb form in Spanish is directly related to a specific subject, it is perfectly normal to drop the personal pronoun and use only the verb. Consider the following brief interchange:

¿Hablas español? = Do you speak Spanish?
Sí, hablo un poco de español. = Yes, I speak a little Spanish.

Anyone who heard this conversation would know right away who was speaking, simply by the endings used. Only "yo" can be the subject of "hablo," and only "tú" can be the subject of "hablas," so the subject pronouns are not necessary, except for emphasis. This is true for the first and second person plural forms, as well. Third person forms are a bit different, since there is more than one possible subject for this form. Hence, unless you have already made it clear whom you are talking about, it is more likely that a subject will be used with these forms (either a noun or a pronoun). For example, if you hear someone say "*Habla español muy bien*," you have no clue who speaks Spanish well unless the speaker has already mentioned him or her. If the speaker has previously said "*Mi hermano Pablo vive en México*," (My brother Pablo lives in Mexico), then you can assume that the subject of "*Habla español muy bien.*" is "he," even though it is not directly stated.

Second conjugation verbs are those whose infinitives end in "-er," and their present tense endings are slightly different than those of "-ar" verbs. Here is the chart for these verbs:

-o	-emos
-es	-éis
-e	-en

Here is the present tense conjugation the for verb "comer," to eat.

yo como = I eat	nosotros comemos = we eat
tú comes = you eat	vosotros coméis = you all eat
él, ella, usted come = he eats, she eats, you eat	ellos, ellas, ustedes comen = they eat, you all eat

What you notice right away is that these endings use the vowel "e" where "-ar" verbs use the vowel "a." First person, or the "yo" form, is the same for all regular verbs in the present tense, since they all end in "-o."

Third conjugation verbs are those whose infinitives end in "-ir," and the chart for their present tense endings is below:

-o	-imos
-es	-ís
-e	-en

Some of these endings are the same as those used for "-er" verbs, so that means you only have to learn two different endings, those for "nosotros" and "vosotros." Those two endings will always let you know whether the verb is a second or third conjugation verb.

Here is the present tense conjugation of the verb "vivir," to live.

yo vivo = I live	nosotros vivimos = we live
tú vives = you live	vosotros vivís* = you all live
él, ella, usted vive = he lives, she lives, you live	ellos, ellas, ustedes viven = they live, you all live

Notice that for the present tense, only the ending for "vosotros" needs an accent mark to let you know how to pronounce the verb. It's quite easy to remember where to place the accent mark: on the "a" of "-ar" verbs ("-áis"), on the "e" of "-er" verbs ("-éis"), and on the "i" of "-ir" verbs ("-ís"). In the present tense, unaccented verbs are always stressed on the next to the last syllable.

The idea of action that began in the past but continues into the present may also be expressed using several special constructions in the present tense, such as the following:

Hace dos años que vivimos aquí.

Vivimos aquí desde hace dos años.

Llevamos dos años viviendo aquí.

Once you know the present tense endings, all you need to do to switch to a different tense is change the endings. For most tenses you add these endings to the infinitive stem (the infinitive minus the "-ar," "-er," or "-ir.") For some tenses you add the endings directly to the infinitive, as you will see.

Stem changes in the present tense

There is a special group of verbs in Spanish that are called stem-changing verbs. This means that the infinitive stem of the verb has a change in the last vowel in the stem before the present tense endings are added. A stem-changing verb may be from any of the three conjugations (-ar,-er, or -r). The changes occur only in the forms in which the stem is stressed when the verb is pronounced, which includes all forms except for first and second person plural. These verbs are sometimes called "boot" or "shoe" verbs, because the pattern in which the stem changes forms the shape of a boot or shoe. (See chart on next page.) There are three types of change possible: the final vowel in the verb's stem may change from e to ie, from o to ue, or from e to i. (Only in one case does a verb's stem change from u to ue, in the verb "jugar.")

An example of the first of these changes (e→ie), which is the most common of the three possibilities, is the verb "cerrar" (to close.) The infinitive stem is "cerr-". Before conjugating the verb, you will change the e to ie, making the new stem "cierr-." The chart of the present tense conjugation of cerrar is below:

cierro* = I close	cerramos = we close
cierras* = you close	cerráis = you all close
cierra* = he closes, she closes, you close	cierran* = they close, you all close

*Notice that the highlighted forms form a boot. This is the pattern for all stem-changing verbs in the present tense. Notice also that the regular endings for –ar verbs have not changed.

An example of group two stem-changing verbs (o→ue) is the verb "dormir" (to sleep). After the stem-change is made, the infinitive stem changes from "dorm-" to "duerm-" and the regular endings for third conjugation verbs are used.

duermo* = I sleep	dormimos = we sleep
duermes* = you sleep	dormís = you all sleep
duerme* = he sleeps, she sleeps, you sleep	duermen* = they sleep, you all sleep

The third group of stem changes (e→i) may be seen in the verb "repetir" (to repeat). The infinitive stem is "repet-," which changes to "repit-" before being conjugated. This type of stem change occurs only with some of the "-ir" stem-changing verbs.

repito* = I repeat	repetimos = we repeat
repites* = you repeat	repetís = you all repeat
repite* = he repeats, she repeats, you repeat	repiten* = they repeat, you all repeat

When you first learn a new verb, you will know that it is stem-changing when you see the stem change indicated in parentheses after the infinitive. An example is the verb "entender" (ie), to understand. The "ie" lets you know what change to make in the verb's stem before adding present tense endings.

Reflexive verbs in the present tense

Verbs whose subjects and objects are the same are called reflexive verbs, and in order to conjugate these verbs you must add a reflexive pronoun that agrees with the subject pronoun. An example of this in English is seen in the constructions "I hurt myself" and "He saw himself in the mirror."

Below is a chart with all the reflexive pronouns:

me (myself)	nos (ourselves)
te (yourself)	os (yourselves)
se (himself, herself, yourself)*	se (themselves, yourselves)*

*Note that there is only one reflexive pronoun for third person verb forms, whether the verb is singular or plural.

You can see that the reflexive pronouns correspond to the subject pronouns and follow the same pattern. If the subject of a reflexive verb is "yo," then the reflexive pronoun for that verb form must be "me." An example of a common reflexive verb is "bañarse," to bathe/take a bath.

(yo) me baño = I take a bath (I bathe myself)	(nosotros) nos bañamos = we take a bath (we bathe ourselves)
(tú) te bañas = you take a bath (you bathe yourself)	(vosotros) os bañáis = you all take a bath (you all bathe yourselves)
(él, ella, usted) se baña = he takes a bath, she takes a bath, you take a bath (he bathes himself, she bathes herself, you bathe yourself)	(ellos, ellas, ustedes) se bañan = they take a bath, you all take a bath (they bathe themselves, you all bathe yourselves)

*Notice that the appropriate reflexive pronoun will be placed before the conjugated verb form. In the infinitive form of a reflexive verb, the pronoun is often attached to the end, as in the sentence: "*Voy a bañarme.*" (I am going to take a bath/bathe myself.)

In English the reflexive construction is relatively uncommon, but in Spanish it is extremely common. While in English we are more likely to use a possessive adjective (as in the expression "I am washing my hands."), in Spanish that same construction will be reflexive, without the possessive adjective ("*Yo me lavo las manos.*") The use of the reflexive pronoun makes the possessive adjective redundant and unnecessary in Spanish.

Almost any verb may be reflexive in Spanish, under certain conditions. You can recognize a reflexive verb because the infinitive of the verb will have the reflexive pronoun "se" attached to the end, as in "llamarse." The verb "llamar" means to call, but when it is reflexive, it means to call oneself, as in the expression "*¿Cómo te llamas?*" or What is your name? (Literally, this expression means "What do you call yourself?") When you want to say "My name is," you can use this verb and say "*Me llamo. . .*"

There are several reasons why a verb may be reflexive:

- To create a truly reflexive construction, in which the subject and the object are the same:

  Ella se cepilla los dientes.   She is brushing her teeth.

- To distinguish between two verbs with different meanings:

  Mi hija duerme mucho.   My daughter sleeps a lot.
  Mi hija se duerme a las siete.   My daughter falls asleep at seven.

- To express reciprocal action when the subject is plural:

  Los dos amigos se hablan mucho.   The two friends talk to each other a lot.

- To express an impersonal situation in the third person:

  ¿Cómo se dice eso?   How do you say that?
  ¿Cómo se escribe tu nombre?   How do you spell your name?

Irregular forms in the present tense

There are some verbs that are completely irregular in the present tense, and you simply have to memorize their conjugations. Fortunately, most are very common verbs which you will use so frequently that it doesn't take long to remember them. An example of this type of verb is the verb "ir," which means "to go."

yo voy = I go	nosotros vamos = we go
tú vas = you go	vosotros vais* = you all go
él, ella, usted va = he goes, she goes, you go	ellos, ellas, ustedes van = they go, you all go

Notice that the vosotros form, which normally carries an accent mark, has no accent here because it is only one syllable.

There are many verbs in the present tense that are regular in all forms except the "yo" form. For these verbs, you must memorize the irregular "yo" form, but this is easier when you see the patterns involved. For example, there is a group of verbs with an irregular "yo" form that ends in "-go," so we can call them the "go" verbs and know that they all work the same way. Some examples are given below:

Infinitive:	Irregular "yo" form:
hacer (to make or do)	*hago*
poner (to put or place)	*pongo*
tener (*ie*)* (to have)	*tengo*
venir (*ie*)* (to come)	*vengo*
caer (to fall)	*caigo*
traer (to bring)	*traigo*
oír (to hear)	*oigo*
decir (*i*)* (to say or tell)	*digo*

*These verbs are also stem-changing in the present tense. They will follow the "boot" pattern, with the exception of the "yo" form, which is irregular.

As you will see, sometimes a verb may be irregular and stem-changing, irregular and reflexive, or reflexive and stem-changing. What you can count on is that the patterns you have learned here will still apply. For example, consider the verb "acostarse" (to lie down/go to bed). It is a group two stem-changing verb (o→ue), and it is also reflexive. This means that when you conjugate this verb in the present tense, you must add the reflexive pronouns, and you must also change the stem before adding the regular present tense endings for an "-ar" verb.

me acuesto = I lie down	nos acostamos = we lie down
te acuestas = you lie down	os acostáis = you all lie down
se acuesta = he lies down, she lies down, you lie down	se acuestan = they lie down, you all lie down

Other common irregularities in the present tense "yo" form include the following:

- Verbs that end in "-cer" and "-cir" generally add a "z" in the "yo" form, as in the verb "conocer" (to know or be familiar with). The "yo" form of conocer is "conozco."
- Verbs that end in "-ger" and "-gir" generally change the "g" to a "j" in the "yo" form , as in the verb escoger (to choose). The "yo" form of "escoger" is "escojo."

- Verbs that end in "-uir" generally add a "y" to the "yo" form, as in the verb construir (to build). The "yo" form of "construir" is "construyo."
- Some verbs follow no pattern and simply must be memorized, like the verb "saber" (to know information). The "yo" form of saber is "sé."

Note that if a verb has an irregular "yo" form, that does not mean that the rest of the verb is irregular. Generally, the rest of the forms follow the normal pattern, but if they do not, you will need to memorize them. An example of this is the verb "oír" (to hear). Not only does it have an irregular "yo" form; it also has other irregular forms that facilitate pronunciation. Here is the chart for this verb in the present tense:

oigo = I hear	oímos* = we hear
oyes = you hear	oís* = you all hear
oye = he hears, she hears, you hear	oyen = they hear, you all hear

The only forms of this verb that are regular in the present tense are those for "nosotros" and "vosotros." Notice that there is an additional accent mark in the "nosotros" form, which separates the weak vowel "i" from the strong vowel "o." This combination of weak and strong vowels that form a single syllable is called a diphthong, and in order to stress the weak vowel in a verb form, you must accent it.

*All these irregularities are included in the verb charts that follow this introduction.

The irregular verbs ser and estar

There are two very important verbs that are irregular in the present tense that often confuse students, because they seem to mean the same thing. In English, each one is translated "to be." However, once you understand the uses of these two verbs in Spanish, you should be able to keep them straight. Here are the charts for the present tense of these two verbs:

SER

soy = I am	somos = we are
eres = you are	sois = you all are
es = he is, she is, you are	son = they, you all are

ESTAR

estoy = I am	estamos = we are
*estás = you are	*estáis = you all are
*está = he is, she is, you are	*están = they, you all are

Notice the accent marks on these forms. In Spanish, all words that end in a vowel or the letters "n" or "s" receive the spoken stress on the next-to-last syllable. This is the normal stress pattern for the present tense. However, when a word in this category is NOT pronounced that way, then you always need to add an accent mark to indicate which syllable is strongest.

Uses of ser and estar

The basic difference between these two verbs is that "ser" identifies and describes people and things, while "estar" is used to refer to changeable conditions. For example, "ser" is used to name things, including things that seem to be changeable, like time of day or the date. For example, if you ask in Spanish ¿Qué hora es? (What time is it?) and your answer is Son las dos. (It's two o'clock), you are naming a specific moment, even though that moment is about to change. When you ask ¿Cuál es la fecha? (What is the date?) or ¿Qué día es? (What day is it?), even though that date or day will change very soon, you are still identifying a particular moment in time.

"Ser" is used to name the general categories that identify people and things, such as profession, race, religion, political affiliation, relationships, etc., as in these examples:

Mi padre es profesor.	My dad is a teacher.
Mucha gente en España es católica.	Lots of people in Spain are Catholic.

The verb "ser" also describes relationships, whether they are permanent or not:

Él es mi hermano.	He is my brother. (an unchanging relationship)
Él es mi novio.	He is my boyfriend. (subject to change!)

In both of these examples, you are identifying a relationship between two people. At the time of speaking, that is the identity of the person, even though it could change later. Other examples are the following:

¿De quién es el libro? Es de Pablo.	Whose book is it? It's Pablo's. (the relationship between a person and a possession)

¿De dónde es ella? Es de Argentina.	Where is she from? She's from Argentina. (the relationship between a person and her origin)

If you want to describe instrinsic qualitites of people or things, you use "ser," as in the following sentences:

Mi hermano es alto y guapo.	My brother is tall and handsome.
La clase es difícil, pero es interesante.	The class is hard, but it's interesting.

The easiest way to remember the difference between "ser" and "estar" is to learn the three things that "estar" can do. Then you know that all other times when you need the verb "to be" in Spanish, you will use "ser." Here is a list of the three things that the verb "estar" can do in Spanish:

- Location of all concrete objects (people, places, and things, even permanent things like countries or buildings)*

¿Dónde está la pelota?	Where is the ball?
¿Dónde está el maestro?	Where is the teacher?
¿Dónde está el Museo del Prado?	Where is the Prado Museum?

  *"Ser" is used to give the location of events. In this case it be translated "to take place."

¿Dónde es el partido?	Where is the game (taking place)?

- Changeable conditions, like your health, your feelings, the weather, etc.

¿Cómo estás?	How are you feeling?
Mi amiga está triste hoy.	My friend is sad today.
Está muy nublado hoy.	It's really cloudy today.

- Progressive action, which by definition is changing and unstable

Mis amigos están practicando español ahora.	My friends are practicing Spanish now.

Some teachers give students mnemonic devices to help them remember some of the most common uses of "ser" and "estar". On the next page are two acronyms that many teachers use:

SER

Description	*Su coche es verde.*
Origin	*Mis abuelos son de Panamá.*
Characteristics	*Carlos es alto y delgado.*
Time/date	*Son las dos de la tarde./Es el once de mayo.*
Occupation	*Mi tío es carpintero.*
Race, religion, relationship*	*Ana y Pedro son hermanos.*

*These are all categories that help identify a person.

ESTAR

Position	*Mi libro está en la mesa.*
Location of all concrete objects*	*El Museo del Prado está en Madrid.*
Action	*Estoy estudiando para el examen.*
Conditions	*Están cansados.*
Emotion	*¿Estás triste?*

* Remember that ser is used for the location of events.

If you understand the overall concept of "ser" versus "estar," then as you learn more rules, they will make sense. For example, there is a series of adjectives in Spanish whose definitions change in English when you change the verb from "ser" to "estar." This makes perfect sense if you remember that "ser" describes qualities and characteristics, while "estar" describes changeable conditions. Here are some examples:

El muchacho está aburrido.	The boy is bored. (He isn't always bored!)
El muchacho es aburrido.	The boy is boring. (He is always dull.)
Ella está alegre ahora.	She's happy now. (This could change!)
Ella es una chica alegre.	She's a cheerful, happy person. (This is the way she is.)

Expressing Past Actions: The Preterite Tense (el pretérito)

In Spanish there are two simple past tenses, the preterite and the imperfect. Each has different uses, so you will need to learn them both. The preterite tense describes completed actions in the past, while the imperfect tense expresses repeated actions, ongoing actions, or conditions in the past. (A chart and examples explaining the different uses of these two tenses follows the section on the formation of both tenses.)

The Preterite Tense (el pretérito)

To talk about completed actions in the past you will use the preterite tense. There are only two sets of endings for regular verbs in this tense, one set for "-ar" verbs and another for "-er" and "-ir" verbs. Here are the "-ar" endings, which you add to the infinitive stem:

Preterite endings for regular "-ar" verbs:

-é	-amos
-aste	-asteis
-ó	-aron

The chart for the preterite of the verb "hablar" is given below:

hablé* = I spoke	hablamos = we spoke
hablaste = you spoke	hablasteis = you all spoke
habló* = he, she, you spoke	hablaron = they, you all spoke

You can see that the first and third person singular endings for this tense have accent marks to indicate that the spoken stress is on the last syllable. These accent marks also help you differentiate these forms from similar forms in the present tense. Hence, "hablo" means "I do speak," and "habló" means "he, she, or you did speak." The accent mark changes both the subject and the time frame of the action.

Regular "-er" and "-ir" verbs share a single set of endings:

-í	-imos
-iste	-isteis
-ió*	-ieron

Notice that the accent mark is on the "-o," not the "-i."

Verb Guide

The chart for the "-er" verb "comer" in the preterite is given below:

comí = I ate	comimos = we ate
comiste = you ate	comisteis = you all ate
comió = he, she, you ate	comieron = they, you all ate

Here is the chart for the "-ir" verb "vivir" in the preterite:

viví = I lived	vivimos = we lived
viviste = you lived	vivisteis = you all lived
vivió = he, she, you lived	vivieron = they, you all lived

Spelling changes in the preterite tense

There is a group of verbs whose "yo" form in the preterite has a spelling change, usually to maintain the sound of the consonant preceding the infinitive ending. There are three types of verbs in this group: verbs whose infinitives end in "-car," verbs whose infinitives end in "-gar," and verbs whose infinitives end in "-zar." Here is the pattern these verbs follow:

- Verbs that end in "-car" change the "c" to "qu" before adding the "yo" form ending. The verb "buscar" (to look for) becomes "busqué" in this form.
- Verbs that end in "-gar" change the "g" to "gu" before adding the "yo" form ending. The verb llegar (to arrive) becomes "llegué" in this form.
- Verbs that end in "-zar" change the "z" to "c" before adding the "yo" form ending. The verb "empezar" (to begin) becomes "empecé" in this form.
- Note that these changes occur ONLY in the "yo" form. All other forms are conjugated normally for "-ar" verbs in the preterite.

Here is the chart for the verb "jugar" (to play):

jugué = I played	jugamos = we played
jugaste = you played	jugasteis = you all played
jugó = he, she, you played	jugaron = they, you all played

There is one other group of verbs that have a spelling change in the preterite. These are "-er" and "-ir" verbs whose stems end in a vowel. For these verbs, in the third person singular and plural forms, the "-i" of the preterite endings changes to a "-y" to facilitate pronunciation. Here is a chart to show you this pattern:

leí = I read	leímos* = we read
leíste* = you read	leísteis* = you all read
leyó = he, she, you read	leyeron = they, you all read

Notice that in addition to the accent marks on the first and third person singular endings, you also need accent marks on the other forms to separate the diphthong. This is the case for most other verbs in this category, such as caer, creer, oír, etc.

Stem changes in the preterite

The pattern for stem changes in the preterite is different from the present tense, or boot, pattern. Here is a chart to help you see the difference:

Present tense stem changes:	Preterite tense stem changes:
-may occur in any conjugation (-ar, -er, or -ir)	-only occur for -ir verbs*
-may be one of three changes (e→ie, o→ue, e→i)	-only two changes are possible (e→i or o→u)
-only occur in four of the six forms (the "boot")	-only occur in 3rd person forms

*There are NO stem changes for any "-ar" or "-er" verbs in the preterite tense.

An example of this pattern is seen in the preterite of the verb "dormir":

dormí = I slept	dormimos = we slept
dormiste = you slept	dormisteis = you all slept
durmió = he, she, you slept	durmieron = they, you all slept

*Note that the regular endings for "-ir" verbs in the preterite are used. Just as in the present tense, once the stem has been changed, regular conjugation rules apply. Stem changes are NOT irregularities, since these are normal patterns for verbs in Spanish. Third conjugation stem-changing verbs that do not follow this pattern in the preterite are irregular and must be memorized. (An example of this pattern will be given in the next section.) Third conjugation stem-changing verbs are indicated in the dictionary in this way: "dormir" (ue/u) to indicate that there are two possible stem changes, depending on the tense.

Irregular forms in the preterite

While the vast majority of verbs in Spanish are regular in the preterite tense, some of the most commonly used verbs are irregular. The good thing about these irregular verbs is that most of them share a common set of endings. Since some are "-ar" verbs, some are "-er" verbs, and some are "-ir" verbs, these irregular endings are a combination of the endings for all three types of verbs.

-e*	-imos
-iste	-isteis
-o*	-ieron

Note that these irregular endings have no accent mark.

Another difference for these verbs is that instead of using the infinitive stem, as you do for regular verbs, you will start with special stems used only for this tense. Here are the most common irregular verbs and their preterite stems:

Infinitive	**Irregular preterite stem**
hacer (to make or do)	*hic-*
querer (to want or love)	*quis-*
venir (to come)	*vin-*
tener (to have)	*tuv-*
estar (to be)	*estuv-*
andar (to walk)	*anduv-*
poder (to be able)	*pud-*
poner (to put or place)	*pus-*
saber (to know)	*sup-*
haber (to have)	*hub-*
caber (to fit)	*cup-*

Here is the chart for the irregular verb "tener" in the preterite:

tuve = I had	tuvimos = we had
tuviste = you had	tuvisteis = you all had
tuvo = he, she, you had	tuvieron = they, you all had

There is a small group of verbs whose irregular preterite forms are slightly different, because the stem ends in j. For these verbs, all the irregular endings are the same, except for third person plural. In this form you will drop the "i" of the ending*. An example of this is the verb "decir" (to say or tell):

dije = I said	dijimos = we said
dijiste = you said	dijisteis = you all said
dijo = he, she, you said	dijeron* = they, you all said

Some of the other verbs in this group are the following:

traer (to bring)   traj-*
conducir (to drive or lead)   conduj-*
producir (to produce)   produj-*
traducir (to translate)   traduj-

There are only a handful of other verbs in Spanish that are irregular in this tense, and you can easily memorize them. They are the verbs "ir", "ser", and "dar". The first two verbs use the same forms for the preterite tense, but the context in which they are used will always let you know which verb it is.*

Ser and Ir (to be/to go)

fui = I was/I went	fuimos = we were/we went
fuiste = you were/you went	fuisteis = you all were/you all went
fue = he was, she was, you were/he, she, you went	fueron = they, you all were/they, you all went

*Ella *fue* mi amiga.   She *was* my friend.
*Ella *fue* a casa.   She *went* home.

Dar (to give)

di = I gave	dimos = we gave
diste = you gave	disteis = you all gave
dio = he, she, you gave	dieron = they, you all gave

As for all the other irregular verbs in this tense, there are no accent marks on first and third person forms.

Ver (to see)

vi = I saw	vimos = we saw
viste = you saw	visteis = you all saw
vio = he, she, you saw	vieron = they, you all saw

*Note that "ver" is only considered irregular because it does not have accents on first and third person forms. Otherwise, it is completely regular.

The Imperfect Indicative Tense (el imperfecto de indicativo)

In order to talk about routine past action in Spanish (the way things used to be) or progressive actions (what someone was doing when something else happened), you need to use the imperfect tense. While the preterite tense allows you to describe actions and reactions in the past, the imperfect tense lets you describe past conditions, feelings, and circumstances, as well as routine or progressive actions. This is the most regular of all Spanish tenses. Like the preterite tense, the imperfect has only two sets of endings (one for "-ar" verbs and one for "-er" and "-ir" verbs), but unlike the preterite, there are only three irregular verbs to memorize. To form this tense, you start with the infinitive stem, just as you did for the present and the preterite tenses.

Below are the charts for the regular endings for this tense:

Endings for "-ar" verbs:

-aba	-ábamos*
-abas	-abais
-aba	-aban

The "nosotros" form is the only form that has an accent mark.

Here is the chart for the imperfect of the verb "hablar":

hablaba = I used to speak/I was speaking	hablábamos = we used to speak/we were speaking
hablabas = you used to speak/you were speaking	hablabais = you all used to speak/you all were speaking
hablaba = he, she, you used to speak/he, she was speaking, you were speaking	hablaban = they, you all used to speak/they, you all were speaking

Endings for "-er" and "-ir" verbs:

-ía	-íamos
-ías	-íais
-ía	-ían

Note that all the endings have an accent mark, to separate the diphthong formed by the weak vowel "i" and the strong vowel "a."

Here is the chart for the imperfect of the verb "comer":

comía = I used to eat/was eating	comíamos = we used to eat/were eating
comías = you used to eat/were eating	comíais = you all used to eat/were eating
comía = he, she, you used to eat/he, she was eating, you were eating	comían = they, you all used to eat/were eating

Here is the chart for the imperfect of the verb "vivir":

vivía = I used to live/was living	vivíamos = we used to live/were living
vivías = you used to live/were living	vivíais = you all used to live/were living
vivía = he, she, you used to live/he, she was living, you were living	vivían = they, you all used to live/were living

Irregular forms in the imperfect tense

The only three verbs that are irregular in this tense are "ser", "ir", and "ver". Since these verbs do not follow the pattern for the imperfect tense, you must memorize their forms. Here are their charts:

Ser (to be)

era = I was/used to be	éramos* = we were/used to be
eras = you were/used to be	erais = you all were/used to be
era = he, she was, you were/used to be	eran = they, you all were/used to be

Ir (to go)

iba = I was going/used to go	íbamos* = we were going/used to go
ibas = you were going/used to go	ibais = you all were going/used to go
iba = he, she was going, you were going/used to go	iban = they, you all were going/used to go

 Notice that the only accented form for these two irregular verbs is the "nosotros" form.

Ver (to see)

veía = I was seeing/used to see	veíamos = we were seeing/used to see
veías = you used to see/were seeing/used to see	veíais = you were seeing/used to see
veía = he, she was seeing, you were seeing/used to see	veían = they, you all were seeing/used to see

Also notice that for the verb "ver," the only reason it is irregular is that you don't drop the entire infinitive ending ("-er"), only the "-r," before adding the regular endings for an "-er" verb.

Uses of the preterite and the imperfect

Here is a chart to help you remember the different uses of these two tenses:

Preterite:	**Imperfect:**
-describes completed past actions or events	-describes routine or repeated past actions
-describes reactions to past actions or events	-describes ongoing or progressive past actions
	-describes conditions or circumstances in the past
	-describes background action, as opposed to main action

Here are some examples to help you see the difference in the two tenses:

Ayer hubo un accidente.	Yesterday there was an accident. (an event happened)
Estuve muy asustado.	I was very scared. (my reaction to the event)
Había muchos heridos.	There were many injured people (the resulting condition)
La semana pasada fui al cine.	Last week I went to the movies. (a single event)
Cuando era niño, siempre iba al parque.	When I was a child, I always used to go the park. (condition or circumstance/ repeated past action)
Cenaba cuando sonó el teléfono.	I was eating dinner when the phone rang. (action in progress when main action occurred)

Because they are conditions, time of day and age are always imperfect, but what happened at a certain time or age could be preterite.

Eran las cinco cuando papa llegó.	It was five o'clock when Dad arrived.
Tenía siete años cuando me rompí el brazo.	I was five when I broke my arm.

You can think of the imperfect tense as a long, unbroken line, with no beginning or end. The preterite could be represented by specific points on that line or by a limited segment of that line, a moment framed in time. If you know when an action started, when it ended, or how long it lasted, use the preterite tense.

There are some verbs whose definitions in English change in these two tenses, but this makes sense if you understand the overall concept of preterite versus imperfect. Here are a couple of examples:

Ayer conocí a Fernando.	Yesterday I *met* Fernando. (a specific action)
Cuando era pequeño, no conocía a Raúl.	When I was little, I *did* not *know* Raúl. (an ongoing condition)
No sabía la respuesta correcta.	I *did* not *know* the right answer. (a condition)
La supe luego.	I *found* it *out* later. (a specific action)

The Future and Conditional Tenses (el futuro y el condicional simple)

The future tense is used to say what will happen, and the conditional tense is used to say what would happen under certain conditions. These two tenses are the only simple tenses in Spanish that are not formed by using the infinitive stem. Instead, for all regular verbs, these tenses are based on the entire infinitive form. In addition, for each of these tenses there is only one set of endings, which are used with all verbs, both regular and irregular. And, finally, these two tenses share the same set of irregular stems. So, once you learn the future tense, the conditional tense is really easy.

Here is the chart for future tense endings, which are added directly to the infinitive of regular verbs:

-é	-emos*
-ás	-éis
-á	-án

Note that only the "nosotros" form does NOT carry an accent mark.

These same endings are used for all verbs, both regular and irregular, regardless of the conjugation. All regular "-ar," "-er," and "-ir" verbs work the same way in this tense.

For the verb "hablar," the future tense looks like this:

hablaré = I will speak	hablaremos = we will speak
hablarás = you will speak	hablaréis = you all will speak
hablará = he, she, you will speak	hablarán = they, you all will speak

For the verb "comer," the future tense looks like this:

comeré = I will eat	comeremos = we will eat
comerás = you will eat	comeréis = you all will eat
comerá = he, she, you will eat	comerán = they, you all will eat

For the verb "vivir," the future tense looks like this:

viviré = I will live	viviremos = we will live
vivirás = you will live	viviréis = you all will live
vivirá = he, she, you will live	vivirán = they, you all will live

Uses of the future tense:

- To express predictions in the present, as in the sentence: *Ella dice que llegará a las cinco de la tarde.* (She says that she will arrive at 5:00 P.M.)
- To express conjecture or probability in the present, as in this question and answer: *¿Qué hora será? Serán las ocho.* (I wonder what time it is? It must be 8:00.)

An alternative to the future tense that is used frequently in Spanish is known as the "immediate future," and is expressed with the verb "ir" (to go) + a + an infinitive complement, as in this sentence: *Voy a estudiar esta noche.* (I am going to study tonight.)

Here is the chart for conditional tense endings, which are also added directly to the infinitive of regular verbs:

-ía	-íamos
-ías	-íais
-ía	-ían

Notice that these endings look exactly like the endings for regular "-er" and "-ir" verbs in the imperfect tense, but since you add them to the infinitive, the conjugated verb forms do NOT look the same.

Here is the chart for the verb "hablar" in the conditional tense:

hablaría = I would speak	hablaríamos = we would speak
hablarías = you would speak	hablaríais = you all would speak
hablaría = he, she, you would speak	hablarían = they, you all would speak

For the verb "comer," the conditional tense looks like this:

comería = I would eat	comeríamos = we would eat
comerías = you would eat	comeríais = you all would eat
comería = he, she, you would eat	comerían = they, you all would eat

For the verb "vivir," the conditional tense looks like this;

viviría = I would live	viviríamos = we would live
vivirías = you would live	viviríais = you all would live
viviría = he, she, you would live	vivirían = they, you all would live

Uses of the conditional tense:

- To express predictions in the past, as in this sentence: *Ella dijo que llegaría a las cinco de la tarde.* (She said that she would arrive at 5:00 P.M.)
- To express conjecture or probability in the past, as in the question and answer: *¿Dónde estaría? Estaría en casa.* (Where could he have been? He must have been at home.)
- In past tense "if" clauses that express contrary-to-fact conditions, such as this sentence: *Si pudiera, te ayudaría.* (If I could, I would help you.)

Irregular stems for the future and conditional tenses

Both these tenses use the same irregular stems, which are listed below:

Infinitive: **Irregular stem:**

hacer   *har-*
decir   *dir-*
querer   *querr-*

poder	*podr-*
salir	*saldr-*
tener	*tendr-*
poner	*pondr-*
venir	*vendr-*
saber	*sabr-*
haber	*habr-*
caber	*cabr-*

Since the irregular stems are the same for both tenses, all you need to learn are the two sets of endings.

Here are the charts for the verb "decir" in these two tenses. Note that the same irregular stem is used for both; only the endings change.

The future of "decir":

diré = I will say/tell	diremos = we will say/tell
dirás = you will say/tell	diréis = you all will say/tell
dirá = he, she, you will say/tell	dirán = they, you all will say/tell

The conditional of "decir":

diría = I would say/tell	diríamos = we would say/tell
dirías = you would say/tell	diríais = you all would say/tell
diría = he, she, you would say/tell	dirían = they, you all would say/tell

The Progressive Forms

The present progressive

The progressive forms of the simple tenses are composed of the helping verb "to be" (estar) and the present participle of the verb, what we know as the gerund or "-ing" form of the verb. "I am eating now" is an example of the present progressive tense in English. There are four progressive tenses in Spanish, which are formed by changing the tense of the verb "estar." The present participle never changes, no matter what the subject or the tense of "estar."

Forming the present participle

- For "-ar" verbs, simply drop the infinitive ending and add "-ando." The present participle of the verb hablar is "hablando."
- For "-er" and "-ir" verbs, drop the infinitive ending and add "-iendo."

For the verb "comer", the present participle is "comiendo," and for "vivir," the present participle is "viviendo."

- Only "-ir" stem-changing verbs have a stem change in this form, and they follow the same pattern as they do in the preterite tense. So, the present participle of the verb "dormir" is "durmiendo," and for "pedir" it is "pidiendo." First and second conjugation verbs have no stem changes in this form.
- Second and third conjugation verbs whose stems end in a vowel also have a spelling change in this form, just as they do in the third person forms of the preterite. For these verbs, the "-i" of the ending will change to "-y." Examples are "leyendo," "oyendo," and "huyendo."
- Reflexive and object pronouns may be attached to the end of a present participle.*

When this happens, you must add an accent mark to maintain the stress pattern, as in this example: *Estoy leyéndolo*. (I am reading it.)

Forming the present participle

- While the translation of the present participle makes it seem like an English gerund, this is not the case. A gerund in English is a verb form that is used as a noun, as in the sentence "Skating is fun." In Spanish a present participle is NEVER used as a noun. (Remember that the Spanish infinitive is the equivalent of the English gerund.)
- The present participle may follow the verb "estar" and a few other verbs in progressive constructions. An example is seen in the sentences "*Ella está hablando.*" (She is talking.) and "*Ella sigue hablando.*" (She is still talking.)
- The present participle may be used as an adverb to modify the action of a verb. An example of this is in the sentence "*Ellos llegaron gritando.*" (They arrived shouting.)
- The present participle is used to express the phrase "by doing something," as in this example: "*Practicando, se aprende.*" (By practicing, one learns.)

Forming the present progressive

To form the present progressive, the helping verb "estar" must be conjugated in the present tense. Here is the chart for the verb "hablar":

estoy hablando = I am talking	estamos hablando = we are talking
estás hablando = you are talking	estáis hablando = you all are talking
está hablando = he, she is talking/you are talking	están hablando = they, you all are talking

In English you can use the present progressive to indicate future intention, as in the sentence "This weekend I am going to the beach." In Spanish this form is NEVER used to express intention. It is used chiefly to emphasize action in progress. In order to express intention in Spanish, you will use the "ir + a + infinitive" construction. An example of this distinction is the sentence "*Ahora estoy trabajando, pero luego voy a descansar.*" (Now I am working, but later I am going to rest.)

The past progressive

To form the past progressive, you will conjugate the helping verb "estar" in the imperfect tense. Here is the chart for the past progressive of the verb comer:

estaba comiendo = I was eating	estábamos comiendo = we were eating
estabas comiendo = you were eating	estabais comiendo = you all were eating
estaba comiendo = he, she was eating/you were eating	estaban comiendo = they, you all were eating

The future and conditional progressive

To form the future progressive, conjugate "estar" in the future tense. Here is the chart for the future progressive of the verb "abrir":

estaré abriendo = I will be opening	estaremos abriendo = we will be opening
estarás abriendo = you will be opening	estaréis abriendo = you all will be opening
estará abriendo = he, she, you will be opening	estarán abriendo = they, you all will be opening

To form the conditional progressive, conjugate "estar" in the conditional tense. Here is the chart for the conditional progressive of the verb "cantar":

estaría cantando = I would be singing	estaríamos cantando = we would be singing
estarías cantando = you would be singing	estaríais cantando = you all would be singing
estaría cantando = he, she, you would be singing	estarían cantando = they, you all would be singing

Simple Versus Compound Tenses

Simple tenses are those that are formed by a single word, and compound tenses, as the name implies, have two parts, like a compound word. The simple tenses you have learned are the present, the preterite, the imperfecT, the future, and the conditional. There are five compound tenses, known as the "perfect tenses," but only four are commonly used.

The perfect tenses use the helping verb "haber" (to have) and the past participle of the verb, or the "-ed" form. "They have not arrived yet" is an example of the present perfect tense. Just as in English, there are also some irregular past participles, which you must memorize.

Forming the past participle

- For "-ar" verbs, drop the infinitive ending and add "-ado." The past participle for the verb "hablar" is "hablado."
- For "-er" and "-ir" verbs, drop the infinitive ending and add "-ido." The past participle for the verb "comer" is "comido" and for the verb "vivir" is "vivido."

Second and third conjugation verbs whose stem ends in a vowel will need an accent on the "-i" of the ending, in order to separate the diphthong. Some examples are traído, leído, and creído.

- There are some irregular past participles, just like in English, and you must memorize them. Here are the most common irregular past participles in Spanish:

Infinitive:	Irregular past participle:
hacer (to make or do)	*hecho* (made or done)
decir (to say or tell)	*dicho* (said or told)
poner (to put or place)	*puesto* (put or placed)
ver (to see)	*visto* (seen)
volver (to return, come back)	*vuelto* (returned)
escribir (to write)	*escrito* (written)
romper (to break)	*roto* (broken)
morir (to die)	*muerto* (died)
freír (to fry)	*frito* (fried)
abrir (to open)	*abierto* (opened)
cubrir (to cover)	*cubierto* (covered)

Other verbs based on these verbs are generally conjugated the same as the root verb, including their irregular forms. So, if the past participle of "volver" is "vuelto," the past participle of verbs based on "volver" will have the same irregularity, as in "devolver (devuelto)" and "revolver (revuelto)". Others in this group include "descubrir (descubierto)", "imponer (impuesto)", "describir (descrito)", and "deshacer (deshecho)".

Once you know how to form the past participle, in order to form the four perfect tenses, you merely need to change the tense of the helping verb "haber."

The present perfect tense (el perfecto de indicativo)

The present perfect tense is roughly equivalent to the preterite in terms of the information that it conveys. In fact, in Spain the two tenses are used interchangeably to express completed past actions. For example, if you say either of the following, you will be communicating the same information:

I already ate.	*Ya comí.*	(preterite tense)
I have already eaten.	*Ya he comido.*	(present perfect tense)

However, there are some ideas that the present perfect tense conveys that the preterite does not, such as the following:

Have you ever been to Spain?	*¿Has ido a España alguna vez?*
I have never eaten octopus.	*No he comido el pulpo jamás.*
We have lived here for two years.	*Hemos vivido aquí por dos años.**

To form the present perfect tense, you need to use the present tense of the helping verb "haber," which is irregular in all forms except the "vosotros" form. Here is the chart:

he	hemos
has	habéis
ha	han

Do not confuse this verb with the other Spanish verb that means "to have," the verb "tener." "Tener" is NEVER used as an auxiliary verb.

Here is the present perfect tense of the verb "hablar":

he hablado = I have spoken	hemos hablado = we have spoken
has hablado = you have spoken	habéis hablado = you all have spoken
ha hablado = he, she has spoken/ you have spoken	han hablado = they, you all have spoken

Uses of past participles

- The past participle follows the verb "haber" in the perfect tenses, in which case it is invariable and does NOT agree with the subject of the verb. An example of this is the sentence "*Yo he abierto la puerta.*" (I have opened the door.) This sentence describes an action.
- The past participle may be used as an adjective, in which case the ending will change to agree in gender and number with the word being modified. Here is an example of this use: "*La puerta está abierta.*" (The door is open.) This sentence describes the result of an action.
- The past participle may follow the verb "ser" to form the passive voice, and in this case it is also considered an adjective and must agree with the subject of the verb "ser." An example of this is the sentence "*La puerta fue abierta por la profesora.*" (The door was opened by the teacher.) This form of the passive voice is mainly used when the speaker wishes to indicate by whom the action was done. When this is not important, you will most often use the more common form of the passive voice, formed by adding the impersonal "se" to the verb in the third person, as in the following examples:

| *¿Dónde se venden periódicos?* | Where are newspapers sold? |
| *Aquí se habla español.* | Spanish is spoken here. |

The past perfect tense (el pluscuamperfecto de indicativo)

To form the past perfect tense, also known as the pluperfect, the helping verb "haber" is conjugated in the imperfect tense. Here is the chart for the verb comer in this tense:

había comido = I had eaten	habíamos comido = we had eaten
habías comido = you had eaten	habíais comido = you all had eaten
había comido = he, she, you had eaten	habían comido = they, you all had eaten

The future and conditional perfect tenses (el futuro perfecto y el condicional compuesto)

To form the future perfect tense, "haber" is conjugated in the future tense. Here is the chart for the verb "vivir" in this tense:

habré vivido = I will have lived	habremos vivido = we will have lived
habrás vivido = you will have lived	habréis vivido = you all will have lived
habrá vivido = he, she, you will have lived	habrán vivido = they, you all will have lived

To form the conditional perfect, "haber" is conjugated in the conditional tense. Here is the chart for the verb "escribir" in this tense:

habría escrito = I would have written	habríamos escrito = we would have written
habrías escrito = you would have written	habríais escrito = you all would have written
habría escrito = he, she, you would have written	habrían escrito = they, you all would have written

The preterite perfect tense (el pretérito anterior)

There is one other compound tense, known as the preterite perfect or anterior preterite, but it is not commonly used in modern Spanish. This tense is translated exactly like the past perfect, or pluperfect, so it is not necessary in everyday speech. However, if you read a lot in Spanish, you will probably see it. Here is the chart for the verb "hacer" in this tense:

hube hecho = I had made/done	hubimos hecho = we had made/done
hubiste hecho = you had made/done	hubisteis hecho = you all had made/done
hubo hecho = he, she, you had made/done	hubieron hecho = they, you all made/done

What is the Subjunctive Mood?

All the verb tenses you have seen so far are the "indicative mood," which must be distinguished from the "subjunctive mood." While "tense" refers to time, "mood" refers to the attitude of the speaker towards the action being described. Because the subjunctive mood is very rarely used in English, it is not a concept English speakers immediately recognize. However, it is extremely common in Spanish, and you must use it in many situations. You will find that there are different tenses in the subjunctive mood, just as in the indicative mood.

Basically, in Spanish you use the indicative mood when you are objectively describing your experience in the world around you, and you use the subjunctive mood when you are reacting subjectively to your experience. Here is a simple chart to help you understand the difference between the indicative and subjunctive moods:

Verbs in the indicative mood:	**Verbs in the subjunctive mood:**
-state objective truth or facts	-give subjective reactions
-imply certainty	-imply doubt
-inform, confirm, or verify	-suggest, question, or deny

Formation of the present subjunctive (el presente de subjuntivo)

Once you are thoroughly familiar with the present indicative, it is easy to form the present subjunctive. Except for six verbs with an irregular present subjunctive, the present subjunctive is based on the "yo" form of the present indicative. This means that whatever happens in the "yo" form is repeated throughout the present subjunctive, except for certain stem-changing verbs.

To form the present subjunctive of the verb "hablar," you will start with the "yo" form (hablo), drop the final "-o," and then add the opposite endings. Instead of using the vowel "-a," as you do in the present indicative, you will use the vowel "-e." (For second and third conjugation verbs, you will switch the vowels "-e" and "-i" to the vowel "-a.")

Here is an example of this pattern for an -ar verb:

hable*	hablemos
hables	habléis
hable*	hablen

45

*Notice that first and third person singular forms are identical. You will need to use the context or subject pronouns to distinguish them.

Here is the present subjunctive of the verb "comer":

coma	comamos
comas	comáis
coma	coman

Here is a common "-ir" verb in the present subjunctive:

viva	vivamos
vivas	viváis
viva	vivan

Here is a simple way to remember this pattern:

- Start with the "yo" form
- Drop the "-o"
- Add opposite endings ("-a" becomes "-e"/ "-e" and "-i" become "-a")

Translations have not been given for these forms because the present subjunctive has several possible translations in English. Here are some examples:

- The present subjunctive may refer to present or future actions, depending on the context:

  Espero que *no llueva ahora.*   I hope that *it is not raining now.*
  Espero que *no llueva más tarde.*   I hope that *it will not rain later.*

- Although in Spanish the present subjunctive is almost always in a dependent clause following the relative pronoun "que" (that), in English the same construction may be expressed with an infinitive clause:

  Quiero *que ellos me ayuden.*   I want *them to help me.*

Stem changes in the present subjunctive

For first and second conjugation verbs, the present subjunctive follows the same pattern for stem changes as the present indicative, the "boot" pattern.

However, for third conjugation stem-changing verbs, the pattern is slightly different. For these verbs, in addition to the regular stem changes, there is also a change in the "nosotros" and the "vosotros" forms, following the same pattern as you saw for these verbs in the preterite tense (e→i and o→u). See the charts below:

Dormir (ue/u)

duerma	durmamos
duermas	durmáis
duerma	duerman

Sentirse (ie/e)

me sienta	nos sintamos
te sientas	os sintáis
se sienta	se sientan

Spelling changes in the present subjunctive

Just as in the preterite, there are some verbs whose stem has a spelling change before the present subjunctive endings are added. Verbs whose stem ends in "-car" change the "-c" to "-qu;" verbs whose stem ends in "-gar" change the "-g" to "-gu;" and verbs whose stem ends in "-zar" change the "-z" to "-c." Unlike the preterite, however, these spelling changes occur in all forms, not just the "yo" form. See the charts below:

Buscar (to look for)

busque*	busquemos
busques	busquéis
busque*	busquen

 Note that while these forms look like the first person singular preterite form, the lack of an accent mark lets you know that they are NOT that form. The pronunciation is also different, of course.

Llegar (to arrive)

llegue	lleguemos
llegues	lleguéis
lleguemos	lleguen

Empezar (to begin)

empiece	empecemos*
empieces	empecéis*
empiece	empiecen

*Note that there is no stem change here, because in the present subjunctive only "-ir" stem-changing verbs have a stem change in these two forms.

Verbs with irregular present subjunctive forms

There are only six verbs whose present subjunctive forms are irregular. Because their "yo" forms do not end in "-o," they do not follow the pattern for regular present subjunctive. These verbs are given below:

Ser (to be)

sea	seamos
seas	seáis
sea	sean

Saber (to know)

sepa	sepamos
sepas	sepáis
sepa	sepan

Verb Guide

Ir (to go)

vaya	vayamos
vayas	vayáis
vaya	vayan

Haber (to have)

haya	hayamos
hayas	hayáis
haya	hayan

Dar (to give)

dé	demos
des	deis
dé	den

Estar (to be)

esté	estemos
estés	estéis
esté	estén

Uses of the present subjunctive

In general, the subjunctive mood is used in sentences with a dependent clause, when there is an element in the main clause that requires the subjunctive in the dependent clause. Here is what many of these sentences will look like:

Main clause* + que + second subject + dependent clause

*must contain a subjunctive cue

There are four general categories of what we can call "subjunctive cues," or expressions that require the use of the subjunctive mood. These categories are doubt/negation, emotion, opinion, and command/request.

Here are some lists of common subjunctive cues in all four categories:

Doubt/negation

dudar	to doubt	*no estar seguro**	not to be sure
negar	to deny	*no es cierto/verdad**	it is not true
*no creer**	not to believe	*es dudoso*	it is doubtful

*If these expressions drop the "no," they become expressions of certainty and do NOT require the use of the subjunctive mood.

No estoy seguro que vaya a llover.	I'm not sure that it's going to rain.
Estoy seguro que va a llover.	I am sure that it's going to rain.

Emotion*

alegrarse	to be glad	*preocupar*	to worry
lamentar/sentir	to be sorry/to regret	*molestar*	to bother
sorprenderse	to be surprised	*irritar*	to irritate
temer/tener miedo	to fear/be afraid	*gustar*	to please
estar contento, triste, etc.	to be happy, sad, etc.	*esperar*	to hope

*These expressions of emotion require the subjunctive mood whether they are affirmative or negative. Either way, they express your feelings, which are subjective.

Me alegro de que vengas a mi fiesta.	I am glad that you will come to my party.
No me preocupa que ella no esté aqui todavia.	It doesn't worry me that she is not here yet.

Opinion

There are too many expressions of opinion to list here, but here are a few to help you understand the concept. These are most often impersonal expressions that contain adjectives.

Es importante	It's important	*Es imprescindible*	It's crucial
Es necesario	It's necessary	*Es sorprendente*	It's surprising
Es interesante	It's interesting	*Es posible*	It's possible
Es bueno/malo	It's good/bad	*Vale la pena*	It's worth it
Es justo/injusto	It's fair/not fair	*Importa*	It matters

Es posible que ella llegue mañana.	It's possible that she will arrive tomorrow.
Importa que todos salgan a tiempo.	It matters that everyone leave on time.

Command/Request

querer	to want	*sugerir*	to suggest
insistir	to insist	*rogar*	to beg
aconsejar	to advise	*exigir*	to demand
pedir	to request	*recomendar*	to recommend
mandar	to order/command	*decir**	to tell

*The verb "decir" requires the subjunctive only when the sentence implies a request that someone do something. If the statement merely gives information, then "decir" does not require the subjunctive.

Mis padres me dicen que limpie mi cuarto.	My parents tell me to clean up my room.
Mis padres me dicen que soy inteligente.	My parents tell me that I am smart.

Remember that the pattern of these sentences is a main clause with a subjunctive cue followed by a dependent clause that uses the subjunctive. Let's look at another sentence that follows this pattern, contrasted with a similarly constructed sentence that uses the indicative.

Dudo que haya un examen hoy.	I doubt that there is a test today.

The verb "dudar" (to doubt) requires the use of the subjunctive of the verb "haber" in the dependent clause. In contrast to this sentence, if there were no doubt, you would use the indicative of the verb "haber" in the dependent clause:

Sé que hay un examen hoy.	I know that there is a test today.

Since we so often react to the world around us, the subjunctive mood is used extensively in Spanish. If we merely reported information, we would not need to use the subjunctive mood, but since we frequently express our opinions, feelings, and wishes, the subjunctive mood is essential for more sophisticated communication in Spanish.

The following is an example of a statement in which we merely report information:

Mi hermano Pablo está enfermo.	My brother Pablo is sick.

The following is an example of a subjective response to that information:

Es muy triste que tu hermano Pablo esté enfermo.	It is very sad that your brother Pablo is sick.

In this sentence, the verb in the dependent clause is in the subjunctive because the main clause expresses an emotion.

When you give your opinion about something, it is always subjective. For that reason, the subjunctive is used after impersonal expressions of opinion. Here are some examples:

Es bueno que estés aquí.	It's good that you are here.
Es importante que todos se preparen.	It's important that everyone get ready.

However, if the impersonal clause expresses truth or certainty, the indicative is used, as in these examples:

Es cierto que tenemos un examen hoy.	It's true that we have a test today.
Estoy seguro de que no va a llover.	I'm sure that it isn't going to rain.

Another common use of the present subjunctive is in the formation of indirect commands, when we are expressing our wish that someone else do something. Here is an example of that structure:

Recomiendo que todos aprendan el subjuntivo.	I recommend that everyone learn the subjunctive.

The verb "recomendar" (to recommend) in the first clause requires the use of the subjunctive in the second clause.

The subjunctive is also used when there is doubt about when an action will take place, and this is indicated by the use of certain adverbial expressions. Here are some examples:

Cuando llegues, llámame.	When you arrive, call me.
No lo hará hasta que tenga tiempo.	He won't do it until he has time.

Here are two handy lists to help you remember when to use the subjunctive with adverbial expressions:

SIEMPRE SUBJUNTIVO

These expressions ALWAYS require the use of the subjunctive mood, no matter what the tense of the sentence. Just remember **ESCAPA** to know which expressions are in this group.)

En caso de que	in case
Sin que	without
Con tal de que	provided that
Antes de que	before
Para que	so that
A menos que	unless

Pablo limpia su cuarto para que sus padres no se enojen.	Pablo cleans up his room so that his parents won't get mad.
Pablo limpió su cuarto para que sus padres no se enojaran.	Pablo cleaned up his room so that his parents wouldn't get mad.

A VECES SUBJUNTIVO

These expressions only require the use of the subjunctive when the action has not occurred. The key here is the tense of the verb in the main clause. If the verb is future or a command, you will use the subjunctive for the dependent clause because there is some doubt about when or if the action will occur. If the main clause is in the present or the past, you use the indicative because there is no doubt. When you see the **McDEATH** expressions, you know that you need to ask yourself if the action has or has not occurred.

Mientras	while
Cuando	when
Después	after
En cuanto	as soon as
Aunque	although/even though
Tan pronto como	as soon as
Hasta que	until

Ella trabaja hasta que lo termina todo.	She works until she finishes everything. (This is a routine action, so there is no doubt.)
Ella trabajó hasta que lo terminó todo.	She worked until she finished everything. (This is completed action, so there is no doubt.)
Ella trabajará hasta que lo termine todo.	She will work until she finishes everything. (She has not finished yet, and we don't know when that will happen.)
Trabaja hasta que lo termines todo.	Work until you finish it all. (You did not finish yet.)

The subjunctive is used in adjective clauses that refer to an indefinite or negative antecedent. Here are some examples:

Busco un mecánico que pueda reparar mi carro.	I am looking for a mechanic who can fix my car.
No hay nadie que me escuche.	There is no one who will listen to me.

If you are describing something that is definite, you don't need to use the subjunctive:

Tengo un mecánico que siempre repara mi carro.	I have a mechanic who always fixes my car.
Veo a la señora que siempre me escucha.	I see the lady who always listens to me.

Other subjunctive tenses

There are only three other tenses of the subjunctive mood that are commonly used. These are the imperfect subjunctive, the present perfect subjunctive, and the past perfect subjunctive.

Imperfect Subjunctive (el imperfecto de subjuntivo)

To form the imperfect subjunctive, you begin with the third person plural form of the preterite and drop the "-ron." This means that whatever happens in that form (stem-changes, spelling changes, irregularities, etc.) will also occur in all six forms of the imperfect subjunctive. So, once you know the preterite tense well, the imperfect subjunctive is easy to form.

There are two sets of imperfect subjunctive endings used by native speakers of Spanish, but the most commonly used one is the first. Here are the charts for both possible endings:

-ra	-ramos
-ras	-rais
-ra	-ran

Here is the verb "hablar" in the imperfect subjunctive:

hablara	habláramos*
hablaras	hablarais
hablara	hablaran

Here is a second conjugation verb in this form:

comiera	comiéramos
comieras	comierais
comiera	comieran

Since the preterite endings for first and second conjugation verbs are different, the imperfect subjunctive looks slightly different, as well.

Here is what the irregular verb "tener" (to have) looks like in the imperfect subjunctive:

tuviera	tuviéramos
tuvieras	tuvierais
tuviera	tuvieran

The alternate endings for the imperfect subjunctive are in this chart:

-se	-semos
-ses	-seis
-se	-sen

Here is what the verb "hablar" would look like with these endings:

hablase	hablásemos*
hablases	hablaseis
hablase	hablasen

Notice again that this form has an accent mark on the vowel that precedes the ending.

Verb Guide

The Present Perfect Subjunctive (el perfecto de subjuntivo)

To form the perfect tenses of the subjunctive, you merely need to change the helping verb "haber" to the appropriate subjunctive tense. The present perfect subjunctive of "hablar" looks like this:

haya hablado	hayamos hablado
hayas hablado	hayáis hablado
haya hablado	hayan hablado

The Past Perfect Subjunctive (el pluscuamperfecto de subjuntivo)

The past perfect, or pluperfect, subjunctive looks like this:

hubiera* hablado	hubiéramos hablado
hubieras hablado	hubierais hablado
hubiera hablado	hubieran hablado

*If you use the alternate form of the imperfect subjunctive of the helping verb "haber," the first person form will be "hubiese hablado."

Sequence of tenses

Which tense of the subjunctive you choose will depend on the tense of the verb in the main clause. If the main verb is in the present, future, present perfect, or command form, you may choose either the present subjunctive or the present perfect subjunctive, depending on whether the action of the dependent clause has happened. Here is a chart to help you remember which tense to choose:

If the verb in the main clause is:	Use one of these subjunctive tenses:
present indicative	present subjunctive (to express present or future action)
future indicative	OR
present perfect indicative	present perfect subjunctive (to express possible past action)
a command	OR
	imperfect subjunctive (to express completed past action)

Examples:

Espero que llegues a tiempo.	I hope that you do/will arrive on time.

(The dependent clause refers to an action that has not happened yet.)

Dudo que hayan llegado ya.*	I doubt that they have already arrived.
Dudo que llegaran ya.*	I doubt that they did arrive already.

(The dependent clauses refer to actions in the past, so you may use either the present perfect subjunctive or the imperfect subjunctive, depending on what you mean to say.)

*Note that these two sentences have slightly different translations in English, but they convey basically the same information. Remember that the present perfect indicative and the preterite are very similar in meaning, so it follows that the two past subjunctive tenses that refer to similar past actions are also interchangeable in some sentences. In years past, the imperfect subjunctive was not accepted in this kind of sentence, but today it is very common and grammatically acceptable.

Llámame cuando llegues.	Call me when you arrive.

(The action of the dependent clause has not happened yet, so you must use the present subjunctive.)

When expressing past actions, there is also a sequence of tenses that you must observe. If the main verb is in any past tense, you may choose either the imperfect subjunctive or the past perfect subjunctive, depending on whether or not the action of the dependent clause has happened.

If the verb in the main clause is:	Use one of these subjunctive tenses:
preterite	imperfect subjunctive (to express possible past action)
imperfect conditional past perfect	OR past perfect subjunctive (to refer to an event further in the past, prior to the action of the main verb)

Examples:

Esperaban que llegaras a tiempo.	They were hoping that you would arrive on time.

(Although both clauses are in the past, the action of the dependent clause has not yet occurred.)

Dudábamos que hubieran llegado ya.	We doubted that they had already arrived.

(The action of the dependent clause is prior to the action of the main clause.)

The Imperative Mood

Another important use of the present subjunctive is to form commands, also known as the "imperative mood" in English. In Spanish, almost all commands are formed by using the present subjunctive. The only exceptions are affirmative "tú" and "vosotros" commands. All formal commands (those for "usted" and "ustedes"), as well as the "we" commands and all negative commands, are formed by using the present subjunctive.

Here are some examples:

Hable usted español.	Speak Spanish.
Coman ustedes más fruta.	Eat more fruit.
Hagamos* la tarea ahora.	Let's do our homework now.
No hagas eso.	Don't do that.

*An alternative to the "we" command expressed by the present subjunctive is the commonly used expression "Vamos a + infinitive." For this example, instead of "hagamos," you can say "vamos a hacer."

The only irregular "nosotros" command is that of the verb "ir" (to go). This is the only verb in Spanish whose "we" command is NOT in the subjunctive mood.

Vamos a casa.	Let's go home.

However, since all negative commands are subjunctive, the negative command for "ir" follows the rules and is subjunctive:

No vayamos ahora.	Let's not go now.

For affirmative commands, reflexive and object pronouns are attached to the end instead of preceding the verb, as in these examples:

Acuéstense* ustedes temprano.	Go to bed early.
Cómpreme* el libro, por favor.	Please buy me the book.

Since adding a pronoun to the end of the verb changes the stress pattern, you will need to add an accent mark to indicate that the stressed syllable has not changed.

"Nosotros" commands for reflexive verbs drop the final "s" before adding the reflexive pronoun "nos."

Acostémonos.	Let's go to bed.

In negative commands, the pronoun precedes the command form, as in these examples:

No se preocupe usted.	Don't worry.
No se vayan ustedes.	Don't leave.

The only commands that do not require the subjunctive mood are affirmative "tú" and "vosotros" commands. For regular verbs, the second person singular command form looks just like the third person singular indicative form of the verb, as in these examples:

(*Remember, these same commands in their negative forms will use the subjunctive.)

Habla español.	Speak Spanish.
No hables inglés.	Don't speak English.
Come más verduras.	Eat more vegetables.
No comas comida chatarra.	Don't eat junk food.

The "vosotros" command, which is used in Spain, is formed by dropping the final "r" of the infinitive form and replacing it with a "d." If the verb is reflexive, the "d" is dropped before the reflexive pronoun is added.

Hablad más despacio, por favor.	Please speak more slowly.
No habléis tan rápido.	Don't speak so fast.
Comed más fruta.	Eat more fruit.
No comáis carne.	Don't eat meat.
Marchaos ahora mismo.	Leave right now.
No os marchéis hasta más tarde	Don't leave until later.

Here are two charts to help you see how commands work. As you can see, most command forms are in the present subjunctive:

Indicative command forms

	** affirmative vosotros
affirmative "tú" commands: habla, come, abre, márchate	

**Remember that this form is not a present tense form, but a variation of the infinitive: hablad, comed, abrid, marchaos. (The "d" is eliminated when a reflexive pronoun is used).

Subjunctive command forms

	affirmative and negative "nosotros" commands: hablemos, no hablemos/comamos, no comamos/abramos, no abramos/marchémonos/no nos marchemos
negative "tú" commands: no hables, no comas, no abras, no te marches	negative "vosotros" commands: no habléis, no comáis, no abráis, no os marchéis
affirmative and negative "Ud." commands: hable, no hable/coma, no coma/abra, no abras/márchese, no se marche	affirmative and negative "Uds." commands: hablen, no hablen/coman, no coman/abran, no abran/márchense, no se marchen

Special Cases

Although each of the 601 verbs in the reference section of conjugated verbs is shown in all tenses and forms, there are some verbs that are not generally used in all tenses and/or forms. These verbs include "gustar" and "costar" (to cost), which are normally used in the third person singular or plural; "llover" (to rain), "nevar" (to snow), and "anochecer" (to grow dark), which are generally used only in the third person singular; and "soler" (to be accustomed to), which is used in most but not all tenses and is followed by the infinitive.

Conclusion

Now that you understand how to conjugate a verb in Spanish, how to form and use the different tenses, and when to use the subjunctive mood, you are ready to start using this knowledge to help you communicate in Spanish. The rest of this book will give you a handy reference to hundreds of common verbs, as well as practice exercises to help you learn and remember how these verbs work in Spanish. Don't be discouraged if it is challenging at first. Learning how to navigate through the Spanish verb system will take time and effort, but it will be worth it when you can read, write, speak, and understand what others say in Spanish.

Remember that *La práctica hace al maestro* (Practice makes perfect), in any language!

Sandy Williamson, M.A.T.
East Chapel Hill High School
Chapel Hill, North Carolina

to abandon, to leave   abandonar

SINGULAR	PLURAL	SINGULAR	PLURAL

presente de indicativo

abandon**o**	abandon**amos**		
abandon**as**	abandon**áis**		
abandon**a**	abandon**an**		

perfecto de indicativo

he abandonado	**hemos** abandonado
has abandonado	**habéis** abandonado
ha abandonado	**han** abandonado

imperfecto de indicativo

abandon**aba**	abandon**ábamos**
abandon**abas**	abandon**abais**
abandon**aba**	abandon**aban**

pluscuamperfecto de indicativo

había abandonado	**habíamos** abandonado
habías abandonado	**habíais** abandonado
había abandonado	**habían** abandonado

A

pretérito

abandon**é**	abandon**amos**
abandon**aste**	abandon**asteis**
abandon**ó**	abandon**aron**

pretérito anterior

hube abandonado	**hubimos** abandonado
hubiste abandonado	**hubisteis** abandonado
hubo abandonado	**hubieron** abandonado

futuro

abandonar**é**	abandonar**emos**
abandonar**ás**	abandonar**éis**
abandonar**á**	abandonar**án**

futuro perfecto

habré abandonado	**habremos** abandonado
habrás abandonado	**habréis** abandonado
habrá abandonado	**habrán** abandonado

condicional simple

abandonar**ía**	abandonar**íamos**
abandonar**ías**	abandonar**íais**
abandonar**ía**	abandonar**ían**

condicional compuesto

habría abandonado	**habríamos** abandonado
habrías abandonado	**habríais** abandonado
habría abandonado	**habrían** abandonado

presente de subjuntivo

abandon**e**	abandon**emos**
abandon**es**	abandon**éis**
abandon**e**	abandon**en**

perfecto de subjuntivo

haya abandonado	**hayamos** abandonado
hayas abandonado	**hayáis** abandonado
haya abandonado	**hayan** abandonado

imperfecto de subjuntivo

abandonar**a**	abandonár**amos**
abandonar**as**	abandonar**ais**
abandonar**a**	abandonar**an**
OR	
abandonas**e**	abandonás**emos**
abandonas**es**	abandonas**eis**
abandonas**e**	abandonas**en**

pluscuamperfecto de subjuntivo

hubiera abandonado	**hubiéramos** abandonado
hubieras abandonado	**hubierais** abandonado
hubiera abandonado	**hubieran** abandonado
OR	
hubiese abandonado	**hubiésemos** abandonado
hubieses abandonado	**hubieseis** abandonado
hubiese abandonado	**hubiesen** abandonado

imperativo

—	abandonemos
abandona;	abandonad;
no abandones	no abandonéis
abandone	abandonen

SINGULAR	PLURAL	SINGULAR	PLURAL

presente de indicativo

abarco	abarcamos
abarcas	abarcáis
abarca	abarcan

perfecto de indicativo

he abarcado	hemos abarcado
has abarcado	habéis abarcado
ha abarcado	han abarcado

imperfecto de indicativo

abarcaba	abarcábamos
abarcabas	abarcabais
abarcaba	abarcaban

pluscuamperfecto de indicativo

había abarcado	habíamos abarcado
habías abarcado	habíais abarcado
había abarcado	habían abarcado

pretérito

abarqué	abarcamos
abarcaste	abarcasteis
abarcó	abarcaron

pretérito anterior

hube abarcado	hubimos abarcado
hubiste abarcado	hubisteis abarcado
hubo abarcado	hubieron abarcado

futuro

abarcaré	abarcaremos
abarcarás	abarcaréis
abarcará	abarcarán

futuro perfecto

habré abarcado	habremos abarcado
habrás abarcado	habréis abarcado
habrá abarcado	habrán abarcado

condicional simple

abarcaría	abarcaríamos
abarcarías	abarcaríais
abarcaría	abarcarían

condicional compuesto

habría abarcado	habríamos abarcado
habrías abarcado	habríais abarcado
habría abarcado	habrían abarcado

presente de subjuntivo

abarque	abarquemos
abarques	abarquéis
abarque	abarquen

perfecto de subjuntivo

haya abarcado	hayamos abarcado
hayas abarcado	hayáis abarcado
haya abarcado	hayan abarcado

imperfecto de subjuntivo

abarcara	abarcáramos
abarcaras	abarcarais
abarcara	abarcaran
OR	
abarcase	abarcásemos
abarcases	abarcaseis
abarcase	abarcasen

pluscuamperfecto de subjuntivo

hubiera abarcado	hubiéramos abarcado
hubieras abarcado	hubierais abarcado
hubiera abarcado	hubieran abarcado
OR	
hubiese abarcado	hubiésemos abarcado
hubieses abarcado	hubieseis abarcado
hubiese abarcado	hubiesen abarcado

imperativo

—	abarquemos
abarca; no abarques	abarcad; no abarquéis
abarque	abarquen

to knock down, to overthrow

SINGULAR	PLURAL	SINGULAR	PLURAL
presente de indicativo		perfecto de indicativo	
abato	abatimos	he abatido	hemos abatido
abates	abatís	has abatido	habéis abatido
abate	abaten	ha abatido	han abatido
imperfecto de indicativo		pluscamperfecto de indicativo	
abatía	abatíamos	había abatido	habíamos abatido
abatías	abatíais	habías abatido	habíais abatido
abatía	abatían	había abatido	habían abatido
pretérito		pretérito anterior	
abatí	abatimos	hube abatido	hubimos abatido
abatiste	abatisteis	hubiste abatido	hubisteis abatido
abatió	abatieron	hubo abatido	hubieron abatido
futuro		futuro perfecto	
abatiré	abatiremos	habré abatido	habremos abatido
abatirás	abatiréis	habrás abatido	habréis abatido
abatirá	abatirán	habrá abatido	habrán abatido
condicional simple		condicional compuesto	
abatiría	abatiríamos	habría abatido	habríamos abatido
abatirías	abatiríais	habrías abatido	habríais abatido
abatiría	abatirían	habría abatido	habrían abatido
presente de subjuntivo		perfecto de subjuntivo	
abata	abatamos	haya abatido	hayamos abatido
abatas	abatáis	hayas abatido	hayáis abatido
abata	abatan	haya abatido	hayan abatido
imperfecto de subjuntivo		pluscuamperfecto de subjuntivo	
abatiera	abatiéramos	hubiera abatido	hubiéramos abatido
abatieras	abatierais	hubieras abatido	hubierais abatido
abatiera	abatieran	hubiera abatido	hubieran abatido
OR		OR	
abatiese	abatiésemos	hubiese abatido	hubiésemos abatido
abatieses	abatieseis	hubieses abatido	hubieseis abatido
abatiese	abatiesen	hubiese abatido	hubiesen abatido

A

imperativo	
—	abatamos
abate; no abatas	abatid; no abatáis
abata	abatan

gerundio **abdicando**   participio de pasado **abdicado**

SINGULAR	PLURAL
presente de indicativo	
abdic**o**	abdic**amos**
abdic**as**	abdic**áis**
abdic**a**	abdic**an**

imperfecto de indicativo	
abdic**aba**	abdic**ábamos**
abdic**abas**	abdic**abais**
abdic**aba**	abdic**aban**

pretérito	
abdiqu**é**	abdic**amos**
abdic**aste**	abdic**asteis**
abdic**ó**	abdic**aron**

futuro	
abdicar**é**	abdicar**emos**
abdicar**ás**	abdicar**éis**
abdicar**á**	abdicar**án**

condicional simple	
abdicar**ía**	abdicar**íamos**
abdicar**ías**	abdicar**íais**
abdicar**ía**	abdicar**ían**

presente de subjuntivo	
abdiqu**e**	abdiqu**emos**
abdiqu**es**	abdiqu**éis**
abdiqu**e**	abdiqu**en**

imperfecto de subjuntivo	
abdic**ara**	abdic**áramos**
abdic**aras**	abdic**arais**
abdic**ara**	abdic**aran**
OR	
abdic**ase**	abdic**ásemos**
abdic**ases**	abdic**aseis**
abdic**ase**	abdic**asen**

imperativo	
—	abdiqu**emos**
abdica; no abdiqu**es**	abdic**ad**; no abdiqu**éis**
abdiqu**e**	abdiqu**en**

SINGULAR	PLURAL
perfecto de indicativo	
he abdicado	**hemos** abdicado
has abdicado	**habéis** abdicado
ha abdicado	**han** abdicado

pluscuamperfecto de indicativo	
había abdicado	**habíamos** abdicado
habías abdicado	**habíais** abdicado
había abdicado	**habían** abdicado

pretérito anterior	
hube abdicado	**hubimos** abdicado
hubiste abdicado	**hubisteis** abdicado
hubo abdicado	**hubieron** abdicado

futuro perfecto	
habré abdicado	**habremos** abdicado
habrás abdicado	**habréis** abdicado
habrá abdicado	**habrán** abdicado

condicional compuesto	
habría abdicado	**habríamos** abdicado
habrías abdicado	**habríais** abdicado
habría abdicado	**habrían** abdicado

perfecto de subjuntivo	
haya abdicado	**hayamos** abdicado
hayas abdicado	**hayáis** abdicado
haya abdicado	**hayan** abdicado

pluscuamperfecto de subjuntivo	
hubiera abdicado	**hubiéramos** abdicado
hubieras abdicado	**hubierais** abdicado
hubiera abdicado	**hubieran** abdicado
OR	
hubiese abdicado	**hubiésemos** abdicado
hubieses abdicado	**hubieseis** abdicado
hubiese abdicado	**hubiesen** abdicado

gerundio ablandando   participio de pasado ablandado

SINGULAR	PLURAL	SINGULAR	PLURAL

presente de indicativo

		perfecto de indicativo	
ablando	ablandamos	he ablandado	hemos ablandado
ablandas	ablandáis	has ablandado	habéis ablandado
ablanda	ablandan	ha ablandado	han ablandado

imperfecto de indicativo

		pluscuamperfecto de indicativo		A
ablandaba	ablandábamos	había ablandado	habíamos ablandado	
ablandabas	ablandabais	habías ablandado	habíais ablandado	
ablandaba	ablandaban	había ablandado	habían ablandado	

pretérito

		pretérito anterior	
ablandé	ablandamos	hube ablandado	hubimos ablandado
ablandaste	ablandasteis	hubiste ablandado	hubisteis ablandado
ablandó	ablandaron	hubo ablandado	hubieron ablandado

futuro

		futuro perfecto	
ablandaré	ablandaremos	habré ablandado	habremos ablandado
ablandarás	ablandaréis	habrás ablandado	habréis ablandado
ablandará	ablandarán	habrá ablandado	habrán ablandado

condicional simple

		condicional compuesto	
ablandaría	ablandaríamos	habría ablandado	habríamos ablandado
ablandarías	ablandaríais	habrías ablandado	habríais ablandado
ablandaría	ablandarían	habría ablandado	habrían ablandado

presente de subjuntivo

		perfecto de subjuntivo	
ablande	ablandemos	haya ablandado	hayamos ablandado
ablandes	ablandéis	hayas ablandado	hayáis ablandado
ablande	ablanden	haya ablandado	hayan ablandado

imperfecto de subjuntivo

		pluscuamperfecto de subjuntivo	
ablandara	ablandáramos	hubiera ablandado	hubiéramos ablandado
ablandaras	ablandarais	hubieras ablandado	hubierais ablandado
ablandara	ablandaran	hubiera ablandado	hubieran ablandado
OR		OR	
ablandase	ablandásemos	hubiese ablandado	hubiésemos ablandado
ablandases	ablandaseis	hubieses ablandado	hubieseis ablandado
ablandase	ablandasen	hubiese ablandado	hubiesen ablandado

imperativo

—	ablandemos
ablanda;	ablandad;
no ablandes	no ablandéis
ablande	ablanden

aborrecer

to abhor, to detest

gerundio **aborreciendo**   participio de pasado **aborrecido**

SINGULAR	PLURAL	SINGULAR	PLURAL

presente de indicativo

aborrezco	aborrecemos
aborreces	aborrecéis
aborrece	aborrecen

perfecto de indicativo

he aborrecido	hemos aborrecido
has aborrecido	habéis aborrecido
ha aborrecido	han aborrecido

imperfecto de indicativo

aborrecía	aborrecíamos
aborrecías	aborrecíais
aborrecía	aborrecían

pluscuamperfecto de indicativo

había aborrecido	habíamos aborrecido
habías aborrecido	habíais aborrecido
había aborrecido	habían aborrecido

pretérito

aborrecí	aborrecimos
aborreciste	aborrecisteis
aborreció	aborrecieron

pretérito anterior

hube aborrecido	hubimos aborrecido
hubiste aborrecido	hubisteis aborrecido
hubo aborrecido	hubieron aborrecido

futuro

aborreceré	aborreceremos
aborrecerás	aborreceréis
aborrecerá	aborrecerán

futuro perfecto

habré aborrecido	habremos aborrecido
habrás aborrecido	habréis aborrecido
habrá aborrecido	habrán aborrecido

condicional simple

aborrecería	aborreceríamos
aborrecerías	aborreceríais
aborrecería	aborrecerían

condicional compuesto

habría aborrecido	habríamos aborrecido
habrías aborrecido	habríais aborrecido
habría aborrecido	habrían aborrecido

presente de subjuntivo

aborrezca	aborrezcamos
aborrezcas	aborrezcáis
aborrezca	aborrezcan

perfecto de subjuntivo

haya aborrecido	hayamos aborrecido
hayas aborrecido	hayáis aborrecido
haya aborrecido	hayan aborrecido

imperfecto de subjuntivo

aborreciera	aborreciéramos
aborrecieras	aborrecierais
aborreciera	aborrecieran
OR	
aborreciese	aborreciésemos
aborrecieses	aborrecieseis
aborreciese	aborreciesen

pluscuamperfecto de subjuntivo

hubiera aborrecido	hubiéramos aborrecido
hubieras aborrecido	hubierais aborrecido
hubiera aborrecido	hubieran aborrecido
OR	
hubiese aborrecido	hubiésemos aborrecido
hubieses aborrecido	hubieseis aborrecido
hubiese aborrecido	hubiesen aborrecido

imperativo

—	aborrezcamos
aborrece;	aborreced;
no aborrezcas	no aborrezcáis
aborrezca	aborrezcan

to hug, to embrace   abrazar

participio de pasado abrazado

SINGULAR	PLURAL	SINGULAR	PLURAL

presente de indicativo

		perfecto de indicativo	
abraz**o**	abraz**amos**	**he** abrazado	**hemos** abrazado
abraz**as**	abraz**áis**	**has** abrazado	**habéis** abrazado
abraz**a**	abraz**an**	**ha** abrazado	**han** abrazado

imperfecto de indicativo

pluscuamperfecto de indicativo   **A**

abrazab**a**	abrazáb**amos**	**había** abrazado	**habíamos** abrazado
abrazab**as**	abrazab**ais**	**habías** abrazado	**habíais** abrazado
abrazab**a**	abrazab**an**	**había** abrazado	**habían** abrazado

pretérito

pretérito anterior

abrac**é**	abraz**amos**	**hube** abrazado	**hubimos** abrazado
abraz**aste**	abraz**asteis**	**hubiste** abrazado	**hubisteis** abrazado
abraz**ó**	abraz**aron**	**hubo** abrazado	**hubieron** abrazado

futuro

futuro perfecto

abrazar**é**	abrazar**emos**	**habré** abrazado	**habremos** abrazado
abrazar**ás**	abrazar**éis**	**habrás** abrazado	**habréis** abrazado
abrazar**á**	abrazar**án**	**habrá** abrazado	**habrán** abrazado

condicional simple

condicional compuesto

abrazar**ía**	abrazar**íamos**	**habría** abrazado	**habríamos** abrazado
abrazar**ías**	abrazar**íais**	**habrías** abrazado	**habríais** abrazado
abrazar**ía**	abrazar**ían**	**habría** abrazado	**habrían** abrazado

presente de subjuntivo

perfecto de subjuntivo

abrac**e**	abrac**emos**	**haya** abrazado	**hayamos** abrazado
abrac**es**	abrac**éis**	**hayas** abrazado	**hayáis** abrazado
abrac**e**	abrac**en**	**haya** abrazado	**hayan** abrazado

imperfecto de subjuntivo

pluscuamperfecto de subjuntivo

abrazar**a**	abrazár**amos**	**hubiera** abrazado	**hubiéramos** abrazado
abrazar**as**	abrazar**ais**	**hubieras** abrazado	**hubierais** abrazado
abrazar**a**	abrazar**an**	**hubiera** abrazado	**hubieran** abrazado
OR		OR	
abraz**ase**	abrazás**emos**	**hubiese** abrazado	**hubiésemos** abrazado
abraz**ases**	abraz**aseis**	**hubieses** abrazado	**hubieseis** abrazado
abraz**ase**	abraz**asen**	**hubiese** abrazado	**hubiesen** abrazado

imperativo

—	abracemos
abraza; no abraces	abrazad; no abracéis
abrace	abracen

SINGULAR	PLURAL	SINGULAR	PLURAL

presente de indicativo

abr**o**	abr**imos**
abr**es**	abr**ís**
abr**e**	abr**en**

perfecto de indicativo

he abierto	**hemos** abierto
has abierto	**habéis** abierto
ha abierto	**han** abierto

imperfecto de indicativo

abr**ía**	abr**íamos**
abr**ías**	abr**íais**
abr**ía**	abr**ían**

pluscuamperfecto de indicativo

había abierto	**habíamos** abierto
habías abierto	**habíais** abierto
había abierto	**habían** abierto

pretérito

abr**í**	abr**imos**
abr**iste**	abr**isteis**
abr**ió**	abr**ieron**

pretérito anterior

hube abierto	**hubimos** abierto
hubiste abierto	**hubisteis** abierto
hubo abierto	**hubieron** abierto

futuro

abrir**é**	abrir**emos**
abrir**ás**	abrir**éis**
abrir**á**	abrir**án**

futuro perfecto

habré abierto	**habremos** abierto
habrás abierto	**habréis** abierto
habrá abierto	**habrán** abierto

condicional simple

abrir**ía**	abrir**íamos**
abrir**ías**	abrir**íais**
abrir**ía**	abrir**ían**

condicional compuesto

habría abierto	**habríamos** abierto
habrías abierto	**habríais** abierto
habría abierto	**habrían** abierto

presente de subjuntivo

abr**a**	abr**amos**
abr**as**	abr**áis**
abr**a**	abr**an**

perfecto de subjuntivo

haya abierto	**hayamos** abierto
hayas abierto	**hayáis** abierto
haya abierto	**hayan** abierto

imperfecto de subjuntivo

abr**iera**	abr**iéramos**
abr**ieras**	abr**ierais**
abr**iera**	abr**ieran**
OR	
abr**iese**	abr**iésemos**
abr**ieses**	abr**ieseis**
abr**iese**	abr**iesen**

pluscuamperfecto de subjuntivo

hubiera abierto	**hubiéramos** abierto
hubieras abierto	**hubierais** abierto
hubiera abierto	**hubieran** abierto
OR	
hubiese abierto	**hubiésemos** abierto
hubieses abierto	**hubieseis** abierto
hubiese abierto	**hubiesen** abierto

imperativo

—	abr**amos**
abr**e**; no abr**as**	abr**id**; no abr**áis**
abr**a**	abr**an**

MUST KNOW VERB

to absolve, to acquit

gerundio **absolviendo**   participio de pasado **absuelto**

SINGULAR	PLURAL	SINGULAR	PLURAL

presente de indicativo
absuelv**o**	absolv**emos**
absuelv**es**	absolv**éis**
absuelv**e**	absuelv**en**

perfecto de indicativo
he absuelto	**hemos** absuelto
has absuelto	**habéis** absuelto
ha absuelto	**han** absuelto

imperfecto de indicativo
absolv**ía**	absolv**íamos**
absolv**ías**	absolv**íais**
absolv**ía**	absolv**ían**

pluscuamperfecto de indicativo
había absuelto	**habíamos** absuelto
habías absuelto	**habíais** absuelto
había absuelto	**habían** absuelto

A

pretérito
absolv**í**	absolv**imos**
absolv**iste**	absolv**isteis**
absolv**ió**	absolv**ieron**

pretérito anterior
hube absuelto	**hubimos** absuelto
hubiste absuelto	**hubisteis** absuelto
hubo absuelto	**hubieron** absuelto

futuro
absolver**é**	absolver**emos**
absolver**ás**	absolver**éis**
absolver**á**	absolver**án**

futuro perfecto
habré absuelto	**habremos** absuelto
habrás absuelto	**habréis** absuelto
habrá absuelto	**habrán** absuelto

condicional simple
absolver**ía**	absolver**íamos**
absolver**ías**	absolver**íais**
absolver**ía**	absolver**ían**

condicional compuesto
habría absuelto	**habríamos** absuelto
habrías absuelto	**habríais** absuelto
habría absuelto	**habrían** absuelto

presente de subjuntivo
absuelv**a**	absolv**amos**
absuelv**as**	absolv**áis**
absuelv**a**	absuelv**an**

perfecto de subjuntivo
haya absuelto	**hayamos** absuelto
hayas absuelto	**hayáis** absuelto
haya absuelto	**hayan** absuelto

imperfecto de subjuntivo
absolv**iera**	absolv**iéramos**
absolv**ieras**	absolv**ierais**
absolv**iera**	absolv**ieran**
OR	
absolv**iese**	absolv**iésemos**
absolv**ieses**	absolv**ieseis**
absolv**iese**	absolv**iesen**

pluscuamperfecto de subjuntivo
hubiera absuelto	**hubiéramos** absuelto
hubieras absuelto	**hubierais** absuelto
hubiera absuelto	**hubieran** absuelto
OR	
hubiese absuelto	**hubiésemos** absuelto
hubieses absuelto	**hubieseis** absuelto
hubiese absuelto	**hubiesen** absuelto

imperativo
—	absolvamos
absuelve;	absolved;
no absuelvas	no absuelváis
absuelva	absuelvan

abstenerse

to abstain

SINGULAR	PLURAL	SINGULAR	PLURAL

presente de indicativo

me abstengo	nos abstenemos		
te abstienes	os abstenéis		
se abstiene	se abstienen		

perfecto de indicativo

me he abstenido	nos hemos abstenido
te has abstenido	os habéis abstenido
se ha abstenido	se han abstenido

imperfecto de indicativo

me abstenía	nos absteníamos
te abstenías	os absteníais
se abstenía	se abstenían

pluscuamperfecto de indicativo

me había abstenido	nos habíamos abstenido
te habías abstenido	os habíais abstenido
se había abstenido	se habían abstenido

pretérito

me abstuve	nos abstuvimos
te abstuviste	os abstuvisteis
se abstuvo	se abstuvieron

pretérito anterior

me hube abstenido	nos hubimos abstenido
te hubiste abstenido	os hubisteis abstenido
se hubo abstenido	se hubieron abstenido

futuro

me abstendré	nos abstendremos
te abstendrás	os abstendréis
se abstendrá	se abstendrán

futuro perfecto

me habré abstenido	nos habremos abstenido
te habrás abstenido	os habréis abstenido
se habrá abstenido	se habrán abstenido

condicional simple

me abstendría	nos abstendríamos
te abstendrías	os abstendríais
se abstendría	se abstendrían

condicional compuesto

me habría abstenido	nos habríamos abstenido
te habrías abstenido	os habríais abstenido
se habría abstenido	se habrían abstenido

presente de subjuntivo

me abstenga	nos abstengamos
te abstengas	os abstengáis
se abstenga	se abstengan

perfecto de subjuntivo

me haya abstenido	nos hayamos abstenido
te hayas abstenido	os hayáis abstenido
se haya abstenido	se hayan abstenido

imperfecto de subjuntivo

me abstuviera	nos abstuviéramos
te abstuvieras	os abstuvierais
se abstuviera	se abstuvieran
OR	
me abstuviese	nos abstuviésemos
te abstuvieses	os abstuvieseis
se abstuviese	se abstuviesen

pluscuamperfecto de subjuntivo

me hubiera abstenido	nos hubiéramos abstenido
te hubieras abstenido	os hubierais abstenido
se hubiera abstenido	se hubieran abstenido
OR	
me hubiese abstenido	nos hubiésemos abstenido
te hubieses abstenido	os hubieseis abstenido
se hubiese abstenido	se hubiesen abstenido

imperativo

—	abstengámonos
abstente;	absteneos;
no te abstengas	no os abstengáis
absténgase	absténganse

gerundio aburriendo   **participio de pasado** aburrido

SINGULAR	PLURAL

presente de indicativo

aburro	aburrimos
aburres	aburrís
aburre	aburren

imperfecto de indicativo

aburría	aburríamos
aburrías	aburríais
aburría	aburrían

pretérito

aburrí	aburrimos
aburriste	aburristeis
aburrió	aburrieron

futuro

aburriré	aburriremos
aburrirás	aburriréis
aburrirá	aburrirán

condicional simple

aburriría	aburriríamos
aburrirías	aburriríais
aburriría	aburrirían

presente de subjuntivo

aburra	aburramos
aburras	aburráis
aburra	aburran

imperfecto de subjuntivo

aburriera	aburriéramos
aburrieras	aburrierais
aburriera	aburrieran
OR	
aburriese	aburriésemos
aburrieses	aburrieseis
aburriese	aburriesen

imperativo

—	aburramos
aburre; no aburras	aburrid; no aburráis
aburra	aburran

SINGULAR	PLURAL

perfecto de indicativo

he aburrido	hemos aburrido
has aburrido	habéis aburrido
ha aburrido	han aburrido

pluscuamperfecto de indicativo

había aburrido	habíamos aburrido
habías aburrido	habíais aburrido
había aburrido	habían aburrido

A

pretérito anterior

hube aburrido	hubimos aburrido
hubiste aburrido	hubisteis aburrido
hubo aburrido	hubieron aburrido

futuro perfecto

habré aburrido	habremos aburrido
habrás aburrido	habréis aburrido
habrá aburrido	habrán aburrido

condicional compuesto

habría aburrido	habríamos aburrido
habrías aburrido	habríais aburrido
habría` aburrido	habrían aburrido

perfecto de subjuntivo

haya aburrido	hayamos aburrido
hayas aburrido	hayáis aburrido
haya aburrido	hayan aburrido

pluscuamperfecto de subjuntivo

hubiera aburrido	hubiéramos aburrido
hubieras aburrido	hubierais aburrido
hubiera aburrido	hubieran aburrido
OR	
hubiese aburrido	hubiésemos aburrido
hubieses aburrido	hubieseis aburrido
hubiese aburrido	hubiesen aburrido

to abuse, to take advantage of

gerundio **abusando** participio de pasado **abusado**

SINGULAR	PLURAL

presente de indicativo

abus**o**	abus**amos**
abus**as**	abus**áis**
abus**a**	abus**an**

imperfecto de indicativo

abus**aba**	abus**ábamos**
abus**abas**	abus**abais**
abus**aba**	abus**aban**

pretérito

abus**é**	abus**amos**
abus**aste**	abus**asteis**
abus**ó**	abus**aron**

futuro

abusar**é**	abusar**emos**
abusar**ás**	abusar**éis**
abusar**á**	abusar**án**

condicional simple

abusar**ía**	abusar**íamos**
abusar**ías**	abusar**íais**
abusar**ía**	abusar**ían**

presente de subjuntivo

abus**e**	abus**emos**
abus**es**	abus**éis**
abus**e**	abus**en**

imperfecto de subjuntivo

abusar**a**	abusár**amos**
abusar**as**	abusar**ais**
abusar**a**	abusar**an**
OR	
abusas**e**	abusás**emos**
abusas**es**	abusas**eis**
abusas**e**	abusas**en**

imperativo

—	abusemos
abusa; no abuses	abusad; no abuséis
abuse	abusen

SINGULAR	PLURAL

perfecto de indicativo

he abusado	**hemos** abusado
has abusado	**habéis** abusado
ha abusado	**han** abusado

pluscuamperfecto de indicativo

había abusado	**habíamos** abusado
habías abusado	**habíais** abusado
había abusado	**habían** abusado

pretérito anterior

hube abusado	**hubimos** abusado
hubiste abusado	**hubisteis** abusado
hubo abusado	**hubieron** abusado

futuro perfecto

habré abusado	**habremos** abusado
habrás abusado	**habréis** abusado
habrá abusado	**habrán** abusado

condicional compuesto

habría abusado	**habríamos** abusado
habrías abusado	**habríais** abusado
habría abusado	**habrían** abusado

perfecto de subjuntivo

haya abusado	**hayamos** abusado
hayas abusado	**hayáis** abusado
haya abusado	**hayan** abusado

pluscuamperfecto de subjuntivo

hubiera abusado	**hubiéramos** abusado
hubieras abusado	**hubierais** abusado
hubiera abusado	**hubieran** abusado
OR	
hubiese abusado	**hubiésemos** abusado
hubieses abusado	**hubieseis** abusado
hubiese abusado	**hubiesen** abusado

to finish, to end, to complete   acabar

SINGULAR	PLURAL	SINGULAR	PLURAL

presente de indicativo

acabo	acabamos		
acabas	acabáis		
acaba	acaban		

perfecto de indicativo

he acabado	hemos acabado
has acabado	habéis acabado
ha acabado	han acabado

imperfecto de indicativo

acababa	acabábamos
acababas	acababais
acababa	acababan

pluscuamperfecto de indicativo

había acabado	habíamos acabado
habías acabado	habíais acabado
había acabado	habían acabado

A

pretérito

acabé	acabamos
acabaste	acabasteis
acabó	acabaron

pretérito anterior

hube acabado	hubimos acabado
hubiste acabado	hubisteis acabado
hubo acabado	hubieron acabado

futuro

acabaré	acabaremos
acabarás	acabaréis
acabará	acabarán

futuro perfecto

habré acabado	habremos acabado
habrás acabado	habréis acabado
habrá acabado	habrán acabado

condicional simple

acabaría	acabaríamos
acabarías	acabaríais
acabaría	acabarían

condicional compuesto

habría acabado	habríamos acabado
habrías acabado	habríais acabado
habría acabado	habrían acabado

presente de subjuntivo

acabe	acabemos
acabes	acabéis
acabe	acaben

perfecto de subjuntivo

haya acabado	hayamos acabado
hayas acabado	hayáis acabado
haya acabado	hayan acabado

imperfecto de subjuntivo

acabara	acabáramos
acabaras	acabarais
acabara	acabaran
OR	
acabase	acabásemos
acabases	acabaseis
acabase	acabasen

pluscuamperfecto de subjuntivo

hubiera acabado	hubiéramos acabado
hubieras acabado	hubierais acabado
hubiera acabado	hubieran acabado
OR	
hubiese acabado	hubiésemos acabado
hubieses acabado	hubieseis acabado
hubiese acabado	hubiesen acabado

imperativo

—	acabemos
acaba; no acabes	acabad; no acabéis
acabe	acaben

MUST KNOW VERB

gerundio **acalorándose**　　　participio de pasado **acalorado**

SINGULAR	PLURAL	SINGULAR	PLURAL

presente de indicativo

me acalor**o**	nos acalor**amos**
te acalor**as**	os acalor**áis**
se acalor**a**	se acalor**an**

perfecto de indicativo

me he acalorado	**nos hemos** acalorado
te has acalorado	**os habéis** acalorado
se ha acalorado	**se han** acalorado

imperfecto de indicativo

me acalor**aba**	nos acalor**ábamos**
te acalor**abas**	os acalor**abais**
se acalor**aba**	se acalor**aban**

pluscuamperfecto de indicativo

me había acalorado	**nos habíamos** acalorado
te habías acalorado	**os habíais** acalorado
se había acalorado	**se habían** acalorado

pretérito

me acalor**é**	nos acalor**amos**
te acalor**aste**	os acalor**asteis**
se acalor**ó**	se acalor**aron**

pretérito anterior

me hube acalorado	**nos hubimos** acalorado
te hubiste acalorado	**os hubisteis** acalorado
se hubo acalorado	**se hubieron** acalorado

futuro

me acalorar**é**	nos acalorar**emos**
te acalorar**ás**	os acalorar**éis**
se acalorar**á**	se acalorar**án**

futuro perfecto

me habré acalorado	**nos habremos** acalorado
te habrás acalorado	**os habréis** acalorado
se habrá acalorado	**se habrán** acalorado

condicional simple

me acalorar**ía**	nos acalorar**íamos**
te acalorar**ías**	os acalorar**íais**
se acalorar**ía**	se acalorar**ían**

condicional compuesto

me habría acalorado	**nos habríamos** acalorado
te habrías acalorado	**os habríais** acalorado
se habría acalorado	**se habrían** acalorado

presente de subjuntivo

me acalor**e**	nos acalor**emos**
te acalor**es**	os acalor**éis**
se acalor**e**	se acalor**en**

perfecto de subjuntivo

me haya acalorado	**nos hayamos** acalorado
te hayas acalorado	**os hayáis** acalorado
se haya acalorado	**se hayan** acalorado

imperfecto de subjuntivo

me acalor**ara**	nos acalor**áramos**
te acalor**aras**	os acalor**arais**
se acalor**ara**	se acalor**aran**
OR	
me acalor**ase**	nos acalor**ásemos**
te acalor**ases**	os acalor**aseis**
se acalor**ase**	se acalor**asen**

pluscuam perfecto de subjuntivo

me hubiera acalorado	**nos hubiéramos** acalorado
te hubieras acalorado	**os hubierais** acalorado
se hubiera acalorado	**se hubieran** acalorado
OR	
me hubiese acalorado	**nos hubiésemos** acalorado
te hubieses acalorado	**os hubieseis** acalorado
se hubiese acalorado	**se hubiesen** acalorado

imperativo

—	nos acaloremos
acalórate;	acaloraos;
no te acalores	no os acaloréis
acalórese	acalórense

to caress

gerundio **acariciando**   participio de pasado **acariciado**

SINGULAR	PLURAL	SINGULAR	PLURAL

presente de indicativo

acaricio	acariciamos
acaricias	acariciáis
acaricia	acarician

perfecto de indicativo

he acariciado	hemos acariciado
has acariciado	habéis acariciado
ha acariciado	han acariciado

imperfecto de indicativo

acariciaba	acariciábamos
acariciabas	acariciabais
acariciaba	acariciaban

pluscuamperfecto de indicativo

había acariciado	habíamos acariciado
habías acariciado	habíais acariciado
había acariciado	habían acariciado

A

pretérito

acaricié	acariciamos
acariciaste	acariciasteis
acarició	acariciaron

pretérito anterior

hube acariciado	hubimos acariciado
hubiste acariciado	hubisteis acariciado
hubo acariciado	hubieron acariciado

futuro

acariciaré	acariciaremos
acariciarás	acariciaréis
acariciará	acariciarán

futuro perfecto

habré acariciado	habremos acariciado
habrás acariciado	habréis acariciado
habrá acariciado	habrán acariciado

condicional simple

acariciaría	acariciaríamos
acariciarías	acariciaríais
acariciaría	acariciarían

condicional compuesto

habría acariciado	habríamos acariciado
habrías acariciado	habríais acariciado
habría acariciado	habrían acariciado

presente de subjuntivo

acaricie	acariciemos
acaricies	acariciéis
acaricie	acaricien

perfecto de subjuntivo

haya acariciado	hayamos acariciado
hayas acariciado	hayáis acariciado
haya acariciado	hayan acariciado

imperfecto de subjuntivo

acariciara	acariciáramos
acariciaras	acariciarais
acariciara	acariciaran
OR	
acariciase	acariciásemos
acariciases	acariciaseis
acariciase	acariciasen

pluscuamperfecto de subjuntivo

hubiera acariciado	hubiéramos acariciado
hubieras acariciado	hubierais acariciado
hubiera acariciado	hubieran acariciado
OR	
hubiese acariciado	hubiésemos acariciado
hubieses acariciado	hubieseis acariciado
hubiese acariciado	hubiesen acariciado

imperativo

—	acariciemos
acaricia; no acaricies	acariciad; no acariciéis
acaricie	acaricien

gerundio accionando   participio de pasado accionado

SINGULAR	PLURAL	SINGULAR	PLURAL
presente de indicativo		**perfecto de indicativo**	
acciono	accionamos	he accionado	hemos accionado
accionas	accionáis	has accionado	habéis accionado
acciona	accionan	ha accionado	han accionado
imperfecto de indicativo		**pluscuamperfecto de indicativo**	
accionaba	accionábamos	había accionado	habíamos accionado
accionabas	accionabais	habías accionado	habíais accionado
accionaba	accionaban	había accionado	habían accionado
pretérito		**pretérito anterior**	
accioné	accionamos	hube accionado	hubimos accionado
accionaste	accionasteis	hubiste accionado	hubisteis accionado
accionó	accionaron	hubo accionado	hubieron accionado
futuro		**futuro perfecto**	
accionaré	accionaremos	habré accionado	habremos accionado
accionarás	accionaréis	habrás accionado	habréis accionado
accionará	accionarán	habrá accionado	habrán accionado
condicional simple		**condicional compuesto**	
accionaría	accionaríamos	habría accionado	habríamos accionado
accionarías	accionaríais	habrías accionado	habríais accionado
accionaría	accionarían	habría accionado	habrían accionado
presente de subjuntivo		**perfecto de subjuntivo**	
accione	accionemos	haya accionado	hayamos accionado
acciones	accionéis	hayas accionado	hayáis accionado
accione	accionen	haya accionado	hayan accionado
imperfecto de subjuntivo		**pluscuamperfecto de subjuntivo**	
accionara	accionáramos	hubiera accionado	hubiéramos accionado
accionaras	accionarais	hubieras accionado	hubierais accionado
accionara	accionaran	hubiera accionado	hubieran accionado
OR		OR	
accionase	accionásemos	hubiese accionado	hubiésemos accionado
accionases	accionaseis	hubieses accionado	hubieseis accionado
accionase	accionasen	hubiese accionado	hubiesen accionado

imperativo

—	accionemos
acciona; no acciones	accionad; no accionéis
accione	accionen

to accelerate   acelerar

SINGULAR	PLURAL	SINGULAR	PLURAL

presente de indicativo

acelero	aceleramos
aceleras	aceleráis
acelera	aceleran

perfecto de indicativo

he acelerado	hemos acelerado
has acelerado	habéis acelerado
ha acelerado	han acelerado

imperfecto de indicativo

aceleraba	acelerábamos
acelerabas	acelerabais
aceleraba	aceleraban

pluscuamperfecto de indicativo

había acelerado	habíamos acelerado
habías acelerado	habíais acelerado
había acelerado	habían acelerado

A

pretérito

aceleré	aceleramos
aceleraste	acelerasteis
aceleró	aceleraron

pretérito anterior

hube acelerado	hubimos acelerado
hubiste acelerado	hubisteis acelerado
hubo acelerado	hubieron acelerado

futuro

aceleraré	aceleraremos
acelerarás	aceleraréis
acelerará	acelerarán

futuro perfecto

habré acelerado	habremos acelerado
habrás acelerado	habréis acelerado
habrá acelerado	habrán acelerado

condicional simple

aceleraría	aceleraríamos
acelerarías	aceleraríais
aceleraría	acelerarían

condicional compuesto

habría acelerado	habríamos acelerado
habrías acelerado	habríais acelerado
habría acelerado	habrían acelerado

presente de subjuntivo

acelere	aceleremos
aceleres	acelereis
acelere	aceleren

perfecto de subjuntivo

haya acelerado	hayamos acelerado
hayas acelerado	hayáis acelerado
haya acelerado	hayan acelerado

imperfecto de subjuntivo

acelerara	aceleráramos
aceleraras	acelerarais
acelerara	aceleraran
OR	
acelerase	acelerásemos
acelerases	aceleraseis
acelerase	acelerasen

pluscuamperfecto de subjuntivo

hubiera acelerado	hubiéramos acelerado
hubieras acelerado	hubierais acelerado
hubiera acelerado	hubieran acelerado
OR	
hubiese acelerado	hubiésemos acelerado
hubieses acelerado	hubieseis acelerado
hubiese acelerado	hubiesen acelerado

imperativo

—	aceleremos
acelera; no aceleres	acelerad; no aceleréis
acelere	aceleren

gerundio acercando | **participio de pasado** acercado

SINGULAR	PLURAL	SINGULAR	PLURAL

presente de indicativo

acerc**o**	acerc**amos**
acerc**as**	acerc**áis**
acerc**a**	acerc**an**

perfecto de indicativo

he acercado	**hemos** acercado
has acercado	**habéis** acercado
ha acercado	**han** acercado

imperfecto de indicativo

acerc**aba**	acerc**ábamos**
acerc**abas**	acerc**abais**
acerc**aba**	acerc**aban**

pluscuamperfecto de indicativo

había acercado	**habíamos** acercado
habías acercado	**habíais** acercado
había acercado	**habían** acercado

pretérito

acerq**ué**	acerc**amos**
acerc**aste**	acerc**asteis**
acerc**ó**	acerc**aron**

pretérito anterior

hube acercado	**hubimos** acercado
hubiste acercado	**hubisteis** acercado
hubo acercado	**hubieron** acercado

futuro

acercar**é**	acercar**emos**
acercar**ás**	acercar**éis**
acercar**á**	acercar**án**

futuro perfecto

habré acercado	**habremos** acercado
habrás acercado	**habréis** acercado
habrá acercado	**habrán** acercado

condicional simple

acercar**ía**	acercar**íamos**
acercar**ías**	acercar**íais**
acercar**ía**	acercar**ían**

condicional compuesto

habría acercado	**habríamos** acercado
habrías acercado	**habríais** acercado
habría acercado	**habrían** acercado

presente de subjuntivo

acerqu**e**	acerqu**emos**
acerqu**es**	acerqu**éis**
acerqu**e**	acerqu**en**

perfecto de subjuntivo

haya acercado	**hayamos** acercado
hayas acercado	**hayáis** acercado
haya acercado	**hayan** acercado

imperfecto de subjuntivo

acerc**ara**	acerc**áramos**
acerc**aras**	acerc**arais**
acerc**ara**	acerc**aran**
OR	
acerc**ase**	acerc**ásemos**
acerc**ases**	acerc**aseis**
acerc**ase**	acerc**asen**

pluscuamperfecto de subjuntivo

hubiera acercado	**hubiéramos** acercado
hubieras acercado	**hubierais** acercado
hubiera acercado	**hubieran** acercado
OR	
hubiese acercado	**hubiésemos** acercado
hubieses acercado	**hubieseis** acercado
hubiese acercado	**hubiesen** acercado

imperativo

—	acerquemos
acerca; no acerques	acercad; no acerquéis
acerque	acerquen

gerundio **acercándose**   participio de pasado **acercado**

SINGULAR	PLURAL

presente de indicativo
me acerc**o**	nos acerc**amos**
te acerc**as**	os acerc**áis**
se acerc**a**	se acerc**an**

imperfecto de indicativo
me acerc**aba**	nos acerc**ábamos**
te acerc**abas**	os acerc**abais**
se acerc**aba**	se acerc**aban**

pretérito
me acerqu**é**	nos acerc**amos**
te acerc**aste**	os acerc**asteis**
se acerc**ó**	se acerc**aron**

futuro
me acercar**é**	nos acercar**emos**
te acercar**ás**	os acercar**éis**
se acercar**á**	se acercar**án**

condicional simple
me acercar**ía**	nos acercar**íamos**
te acercar**ías**	os acercar**íais**
se acercar**ía**	se acercar**ían**

presente de subjuntivo
me acerqu**e**	nos acerqu**emos**
te acerqu**es**	os acerqu**éis**
se acerqu**e**	se acerqu**en**

imperfecto de subjuntivo
me acerc**ara**	nos acerc**áramos**
te acerc**aras**	os acerc**arais**
se acerc**ara**	se acerc**aran**
OR	
me acerc**ase**	nos acerc**ásemos**
te acerc**ases**	os acerc**aseis**
se acerc**ase**	se acerc**asen**

imperativo
—	acerqu**émonos**
acérc**ate**;	acerc**aos**;
no te acerqu**es**	no os acerqu**éis**
acérqu**ese**	acérqu**ense**

perfecto de indicativo
me he acercado	**nos hemos** acercado
te has acercado	**os habéis** acercado
se ha acercado	**se han** acercado

pluscuamperfecto de indicativo
me había acercado	**nos habíamos** acercado
te habías acercado	**os habíais** acercado
se había acercado	**se habían** acercado

A

pretérito anterior
me hube acercado	**nos hubimos** acercado
te hubiste acercado	**os hubisteis** acercado
se hubo acercado	**se hubieron** acercado

futuro perfecto
me habré acercado	**nos habremos** acercado
te habrás acercado	**os habréis** acercado
se habrá acercado	**se habrán** acercado

condicional compuesto
me habría acercado	**nos habríamos** acercado
te habrías acercado	**os habríais** acercado
se habría acercado	**se habrían** acercado

perfecto de subjuntivo
me haya acercado	**nos hayamos** acercado
te hayas acercado	**os hayáis** acercado
se haya acercado	**se hayan** acercado

pluscuamperfecto de subjuntivo
me hubiera acercado	**nos hubiéramos** acercado
te hubieras acercado	**os hubierais** acercado
se hubiera acercado	**se hubieran** acercado
OR	
me hubiese acercado	**nos hubiésemos** acercado
te hubieses acercado	**os hubieseis** acercado
se hubiese acercado	**se hubiesen** acercado

acertar
to get something right
gerundio **acertando**
participio de pasado **acertado**

SINGULAR	PLURAL	SINGULAR	PLURAL

presente de indicativo
aciert**o**	acert**amos**		
aciert**as**	acert**áis**		
aciert**o**	aciert**an**		

perfecto de indicativo
he acertado	**hemos** acertado
has acertado	**habéis** acertado
ha acertado	**han** acertado

imperfecto de indicativo
acert**aba**	acert**ábamos**
acert**abas**	acert**abais**
acert**aba**	acert**aban**

pluscuamperfecto de indicativo
había acertado	**habíamos** acertado
habías acertado	**habíais** acertado
había acertado	**habían** acertado

pretérito
acert**é**	acert**amos**
acert**aste**	acert**asteis**
acert**ó**	acert**aron**

pretérito anterior
hube acertado	**hubimos** acertado
hubiste acertado	**hubisteis** acertado
hubo acertado	**hubieron** acertado

futuro
acertar**é**	acertar**emos**
acertar**ás**	acertar**éis**
acertar**á**	acertar**án**

futuro perfecto
habré acertado	**habremos** acertado
habrás acertado	**habréis** acertado
habrá acertado	**habrán** acertado

condicional simple
acertar**ía**	acertar**íamos**
acertar**ías**	acertar**íais**
acertar**ía**	acertar**ían**

condicional compuesto
habría acertado	**habríamos** acertado
habrías acertado	**habríais** acertado
habría acertado	**habrían** acertado

presente de subjuntivo
aciert**e**	acert**emos**
aciert**es**	acert**éis**
aciert**e**	aciert**en**

perfecto de subjuntivo
haya acertado	**hayamos** acertado
hayas acertado	**hayáis** acertado
haya acertado	**hayan** acertado

imperfecto de subjuntivo
acert**ara**	acert**áramos**
acert**aras**	acert**arais**
acert**ara**	acert**aran**
OR	
acert**ase**	acert**ásemos**
acert**ases**	acert**aseis**
acert**ase**	acert**asen**

pluscuamperfecto de subjuntivo
hubiera acertado	**hubiéramos** acertado
hubieras acertado	**hubierais** acertado
hubiera acertado	**hubieran** acertado
OR	
hubiese acertado	**hubiésemos** acertado
hubieses acertado	**hubieseis** acertado
hubiese acertado	**hubiesen** acertado

imperativo
—	acert**emos**
aciert**a**; no aciert**es**	acert**ad**; no acert**éis**
aciert**e**	aciert**en**

to acclaim

gerundio **aclamando**   participio de pasado **aclamado**

SINGULAR	PLURAL	SINGULAR	PLURAL

presente de indicativo

aclam**o**	aclam**amos**
aclam**as**	aclam**áis**
aclam**a**	aclam**an**

perfecto de indicativo

he aclamado	**hemos** aclamado
has aclamado	**habéis** aclamado
ha aclamado	**han** aclamado

imperfecto de indicativo

aclam**aba**	aclam**ábamos**
aclam**abas**	aclam**abais**
aclam**aba**	aclam**aban**

pluscuamperfecto de indicativo

A

había aclamado	**habíamos** aclamado
habías aclamado	**habíais** aclamado
había aclamado	**habían** aclamado

pretérito

aclam**é**	aclam**amos**
aclam**aste**	aclam**asteis**
aclam**ó**	aclam**aron**

pretérito anterior

hube aclamado	**hubimos** aclamado
hubiste aclamado	**hubisteis** aclamado
hubo aclamado	**hubieron** aclamado

futuro

aclamar**é**	aclamar**emos**
aclamar**ás**	aclamar**éis**
aclamar**á**	aclamar**án**

futuro perfecto

habré aclamado	**habremos** aclamado
habrás aclamado	**habréis** aclamado
habrá aclamado	**habrán** aclamado

condicional simple

aclamar**ía**	aclamar**íamos**
aclamar**ías**	aclamar**íais**
aclamar**ía**	aclamar**ían**

condicional compuesto

habría aclamado	**habríamos** aclamado
habrías aclamado	**habríais** aclamado
habría aclamado	**habrían** aclamado

presente de subjuntivo

aclam**e**	aclam**emos**
aclam**es**	aclam**éis**
aclam**e**	aclam**en**

perfecto de subjuntivo

haya aclamado	**hayamos** aclamado
hayas aclamado	**hayáis** aclamado
haya aclamado	**hayan** aclamado

imperfecto de subjuntivo

aclam**ara**	aclam**áramos**
aclam**aras**	aclamar**ais**
aclam**ara**	aclam**aran**
OR	
aclam**ase**	aclam**ásemos**
aclam**ases**	aclam**aseis**
aclam**ase**	aclam**asen**

pluscuamperfecto de subjuntivo

hubiera aclamado	**hubiéramos** aclamado
hubieras aclamado	**hubierais** aclamado
hubiera aclamado	**hubieran** aclamado
OR	
hubiese aclamado	**hubiésemos** aclamado
hubieses aclamado	**hubieseis** aclamado
hubiese aclamado	**hubiesen** aclamado

imperativo

—	aclamemos
aclama; no aclames	aclamad; no aclaméis
aclame	aclamen

gerundio aclarando   **participio de pasado** aclarado

SINGULAR	PLURAL	SINGULAR	PLURAL

presente de indicativo

		perfecto de indicativo	
aclaro	aclaramos	he aclarado	hemos aclarado
aclaras	aclaráis	has aclarado	habéis aclarado
aclara	aclaran	ha aclarado	han aclarado

imperfecto de indicativo

pluscuamperfecto de indicativo

aclaraba	aclarábamos	había aclarado	habíamos aclarado
aclarabas	aclarabais	habías aclarado	habíais aclarado
aclaraba	aclaraban	había aclarado	habían aclarado

pretérito

pretérito anterior

aclaré	aclaramos	hube aclarado	hubimos aclarado
aclaraste	aclarasteis	hubiste aclarado	hubisteis aclarado
aclaró	aclararon	hubo aclarado	hubieron aclarado

futuro

futuro perfecto

aclararé	aclararemos	habré aclarado	habremos aclarado
aclararás	aclararéis	habrás aclarado	habréis aclarado
aclarará	aclararán	habrá aclarado	habrán aclarado

condicional simple

condicional compuesto

aclararía	aclararíamos	habría aclarado	habríamos aclarado
aclararías	aclararíais	habrías aclarado	habríais aclarado
aclararía	aclararían	habría aclarado	habrían aclarado

presente de subjuntivo

perfecto de subjuntivo

aclare	aclaremos	haya aclarado	hayamos aclarado
aclares	aclaréis	hayas aclarado	hayáis aclarado
aclare	aclaren	haya aclarado	hayan aclarado

imperfecto de subjuntivo

pluscuamperfecto de subjuntivo

aclarara	aclaráramos	hubiera aclarado	hubiéramos aclarado
aclararas	aclararais	hubieras aclarado	hubierais aclarado
aclarara	aclararan	hubiera aclarado	hubieran aclarado
OR		OR	
aclarase	aclarásemos	hubiese aclarado	hubiésemos aclarado
aclarases	aclaraseis	hubieses aclarado	hubieseis aclarado
aclarase	aclarasen	hubiese aclarado	hubiesen aclarado

imperativo

—	aclaremos
aclara; no aclares	aclarad; no aclaréis
aclare	aclaren

to take in, to receive

gerundio acogiendo   **participio de pasado** acogido

SINGULAR	PLURAL	SINGULAR	PLURAL

presente de indicativo

acojo	acogemos
acoges	acogéis
acoge	acogen

perfecto de indicativo

he acogido	hemos acogido
has acogido	habéis acogido
ha acogido	han acogido

imperfecto de indicativo

acogía	acogíamos
acogías	acogíais
acogía	acogían

pluscuamperfecto de indicativo

había acogido	habíamos acogido
habías acogido	habíais acogido
había acogido	habían acogido

A

pretérito

acogí	acogimos
acogiste	acogisteis
acogió	acogieron

pretérito anterior

hube acogido	hubimos acogido
hubiste acogido	hubisteis acogido
hubo acogido	hubieron acogido

futuro

acogeré	acogeremos
acogerás	acogeréis
acogerá	acogerán

futuro perfecto

habré acogido	habremos acogido
habrás acogido	habréis acogido
habrá acogido	habrán acogido

condicional simple

acogería	acogeríamos
acogerías	acogeríais
acogería	acogerían

condicional compuesto

habría acogido	habríamos acogido
habrías acogido	habríais acogido
habría acogido	habrían acogido

presente de subjuntivo

acoja	acojamos
acojas	acojáis
acoja	acojan

perfecto de subjuntivo

haya acogido	hayamos acogido
hayas acogido	hayáis acogido
haya acogido	hayan acogido

imperfecto de subjuntivo

acogiera	acogiéramos
acogieras	acogierais
acogiera	acogieran
OR	
acogiese	acogiésemos
acogieses	acogieseis
acogiese	acogiesen

pluscuamperfecto de subjuntivo

hubiera acogido	hubiéramos acogido
hubieras acogido	hubierais acogido
hubiera acogido	hubieran acogido
OR	
hubiese acogido	hubiésemos acogido
hubieses acogido	hubieseis acogido
hubiese acogido	hubiesen acogido

imperativo

—	acojamos
acoge; no acojas	acoged; no acojáis
acoja	acojan

gerundio **acometiendo**   participio de pasado **acometido**

SINGULAR	PLURAL	SINGULAR	PLURAL

presente de indicativo
		perfecto de indicativo	
acomet**o**	acomet**emos**	**he** acometido	**hemos** acometido
acomet**es**	acomet**éis**	**has** acometido	**habéis** acometido
acomet**e**	acomet**en**	**ha** acometido	**han** acometido

imperfecto de indicativo
		pluscuamperfecto de indicativo	
acomet**ía**	acomet**íamos**	**había** acometido	**habíamos** acometido
acomet**ías**	acomet**íais**	**habías** acometido	**habíais** acometido
acomet**ía**	acomet**ían**	**había** acometido	**habían** acometido

pretérito
		pretérito anterior	
acomet**í**	acomet**imos**	**hube** acometido	**hubimos** acometido
acomet**iste**	acomet**isteis**	**hubiste** acometido	**hubisteis** acometido
acomet**ió**	acomet**ieron**	**hubo** acometido	**hubieron** acometido

futuro
		futuro perfecto	
acometer**é**	acometer**emos**	**habré** acometido	**habremos** acometido
acometer**ás**	acometer**éis**	**habrás** acometido	**habréis** acometido
acometer**á**	acometer**án**	**habrá** acometido	**habrán** acometido

condicional simple
		condicional compuesto	
acometer**ía**	acometer**íamos**	**habría** acometido	**habríamos** acometido
acometer**ías**	acometer**íais**	**habrías** acometido	**habríais** acometido
acometer**ía**	acometer**ían**	**habría** acometido	**habrían** acometido

presente de subjuntivo
		perfecto de subjuntivo	
acomet**a**	acomet**amos**	**haya** acometido	**hayamos** acometido
acomet**as**	acomet**áis**	**hayas** acometido	**hayáis** acometido
acomet**a**	acomet**an**	**haya** acometido	**hayan** acometido

imperfecto de subjuntivo
		pluscuamperfecto de subjuntivo	
acomet**iera**	acomet**iéramos**	**hubiera** acometido	**hubiéramos** acometido
acomet**ieras**	acomet**ierais**	**hubieras** acometido	**hubierais** acometido
acomet**iera**	acomet**ieran**	**hubiera** acometido	**hubieran** acometido
OR		OR	
acomet**iese**	acomet**iésemos**	**hubiese** acometido	**hubiésemos** acometido
acomet**ieses**	acomet**ieseis**	**hubieses** acometido	**hubieseis** acometido
acomet**iese**	acomet**iesen**	**hubiese** acometido	**hubiesen** acometido

imperativo
—	acomet**amos**
acomet**e**;	acomet**ed**;
no acomet**as**	no acomet**áis**
acomet**a**	acomet**an**

gerundio **acompañando**   participio de pasado **acompañado**

SINGULAR	PLURAL	SINGULAR	PLURAL

presente de indicativo

acompañ**o**	acompañ**amos**
acompañ**as**	acompañ**áis**
acompañ**a**	acompañ**an**

perfecto de indicativo

he acompañado	**hemos** acompañado
has acompañado	**habéis** acompañado
ha acompañado	**han** acompañado

imperfecto de indicativo

acompañ**aba**	acompañ**ábamos**
acompañ**abas**	acompañ**abais**
acompañ**aba**	acompañ**aban**

pluscuamperfecto de indicativo

había acompañado	**habíamos** acompañado
habías acompañado	**habíais** acompañado
había acompañado	**habían** acompañado

A

pretérito

acompañ**é**	acompañ**amos**
acompañ**aste**	acompañ**asteis**
acompañ**ó**	acompañ**aron**

pretérito anterior

hube acompañado	**hubimos** acompañado
hubiste acompañado	**hubisteis** acompañado
hubo acompañado	**hubieron** acompañado

futuro

acompañar**é**	acompañar**emos**
acompañar**ás**	acompañar**éis**
acompañar**á**	acompañar**án**

futuro perfecto

habré acompañado	**habremos** acompañado
habrás acompañado	**habréis** acompañado
habrá acompañado	**habrán** acompañado

condicional simple

acompañar**ía**	acompañar**íamos**
acompañar**ías**	acompañar**íais**
acompañar**ía**	acompañar**ían**

condicional compuesto

habría acompañado	**habríamos** acompañado
habrías acompañado	**habríais** acompañado
habría acompañado	**habrían** acompañado

presente de subjuntivo

acompañ**e**	acompañ**emos**
acompañ**es**	acompañ**éis**
acompañ**e**	acompañ**en**

perfecto de subjuntivo

haya acompañado	**hayamos** acompañado
hayas acompañado	**hayáis** acompañado
haya acompañado	**hayan** acompañado

imperfecto de subjuntivo

acompañ**ara**	acompañ**áramos**
acompañ**aras**	acompañ**arais**
acompañ**ara**	acompañ**aran**
OR	
acompañ**ase**	acompañ**ásemos**
acompañ**ases**	acompañ**aseis**
acompañ**ase**	acompañ**asen**

pluscuamperfecto de subjuntivo

hubiera acompañado	**hubiéramos** acompañado
hubieras acompañado	**hubierais** acompañado
hubiera acompañado	**hubieran** acompañado
OR	
hubiese acompañado	**hubiésemos** acompañado
hubieses acompañado	**hubieseis** acompañado
hubiese acompañado	**hubiesen** acompañado

imperativo

—	acompañemos
acompaña;	acompañad;
no acompañes	no acompañéis
acompañe	acompañen

aconsejar
to advise, to counsel

gerundio **aconsejando**   participio de pasado **aconsejado**

SINGULAR	PLURAL	SINGULAR	PLURAL

presente de indicativo

		perfecto de indicativo	
aconsej**o**	aconsej**amos**	**he** aconsejado	**hemos** aconsejado
aconsej**as**	aconsej**áis**	**has** aconsejado	**habéis** aconsejado
aconsej**a**	aconsej**an**	**ha** aconsejado	**han** aconsejado

imperfecto de indicativo

		pluscuamperfecto de indicativo	
aconsej**aba**	aconsej**ábamos**	**había** aconsejado	**habíamos** aconsejado
aconsej**abas**	aconsej**abais**	**habías** aconsejado	**habíais** aconsejado
aconsej**aba**	aconsej**aban**	**había** aconsejado	**habían** aconsejado

pretérito

		pretérito anterior	
aconsej**é**	aconsej**amos**	**hube** aconsejado	**hubimos** aconsejado
aconsej**aste**	aconsej**asteis**	**hubiste** aconsejado	**hubisteis** aconsejado
aconsej**ó**	aconsej**aron**	**hubo** aconsejado	**hubieron** aconsejado

futuro

		futuro perfecto	
aconsejar**é**	aconsejar**emos**	**habré** aconsejado	**habremos** aconsejado
aconsejar**ás**	aconsejar**éis**	**habrás** aconsejado	**habréis** aconsejado
aconsejar**á**	aconsejar**án**	**habrá** aconsejado	**habrán** aconsejado

condicional simple

		condicional compuesto	
aconsejar**ía**	aconsejar**íamos**	**habría** aconsejado	**habríamos** aconsejado
aconsejar**ías**	aconsejar**íais**	**habrías** aconsejado	**habríais** aconsejado
aconsejar**ía**	aconsejar**ían**	**habría** aconsejado	**habrían** aconsejado

presente de subjuntivo

		perfecto de subjuntivo	
aconsej**e**	aconsej**emos**	**haya** aconsejado	**hayamos** aconsejado
aconsej**es**	aconsej**éis**	**hayas** aconsejado	**hayáis** aconsejado
aconsej**e**	aconsej**en**	**haya** aconsejado	**hayan** aconsejado

imperfecto de subjuntivo

		pluscuamperfecto de subjuntivo	
aconsej**ara**	aconsej**áramos**	**hubiera** aconsejado	**hubiéramos** aconsejado
aconsej**aras**	aconsej**arais**	**hubieras** aconsejado	**hubierais** aconsejado
aconsej**ara**	aconsej**aran**	**hubiera** aconsejado	**hubieran** aconsejado
OR		OR	
aconsej**ase**	aconsej**ásemos**	**hubiese** aconsejado	**hubiésemos** aconsejado
aconsej**ases**	aconsej**aseis**	**hubieses** aconsejado	**hubieseis** aconsejado
aconsej**ase**	aconsej**asen**	**hubiese** aconsejado	**hubiesen** aconsejado

imperativo

—	aconsejemos
aconseja;	aconsejad;
no aconsejes	aconsejéis
aconseje	aconsejen

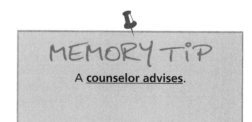

MEMORY TIP

A **counselor advises**.

to remember

gerundio acordándose   **participio de pasado** acordado

SINGULAR	PLURAL	SINGULAR	PLURAL

presente de indicativo

		perfecto de indicativo	
me acuerd**o**	nos acord**amos**	**me he** acordado	**nos hemos** acordado
te acuerd**as**	os acord**áis**	**te has** acordado	**os habéis** acordado
se acuerd**a**	se acuerd**an**	**se ha** acordado	**se han** acordado

imperfecto de indicativo

		pluscuamperfecto de indicativo	
me acord**aba**	nos acord**ábamos**	**me había** acordado	**nos habíamos** acordado
te acord**abas**	os acord**abais**	**te habías** acordado	**os habíais** acordado
se acord**aba**	se acord**aban**	**se había** acordado	**se habían** acordado

A

pretérito

		pretérito anterior	
me acord**é**	nos acord**amos**	**me hube** acordado	**nos hubimos** acordado
te acord**aste**	os acord**asteis**	**te hubiste** acordado	**os hubisteis** acordado
se acord**ó**	se acord**aron**	**se hubo** acordado	**se hubieron** acordado

futuro

		futuro perfecto	
me acordar**é**	nos acordar**emos**	**me habré** acordado	**nos habremos** acordado
te acordar**ás**	os acordar**éis**	**te habrás** acordado	**os habréis** acordado
se acordar**á**	se acordar**án**	**se habrá** acordado	**se habrán** acordado

condicional simple

		condicional compuesto	
me acordar**ía**	nos acordar**íamos**	**me habría** acordado	**nos habríamos** acordado
te acordar**ías**	os acordar**íais**	**te habrías** acordado	**os habríais** acordado
se acordar**ía**	se acordar**ían**	**se habría** acordado	**se habrían** acordado

presente de subjuntivo

		perfecto de subjuntivo	
me acuerd**e**	nos acord**emos**	**me haya** acordado	**nos hayamos** acordado
te acuerd**es**	os acord**éis**	**te hayas** acordado	**os hayáis** acordado
se acuerd**e**	se acuerd**en**	**se haya** acordado	**se hayan** acordado

imperfecto de subjuntivo

		pluscuamperfecto de subjuntivo	
me acordar**a**	nos acordár**amos**	**me hubiera** acordado	**nos hubiéramos** acordado
te acordar**as**	os acordar**ais**	**te hubieras** acordado	**os hubierais** acordado
se acordar**a**	se acordar**an**	**se hubiera** acordado	**se hubieran** acordado
OR		OR	
me acordas**e**	nos acordás**emos**	**me hubiese** acordado	**nos hubiésemos** acordado
te acordas**es**	os acordas**eis**	**te hubieses** acordado	**os hubieseis** acordado
se acordas**e**	se acordas**en**	**se hubiese** acordado	**se hubiesen** acordado

imperativo

—	acordémonos
acuérdate;	acordaos;
no te acuerdes	no os acordéis
acuérdese	acuérdense

to go to bed, to lie down

participio de pasado acostado

SINGULAR	PLURAL	SINGULAR	PLURAL

presente de indicativo

me acuest**o**	nos acost**amos**		
te acuest**as**	os acost**áis**		
se acuest**a**	se acuest**an**		

perfecto de indicativo

me he acostado	**nos hemos** acostado		
te has acostado	**os habéis** acostado		
se ha acostado	**se han** acostado		

imperfecto de indicativo

me acost**aba**	nos acost**ábamos**
te acost**abas**	os acost**abais**
se acost**aba**	se acost**aban**

pluscuamperfecto de indicativo

me había acostado	**nos habíamos** acostado
te habías acostado	**os habíais** acostado
se había acostado	**se habían** acostado

pretérito

me acost**é**	nos acost**amos**
te acost**aste**	os acost**asteis**
se acost**ó**	se acost**aron**

pretérito anterior

me hube acostado	**nos hubimos** acostado
te hubiste acostado	**os hubisteis** acostado
se hubo acostado	**se hubieron** acostado

futuro

me acostar**é**	nos acostar**emos**
te acostar**ás**	os acostar**éis**
se acostar**á**	se acostar**án**

futuro perfecto

me habré acostado	**nos habremos** acostado
te habrás acostado	**os habréis** acostado
se habrá acostado	**se habrán** acostado

condicional simple

me acostar**ía**	nos acostar**íamos**
te acostar**ías**	os acostar**íais**
se acostar**ía**	se acostar**ían**

condicional compuesto

me habría acostado	**nos habríamos** acostado
te habrías acostado	**os habríais** acostado
se habría acostado	**se habrían** acostado

presente de subjuntivo

me acuest**e**	nos acost**emos**
te acuest**es**	os acost**éis**
se acuest**e**	se acuest**en**

perfecto de subjuntivo

me haya acostado	**nos hayamos** acostado
te hayas acostado	**os hayáis** acostado
se haya acostado	**se hayan** acostado

imperfecto de subjuntivo

me acostar**a**	nos acost**áramos**
te acostar**as**	os acostar**ais**
se acostar**a**	se acostar**an**
OR	
me acost**ase**	nos acost**ásemos**
te acostas**es**	os acostas**eis**
se acostas**e**	se acostas**en**

pluscuamperfecto de subjuntivo

me hubiera acostado	**nos hubiéramos** acostado
te hubieras acostado	**os hubierais** acostado
se hubiera acostado	**se hubieran** acostado
OR	
me hubiese acostado	**nos hubiésemos** acostado
te hubieses acostado	**os hubieseis** acostado
se hubiese acostado	**se hubiesen** acostado

imperativo

—	acost**émonos**
acuést**ate**;	acost**aos**;
no te acuest**es**	no os acost**éis**
acuést**ese**	acuést**ense**

to get used to something   acostumbrarse

SINGULAR	PLURAL	SINGULAR	PLURAL

presente de indicativo

me acostumbr**o**	nos acostumbr**amos**
te acostumbr**as**	os acostumbr**áis**
se acostumbr**a**	se acostumbr**an**

imperfecto de indicativo

me acostumbr**aba**	nos acostumbr**ábamos**
te acostumbr**abas**	os acostumbr**abais**
se acostumbr**aba**	se acostumbr**aban**

pretérito

me acostumbr**é**	nos acostumbr**amos**
te acostumbr**aste**	os acostumbr**asteis**
se acostumbr**ó**	se acostumbr**aron**

futuro

me acostumbrar**é**	nos acostumbrar**emos**
te acostumbrar**ás**	os acostumbrar**éis**
se acostumbrar**á**	se acostumbrar**án**

condicional simple

me acostumbrar**ía**	nos acostumbrar**íamos**
te acostumbrar**ías**	os acostumbrar**íais**
se acostumbrar**ía**	se acostumbrar**ían**

presente de subjuntivo

me acostumbr**e**	nos acostumbr**emos**
te acostumbr**es**	os acostumbr**éis**
se acostumbr**e**	se acostumbr**en**

imperfecto de subjuntivo

me acostumbrar**a**	nos acostumbrár**amos**
te acostumbrar**as**	os acostumbrar**ais**
se acostumbrar**a**	se acostumbrar**an**

OR

me acostumbras**e**	nos acostumbrás**emos**
te acostumbras**es**	os acostumbras**eis**
se acostumbras**e**	se acostumbras**en**

imperativo

—	acostumbr**émonos**
acostúmbr**ate**; no te acostumbr**es**	acostumbr**aos**; no os acostumbr**éis**
acostúmbr**ese**	acostúmbr**ense**

perfecto de indicativo

me he acostumbrado	**nos hemos** acostumbrado
te has acostumbrado	**os habéis** acostumbrado
se ha acostumbrado	**se han** acostumbrado

pluscuamperfecto de indicativo

me había acostumbrado	**nos habíamos** acostumbrado
te habías acostumbrado	**os habíais** acostumbrado
se había acostumbrado	**se habían** acostumbrado

pretérito anterior

me hube acostumbrado	**nos hubimos** acostumbrado
te hubiste acostumbrado	**os hubisteis** acostumbrado
se hubo acostumbrado	**se hubieron** acostumbrado

futuro perfecto

me habré acostumbrado	**nos habremos** acostumbrado
te habrás acostumbrado	**os habréis** acostumbrado
se habrá acostumbrado	**se habrán** acostumbrado

condicional compuesto

me habría acostumbrado	**nos habríamos** acostumbrado
te habrías acostumbrado	**os habríais** acostumbrado
se habría acostumbrado	**se habrían** acostumbrado

perfecto de subjuntivo

me haya acostumbrado	**nos hayamos** acostumbrado
te hayas acostumbrado	**os hayáis** acostumbrado
se haya acostumbrado	**se hayan** acostumbrado

pluscuamperfecto de subjuntivo

me hubiera acostumbrado	**nos hubiéramos** acostumbrado
te hubieras acostumbrado	**os hubierais** acostumbrado
se hubiera acostumbrado	**se hubieran** acostumbrado

OR

me hubiese acostumbrado	**nos hubiésemos** acostumbrado
te hubieses acostumbrado	**os hubieseis** acostumbrado
se hubiese acostumbrado	**se hubiesen** acostumbrado

A

gerundio   acreditando   participio de pasado   acreditado

SINGULAR	PLURAL	SINGULAR	PLURAL
presente de indicativo		**perfecto de indicativo**	
acredit**o**	acredit**amos**	**he** acreditado	**hemos** acreditado
acredit**as**	acredit**áis**	**has** acreditado	**habéis** acreditado
acredit**a**	acredit**an**	**ha** acreditado	**han** acreditado
imperfecto de indicativo		**pluscuamperfecto de indicativo**	
acredit**aba**	acredit**ábamos**	**había** acreditado	**habíamos** acreditado
acredit**abas**	acredit**abais**	**habías** acreditado	**habíais** acreditado
acredit**aba**	acredit**aban**	**había** acreditado	**habían** acreditado
pretérito		**pretérito anterior**	
acredit**é**	acredit**amos**	**hube** acreditado	**hubimos** acreditado
acredit**aste**	acredit**asteis**	**hubiste** acreditado	**hubisteis** acreditado
acredit**ó**	acredit**aron**	**hubo** acreditado	**hubieron** acreditado
futuro		**futuro perfecto**	
acreditar**é**	acreditar**emos**	**habré** acreditado	**habremos** acreditado
acreditar**ás**	acreditar**éis**	**habrás** acreditado	**habréis** acreditado
acreditar**á**	acreditar**án**	**habrá** acreditado	**habrán** acreditado
condicional simple		**condicional compuesto**	
acreditar**ía**	acreditar**íamos**	**habría** acreditado	**habríamos** acreditado
acreditar**ías**	acreditar**íais**	**habrías** acreditado	**habríais** acreditado
acreditar**ía**	acreditar**ían**	**habría** acreditado	**habrían** acreditado
presente de subjuntivo		**perfecto de subjuntivo**	
acredit**e**	acredit**emos**	**haya** acreditado	**hayamos** acreditado
acredit**es**	acredit**éis**	**hayas** acreditado	**hayáis** acreditado
acredit**e**	acredit**en**	**haya** acreditado	**hayan** acreditado
imperfecto de subjuntivo		**pluscuamperfecto de subjuntivo**	
acreditar**a**	acreditár**amos**	**hubiera** acreditado	**hubiéramos** acreditado
acreditar**as**	acreditar**ais**	**hubieras** acreditado	**hubierais** acreditado
acreditar**a**	acreditar**an**	**hubiera** acreditado	**hubieran** acreditado
OR		OR	
acredit**ase**	acreditás**emos**	**hubiese** acreditado	**hubiésemos** acreditado
acredit**ases**	acreditas**eis**	**hubieses** acreditado	**hubieseis** acreditado
acredit**ase**	acreditas**en**	**hubiese** acreditado	**hubiesen** acreditado
imperativo			
—	acredit**emos**		
acredit**a;**	acredit**ad;**		
no acredit**es**	no acredit**éis**		
acredit**e**	acredit**en**		

to stimulate, to activate, to trigger   activar

SINGULAR	PLURAL	SINGULAR	PLURAL

presente de indicativo

activo	activamos
activas	activáis
activa	activan

perfecto de indicativo

he activado	hemos activado
has activado	habéis activado
ha activado	han activado

imperfecto de indicativo

activaba	activábamos
activabas	activabais
activaba	activaban

pluscuamperfecto de indicativo

había activado	habíamos activado
habías activado	habíais activado
había activado	habían activado

A

pretérito

activé	activamos
activaste	activasteis
activó	activaron

pretérito anterior

hube activado	hubimos activado
hubiste activado	hubisteis activado
hubo activado	hubieron activado

futuro

activaré	activaremos
activarás	activaréis
activará	activarán

futuro perfecto

habré activado	habremos activado
habrás activado	habréis activado
habrá activado	habrán activado

condicional simple

activaría	activaríamos
activarías	activaríais
activaría	activarían

condicional compuesto

habría activado	habríamos activado
habrías activado	habríais activado
habría activado	habrían activado

presente de subjuntivo

active	activemos
actives	activéis
active	activen

perfecto de subjuntivo

haya activado	hayamos activado
hayas activado	hayáis activado
haya activado	hayan activado

imperfecto de subjuntivo

activara	activáramos
activaras	activarais
activara	activaran
OR	
activase	activásemos
activases	activaseis
activase	activasen

pluscuamperfecto de subjuntivo

hubiera activado	hubiéramos activado
hubieras activado	hubierais activado
hubiera activado	hubieran activado
OR	
hubiese activado	hubiésemos activado
hubieses activado	hubieseis activado
hubiese activado	hubiesen activado

imperativo

—	activemos
activa; no actives	activad; no activéis
active	activen

gerundio actuando   **participio de pasado** actuado

SINGULAR	PLURAL	SINGULAR	PLURAL

presente de indicativo

actúo	actuamos
actúas	actuáis
actúa	actúan

perfecto de indicativo

he actuado	hemos actuado
has actuado	habéis actuado
ha actuado	han actuado

imperfecto de indicativo

actuaba	actuábamos
actuabas	actuabais
actuaba	actuaban

pluscuamperfecto de indicativo

había actuado	habíamos actuado
habías actuado	habíais actuado
había actuado	habían actuado

pretérito

actué	actuamos
actuaste	actuasteis
actuó	actuaron

pretérito anterior

hube actuado	hubimos actuado
hubiste actuado	hubisteis actuado
hubo actuado	hubieron actuado

futuro

actuaré	actuaremos
actuarás	actuaréis
actuará	actuarán

futuro perfecto

habré actuado	habremos actuado
habrás actuado	habréis actuado
habrá actuado	habrán actuado

condicional simple

actuaría	actuaríamos
actuarías	actuaríais
actuaría	actuarían

condicional compuesto

habría actuado	habríamos actuado
habrías actuado	habríais actuado
habría actuado	habrían actuado

presente de subjuntivo

actúe	actuemos
actúes	actuéis
actúe	actúen

perfecto de subjuntivo

haya actuado	hayamos actuado
hayas actuado	hayáis actuado
haya actuado	hayan actuado

imperfecto de subjuntivo

actuara	actuáramos
actuaras	actuarais
actuara	actuaran
OR	
actuase	actuásemos
actuases	actuaseis
actuase	actuasen

pluscuamperfecto de subjuntivo

hubiera actuado	hubiéramos actuado
hubieras actuado	hubierais actuado
hubiera actuado	hubieran actuado
OR	
hubiese actuado	hubiésemos actuado
hubieses actuado	hubieseis actuado
hubiese actuado	hubiesen actuado

imperativo

—	actuemos
actúa; no actúes	actuad; no actuéis
actúe	actúen

to attend to, to go to

gerundio **acudiendo**   participio de pasado **acudido**

SINGULAR	PLURAL	SINGULAR	PLURAL

presente de indicativo

		perfecto de indicativo	
acud**o**	acud**imos**	**he** acudido	**hemos** acudido
acud**es**	acud**ís**	**has** acudido	**habéis** acudido
acud**e**	acud**en**	**ha** acudido	**han** acudido

imperfecto de indicativo

		pluscuamperfecto de indicativo	
acud**ía**	acud**íamos**	**había** acudido	**habíamos** acudido
acud**ías**	acud**íais**	**habías** acudido	**habíais** acudido
acud**ía**	acud**ían**	**había** acudido	**habían** acudido

A

pretérito

		pretérito anterior	
acud**í**	acud**imos**	**hube** acudido	**hubimos** acudido
acud**iste**	acud**isteis**	**hubiste** acudido	**hubisteis** acudido
acud**ió**	acud**ieron**	**hubo** acudido	**hubieron** acudido

futuro

		futuro perfecto	
acudir**é**	acudir**emos**	**habré** acudido	**habremos** acudido
acudir**ás**	acudir**éis**	**habrás** acudido	**habréis** acudido
acudir**á**	acudir**án**	**habrá** acudido	**habrán** acudido

condicional simple

		condicional compuesto	
acudir**ía**	acudir**íamos**	**habría** acudido	**habríamos** acudido
acudir**ías**	acudir**íais**	**habrías** acudido	**habríais** acudido
acudir**ía**	acudir**ían**	**habría** acudido	**habrían** acudido

presente de subjuntivo

		perfecto de subjuntivo	
acud**a**	acud**amos**	**haya** acudido	**hayamos** acudido
acud**as**	acud**áis**	**hayas** acudido	**hayáis** acudido
acud**a**	acud**an**	**haya** acudido	**hayan** acudido

imperfecto de subjuntivo

		pluscuamperfecto de subjuntivo	
acud**iera**	acud**iéramos**	**hubiera** acudido	**hubiéramos** acudido
acud**ieras**	acud**ierais**	**hubieras** acudido	**hubierais** acudido
acud**iera**	acud**ieran**	**hubiera** acudido	**hubieran** acudido
OR		OR	
acud**iese**	acud**iésemos**	**hubiese** acudido	**hubiésemos** acudido
acud**ieses**	acud**ieseis**	**hubieses** acudido	**hubieseis** acudido
acud**iese**	acud**iesen**	**hubiese** acudido	**hubiesen** acudido

imperativo

—	acudamos
acude; no acudas	acudid; no acudáis
acuda	acudan

acumular

to accumulate

SINGULAR	PLURAL	SINGULAR	PLURAL

presente de indicativo

acumul**o** — acumul**amos**
acumul**as** — acumul**áis**
acumul**a** — acumul**an**

perfecto de indicativo

he acumulado — **hemos** acumulado
has acumulado — **habéis** acumulado
ha acumulado — **han** acumulado

imperfecto de indicativo

acumul**aba** — acumul**ábamos**
acumul**abas** — acumul**abais**
acumul**aba** — acumul**aban**

pluscuamperfecto de indicativo

había acumulado — **habíamos** acumulado
habías acumulado — **habíais** acumulado
había acumulado — **habían** acumulado

pretérito

acumul**é** — acumul**amos**
acumul**aste** — acumul**asteis**
acumul**ó** — acumul**aron**

pretérito anterior

hube acumulado — **hubimos** acumulado
hubiste acumulado — **hubisteis** acumulado
hubo acumulado — **hubieron** acumulado

futuro

acumular**é** — acumular**emos**
acumular**ás** — acumular**éis**
acumular**á** — acumular**án**

futuro perfecto

habré acumulado — **habremos** acumulado
habrás acumulado — **habréis** acumulado
habrá acumulado — **habrán** acumulado

condicional simple

acumular**ía** — acumular**íamos**
acumular**ías** — acumular**íais**
acumular**ía** — acumular**ían**

condicional compuesto

habría acumulado — **habríamos** acumulado
habrías acumulado — **habríais** acumulado
habría acumulado — **habrían** acumulado

presente de subjuntivo

acumul**e** — acumul**emos**
acumul**es** — acumul**éis**
acumul**e** — acumul**en**

perfecto de subjuntivo

haya acumulado — **hayamos** acumulado
hayas acumulado — **hayáis** acumulado
haya acumulado — **hayan** acumulado

imperfecto de subjuntivo

acumul**ara** — acumul**áramos**
acumul**aras** — acumul**arais**
acumul**ara** — acumul**aran**
OR
acumul**ase** — acumul**ásemos**
acumul**ases** — acumul**aseis**
acumul**ase** — acumul**asen**

pluscuamperfecto de subjuntivo

hubiera acumulado — **hubiéramos** acumulado
hubieras acumulado — **hubierais** acumulado
hubiera acumulado — **hubieran** acumulado
OR
hubiese acumulado — **hubiésemos** acumulado
hubieses acumulado — **hubieseis** acumulado
hubiese acumulado — **hubiesen** acumulado

imperativo

— — acumulemos
acumula; — acumulad;
no acumules — no acumuléis
acumule — acumulen

94

to accuse

gerundio **acusando** participio de pasado **acusado**

SINGULAR	PLURAL
presente de indicativo	
acus**o**	acus**amos**
acus**as**	acus**áis**
acus**a**	acus**an**
imperfecto de indicativo	
acus**aba**	acus**ábamos**
acus**abas**	acus**abais**
acus**aba**	acus**aban**
pretérito	
acus**é**	acus**amos**
acus**aste**	acus**asteis**
acus**ó**	acus**aron**
futuro	
acusar**é**	acusar**emos**
acusar**ás**	acusar**éis**
acusar**á**	acusar**án**
condicional simple	
acusar**ía**	acusar**íamos**
acusar**ías**	acusar**íais**
acusar**ía**	acusar**ían**
presente de subjuntivo	
acus**e**	acus**emos**
acus**es**	acus**éis**
acus**e**	acus**en**
imperfecto de subjuntivo	
acus**ara**	acus**áramos**
acus**aras**	acus**arais**
acus**ara**	acus**aran**
OR	
acus**ase**	acus**ásemos**
acus**ases**	acus**aseis**
acus**ase**	acus**asen**
imperativo	
—	acus**emos**
acus**a**; no acus**es**	acus**ad**; no acus**éis**
acus**e**	acus**en**

SINGULAR	PLURAL
perfecto de indicativo	
he acusado	**hemos** acusado
has acusado	**habéis** acusado
ha acusado	**han** acusado
pluscuamperfecto de indicativo	
había acusado	**habíamos** acusado
habías acusado	**habíais** acusado
había acusado	**habían** acusado
pretérito anterior	
hube acusado	**hubimos** acusado
hubiste acusado	**hubisteis** acusado
hubo acusado	**hubieron** acusado
futuro perfecto	
habré acusado	**habremos** acusado
habrás acusado	**habréis** acusado
habrá acusado	**habrán** acusado
condicional compuesto	
habría acusado	**habríamos** acusado
habrías acusado	**habríais** acusado
habría acusado	**habrían** acusado
perfecto de subjuntivo	
haya acusado	**hayamos** acusado
hayas acusado	**hayáis** acusado
haya acusado	**hayan** acusado
pluscuamperfecto de subjuntivo	
hubiera acusado	**hubiéramos** acusado
hubieras acusado	**hubierais** acusado
hubiera acusado	**hubieran** acusado
OR	
hubiese acusado	**hubiésemos** acusado
hubieses acusado	**hubieseis** acusado
hubiese acusado	**hubiesen** acusado

A

SINGULAR	PLURAL	SINGULAR	PLURAL

presente de indicativo

me adapt**o**	nos adapt**amos**	**me he** adaptado	**nos hemos** adaptado
te adapt**as**	os adapt**áis**	**te has** adaptado	**os habéis** adaptado
se adapt**a**	se adapt**an**	**se ha** adaptado	**se han** adaptado

imperfecto de indicativo   **pluscuamperfecto de indicativo**

me adapt**aba**	nos adapt**ábamos**	**me había** adaptado	**nos habíamos** adaptado
te adapt**abas**	os adapt**abais**	**te habías** adaptado	**os habíais** adaptado
se adapt**aba**	se adapt**aban**	**se había** adaptado	**se habían** adaptado

pretérito   **pretérito anterior**

me adapt**é**	nos adapt**amos**	**me hube** adaptado	**nos hubimos** adaptado
te adapt**aste**	os adapt**asteis**	**te hubiste** adaptado	**os hubisteis** adaptado
se adapt**ó**	se adapt**aron**	**se hubo** adaptado	**se hubieron** adaptado

futuro   **futuro perfecto**

me adaptar**é**	nos adaptar**emos**	**me habré** adaptado	**nos habremos** adaptado
te adaptar**ás**	os adaptar**éis**	**te habrás** adaptado	**os habréis** adaptado
se adaptar**á**	se adaptar**án**	**se habrá** adaptado	**se habrán** adaptado

condicional simple   **condicional compuesto**

me adaptar**ía**	nos adaptar**íamos**	**me habría** adaptado	**nos habríamos** adaptado
te adaptar**ías**	os adaptar**íais**	**te habrías** adaptado	**os habríais** adaptado
se adaptar**ía**	se adaptar**ían**	**se habría** adaptado	**se habrían** adaptado

presente de subjuntivo   **perfecto de subjuntivo**

me adapt**e**	nos adapt**emos**	**me haya** adaptado	**nos hayamos** adaptado
te adapt**es**	os adapt**éis**	**te hayas** adaptado	**os hayáis** adaptado
se adapt**e**	se adapt**en**	**se haya** adaptado	**se hayan** adaptado

imperfecto de subjuntivo   **pluscuamperfecto de subjuntivo**

me adaptar**a**	nos adaptár**amos**	**me hubiera** adaptado	**nos hubiéramos** adaptado
te adaptar**as**	os adaptar**ais**	**te hubieras** adaptado	**os hubierais** adaptado
se adaptar**a**	se adaptar**an**	**se hubiera** adaptado	**se hubieran** adaptado
OR		OR	
me adaptas**e**	nos adaptás**emos**	**me hubiese** adaptado	**nos hubiésemos** adaptado
te adaptas**es**	os adaptas**eis**	**te hubieses** adaptado	**os hubieseis** adaptado
se adaptas**e**	se adaptas**en**	**se hubiese** adaptado	**se hubiesen** adaptado

imperativo

—	adaptémonos
adáptate;	adaptaos;
no te adaptes	no os adaptéis
adáptese	adáptense

gerundio **adelantando**   participio de pasado **adelantado**

SINGULAR	PLURAL	SINGULAR	PLURAL

presente de indicativo

adelant**o**	adlenat**amos**
adelant**as**	adelant**áis**
adelant**a**	adelant**an**

perfecto de indicativo

he adelantado	**hemos** adelantado
has adelantado	**habéis** adelantado
ha adelantado	**han** adelantado

imperfecto de indicativo

adelant**aba**	adelant**ábamos**
adelant**abas**	adelant**abais**
adelant**aba**	adelant**aban**

pluscuamperfecto de indicativo

había adelantado	**habíamos** adelantado
habías adelantado	**habíais** adelantado
había adelantado	**habían** adelantado

A

pretérito

adelant**é**	adelant**amos**
adelant**aste**	adelant**asteis**
adelant**ó**	adelant**aron**

pretérito anterior

hube adelantado	**hubimos** adelantado
hubiste adelantado	**hubisteis** adelantado
hubo adelantado	**hubieron** adelantado

futuro

adelantar**é**	adelantar**emos**
adelantar**ás**	adelantar**éis**
adelantar**á**	adelantar**án**

futuro perfecto

habré adelantado	**habremos** adelantado
habrás adelantado	**habréis** adelantado
habrá adelantado	**habrán** adelantado

condicional simple

adelantar**ía**	adelantar**íamos**
adelantar**ías**	adelantar**íais**
adelantar**ía**	adelantar**ían**

condicional compuesto

habría adelantado	**habríamos** adelantado
habrías adelantado	**habríais** adelantado
habría adelantado	**habrían** adelantado

presente de subjuntivo

adelant**e**	adelant**emos**
adelant**es**	adelant**éis**
adelant**e**	adelant**en**

perfecto de subjuntivo

haya adelantado	**hayamos** adelantado
hayas adelantado	**hayáis** adelantado
haya adelantado	**hayan** adelantado

imperfecto de subjuntivo

adelant**ara**	adelant**áramos**
adelant**aras**	adelant**arais**
adelant**ara**	adelant**aran**
OR	
adelant**ase**	adelant**asemos**
adelant**ases**	adelant**aseis**
adelant**ase**	adelant**asen**

pluscuamperfecto de subjuntivo

hubiera adelantado	**hubiéramos** adelantado
hubieras adelantado	**hubierais** adelantado
hubiera adelantado	**hubieran** adelantado
OR	
hubiese adelantado	**hubiésemos** adelantado
hubieses adelantado	**hubieseis** adelantado
hubiese adelantado	**hubiesen** adelantado

imperativo

—	adelantemos
adelanta;	adelantad;
no adelantes	no adelantéis
adelante	adelanten

to go forward, to advance

gerundio **adelantándose**   participio de pasado **adelantado**

SINGULAR	PLURAL	SINGULAR	PLURAL

presente de indicativo

me adelant**o**	nos adelant**amos**
te adelant**as**	os adelant**áis**
se adelant**a**	se adelant**an**

perfecto de indicativo

me he adelantado	**nos hemos** adelantado
te has adelantado	**os habéis** adelantado
se ha adelantado	**se han** adelantado

imperfecto de indicativo

me adelant**aba**	nos adelant**ábamos**
te adelant**abas**	os adelant**abais**
se adelant**aba**	se adelant**aban**

pluscuamperfecto de indicativo

me había adelantado	**nos habíamos** adelantado
te habías adelantado	**os habíais** adelantado
se había adelantado	**se habían** adelantado

pretérito

me adelant**é**	nos adelant**amos**
te adelant**aste**	os adelant**asteis**
se adelant**ó**	se adelant**aron**

pretérito anterior

me hube adelantado	**nos hubimos** adelantado
te hubiste adelantado	**os hubisteis** adelantado
se hubo adelantado	**se hubieron** adelantado

futuro

me adelantar**é**	nos adelantar**emos**
te adelantar**ás**	os adelantar**éis**
se adelantar**á**	se adelantar**án**

futuro perfecto

me habré adelantado	**nos habremos** adelantado
te habrás adelantado	**os habréis** adelantado
se habrá adelantado	**se habrán** adelantado

condicional simple

me adelantar**ía**	nos adelantar**íamos**
te adelantar**ías**	os adelantar**íais**
se adelantar**ía**	se adelantar**ían**

condicional compuesto

me habría adelantado	**nos habríamos** adelantado
te habrías adelantado	**os habríais** adelantado
se habría adelantado	**se habrían** adelantado

presente de subjuntivo

me adelant**e**	nos adelant**emos**
te adelant**es**	os adelant**éis**
se adelant**e**	se adelant**en**

perfecto de subjuntivo

me haya adelantado	**nos hayamos** adelantado
te hayas adelantado	**os hayáis** adelantado
se haya adelantado	**se hayan** adelantado

imperfecto de subjuntivo

me adelantar**a**	nos adelantár**amos**
te adelantar**as**	os adelantar**ais**
se adelantar**a**	se adelantar**an**
OR	
me adelantas**e**	nos adelantás**emos**
te adelantas**es**	os adelantas**eis**
se adelantas**e**	se adelantas**en**

pluscuamperfecto de subjuntivo

me hubiera adelantado	**nos hubiéramos** adelantada
te hubieras adelantado	**os hubierais** adelantado
se hubiera adelantado	**se hubieran** adelantado
OR	
me hubiese adelantado	**nos hubiésemos** adelantado
te hubieses adelantado	**os hubieseis** adelantado
se hubiese adelantado	**se hubiesen** adelantado

imperativo

—	adelantémonos
adelántate;	adelantaos;
no te adelantes	no os adelantéis
adelántese	adelántense

to lose weight

gerundio **adelgazando**   participio de pasado **adelgazado**

SINGULAR	PLURAL	SINGULAR	PLURAL

presente de indicativo

adelgaz**o**	adelgaz**amos**
adelgaz**as**	adelgaz**áis**
adelgaz**a**	adelgaz**an**

perfecto de indicativo

he adelgazado	**hemos** adelgazado
has adelgazado	**habéis** adelgazada
ha adelgazado	**han** adelgazado

imperfecto de indicativo

adelgaz**aba**	adelgaz**ábamos**
adelgaz**abas**	adelgaz**abais**
adelgaz**aba**	adelgaz**aban**

pluscuamperfecto de indicativo

había adelgazado	**habíamos** adelgazado
habías adelgazado	**habíais** adelgazado
había adelgazado	**habían** adelgazado

A

pretérito

adelgac**é**	adelgaz**amos**
adelgaz**aste**	adelgaz**asteis**
adelgaz**ó**	adelgaz**aron**

pretérito anterior

hube adelgazado	**hubimos** adelgazado
hubiste adelgazado	**hubisteis** adelgazado
hubo adelgazado	**hubieron** adelgazado

futuro

adelgazar**é**	adelgazar**emos**
adelgazar**ás**	adelgazar**éis**
adelgazar**á**	adelgazar**án**

futuro perfecto

habré adelgazado	**habremos** adelgazada
habrás adelgazado	**habréis** adelgazado
habrá adelgazado	**habrán** adelgazado

condicional simple

adelgazar**ía**	adelgazar**íamos**
adelgazar**ías**	adelgazar**íais**
adelgazar**ía**	adelgazar**ían**

condicional compuesto

habría adelgazado	**habríamos** adelgazado
habrías adelgazado	**habríais** adelgazado
habría adelgazado	**habrían** adelgazado

presente de subjuntivo

adelgac**e**	adelgac**emos**
adelgac**es**	adelgac**éis**
adelgac**e**	adelgac**en**

perfecto de subjuntivo

haya adelgazado	**hayamos** adelgazado
hayas adelgazado	**hayáis** adelgazado
haya adelgazado	**hayan** adelgazado

imperfecto de subjuntivo

adelgaz**ara**	adelgaz**áramos**
adelgaz**aras**	adelgaz**arais**
adelgaz**ara**	adelgaz**aran**
OR	
adelgaz**ase**	adelgaz**ásemos**
adelgaz**ases**	adelgaz**aseis**
adelgaz**ase**	adelgaz**asen**

pluscuamperfecto de subjuntivo

hubiera adelgazado	**hubiéramos** adelgazado
hubieras adelgazado	**hubierais** adelgazado
hubiera adelgazado	**hubieran** adelgazado
OR	
hubiese adelgazado	**hubiésemos** adelgazado
hubieses adelgazado	**hubieseis** adelgazado
hubiese adelgazado	**hubiesen** adelgazado

imperativo

—	adelgacemos
adelgaza;	adelgazad;
no adelgaces	no adelgacéis
adelgace	adelgacen

to guess, to foretell

gerundio adivinando   **participio de pasado** adivinado

SINGULAR	PLURAL	SINGULAR	PLURAL
presente de indicativo		**perfecto de indicativo**	
adivino	adivinamos	he adivinado	hemos adivinado
adivinas	adivináis	has adivinado	habéis adivinado
adivina	adivinan	ha adivinado	han adivinado
imperfecto de indicativo		**pluscuamperfecto de indicativo**	
adivinaba	adivinábamos	había adivinado	habíamos adivinado
adivinabas	adivinabais	habías adivinado	habíais adivinado
adivinaba	adivinaban	había adivinado	habían adivinado
pretérito		**pretérito anterior**	
adiviné	adivinamos	hube adivinado	hubimos adivinado
adivinaste	adivinasteis	hubiste adivinado	hubisteis adivinado
adivinó	adivinaron	hubo adivinado	hubieron adivinado
futuro		**futuro perfecto**	
adivinaré	adivinaremos	habré adivinado	habremos adivinado
adivinarás	adivinaréis	habrás adivinado	habréis adivinado
adivinará	adivinarán	habrá adivinado	habrán adivinado
condicional simple		**condicional compuesto**	
adivinaría	adivinaríamos	habría adivinado	habríamos adivinado
adivinarías	adivinaríais	habrías adivinado	habríais adivinado
adivinaría	adivinarían	habría adivinado	habrían adivinado
presente de subjuntivo		**perfecto de subjuntivo**	
adivine	adivinemos	haya adivinado	hayamos adivinado
adivines	adivinéis	hayas adivinado	hayáis adivinado
adivine	adivinen	haya adivinado	hayan adivinado
imperfecto de subjuntivo		**pluscuamperfecto de subjuntivo**	
adivinara	adivináramos	hubiera adivinado	hubiéramos adivinado
adivinaras	adivinarais	hubieras adivinado	hubierais adivinado
adivinara	adivinaran	hubiera adivinado	hubieran adivinado
OR		OR	
adivinase	adivinásemos	hubiese adivinado	hubiésemos adivinado
adivinases	adivinaseis	hubieses adivinado	hubieseis adivinado
adivinase	adivinasen	hubiese adivinado	hubiesen adivinado
imperativo			
—	adivinemos		
adivina; no adivines	adivinad; no adivinéis		
adivine	adivinen		

to admit, to accept

gerundio admitiendo   **participio de pasado** admitido

SINGULAR	PLURAL	SINGULAR	PLURAL

presente de indicativo

		perfecto de indicativo	
admito	admitimos	**he** admitido	**hemos** admitido
admites	admitís	**has** admitido	**habéis** admitido
admite	admiten	**ha** admitido	**han** admitido

imperfecto de indicativo

		pluscuamperfecto de indicativo	
admitía	admitíamos	**había** admitido	**habíamos** admitido
admitías	admitíais	**habías** admitido	**habíais** admitido
admitía	admitían	**había** admitido	**habían** admitido

A

pretérito

		pretérito anterior	
admití	admitimos	**hube** admitido	**hubimos** admitido
admitiste	admitisteis	**hubiste** admitido	**hubisteis** admitido
admitió	admitieron	**hubo** admitido	**hubieron** admitido

futuro

		futuro perfecto	
admitiré	admitiremos	**habré** admitido	**habremos** admitido
admitirás	admitiréis	**habrás** admitido	**habréis** admitido
admitirá	admitirán	**habrá** admitido	**habrán** admitido

condicional simple

		condicional compuesto	
admitiría	admitiríamos	**habría** admitido	**habríamos** admitido
admitirías	admitiríais	**habrías** admitido	**habríais** admitido
admitiría	admitirían	**habría** admitido	**habrían** admitido

presente de subjuntivo

		perfecto de subjuntivo	
admita	admitamos	**haya** admitido	**hayamos** admitido
admitas	admitáis	**hayas** admitido	**hayáis** admitido
admita	admitan	**haya** admitido	**hayan** admitido

imperfecto de subjuntivo

		pluscuamperfecto de subjuntivo	
admitiera	admitiéramos	**hubiera** admitido	**hubiéramos** admitido
admitieras	admitierais	**hubieras** admitido	**hubierais** admitido
admitiera	admitieran	**hubiera** admitido	**hubieran** admitido
OR		OR	
admitiese	admitiésemos	**hubiese** admitido	**hubiésemos** admitido
admitieses	admitieseis	**hubieses** admitido	**hubieseis** admitido
admitiese	admitiesen	**hubiese** admitido	**hubiesen** admitido

imperativo

—	admitamos
admite; no admitas	admitid; no admitáis
admita	admitan

gerundio adoptando | **participio de pasado** adoptado

SINGULAR	PLURAL	SINGULAR	PLURAL
presente de indicativo		perfecto de indicativo	
adopto	adoptamos	he adoptado	hemos adoptado
adoptas	adoptáis	has adoptado	habéis adoptado
adopta	adoptan	ha adoptado	han adoptado
imperfecto de indicativo		pluscuamperfecto de indicativo	
adoptaba	adoptábamos	había adoptado	habíamos adoptado
adoptabas	adoptabais	habías adoptado	habíais adoptado
adaptaba	adoptaban	había adoptado	habían adoptado
pretérito		pretérito anterior	
adopté	adoptamos	hube adoptado	hubimos adoptado
adoptaste	adoptasteis	hubiste adoptado	hubisteis adoptado
adoptó	adoptaron	hubo adoptado	hubieron adoptado
futuro		futuro perfecto	
adoptaré	adoptaremos	habré adoptado	habremos adoptado
adoptarás	adoptaréis	habrás adoptado	habréis adoptado
adoptará	adoptarán	habrá adoptado	habrán adoptado
condicional simple		condicional compuesto	
adoptaría	adoptaríamos	habría adoptado	habríamos adoptado
adoptarías	adoptaríais	habrías adoptado	habríais adoptado
adoptaría	adoptarían	habría adoptado	habrían adoptado
presente de subjuntivo		perfecto de subjuntivo	
adopte	adoptemos	haya adoptado	hayamos adoptado
adoptes	adoptéis	hayas adoptado	hayáis adoptado
adopte	adopten	haya adoptado	hayan adoptado
imperfecto de subjuntivo		pluscuamperfecto de subjuntivo	
adoptara	adoptáramos	hubiera adoptado	hubiéramos adoptado
adoptaras	adoptarais	hubieras adoptado	hubierais adoptado
adoptara	adoptaran	hubiera adoptado	hubieran adoptado
OR		OR	
adoptase	adoptásemos	hubiese adoptado	hubiésemos adoptado
adoptases	adoptaseis	hubieses adoptado	hubieseis adoptado
adoptase	adoptasen	hubiese adoptado	hubiesen adoptado

imperativo	
—	adoptemos
adopta; no adoptes	adoptad; no adoptéis
adopte	adopten

to adore, to worship

gerundio **adorando**

participio de pasado **adorado**

SINGULAR	PLURAL	SINGULAR	PLURAL

presente de indicativo

ador**o**	ador**amos**	
ador**as**	ador**áis**	
ador**a**	ador**an**	

perfecto de indicativo

he adorado	**hemos** adorado
has adorado	**habéis** adorado
ha adorado	**han** adorado

imperfecto de indicativo

ador**aba**	ador**ábamos**
ador**abas**	ador**abais**
ador**aba**	ador**aban**

pluscuamperfecto de indicativo

había adorado	**habíamos** adorado
habías adorado	**habíais** adorado
había adorado	**habían** adorado

A

pretérito

ador**é**	ador**amos**
ador**aste**	ador**asteis**
ador**ó**	ador**aron**

pretérito anterior

hube adorado	**hubimos** adorado
hubiste adorado	**hubisteis** adorado
hubo adorado	**hubieron** adorado

futuro

adorar**é**	adorar**emos**
adorar**ás**	adorar**éis**
adorar**á**	adorar**án**

futuro perfecto

habré adorado	**habremos** adorado
habrás adorado	**habréis** adorado
habrá adorado	**habrán** adorado

condicional simple

adorar**ía**	adorar**íamos**
adorar**ías**	adorar**íais**
adorar**ía**	adorar**ían**

condicional compuesto

habría adorado	**habríamos** adorado
habrías adorado	**habríais** adorado
habría adorado	**habrían** adorado

presente de subjuntivo

ador**e**	ador**emos**
ador**es**	ador**éis**
ador**e**	ador**en**

perfecto de subjuntivo

haya adorado	**hayamos** adorado
hayas adorado	**hayáis** adorado
haya adorado	**hayan** adorado

imperfecto de subjuntivo

ador**ara**	ador**áramos**
ador**aras**	ador**arais**
ador**ara**	ador**aran**
OR	
ador**ase**	ador**ásemos**
ador**ases**	ador**aseis**
ador**ase**	ador**asen**

pluscuamperfecto de subjuntivo

hubiera adorado	**hubiéramos** adorado
hubieras adorado	**hubierais** adorado
hubiera adorado	**hubieran** adorado
OR	
hubiese adorado	**hubiésemos** adorado
hubieses adorado	**hubieseis** adorado
hubiese adorado	**hubiesen** adorado

imperativo

—	adoremos
adora; no adores	adorad; no adoréis
adore	adoren

gerundio **adquiriendo** participio de pasado **adquirido**

SINGULAR	PLURAL	SINGULAR	PLURAL

presente de indicativo

		perfecto de indicativo	
adquier**o**	adquir**imos**	**he** adquirido	**hemos** adquirido
adquier**es**	adquir**ís**	**has** adquirido	**habéis** adquirido
adquier**e**	adquier**en**	**ha** adquirido	**han** adquirido

imperfecto de indicativo

		pluscuamperfecto de indicativo	
adquir**ía**	adquir**íamos**	**había** adquirido	**habíamos** adquirido
adquir**ías**	adquir**íais**	**habías** adquirido	**habíais** adquirido
adquir**ía**	adquir**ían**	**había** adquirido	**habían** adquirido

pretérito

		pretérito anterior	
adquir**í**	adquir**imos**	**hube** adquirido	**hubimos** adquirido
adquir**iste**	adquir**isteis**	**hubiste** adquirido	**hubisteis** adquirido
adquir**ió**	adquir**ieron**	**hubo** adquirido	**hubieron** adquirido

futuro

		futuro perfecto	
adquirir**é**	adquirir**emos**	**habré** adquirido	**habremos** adquirido
adquirir**ás**	adquirir**éis**	**habrás** adquirido	**habréis** adquirido
adquirir**á**	adquirir**án**	**habrá** adquirido	**habrán** adquirido

condicional simple

		condicional compuesto	
adquirir**ía**	adquirir**íamos**	**habría** adquirido	**habríamos** adquirido
adquirir**ías**	adquirir**íais**	**habrías** adquirido	**habríais** adquirido
adquirir**ía**	adquirir**ían**	**habría** adquirido	**habrían** adquirido

presente de subjuntivo

		perfecto de subjuntivo	
adquier**a**	adquir**amos**	**haya** adquirido	**hayamos** adquirido
adquier**as**	adquir**áis**	**hayas** adquirido	**hayáis** adquirido
adquier**a**	adquier**an**	**haya** adquirido	**hayan** adquirido

imperfecto de subjuntivo

		pluscuamperfecto de subjuntivo	
adquir**iera**	adquir**iéramos**	**hubiera** adquirido	**hubiéramos** adquirido
adquir**ieras**	adquir**ierais**	**hubieras** adquirido	**hubierais** adquirido
adquir**iera**	adquir**ieran**	**hubiera** adquirido	**hubieran** adquirido
OR		OR	
adquir**iese**	adquir**iésemos**	**hubiese** adquirido	**hubiésemos** adquirido
adquir**ieses**	adquir**ieseis**	**hubieses** adquirido	**hubieseis** adquirido
adquir**iese**	adquir**iesen**	**hubiese** adquirido	**hubiesen** adquirido

imperativo

—	adquiramos
adquiere;	adquirid;
no adquieras	no adquiráis
adquiera	adquieran

to warn

gerundio **advirtiendo** participio de pasado **advertido**

SINGULAR	PLURAL	SINGULAR	PLURAL

presente de indicativo

adviert**o**	advert**imos**	
adviert**es**	advert**ís**	
adviert**e**	adviert**en**	

perfecto de indicativo

he advertido	**hemos** advertido
has advertido	**habéis** advertido
ha advertido	**han** advertido

imperfecto de indicativo

advert**ía**	advert**íamos**
advert**ías**	advert**íais**
advert**ía**	adven**ían**

pluscuamperfecto de indicativo

había advertido	**habíamos** advertido
habías advertido	**habíais** advertido
había advertido	**habían** advertido

A

pretérito

advert**í**	advert**imos**
advert**iste**	advert**isteis**
advirt**ió**	advirt**ieron**

pretérito anterior

hube advertido	**hubimos** advertido
hubiste advertido	**hubisteis** advertido
hubo advertido	**hubieron** advertido

futuro

advertir**é**	advertir**emos**
advertir**ás**	advertir**éis**
advertir**á**	advertir**án**

futuro perfecto

habré advertido	**habremos** advertido
habrás advertido	**habréis** advertido
habrá advertido	**habrán** advertido

condicional simple

advertir**ía**	advertir**íamos**
advertir**ías**	advertir**íais**
advertir**ía**	advertir**ían**

condicional compuesto

habría advertido	**habríamos** advertido
habrías advertido	**habríais** advertido
habría advertido	**habrían** advertido

presente de subjuntivo

adviert**a**	advirt**amos**
adviert**as**	advirt**áis**
adviert**a**	adviert**an**

perfecto de subjuntivo

haya advertido	**hayamos** advertido
hayas advertido	**hayáis** advertido
haya advertido	**hayan** advertido

imperfecto de subjuntivo

advirt**iera**	advirt**iéramos**
advirt**ieras**	advirt**ierais**
advirt**iera**	advirt**ieran**
OR	
advirt**iese**	advirt**iésemos**
advirt**ieses**	advirt**ieseis**
advirt**iese**	advirt**iesen**

pluscuamperfecto de subjuntivo

hubiera advertido	**hubiéramos** advertido
hubieras advertido	**hubierais** advertido
hubiera advertido	**hubieran** advertido
OR	
hubiese advertido	**hubiésemos** advertido
hubieses advertido	**hubieseis** advertido
hubiese advertido	**hubiesen** advertido

imperativo

—	advirtamos
advierte; no adviertas	advertid; no advirtáis
advierta	adviertan

SINGULAR	PLURAL	SINGULAR	PLURAL

presente de indicativo

		perfecto de indicativo	
afect**o**	afect**amos**	**he** afectado	**hemos** afectado
afect**as**	afect**áis**	**has** afectado	**habéis** afectado
afect**a**	afect**an**	**ha** afectado	**han** afectado

imperfecto de indicativo **pluscuamperfecto de indicativo**

afect**aba**	afect**ábamos**	**había** afectado	**habíamos** afectado
afect**abas**	afect**abais**	**habías** afectado	**habíais** afectado
afect**aba**	afect**aban**	**había** afectado	**habían** afectado

pretérito **pretérito anterior**

afect**é**	afect**amos**	**hube** afectado	**hubimos** afectado
afect**aste**	afect**asteis**	**hubiste** afectado	**hubisteis** afectado
afect**ó**	afect**aron**	**hubo** afectado	**hubieron** afectado

futuro **futuro perfecto**

afectar**é**	afectar**emos**	**habré** afectado	**habremos** afectado
afectar**ás**	afectar**éis**	**habrás** afectado	**habréis** afectado
afectar**á**	afectar**án**	**habrá** afectado	**habrán** afectado

condicional simple **condicional compuesto**

afectar**ía**	afectar**íamos**	**habría** afectado	**habríamos** afectado
afectar**ías**	afectar**íais**	**habrías** afectado	**habríais** afectado
afectar**ía**	afectar**ían**	**habría** afectado	**habrían** afectado

presente de subjuntivo **perfecto de subjuntivo**

afect**e**	afect**emos**	**haya** afectado	**hayamos** afectado
afect**es**	afect**éis**	**hayas** afectado	**hayáis** afectado
afect**e**	afect**en**	**haya** afectado	**hayan** afectado

imperfecto de subjuntivo **pluscuamperfecto de subjuntivo**

afectar**a**	afect**áramos**	**hubiera** afectado	**hubiéramos** afectado
afectar**as**	afectar**ais**	**hubieras** afectado	**hubierais** afectado
afectar**a**	afectar**an**	**hubiera** afectado	**hubieran** afectado
OR		OR	
afectas**e**	afect**ásemos**	**hubiese** afectado	**hubiésemos** afectado
afectas**es**	afectas**eis**	**hubieses** afectado	**hubieseis** afectado
afectas**e**	afectas**en**	**hubiese** afectado	**hubiesen** afectado

imperativo

—	afectemos
afecta;	afectad;
no afectes	no afectéis
afecte	afecten

gerundio **afeitándose**   participio de pasado **afeitado**

SINGULAR	PLURAL	SINGULAR	PLURAL

presente de indicativo

me afeit**o**	nos afeit**amos**
te afeit**as**	os afeit**áis**
se afeit**a**	se afeit**an**

perfecto de indicativo

me he afeitado	**nos hemos** afeitado
te has afeitado	**os habéis** afeitado
se ha afeitado	**se han** afeitado

imperfecto de indicativo

me afeit**aba**	nos afeit**ábamos**
te afeit**abas**	os afeit**abais**
se afeit**aba**	se afeit**aban**

pluscuamperfecto de indicativo

me había afeitado	**nos habíamos** afeitado
te habías afeitado	**os habíais** afeitado
se había afeitado	**se habían** afeitado

A

pretérito

me afeit**é**	nos afeit**amos**
té afeit**aste**	os afeit**asteis**
se afeit**ó**	se afeit**aron**

pretérito anterior

me hube afeitado	**nos hubimos** afeitado
te hubiste afeitado	**os hubisteis** afeitado
se hubo afeitado	**se hubieron** afeitado

futuro

me afeitar**é**	nos afeitar**emos**
te afeitar**ás**	os afeitar**éis**
se afeitar**á**	se afeitar**án**

futuro perfecto

me habré afeitado	**nos habremos** afeitado
te habrás afeitado	**os habréis** afeitado
se habrá afeitado	**se habrán** afeitado

condicional simple

me afeitar**ía**	nos afeitar**íamos**
te afeitar**ías**	os afeitar**íais**
se afeitar**ía**	se afeitar**ían**

condicional compuesto

me habría afeitado	**nos habríamos** afeitado
te habrías afeitado	**os habríais** afeitado
se habría afeitado	**se habrían** afeitado

presente de subjuntivo

me afeit**e**	nos afeit**emos**
te afeit**es**	os afeit**éis**
se afeit**e**	se afeit**en**

perfecto de subjuntivo

me haya afeitado	**nos hayamos** afeitado
te hayas afeitado	**os hayáis** afeitado
se haya afeitado	**se hayan** afeitado

imperfecto de subjuntivo

me afeit**ara**	nos afeit**áramos**
te afeit**aras**	os afeit**arais**
se afeit**ara**	se afeit**aran**
OR	
me afeit**ase**	nos afeit**ásemos**
te afeit**ases**	os afeit**aseis**
se afeit**ase**	se afeit**asen**

pluscuamperfecto de subjuntivo

me hubiera afeitado	**nos hubiéramos** afeitado
te hubieras afeitado	**os hubierais** afeitado
se hubiera afeitado	**se hubieran** afeitado
OR	
me hubiese afeitado	**nos hubiésemos** afeitado
te hubieses afeitado	**os hubieseis** afeitado
se hubiese afeitado	**se hubiesen** afeitado

imperativo

—	afeitémonos
aféitate; no te afeites	afeitaos; no os afeitéis
aféitese	aféitense

SINGULAR	PLURAL	SINGULAR	PLURAL

presente de indicativo

me aficion**o**	nos aficion**amos**		
te aficion**as**	os aficion**áis**		
se aficion**a**	se aficion**an**		

perfecto de indicativo

me he aficionado	**nos hemos** aficionado
te has aficionado	**os habéis** aficionado
se ha aficionado	**se han** aficionado

imperfecto de indicativo

me aficion**aba**	nos aficion**ábamos**
re aficion**abas**	os aficion**abais**
se aficion**aba**	se aficion**aban**

pluscuamperfecto de indicativo

me había aficionado	**nos habíamos** aficionado
te habías aficionado	**os habíais** aficionado
se había aficionado	**se habían** aficionado

pretérito

me aficion**é**	nos aficion**amos**
te aficion**aste**	os aficion**asteis**
se aficion**ó**	se aficion**aron**

pretérito anterior

me hube aficionado	**nos hubimos** aficionado
te hubiste aficionado	**os hubisteis** aficionado
se hubo aficionado	**se hubieron** aficionado

futuro

me aficionar**é**	nos aficionar**emos**
te aficionar**ás**	os aficionar**éis**
se aficionar**á**	se aficionar**án**

futuro perfecto

me habré aficionado	**nos habremos** aficionado
te habrás aficionado	**os habréis** aficionado
se habrá aficionado	**se habrán** aficionado

condicional simple

me aficionar**ía**	nos aficionar**íamos**
te aficionar**ías**	os aficionar**íais**
se aficionar**ía**	se aficionar**ían**

condicional compuesto

me habría aficionado	**nos habríamos** aficionado
te habrías aficionado	**os habríais** aficionado
se habría aficionado	**se habrían** aficionado

presente de subjuntivo

me aficion**e**	nos aficion**emos**
te aficion**es**	os aficion**éis**
se aficion**e**	se aficion**en**

perfecto de subjuntivo

me haya aficionado	**nos hayamos** aficionado
te hayas aficionado	**os hayáis** aficionado
se haya aficionado	**se hayan** aficionado

imperfecto de subjuntivo

me aficionar**a**	nos aficionár**amos**
te aficionar**as**	os aficionar**ais**
se aficionar**a**	se aficionar**an**
OR	
me aficionas**e**	nos aficionás**emos**
te aficionas**es**	os aficionas**eis**
se aficionas**e**	se aficionas**en**

pluscuamperfecto de subjuntivo

me hubiera aficionado	**nos hubiéramos** aficionado
te hubieras aficionado	**os hubierais** aficionado
se hubiera aficionado	**se hubieran** aficionado
OR	
me hubiese aficionado	**nos hubiésemos** aficionado
te hubieses aficionado	**os hubieseis** aficionado
se hubiese aficionado	**se hubiesen** aficionado

imperativo

—	aficionémonos
aficiónate;	aficionaos;
no te aficiones	no os aficionéis
aficiónese	aficiónense

to afflict, to upset | afligir

SINGULAR	PLURAL	SINGULAR	PLURAL

presente de indicativo

		perfecto de indicativo	
aflij**o**	aflig**imos**	**he** afligido	**hemos** afligido
aflig**es**	aflig**ís**	**has** afligido	**habéis** afligido
aflig**e**	aflig**en**	**ha** afligido	**han** afligido

imperfecto de indicativo / **pluscuamperfecto de indicativo** — A

aflig**ía**	aflig**íamos**	**había** afligido	**habíamos** afligido
aflig**ías**	aflig**íais**	**habías** afligido	**habíais** afligido
aflig**ía**	aflig**ían**	**había** afligido	**habían** afligido

pretérito / **pretérito anterior**

aflig**í**	aflig**imos**	**hube** afligido	**hubimos** afligido
aflig**iste**	aflig**isteis**	**hubiste** afligido	**hubisteis** afligido
aflig**ió**	aflig**ieron**	**hubo** afligido	**hubieron** afligido

futuro / **futuro perfecto**

afligir**é**	afligir**emos**	**habré** afligido	**habremos** afligido
afligir**ás**	afligir**éis**	**habrás** afligido	**habréis** afligido
afligir**á**	afligir**án**	**habrá** afligido	**habrán** afligido

condicional simple / **condicional compuesto**

afligir**ía**	afligir**íamos**	**habría** afligido	**habríamos** afligido
afligir**ías**	afligir**íais**	**habrías** afligido	**habríais** afligido
afligir**ía**	afligir**ían**	**habría** afligido	**habrían** afligido

presente de subjuntivo / **perfecto de subjuntivo**

aflij**a**	aflij**amos**	**haya** afligido	**hayamos** afligido
aflij**as**	aflij**áis**	**hayas** afligido	**hayáis** afligido
aflij**a**	aflij**an**	**haya** afligido	**hayan** afligido

imperfecto de subjuntivo / **pluscuamperfecto de subjuntivo**

aflig**iera**	afligié**ramos**	**hubiera** afligido	**hubiéramos** afligido
aflig**ieras**	aflig**ierais**	**hubieras** afligido	**hubierais** afligido
aflig**iera**	aflig**ieran**	**hubiera** afligido	**hubieran** afligido
OR		OR	
aflig**iese**	afligié**semos**	**hubiese** afligido	**hubiésemos** afligido
aflig**ieses**	aflig**ieseis**	**hubieses** afligido	**hubieseis** afligido
aflig**iese**	aflig**iesen**	**hubiese** afligido	**hubiesen** afligido

imperativo

—	aflij**amos**
aflig**e**; no aflij**as**	aflig**id**; no aflij**áis**
aflij**a**	aflij**an**

to grasp

participio de pasado **agarrado**

SINGULAR	PLURAL	SINGULAR	PLURAL

presente de indicativo

		perfecto de indicativo	
agarro	agarramos	he agarrado	hemos agarrado
agarras	agarráis	has agarrado	habéis agarrado
agarra	agarran	ha agarrado	han agarrado

imperfecto de indicativo / **pluscuamperfecto de indicativo**

agarraba	agarrábamos	había agarrado	habíamos agarrado
agarrabas	agarrabais	habías agarrado	habíais agarrado
agarraba	agarraban	había agarrado	habían agarrado

pretérito / **pretérito anterior**

agarré	agarramos	hube agarrado	hubimos agarrado
agarraste	agarrasteis	hubiste agarrado	hubisteis agarrado
agarró	agarraron	hubo agarrado	hubieron agarrado

futuro / **futuro perfecto**

agarraré	agarraremos	habré agarrado	habremos agarrado
agarrarás	agarraréis	habrás agarrado	habréis agarrado
agarrará	agarrarán	habrá agarrado	habrán agarrado

condicional simple / **condicional compuesto**

agarraría	agarraríamos	habría agarrado	habríamos agarrado
agarrarías	agarraríais	habrías agarrado	habríais agarrado
agarraría	agarrarían	habría agarrado	habrían agarrado

presente de subjuntivo / **perfecto de subjuntivo**

agarre	agarremos	haya agarrado	hayamos agarrado
agarres	agarréis	hayas agarrado	hayáis agarrado
agarre	agarren	haya agarrado	hayan agarrado

imperfecto de subjuntivo / **pluscuamperfecto de subjuntivo**

agarrara	agarráramos	hubiera agarrado	hubiéramos agarrado
agarraras	agarrarais	hubieras agarrado	hubierais agarrado
agarrara	agarraran	hubiera agarrado	hubieran agarrado
OR		OR	
agarrase	agarrásemos	hubiese agarrado	hubiésemos agarrado
agarrases	agarraseis	hubieses agarrado	hubieseis agarrado
agarrase	agarrasen	hubiese agarrado	hubiesen agarrado

imperativo

—	agarremos
agarra; no agarres	agarrad; no agarréis
agarre	agarren

to agitate and to shake up   agitar

SINGULAR	PLURAL	SINGULAR	PLURAL

presente de indicativo

agit**o**	agit**amos**
agit**as**	agit**áis**
agit**a**	agit**an**

perfecto de indicativo

he agitado	**hemos** agitado
has agitado	**habéis** agitado
ha agitado	**han** agitado

imperfecto de indicativo

agit**aba**	agit**ábamos**
agit**abas**	agit**abais**
agit**aba**	agit**aban**

pluscuamperfecto de indicativo

había agitado	**habíamos** agitado
habías agitado	**habíais** agitado
había agitado	**habían** agitado

A

pretérito

agit**é**	agit**amos**
agit**aste**	agit**asteis**
agit**ó**	agit**aron**

pretérito anterior

hube agitado	**hubimos** agitado
hubiste agitado	**hubisteis** agitado
hubo agitado	**hubieron** agitado

futuro

agitar**é**	agitar**emos**
agitar**ás**	agitar**éis**
agitar**á**	agitar**án**

futuro perfecto

habré agitado	**habremos** agitado
habrás agitado	**habréis** agitado
habrá agitado	**habrán** agitado

condicional simple

agitar**ía**	agitar**íamos**
agitar**ías**	agitar**íais**
agitar**ía**	agitar**ían**

condicional compuesto

habría agitado	**habríamos** agitado
habrías agitado	**habríais** agitado
habría agitado	**habrían** agitado

presente de subjuntivo

agit**e**	agit**emos**
agit**es**	agit**éis**
agit**e**	agit**en**

perfecto de subjuntivo

haya agitado	**hayamos** agitado
hayas agitado	**hayáis** agitado
haya agitado	**hayan** agitado

imperfecto de subjuntivo

agit**ara**	agit**áramos**
agit**aras**	agit**arais**
agit**ara**	agit**aran**
OR	
agit**ase**	agit**ásemos**
agit**ases**	agit**aseis**
agit**ase**	agit**asen**

pluscuamperfecto de subjuntivo

hubiera agitado	**hubiéramos** agitado
hubieras agitado	**hubierais** agitado
hubiera agitado	**hubieran** agitado
OR	
hubiese agitado	**hubiésemos** agitado
hubieses agitado	**hubieseis** agitado
hubiese agitado	**hubiesen** agitado

imperativo

—	agit**emos**
agit**a**; no agit**es**	agit**ad**; no agit**éis**
agit**e**	agit**en**

SINGULAR	PLURAL	SINGULAR	PLURAL

presente de indicativo

agot**o**	agot**amos**
agot**as**	agot**áis**
agot**a**	agot**an**

perfecto de indicativo

he agotado	**hemos** agotado
has agotado	**habéis** agotado
ha agotado	**han** agotado

imperfecto de indicativo

agot**aba**	agot**ábamos**
agot**abas**	agot**abais**
agot**aba**	agot**aban**

pluscuamperfecto de indicativo

había agotado	**habíamos** agotado
habías agotado	**habíais** agotado
había agotado	**habían** agotado

pretérito

agot**é**	agot**amos**
agot**aste**	agot**asteis**
agot**ó**	agot**aron**

pretérito anterior

hube agotado	**hubimos** agotado
hubiste agotado	**hubisteis** agotado
hubo agotado	**hubieron** agotado

futuro

agotar**é**	agotar**emos**
agotar**ás**	agotar**éis**
agotar**á**	agotar**án**

futuro perfecto

habré agotado	**habremos** agotado
habrás agotado	**habréis** agotado
habrá agotado	**habrán** agotado

condicional simple

agotar**ía**	agotar**íamos**
agotar**ías**	agotar**íais**
agotar**ía**	agotar**ían**

condicional compuesto

habría agotado	**habríamos** agotado
habrías agotado	**habríais** agotado
habría agotado	**habrían** agotado

presente de subjuntivo

agot**e**	agot**emos**
agot**es**	agot**éis**
agot**e**	agot**en**

perfecto de subjuntivo

haya agotado	**hayamos** agotado
hayas agotado	**hayáis** agotado
haya agotado	**hayan** agotado

imperfecto de subjuntivo

agot**ara**	agot**áramos**
agot**aras**	agot**arais**
agot**ara**	agot**aran**
OR	
agot**ase**	agot**ásemos**
agot**ases**	agot**aseis**
agot**ase**	agot**asen**

pluscuamperfecto de subjuntivo

hubiera agotado	**hubiéramos** agotado
hubieras agotado	**hubierais** agotado
hubiera agotado	**hubieran** agotado
OR	
hubiese agotado	**hubiésemos** agotado
hubieses agotado	**hubieseis** agotado
hubiese agotado	**hubiesen** agotado

imperativo

—	agotemos
agota;	agotad;
no agotes	no agotéis
agote	agoten

112

to please

gerundio agradando   **participio de pasado** agradado

SINGULAR	PLURAL	SINGULAR	PLURAL

presente de indicativo

agrado	agradamos
agradas	agradáis
agrada	agradan

perfecto de indicativo

he agradado	hemos agradado
has agradado	habéis agradado
ha agradado	han agradado

imperfecto de indicativo

agradaba	agradábamos
agradabas	agradabais
agradaba	agradaban

pluscuamperfecto de indicativo

A

había agradado	habíamos agradado
habías agradado	habíais agradado
había agradado	habían agradado

pretérito

agradé	agradamos
agradaste	agradasteis
agradó	agradaron

pretérito anterior

hube agradado	hubimos agradado
hubiste agradado	hubisteis agradado
hubo agradado	hubieron agradado

futuro

agradaré	agradaremos
agradarás	agradaréis
agradará	agradarán

futuro perfecto

habré agradado	habremos agradado
habrás agradado	habréis agradado
habrá agradado	habrán agradado

condicional simple

agradaría	agradaríamos
agradarías	agradaríais
agradaría	agradarían

condicional compuesto

habría agradado	habríamos agradado
habrías agradado	habríais agradado
habría agradado	habrían agradado

presente de subjuntivo

agrade	agrademos
agrades	agradéis
agrade	agraden

perfecto de subjuntivo

haya agradado	hayamos agradado
hayas agradado	hayáis agradado
haya agradado	hayan agradado

imperfecto de subjuntivo

agradara	agradáramos
agradaras	agradarais
agradara	agradaran
OR	
agradase	agradásemos
agradases	agradaseis
agradase	agradasen

pluscuamperfecto de subjuntivo

hubiera agradado	hubiéramos agradado
hubieras agradado	hubierais agradado
hubiera agradado	hubieran agradado
OR	
hubiese agradado	hubiésemos agradado
hubieses agradado	hubieseis agradado
hubiese agradado	hubiesen agradado

imperativo

—	agrademos
agrada;	agradad;
no agrades	no agradéis
agrade	agraden

SINGULAR	PLURAL	SINGULAR	PLURAL

presente de indicativo

		perfecto de indicativo	
agradezc**o**	agradec**emos**	**he** agradecido	**hemos** agradecido
agradec**es**	agradec**éis**	**has** agradecido	**habéis** agradecido
agradec**e**	agradec**en**	**ha** agradecido	**han** agradecido

imperfecto de indicativo   **pluscuamperfecto de indicativo**

agradec**ía**	agradec**íamos**	**había** agradecido	**habíamos** agradecido
agradec**ías**	agradec**íais**	**habías** agradecido	**habíais** agradecido
agradec**ía**	agradec**ían**	**había** agradecido	**habían** agradecido

pretérito   **pretérito anterior**

agradec**í**	agradec**imos**	**hube** agradecido	**hubimos** agradecido
agradec**iste**	agradec**isteis**	**hubiste** agradecido	**hubisteis** agradecido
agradec**ió**	agradec**ieron**	**hubo** agradecido	**hubieron** agradecido

futuro   **futuro perfecto**

agradecer**é**	agradecer**emos**	**habré** agradecido	**habremos** agradecido
agradecer**ás**	agradecer**éis**	**habrás** agradecido	**habréis** agradecido
agradecer**á**	agradecer**án**	**habrá** agradecido	**habrán** agradecido

condicional simple   **condicional compuesto**

agradecer**ía**	agradecer**íamos**	**habría** agradecido	**habríamos** agradecido
agradecer**ías**	agradecer**íais**	**habrías** agradecido	**habríais** agradecido
agradecer**ía**	agradecer**ían**	**habría** agradecido	**habrían** agradecido

presente de subjuntivo   **perfecto de subjuntivo**

agradezc**a**	agradezc**amos**	**haya** agradecido	**hayamos** agradecido
agradezc**as**	agradezc**áis**	**hayas** agradecido	**hayáis** agradecido
agradezc**a**	agradezc**an**	**haya** agradecido	**hayan** agradecido

imperfecto de subjuntivo   **pluscuamperfecto de subjuntivo**

agradecier**a**	agradecié**ramos**	**hubiera** agradecido	**hubiéramos** agradecido
agradecier**as**	agradecier**ais**	**hubieras** agradecido	**hubierais** agradecido
agradecier**a**	agradecier**an**	**hubiera** agradecido	**hubieran** agradecido
OR		OR	
agradecies**e**	agradecié**semos**	**hubiese** agradecido	**hubiésemos** agradecido
agradecies**es**	agradecies**eis**	**hubieses** agradecido	**hubieseis** agradecido
agradecies**e**	agradecies**en**	**hubiese** agradecido	**hubiesen** agradecido

imperativo

—	agradezcamos
agradece;	agradeced;
no agradezcas	no agradezcáis
agradezca	agradezcan

to enlarge, to grow bigger   agrandar

SINGULAR	PLURAL	SINGULAR	PLURAL

presente de indicativo

agrando	agrandamos	
agrandas	agrandáis	
agranda	agrandan	

perfecto de indicativo

he agrandado	hemos agrandado
has agrandado	habéis agrandado
ha agrandado	han agrandado

imperfecto de indicativo

agrandaba	agrandábamos
agrandabas	agrandabais
agrandaba	agrandaban

pluscuamperfecto de indicativo

había agrandado	habíamos agrandado
habías agrandado	habíais agrandado
había agrandado	habían agrandado

A

pretérito

agrandé	agrandamos
agrandaste	agrandasteis
agrandó	agrandaron

pretérito anterior

hube agrandado	hubimos agrandado
hubiste agrandado	hubisteis agrandado
hubo agrandado	hubieron agrandado

futuro

agrandaré	agrandaremos
agrandarás	agrandaréis
agrandará	agrandarán

futuro perfecto

habré agrandado	habremos agrandado
habrás agrandado	habréis agrandado
habrá agrandado	habrán agrandado

condicional simple

agrandaría	agrandaríamos
agrandarías	agrandaríais
agrandaría	agrandarían

condicional compuesto

habría agrandado	habríamos agrandado
habrías agrandado	habríais agrandado
habría agrandado	habrían agrandado

presente de subjuntivo

agrande	agrandemos
agrandes	agrandéis
agrande	agranden

perfecto de subjuntivo

haya agrandado	hayamos agrandado
hayas agrandado	hayáis agrandado
haya agrandado	hayan agrandado

imperfecto de subjuntivo

agrandara	agrandáramos
agrandaras	agrandarais
agrandara	agrandaran
OR	
agrandase	agrandásemos
agrandases	agrandaseis
agrandase	agrandasen

pluscuamperfecto de subjuntivo

hubiera agrandado	hubiéramos agrandado
hubieras agrandado	hubierais agrandado
hubiera agrandado	hubieran agrandado
OR	
hubiese agrandado	hubiésemos agrandado
hubieses agrandado	hubieseis agrandado
hubiese agrandado	hubiesen agrandado

imperativo

—	agrandemos
agranda;	agrandad;
no agrandes	no agrandéis
agrande	agranden

115

SINGULAR	PLURAL	SINGULAR	PLURAL

presente de indicativo / **perfecto de indicativo**

agravo	agravamos	he agravado	hemos agravado
agravas	agraváis	has agravado	habéis agravado
agrava	agravan	ha agravado	han agravado

imperfecto de indicativo / **pluscuamperfecto de indicativo**

agravaba	agravábamos	había agravado	habíamos agravado
agravabas	agravabais	habías agravado	habíais agravado
agravaba	agravaban	había agravado	habían agravado

pretérito / **pretérito anterior**

agravé	agravamos	hube agravado	hubimos agravado
agravaste	agravasteis	hubiste agravado	hubisteis agravado
agravó	agravaron	hubo agravado	hubieron agravado

futuro / **futuro perfecto**

agravaré	agravaremos	habré agravado	habremos agravado
agravarás	agravaréis	habrás agravado	habréis agravado
agravará	agravarán	habrá agravado	habrán agravado

condicional simple / **condicional compuesto**

agravaría	agravaríamos	habría agravado	habríamos agravado
agravarías	agravaríais	habrías agravado	habríais agravado
agravaría	agravarían	habría agravado	habrían agravado

presente de subjuntivo / **perfecto de subjuntivo**

agrave	agravemos	haya agravado	hayamos agravado
agraves	agravéis	hayas agravado	hayáis agravado
agrave	agraven	haya agravado	hayan agravado

imperfecto de subjuntivo / **pluscuamperfecto de subjuntivo**

agravara	agraváramos	hubiera agravado	hubiéramos agravado
agravaras	agravarais	hubieras agravado	hubierais agravado
agravara	agravaran	hubiera agravado	hubieran agravado
OR		OR	
agravase	agravásemos	hubiese agravado	hubiésemos agravado
agravases	agravaseis	hubieses agravado	hubieseis agravado
agravase	agravasen	hubiese agravado	hubiesen agravado

imperativo

—	agravemos
agrava; no agraves	agravad; no agravéis
agrave	agraven

to add, to aggregate

gerundio agregando

participio de pasado agregado

SINGULAR	PLURAL	SINGULAR	PLURAL

presente de indicativo

agrego	agregamos		
agregas	agregáis		
agrega	agregan		

perfecto de indicativo

he agregado	hemos agregado		
has agregado	habéis agregado		
ha agregado	han agregado		

imperfecto de indicativo

agregaba	agregábamos
agregabas	agregabais
agregaba	agregaban

pluscuamperfecto de indicativo

A

había agregado	habíamos agregado
habías agregado	habíais agregado
había agregado	habían agregado

pretérito

agregué	agregamos
agregaste	agregasteis
agregó	agregaron

pretérito anterior

hube agregado	hubimos agregado
hubiste agregado	hubisteis agregado
hubo agregado	hubieron agregado

futuro

agregaré	agregaremos
agregarás	agregaréis
agregará	agregarán

futuro perfecto

habré agregado	habremos agregado
habrás agregado	habréis agregado
habrá agregado	habrán agregado

condicional simple

agregaría	agregaríamos
agregarías	agregaríais
agregaría	agregarían

condicional compuesto

habría agregado	habríamos agregado
habrías agregado	habríais agregado
habría agregado	habrían agregado

presente de subjuntivo

agregue	agreguemos
agregues	agreguéis
agregue	agreguen

perfecto de subjuntivo

haya agregado	hayamos agregado
hayas agregado	hayáis agregado
haya agregado	hayan agregado

imperfecto de subjuntivo

agregara	agregáramos
agregaras	agregarais
agregara	agregaran
OR	
agregase	agregásemos
agregases	agregaseis
agregase	agregasen

pluscuamperfecto de subjuntivo

hubiera agregado	hubiéramos agregado
hubieras agregado	hubierais agregado
hubiera agregado	hubieran agregado
OR	
hubiese agregado	hubiésemos agregado
hubieses agregado	hubieseis agregado
hubiese agregado	hubiesen agregado

imperativo

—	agreguemos
agrega;	agregad;
no agregues;	no agreguéis
agregue	agreguen

gerundio agrupando   **participio de pasado** agrupado

SINGULAR	PLURAL	SINGULAR	PLURAL

presente de indicativo

agrupo	agrupamos	
agrupas	agrupáis	
agrupa	agrupan	

perfecto de indicativo

he agrupado	**hemos** agrupado
has agrupado	**habéis** agrupado
ha agrupado	**han** agrupado

imperfecto de indicativo

agrupaba	agrupábamos
agrupabas	agrupabais
agrupaba	agrupaban

pluscuamperfecto de indicativo

había agrupado	**habíamos** agrupado
habías agrupado	**habíais** agrupado
había agrupado	**habían** agrupado

pretérito

agrupé	agrupamos
agrupaste	agrupasteis
agrupó	agruparon

pretérito anterior

hube agrupado	**hubimos** agrupado
hubiste agrupado	**hubisteis** agrupado
hubo agrupado	**hubieron** agrupado

futuro

agruparé	agruparemos
agruparás	agruparéis
agrupará	agruparán

futuro perfecto

habré agrupado	**habremos** agrupado
habrás agrupado	**habréis** agrupado
habrá agrupado	**habrán** agrupado

condicional simple

agruparía	agruparíamos
agruparías	agruparíais
agruparía	agruparían

condicional compuesto

habría agrupado	**habríamos** agrupado
habrías agrupado	**habríais** agrupado
habría agrupado	**habrían** agrupado

presente de subjuntivo

agrupe	agrupemos
agrupes	agrupéis
agrupe	agrupen

perfecto de subjuntivo

haya agrupado	**hayamos** agrupado
hayas agrupado	**hayáis** agrupado
haya agrupado	**hayan** agrupado

imperfecto de subjuntivo

agrupara	agrupáramos
agruparas	agruparais
agrupara	agruparan
OR	
agrupase	agrupásemos
agrupases	agrupaseis
agrupase	agrupasen

pluscuamperfecto de subjuntivo

hubiera agrupado	**hubiéramos** agrupado
hubieras agrupado	**hubierais** agrupado
hubiera agrupado	**hubieran** agrupado
OR	
hubiese agrupado	**hubiésemos** agrupado
hubieses agrupado	**hubieseis** agrupado
hubiese agrupado	**hubiesen** agrupado

imperativo

—	agrupemos
agrupa;	agrupad;
no agrupes;	no agrupéis
agrupe	agrupen

gerundio **aguantando**   participio de pasado **aguantado**

SINGULAR	PLURAL	SINGULAR	PLURAL

presente de indicativo

aguant**o**	aguant**amos**
aguant**as**	aguant**áis**
aguant**a**	aguant**an**

perfecto de indicativo

he aguantado	**hemos** aguantado
has aguantado	**habéis** aguantado
ha aguantado	**han** aguantado

imperfecto de indicativo

aguant**aba**	aguant**ábamos**
aguant**abas**	aguant**abais**
aguant**aba**	aguant**aban**

pluscuamperfecto de indicativo

había aguantado	**habíamos** aguantado
habías aguantado	**habíais** aguantado
había aguantado	**habían** aguantado

A

pretérito

aguant**é**	aguant**amos**
aguant**aste**	aguant**asteis**
aguant**ó**	aguant**aron**

pretérito anterior

hube aguantado	**hubimos** aguantado
hubiste aguantado	**hubisteis** aguantado
hubo aguantado	**hubieron** aguantado

futuro

aguantar**é**	aguantar**emos**
aguantar**ás**	aguantar**éis**
aguantar**á**	aguantar**án**

futuro perfecto

habré aguantado	**habremos** aguantado
habrás aguantado	**habréis** aguantado
habrá aguantado	**habrán** aguantado

condicional simple

aguantar**ía**	aguantar**íamos**
aguantar**ías**	aguantar**íais**
aguantar**ía**	aguantar**ían**

condicional compuesto

habría aguantado	**habríamos** aguantado
habrías aguantado	**habríais** aguantado
habría aguantado	**habrían** aguantado

presente de subjuntivo

aguant**e**	aguant**emos**
aguant**es**	aguant**éis**
aguant**e**	aguant**en**

perfecto de subjuntivo

haya aguantado	**hayamos** aguantado
hayas aguantado	**hayáis** aguantado
haya aguantado	**hayan** aguantado

imperfecto de subjuntivo

aguant**ara**	aguant**áramos**
aguant**aras**	aguantar**ais**
aguant**ara**	aguantar**an**
OR	
aguant**ase**	aguant**ásemos**
aguant**ases**	aguant**aseis**
aguant**ase**	aguant**asen**

pluscuamperfecto de subjuntivo

hubiera aguantado	**hubiéramos** aguantado
hubieras aguantado	**hubierais** aguantado
hubiera aguantado	**hubieran** aguantado
OR	
hubiese aguantado	**hubiésemos** aguantado
hubieses aguantado	**hubieseis** aguantado
hubiese aguantado	**hubiesen** aguantado

imperativo

—	aguantemos
aguanta;	aguantad;
no aguantes	no aguantéis
aguante	aguanten

SINGULAR	PLURAL	SINGULAR	PLURAL

presente de indicativo

		perfecto de indicativo	
ahorro	ahorramos	**he** ahorrado	**hemos** ahorrado
ahorras	ahorráis	**has** ahorrado	**habéis** ahorrado
ahorra	ahorran	**ha** ahorrado	**han** ahorrado

imperfecto de indicativo

		pluscuamperfecto de indicativo	
ahorraba	ahorrábamos	**había** ahorrado	**habíamos** ahorrado
ahorrabas	ahorrabais	**habías** ahorrado	**habíais** ahorrado
ahorraba	ahorraban	**había** ahorrado	**habían** ahorrado

pretérito

		pretérito anterior	
ahorré	ahorramos	**hube** ahorrado	**hubimos** ahorrado
ahorraste	ahorrasteis	**hubiste** ahorrado	**hubisteis** ahorrado
ahorró	ahorraron	**hubo** ahorrado	**hubieron** ahorrado

futuro

		futuro perfecto	
ahorraré	ahorraremos	**habré** ahorrado	**habremos** ahorrado
ahorrarás	ahorraréis	**habrás** ahorrado	**habréis** ahorrado
ahorrará	ahorrarán	**habrá** ahorrado	**habrán** ahorrado

condicional simple

		condicional compuesto	
ahorraría	ahorraríamos	**habría** ahorrado	**habríamos** ahorrado
ahorrarías	ahorraríais	**habrías** ahorrado	**habríais** ahorrado
ahorraría	ahorrarían	**habría** ahorrado	**habrían** ahorrado

presente de subjuntivo

		perfecto de subjuntivo	
ahorre	ahorremos	**haya** ahorrado	**hayamos** ahorrado
ahorres	ahorréis	**hayas** ahorrado	**hayáis** ahorrado
ahorre	ahorren	**haya** ahorrado	**hayan** ahorrado

imperfecto de subjuntivo

		pluscuamperfecto de subjuntivo	
ahorrara	ahorráramos	**hubiera** ahorrado	**hubiéramos** ahorrado
ahorraras	ahorrarais	**hubieras** ahorrado	**hubierais** ahorrado
ahorrara	ahorraran	**hubiera** ahorrado	**hubieran** ahorrado
OR		OR	
ahorrase	ahorrásemos	**hubiese** ahorrado	**hubiésemos** ahorrado
ahorrases	ahorraseis	**hubieses** ahorrado	**hubieseis** ahorrado
ahorrase	ahorrasen	**hubiese** ahorrado	**hubiesen** ahorrado

imperativo

—	ahorremos
ahorra; no ahorres	ahorrad; no ahorréis
ahorre	ahorren

to reach, to suffice

gerundio **alcanzando**   participio de pasado **alcanzado**

SINGULAR	PLURAL	SINGULAR	PLURAL

presente de indicativo

alcanz**o**	alcanz**amos**
alcanz**as**	alcanz**áis**
alcanz**a**	alcanz**an**

perfecto de indicativo

he alcanzado	**hemos** alcanzado
has alcanzado	**habéis** alcanzado
ha alcanzado	**han** alcanzado

imperfecto de indicativo

alcanz**aba**	alcanz**ábamos**
alcanz**abas**	alcanz**abais**
alcanz**aba**	alcanz**aban**

pluscuamperfecto de indicativo

había alcanzado	**habíamos** alcanzado
habías alcanzado	**habíais** alcanzado
había alcanzado	**habían** alcanzado

A

pretérito

alcanc**é**	alcanz**amos**
alcanz**aste**	alcanz**asteis**
alcanz**ó**	alcanz**aron**

pretérito anterior

hube alcanzado	**hubimos** alcanzado
hubiste alcanzado	**hubisteis** alcanzado
hubo alcanzado	**hubieron** alcanzado

futuro

alcanzar**é**	alcanzar**emos**
alcanzar**ás**	alcanzar**éis**
alcanzar**á**	alcanzar**án**

futuro perfecto

habré alcanzado	**habremos** alcanzado
habrás alcanzado	**habréis** alcanzado
habrá alcanzado	**habrán** alcanzado

condicional simple

alcanzar**ía**	alcanzar**íamos**
alcanzar**ías**	alcanzar**íais**
alcanzar**ía**	alcanzar**ían**

condicional compuesto

habría alcanzado	**habríamos** alcanzado
habrías alcanzado	**habríais** alcanzado
habría alcanzado	**habrían** alcanzado

presente de subjuntivo

alcanc**e**	alcanc**emos**
alcanc**es**	alcanc**éis**
alcanc**e**	alcanc**en**

perfecto de subjuntivo

haya alcanzado	**hayamos** alcanzado
hayas alcanzado	**hayáis** alcanzado
haya alcanzado	**hayan** alcanzado

imperfecto de subjuntivo

alcanz**ara**	alcanz**áramos**
alcanz**aras**	alcanz**arais**
alcanz**ara**	alcanz**aran**
OR	
alcanz**ase**	alcanz**ásemos**
alcanz**ases**	alcanz**aseis**
alcanz**ase**	alcanz**asen**

pluscuamperfecto de subjuntivo

hubiera alcanzado	**hubiéramos** alcanzado
hubieras alcanzado	**hubierais** alcanzado
hubiera alcanzado	**hubieran** alcanzado
OR	
hubiese alcanzado	**hubiésemos** alcanzado
hubieses alcanzado	**hubieseis** alcanzado
hubiese alcanzado	**hubiesen** alcanzado

imperativo

—	alcanc**emos**
alcanza;	alcanzad;
no alcances	no alcancéis
alcance	alcancen

gerundio **alegrándose**   participio de pasado **alegrado**

SINGULAR	PLURAL	SINGULAR	PLURAL

presente de indicativo

me alegr**o**	nos alegr**amos**		
te alegr**as**	os alegr**áis**		
se alegr**a**	se alegr**an**		

perfecto de indicativo

me he alegrado	**nos hemos** alegrado		
te has alegrado	**os habéis** alegrado		
se ha alegrado	**se han** alegrado		

imperfecto de indicativo

me alegr**aba**	nos alegr**ábamos**
te alegr**abas**	os alegr**abais**
se alegr**aba**	se alegr**aban**

pluscuamperfecto de indicativo

me había alegrado	**nos habíamos** alegrado
te habías alegrado	**os habíais** alegrado
se había alegrado	**se habían** alegrado

pretérito

me alegr**é**	nos alegr**amos**
te alegr**aste**	os alegr**asteis**
se alegr**ó**	se alegr**aron**

pretérito anterior

me hube alegrado	**nos hubimos** alegrado
te hubiste alegrado	**os hubisteis** alegrado
se hubo alegrado	**se hubieron** alegrado

futuro

me alegrar**é**	nos alegrar**emos**
te alegrar**ás**	os alegrar**éis**
se alegrar**á**	se alegrar**án**

futuro perfecto

me habré alegrado	**nos habremos** alegrado
te habrás alegrado	**os habréis** alegrado
se habrá alegrado	**se habrán** alegrado

condicional simple

me alegrar**ía**	nos alegrar**íamos**
te alegrar**ías**	os alegrar**íais**
se alegrar**ía**	se alegrar**ían**

condicional compuesto

me habría alegrado	**nos habríamos** alegrado
te habrías alegrado	**os habríais** alegrado
se habría alegrado	**se habrían** alegrado

presente de subjuntivo

me alegr**e**	nos alegr**emos**
te alegr**es**	os alegr**éis**
se alegr**e**	se alegr**en**

perfecto de subjuntivo

me haya alegrado	**nos hayamos** alegrado
te hayas alegrado	**os hayáis** alegrado
se haya alegrado	**se hayan** alegrado

imperfecto de subjuntivo

me alegr**ara**	nos alegr**áramos**
te alegr**aras**	os alegr**arais**
se alegr**ara**	se alegr**aran**
OR	
me alegr**ase**	nos alegr**ásemos**
te alegr**ases**	os alegr**aseis**
se alegr**ase**	se alegr**asen**

pluscuamperfecto de subjuntivo

me hubiera alegrado	**nos hubiéramos** alegrado
te hubieras alegrado	**os hubierais** alegrado
se hubiera alegrado	**se hubieran** alegrado
OR	
me hubiese alegrado	**nos hubiésemos** alegrado
te hubieses alegrado	**os hubieseis** alegrado
se hubiese alegrado	**se hubiesen** alegrado

imperativo

—	alegrémonos
alégrate;	alegraos;
no te alegres	no os alegréis
alégrese	alégrense

gerundio **almorzando**   participio de pasado **almorzado**

SINGULAR	PLURAL	SINGULAR	PLURAL

presente de indicativo
		perfecto de indicativo	
almuerz**o**	almorz**amos**	**he** almorzado	**hemos** almorzado
almuerz**as**	almorz**áis**	**has** almorzado	**habéis** almorzado
almuerz**a**	almuerz**an**	**ha** almorzado	**han** almorzado

imperfecto de indicativo   pluscuamperfecto de indicativo   **A**
almorz**aba**	almorz**ábamos**	**había** almorzado	**habíamos** almorzado
almorz**abas**	almorz**abais**	**habías** almorzado	**habíais** almorzado
almorz**aba**	almorz**aban**	**había** almorzado	**habían** almorzado

pretérito   pretérito anterior
almorc**é**	almorz**amos**	**hube** almorzado	**hubimos** almorzado
almorz**aste**	almorz**asteis**	**hubiste** almorzado	**hubisteis** almorzado
almorz**ó**	almorz**aron**	**hubo** almorzado	**hubieron** almorzado

futuro   futuro perfecto
almorzar**é**	almorzar**emos**	**habré** almorzado	**habremos** almorzado
almorzar**ás**	almorzar**éis**	**habrás** almorzado	**habréis** almorzado
almorzar**á**	almorzar**án**	**habrá** almorzado	**habrán** almorzado

condicional simple   condicional compuesto
almorzar**ía**	almorzar**íamos**	**habría** almorzado	**habríamos** almorzado
almorzar**ías**	almorzar**íais**	**habrías** almorzado	**habríais** almorzado
almorzar**ía**	almorzar**ían**	**habría** almorzado	**habrían** almorzado

presente de subjuntivo   perfecto de subjuntivo
almuerc**e**	almorc**emos**	**haya** almorzado	**hayamos** almorzado
almuerc**es**	almorc**éis**	**hayas** almorzado	**hayáis** almorzado
almuerc**e**	almuerc**en**	**haya** almorzado	**hayan** almorzado

imperfecto de subjuntivo   pluscuamperfecto de subjuntivo
almorzar**a**	almorzár**amos**	**hubiera** almorzado	**hubiéramos** almorzado
almorzar**as**	almorzar**ais**	**hubieras** almorzado	**hubierais** almorzado
almorzar**a**	almorzar**an**	**hubiera** almorzado	**hubieran** almorzado
OR		OR	
almorza**se**	almorzás**emos**	**hubiese** almorzado	**hubiésemos** almorzado
almorza**ses**	almorza**seis**	**hubieses** almorzado	**hubieseis** almorzado
almorza**se**	almorza**sen**	**hubiese** almorzado	**hubiesen** almorzado

imperativo
—	almorcemos
almuerza;	almorzad;
no almuerces	no almorcéis
almuerce	almuercen

gerundio **alquilando**   participio de pasado **alquilado**

SINGULAR	PLURAL	SINGULAR	PLURAL
presente de indicativo		perfecto de indicativo	
alquil**o**	alquil**amos**	**he** alquilado	**hemos** alquilado
alquil**as**	alquil**áis**	**has** alquilado	**habéis** alquilado
alauil**a**	alquil**an**	**ha** alquilado	**han** alquilado
imperfecto de indicativo		pluscuamperfecto de indicativo	
alquil**aba**	alquil**ábamos**	**había** alquilado	**habíamos** alquilado
alquil**abas**	alquil**abais**	**habías** alquilado	**habíais** alquilado
alquil**aba**	alquil**aban**	**había** alquilado	**habían** alquilado
pretérito		pretérito anterior	
alquil**é**	alquil**amos**	**hube** alquilado	**hubimos** alquilado
alquil**aste**	alquil**asteis**	**hubiste** alquilado	**hubisteis** alquilado
alquil**ó**	alquil**aron**	**hubo** alquilado	**hubieron** alquilado
futuro		futuro perfecto	
alquilar**é**	alquilar**emos**	**habré** alquilado	**habremos** alquilado
alquilar**ás**	alquilar**éis**	**habrás** alquilado	**habréis** alquilado
alquilar**á**	alquilar**án**	**habrá** alquilado	**habrán** alquilado
condicional simple		condicional compuesto	
alquilar**ía**	alquilar**íamos**	**habría** alquilado	**habríamos** alquilado
alquilar**ías**	alquilar**íais**	**habrías** alquilado	**habríais** alquilado
alquilar**ía**	alquilar**ían**	**habría** alquilado	**habrían** alquilado
presente de subjuntivo		perfecto de subjuntivo	
alquil**e**	alquil**emos**	**haya** alquilado	**hayamos** alquilado
alquil**es**	alquil**éis**	**hayas** alquilado	**hayáis** alquilado
alquil**e**	alquil**en**	**haya** alquilado	**hayan** alquilado
imperfecto de subjuntivo		pluscuamperfecto de subjuntivo	
alquil**ara**	alquil**áramos**	**hubiera** alquilado	**hubiéramos** alquilado
alquil**aras**	alquil**arais**	**hubieras** alquilado	**hubierais** alquilado
alquil**ara**	alquil**aran**	**hubiera** alquilado	**hubieran** alquilado
OR		OR	
alquil**ase**	alquil**ásemos**	**hubiese** alquilado	**hubiésemos** alquilado
alquil**ases**	alquil**aseis**	**hubieses** alquilado	**hubieseis** alquilado
alquil**ase**	alquil**asen**	**hubiese** alquilado	**hubiesen** alquilado

imperativo

—	alquilemos
alquila; no alquiles	alquilad; no alquiléis
alquile	alquilen

124

gerundio **alumbrando**   participio de pasado **alumbrado**

SINGULAR	PLURAL	SINGULAR	PLURAL

presente de indicativo
alumbro	alumbramos
alumbras	alumbráis
alumbra	alumbran

perfecto de indicativo
he alumbrado	**hemos** alumbrado
has alumbrado	**habéis** alumbrado
ha alumbrado	**han** alumbrado

imperfecto de indicativo
alumbraba	alumbrábamos
alumbrabas	alumbrabais
alumbraba	alumbraban

pluscuamperfecto de indicativo
había alumbrado	**habíamos** alumbrado
habías alumbrado	**habíais** alumbrado
había alumbrado	**habían** alumbrado

A

pretérito
alumbré	alumbramos
alumbraste	alumbrasteis
alumbró	alumbraron

pretérito anterior
hube alumbrado	**hubimos** alumbrado
hubiste alumbrado	**hubisteis** alumbrado
hubo alumbrado	**hubieron** alumbrado

futuro
alumbraré	alumbraremos
alumbrarás	alumbraréis
alumbrará	alumbrarán

futuro perfecto
habré alumbrado	**habremos** alumbrado
habrás alumbrado	**habréis** alumbrado
habrá alumbrado	**habrán** alumbrado

condicional simple
alumbraría	alumbraríamos
alumbrarías	alumbraríais
alumbraría	alumbrarían

condicional compuesto
habría alumbrado	**habríamos** alumbrado
habrías alumbrado	**habríais** alumbrado
habría alumbrado	**habrían** alumbrado

presente de subjuntivo
alumbre	alumbremos
alumbres	alumbréis
alumbre	alumbren

perfecto de subjuntivo
haya alumbrado	**hayamos** alumbrado
hayas alumbrado	**hayáis** alumbrado
haya alumbrado	**hayan** alumbrado

imperfecto de subjuntivo
alumbrara	alumbráramos
alumbraras	alumbrarais
alumbrara	alumbraran
OR	
alumbrase	alumbrásemos
alumbrases	alumbraseis
alumbrase	alumbrasen

pluscuamperfecto de subjuntivo
hubiera alumbrado	**hubiéramos** alumbrado
hubieras alumbrado	**hubierais** alumbrado
hubiera alumbrado	**hubieran** alumbrado
OR	
hubiese alumbrado	**hubiésemos** alumbrado
hubieses alumbrado	**hubieseis** alumbrado
hubiese alumbrado	**hubiesen** alumbrado

imperativo
—	alumbremos
alumbra; no alumbres	alumbrad; no alumbréis
alumbre	alumbren

gerundio **alzando**   participio de pasado **alzado**

SINGULAR	PLURAL	SINGULAR	PLURAL

presente de indicativo

alz**o**	alz**amos**
alz**as**	alz**áis**
alz**a**	alz**an**

perfecto de indicativo

he alzado	**hemos** alzado
has alzado	**habéis** alzado
ha alzado	**han** alzado

imperfecto de indicativo

alz**aba**	alz**ábamos**
alz**abas**	alz**abais**
alz**aba**	alz**aban**

pluscuamperfecto de indicativo

había alzado	**habíamos** alzado
habías alzado	**habíais** alzado
había alzado	**habían** alzado

pretérito

alc**é**	alz**amos**
alz**aste**	alz**asteis**
alz**ó**	alz**aron**

pretérito anterior

hube alzado	**hubimos** alzado
hubiste alzado	**hubisteis** alzado
hubo alzado	**hubieron** alzado

futuro

alzar**é**	alzar**emos**
alzar**ás**	alzar**éis**
alzar**á**	alzar**án**

futuro perfecto

habré alzado	**habremos** alzado
habrás alzado	**habréis** alzado
habrá alzado	**habrán** alzado

condicional simple

alzar**ía**	alzar**íamos**
alzar**ías**	alzar**íais**
alzar**ía**	alzar**ían**

condicional compuesto

habría alzado	**habríamos** alzado
habrías alzado	**habríais** alzado
habría alzado	**habrían** alzado

presente de subjuntivo

alc**e**	alc**emos**
alc**es**	alc**éis**
alc**e**	alc**en**

perfecto de subjuntivo

haya alzado	**hayamos** alzado
hayas alzado	**hayáis** alzado
haya alzado	**hayan** alzado

imperfecto de subjuntivo

alz**ara**	alz**áramos**
alz**aras**	alz**arais**
alz**ara**	alz**aran**
OR	
alz**ase**	alz**ásemos**
alz**ases**	alz**aseis**
alz**ase**	alz**asen**

pluscuamperfecto de subjuntivo

hubiera alzado	**hubiéramos** alzado
hubieras alzado	**hubierais** alzado
hubiera alzado	**hubieran** alzado
OR	
hubiese alzado	**hubiésemos** alzado
hubieses alzado	**hubieseis** alzado
hubiese alzado	**hubiesen** alzado

imperativo

—	alcemos
alza; no alces	alzad; no alcéis
alce	alcen

to love

gerundio **amando**   participio de pasado **amado**

SINGULAR	PLURAL	SINGULAR	PLURAL

presente de indicativo

amo	amamos
amas	amáis
ama	aman

imperfecto de indicativo

amaba	amábamos
amabas	amabais
amaba	amaban

pretérito

amé	amamos
amaste	amasteis
amó	amaron

futuro

amaré	amaremos
amarás	amaréis
amará	amarán

condicional simple

amaría	amaríamos
amarías	amaríais
amaría	amarían

presente de subjuntivo

ame	amemos
ames	améis
ame	amen

imperfecto de subjuntivo

amara	amáramos
amaras	amarais
amara	amaran
OR	
amase	amásemos
amases	amaseis
amase	amasen

imperativo

—	amemos
ama; no ames	amad; no améis
ame	amen

perfecto de indicativo

he amado	hemos amado
has amado	habéis amado
ha amado	han amado

pluscuamperfecto de indicativo

A

había amado	habíamos amado
habías amado	habíais amado
había amado	habían amado

pretérito anterior

hube amado	hubimos amado
hubiste amado	hubisteis amado
hubo amado	hubieron amado

futuro perfecto

habré amado	habremos amado
habrás amado	habréis amado
habrá amado	habrán amado

condicional compuesto

habría amado	habríamos amado
habrías amado	habríais amado
habría amado	habrían amado

perfecto de subjuntivo

haya amado	hayamos amado
hayas amado	hayáis amado
haya amado	hayan amado

pluscuamperfecto de subjuntivo

hubiera amado	hubiéramos amado
hubieras amado	hubierais amado
hubiera amado	hubieran amado
OR	
hubiese amado	hubiésemos amado
hubieses amado	hubieseis amado
hubiese amado	hubiesen amado

gerundio **añadiendo** participio de pasado **añadido**

SINGULAR	PLURAL	SINGULAR	PLURAL

presente de indicativo

añad**o**	añad**imos**
añad**es**	añad**ís**
añad**e**	añad**en**

perfecto de indicativo

he añadido	**hemos** añadido
has añadido	**habéis** añadido
ha añadido	**han** añadido

imperfecto de indicativo

añad**ía**	añad**íamos**
añad**ías**	añad**íais**
añad**ía**	añad**ían**

pluscuamperfecto de indicativo

había añadido	**habíamos** añadido
habías añadido	**habíais** añadido
había añadido	**habían** añadido

pretérito

añad**í**	añad**imos**
añad**iste**	añad**isteis**
añad**ió**	añad**ieron**

pretérito anterior

hube añadido	**hubimos** añadido
hubiste añadido	**hubisteis** añadido
hubo añadido	**hubieron** añadido

futuro

añadir**é**	añadir**emos**
añadir**ás**	añadir**éis**
añadir**á**	añadir**án**

futuro perfecto

habré añadido	**habremos** añadido
habrás añadido	**habréis** añadido
habrá añadido	**habrán** añadido

condicional simple

añadir**ía**	añadir**íamos**
añadir**ías**	añadir**íais**
añadir**ía**	añadir**ían**

condicional compuesto

habría añadido	**habríamos** añadido
habrías añadido	**habríais** añadido
habría añadido	**habrían** añadido

presente de subjuntivo

añad**a**	añad**amos**
añad**as**	añad**áis**
añad**a**	añad**an**

perfecto de subjuntivo

haya añadido	**hayamos** añadido
hayas añadido	**hayáis** añadido
haya añadido	**hayan** añadido

imperfecto de subjuntivo

añad**iera**	añad**iéramos**
añad**ieras**	añad**ierais**
añad**iera**	añad**ieran**
OR	
añad**iese**	añad**iésemos**
añad**ieses**	añad**ieseis**
añad**iese**	añad**iesen**

pluscuamperfecto de subjuntivo

hubiera añadido	**hubiéramos** añadido
hubieras añadido	**hubierais** añadido
hubiera añadido	**hubieran** añadido
OR	
hubiese añadido	**hubiésemos** añadido
hubieses añadido	**hubieseis** añadido
hubiese añadido	**hubiesen** añadido

imperativo

—	añadamos
añade; no añadas	añadid; no añadáis
añada	añadan

to analyze   analizar

SINGULAR	PLURAL	SINGULAR	PLURAL

presente de indicativo

		perfecto de indicativo	
analiz**o**	analiz**amos**	**he** analizado	**hemos** analizado
analiz**as**	analiz**áis**	**has** analizado	**habéis** analizado
analiz**a**	analiz**an**	**ha** analizado	**han** analizado

imperfecto de indicativo   **pluscuamperfecto de indicativo**   **A**

analiz**aba**	analiz**ábamos**	**había** analizado	**habíamos** analizado
analiz**abas**	analiz**abais**	**habías** analizado	**habíais** analizado
analiz**aba**	analiz**aban**	**había** analizado	**habían** analizado

pretérito   **pretérito anterior**

analic**é**	analiz**amos**	**hube** analizado	**hubimos** analizado
analiz**aste**	analiz**asteis**	**hubiste** analizado	**hubisteis** analizado
analiz**ó**	analiz**aron**	**hubo** analizado	**hubieron** analizado

futuro   **futuro perfecto**

analizar**é**	analizar**emos**	**habré** analizado	**habremos** analizado
analizar**ás**	analizar**éis**	**habrás** analizado	**habréis** analizado
analizar**á**	analizar**án**	**habrá** analizado	**habrán** analizado

condicional simple   **condicional compuesto**

analizar**ía**	analizar**íamos**	**habría** analizado	**habríamos** analizado
analizar**ías**	analizar**íais**	**habrías** analizado	**habríais** analizado
analizar**ía**	analizar**ían**	**habría** analizado	**habrían** analizado

presente de subjuntivo   **perfecto de subjuntivo**

analic**e**	analic**emos**	**haya** analizado	**hayamos** analizado
analic**es**	analic**éis**	**hayas** analizado	**hayáis** analizado
analic**e**	analic**en**	**haya** analizado	**hayan** analizado

imperfecto de subjuntivo   **pluscuamperfecto de subjuntivo**

analiz**ara**	analiz**áramos**	**hubiera** analizado	**hubiéramos** analizado
analiz**aras**	analiz**arais**	**hubieras** analizado	**hubierais** analizado
analiz**ara**	analiz**aran**	**hubiera** analizado	**hubieran** analizado
OR		OR	
analiz**ase**	analiz**ásemos**	**hubiese** analizado	**hubiésemos** analizado
analiz**ases**	analiz**aseis**	**hubieses** analizado	**hubieseis** analizado
analiz**ase**	analiz**asen**	**hubiese** analizado	**hubiesen** analizado

imperativo

—	analic**emos**
analiz**a**;	analiz**ad**;
no analic**es**	no analic**éis**
analic**e**	analic**en**

gerundio **andando**   participio de pasado **andado**

SINGULAR	PLURAL	SINGULAR	PLURAL

presente de indicativo

ando	andamos	
andas	andáis	
anda	andan	

perfecto de indicativo

he andado	hemos andado
has andado	habéis andado
ha andado	han andado

imperfecto de indicativo

andaba	andábamos
andabas	andabais
andaba	andaban

pluscuamperfecto de indicativo

había andado	habíamos andado
habías andado	habíais andado
había andado	habían andado

pretérito

anduve	anduvimos
anduviste	anduvisteis
anduvo	anduvieron

pretérito anterior

hube andado	hubimos andado
hubiste andado	hubisteis andado
hubo andado	hubieron andado

futuro

andaré	andaremos
andarás	andaréis
andará	andarán

futuro perfecto

habré andado	habremos andado
habrás andado	habréis andado
habrá andado	habrán andado

condicional simple

andaría	andaríamos
andarías	andaríais
andaría	andarían

condicional compuesto

habría andado	habríamos andado
habrías andado	habríais andado
habría andado	habrían andado

presente de subjuntivo

ande	andemos
andes	andéis
ande	anden

perfecto de subjuntivo

haya andado	hayamos andado
hayas andado	hayáis andado
haya andado	hayan andado

imperfecto de subjuntivo

anduviera	anduviéramos
anduvieras	anduvierais
anduviera	anduvieran
OR	
anduviese	anduviésemos
anduvieses	anduvieseis
anduviese	anduviesen

pluscuamperfecto de subjuntivo

hubiera andado	hubiéramos andado
hubieras andado	hubierais andado
hubiera andado	hubieran andado
OR	
hubiese andado	hubiésemos andado
hubieses andado	hubieseis andado
hubiese andado	hubiesen andado

imperativo

—	andemos
anda; no andes	andad; no andéis
ande	anden

MUST KNOW VERB

gerundio **anocheciendo**   participio de pasado **anochecido**

SINGULAR	PLURAL	SINGULAR	PLURAL

presente de indicativo

anochezco	anochecemos	
anocheces	anochecéis	
anochece	anochecen	

perfecto de indicativo

he anochecido	**hemos** anochecido
has anochecido	**habéis** anochecido
ha anochecido	**han** anochecido

imperfecto de indicativo

anochecía	anochecíamos
anochecías	anochecíais
anochecía	anochecían

pluscuamperfecto de indicativo

había anochecido	**habíamos** anochecido
habías anochecido	**habíais** anochecido
había anochecido	**habían** anochecido

A

pretérito

anochecí	anochecimos
anocheciste	anochecisteis
anocheció	anochecieron

pretérito anterior

hube anochecido	**hubimos** anochecido
hubiste anochecido	**hubisteis** anochecido
hubo anochecido	**hubieron** anochecido

futuro

anocheceré	anocheceremos
anochecerás	anocheceréis
anochecerá	anochecerán

futuro perfecto

habré anochecido	**habremos** anochecido
habrás anochecido	**habréis** anochecido
habrá anochecido	**habrán** anochecido

condicional simple

anochecería	anocheceríamos
anochecerías	anocheceríais
anochecería	anochecerían

condicional compuesto

habría anochecido	**habríamos** anochecido
habrías anochecido	**habríais** anochecido
habría anochecido	**habrían** anochecido

presente de subjuntivo

anochezca	anochezcamos
anochezcas	anochezcáis
anochezca	anochezcan

perfecto de subjuntivo

haya anochecido	**hayamos** anochecido
hayas anochecido	**hayáis** anochecido
haya anochecido	**hayan** anochecido

imperfecto de subjuntivo

anocheciera	anocheciéramos
anochecieras	anochecierais
anocheciera	anochecieran
OR	
anocheciese	anocheciésemos
anochecieses	anocheciéseis
anocheciese	anocheciesen

pluscuamperfecto de subjuntivo

hubiera anochecido	**hubiéramos** anochecido
hubieras anochecido	**hubierais** anochecido
hubiera anochecido	**hubieran** anochecido
OR	
hubiese anochecido	**hubiésemos** anochecido
hubieses anochecido	**hubieseis** anochecido
hubiese anochecido	**hubiesen** anochecido

imperativo

—	anochezcamos
anochece;	anocheced;
no anochezcas	no anochezcáis
anochezca	anochezcan

SINGULAR	PLURAL	SINGULAR	PLURAL

presente de indicativo

anuncio	anunciamos
anuncias	anunciáis
anuncia	anuncian

perfecto de indicativo

he anunciado	hemos anunciado
has anunciado	habéis anunciado
ha anunciado	han anunciado

imperfecto de indicativo

anunciaba	anunciábamos
anunciabas	anunciabais
anunciaba	anunciaban

pluscuamperfecto de indicativo

había anunciado	habíamos anunciado
habías anunciado	habíais anunciado
había anunciado	habían anunciado

pretérito

anuncié	anunciamos
anunciaste	anunciasteis
anunció	anunciaron

pretérito anterior

hube anunciado	hubimos anunciado
hubiste anunciado	hubisteis anunciado
hubo anunciado	hubieron anunciado

futuro

anunciaré	anunciaremos
anunciarás	anunciaréis
anunciará	anunciarán

futuro perfecto

habré anunciado	habremos anunciado
habrás anunciado	habréis anunciado
habrá anunciado	habrán anunciado

condicional simple

anunciaría	anunciaríamos
anunciarías	anunciaríais
anunciaría	anunciarían

condicional compuesto

habría anunciado	habríamos anunciado
habrías anunciado	habríais anunciado
habría anunciado	habrían anunciado

presente de subjuntivo

anuncie	anunciemos
anuncies	anunciéis
anuncie	anuncien

perfecto de subjuntivo

haya anunciado	hayamos anunciado
hayas anunciado	hayáis anunciado
haya anunciado	hayan anunciado

imperfecto de subjuntivo

anunciara	anunciáramos
anunciaras	anunciarais
anunciara	anunciaran
OR	
anunciase	anunciásemos
anunciases	anunciaseis
anunciase	anunciasen

pluscuamperfecto de subjuntivo

hubiera anunciado	hubiéramos anunciado
hubieras anunciado	hubierais anunciado
hubiera anunciado	hubieran anunciado
OR	
hubiese anunciado	hubiésemos anunciado
hubieses anunciado	hubieseis anunciado
hubiese anunciado	hubiesen anunciado

imperativo

—	anunciemos
anuncia; no anuncies	anunciad; no anunciéis
anuncie	anuncien

gerundio apagando   **participio de pasado** apagado

SINGULAR	PLURAL	SINGULAR	PLURAL
presente de indicativo		**perfecto de indicativo**	
apago	apagamos	he apagado	hemos apagado
apagas	apagáis	has apagado	habéis apagado
apaga	apagan	ha apagado	han apagado
imperfecto de indicativo		**pluscuamperfecto de indicativo**	
apagaba	apagábamos	había apagado	habíamos apagado
apagabas	apagabais	habías apagado	habíais apagado
apagaba	apagaban	había apagado	habían apagado
pretérito		**pretérito anterior**	
apagué	apagamos	hube apagado	hubimos apagado
apagaste	apagasteis	hubiste apagado	hubisteis apagado
apagó	apagaron	hubo apagado	hubieron apagado
futuro		**futuro perfecto**	
apagaré	apagaremos	habré apagado	habremos apagado
apagarás	apagaréis	habrás apagado	habréis apagado
apagará	apagarán	habrá apagado	habrán apagado
condicional simple		**condicional compuesto**	
apagaría	apagaríamos	habría apagado	habríamos apagado
apagarías	apagaríais	habrías apagado	habríais apagado
apagaría	apagarían	habría apagado	habrían apagado
presente de subjuntivo		**perfecto de subjuntivo**	
apague	apaguemos	haya apagado	hayamos apagado
apagues	apaguéis	hayas apagado	hayáis apagado
apague	apaguen	haya apagado	hayan apagado
imperfecto de subjuntivo		**pluscuamperfecto de subjuntivo**	
apagara	apagáramos	hubiera apagado	hubiéramos apagado
apagaras	apagarais	hubieras apagado	hubierais apagado
apagara	apagaran	hubiera apagado	hubieran apagado
OR		OR	
apagase	apagásemos	hubiese apagado	hubiésemos apagado
apagases	apagaseis	hubieses apagado	hubieseis apagado
apagase	apagasen	hubiese apagado	hubiesen apagado

imperativo

—	apaguemos
apaga; no apagues	apagad; no apaguéis
apague	apaguen

A

gerundio apareciendo   **participio de pasado** aparecido

SINGULAR	PLURAL	SINGULAR	PLURAL

presente de indicativo

		perfecto de indicativo	
aparezco	aparecemos	he aparecido	hemos aparecido
apareces	aparecéis	has aparecido	habéis aparecido
aparece	aparecen	ha aparecido	han aparecido

imperfecto de indicativo — **pluscuamperfecto de indicativo**

aparecía	aparecíamos	había aparecido	habíamos aparecido
aparecías	aparecíais	habías aparecido	habíais aparecido
aparecía	aparecían	había aparecido	habían aparecido

pretérito — **pretérito anterior**

aparecí	aparecimos	hube aparecido	hubimos aparecido
apareciste	aparecisteis	hubiste aparecido	hubisteis aparecido
apareció	aparecieron	hubo aparecido	hubieron aparecido

futuro — **futuro perfecto**

apareceré	apareceremos	habré aparecido	habremos aparecido
aparecerás	apareceréis	habrás aparecido	habréis aparecido
aparecerá	aparecerán	habrá aparecido	habrán aparecido

condicional simple — **condicional compuesto**

aparecería	apareceríamos	habría aparecido	habríamos aparecido
aparecerías	apareceríais	habrías aparecido	habríais aparecido
aparecería	aparecerían	habría aparecido	habrían aparecido

presente de subjuntivo — **perfecto de subjuntivo**

aparezca	aparezcamos	haya aparecido	hayamos aparecido
aparezcas	aparezcáis	hayas aparecido	hayáis aparecido
aparezca	aparezcan	haya aparecido	hayan aparecido

imperfecto de subjuntivo — **pluscuamperfecto de subjuntivo**

apareciera	apareciéramos	hubiera aparecido	hubiéramos aparecido
aparecieras	aparecierais	hubieras aparecido	hubierais aparecido
apareciera	aparecieran	hubiera aparecido	hubieran aparecido
OR		OR	
apareciese	apareciésemos	hubiese aparecido	hubiésemos aparecido
aparecieses	aparecieseis	hubieses aparecido	hubieseis aparecido
apareciese	apareciesen	hubiese aparecido	hubiesen aparecido

imperativo

—	aparezcamos
aparece;	apareced;
no aparezcas	no aparezcáis
aparezca	aparezcan

to applaud

gerundio **aplaudiendo**   participio de pasado **aplaudido**

SINGULAR	PLURAL	SINGULAR	PLURAL

presente de indicativo

aplaud**o**	aplaud**imos**		
aplaud**es**	aplaud**ís**		
aplaud**e**	aplaud**en**		

perfecto de indicativo

he aplaudido	**hemos** aplaudido
has aplaudido	**habéis** aplaudido
ha aplaudido	**han** aplaudido

imperfecto de indicativo

aplaud**ía**	aplaud**íamos**
aplaud**ías**	aplaud**íais**
aplaud**ía**	aplaud**ían**

pluscuamperfecto de indicativo

A

había aplaudido	**habíamos** aplaudido
habías aplaudido	**habíais** aplaudido
había aplaudido	**habían** aplaudido

pretérito

aplaud**í**	aplaud**imos**
aplaud**iste**	aplaud**isteis**
aplaud**ió**	aplaud**ieron**

pretérito anterior

hube aplaudido	**hubimos** aplaudido
hubiste aplaudido	**hubisteis** aplaudido
hubo aplaudido	**hubieron** aplaudido

futuro

aplaudir**é**	aplaudir**emos**
aplaudir**ás**	aplaudir**éis**
aplaudir**á**	aplaudir**án**

futuro perfecto

habré aplaudido	**habremos** aplaudido
habrás aplaudido	**habréis** aplaudido
habrá aplaudido	**habrán** aplaudido

condicional simple

aplaudir**ía**	aplaudir**íamos**
aplaudir**ías**	aplaudir**íais**
aplaudir**ía**	aplaudir**ían**

condicional compuesto

habría aplaudido	**habríamos** aplaudido
habrías aplaudido	**habríais** aplaudido
habría aplaudido	**habrían** aplaudido

presente de subjuntivo

aplaud**a**	aplaud**amos**
aplaud**as**	aplaud**áis**
aplaud**a**	aplaud**an**

perfecto de subjuntivo

haya aplaudido	**hayamos** aplaudido
hayas aplaudido	**hayáis** aplaudido
haya aplaudido	**hayan** aplaudido

imperfecto de subjuntivo

aplaudi**era**	aplaudi**éramos**
aplaudi**eras**	aplaudi**erais**
aplaudi**era**	aplaudi**eran**
OR	
aplaudi**ese**	aplaudi**ésemos**
aplaudi**eses**	aplaudi**eseis**
aplaudi**ese**	aplaudi**esen**

pluscuamperfecto de subjuntivo

hubiera aplaudido	**hubiéramos** aplaudido
hubieras aplaudido	**hubierais** aplaudido
hubiera aplaudido	**hubieran** aplaudido
OR	
hubiese aplaudido	**hubiésemos** aplaudido
hubieses aplaudido	**hubieseis** aplaudido
hubiese aplaudido	**hubiesen** aplaudido

imperativo

—	aplaud**amos**
aplaud**e**; no aplaud**as**	aplaud**id**; no aplaud**áis**
aplaud**a**	aplaud**an**

135

SINGULAR	PLURAL	SINGULAR	PLURAL

presente de indicativo

me apoder**o**	nos apoder**amos**	**me he** apoderado	**nos hemos** apoderado
te apoder**as**	os apoder**áis**	**te has** apoderado	**os habéis** apoderado
se apoder**a**	se apoder**an**	**se ha** apoderado	**se han** apoderado

imperfecto de indicativo   **pluscuamperfecto de indicativo**

me apoder**aba**	nos apoder**ábamos**	**me había** apoderado	**nos habíamos** apoderado
te apoder**abas**	os apoder**abais**	**te habías** apoderado	**os habíais** apoderado
se apoder**aba**	se apoder**aban**	**se había** apoderado	**se habían** apoderado

pretérito   **pretérito anterior**

me apoder**é**	nos apoder**amos**	**me hube** apoderado	**nos hubimos** apoderado
te apoder**aste**	os apoder**asteis**	**te hubiste** apoderado	**os hubisteis** apoderado
se apoder**ó**	se apoder**aron**	**se hubo** apoderado	**se hubieron** apoderado

futuro   **futuro perfecto**

me apoderar**é**	nos apoderar**emos**	**me habré** apoderado	**nos habremos** apoderado
te apoderar**ás**	os apoderar**éis**	**te habrás** apoderado	**os habréis** apoderado
se apoderar**á**	se apoderar**án**	**se habrá** apoderado	**se habrán** apoderado

condicional simple   **condicional compuesto**

me apoderar**ía**	nos apoderar**íamos**	**me habría** apoderado	**nos habríamos** apoderado
te apoderar**ías**	os apoderar**íais**	**te habrías** apoderado	**os habríais** apoderado
se apoderar**ía**	se apoderar**ían**	**se habría** apoderado	**se habrían** apoderado

presente de subjuntivo   **perfecto de subjuntivo**

me apoder**e**	nos apoder**emos**	**me haya** apoderado	**nos hayamos** apoderado
te apoder**es**	os apoder**éis**	**te hayas** apoderado	**os hayáis** apoderado
se apoder**e**	se apoder**en**	**se haya** apoderado	**se hayan** apoderado

imperfecto de subjuntivo   **pluscuamperfecto de subjuntivo**

me apoderar**a**	nos apoderár**amos**	**me hubiera** apoderado	**nos hubiéramos** apoderado
te apoderar**as**	os apoderar**ais**	**te hubieras** apoderado	**os hubierais** apoderado
se apoderar**a**	se apoderar**an**	**se hubiera** apoderado	**se hubieran** apoderado
OR		OR	
me apoderas**e**	nos apoderás**emos**	**me hubiese** apoderado	**nos hubiésemos** apoderado
te apoderas**es**	os apoderas**eis**	**te hubieses** apoderado	**os hubieseis** apoderado
se apoderas**e**	se apoderas**en**	**se hubiese** apoderado	**se hubiesen** apoderado

imperativo

—	apoderémonos
apodérate;	apoderaos;
no te apoderes	no os apoderéis
apodérese	apodérense

to appreciate — apreciar

SINGULAR	PLURAL	SINGULAR	PLURAL

presente de indicativo

apreci**o**	apreci**amos**
apreci**as**	apreci**áis**
apreci**a**	apreci**an**

perfecto de indicativo

he apreciado	**hemos** apreciado
has apreciado	**habéis** apreciado
ha apreciado	**han** apreciado

imperfecto de indicativo

apreci**aba**	apreci**ábamos**
apreci**abas**	apreci**abais**
apreci**aba**	apreci**aban**

A

pluscuamperfecto de indicativo

había apreciado	**habíamos** apreciado
habías apreciado	**habíais** apreciado
había apreciado	**habían** apreciado

pretérito

apreci**é**	apreci**amos**
apreci**aste**	apreci**asteis**
apreci**ó**	apreci**aron**

pretérito anterior

hube apreciado	**hubimos** apreciado
hubiste apreciado	**hubisteis** apreciado
hubo apreciado	**hubieron** apreciado

futuro

apreciar**é**	apreciar**emos**
apreciar**ás**	apreciar**éis**
apreciar**á**	apreciar**án**

futuro perfecto

habré apreciado	**habremos** apreciado
habrás apreciado	**habréis** apreciado
habrá apreciado	**habrán** apreciado

condicional simple

apreciar**ía**	apreciar**íamos**
apreciar**ías**	apreciar**íais**
apreciar**ía**	apreciar**ían**

condicional compuesto

habría apreciado	**habríamos** apreciado
habrías apreciado	**habríais** apreciado
habría apreciado	**habrían** apreciado

presente de subjuntivo

apreci**e**	apreci**emos**
apreci**es**	apreci**éis**
apreci**e**	apreci**en**

perfecto de subjuntivo

haya apreciado	**hayamos** apreciado
hayas apreciado	**hayáis** apreciado
haya apreciado	**hayan** apreciado

imperfecto de subjuntivo

apreci**ara**	apreci**áramos**
apreci**aras**	apreci**arais**
apeci**ara**	apreci**aran**
OR	
apreci**ase**	apreci**ásemos**
apreci**ases**	apreci**aseis**
apreci**ase**	apreci**asen**

pluscuamperfecto de subjuntivo

hubiera apreciado	**hubiéramos** apreciado
hubieras apreciado	**hubierais** apreciado
hubiera apreciado	**hubieran** apreciado
OR	
hubiese apreciado	**hubiésemos** apreciado
hubieses apreciado	**hubieseis** apreciado
hubiese apreciado	**hubiesen** apreciado

imperativo

—	apreci**emos**
apreci**a**; no apreci**es**	apreci**ad**; no apreci**éis**
apreci**e**	apreci**en**

gerundio **aprendiendo**   participio de pasado **aprendido**

SINGULAR	PLURAL	SINGULAR	PLURAL

presente de indicativo

aprend**o**	aprend**emos**
aprend**es**	aprend**éis**
aprend**e**	aprend**en**

perfecto de indicativo

he aprendido	**hemos** aprendido
has aprendido	**habéis** aprendido
ha aprendido	**han** aprendido

imperfecto de indicativo

aprend**ía**	aprend**íamos**
aprend**ías**	aprend**íais**
aprend**ía**	aprend**ían**

pluscuamperfecto de indicativo

había aprendido	**habíamos** aprendido
habías aprendido	**habíais** aprendido
había aprendido	**habían** aprendido

pretérito

aprend**í**	aprend**imos**
aprend**iste**	aprend**isteis**
aprend**ió**	aprend**ieron**

pretérito anterior

hube aprendido	**hubimos** aprendido
hubiste aprendido	**hubisteis** aprendido
hubo aprendido	**hubieron** aprendido

futuro

aprender**é**	aprender**emos**
aprender**ás**	aprender**éis**
aprender**á**	aprender**án**

futuro perfecto

habré aprendido	**habremos** aprendido
habrás aprendido	**habréis** aprendido
habrá aprendido	**habrán** aprendido

condicional simple

aprender**ía**	aprender**íamos**
aprender**ías**	aprender**íais**
aprender**ía**	aprender**ían**

condicional compuesto

habría aprendido	**habríamos** aprendido
habrías aprendido	**habríais** aprendido
habría aprendido	**habrían** aprendido

presente de subjuntivo

aprend**a**	aprend**amos**
aprend**as**	aprend**áis**
aprend**a**	aprend**an**

perfecto de subjuntivo

haya aprendido	**hayamos** aprendido
hayas aprendido	**hayáis** aprendido
haya aprendido	**hayan** aprendido

imperfecto de subjuntivo

aprend**iera**	aprend**iéramos**
aprend**ieras**	aprend**ierais**
aprend**iera**	aprend**ieran**
OR	
aprend**iese**	aprend**iésemos**
aprend**ieses**	aprend**ieseis**
aprend**iese**	aprend**iesen**

pluscuamperfecto de subjuntivo

hubiera aprendido	**hubiéramos** aprendido
hubieras aprendido	**hubierais** aprendido
hubiera aprendido	**hubieran** aprendido
OR	
hubiese aprendido	**hubiésemos** aprendido
hubieses aprendido	**hubieseis** aprendido
hubiese aprendido	**hubiesen** aprendido

imperativo

—	aprend**amos**
aprend**e**;	aprend**ed**; no
no aprend**as**	aprend**áis**
aprend**a**	aprend**an**

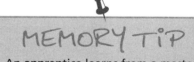

MEMORY TIP

An **appren**tice learns from a master.

to approve, to pass a test   aprobar

SINGULAR	PLURAL	SINGULAR	PLURAL

presente de indicativo

		perfecto de indicativo	
aprueb**o**	aprob**amos**	**he** aprobado	**hemos** aprobado
aprueb**as**	aprob**áis**	**has** aprobado	**habéis** aprobado
apprueb**a**	apprueb**an**	**ha** aprobado	**han** aprobado

imperfecto de indicativo — **pluscuamperfecto de indicativo**

aprob**aba**	aprob**ábamos**	**había** aprobado	**habíamos** aprobado
aprob**abas**	aprob**abais**	**habías** aprobado	**habíais** aprobado
aprob**aba**	aprob**aban**	**había** aprobado	**habían** aprobado

A

pretérito — **pretérito anterior**

aprob**é**	aprob**amos**	**hube** aprobado	**hubimos** aprobado
aprob**aste**	aprob**asteis**	**hubiste** aprobado	**hubisteis** aprobado
aprob**ó**	aprob**aron**	**hubo** aprobado	**hubieron** aprobado

futuro — **futuro perfecto**

aprobar**é**	aprobar**emos**	**habré** aprobado	**habremos** aprobado
aprobar**ás**	aprobar**éis**	**habrás** aprobado	**habréis** aprobado
aprobar**á**	aprobar**án**	**habrá** aprobado	**habrán** aprobado

condicional simple — **condicional compuesto**

aprobar**ía**	aprobar**íamos**	**habría** aprobado	**habríamos** aprobado
aprobar**ías**	aprobar**íais**	**habrías** aprobado	**habríais** aprobado
aproba**ía**	aprobar**ían**	**habría** aprobado	**habrían** aprobado

presente de subjuntivo — **perfecto de subjuntivo**

apprueb**e**	aprob**emos**	**haya** aprobado	**hayamos** aprobado
apprueb**es**	aprob**éis**	**hayas** aprobado	**hayáis** aprobado
apprueb**e**	apprueb**en**	**haya** aprobado	**hayan** aprobado

imperfecto de subjuntivo — **pluscuamperfecto de subjuntivo**

aprobar**a**	aprobár**amos**	**hubiera** aprobado	**hubiéramos** aprobado
aprobar**as**	aprobar**ais**	**hubieras** aprobado	**hubierais** aprobado
aprobar**a**	aprobar**an**	**hubiera** aprobado	**hubieran** aprobado
OR		OR	
aprobas**e**	aprobás**emos**	**hubiese** aprobado	**hubiésemos** aprobado
aprobas**es**	aprobas**eis**	**hubieses** aprobado	**hubieseis** aprobado
aprobas**e**	aprobas**en**	**hubiese** aprobado	**hubiesen** aprobado

imperativo

—	aprobemos
aprueba;	aprobad;
no apruebes	no aprobéis
apruebe	aprueben

SINGULAR	PLURAL	SINGULAR	PLURAL
presente de indicativo		**perfecto de indicativo**	
aprovech**o**	aprovech**amos**	**he** aprovechado	**hemos** aprovechado
aprovech**as**	aprovech**áis**	**has** aprovechado	**habéis** aprovechado
aprovech**a**	aprovech**an**	**ha** aprovechado	**han** aprovechado
imperfecto de indicativo		**pluscuamperfecto de indicativo**	
aprovech**aba**	aprovech**ábamos**	**había** aprovechado	**habíamos** aprovechado
aprovech**abas**	aprovech**abais**	**habías** aprovechado	**habíais** aprovechado
aprovech**aba**	aprovech**aban**	**había** aprovechado	**habían** aprovechado
pretérito		**pretérito anterior**	
aprovech**é**	aprovech**amos**	**hube** aprovechado	**hubimos** aprovechado
aprovech**aste**	aprovech**asteis**	**hubiste** aprovechado	**hubisteis** aprovechado
aprovech**ó**	aprovech**aron**	**hubo** aprovechado	**hubieron** aprovechado
futuro		**futuro perfecto**	
aprovechar**é**	aprovechar**emos**	**habré** aprovechado	**habremos** aprovechado
aprovechar**ás**	aprovechar**éis**	**habrás** aprovechado	**habréis** aprovechado
aprovechar**á**	aprovechar**án**	**habrá** aprovechado	**habrán** aprovechado
condicional simple		**condicional compuesto**	
aprovechar**ía**	aprovechar**íamos**	**habría** aprovechado	**habríamos** aprovechado
aprovechar**ías**	aprovechar**íais**	**habrías** aprovechado	**habríais** aprovechado
aprovechar**ía**	aprovechar**ían**	**habría** aprovechado	**habrían** aprovechado
presente de subjuntivo		**perfecto de subjuntivo**	
aprovech**e**	aprovech**emos**	**haya** aprovechado	**hayamos** aprovechado
aprovech**es**	aprovech**éis**	**hayas** aprovechado	**hayáis** aprovechado
aprovech**e**	aprovech**en**	**haya** aprovechado	**hayan** aprovechado
imperfecto de subjuntivo		**pluscuamperfecto de subjuntivo**	
aprovech**ara**	aprovech**áramos**	**hubiera** aprovechado	**hubiéramos** aprovechado
aprovech**aras**	aprovech**arais**	**hubieras** aprovechado	**hubierais** aprovechado
aprovech**ara**	aprovech**aran**	**hubiera** aprovechado	**hubieran** aprovechado
OR		OR	
aprovech**ase**	aprovech**ásemos**	**hubiese** aprovechado	**hubiésemos** aprovechado
aprovech**ases**	aprovech**aseis**	**hubieses** aprovechado	**hubieseis** aprovechado
aprovech**ase**	aprovech**asen**	**hubiese** aprovechado	**hubiesen** aprovechado

imperativo

—	aprovechemos
aprovecha;	aprovechad;
no aproveches	no aprovechéis
aproveche	aprovechen

to take advantage of — aprovecharse

SINGULAR	PLURAL	SINGULAR	PLURAL

presente de indicativo
me aprovech**o** / nos aprovech**amos**
te aprovech**as** / os aprovech**áis**
se aprovech**a** / se aprovech**an**

perfecto de indicativo
me he aprovechado / nos hemos aprovechado
te has aprovechado / os habéis aprovechado
se ha aprovechado / se han aprovechado

imperfecto de indicativo
me aprovech**aba** / nos aprovech**ábamos**
te aprovech**abas** / os aprovech**abais**
se aprovech**aba** / se aprovech**aban**

pluscuamperfecto de indicativo
me había aprovechado / nos habíamos aprovechado
te habías aprovechado / os habíais aprovechado
se había aprovechado / se habían aprovechado

A

pretérito
me aprovech**é** / nos aprovech**amos**
te aprovech**aste** / os aprovech**asteis**
se aprovech**ó** / se aprovech**aron**

pretérito anterior
me hube aprovechado / nos hubimos aprovechado
te hubiste aprovechado / os hubisteis aprovechado
se hubo aprovechado / se hubieron aprovechado

futuro
me aprovechar**é** / nos aprovechar**emos**
te aprovechar**ás** / os aprovechar**éis**
se aprovechar**á** / se aprovechar**án**

futuro perfecto
me habré aprovechado / nos habremos aprovechado
te habrás aprovechado / os habréis aprovechado
se habrá aprovechado / se habrán aprovechado

condicional simple
me aprovechar**ía** / nos aprovechar**íamos**
te aprovechar**ías** / os aprovechar**íais**
se aprovechar**ía** / se aprovechar**ían**

condicional compuesto
me habría aprovechado / nos habríamos aprovechado
te habrías aprovechado / os habríais aprovechado
se habría aprovechado / se habrían aprovechado

presente de subjuntivo
me aprovech**e** / nos aprovech**emos**
te aprovech**es** / os aprovech**éis**
se aprovech**e** / se aprovech**en**

perfecto de subjuntivo
me haya aprovechado / nos hayamos aprovechado
te hayas aprovechado / os hayáis aprovechado
se haya aprovechado / se hayan aprovechado

imperfecto de subjuntivo
me aprovechar**a** / nos aprovechár**amos**
te aprovechar**as** / os aprovechar**ais**
se aprovechar**a** / se aprovechar**an**
OR
me aprovechas**e** / nos aprovechás**emos**
te aprovechas**es** / os aprovechas**eis**
se aprovechas**e** / se aprovechas**en**

pluscuamperfecto de subjuntivo
me hubiera aprovechado / nos hubiéramos aprovechado
te hubieras aprovechado / os hubierais aprovechado
se hubiera aprovechado / se hubieran aprovechado
OR
me hubiese aprovechado / nos hubiésemos aprovechado
te hubieses aprovechado / os hubieseis aprovechado
se hubiese aprovechado / se hubiesen aprovechado

imperativo
— / aprovechémonos
aprovéchate; / aprovechaos;
no te aproveches / no os aprovechéis
aprovéchese / aprovéchense

gerundio **apurando**   participio de pasado **apurado**

SINGULAR	PLURAL	SINGULAR	PLURAL

presente de indicativo

apur**o**	apur**amos**
apur**as**	apur**áis**
apur**a**	apur**an**

perfecto de indicativo

he apurado	**hemos** apurado
has apurado	**habéis** apurado
ha apurado	**han** apurado

imperfecto de indicativo

apur**aba**	apur**ábamos**
apur**abas**	apur**abais**
apur**aba**	apur**aban**

pluscuamperfecto de indicativo

había apurado	**habíamos** apurado
habías apurado	**habíais** apurado
había apurado	**habían** apurado

pretérito

apur**é**	apur**amos**
apur**aste**	apur**asteis**
apur**ó**	apur**aron**

pretérito anterior

hube apurado	**hubimos** apurado
hubiste apurado	**hubisteis** apurado
hubo apurado	**hubieron** apurado

futuro

apurar**é**	apurar**emos**
apurar**ás**	apurar**éis**
apurar**á**	apurar**án**

futuro perfecto

habré apurado	**habremos** apurado
habrás apurado	**habréis** apurado
habrá apurado	**habrán** apurado

condicional simple

apurar**ía**	apurar**íamos**
apurar**ías**	apurar**íais**
apurar**ía**	apurar**ían**

condicional compuesto

habría apurado	**habríamos** apurado
habrías apurado	**habríais** apurado
habría apurado	**habrían** apurado

presente de subjuntivo

apur**e**	apur**emos**
apur**es**	apur**éis**
apur**e**	apur**en**

perfecto de subjuntivo

haya apurado	**hayamos** apurado
hayas apurado	**hayáis** apurado
haya apurado	**hayan** apurado

imperfecto de subjuntivo

apur**ara**	apur**áramos**
apur**aras**	apur**arais**
apur**ara**	apur**aran**
OR	
apur**ase**	apur**ásemos**
apur**ases**	apur**aseis**
apur**ase**	apur**asen**

pluscuamperfecto de subjuntivo

hubiera apurado	**hubiéramos** apurado
hubieras apurado	**hubierais** apurado
hubiera apurado	**hubieran** apurado
OR	
hubiese apurado	**hubiésemos** apurado
hubieses apurado	**hubieseis** apurado
hubiese apurado	**hubiesen** apurado

imperativo

—	apur**emos**
apur**a**;	apur**ad**;
no apur**es**	no apur**éis**
apur**e**	apur**en**

to pull up or out , to tear off

gerundio **arrancando**   participio de pasado **arrancado**

SINGULAR	PLURAL	SINGULAR	PLURAL

presente de indicativo

arranc**o**	arranc**amos**		
arranc**as**	arranc**áis**		
arranc**a**	arranc**an**		

perfecto de indicativo

he arrancado	**hemos** arrancado		
has arrancado	**habéis** arrancado		
ha arrancado	**han** arrancado		

imperfecto de indicativo

arranc**aba**	arranc**ábamos**
arranc**abas**	arranc**abais**
arranc**aba**	arranc**aban**

pluscamperfecto de indicativo

había arrancado	**habíamos** arrancado
habías arrancado	**habíais** arrancado
había arrancado	**habían** arrancado

A

pretérito

arranqu**é**	arranc**amos**
arranc**aste**	arenc**asteis**
arranc**ó**	arranc**aron**

pretérito anterior

hube arrancado	**hubimos** arrancado
hubiste arrancado	**hubisteis** arrancado
hubo arrancado	**hubieron** arrancado

futuro

arrancar**é**	arrancar**emos**
arrancar**ás**	arancar**éis**
arrancar**á**	arrancar**án**

futuro perfecto

habré arrancado	**habremos** arrancado
habrás arrancado	**habréis** arrancado
habrá arrancado	**habrán** arrancado

condicional simple

arrancar**ía**	arrancar**íamos**
arrancar**ías**	arrancar**íais**
arrancar**ía**	arancar**ían**

condicional compuesto

habría arrancado	**habríamos** arrancado
habrías arrancado	**habríais** arrancado
habría arrancado	**habrían** arrancado

presente de subjuntivo

arranqu**e**	arranqu**emos**
arranqu**es**	arranqu**éis**
arranqu**e**	arranqu**en**

perfecto de subjuntivo

haya arrancado	**hayamos** arrancado
hayas arrancado	**hayáis** arrancado
haya arrancado	**hayan** arrancado

imperfecto de subjuntivo

arranc**ara**	arranc**áramos**
arranc**aras**	arranc**arais**
arranc**ara**	aranc**aran**
OR	
arranc**ase**	arranc**ásemos**
arranc**ases**	arranc**aseis**
arranc**ase**	arranc**asen**

pluscamperfecto de subjuntivo

hubiera arrancado	**hubiéramos** arrancado
hubieras arrancado	**hubierais** arrancado
hubiera arrancado	**hubieran** arrancado
OR	
hubiese arrancado	**hubiésemos** arrancado
hubieses arrancado	**hubieseis** arrancado
hubiese arrancado	**hubiesen** arrancado

imperativo

—	arranquemos
arranca; no arranques	arrancad; no arranquéis
arranque	arranquen

to fix, to arrange

gerundio **arreglando**   participio de pasado **arreglado**

SINGULAR	PLURAL	SINGULAR	PLURAL

presente de indicativo

arreglo	arreglamos
arreglas	arregláis
arregla	arreglan

perfecto de indicativo

he arreglado	hemos arreglado
has arreglado	habéis arreglado
ha arreglado	han arreglado

imperfecto de indicativo

arreglaba	arreglábamos
arreglabas	arreglabais
arreglaba	arreglaban

pluscamperfecto de indicativo

había arreglado	habíamos arreglado
habías arreglado	habíais arreglado
había arreglado	habían arreglado

pretérito

arreglé	arreglamos
arreglaste	arreglasteis
arregló	arreglaron

pretérito anterior

hube arreglado	hubimos arreglado
hubiste arreglado	hubisteis arreglado
hubo arreglado	hubieron arreglado

futuro

arreglaré	arreglaremos
arreglarás	arreglaréis
arreglará	arreglarán

futuro perfecto

habré arreglado	habremos arreglado
habrás arreglado	habréis arreglado
habrá arreglado	habrán arreglado

condicional simple

arreglaría	arreglaríamos
arreglarías	arreglaríais
arreglaría	arreglarían

condicional compuesto

habría arreglado	habríamos arreglado
habrías arreglado	habríais arreglado
habría arreglado	habrían arreglado

presente de subjuntivo

arregle	arreglemos
arregles	arregléis
arregle	arreglen

perfecto de subjuntivo

haya arreglado	hayamos arreglado
hayas arreglado	hayáis arreglado
haya arreglado	hayan arreglado

imperfecto de subjuntivo

arreglara	arregláramos
arreglaras	arreglarais
arreglara	arreglaran
OR	
arreglase	arreglásemos
arreglases	arreglaseis
arreglase	arreglasen

pluscamperfecto de subjuntivo

hubiera arreglado	hubiéramos arreglado
hubieras arreglado	hubierais arreglado
hubiera arreglado	hubieran arreglado
OR	
hubiese arreglado	hubiésemos arreglado
hubieses arreglado	hubieseis arreglado
hubiese arreglado	hubiesen arreglado

imperativo

—	arreglemos
arregla; no arregles	arreglad; no arregléis
arregle	arreglen

to throw, to fling

gerundio **arrojando**   participio de pasado **arrojado**

SINGULAR	PLURAL	SINGULAR	PLURAL

presente de indicativo

		perfecto de indicativo	
arroj**o**	arroj**amos**	**he** arrojado	**hemos** arrojado
arroj**as**	arroj**áis**	**has** arrojado	**habéis** arrojado
arroj**a**	arroj**an**	**ha** arrojado	**han** arrojado

imperfecto de indicativo

		pluscuamperfecto de indicativo	
arroj**aba**	arroj**ábamos**	**había** arrojado	**habíamos** arrojado
arroj**abas**	arroj**abais**	**habías** arrojado	**habíais** arrojado
arroj**aba**	arroj**aban**	**había** arrojado	**habían** arrojado

A

pretérito

		pretérito anterior	
arroj**é**	arroj**amos**	**hube** arrojado	**hubimos** arrojado
arroj**aste**	arroj**asteis**	**hubiste** arrojado	**hubisteis** arrojado
arroj**ó**	arroj**aron**	**hubo** arrojado	**hubieron** arrojado

futuro

		futuro perfecto	
arrojar**é**	arrojar**emos**	**habré** arrojado	**habremos** arrojado
arrojar**ás**	arrojar**éis**	**habrás** arrojado	**habréis** arrojado
arrojar**á**	arrojar**án**	**habrá** arrojado	**habrán** arrojado

condicional simple

		condicional compuesto	
arrojar**ía**	arrojar**íamos**	**habría** arrojado	**habríamos** arrojado
arrojar**ías**	arrojar**íais**	**habrías** arrojado	**habríais** arrojado
arrojar**ía**	arrojar**ían**	**habría** arrojado	**habrían** arrojado

presente de subjuntivo

		perfecto de subjuntivo	
arroj**e**	arroj**emos**	**haya** arrojado	**hayamos** arrojado
arroj**es**	arroj**éis**	**hayas** arrojado	**hayáis** arrojado
arroj**e**	arroj**en**	**haya** arrojado	**hayan** arrojado

imperfecto de subjuntivo

		pluscuamperfecto de subjuntivo	
arroj**ara**	arroj**áramos**	**hubiera** arrojado	**hubiéramos** arrojado
arroj**aras**	arroj**arais**	**hubieras** arrojado	**hubierais** arrojado
arroj**ara**	arroj**aran**	**hubiera** arrojado	**hubieran** arrojado
OR		OR	
arroj**ase**	arroj**ásemos**	**hubiese** arrojado	**hubiésemos** arrojado
arroj**ases**	arroj**aseis**	**hubieses** arrojado	**hubieseis** arrojado
arroj**ase**	arroj**asen**	**hubiese** arrojado	**hubiesen** arrojado

imperativo

—	arroj**emos**
arroja; no arrojes	arrojad; no arrojéis
arroje	arrojen

gerundio articulando   **participio de pasado** articulado

SINGULAR	PLURAL	SINGULAR	PLURAL

presente de indicativo
articulo	articulamos	
articulas	articuláis	
articula	articulan	

perfecto de indicativo
he articulado	**hemos** articulado
has articulado	**habéis** articulado
ha articulado	**han** articulado

imperfecto de indicativo
articulaba	articulábamos
articulabas	articulabais
articulaba	articulaban

pluscamperfecto de indicativo
había articulado	**habíamos** articulado
habías articulado	**habíais** articulado
había articulado	**habían** articulado

pretérito
articulé	articulamos
articulaste	articulasteis
articuló	articularon

pretérito anterior
hube articulado	**hubimos** articulado
hubiste articulado	**hubisteis** articulado
hubo articulado	**hubieron** articulado

futuro
articularé	articularemos
articularás	articularéis
articulará	articularán

futuro perfecto
habré articulado	**habremos** articulado
habrás articulado	**habréis** articulado
habrá articulado	**habrán** articulado

condicional simple
articularía	articularíamos
articularías	articularíais
articularía	articularían

condicional compuesto
habría articulado	**habríamos** articulado
habrías articulado	**habríais** articulado
habría articulado	**habrían** articulado

presente de subjuntivo
articule	articulemos
articules	articuléis
articule	articulen

perfecto de subjuntivo
haya articulado	**hayamos** articulado
hayas articulado	**hayáis** articulado
haya articulado	**hayan** articulado

imperfecto de subjuntivo
articulara	articuláramos
articularas	articularais
articulara	articularan
OR	
articulase	articulásemos
articulases	articulaseis
articulase	articulasen

pluscamperfecto de subjuntivo
hubiera articulado	**hubiéramos** articulado
hubieras articulado	**hubierais** articulado
hubiera articulado	**hubieran** articulado
OR	
hubiese articulado	**hubiésemos** articulado
hubieses articulado	**hubieseis** articulado
hubiese articulado	**hubiesen** articulado

imperativo
—	articulemos
articula; no articules	articulad; no articuléis
articule	articulen

gerundio **asegurando**   participio de pasado **asegurado**

SINGULAR	PLURAL	SINGULAR	PLURAL

presente de indicativo

asegur**o**	asegur**amos**
asegur**as**	asegur**áis**
asegur**a**	asegur**an**

perfecto de indicativo

he asegurado	**hemos** asegurado
has asegurado	**habéis** asegurado
ha asegurado	**han** asegurado

imperfecto de indicativo

asegur**aba**	asegur**ábamos**
asegur**abas**	asegur**abais**
asegur**aba**	asegur**aban**

pluscamperfecto de indicativo

había asegurado	**habíamos** asegurado
habías asegurado	**habíais** asegurado
había asegurado	**habían** asegurado

A

pretérito

asegur**é**	asegur**amos**
asegur**aste**	asegur**asteis**
asegur**ó**	asegur**aron**

pretérito anterior

hube asegurado	**hubimos** asegurado
hubiste asegurado	**hubisteis** asegurado
hubo asegurado	**hubieron** asegurado

futuro

asegurar**é**	asegurar**emos**
asegurar**ás**	asegurar**éis**
asegurar**á**	asegurar**án**

futuro perfecto

habré asegurado	**habremos** asegurado
habrás asegurado	**habréis** asegurado
habrá asegurado	**habrán** asegurado

condicional simple

asegurar**ía**	asegurar**íamos**
asegurar**ías**	asegurar**íais**
asegurar**ía**	asegurar**ían**

condicional compuesto

habría asegurado	**habríamos** asegurado
habrías asegurado	**habríais** asegurado
habría asegurado	**habrían** asegurado

presente de subjuntivo

asegur**e**	asegur**emos**
asegur**es**	asegur**éis**
asegur**e**	asegur**en**

perfecto de subjuntivo

haya asegurado	**hayamos** asegurado
hayas asegurado	**hayáis** asegurado
haya asegurado	**hayan** asegurado

imperfecto de subjuntivo

asegur**ara**	asegur**áramos**
asegur**aras**	asegur**arais**
asegur**ara**	asegur**aran**
OR	
asegur**ase**	asegur**ásemos**
asegur**ases**	asegur**aseis**
asegur**ase**	asegur**asen**

pluscamperfecto de subjuntivo

hubiera asegurado	**hubiéramos** asegurado
hubieras asegurado	**hubierais** asegurado
hubiera asegurado	**hubieran** asegurado
OR	
hubiese asegurado	**hubiésemos** asegurado
hubieses asegurado	**hubieseis** asegurado
hubiese asegurado	**hubiesen** asegurado

imperativo

—	asegur**emos**
asegura; no asegures	asegurad; no aseguréis
asegure	aseguren

gerundio **asiendo**   participio de pasado **asido**

SINGULAR	PLURAL	SINGULAR	PLURAL

presente de indicativo

asg**o**	as**imos**
as**es**	as**ís**
as**e**	as**en**

perfecto de indicativo

he asido	**hemos** asido
has asido	**habéis** asido
ha asido	**han** asido

imperfecto de indicativo

as**ía**	as**íamos**
as**ías**	as**íais**
as**ía**	as**ían**

pluscamperfecto de indicativo

había asido	**habíamos** asido
habías asido	**habíais** asido
había asido	**habían** asido

pretérito

as**í**	as**imos**
as**iste**	as**isteis**
as**ió**	as**ieron**

pretérito anterior

hube asido	**hubimos** asido
hubiste asido	**hubisteis** asido
hubo asido	**hubieron** asido

futuro

asir**é**	asir**emos**
asir**ás**	asir**éis**
asir**á**	asir**án**

futuro perfecto

habré asido	**habremos** asido
habrás asido	**habréis** asido
habrá asido	**habrán** asido

condicional simple

asir**ía**	asir**íamos**
asir**ías**	asir**íais**
asir**ía**	asir**ían**

condicional compuesto

habría asido	**habríamos** asido
habrías asido	**habríais** asido
habría asido	**habrían** asido

presente de subjuntivo

asg**a**	asg**amos**
asg**as**	asg**áis**
asg**a**	asg**an**

perfecto de subjuntivo

haya asido	**hayamos** asido
hayas asido	**hayáis** asido
haya asido	**hayan** asido

imperfecto de subjuntivo

asier**a**	asié**ramos**
asier**as**	asier**ais**
asier**a**	asier**an**
OR	
asies**e**	asié**semos**
asies**es**	asies**eis**
asies**e**	asies**en**

pluscamperfecto de subjuntivo

hubiera asido	**hubiéramos** asido
hubieras asido	**hubierais** asido
hubiera asido	**hubieran** asido
OR	
hubiese asido	**hubiésemos** asido
hubieses asido	**hubieseis** asido
hubiese asido	**hubiesen** asido

imperativo

—	asgamos
ase; no asgas	asid; no asgáis
asga	asgan

to attend

gerundio **asistiendo**   participio de pasado **asistido**

SINGULAR	PLURAL	SINGULAR	PLURAL

presente de indicativo

asist**o**	asist**imos**
asist**es**	asist**ís**
asist**e**	asist**en**

perfecto de indicativo

he asistido	**hemos** asistido
has asistido	**habéis** asistido
ha asistido	**han** asistido

imperfecto de indicativo

asist**ía**	asist**íamos**
asist**ías**	asist**íais**
asist**ía**	asist**ían**

pluscuamperfecto de indicativo

había asistido	**habíamos** asistido
habías asistido	**habíais** asistido
había asistido	**habían** asistido

A

pretérito

asist**í**	asist**imos**
asist**iste**	asist**isteis**
asist**ió**	asist**ieron**

pretérito anterior

hube asistido	**hubimos** asistido
hubiste asistido	**hubisteis** asistido
hubo asistido	**hubieron** asistido

futuro

asistir**é**	asistir**emos**
asistir**ás**	asistir**éis**
asistir**á**	asistir**án**

futuro perfecto

habré asistido	**habremos** asistido
habrás asistido	**habréis** asistido
habrá asistido	**habrán** asistido

condicional simple

asistir**ía**	asistir**íamos**
asistir**ías**	asistir**íais**
asistir**ía**	asistir**ían**

condicional compuesto

habría asistido	**habríamos** asistido
habrías asistido	**habríais** asistido
habría asistido	**habrían** asistido

presente de subjuntivo

asist**a**	asist**amos**
asist**as**	asist**áis**
asist**a**	asist**an**

perfecto de subjuntivo

haya asistido	**hayamos** asistido
hayas asistido	**hayáis** asistido
haya asistido	**hayan** asistido

imperfecto de subjuntivo

asist**iera**	asist**iéramos**
asist**ieras**	asist**ierais**
asist**iera**	asist**ieran**
OR	
asist**iese**	asist**iésemos**
asist**ieses**	asist**ieseis**
asist**iese**	asist**iesen**

pluscuamperfecto de subjuntivo

hubiera asistido	**hubiéramos** asistido
hubieras asistido	**hubierais** asistido
hubiera asistido	**hubieran** asistido
OR	
hubiese asistido	**hubiésemos** asistido
hubieses asistido	**hubieseis** asistido
hubiese asistido	**hubiesen** asistido

imperativo

—	asist**amos**
asist**e**;	asist**id**;
no asist**as**	no asist**áis**
asist**a**	asist**an**

gerundio asustándose   **participio de pasado** asustado

SINGULAR	PLURAL	SINGULAR	PLURAL

presente de indicativo
me asusto	nos asustamos
te asustas	os asustáis
se asusta	se asustan

perfecto de indicativo
me he asustado	nos hemos asustado
te has asustado	os habéis asustado
se ha asustado	se han asustado

imperfecto de indicativo
me asustaba	nos asustábamos
te asustabas	os asustabais
se asustaba	se asustaban

pluscamperfecto de indicativo
me había asustado	nos habíamos asustado
te habías asustado	os habíais asustado
se había asustado	se habían asustado

pretérito
me asusté	nos asustamos
te asustaste	os asustasteis
se asustó	se asustaron

pretérito anterior
me hube asustado	nos hubimos asustado
te hubiste asustado	os hubisteis asustado
se hubo asustado	se hubieron asustado

futuro
me asustaré	nos asustaremos
te asustarás	os asustaréis
se asustará	se asustarán

futuro perfecto
me habré asustado	nos habremos asustado
te habrás asustado	os habréis asustado
se habrá asustado	se habrán asustado

condicional simple
me asustaría	nos asustaríamos
te asustarías	os asustaríais
se asustaría	se asustarían

condicional compuesto
me habría asustado	nos habríamos asustado
te habrías asustado	os habríais asustado
se habría asustado	se habrían asustado

presente de subjuntivo
me asuste	nos asustemos
te asustes	os asustéis
se asuste	se asusten

perfecto de subjuntivo
me haya asustado	nos hayamos asustado
te hayas asustado	os hayáis asustado
se haya asustado	se hayan asustado

imperfecto de subjuntivo
me asustara	nos asustáramos
te asustaras	os asustarais
se asustara	se asustaran
OR	
me asustase	nos asustásemos
te asustases	os asustaseis
se asustase	se asustasen

pluscamperfecto de subjuntivo
me hubiera asustado	nos hubiéramos asustado
te hubieras asustado	os hubierais asustado
se hubiera asustado	se hubieran asustado
OR	
me hubiese asustado	nos hubiésemos asustado
te hubieses asustado	os hubieseis asustado
se hubiese asustado	se hubiesen asustado

imperativo
—	asustémonos
asústate;	asustaos;
no te asustes	no os asustéis
asústese	asústense

gerundio **atacando**   participio de pasado **atacado**

SINGULAR	PLURAL	SINGULAR	PLURAL

presente de indicativo

ataco	atacamos
atacas	atacáis
ataca	atacan

perfecto de indicativo

he atacado	hemos atacado
has atacado	habéis atacado
ha atacado	han atacado

imperfecto de indicativo

atacaba	atacábamos
atacabas	atacabais
atacaba	atacaban

pluscamperfecto de indicativo

había atacado	habíamos atacado
habías atacado	habíais atacado
había atacado	habían atacado

A

pretérito

ataqué	atacamos
atacaste	atacasteis
atacó	atacaron

pretérito anterior

hube atacado	hubimos atacado
hubiste atacado	hubisteis atacado
hubo atacado	hubieron atacado

futuro

atacaré	atacaremos
atacarás	atacaréis
atacará	atacarán

futuro perfecto

habré atacado	habremos atacado
habrás atacado	habréis atacado
habrá atacado	habrán atacado

condicional simple

atacaría	atacaríamos
atacarías	atacaríais
atacaría	atacarían

condicional compuesto

habría atacado	habríamos atacado
habrías atacado	habríais atacado
habría atacado	habrían atacado

presente de subjuntivo

ataque	ataquemos
ataques	ataquéis
ataque	ataquen

perfecto de subjuntivo

haya atacado	hayamos atacado
hayas atacado	hayáis atacado
haya atacado	hayan atacado

imperfecto de subjuntivo

atacara	atacáramos
atacaras	atacarais
atacara	atacaran
OR	
atacase	atacásemos
atacases	atacaseis
atacase	atacasen

pluscamperfecto de subjuntivo

hubiera atacado	hubiéramos atacado
hubieras atacado	hubierais atacado
hubiera atacado	hubieran atacado
OR	
hubiese atacado	hubiésemos atacado
hubieses atacado	hubieseis atacado
hubiese atacado	hubiesen atacado

imperativo

—	ataquemos
ataca; no ataques	atacad; no ataquéis
ataque	ataquen

gerundio **ateniéndose**   participio de pasado **atenido**

SINGULAR	PLURAL	SINGULAR	PLURAL

presente de indicativo

me ateng**o**	nos aten**emos**		
te atien**es**	os aten**éis**		
se atien**e**	se atien**en**		

perfecto de indicativo

me he atenido	**nos hemos** atenido		
te has atenido	**os habéis** atenido		
se ha atenido	**se han** atenido		

imperfecto de indicativo

me aten**ía**	nos aten**íamos**
te aten**ías**	os aten**íais**
se aten**ía**	se aten**ían**

pluscuamperfecto de indicativo

me había atenido	**nos habíamos** atenido
te habías atenido	**os habíais** atenido
se había atenido	**se habían** atenido

pretérito

me atuv**e**	nos atuv**imos**
te atuv**iste**	os atuv**isteis**
se atuv**o**	se atuv**ieron**

pretérito anterior

me hube atenido	**nos hubimos** atenido
te hubiste atenido	**os hubisteis** atenido
se hubo atenido	**se hubieron** atenido

futuro

me atendr**é**	nos atendr**emos**
te atendr**ás**	os atendr**éis**
se atendr**á**	se atendr**án**

futuro perfecto

me habré atenido	**nos habremos** atenido
te habrás atenido	**os habréis** atenido
se habrá atenido	**se habrán** atenido

condicional simple

me atendr**ía**	nos atendr**íamos**
te atendr**ías**	os atendr**íais**
se atendr**ía**	se atendr**ían**

condicional compuesto

me habría atenido	**nos habríamos** atenido
te habrías atenido	**os habríais** atenido
se habría atenido	**se habrían** atenido

presente de subjuntivo

me ateng**a**	nos ateng**amos**
te anteng**as**	os ateng**áis**
se ateng**a**	se ateng**an**

perfecto de subjuntivo

me haya atenido	**nos hayamos** atenido
te hayas atenido	**os hayáis** atenido
se haya atenido	**se hayan** atenido

imperfecto de subjuntivo

me atuv**iera**	nos atuv**iéramos**
te atuv**ieras**	os atuv**ierais**
se atuv**iera**	se atuv**ieran**
OR	
me atuv**iese**	nos atuv**iésemos**
te atuv**ieses**	os atuv**ieseis**
se atuv**iese**	se atuv**iesen**

pluscuamperfecto de subjuntivo

me hubiera atenido	**nos hubiéramos** atenido
te hubieras atenido	**os hubierais** atenido
se hubiera atenido	**se hubieran** atenido
OR	
me hubiese atenido	**nos hubiésemos** atenido
te hubieses atenido	**os hubieseis** atenido
se hubiese atenido	**se hubiesen** atenido

imperativo

—	atengámonos
atente;	ateneos;
no te atengas	no os atengáis
aténgase	aténganse

gerundio **atravesando**   participio de pasado **atravesado**

SINGULAR	PLURAL	SINGULAR	PLURAL

presente de indicativo

atravies**o**	atraves**amos**
atravies**as**	atraves**áis**
atravies**a**	atravies**an**

perfecto de indicativo

he atravesado	**hemos** atravesado
has atravesado	**habéis** atravesado
ha atravesado	**han** atravesado

imperfecto de indicativo

atraves**aba**	atraves**ábamos**
atraves**abas**	atraves**abais**
atraves**aba**	atraves**aban**

pluscamperfecto de indicativo

había atravesado	**habíamos** atravesado
habías atravesado	**habíais** atravesado
había atravesado	**habían** atravesado

A

pretérito

atraves**é**	atraves**amos**
atraves**aste**	atraves**asteis**
atraves**ó**	atraves**aron**

pretérito anterior

hube atravesado	**hubimos** atravesado
hubiste atravesado	**hubisteis** atravesado
hubo atravesado	**hubieron** atravesado

futuro

atravesar**é**	atravesar**emos**
atravesar**ás**	atravesar**éis**
atravesar**á**	atravesar**án**

futuro perfecto

habré atravesado	**habremos** atravesado
habrás atravesado	**habréis** atravesado
habrá atravesado	**habrán** atravesado

condicional simple

atravesar**ía**	atravesar**íamos**
atravesar**ías**	atravesar**íais**
atravesar**ía**	atravesar**ían**

condicional compuesto

habría atravesado	**habríamos** atravesado
habrías atravesado	**habríais** atravesado
habría atravesado	**habrían** atravesado

presente de subjuntivo

atravies**e**	atraves**emos**
atravies**es**	atraves**éis**
atravies**e**	atravies**en**

perfecto de subjuntivo

haya atravesado	**hayamos** atravesado
hayas atravesado	**hayáis** atravesado
haya atravesado	**hayan** atravesado

imperfecto de subjuntivo

atravesar**a**	atravesár**amos**
atravesar**as**	atravesar**ais**
atravesar**a**	atravesar**an**
OR	
atravesas**e**	atravesás**emos**
atravesas**es**	atravesas**eis**
atravesas**e**	atravesas**en**

pluscamperfecto de subjuntivo

hubiera atravesado	**hubiéramos** atravesado
hubieras atravesado	**hubierais** atravesado
hubiera atravesado	**hubieran** atravesado
OR	
hubiese atravesado	**hubiésemos** atravesado
hubieses atravesado	**hubieseis** atravesado
hubiese atravesado	**hubiesen** atravesado

imperativo

—	atravesemos
atraviesa;	atravesad;
no atravieses	no atraveséis
atraviese	atraviesen

atreverse   to dare, to venture

SINGULAR	PLURAL	SINGULAR	PLURAL

presente de indicativo
me atrevo	nos atrevemos		
te atreves	os atrevéis		
se atreve	se atreven		

perfecto de indicativo
me he atrevido	nos hemos atrevido
te has atrevido	os habéis atrevido
se ha atrevido	se han atrevido

imperfecto de indicativo
me atrevía	nos atrevíamos
te atrevías	os atrevíais
se atrevía	se atrevían

pluscamperfecto de indicativo
me había atrevido	nos habíamos atrevido
te habías atrevido	os habíais atrevido
se había atrevido	se habían atrevido

pretérito
me atreví	nos atrevo
te atreviste	os atrevisteis
se atrevió	se atrevieron

pretérito anterior
me hube atrevido	nos hubimos atrevido
te hubiste atrevido	os hubisteis atrevido
se hubo atrevido	se hubieron atrevido

futuro
me atreveré	nos atreveremos
te atreverás	os atreveréis
se atreverá	se atreverán

futuro perfecto
me habré atrevido	nos habremos atrevido
te habrás atrevido	os habréis atrevido
se habrá atrevido	se habrán atrevido

condicional simple
me atrevería	nos atreveríamos
te atreverías	os atreveríais
se atrevería	se atreverían

condicional compuesto
me habría atrevido	nos habríamos atrevido
te habrías atrevido	os habríais atrevido
se habría atrevido	se habrían atrevido

presente de subjuntivo
me atreva	nos atrevamos
te atrevas	os atreváis
se atreva	se atrevan

perfecto de subjuntivo
me haya atrevido	nos hayamos atrevido
te hayas atrevido	os hayáis atrevido
se haya atrevido	se hayan atrevido

imperfecto de subjuntivo
me atreviera	nos atreviéramos
te atrevieras	os atrevierais
se atreviera	se atrevieran
OR	
me atreviese	nos atreviésemos
te atrevieses	os atrevieseis
se atreviese	se atreviesen

pluscamperfecto de subjuntivo
me hubiera atrevido	nos hubiéramos atrevido
te hubieras atrevido	os hubierais atrevido
se hubiera atrevido	se hubieran atrevido
OR	
me hubiese atrevido	nos hubiésemos atrevido
te hubieses atrevido	os hubieseis atrevido
se hubiese atrevido	se hubiesen atrevido

imperativo
—	atrevámonos
atrévete;	atreveos;
no te atrevas	no os atreváis
atrévase	atrévanse

to advance

gerundio **avanzando**　　　participio de pasado **avanzado**

SINGULAR	PLURAL	SINGULAR	PLURAL

presente de indicativo

avanz**o**	avanz**amos**
avanz**as**	avanz**áis**
avanz**a**	avanz**an**

imperfecto de indicativo

avanz**aba**	avanz**ábamos**
avanz**abas**	avanz**abais**
avanz**aba**	avanz**aban**

pretérito

avanc**é**	avanz**amos**
avanz**aste**	avanz**asteis**
avanz**ó**	avanz**aron**

futuro

avanzar**é**	avanzar**emos**
avanzar**ás**	avanzar**éis**
avanzar**á**	avanzar**án**

condicional simple

avanzar**ía**	avanzar**íamos**
avanzar**ías**	avanzar**íais**
avanzar**ía**	avanzar**ían**

presente de subjuntivo

avanc**e**	avanc**emos**
avanc**es**	avanc**éis**
avanc**e**	avanc**en**

imperfecto de subjuntivo

avanzar**a**	avanzár**amos**
avanzar**as**	avanzar**ais**
avanzar**a**	avanzar**an**
OR	
avanza**se**	avanzás**emos**
avanza**ses**	avanza**seis**
avanza**se**	avanza**sen**

imperativo

—	avanc**emos**
avanz**a**; no avanc**es**	avanz**ad**; no avanc**éis**
avanc**e**	avanc**en**

perfecto de indicativo

he avanzado	**hemos** avanzado
has avanzado	**habéis** avanzado
ha avanzado	**han** avanzado

pluscamperfecto de indicativo **A**

había avanzado	**habíamos** avanzado
habías avanzado	**habíais** avanzado
había avanzado	**habían** avanzado

pretérito anterior

hube avanzado	**hubimos** avanzado
hubiste avanzado	**hubisteis** avanzado
hubo avanzado	**hubieron** avanzado

futuro perfecto

habré avanzado	**habremos** avanzado
habrás avanzado	**habréis** avanzado
habrá avanzado	**habrán** avanzado

condicional compuesto

habría avanzado	**habríamos** avanzado
habrías avanzado	**habríais** avanzado
habría avanzado	**habrían** avanzado

perfecto de subjuntivo

haya avanzado	**hayamos** avanzado
hayas avanzado	**hayáis** avanzado
haya avanzado	**hayan** avanzado

pluscamperfecto de subjuntivo

hubiera avanzado	**hubiéramos** avanzado
hubieras avanzado	**hubierais** avanzado
hubiera avanzado	**hubieran** avanzado
OR	
hubiese avanzado	**hubiésemos** avanzado
hubieses avanzado	**hubieseis** avanzado
hubiese avanzado	**hubiesen** avanzado

SINGULAR	PLURAL	SINGULAR	PLURAL

presente de indicativo

		perfecto de indicativo	
avergüenz**o**	avergonz**amos**	**he** avergonzado	**hemos** avergonzado
avergüenz**as**	avergonz**áis**	**has** avergonzado	**habéis** avergonzado
avergüenz**a**	avergüenz**an**	**ha** avergonzado	**han** avergonzado

imperfecto de indicativo

		pluscuamperfecto de indicativo	
avergonz**aba**	avergonz**ábamos**	**había** avergonzado	**habíamos** avergonzado
avergonz**abas**	avergonz**abais**	**habías** avergonzado	**habíais** avergonzado
avergonz**aba**	avergonz**aban**	**había** avergonzado	**habían** avergonzado

pretérito

		pretérito anterior	
avergonc**é**	avergonz**amos**	**hube** avergonzado	**hubimos** avergonzado
avergonz**aste**	avergonz**asteis**	**hubiste** avergonzado	**hubisteis** avergonzado
avergonz**ó**	avergonz**aron**	**hubo** avergonzado	**hubieron** avergonzado

futuro

		futuro perfecto	
avergonzar**é**	avergonzar**emos**	**habré** avergonzado	**habremos** avergonzado
avergonzar**ás**	avergonzar**éis**	**habrás** avergonzado	**habréis** avergonzado
avergonzar**á**	avergonzar**án**	**habrá** avergonzado	**habrán** avergonzado

condicional simple

		condicional compuesto	
avergonzar**ía**	avergonzar**íamos**	**habría** avergonzado	**habríamos** avergonzado
avergonzar**ías**	avergonzar**íais**	**habrías** avergonzado	**habríais** avergonzado
avergonzar**ía**	avergonzar**ían**	**habría** avergonzado	**habrían** avergonzado

presente de subjuntivo

		perfecto de subjuntivo	
avergüenc**e**	avergonc**emos**	**haya** avergonzado	**hayamos** avergonzado
avergüenc**es**	avergonc**éis**	**hayas** avergonzado	**hayáis** avergonzado
avergüenc**e**	avergüenc**en**	**haya** avergonzado	**hayan** avergonzado

imperfecto de subjuntivo

		pluscuamperfecto de subjuntivo	
avergonzar**a**	avergonzár**amos**	**hubiera** avergonzado	**hubiéramos** avergonzado
avergonzar**as**	avergonzar**ais**	**hubieras** avergonzado	**hubierais** avergonzado
avergonzar**a**	avergonzar**an**	**hubiera** avergonzado	**hubieran** avergonzado
OR		OR	
avergonzas**e**	avergonzás**emos**	**hubiese** avergonzado	**hubiésemos** avergonzado
avergonzas**es**	avergonzas**eis**	**hubieses** avergonzado	**hubieseis** avergonzado
avergonzas**e**	avergonzas**en**	**hubiese** avergonzado	**hubiesen** avergonzado

imperativo

—	avergonc**emos**
avergüenz**a**;	avergonz**ad**;
no avergüenc**es**	no avergonc**éis**
avergüenc**e**	avergüenc**en**

to feel ashamed

gerundio **avergonzándose**   participio de pasado **avergonzado**

SINGULAR	PLURAL	SINGULAR	PLURAL

presente de indicativo
me avergüenz**o**	nos avergonz**amos**
te avergüenz**as**	os avergonz**áis**
se avergüenz**a**	se avergüenz**an**

imperfecto de indicativo
me avergonz**aba**	nos avergonz**ábamos**
te avergonz**abas**	os avergonz**abais**
se avergonz**aba**	se avergonz**aban**

pretérito
me avergonc**é**	nos avergonz**amos**
te avergonz**aste**	os avergonz**asteis**
se avergonz**ó**	se avergonz**aron**

futuro
me avergonzar**é**	nos avergonzar**emos**
te avergonzar**ás**	os avergonzar**éis**
se avergonzar**á**	se avergonzar**án**

condicional simple
me avergonzar**ía**	nos avergonzar**íamos**
te avergonzar**ías**	os avergonzar**íais**
se avergonzar**ía**	se avergonzar**ían**

presente de subjuntivo
me avergüenc**e**	nos avergonc**emos**
te avergüenc**es**	os avergonc**éis**
se avergüenc**e**	se avergüenc**en**

imperfecto de subjuntivo
me avergonzar**a**	nos avergonzár**amos**
te avergonzar**as**	os avergonzar**ais**
se avergonzar**a**	se avergonzar**an**
OR	
me avergonz**ase**	nos avergonzás**emos**
te avergonzas**es**	os avergonzas**eis**
se avergonz**ase**	se avergonzas**en**

imperativo
—	avergonc**émonos**
avergüénz**ate**;	avergonz**aos**;
no te avergüenc**es**	no os avergonc**éis**
avergüénc**ese**	avergüénc**ense**

perfecto de indicativo
me he avergonzado	**nos hemos** avergonzado
te has avergonzado	**os habéis** avergonzado
se ha avergonzado	**se han** avergonzado

pluscuamperfecto de indicativo
me había avergonzado	**nos habíamos** avergonzado
te habías avergonzado	**os habíais** avergonzado
se había avergonzado	**se habían** avergonzado

A

pretérito anterior
me hube avergonzado	**nos hubimos** avergonzado
te hubiste avergonzado	**os hubisteis** avergonzado
se hubo avergonzado	**se hubieron** avergonzado

futuro perfecto
me habré avergonzado	**nos habremos** avergonzado
te habrás avergonzado	**os habréis** avergonzado
se habrá avergonzado	**se habrán** avergonzado

condicional compuesto
me habría avergonzado	**nos habríamos** avergonzado
te habrías avergonzado	**os habríais** avergonzado
se habría avergonzado	**se habrían** avergonzado

perfecto de subjuntivo
me haya avergonzado	**nos hayamos** avergonzado
te hayas avergonzado	**os hayáis** avergonzado
se haya avergonzado	**se hayan** avergonzado

pluscuamperfecto de subjuntivo
me hubiera avergonzado	**nos hubiéramos** avergonzado
te hubieras avergonzado	**os hubierai** avergonzado
se hubiera avergonzado	**se hubieran** avergonzado
OR	
me hubiese avergonzado	**nos hubiésemos** avergonzado
te hubieses avergonzado	**os hubieseis** avergonzado
se hubiese avergonzado	**se hubiesen** avergonzado

157

gerundio **averiguando**   participio de pasado **averiguado**

SINGULAR	PLURAL	SINGULAR	PLURAL

presente de indicativo
		perfecto de indicativo	
averigu**o**	averigu**amos**	**he** averiguado	**hemos** averiguado
averigu**as**	averigu**áis**	**has** averiguado	**habéis** averiguado
averigu**a**	averigu**an**	**ha** averiguado	**han** averiguado

imperfecto de indicativo
		pluscuamperfecto de indicativo	
averigu**aba**	averigu**ábamos**	**había** averiguado	**habíamos** averiguado
averigu**abas**	averigu**abais**	**habías** averiguado	**habíais** averiguado
averigu**aba**	averigu**aban**	**había** averiguado	**habían** averiguado

pretérito
		pretérito anterior	
averigü**é**	averigu**amos**	**hube** averiguado	**hubimos** averiguado
averigu**aste**	averigu**asteis**	**hubiste** averiguado	**hubisteis** averiguado
averigu**ó**	averigu**aron**	**hubo** averiguado	**hubieron** averiguado

futuro
		futuro perfecto	
averiguar**é**	averiguar**emos**	**habré** averiguado	**habremos** averiguado
averiguar**ás**	averiguar**éis**	**habrás** averiguado	**habréis** averiguado
averiguar**á**	averiguar**án**	**habrá** averiguado	**habrán** averiguado

condicional simple
		condicional compuesto	
averiguar**ía**	averiguar**íamos**	**habría** averiguado	**habríamos** averiguado
averiguar**ías**	averiguar**íais**	**habrías** averiguado	**habríais** averiguado
averiguar**ía**	averiguar**ían**	**habría** averiguado	**habrían** averiguado

presente de subjuntivo
		perfecto de subjuntivo	
averigü**e**	averigü**emos**	**haya** averiguado	**hayamos** averiguado
averigü**es**	averigü**éis**	**hayas** averiguado	**hayáis** averiguado
averigü**e**	averigü**en**	**haya** averiguado	**hayan** averiguado

imperfecto de subjuntivo
		pluscuamperfecto de subjuntivo	
averigu**ara**	averigu**áramos**	**hubiera** averiguado	**hubiéramos** averiguado
averigu**aras**	averigu**arais**	**hubieras** averiguado	**hubierais** averiguado
averigu**ara**	averigu**aran**	**hubiera** averiguado	**hubieran** averiguado
OR		OR	
averigu**ase**	averigu**ásemos**	**hubiese** averiguado	**hubiésemos** averiguado
averigu**ases**	averigu**aseis**	**hubieses** averiguado	**hubieseis** averiguado
averigu**ase**	averigu**asen**	**hubiese** averiguado	**hubiesen** averiguado

imperativo
—	averigü**emos**
averigua;	averiguad;
no averigües	no averigüéis
averigüe	averigüen

gerundio ayudando   **participio de pasado** ayudado

SINGULAR	PLURAL	SINGULAR	PLURAL

presente de indicativo

ayud**o**	ayud**amos**		
ayud**as**	ayud**áis**		
ayud**a**	ayud**an**		

perfecto de indicativo

he ayudado	**hemos** ayudado		
has ayudado	**habéis** ayudado		
ha ayudado	**han** ayudado		

imperfecto de indicativo

ayud**aba**	ayud**ábamos**
ayud**abas**	ayud**abais**
ayud**aba**	ayud**aban**

pluscuamperfecto de indicativo

había ayudado	**habíamos** ayudado
habías ayudado	**habíais** ayudado
había ayudado	**habían** ayudado

A

pretérito

ayud**é**	ayud**amos**
ayud**aste**	ayud**asteis**
ayud**ó**	ayud**aron**

pretérito anterior

hube ayudado	**hubimos** ayudado
hubiste ayudado	**hubisteis** ayudado
hubo ayudado	**hubieron** ayudado

futuro

ayudar**é**	ayudar**emos**
ayudar**ás**	ayudar**éis**
ayudar**á**	ayudar**án**

futuro perfecto

habré ayudado	**habremos** ayudado
habrás ayudado	**habréis** ayudado
habrá ayudado	**habrán** ayudado

condicional simple

ayudar**ía**	ayudar**íamos**
ayudar**ías**	ayudar**íais**
ayudar**ía**	ayudar**ían**

condicional compuesto

habría ayudado	**habríamos** ayudado
habrías ayudado	**habríais** ayudado
habría ayudado	**habrían** ayudado

presente de subjuntivo

ayud**e**	ayud**emos**
ayud**es**	ayud**éis**
ayud**e**	ayud**en**

perfecto de subjuntivo

haya ayudado	**hayamos** ayudado
hayas ayudado	**hayáis** ayudado
haya ayudado	**hayan** ayudado

imperfecto de subjuntivo

ayudar**a**	ayudár**amos**
ayudar**as**	ayudar**ais**
ayudar**a**	ayudar**an**
OR	
ayudas**e**	ayudás**emos**
ayudas**es**	ayudas**eis**
ayudas**e**	ayudas**en**

pluscuamperfecto de subjuntivo

hubiera ayudado	**hubiéramos** ayudado
hubieras ayudado	**hubierais** ayudado
hubiera ayudado	**hubieran** ayudado
OR	
hubiese ayudado	**hubiésemos** ayudado
hubieses ayudado	**hubieseis** ayudado
hubiese ayudado	**hubiesen** ayudado

imperativo

—	ayudemos
ayuda;	ayudad;
no ayudes	no ayudéis
ayude	ayuden

MUST KNOW VERB

bailar

to dance

SINGULAR	PLURAL	SINGULAR	PLURAL

presente de indicativo

		perfecto de indicativo	
bail**o**	bail**amos**	**he** bailado	**hemos** bailado
bail**as**	bail**áis**	**has** bailado	**habéis** bailado
bail**a**	bail**an**	**ha** bailado	**han** bailado

imperfecto de indicativo

		pluscuamperfecto de indicativo	
bail**aba**	bail**ábamos**	**había** bailado	**habíamos** bailado
bail**abas**	bail**abais**	**habías** bailado	**habíais** bailado
bail**aba**	bail**aban**	**había** bailado	**habían** bailado

pretérito

		pretérito anterior	
bail**é**	bail**amos**	**hube** bailado	**hubimos** bailado
bail**aste**	bail**asteis**	**hubiste** bailado	**hubisteis** bailado
bail**ó**	bail**aran**	**hubo** bailado	**hubieron** bailado

futuro

		futuro perfecto	
bailar**é**	bailar**emos**	**habré** bailado	**habremos** bailado
bailar**ás**	bailar**éis**	**habrás** bailado	**habréis** bailado
bailar**á**	bailar**án**	**habrá** bailado	**habrán** bailado

condicional simple

		condicional compuesto	
bailar**ía**	bailar**íamos**	**habría** bailado	**habríamos** bailado
bailar**ías**	bailar**íais**	**habrías** bailado	**habríais** bailado
bailar**ía**	bailar**ían**	**habría** bailado	**habrían** bailado

presente de subjuntivo

		perfecto de subjuntivo	
bail**e**	bail**emos**	**haya** bailado	**hayamos** bailado
bail**es**	bail**éis**	**hayas** bailado	**hayáis** bailado
bail**e**	bail**en**	**haya** bailado	**hayan** bailado

imperfecto de subjuntivo

		pluscuamperfecto de subjuntivo	
bail**ara**	bail**áramos**	**hubiera** bailado	**hubiéramos** bailado
bail**aras**	bail**arais**	**hubieras** bailado	**hubierais** bailado
bail**ara**	bail**aran**	**hubiera** bailado	**hubieran** bailado
OR		OR	
bail**ase**	bail**ásemos**	**hubiese** bailado	**hubiésemos** bailado
bail**ases**	bail**aseis**	**hubieses** bailado	**hubieseis** bailado
bail**ase**	bail**asen**	**hubiese** bailado	**hubiesen** bailado

imperativo

—	bail**emos**
bail**a**; no bail**es**	bail**ad**; no bail**éis**
bail**e**	bail**en**

to go down, to reduce

gerundio **bajando**   participio de pasado **bajado**

SINGULAR	PLURAL	SINGULAR	PLURAL

B

presente de indicativo
baj**o**	baj**amos**
baj**as**	baj**áis**
baj**a**	baj**an**

perfecto de indicativo
he bajado	**hemos** bajado
has bajado	**habéis** bajado
ha bajado	**han** bajado

imperfecto de indicativo
baj**aba**	baj**ábamos**
baj**abas**	baj**abais**
baj**aba**	baj**aban**

pluscuamperfecto de indicativo
había bajado	**habíamos** bajado
habías bajado	**habíais** bajado
había bajado	**habían** bajado

pretérito
baj**é**	baj**amos**
baj**aste**	baj**asteis**
baj**ó**	baj**aron**

pretérito anterior
hube bajado	**hubimos** bajado
hubiste bajado	**hubisteis** bajado
hubo bajado	**hubieron** bajado

futuro
bajar**é**	bajar**emos**
bajar**ás**	bajar**éis**
bajar**á**	bajar**án**

futuro perfecto
habré bajado	**habremos** bajado
habrás bajado	**habréis** bajado
habrá bajado	**habrán** bajado

condicional simple
bajar**ía**	bajar**íamos**
bajar**ías**	bajar**íais**
bajar**ía**	bajar**ían**

condicional compuesto
habría bajado	**habríamos** bajado
habrías bajado	**habríais** bajado
habría bajado	**habrían** bajado

presente de subjuntivo
baj**e**	baj**emos**
baj**es**	baj**éis**
baj**e**	baj**en**

perfecto de subjuntivo
haya bajado	**hayamos** bajado
hayas bajado	**hayáis** bajado
haya bajado	**hayan** bajado

imperfecto de subjuntivo
baj**ara**	baj**áramos**
baj**aras**	baj**arais**
baj**ara**	baj**aran**
OR	
baj**ase**	baj**ásemos**
baj**ases**	baj**aseis**
baj**ase**	baj**asen**

pluscuamperfecto de subjuntivo
hubiera bajado	**hubiéramos** bajado
hubieras bajado	**hubierais** bajado
hubiera bajado	**hubieran** bajado
OR	
hubiese bajado	**hubiésemos** bajado
hubieses bajado	**hubieseis** bajado
hubiese bajado	**hubiesen** bajado

imperativo
—	bajemos
baja; no bajes	bajad; no bajéis
baje	bajen

MUST KNOW VERB

SINGULAR	PLURAL	SINGULAR	PLURAL

presente de indicativo

		perfecto de indicativo	
balbuceo	balbuceamos	**he** balbuceado	**hemos** balbuceado
balbuceas	balbuceáis	**has** balbuceado	**habéis** balbuceado
balbucea	balbucean	**ha** balbuceado	**han** balbuceado

imperfecto de indicativo

		pluscamperfecto de indicativo	
balbuceaba	balbuceábamos	**había** balbuceado	**habíamos** balbuceado
balbuceabas	balbuceabais	**habías** balbuceado	**habíais** balbuceado
balbuceaba	balbuceaban	**había** balbuceado	**habían** balbuceado

pretérito

		pretérito anterior	
balbuceé	balbuceamos	**hube** balbuceado	**hubimos** balbuceado
balbuceaste	balbuceasteis	**hubiste** balbuceado	**hubisteis** balbuceado
balbuceó	balbucearon	**hubo** balbuceado	**hubieron** balbuceado

futuro

		futuro perfecto	
balbucearé	balbucearemos	**habré** balbuceado	**habremos** balbuceado
balbucearás	balbucearéis	**habrás** balbuceado	**habréis** balbuceado
balbuceará	balbucearán	**habrá** balbuceado	**habrán** balbuceado

condicional simple

		condicional compuesto	
balbucearía	balbucearíamos	**habría** balbuceado	**habríamos** balbuceado
balbucearías	balbucearíais	**habrías** balbuceado	**habríais** balbuceado
balbucearía	balbucearían	**habría** balbuceado	**habrían** balbuceado

presente de subjuntivo

		perfecto de subjuntivo	
balbucee	balbuceemos	**haya** balbuceado	**hayamos** balbuceado
balbucees	balbuceéis	**hayas** balbuceado	**hayáis** balbuceado
balbucee	balbuceen	**haya** balbuceado	**hayan** balbuceado

imperfecto de subjuntivo

		pluscamperfecto de subjuntivo	
balbuceara	balbuceáramos	**hubiera** balbuceado	**hubiéramos** balbuceado
balbucearas	balbucearais	**hubieras** balbuceado	**hubierais** balbuceado
balbuceara	balbucearan	**hubiera** balbuceado	**hubieran** balbuceado
OR		OR	
balbucease	balbuceásemos	**hubiese** balbuceado	**hubiésemos** balbuceado
balbuceases	balbuceaseis	**hubieses** balbuceado	**hubieseis** balbuceado
balbucease	balbuceasen	**hubiese** balbuceado	**hubiesen** balbuceado

imperativo

—	balbuceemos
balbucea;	balbucead;
no balbucees	no balbuceéis
balbucee	balbuceen

to bathe   bañar

SINGULAR	PLURAL	SINGULAR	PLURAL

presente de indicativo

baño	bañamos
bañas	bañáis
baña	bañan

perfecto de indicativo

he bañado	hemos bañado
has bañado	habéis bañado
ha bañado	han bañado

imperfecto de indicativo

bañaba	bañábamos
bañabas	bañabais
bañaba	bañaban

pluscuamperfecto de indicativo

había bañado	habíamos bañado
habías bañado	habíais bañado
había bañado	habían bañado

B

pretérito

bañé	bañamos
bañaste	bañasteis
bañó	bañaron

pretérito anterior

hube bañado	hubimos bañado
hubiste bañado	hubisteis bañado
hubo bañado	hubieron bañado

futuro

bañaré	bañaremos
bañarás	bañaréis
bañará	bañarán

futuro perfecto

habré bañado	habremos bañado
habrás bañado	habréis bañado
habrá bañado	habrán bañado

condicional simple

bañaría	bañaríamos
bañarías	bañaríais
bañaría	bañarían

condicional compuesto

habría bañado	habríamos bañado
habrías bañado	habríais bañado
habría bañado	habrían bañado

presente de subjuntivo

bañe	bañemos
bañes	bañéis
bañe	bañen

perfecto de subjuntivo

haya bañado	hayamos bañado
hayas bañado	hayáis bañado
haya bañado	hayan bañado

imperfecto de subjuntivo

bañara	bañáramos
bañaras	bañarais
bañara	bañaran
OR	
bañase	bañásemos
bañases	bañaseis
bañase	bañasen

pluscuamperfecto de subjuntivo

hubiera bañado	hubiéramos bañado
hubieras bañado	hubierais bañado
hubiera bañado	hubieran bañado
OR	
hubiese bañado	hubiésemos bañado
hubieses bañado	hubieseis bañado
hubiese bañado	hubiesen bañado

imperativo

—	bañemos
baña; no bañes	bañad; no bañéis
bañe	bañen

MUST
KNOW
VERB

to sweep, to whisk

participio de pasado **barrido**

SINGULAR	PLURAL	SINGULAR	PLURAL

presente de indicativo

barro	barremos		
barres	barréis		
barre	barren		

perfecto de indicativo

he barrido	**hemos** barrido		
has barrido	**habéis** barrido		
ha barrido	**han** barrido		

imperfecto de indicativo

barría	barríamos
barrías	barríais
barría	barrían

pluscuamperfecto de indicativo

había barrido	**habíamos** barrido
habías barrido	**habíais** barrido
había barrido	**habían** barrido

pretérito

barrí	barrimos
barriste	barristeis
barrió	barrieron

pretérito anterior

hube barrido	**hubimos** barrido
hubiste barrido	**hubisteis** barrido
hubo barrido	**hubieron** barrido

futuro

barreré	barreremos
barrerás	barreréis
barrerá	barrerán

futuro perfecto

habré barrido	**habremos** barrido
habrás barrido	**habréis** barrido
habrá barrido	**habrán** barrido

condicional simple

barrería	barreríamos
barrerías	barreríais
barrería	barrerían

condicional compuesto

habría barrido	**habríamos** barrido
habrías barrido	**habríais** barrido
habría barrido	**habrían** barrido

presente de subjuntivo

barra	barramos
barras	barráis
barra	barran

perfecto de subjuntivo

haya barrido	**hayamos** barrido
hayas barrido	**hayáis** barrido
haya barrido	**hayan** barrido

imperfecto de subjuntivo

barriera	barriéramos
barrieras	barrierais
barriera	barrieran
OR	
barriese	barriésemos
barrieses	barrieseis
barriese	barriesen

pluscuamperfecto de subjuntivo

hubiera barrido	**hubiéramos** barrido
hubieras barrido	**hubierais** barrido
hubiera barrido	**hubieran** barrido
OR	
hubiese barrido	**hubiésemos** barrido
hubieses barrido	**hubieseis** barrido
hubiese barrido	**hubiesen** barrido

imperativo

—	barramos
barre; no barras	barred; no barráis
barra	barran

to suffice

gerundio bastando   **participio de pasado** bastado

SINGULAR	PLURAL	SINGULAR	PLURAL

presente de indicativo

		perfecto de indicativo	
basto	bastamos	**he** bastado	**hemos** bastado
bastas	bastáis	**has** bastado	**habéis** bastado
basta	bastan	**ha** bastado	**han** bastado

imperfecto de indicativo

		pluscuamperfecto de indicativo	
bastaba	bastábamos	**había** bastado	**habíamos** bastado
bastabas	bastabais	**habías** bastado	**habíais** bastado
bastaba	bastaban	**había** bastado	**habían** bastado

B

pretérito

		pretérito anterior	
basté	bastamos	**hube** bastado	**hubimos** bastado
bastaste	bastasteis	**hubiste** bastado	**hubisteis** bastado
bastó	bastaron	**hubo** bastado	**hubieron** bastado

futuro

		futuro perfecto	
bastaré	bastaremos	**habré** bastado	**habremos** bastado
bastarás	bastaréis	**habrás** bastado	**habréis** bastado
bastará	bastarán	**habrá** bastado	**habrán** bastado

condicional simple

		condicional compuesto	
bastaría	bastaríamos	**habría** bastado	**habríamos** bastado
bastarías	bastaríais	**habrías** bastado	**habríais** bastado
bastaría	bastarían	**habría** bastado	**habrían** bastado

presente de subjuntivo

		perfecto de subjuntivo	
baste	bastemos	**haya** bastado	**hayamos** bastado
bastes	bastéis	**hayas** bastado	**hayáis** bastado
baste	basten	**haya** bastado	**hayan** bastado

imperfecto de subjuntivo

		pluscuamperfecto de subjuntivo	
bastara	bastáramos	**hubiera** bastado	**hubiéramos** bastado
bastaras	bastarais	**hubieras** bastado	**hubierais** bastado
bastara	bastaran	**hubiera** bastado	**hubieran** bastado
OR		OR	
bastase	bastásemos	**hubiese** bastado	**hubiésemos** bastado
bastases	bastaseis	**hubieses** bastado	**hubieseis** bastado
bastase	bastasen	**hubiese** bastado	**hubiesen** bastado

imperativo

—	bastemos
basta; no bastes	bastad; no bastéis
baste	basten

165

batir   to beat

gerundio **batiendo**   participio de pasado **batido**

SINGULAR	PLURAL	SINGULAR	PLURAL

presente de indicativo

bat**o**	bat**imos**
bat**es**	bat**ís**
bat**e**	bat**en**

perfecto de indicativo

he batido	**hemos** batido
has batido	**habéis** batido
ha batido	**han** batido

imperfecto de indicativo

bat**ía**	bat**íamos**
bat**ías**	bat**íais**
bat**ía**	bat**ían**

pluscuamperfecto de indicativo

había batido	**habíamos** batido
habías batido	**habíais** batido
había batido	**habían** batido

pretérito

bat**í**	bat**imos**
bat**iste**	bat**isteis**
bat**ió**	bat**ieron**

pretérito anterior

hube batido	**hubimos** batido
hubiste batido	**hubisteis** batido
hubo batido	**hubieron** batido

futuro

batir**é**	batir**emos**
batir**ás**	batir**éis**
batir**á**	batir**án**

futuro perfecto

habré batido	**habremos** batido
habrás batido	**habréis** batido
habrá batido	**habrán** batido

condicional simple

batir**ía**	batir**íamos**
batir**ías**	batir**íais**
batir**ía**	batir**ían**

condicional compuesto

habría batido	**habríamos** batido
habrías batido	**habríais** batido
habría batido	**habrían** batido

presente de subjuntivo

bat**a**	bat**amos**
bat**as**	bat**áis**
bat**a**	bat**an**

perfecto de subjuntivo

haya batido	**hayamos** batido
hayas batido	**hayáis** batido
haya batido	**hayan** batido

imperfecto de subjuntivo

bat**iera**	bat**iéramos**
bat**ieras**	bat**ierais**
bat**iera**	bat**ieran**
OR	
bat**iese**	bat**iésemos**
bat**ieses**	bat**ieseis**
bat**iese**	bat**iesen**

pluscuamperfecto de subjuntivo

hubiera batido	**hubiéramos** batido
hubieras batido	**hubierais** batido
hubiera batido	**hubieran** batido
OR	
hubiese batido	**hubiésemos** batido
hubieses batido	**hubieseis** batido
hubiese batido	**hubiesen** batido

imperativo

—	bat**amos**
bat**e**; no bat**as**	bat**id**; no bat**áis**
bat**a**	bat**an**

to baptize

gerundio **bautizando**   participio de pasado **bautizado**

SINGULAR	PLURAL	SINGULAR	PLURAL

presente de indicativo
bautiz**o**	bautiz**amos**	
bautiz**as**	bautiz**áis**	
bautiz**a**	bautiz**an**	

perfecto de indicativo
he bautizado	**hemos** bautizado
has bautizado	**habéis** bautizado
ha bautizado	**han** bautizado

imperfecto de indicativo
bautiz**aba**	bautiz**ábamos**
bautiz**abas**	bautiz**abais**
bautiz**aba**	bautiz**aban**

pluscuamperfecto de indicativo
había bautizado	**habíamos** bautizado
habías bautizado	**habíais** bautizado
había bautizado	**habían** bautizado

B

pretérito
bautic**é**	bautiz**amos**
bautiz**aste**	bautiz**asteis**
bautiz**ó**	bautiz**aron**

pretérito anterior
hube bautizado	**hubimos** bautizado
hubiste bautizado	**hubisteis** bautizado
hubo bautizado	**hubieron** bautizado

futuro
bautizar**é**	bautizar**emos**
bautizar**ás**	bautizar**éis**
bautizar**á**	bautizar**án**

futuro perfecto
habré bautizado	**habremos** bautizado
habrás bautizado	**habréis** bautizado
habrá bautizado	**habrán** bautizado

condicional simple
bautizar**ía**	bautizar**íamos**
bautizar**ías**	bautizar**íais**
bautizar**ía**	bautizar**ían**

condicional compuesto
habría bautizado	**habríamos** bautizado
habrías bautizado	**habríais** bautizado
habría bautizado	**habrían** bautizado

presente de subjuntivo
bautic**e**	bautic**emos**
bautic**es**	bautic**éis**
bautic**e**	bautic**en**

perfecto de subjuntivo
haya bautizado	**hayamos** bautizado
hayas bautizado	**hayáis** bautizado
haya bautizado	**hayan** bautizado

imperfecto de subjuntivo
bautiz**ara**	bautiz**áramos**
bautiz**aras**	bautiz**arais**
bautiz**ara**	bautiz**aran**
OR	
bautiz**ase**	bautiz**ásemos**
bautiz**ases**	bautiz**aseis**
bautiz**ase**	bautiz**asen**

pluscuamperfecto de subjuntivo
hubiera bautizado	**hubiéramos** bautizado
hubieras bautizado	**hubierais** bautizado
hubiera bautizado	**hubieran** bautizado
OR	
hubiese bautizado	**hubiésemos** bautizado
hubieses bautizado	**hubieseis** bautizado
hubiese bautizado	**hubiesen** bautizado

imperativo
—	bautic**emos**
bautiza; no bautices	bautizad; no bauticéis
bautice	bauticen

gerundio **bebiendo**   participio de pasado **bebido**

SINGULAR	PLURAL	SINGULAR	PLURAL

presente de indicativo

bebo	bebemos	**he** bebido	**hemos** bebido
bebes	bebéis	**has** bebido	**habéis** bebido
bebe	beben	**ha** bebido	**han** bebido

perfecto de indicativo (right side header)

imperfecto de indicativo

bebía	bebíamos	**había** bebido	**habíamos** bebido
bebías	bebíais	**habías** bebido	**habíais** bebido
bebía	bebían	**había** bebido	**habían** bebido

pluscuamperfecto de indicativo

pretérito

bebí	bebimos	**hube** bebido	**hubimos** bebido
bebiste	bebisteis	**hubiste** bebido	**hubisteis** bebido
bebió	bebieron	**hubo** bebido	**hubieron** bebido

pretérito anterior

futuro

beberé	beberemos	**habré** bebido	**habremos** bebido
beberás	beberéis	**habrás** bebido	**habréis** bebido
beberá	beberán	**habrá** bebido	**habrán** bebido

futuro perfecto

condicional simple

bebería	beberíamos	**habría** bebido	**habríamos** bebido
beberías	beberíais	**habrías** bebido	**habríais** bebido
bebería	beberían	**habría** bebido	**habrían** bebido

condicional compuesto

presente de subjuntivo

beba	bebamos	**haya** bebido	**hayamos** bebido
bebas	bebáis	**hayas** bebido	**hayáis** bebido
beba	beban	**haya** bebido	**hayan** bebido

perfecto de subjuntivo

imperfecto de subjuntivo

bebiera	bebiéramos	**hubiera** bebido	**hubiéramos** bebido
bebieras	bebierais	**hubieras** bebido	**hubierais** bebido
bebiera	bebieran	**hubiera** bebido	**hubieran** bebido
OR		OR	
bebiese	bebiésemos	**hubiese** bebido	**hubiésemos** bebido
bebieses	bebieseis	**hubieses** bebido	**hubieseis** bebido
bebiese	bebiesen	**hubiese** bebido	**hubiesen** bebido

pluscuamperfecto de subjuntivo

imperativo

—	bebamos
bebe; no bebas	bebed; no bebáis
beba	beban

MUST
KNOW
VERB

to bless, to consecrate   bendecir

SINGULAR	PLURAL	SINGULAR	PLURAL

presente de indicativo

bendig**o**	bendec**imos**
bendic**es**	bendec**ís**
bendic**e**	bendic**en**

perfecto de indicativo

he bendecido	**hemos** bendecido
has bendecido	**habéis** bendecido
ha bendecido	**han** bendecido

imperfecto de indicativo

bendec**ía**	bendec**íamos**
bendec**ías**	bendec**íais**
bendec**ía**	bendec**ían**

pluscuamperfecto de indicativo

había bendecido	**habíamos** bendecido
habías bendecido	**habíais** bendecido
había bendecido	**habían** bendecido

B

pretérito

bendij**e**	bendij**imos**
bendij**iste**	bendij**isteis**
bendij**o**	bendij**eron**

pretérito anterior

hube bendecido	**hubimos** bendecido
hubiste bendecido	**hubisteis** bendecido
hubo bendecido	**hubieron** bendecido

futuro

bendecir**é**	bendecir**emos**
bendecir**ás**	bendecir**éis**
bendecir**á**	bendecir**án**

futuro perfecto

habré bendecido	**habremos** bendecido
habrás bendecido	**habréis** bendecido
habrá bendecido	**habrán** bendecido

condicional simple

bendecir**ía**	bendecir**íamos**
bendecir**ías**	bendecir**íais**
bendecir**ía**	bendecir**ían**

condicional compuesto

habría bendecido	**habríamos** bendecido
habrías bendecido	**habríais** bendecido
habría bendecido	**habrían** bendecido

presente de subjuntivo

bendig**a**	bendig**amos**
bendig**as**	bendig**áis**
bendig**a**	bendig**an**

perfecto de subjuntivo

haya bendecido	**hayamos** bendecido
hayas bendecido	**hayáis** bendecido
haya bendecido	**hayan** bendecido

imperfecto de subjuntivo

bendij**era**	bendij**éramos**
bendij**eras**	bendij**erais**
bendij**era**	bendij**eran**
OR	
bendij**ese**	bendij**ésemos**
bendij**eses**	bendij**eseis**
bendij**ese**	bendij**esen**

pluscuamperfecto de subjuntivo

hubiera bendecido	**hubiéramos** bendecido
hubieras bendecido	**hubierais** bendecido
hubiera bendecido	**hubieran** bendecido
OR	
hubiese bendecido	**hubiésemos** bendecido
hubieses bendecido	**hubieseis** bendecido
hubiese bendecido	**hubiesen** bendecido

imperativo

—	bendigamos
bendice; no bendigas	bendecid; no bendigáis
bendiga	bendigan

gerundio **beneficiando**   participio de pasado **beneficiado**

SINGULAR	PLURAL	SINGULAR	PLURAL

presente de indicativo

beneficio	beneficiamos
beneficias	beneficiáis
beneficia	benefician

perfecto de indicativo

he beneficiado	**hemos** beneficiado
has beneficiado	**habéis** beneficiado
ha beneficiado	**han** beneficiado

imperfecto de indicativo

beneficiaba	beneficiábamos
beneficiabas	beneficiabais
beneficiaba	beneficiaban

pluscuamperfecto de indicativo

había beneficiado	**habíamos** beneficiado
habías beneficiado	**habíais** beneficiado
había beneficiado	**habían** beneficiado

pretérito

beneficié	beneficiamos
beneficiaste	beneficiasteis
benefició	beneficiaron

pretérito anterior

hube beneficiado	**hubimos** beneficiado
hubiste beneficiado	**hubisteis** beneficiado
hubo beneficiado	**hubieron** beneficiado

futuro

beneficiaré	beneficiaremos
beneficiarás	beneficiaréis
beneficiará	beneficiarán

futuro perfecto

habré beneficiado	**habremos** beneficiado
habrás beneficiado	**habréis** beneficiado
habrá beneficiado	**habrán** beneficiado

condicional simple

beneficiaría	beneficiaríamos
beneficiarías	beneficiaríais
beneficiaría	beneficiarían

condicional compuesto

habría beneficiado	**habríamos** beneficiado
habrías beneficiado	**habríais** beneficiado
habría beneficiado	**habrían** beneficiado

presente de subjuntivo

beneficie	beneficiemos
beneficies	beneficiéis
beneficie	beneficien

perfecto de subjuntivo

haya beneficiado	**hayamos** beneficiado
hayas beneficiado	**hayáis** beneficiado
haya beneficiado	**hayan** beneficiado

imperfecto de subjuntivo

beneficiara	beneficiáramos
beneficiaras	beneficiarais
beneficiara	beneficiaran
OR	
beneficiase	beneficiásemos
beneficiases	beneficiaseis
beneficiase	beneficiasen

pluscuamperfecto de subjuntivo

hubiera beneficiado	**hubiéramos** beneficiado
hubieras beneficiado	**hubierais** beneficiado
hubiera beneficiado	**hubieran** beneficiado
OR	
hubiese beneficiado	**hubiésemos** beneficiado
hubieses beneficiado	**hubieseis** beneficiado
hubiese beneficiado	**hubiesen** beneficiado

imperativo

—	beneficiemos
beneficia;	beneficiad;
no beneficies	no beneficiéis
beneficie	beneficien

to kiss

gerundio **besando**   participio de pasado **besado**

SINGULAR	PLURAL	SINGULAR	PLURAL

presente de indicativo
beso	besamos		
besas	besáis		
besa	besan		

perfecto de indicativo
he besado	**hemos** besado
has besado	**habéis** besado
ha besado	**han** besado

imperfecto de indicativo
besaba	besábamos
besabas	besabais
besaba	besaban

pluscuamperfecto de indicativo
había besado	**habíamos** besado
habías besado	**habíais** besado
había besado	**habían** besado

B

pretérito
besé	besamos
besaste	besasteis
besó	besaron

pretérito anterior
hube besado	**hubimos** besado
hubiste besado	**hubisteis** besado
hubo besado	**hubieron** besado

futuro
besaré	besaremos
besarás	besaréis
besará	besarán

futuro perfecto
habré besado	**habremos** besado
habrás besado	**habréis** besado
habrá besado	**habrán** besado

condicional simple
besaría	besaríamos
besarías	besaríais
besaría	besarían

condicional compuesto
habría besado	**habríamos** besado
habrías besado	**habríais** besado
habría besado	**habrían** besado

presente de subjuntivo
bese	besemos
beses	beséis
bese	besen

perfecto de subjuntivo
haya besado	**hayamos** besado
hayas besado	**hayáis** besado
haya besado	**hayan** besado

imperfecto de subjuntivo
besara	besáramos
besaras	besarais
besara	besaran
OR	
besase	besásemos
besases	besaseis
besase	besasen

pluscuamperfecto de subjuntivo
hubiera besado	**hubiéramos** besado
hubieras besado	**hubierais** besado
hubiera besado	**hubieran** besado
OR	
hubiese besado	**hubiésemos** besado
hubieses besado	**hubieseis** besado
hubiese besado	**hubiesen** besado

imperativo
—	besemos
besa; no beses	besad; no beséis
bese	besen

bisbisar

to mutter

SINGULAR	PLURAL	SINGULAR	PLURAL

presente de indicativo
bisbiso	bisbisamos
bisbisas	bisbisáis
bisbisa	bisbisan

perfecto de indicativo
he bisbisado	hemos bisbisado
has bisbisado	habéis bisbisado
ha bisbisado	han bisbisado

imperfecto de indicativo
bisbisaba	bisbisábamos
bisbisabas	bisbisabais
bisbisaba	bisbisaban

pluscuamperfecto de indicativo
había bisbisado	habíamos bisbisado
habías bisbisado	habíais bisbisado
había bisbisado	habían bisbisado

pretérito
bisbisé	bisbisamos
bisbisaste	bisbisasteis
bisbisó	bisbisaron

pretérito anterior
hube bisbisado	hubimos bisbisado
hubiste bisbisado	hubisteis bisbisado
hubo bisbisado	hubieron bisbisado

futuro
bisbisaré	bisbisaremos
bisbisarás	bisbisaréis
bisbisará	bisbisarán

futuro perfecto
habré bisbisado	habremos bisbisado
habrás bisbisado	habréis bisbisado
habrá bisbisado	habrán bisbisado

condicional simple
bisbisaría	bisbisaríamos
bisbisarías	bisbisaríais
bisbisaría	bisbisarían

condicional compuesto
habría bisbisado	habríamos bisbisado
habrías bisbisado	habríais bisbisado
habría bisbisado	habrían bisbisado

presente de subjuntivo
bisbise	bisbisemos
bisbises	bisbiséis
bisbise	bisbisen

perfecto de subjuntivo
haya bisbisado	hayamos bisbisado
hayas bisbisado	hayáis bisbisado
haya bisbisado	hayan bisbisado

imperfecto de subjuntivo
bisbisara	bisbisáramos
bisbisaras	bisbisarais
bisbisara	bisbisaran
OR	
bisbisase	bisbisásemos
bisbisases	bisbisaseis
bisbisase	bisbisasen

pluscuamperfecto de subjuntivo
hubiera bisbisado	hubiéramos bisbisado
hubieras bisbisado	hubierais bisbisado
hubiera bisbisado	hubieran bisbisado
OR	
hubiese bisbisado	hubiésemos bisbisado
hubieses bisbisado	hubieseis bisbisado
hubiese bisbisado	hubiesen bisbisado

imperativo
—	bisbisemos
bisbisa; no bisbises	bisbisad; no bisbiséis
bisbise	bisbisen

to block   bloquear

SINGULAR	PLURAL	SINGULAR	PLURAL

presente de indicativo

		perfecto de indicativo	
bloqueo	bloqueamos	**he** bloqueado	**hemos** bloqueado
bloqueas	bloqueáis	**has** bloqueado	**habéis** bloqueado
bloquea	bloquean	**ha** bloqueado	**han** bloqueado

imperfecto de indicativo

		pluscuamperfecto de indicativo	
bloqueaba	bloqueábamos	**había** bloqueado	**habíamos** bloqueado
bloqueabas	bloqueabais	**habías** bloqueado	**habíais** bloqueado
bloqueaba	bloqueaban	**había** bloqueado	**habían** bloqueado

B

pretérito

		pretérito anterior	
bloqueé	bloqueamos	**hube** bloqueado	**hubimos** bloqueado
bloqueaste	bloqueasteis	**hubiste** bloqueado	**hubisteis** bloqueado
bloqueó	bloquearon	**hubo** bloqueado	**hubieron** bloqueado

futuro

		futuro perfecto	
bloquearé	bloquearemos	**habré** bloqueado	**habremos** bloqueado
bloquearás	bloquearéis	**habrás** bloqueado	**habréis** bloqueado
bloqueará	bloquearán	**habrá** bloqueado	**habrán** bloqueado

condicional simple

		condicional compuesto	
bloquearía	bloquearíamos	**habría** bloqueado	**habríamos** bloqueado
bloquearías	bloquearíais	**habrías** bloqueado	**habríais** bloqueado
bloquearía	bloquearían	**habría** bloqueado	**habrían** bloqueado

presente de subjuntivo

		perfecto de subjuntivo	
bloquee	bloqueemos	**haya** bloqueado	**hayamos** bloqueado
bloquees	bloqueéis	**hayas** bloqueado	**hayáis** bloqueado
bloquee	bloqueen	**haya** bloqueado	**hayan** bloqueado

imperfecto de subjuntivo

		pluscuamperfecto de subjuntivo	
bloqueara	bloqueáramos	**hubiera** bloqueado	**hubiéramos** bloqueado
bloquearas	bloquearais	**hubieras** bloqueado	**hubierais** bloqueado
bloqueara	bloquearan	**hubiera** bloqueado	**hubieran** bloqueado
OR		OR	
bloquease	bloqueásemos	**hubiese** bloqueado	**hubiésemos** bloqueado
bloqueases	bloqueaseis	**hubieses** bloqueado	**hubieseis** bloqueado
bloquease	bloqueasen	**hubiese** bloqueado	**hubiesen** bloqueado

imperativo

—	bloqueemos
bloquea; no bloquees	bloquead; no bloqueéis
bloquee	bloqueen

gerundio bordeando **participio de pasado** bordeado

SINGULAR	PLURAL	SINGULAR	PLURAL

presente de indicativo

bordeo	bordeamos	
bordeas	bordeáis	
bordea	bordean	

perfecto de indicativo

he bordeado	hemos bordeado
has bordeado	habéis bordeado
ha bordeado	han bordeado

imperfecto de indicativo

bordeaba	bordeábamos
bordeabas	bordeabais
bordeaba	bordeaban

pluscuamperfecto de indicativo

había bordeado	habíamos bordeado
habías bordeado	habíais bordeado
había bordeado	habían bordeado

pretérito

bordeé	bordeamos
bordeaste	bordeasteis
bordeó	bordearon

pretérito anterior

hube bordeado	hubimos bordeado
hubiste bordeado	hubisteis bordeado
hubo bordeado	hubieron bordeado

futuro

bordearé	bordearemos
bordearás	bordearéis
bordeará	bordearán

futuro perfecto

habré bordeado	habremos bordeado
habrás bordeado	habréis bordeado
habrá bordeado	habrán bordeado

condicional simple

bordearía	bordearíamos
bordearías	bordearíais
bordearía	bordearían

condicional compuesto

habría bordeado	habríamos bordeado
habrías bordeado	habríais bordeado
habría bordeado	habrían bordeado

presente de subjuntivo

bordee	bordeemos
bordees	bordeéis
bordee	bordeen

perfecto de subjuntivo

haya bordeado	hayamos bordeado
hayas bordeado	hayáis bordeado
haya bordeado	hayan bordeado

imperfecto de subjuntivo

bordeara	bordeáramos
bordearas	bordearais
bordeara	bordearan
OR	
bordease	bordeásemos
bordeases	bordeaseis
bordease	bordeasen

pluscuamperfecto de subjuntivo

hubiera bordeado	hubiéramos bordeado
hubieras bordeado	hubierais bordeado
hubiera bordeado	hubieran bordeado
OR	
hubiese bordeado	hubiésemos bordeado
hubieses bordeado	hubieseis bordeado
hubiese bordeado	hubiesen bordeado

imperativo

—	bordeemos
bordea; no bordees	bordead; no bordeéis
bordee	bordeen

to erase   borrar

SINGULAR	PLURAL	SINGULAR	PLURAL

presente de indicativo

borro	borramos
borras	borráis
borra	borran

perfecto de indicativo

he borrado	**hemos** borrado
has borrado	**habéis** borrado
ha borrado	**han** borrado

imperfecto de indicativo

borraba	borrábamos
borrabas	borrabais
borraba	borraban

pluscuamperfecto de indicativo

había borrado	**habíamos** borrado
habías borrado	**habíais** borrado
había borrado	**habían** borrado

B

pretérito

borré	borramos
borraste	borrasteis
borró	borraron

pretérito anterior

hube borrado	**hubimos** borrado
hubiste borrado	**hubisteis** borrado
hubo borrado	**hubieron** borrado

futuro

borraré	borraremos
borrarás	borraréis
borrará	borrarán

futuro perfecto

habré borrado	**habremos** borrado
habrás borrado	**habréis** borrado
habrá borrado	**habrán** borrado

condicional simple

borraría	borraríamos
borrarías	borraríais
borraría	borrarían

condicional compuesto

habría borrado	**habríamos** borrado
habrías borrado	**habríais** borrado
habría borrado	**habrían** borrado

presente de subjuntivo

borre	borremos
borres	borréis
borre	borren

perfecto de subjuntivo

haya borrado	**hayamos** borrado
hayas borrado	**hayáis** borrado
haya borrado	**hayan** borrado

imperfecto de subjuntivo

borrara	borráramos
borraras	borrarais
borrara	borraran
OR	
borrase	borrásemos
borrases	borraseis
borrase	borrasen

pluscuamperfecto de subjuntivo

hubiera borrado	**hubiéramos** borrado
hubieras borrado	**hubierais** borrado
hubiera borrado	**hubieran** borrado
OR	
hubiese borrado	**hubiésemos** borrado
hubieses borrado	**hubieseis** borrado
hubiese borrado	**hubiesen** borrado

imperativo

—	borremos
borra; no borres	borrad; no borréis
borre	borren

gerundio **bostezando**   participio de pasado **bostezado**

SINGULAR	PLURAL	SINGULAR	PLURAL

presente de indicativo

bostez**o**	bostez**amos**		
bostez**as**	bostez**áis**		
bostez**a**	bostez**an**		

perfecto de indicativo

he bostezado	**hemos** bostezado		
has bostezado	**habéis** bostezado		
ha bostezado	**han** bostezado		

imperfecto de indicativo

bostez**aba**	bostez**ábamos**
bostez**abas**	bostez**abais**
bostez**aba**	bostez**aban**

pluscamperfecto de indicativo

había bostezado	**habíamos** bostezado
habías bostezado	**habíais** bostezado
había bostezado	**habían** bostezado

pretérito

bostec**é**	bostez**amos**
bostez**aste**	bostez**asteis**
bostez**ó**	bostez**aron**

pretérito anterior

hube bostezado	**hubimos** bostezado
hubiste bostezado	**hubisteis** bostezado
hubo bostezado	**hubieron** bostezado

futuro

bostezar**é**	bostezar**emos**
bostezar**ás**	bostezar**éis**
bostezar**á**	bostezar**án**

futuro perfecto

habré bostezado	**habremos** bostezado
habrás bostezado	**habréis** bostezado
habrá bostezado	**habrán** bostezado

condicional simple

bostezar**ía**	bostezar**íamos**
bostezar**ías**	bostezar**íais**
bostezar**ía**	bostezar**ían**

condicional compuesto

habría bostezado	**habríamos** bostezado
habrías bostezado	**habríais** bostezado
habría bostezado	**habrían** bostezado

presente de subjuntivo

bostec**e**	bostec**emos**
bostec**es**	bostec**éis**
bostec**e**	bostec**en**

perfecto de subjuntivo

haya bostezado	**hayamos** bostezado
hayas bostezado	**hayáis** bostezado
haya bostezado	**hayan** bostezado

imperfecto de subjuntivo

bostez**ara**	bostezar**áramos**
bostez**aras**	bostezar**ais**
bostez**ara**	bostezar**an**
OR	
bostez**ase**	bostez**ásemos**
bostez**ases**	bostez**aseis**
bostez**ase**	bostez**asen**

pluscamperfecto de subjuntivo

hubiera bostezado	**hubiéramos** bostezado
hubieras bostezado	**hubierais** bostezado
hubiera bostezado	**hubieran** bostezado
OR	
hubiese bostezado	**hubiésemos** bostezado
hubieses bostezado	**hubieseis** bostezado
hubiese bostezado	**hubiesen** bostezado

imperativo

—	bostec**emos**
bosteza; no bosteces	bostezad; no bostecéis
bostece	bostecen

gerundio **botando**

participio de pasado **botado**

SINGULAR	PLURAL	SINGULAR	PLURAL

presente de indicativo

bot**o**	bot**amos**
bot**as**	bot**áis**
bot**a**	bot**an**

perfecto de indicativo

he botado	**hemos** botado
has botado	**habéis** botado
ha botado	**han** botado

imperfecto de indicativo

bot**aba**	bot**ábamos**
bot**abas**	bot**abais**
bot**aba**	bot**aban**

pluscuamperfecto de indicativo

había botado	**habíamos** botado
habías botado	**habíais** botado
había botado	**habían** botado

pretérito

bot**é**	bot**amos**
bot**aste**	bot**asteis**
bot**ó**	bot**aron**

pretérito anterior

hube botado	**hubimos** botado
hubiste botado	**hubisteis** botado
hubo botado	**hubieron** botado

futuro

botar**é**	botar**emos**
botar**ás**	botar**éis**
botar**á**	botar**án**

futuro perfecto

habré botado	**habremos** botado
habrás botado	**habréis** botado
habrá botado	**habrán** botado

condicional simple

botar**ía**	botar**íamos**
botar**ías**	botar**íais**
botar**ía**	botar**ían**

condicional compuesto

habría botado	**habríamos** botado
habrías botado	**habríais** botado
habría botado	**habrían** botado

presente de subjuntivo

bot**e**	bot**emos**
bot**es**	bot**éis**
bot**e**	bot**en**

perfecto de subjuntivo

haya botado	**hayamos** botado
hayas botado	**hayáis** botado
haya botado	**hayan** botado

imperfecto de subjuntivo

bot**ara**	bot**áramos**
bot**aras**	bot**arais**
bot**ara**	bot**aran**
OR	
bot**ase**	bot**ásemos**
bot**ases**	bot**aseis**
bot**ase**	bot**asen**

pluscuamperfecto de subjuntivo

hubiera botado	**hubiéramos** botado
hubieras botado	**hubierais** botado
hubiera botado	**hubieran** botado
OR	
hubiese botado	**hubiésemos** botado
hubieses botado	**hubieseis** botado
hubiese botado	**hubiesen** botado

imperativo

—	botemos
bota; no botes	botad; no botéis
bote	boten

MUST KNOW VERB

gerundio bregando   **participio de pasado** bregado

SINGULAR	PLURAL	SINGULAR	PLURAL

presente de indicativo

		perfecto de indicativo	
brego	bregamos	he bregado	hemos bregado
bregas	bregáis	has bregado	habéis bregado
brega	bregan	ha bregado	han bregado

imperfecto de indicativo

		pluscuamperfecto de indicativo	
bregaba	bregábamos	había bregado	habíamos bregado
bregabas	bregabais	habías bregado	habíais bregado
bregaba	bregaban	había bregado	habían bregado

pretérito

		pretérito anterior	
bregué	bregamos	hube bregado	hubimos bregado
bregaste	bregasteis	hubiste bregado	hubisteis bregado
bregó	bregaron	hubo bregado	hubieron bregado

futuro

		futuro perfecto	
bregaré	bregaremos	habré bregado	habremos bregado
bregarás	bregaréis	habrás bregado	habréis bregado
bregará	bregarán	habrá bregado	habrán bregado

condicional simple

		condicional compuesto	
bregaría	bregaríamos	habría bregado	habríamos bregado
bregarías	bregaríais	habrías bregado	habríais bregado
bregaría	bregarían	habría bregado	habrían bregado

presente de subjuntivo

		perfecto de subjuntivo	
bregue	breguemos	haya bregado	hayamos bregado
bregues	breguéis	hayas bregado	hayáis bregado
bregue	breguen	haya bregado	hayan bregado

imperfecto de subjuntivo

		pluscuamperfecto de subjuntivo	
bregara	bregáramos	hubiera bregado	hubiéramos bregado
bregaras	bregarais	hubieras bregado	hubierais bregado
bregara	bregaran	hubiera bregado	hubieran bregado
OR		OR	
bregase	bregásemos	hubiese bregado	hubiésemos bregado
bregases	bregaseis	hubieses bregado	hubieseis bregado
bregase	bregasen	hubiese bregado	hubiesen bregado

imperativo

—	breguemos
brega; no bregues	bregad; no breguéis
bregue	breguen

to joke

gerundio **bromeando**   participio de pasado **bromeado**

SINGULAR	PLURAL	SINGULAR	PLURAL

presente de indicativo

bromeo	bromeamos		
bromeas	bromeáis		
bromea	bromean		

perfecto de indicativo

he bromeado	hemos bromeado
has bromeado	habéis bromeado
ha bromeado	han bromeado

imperfecto de indicativo

bromeaba	bromeábamos
bromeabas	bromeabais
bromeaba	bromeaban

pluscuamperfecto de indicativo

había bromeado	habíamos bromeado
habías bromeado	habíais bromeado
había bromeado	habían bromeado

B

pretérito

bromeé	bromeamos
bromeaste	bromeasteis
bromeó	bromearon

pretérito anterior

hube bromeado	hubimos bromeado
hubiste bromeado	hubisteis bromeado
hubo bromeado	hubieron bromeado

futuro

bromearé	bromearemos
bromearás	bromearéis
bromeará	bromearán

futuro perfecto

habré bromeado	habremos bromeado
habrás bromeado	habréis bromeado
habrá bromeado	habrán bromeado

condicional simple

bromearía	bromearíamos
bromearías	bromearíais
bromearía	bromearían

condicional compuesto

habría bromeado	habríamos bromeado
habrías bromeado	habríais bromeado
habría bromeado	habrían bromeado

presente de subjuntivo

bromee	bromeemos
bromees	bromeéis
bromee	bromeen

perfecto de subjuntivo

haya bromeado	hayamos bromeado
hayas bromeado	hayáis bromeado
haya bromeado	hayan bromeado

imperfecto de subjuntivo

bromeara	bromeáramos
bromearas	bromearais
bromeara	bromearan
OR	
bromease	bromeásemos
bromeases	bromeaseis
bromease	bromeasen

pluscuamperfecto de subjuntivo

hubiera bromeado	hubiéramos bromeado
hubieras bromeado	hubierais bromeado
hubiera bromeado	hubieran bromeado
OR	
hubiese bromeado	hubiésemos bromeado
hubieses bromeado	hubieseis bromeado
hubiese bromeado	hubiesen bromeado

imperativo

—	bromeemos
bromea; no bromees	bromead; no bromeéis
bromee	bromeen

gerundio **bronceando**　　　　participio de pasado **bronceado**

SINGULAR	PLURAL	SINGULAR	PLURAL

presente de indicativo

		perfecto de indicativo	
bronce**o**	bronce**amos**	**he** bronceado	**hemos** bronceado
bronce**as**	bronce**áis**	**has** bronceado	**habéis** bronceado
bronce**a**	bronce**an**	**ha** bronceado	**han** bronceado

imperfecto de indicativo

		pluscuamperfecto de indicativo	
bronce**aba**	bronce**ábamos**	**había** bronceado	**habíamos** bronceado
bronce**abas**	bronce**abais**	**habías** bronceado	**habíais** bronceado
bronce**aba**	bronce**aban**	**había** bronceado	**habían** bronceado

pretérito

		pretérito anterior	
bronce**é**	bronce**amos**	**hube** bronceado	**hubimos** bronceado
bronce**aste**	bronce**asteis**	**hubiste** bronceado	**hubisteis** bronceado
bronce**ó**	bronce**aron**	**hubo** bronceado	**hubieron** bronceado

futuro

		futuro perfecto	
broncear**é**	broncear**emos**	**habré** bronceado	**habremos** bronceado
broncear**ás**	broncear**éis**	**habrás** bronceado	**habréis** bronceado
broncear**á**	broncear**án**	**habrá** bronceado	**habrán** bronceado

condicional simple

		condicional compuesto	
broncear**ía**	broncear**íamos**	**habría** bronceado	**habríamos** bronceado
broncear**ías**	broncear**íais**	**habrías** bronceado	**habríais** bronceado
broncear**ía**	broncear**ían**	**habría** bronceado	**habrían** bronceado

presente de subjuntivo

		perfecto de subjuntivo	
bronce**e**	bronce**emos**	**haya** bronceado	**hayamos** bronceado
bronce**es**	bronce**éis**	**hayas** bronceado	**hayáis** bronceado
bronce**e**	bronce**en**	**haya** bronceado	**hayan** bronceado

imperfecto de subjuntivo

		pluscuamperfecto de subjuntivo	
broncear**a**	bronceár**amos**	**hubiera** bronceado	**hubiéramos** bronceado
broncear**as**	broncear**ais**	**hubieras** bronceado	**hubierais** bronceado
broncear**a**	broncear**an**	**hubiera** bronceado	**hubieran** bronceado
OR		OR	
broncea**se**	bronceá**semos**	**hubiese** bronceado	**hubiésemos** bronceado
broncea**ses**	broncea**seis**	**hubieses** bronceado	**hubieseis** bronceado
broncea**se**	broncea**sen**	**hubiese** bronceado	**hubiesen** bronceado

imperativo

—	bronce**emos**
broncea; no broncees	broncead; no bronceéis
broncee	bronceen

to sprout   brotar

SINGULAR	PLURAL	SINGULAR	PLURAL

presente de indicativo

broto	brotamos
brotas	brotáis
brota	brotan

perfecto de indicativo

he brotado	hemos brotado
has brotado	habéis brotado
ha brotado	han brotado

imperfecto de indicativo

brotaba	brotábamos
brotabas	brotabais
brotaba	brotaban

pluscuamperfecto de indicativo

había brotado	habíamos brotado
habías brotado	habíais brotado
había brotado	habían brotado

B

pretérito

broté	brotamos
brotaste	brotasteis
brotó	brotaron

pretérito anterior

hube brotado	hubimos brotado
hubiste brotado	hubisteis brotado
hubo brotado	hubieron brotado

futuro

brotaré	brotaremos
brotarás	brotaréis
brotará	brotarán

futuro perfecto

habré brotado	habremos brotado
habrás brotado	habréis brotado
habrá brotado	habrán brotado

condicional simple

brotaría	brotaríamos
brotarías	brotaríais
brotaría	brotarían

condicional compuesto

habría brotado	habríamos brotado
habrías brotado	habríais brotado
habría brotado	habrían brotado

presente de subjuntivo

brote	brotemos
brotes	brotéis
brote	broten

perfecto de subjuntivo

haya brotado	hayamos brotado
hayas brotado	hayáis brotado
haya brotado	hayan brotado

imperfecto de subjuntivo

brotara	brotáramos
brotaras	brotarais
brotara	brotaran
OR	
brotase	brotásemos
brotases	brotaseis
brotase	brotasen

pluscuamperfecto de subjuntivo

hubiera brotado	hubiéramos brotado
hubieras brotado	hubierais brotado
hubiera brotado	hubieran brotado
OR	
hubiese brotado	hubiésemos brotado
hubieses brotado	hubieseis brotado
hubiese brotado	hubiesen brotado

imperativo

—	brotemos
brota; no brotes	brotad; no brotéis
brote	broten

gerundio **bullendo**   participio de pasado **bullido**

SINGULAR	PLURAL	SINGULAR	PLURAL

presente de indicativo

bull**o**	bull**imos**		
bull**es**	bull**ís**		
bull**e**	bull**en**		

perfecto de indicativo

he bullido	**hemos** bullido		
has bullido	**habéis** bullido		
ha bullido	**han** bullido		

imperfecto de indicativo

bull**ía**	bull**íamos**
bull**ías**	bull**íais**
bull**ía**	bull**ían**

pluscuamperfecto de indicativo

había bullido	**habíamos** bullido
habías bullido	**habíais** bullido
había bullido	**habían** bullido

pretérito

bull**í**	bull**imos**
bull**iste**	bull**isteis**
bull**ó**	bull**eron**

pretérito anterior

hube bullido	**hubimos** bullido
hubiste bullido	**hubisteis** bullido
hubo bullido	**hubieron** bullido

futuro

bull**iré**	bull**iremos**
bull**irás**	bull**iréis**
bull**irá**	bull**irán**

futuro perfecto

habré bullido	**habremos** bullido
habrás bullido	**habréis** bullido
habrá bullido	**habrán** bullido

condicional simple

bull**iría**	bull**iríamos**
bull**irías**	bull**iríais**
bull**iría**	bull**irían**

condicional compuesto

habría bullido	**habríamos** bullido
habrías bullido	**habríais** bullido
habría bullido	**habrían** bullido

presente de subjuntivo

bull**a**	bull**amos**
bull**as**	bull**áis**
bull**a**	bull**an**

perfecto de subjuntivo

haya bullido	**hayamos** bullido
hayas bullido	**hayáis** bullido
haya bullido	**hayan** bullido

imperfecto de subjuntivo

bull**era**	bull**éramos**
bull**eras**	bull**erais**
bull**era**	bull**eran**
OR	
bull**ese**	bull**ésemos**
bull**eses**	bull**eseis**
bull**ese**	bull**esen**

pluscuamperfecto de subjuntivo

hubiera bullido	**hubiéramos** bullido
hubieras bullido	**hubierais** bullido
hubiera bullido	**hubieran** bullido
OR	
hubiese bullido	**hubiésemos** bullido
hubieses bullido	**hubieseis** bullido
hubiese bullido	**hubiesen** bullido

imperativo

—	bull**amos**
bull**e**; no bull**as**	bull**id**; no bull**áis**
bull**a**	bull**an**

gerundio **burlándose**   participio de pasado   **burlado**

SINGULAR	PLURAL	SINGULAR	PLURAL

presente de indicativo

me burl**o**	nos burl**amos**
te burl**as**	os burl**áis**
se burl**a**	se burl**an**

perfecto de indicativo

me he burlado	**nos hemos** burlado
te has burlado	**os habéis** burlado
se ha burlado	**se han** burlado

imperfecto de indicativo

me burl**aba**	nos burl**ábamos**
te burl**abas**	os burl**abais**
se burl**aba**	se burl**aban**

pluscuamperfecto de indicativo

me había burlado	**nos habíamos** burlado
te habías burlado	**os habíais** burlado
se había burlado	**se habían** burlado

B

pretérito

me burl**é**	nos burl**amos**
te burl**aste**	os burl**asteis**
se burl**ó**	se burl**aron**

pretérito anterior

me hube burlado	**nos hubimos** burlado
te hubiste burlado	**os hubisteis** burlado
se hubo burlado	**se hubieron** burlado

futuro

me burlar**é**	nos burlar**emos**
te burlar**ás**	os burlar**éis**
se burlar**á**	se burlar**án**

futuro perfecto

me habré burlado	**nos habremos** burlado
te habrás burlado	**os habréis** burlado
se habrá burlado	**se habrán** burlado

condicional simple

me burlar**ía**	nos burlar**íamos**
te burlar**ías**	os burlar**íais**
se burlar**ía**	se burlar**ían**

condicional compuesto

me habría burlado	**nos habríamos** burlado
te habrías burlado	**os habríais** burlado
se habría burlado	**se habrían** burlado

presente de subjuntivo

me burl**e**	nos burl**emos**
te burl**es**	os burl**éis**
se burl**e**	se burl**en**

perfecto de subjuntivo

me haya burlado	**nos hayamos** burlado
te hayas burlado	**os hayáis** burlado
se haya burlado	**se hayan** burlado

imperfecto de subjuntivo

me burl**ara**	nos burl**áramos**
te burl**aras**	os burl**arais**
se burl**ara**	se burl**aran**
OR	
me burl**ase**	nos burl**ásemos**
te burl**ases**	os burl**aseis**
se burl**ase**	se burl**asen**

pluscuamperfecto de subjuntivo

me hubiera burlado	**nos hubiéramos** burlado
te hubieras burlado	**os hubierais** burlado
se hubiera burlado	**se hubieran** burlado
OR	
me hubiese burlado	**nos hubiésemos** burlado
te hubieses burlado	**os hubieseis** burlado
se hubiese burlado	**se hubiesen** burlado

imperativo

—	burlémonos
búrlate; no te burles	burlaos; no os burléis
búrlese	búrlense

gerundio buscando   **participio de pasado** buscado

SINGULAR	PLURAL	SINGULAR	PLURAL

presente de indicativo

		perfecto de indicativo	
busco	buscamos	he buscado	hemos buscado
buscas	buscáis	has buscado	habéis buscado
busca	buscan	ha buscado	han buscado

imperfecto de indicativo / **pluscuamperfecto de indicativo**

buscaba	buscábamos	había buscado	habíamos buscado
buscabas	buscabais	habías buscado	habíais buscado
buscaba	buscaban	había buscado	habían buscado

pretérito / **pretérito anterior**

busqué	buscamos	hube buscado	hubimos buscado
buscaste	buscasteis	hubiste buscado	hubisteis buscado
buscó	buscaron	hubo buscado	hubieron buscado

futuro / **futuro perfecto**

buscaré	buscaremos	habré buscado	habremos buscado
buscarás	buscaréis	habrás buscado	habréis buscado
buscará	buscarán	habrá buscado	habrán buscado

condicional simple / **condicional compuesto**

buscaría	buscaríamos	habría buscado	habríamos buscado
buscarías	buscaríais	habrías buscado	habríais buscado
buscaría	buscarían	habría buscado	habrían buscado

presente de subjuntivo / **perfecto de subjuntivo**

busque	busquemos	haya buscado	hayamos buscado
busques	busquéis	hayas buscado	hayáis buscado
busque	busquen	haya buscado	hayan buscado

imperfecto de subjuntivo / **pluscuamperfecto de subjuntivo**

buscara	buscáramos	hubiera buscado	hubiéramos buscado
buscaras	buscarais	hubieras buscado	hubierais buscado
buscara	buscaran	hubiera buscado	hubieran buscado
OR		OR	
buscase	buscásemos	hubiese buscado	hubiésemos buscado
buscases	buscaseis	hubieses buscado	hubieseis buscado
buscase	buscasen	hubiese buscado	hubiesen buscado

imperativo

—	busquemos
busca; no busques	buscad; no busquéis
busque	busquen

gerundio **cabiendo**   participio de pasado **cabido**

SINGULAR	PLURAL	SINGULAR	PLURAL

presente de indicativo

		perfecto de indicativo	
quepo	cabemos	**he** cabido	**hemos** cabido
cabes	cabéis	**has** cabido	**habéis** cabido
cabe	caben	**ha** cabido	**han** cabido

imperfecto de indicativo

		pluscuamperfecto de indicativo	
cabía	cabíamos	**había** cabido	**habíamos** cabido
cabías	cabíais	**habías** cabido	**habíais** cabido
cabía	cabían	**había** cabido	**habían** cabido

C

pretérito

		pretérito anterior	
cupe	cupimos	**hube** cabido	**hubimos** cabido
cupiste	cupisteis	**hubiste** cabido	**hubisteis** cabido
cupo	cupieron	**hubo** cabido	**hubieron** cabido

futuro

		futuro perfecto	
cabré	cabremos	**habré** cabido	**habremos** cabido
cabrás	cabréis	**habrás** cabido	**habréis** cabido
cabrá	cabrán	**habrá** cabido	**habrán** cabido

condicional simple

		condicional compuesto	
cabría	cabríamos	**habría** cabido	**habríamos** cabido
cabrías	cabríais	**habrías** cabido	**habríais** cabido
cabría	cabrían	**habría** cabido	**habrían** cabido

presente de subjuntivo

		perfecto de subjuntivo	
quepa	quepamos	**haya** cabido	**hayamos** cabido
quepas	quepáis	**hayas** cabido	**hayáis** cabido
quepa	quepan	**haya** cabido	**hayan** cabido

imperfecto de subjuntivo

		pluscuamperfecto de subjuntivo	
cupiera	cupiéramos	**hubiera** cabido	**hubiéramos** cabido
cupieras	cupierais	**hubieras** cabido	**hubierais** cabido
cupiera	cupieran	**hubiera** cabido	**hubieran** cabido
OR		OR	
cupiese	cupiésemos	**hubiese** cabido	**hubiésemos** cabido
cupieses	cupieseis	**hubieses** cabido	**hubieseis** cabido
cupiese	cupiesen	**hubiese** cabido	**hubiesen** cabido

imperativo

—	quepamos
cabe; no quepas	cabed; no quepáis
quepa	quepan

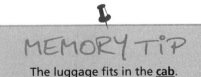

MEMORY TIP

The luggage fits in the **cab**.

gerundio cayendo   **participio de pasado** caído

SINGULAR	PLURAL	SINGULAR	PLURAL

presente de indicativo

caigo	caemos
caes	caéis
cae	caen

perfecto de indicativo

he caído	hemos caído
has caído	habéis caído
ha caído	han caído

imperfecto de indicativo

caía	caíamos
caías	caíais
caía	caían

pluscuamperfecto de indicativo

había caído	habíamos caído
habías caído	habíais caído
había caído	habían caído

pretérito

caí	caímos
caíste	caísteis
cayó	cayeron

pretérito anterior

hube caído	hubimos caído
hubiste caído	hubisteis caído
hubo caído	hubieron caído

futuro

caeré	caeremos
caerás	caeréis
caerá	caerán

futuro perfecto

habré caído	habremos caído
habrás caído	habréis caído
habrá caído	habrán caído

condicional simple

caería	caeríamos
caerías	caeríais
caería	caerían

condicional compuesto

habría caído	habríamos caído
habrías caído	habríais caído
habría caído	habrían caído

presente de subjuntivo

caiga	caigamos
caigas	caigáis
caiga	caigan

perfecto de subjuntivo

haya caído	hayamos caído
hayas caído	hayáis caído
haya caído	hayan caído

imperfecto de subjuntivo

cayera	cayéramos
cayeras	cayerais
cayera	cayeran
OR	
cayese	cayésemos
cayeses	cayeseis
cayese	cayesen

pluscuamperfecto de subjuntivo

hubiera caído	hubiéramos caído
hubieras caído	hubierais caído
hubiera caído	hubieran caído
OR	
hubiese caído	hubiésemos caído
hubieses caído	hubieseis caído
hubiese caído	hubiesen caído

imperativo

—	caigamos
cae; no caigas	caed; no caigáis
caiga	caigan

MUST KNOW VERB

gerundio **cayéndose**   participio de pasado **caído**

SINGULAR	PLURAL	SINGULAR	PLURAL

presente de indicativo

me caig**o**	nos ca**emos**
te ca**es**	os ca**éis**
se ca**e**	se ca**en**

perfecto de indicativo

me he caído	**nos hemos** caído
te has caído	**os habéis** caído
se ha caído	**se han** caído

imperfecto de indicativo

me ca**ía**	nos ca**íamos**
te ca**ías**	os ca**íais**
se ca**ía**	se ca**ían**

pluscuamperfecto de indicativo

me había caído	**nos habíamos** caído
te habías caído	**os habíais** caído
se había caído	**se habían** caído

C

pretérito

me ca**í**	nos ca**ímos**
te ca**íste**	os ca**ísteis**
se ca**yó**	se ca**yeron**

pretérito anterior

me hube caído	**nos hubimos** caído
te hubiste caído	**os hubisteis** caído
se hubo caído	**se hubieron** caído

futuro

me caer**é**	nos caer**emos**
te caer**ás**	os caer**éis**
se caer**á**	se caer**án**

futuro perfecto

me habré caído	**nos habremos** caído
te habrás caído	**os habréis** caído
se habrá caído	**se habrán** caído

condicional simple

me caer**ía**	nos caer**íamos**
te caer**ías**	os caer**íais**
se caer**ía**	se caer**ían**

condicional compuesto

me habría caído	**nos habríamos** caído
te habrías caído	**os habríais** caído
se habría caído	**se habrían** caído

presente de subjuntivo

me caig**a**	nos caig**amos**
te caig**as**	os caig**áis**
se caig**a**	se caig**an**

perfecto de subjuntivo

me haya caído	**nos hayamos** caído
te hayas caído	**os hayáis** caído
se haya caído	**se hayan** caído

imperfecto de subjuntivo

me cayer**a**	nos cayér**amos**
te cayer**as**	os cayer**ais**
se cayer**a**	se cayer**an**
OR	
me cayes**e**	nos cayés**emos**
te cayes**es**	os cayes**eis**
se cayes**e**	se cayes**en**

pluscuamperfecto de subjuntivo

me hubiera caído	**nos hubiéramos** caído
te hubieras caído	**os hubierais** caído
se hubiera caído	**se hubieran** caído
OR	
me hubiese caído	**nos hubiésemos** caído
te hubieses caído	**os hubieseis** caído
se hubiese caído	**se hubiesen** caído

imperativo

—	caigámonos
cáete; no te caigas	caeos; no os caigáis
caígase	caíganse

MUST KNOW VERB

gerundio **calentando**   participio de pasado **calentado**

SINGULAR	PLURAL	SINGULAR	PLURAL

presente de indicativo

calient**o**	calent**amos**
calient**as**	calent**áis**
calient**a**	calient**an**

perfecto de indicativo

he calentado	**hemos** calentado
has calentado	**habéis** calentado
ha calentado	**han** calentado

imperfecto de indicativo

calent**aba**	calent**ábamos**
calent**abas**	calent**abais**
calent**aba**	calent**aban**

pluscuamperfecto de indicativo

había calentado	**habíamos** calentado
habías calentado	**habíais** calentado
había calentado	**habían** calentado

pretérito

calent**é**	calent**amos**
calent**aste**	calent**asteis**
calent**ó**	calent**aron**

pretérito anterior

hube calentado	**hubimos** calentado
hubiste calentado	**hubisteis** calentado
hubo calentado	**hubieron** calentado

futuro

calentar**é**	calentar**emos**
calentar**ás**	calentar**éis**
calentar**á**	calentar**án**

futuro perfecto

habré calentado	**habremos** calentado
habrás calentado	**habréis** calentado
habrá calentado	**habrán** calentado

condicional simple

calentar**ía**	calentar**íamos**
calentar**ías**	calentar**íais**
calentar**ía**	calentar**ían**

condicional compuesto

habría calentado	**habríamos** calentado
habrías calentado	**habríais** calentado
habría calentado	**habrían** calentado

presente de subjuntivo

calient**e**	calent**emos**
calient**es**	calent**éis**
calient**e**	calient**en**

perfecto de subjuntivo

haya calentado	**hayamos** calentado
hayas calentado	**hayáis** calentado
haya calentado	**hayan** calentado

imperfecto de subjuntivo

calent**ara**	calent**áramos**
calent**aras**	calent**arais**
calent**ara**	calent**aran**
OR	
calent**ase**	calent**ásemos**
calent**ases**	calent**aseis**
calent**ase**	calent**asen**

pluscuamperfecto de subjuntivo

hubiera calentado	**hubiéramos** calentado
hubieras calentado	**hubierais** calentado
hubiera calentado	**hubieran** calentado
OR	
hubiese calentado	**hubiésemos** calentado
hubieses calentado	**hubieseis** calentado
hubiese calentado	**hubiesen** calentado

imperativo

—	calent**emos**
calient**a**; no calient**es**	calent**ad**; no calent**éis**
calient**e**	calient**en**

to be silent, to be quiet

gerundio callándose   **participio de pasado** callado

SINGULAR	PLURAL	SINGULAR	PLURAL

presente de indicativo

me call**o**	nos call**amos**	
te call**as**	os call**áis**	
se call**a**	se call**an**	

perfecto de indicativo

me he callado	**nos hemos** callado
te has callado	**os habéis** callado
se ha callado	**se han** callado

imperfecto de indicativo

me call**aba**	nos call**ábamos**
te call**abas**	os call**abais**
se call**aba**	se call**aban**

pluscuamperfecto de indicativo

me había callado	**nos habíamos** callado
te habías callado	**os habíais** callado
se había callado	**se habían** callado

C

pretérito

me call**é**	nos call**amos**
te call**aste**	os call**asteis**
se call**ó**	se call**aron**

pretérito anterior

me hube callado	**nos hubimos** callado
te hubiste callado	**os hubisteis** callado
se hubo callado	**se hubieron** callado

futuro

me callar**é**	nos callar**emos**
te callar**ás**	os callar**éis**
se callar**á**	se callar**án**

futuro perfecto

me habré callado	**nos habremos** callado
te habrás callado	**os habréis** callado
se habrá callado	**se habrán** callado

condicional simple

me callar**ía**	nos callar**íamos**
te callar**ías**	os callar**íais**
se callar**ía**	se callar**ían**

condicional compuesto

me habría callado	**nos habríamos** callado
te habrías callado	**os habríais** callado
se habría callado	**se habrían** callado

presente de subjuntivo

me call**e**	nos call**emos**
te call**es**	os call**éis**
se call**e**	se call**en**

perfecto de subjuntivo

me haya callado	**nos hayamos** callado
te hayas callado	**os hayáis** callado
se haya callado	**se hayan** callado

imperfecto de subjuntivo

me call**ara**	nos call**áramos**
te call**aras**	os call**arais**
se call**ara**	se call**aran**
OR	
me call**ase**	nos call**ásemos**
te call**ases**	os call**aseis**
se call**ase**	se call**asen**

pluscuamperfecto de subjuntivo

me hubiera callado	**nos hubiéramos** callado
te hubieras callado	**os hubierais** callado
se hubiera callado	**se hubieran** callado
OR	
me hubiese callado	**nos hubiésemos** callado
te hubieses callado	**os hubieseis** callado
se hubiese callado	**se hubiesen** callado

imperativo

—	callémonos;
	no nos callemos
cállate; no te calles	callaos; no os calléis
cállese; no se calle	cállense; no se callen

MUST KNOW VERB

189

SINGULAR	PLURAL	SINGULAR	PLURAL

presente de indicativo

		perfecto de indicativo	
calzo	calzamos	he calzado	hemos calzado
calzas	calzáis	has calzado	habéis calzado
calza	calzan	ha calzado	han calzado

imperfecto de indicativo

		pluscuamperfecto de indicativo	
calzaba	calzábamos	había calzado	habíamos calzado
calzabas	calzabais	habías calzado	habíais calzado
calzaba	calzaban	había calzado	habían calzado

pretérito

		pretérito anterior	
calcé	calzamos	hube calzado	hubimos calzado
calzaste	calzasteis	hubiste calzado	hubisteis calzado
calzó	calzaron	hubo calzado	hubieron calzado

futuro

		futuro perfecto	
calzaré	calzaremos	habré calzado	habremos calzado
calzarás	calzaréis	habrás calzado	habréis calzado
calzará	calzarán	habrá calzado	habrán calzado

condicional simple

		condicional compuesto	
calzaría	calzaríamos	habría calzado	habríamos calzado
calzarías	calzaríais	habrías calzado	habríais calzado
calzaría	calzarían	habría calzado	habrían calzado

presente de subjuntivo

		perfecto de subjuntivo	
calce	calcemos	haya calzado	hayamos calzado
calces	calcéis	hayas calzado	hayáis calzado
calce	calcen	haya calzado	hayan calzado

imperfecto de subjuntivo

		pluscuamperfecto de subjuntivo	
calzara	calzáramos	hubiera calzado	hubiéramos calzado
calzaras	calzarais	hubieras calzado	hubierais calzado
calzara	calzaran	hubiera calzado	hubieran calzado
OR		OR	
calzase	calzásemos	hubiese calzado	hubiésemos calzado
calzases	calzaseis	hubieses calzado	hubieseis calzado
calzase	calzasen	hubiese calzado	hubiesen calzado

imperativo

—	calcemos
calza; no calces	calzad; no calcéis
calce	calcen

to change

cambiar

SINGULAR	PLURAL	SINGULAR	PLURAL

presente de indicativo

cambio	cambiamos
cambias	cambiáis
cambia	cambian

perfecto de indicativo

he cambiado	**hemos** cambiado
has cambiado	**habéis** cambiado
ha cambiado	**han** cambiado

imperfecto de indicativo

cambiaba	cambiábamos
cambiabas	cambiabais
cambiaba	cambiaban

pluscuamperfecto de indicativo

había cambiado	**habíamos** cambiado
habías cambiado	**habíais** cambiado
había cambiado	**habían** cambiado

C

pretérito

cambié	cambiamos
cambiaste	cambiasteis
cambió	cambiaron

pretérito anterior

hube cambiado	**hubimos** cambiado
hubiste cambiado	**hubisteis** cambiado
hubo cambiado	**hubieron** cambiado

futuro

cambiaré	cambiaremos
cambiarás	cambiaréis
cambiará	cambiarán

futuro perfecto

habré cambiado	**habremos** cambiado
habrás cambiado	**habréis** cambiado
habrá cambiado	**habrán** cambiado

condicional simple

cambiaría	cambiaríamos
cambiarías	cambiaríais
cambiaría	cambiarían

condicional compuesto

habría cambiado	**habríamos** cambiado
habrías cambiado	**habríais** cambiado
habría cambiado	**habrían** cambiado

presente de subjuntivo

cambie	cambiemos
cambies	cambiéis
cambie	cambien

perfecto de subjuntivo

haya cambiado	**hayamos** cambiado
hayas cambiado	**hayáis** cambiado
haya cambiado	**hayan** cambiado

imperfecto de subjuntivo

cambiara	cambiáramos
cambiaras	cambiarais
cambiara	cambiaran
OR	
cambiase	cambiásemos
cambiases	cambiaseis
cambiase	cambiasen

pluscuamperfecto de subjuntivo

hubiera cambiado	**hubiéramos** cambiado
hubieras cambiado	**hubierais** cambiado
hubiera cambiado	**hubieran** cambiado
OR	
hubiese cambiado	**hubiésemos** cambiado
hubieses cambiado	**hubieseis** cambiado
hubiese cambiado	**hubiesen** cambiado

imperativo

—	cambiemos
cambia; no cambies	cambiad; no cambiéis
cambie	cambien

MEMORY TiP

I change the **combina**tion on my lock.

gerundio **caminando**　　　　participio de pasado **caminado**

SINGULAR	PLURAL	SINGULAR	PLURAL

presente de indicativo

camin**o**	camin**amos**	
camin**as**	camin**áis**	
camin**a**	camin**an**	

perfecto de indicativo

he caminado	**hemos** caminado
has caminado	**habéis** caminado
ha caminado	**han** caminado

imperfecto de indicativo

camin**aba**	camin**ábamos**
camin**abas**	camin**abais**
camin**aba**	camin**aban**

pluscuamperfecto de indicativo

había caminado	**habíamos** caminado
habías caminado	**habíais** caminado
había caminado	**habían** caminado

pretérito

camin**é**	camin**amos**
camin**aste**	camin**asteis**
camin**ó**	camin**aron**

pretérito anterior

hube caminado	**hubimos** caminado
hubiste caminado	**hubisteis** caminado
hubo caminado	**hubieron** caminado

futuro

caminar**é**	caminar**emos**
caminar**ás**	caminar**éis**
caminar**á**	caminar**án**

futuro perfecto

habré caminado	**habremos** caminado
habrás caminado	**habréis** caminado
habrá caminado	**habrán** caminado

condicional simple

caminar**ía**	caminar**íamos**
caminar**ías**	caminar**íais**
caminar**ía**	caminar**ían**

condicional compuesto

habría caminado	**habríamos** caminado
habrías caminado	**habríais** caminado
habría caminado	**habrían** caminado

presente de subjuntivo

camin**e**	camin**emos**
camin**es**	camin**éis**
camin**e**	camin**en**

perfecto de subjuntivo

haya caminado	**hayamos** caminado
hayas caminado	**hayáis** caminado
haya caminado	**hayan** caminado

imperfecto de subjuntivo

camin**ara**	camin**áramos**
camin**aras**	camin**arais**
camin**ara**	camin**aran**
OR	
camin**ase**	camin**ásemos**
camin**ases**	camin**aseis**
camin**ase**	camin**asen**

pluscuamperfecto de subjuntivo

hubiera caminado	**hubiéramos** caminado
hubieras caminado	**hubierais** caminado
hubiera caminado	**hubieran** caminado
OR	
hubiese caminado	**hubiésemos** caminado
hubieses caminado	**hubieseis** caminado
hubiese caminado	**hubiesen** caminado

imperativo

—	camin**emos**
camin**a**; no camin**es**	camin**ad**; no camin**éis**
camin**e**	camin**en**

MUST KNOW VERB

to become tired

gerundio cansándose   **participio de pasado** cansado

SINGULAR	PLURAL	SINGULAR	PLURAL

presente de indicativo
me cans**o**	nos cans**amos**
te cans**as**	os cans**áis**
se cans**a**	se cans**an**

perfecto de indicativo
me he cansado	nos hemos cansado
te has cansado	os habéis cansado
se ha cansado	se han cansado

imperfecto de indicativo
me cans**aba**	nos cans**ábamos**
te cans**abas**	os cans**abais**
se cans**aba**	se cans**aban**

pluscuamperfecto de indicativo
me había cansado	nos habíamos cansado
te habías cansado	os habíais cansado
se había cansado	se habían cansado

C

pretérito
me cans**é**	nos cans**amos**
te cans**aste**	os cans**asteis**
se cans**ó**	se cans**aron**

pretérito anterior
me hube cansado	nos hubimos cansado
te hubiste cansado	os hubisteis cansado
se hubo cansado	se hubieron cansado

futuro
me cansar**é**	nos cansar**emos**
te cansar**ás**	os cansar**éis**
se cansar**á**	se cansar**án**

futuro perfecto
me habré cansado	nos habremos cansado
te habrás cansado	os habréis cansado
se habrá cansado	se habrán cansado

condicional simple
me cansar**ía**	nos cansar**íamos**
te cansar**ías**	os cansar**íais**
se cansar**ía**	se cansar**ían**

condicional compuesto
me habría cansado	nos habríamos cansado
te habrías cansado	os habríais cansado
se habría cansado	se habrían cansado

presente de subjuntivo
me cans**e**	nos cans**emos**
te cans**es**	os cans**éis**
se cans**e**	se cans**en**

perfecto de subjuntivo
me haya cansado	nos hayamos cansado
te hayas cansado	os hayáis cansado
se haya cansado	se hayan cansado

imperfecto de subjuntivo
me cansar**a**	nos cansár**amos**
te cansar**as**	os cansar**ais**
se cansar**a**	se cansar**an**
OR	
me cansas**e**	nos cansás**emos**
te cansas**es**	os cansas**eis**
se cansas**e**	se cansas**en**

pluscuamperfecto de subjuntivo
me hubiera cansado	nos hubiéramos cansado
te hubieras cansado	os hubierais cansado
se hubiera cansado	se hubieran cansado
OR	
me hubiese cansado	nos hubiésemos cansado
te hubieses cansado	os hubieseis cansado
se hubiese cansado	se hubiesen cansado

imperativo
—	cansémonos;
	no nos cansemos
cánsate; no te canses	cansaos; no os canséis
cánsese;	cánsense;
no se canse	no se cansen

cantar
to sing

SINGULAR	PLURAL	SINGULAR	PLURAL

presente de indicativo

cant**o**	cant**amos**
cant**as**	cant**áis**
cant**a**	cant**an**

perfecto de indicativo

he cantado	**hemos** cantado
has cantado	**habéis** cantado
ha cantado	**han** cantado

imperfecto de indicativo

cant**aba**	cant**ábamos**
cant**abas**	cant**abais**
cant**aba**	cant**aban**

pluscuamperfecto de indicativo

había cantado	**habíamos** cantado
habías cantado	**habíais** cantado
había cantado	**habían** cantado

pretérito

cant**é**	cant**amos**
cant**aste**	cant**asteis**
cant**ó**	cant**aron**

pretérito anterior

hube cantado	**hubimos** cantado
hubiste cantado	**hubisteis** cantado
hubo cantado	**hubieron** cantado

futuro

cantar**é**	cantar**emos**
cantar**ás**	cantar**éis**
cantar**á**	cantar**án**

futuro perfecto

habré cantado	**habremos** cantado
habrás cantado	**habréis** cantado
habrá cantado	**habrán** cantado

condicional simple

cantar**ía**	cantar**íamos**
cantar**ías**	cantar**íais**
cantar**ía**	cantar**ían**

condicional compuesto

habría cantado	**habríamos** cantado
habrías cantado	**habríais** cantado
habría cantado	**habrían** cantado

presente de subjuntivo

cant**e**	cant**emos**
cant**es**	cant**éis**
cant**e**	cant**en**

perfecto de subjuntivo

haya cantado	**hayamos** cantado
hayas cantado	**hayáis** cantado
haya cantado	**hayan** cantado

imperfecto de subjuntivo

cant**ara**	cant**áramos**
cant**aras**	cant**arais**
cant**ara**	cant**aran**
OR	
cant**ase**	cant**ásemos**
cant**ases**	cant**aseis**
cant**ase**	cant**asen**

pluscuamperfecto de subjuntivo

hubiera cantado	**hubiéramos** cantado
hubieras cantado	**hubierais** cantado
hubiera cantado	**hubieran** cantado
OR	
hubiese cantado	**hubiésemos** cantado
hubieses cantado	**hubieseis** cantado
hubiese cantado	**hubiesen** cantado

imperativo

—	cant**emos**
cant**a**; no cant**es**	cant**ad**; no cant**éis**
cant**e**	cant**en**

MEMORY TIP

I **can't** sing at all!

gerundio **caracterizando** participio de pasado **caracterizado**

SINGULAR	PLURAL	SINGULAR	PLURAL

presente de indicativo

		perfecto de indicativo	
caracteriz**o**	caracteriz**amos**	**he** caracterizado	**hemos** caracterizado
caracteriz**as**	caracteriz**áis**	**has** caracterizado	**habéis** caracterizado
caracteriz**a**	caracteriz**an**	**ha** caracterizado	**han** caracterizado

imperfecto de indicativo

		pluscuamperfecto de indicativo	
caracteriz**aba**	caracteriz**ábamos**	**había** caracterizado	**habíamos** caracterizado
caracteriz**abas**	caracteriz**abais**	**habías** caracterizado	**habíais** caracterizado
caracteriz**aba**	caracteriz**aban**	**había** caracterizado	**habían** caracterizado

pretérito

		pretérito anterior	
caracteric**é**	caracteriz**amos**	**hube** caracterizado	**hubimos** caracterizado
caracteriz**aste**	caracteriz**asteis**	**hubiste** caracterizado	**hubisteis** caracterizado
caracteriz**ó**	caracteriz**aron**	**hubo** caracterizado	**hubieron** caracterizado

futuro

		futuro perfecto	
caracterizar**é**	caracterizar**emos**	**habré** caracterizado	**habremos** caracterizado
caracterizar**ás**	caracterizar**éis**	**habrás** caracterizado	**habréis** caracterizado
caracterizar**á**	caracterizar**án**	**habrá** caracterizado	**habrán** caracterizado

condicional simple

		condicional compuesto	
caracterizar**ía**	caracterizar**íamos**	**habría** caracterizado	**habríamos** caracterizado
caracterizar**ías**	caracterizar**íais**	**habrías** caracterizado	**habríais** caracterizado
caracterizar**ía**	caracterizar**ían**	**habría** caracterizado	**habrían** caracterizado

presente de subjuntivo

		perfecto de subjuntivo	
caracteric**e**	caracteric**emos**	**haya** caracterizado	**hayamos** caracterizado
caracteric**es**	caracteric**éis**	**hayas** caracterizado	**hayáis** caracterizado
caracteric**e**	caracteric**en**	**haya** caracterizado	**hayan** caracterizado

imperfecto de subjuntivo

		pluscuamperfecto de subjuntivo	
caracteriz**ara**	caracteriz**áramos**	**hubiera** caracterizado	**hubiéramos** caracterizado
caracteriz**aras**	caracteriz**arais**	**hubieras** caracterizado	**hubierais** caracterizado
caracteriz**ara**	caracteriz**aran**	**hubiera** caracterizado	**hubieran** caracterizado
OR		OR	
caracteriz**ase**	caracteriz**ásemos**	**hubiese** caracterizado	**hubiésemos** caracterizado
caracteriz**ases**	caracteriz**aseis**	**hubieses** caracterizado	**hubieseis** caracterizado
caracteriz**ase**	caracteriz**asen**	**hubiese** caracterizado	**hubiesen** caracterizado

imperativo

—	caracteric**emos**
caracteriz**a**;	caracteriz**ad**;
no caracteric**es**	no caracteric**éis**
caracteric**e**	caracteric**en**

195

gerundio **careciendo**   participio de pasado **carecido**

SINGULAR	PLURAL	SINGULAR	PLURAL

presente de indicativo
carezc**o**	carec**emos**
carec**es**	carec**éis**
carec**e**	carec**en**

perfecto de indicativo
he carecido	**hemos** carecido
has carecido	**habéis** carecido
ha carecido	**han** carecido

imperfecto de indicativo
carec**ía**	carec**íamos**
carec**ías**	carec**íais**
carec**ía**	carec**ían**

pluscuamperfecto de indicativo
había carecido	**habíamos** carecido
habías carecido	**habíais** carecido
había carecido	**habían** carecido

pretérito
carec**í**	carec**imos**
carec**iste**	carec**isteis**
carec**ió**	carec**ieron**

pretérito anterior
hube carecido	**hubimos** carecido
hubiste carecido	**hubisteis** carecido
hubo carecido	**hubieron** carecido

futuro
carecer**é**	carecer**emos**
carecer**ás**	carecer**éis**
carecer**á**	carecer**án**

futuro perfecto
habré carecido	**habremos** carecido
habrás carecido	**habréis** carecido
habrá carecido	**habrán** carecido

condicional simple
carecer**ía**	carecer**íamos**
carecer**ías**	carecer**íais**
carecer**ía**	carecer**ían**

condicional compuesto
habría carecido	**habríamos** carecido
habrías carecido	**habríais** carecido
habría carecido	**habrían** carecido

presente de subjuntivo
carezc**a**	carezc**amos**
carezc**as**	carezc**áis**
carezc**a**	carezc**an**

perfecto de subjuntivo
haya carecido	**hayamos** carecido
hayas carecido	**hayáis** carecido
haya carecido	**hayan** carecido

imperfecto de subjuntivo
carec**iera**	carec**iéramos**
carec**ieras**	carec**ierais**
carec**iera**	carec**ieran**
OR	
carec**iese**	carec**iésemos**
carec**ieses**	carec**ieseis**
carec**iese**	carec**iesen**

pluscuamperfecto de subjuntivo
hubiera carecido	**hubiéramos** carecido
hubieras carecido	**hubierais** carecido
hubiera carecido	**hubieran** carecido
OR	
hubiese carecido	**hubiésemos** carecido
hubieses carecido	**hubieseis** carecido
hubiese carecido	**hubiesen** carecido

imperativo
—	carezc**amos**
carec**e**; no carezc**as**	carec**ed**; no carezc**áis**
carezc**a**	carezc**an**

to load, to carry

participio de pasado **cargado**

SINGULAR	PLURAL	SINGULAR	PLURAL

presente de indicativo
cargo	cargamos
cargas	cargáis
carga	cargan

perfecto de indicativo
he cargado	**hemos** cargado
has cargado	**habéis** cargado
ha cargado	**han** cargado

imperfecto de indicativo
cargaba	cargábamos
cargabas	cargabais
cargaba	cargaban

pluscuamperfecto de indicativo
había cargado	**habíamos** cargado
habías cargado	**habíais** cargado
había cargado	**habían** cargado

C

pretérito
cargué	cargamos
cargaste	cargasteis
cargó	cargaron

pretérito anterior
hube cargado	**hubimos** cargado
hubiste cargado	**hubisteis** cargado
hubo cargado	**hubieron** cargado

futuro
cargaré	cargaremos
cargarás	cargaréis
cargará	cargarán

futuro perfecto
habré cargado	**habremos** cargado
habrás cargado	**habréis** cargado
habrá cargado	**habrán** cargado

condicional simple
cargaría	cargaríamos
cargarías	cargaríais
cargaría	cargarían

condicional compuesto
habría cargado	**habríamos** cargado
habrías cargado	**habríais** cargado
habría cargado	**habrían** cargado

presente de subjuntivo
cargue	carguemos
cargues	carguéis
cargue	carguen

perfecto de subjuntivo
haya cargado	**hayamos** cargado
hayas cargado	**hayáis** cargado
haya cargado	**hayan** cargado

imperfecto de subjuntivo
cargara	cargáramos
cargaras	cargarais
cargara	cargaran
OR	
cargase	cargásemos
cargases	cargaseis
cargase	cargasen

pluscuamperfecto de subjuntivo
hubiera cargado	**hubiéramos** cargado
hubieras argado	**hubierais** cargado
hubiera argado	**hubieran** cargado
OR	
hubiese cargado	**hubiésemos** cargado
hubieses cargado	**hubieseis** cargado
hubiese argado	**hubiesen** argado

imperativo
—	carguemos
carga; no cargues	cargad; no carguéis
cargue	carguen

gerundio **casándose**   participio de pasado **casado**

SINGULAR	PLURAL	SINGULAR	PLURAL

presente de indicativo
me cas**o**	nos cas**amos**
te cas**as**	os cas**áis**
se cas**a**	se cas**an**

perfecto de indicativo
me he casado	**nos hemos** casado
te has casado	**os habéis** casado
se ha casado	**se han** casado

imperfecto de indicativo
me cas**aba**	nos cas**ábamos**
te cas**abas**	os cas**abais**
se cas**aba**	se cas**aban**

pluscuamperfecto de indicativo
me había casado	**nos habíamos** casado
te habías casado	**os habíais** casado
se había casado	**se habían** casado

pretérito
me cas**é**	nos cas**amos**
te cas**aste**	os cas**asteis**
se cas**ó**	se cas**aron**

pretérito anterior
me hube casado	**nos hubimos** casado
te hubiste casado	**os hubisteis** casado
se hubo casado	**se hubieron** casado

futuro
me casar**é**	nos casar**emos**
te casar**ás**	os casar**éis**
se casar**á**	se casar**án**

futuro perfecto
me habré casado	**nos habremos** casado
te habrás casado	**os habréis** casado
se habrá casado	**se habrán** casado

condicional simple
me casar**ía**	nos casar**íamos**
te casar**ías**	os casar**íais**
se casar**ía**	se casar**ían**

condicional compuesto
me habría casado	**nos habríamos** casado
te habrías casado	**os habríais** casado
se habría casado	**se habrían** casado

presente de subjuntivo
me cas**e**	nos cas**emos**
te cas**es**	os cas**éis**
se cas**e**	se cas**en**

perfecto de subjuntivo
me haya casado	**nos hayamos** casado
te hayas casado	**os hayáis** casado
se haya casado	**se hayan** casado

imperfecto de subjuntivo
me cas**ara**	nos cas**áramos**
te cas**aras**	os cas**arais**
se cas**ara**	se cas**aran**
OR	
me cas**ase**	nos cas**ásemos**
te cas**ases**	os cas**aseis**
se cas**ase**	se cas**asen**

pluscuamperfecto de subjuntivo
me hubiera casado	**nos hubiéramos** casado
te hubieras casado	**os hubierais** casado
se hubiera casado	**se hubieran** casado
OR	
me hubiese casado	**nos hubiésemos** casado
te hubieses casado	**os hubieseis** casado
se hubiese casado	**se hubiesen** casado

imperativo
—	casémonosno
	nos casemos
cásate; no te cases	casaos; no os caséis
cásese; no se case	cásense; no se casen

to blind

gerundio **cegando**   participio de pasado **cegado**

SINGULAR	PLURAL	SINGULAR	PLURAL

presente de indicativo

ciego	cegamos
ciegas	cegáis
ciega	ciegan

perfecto de indicativo

he cegado	hemos cegado
has cegado	habéis cegado
ha cegado	han cegado

imperfecto de indicativo

cegaba	cegábamos
cegabas	cegabais
cegaba	cegaban

pluscuamperfecto de indicativo

había cegado	habíamos cegado
habías cegado	habíais cegado
había cegado	habían cegado

pretérito

cegué	cegamos
cegaste	cegasteis
cegó	cegaron

pretérito anterior

hube cegado	hubimos cegado
hubiste cegado	hubisteis cegado
hubo cegado	hubieron cegado

futuro

cegaré	cegaremos
cegarás	cegaréis
cegará	cegarán

futuro perfecto

habré cegado	habremos cegado
habrás cegado	habréis cegado
habrá cegado	habrán cegado

condicional simple

cegaría	cegaríamos
cegarías	cegaríais
cegaría	cegarían

condicional compuesto

habría cegado	habríamos cegado
habrías cegado	habríais cegado
habría cegado	habrían cegado

presente de subjuntivo

ciegue	ceguemos
ciegues	ceguéis
ciegue	cieguen

perfecto de subjuntivo

haya cegado	hayamos cegado
hayas cegado	hayáis cegado
haya cegado	hayan cegado

imperfecto de subjuntivo

cegara	cegáramos
cegaras	cegarais
cegara	cegaran
OR	
cegase	cegásemos
cegases	cegaseis
cegase	cegasen

pluscuamperfecto de subjuntivo

hubiera cegado	hubiéramos cegado
hubieras cegado	hubierais cegado
hubiera cegado	hubieran cegado
OR	
hubiese cegado	hubiésemos cegado
hubieses cegado	hubieseis cegado
hubiese cegado	hubiesen cegado

imperativo

—	ceguemos
ciega; no ciegues	cegad; no ceguéis
ciegue	cieguen

199

celebrar

to celebrate

SINGULAR	PLURAL	SINGULAR	PLURAL

presente de indicativo

celebro	celebramos	
celebras	celebráis	
celebra	celebran	

perfecto de indicativo

he celebrado	hemos celebrado
has celebrado	habéis celebrado
ha celebrado	han celebrado

imperfecto de indicativo

celebraba	celebrábamos
celebrabas	celebrabais
celebraba	celebraban

pluscuamperfecto de indicativo

había celebrado	habíamos celebrado
habías celebrado	habíais celebrado
había celebrado	habían celebrado

pretérito

celebré	celebramos
celebraste	celebrasteis
celebró	celebraron

pretérito anterior

hube celebrado	hubimos celebrado
hubiste celebrado	hubisteis celebrado
hubo celebrado	hubieron celebrado

futuro

celebraré	celebraremos
celebrarás	celebraréis
celebrará	celebrarán

futuro perfecto

habré celebrado	habremos celebrado
habrás celebrado	habréis celebrado
habrá celebrado	habrán celebrado

condicional simple

celebraría	celebraríamos
celebrarías	celebraríais
celebraría	celebrarían

condicional compuesto

habría celebrado	habríamos celebrado
habrías celebrado	habríais celebrado
habría celebrado	habrían celebrado

presente de subjuntivo

celebre	celebremos
celebres	celebréis
celebre	celebren

perfecto de subjuntivo

haya celebrado	hayamos celebrado
hayas celebrado	hayáis celebrado
haya celebrado	hayan celebrado

imperfecto de subjuntivo

celebrara	celebráramos
celebraras	celebrarais
celebrara	celebraran
OR	
celebrase	celebrásemos
celebrases	celebraseis
celebrase	celebrasen

pluscuamperfecto de subjuntivo

hubiera celebrado	hubiéramos celebrado
hubieras celebrado	hubierais celebrado
hubiera celebrado	hubieran celebrado
OR	
hubiese celebrado	hubiésemos celebrado
hubieses celebrado	hubieseis celebrado
hubiese celebrado	hubiesen celebrado

imperativo

—	celebremos
celebra; no celebres	celebrad; no celebréis
celebre	celebren

gerundio cenando | **participio de pasado** cenado

SINGULAR	PLURAL	SINGULAR	PLURAL

presente de indicativo

ceno	cenamos
cenas	cenáis
cena	cenan

perfecto de indicativo

he cenado	hemos cenado
has cenado	habéis cenado
ha cenado	han cenado

imperfecto de indicativo

cenaba	cenábamos
cenabas	cenabais
cenaba	cenaban

pluscuamperfecto de indicativo

había cenado	habíamos cenado
habías cenado	habíais cenado
había cenado	habían cenado

C

pretérito

cené	cenamos
cenaste	cenasteis
cenó	cenaron

pretérito anterior

hube cenado	hubimos cenado
hubiste cenado	hubisteis cenado
hubo cenado	hubieron cenado

futuro

cenaré	cenaremos
cenarás	cenaréis
cenará	cenarán

futuro perfecto

habré cenado	habremos cenado
habrás cenado	habréis cenado
habrá cenado	habrán cenado

condicional simple

cenaría	cenaríamos
cenarías	cenaríais
cenaría	cenarían

condicional compuesto

habría cenado	habríamos cenado
habrías cenado	habríais cenado
habría cenado	habrían cenado

presente de subjuntivo

cene	cenemos
cenes	cenéis
cene	cenen

perfecto de subjuntivo

haya cenado	hayamos cenado
hayas cenado	hayáis cenado
haya cenado	hayan cenado

imperfecto de subjuntivo

cenara	cenáramos
cenaras	cenarais
cenara	cenaran
OR	
cenase	cenásemos
cenases	cenaseis
cenase	cenasen

pluscuamperfecto de subjuntivo

hubiera cenado	hubiéramos cenado
hubieras cenado	hubierais cenado
hubiera cenado	hubieran cenado
OR	
hubiese cenado	hubiésemos cenado
hubieses cenado	hubieseis cenado
hubiese cenado	hubiesen cenado

imperativo

—	cenemos
cena; no cenes	cenad; no cenéis
cene	cenen

MUST KNOW VERB

to brush

gerundio cepillando   **participio de pasado** cepillado

SINGULAR	PLURAL	SINGULAR	PLURAL

presente de indicativo

cepillo	cepillamos	
cepillas	cepilláis	
cepilla	cepillan	

perfecto de indicativo

he cepillado	hemos cepillado
has cepillado	habéis cepillado
ha cepillado	han cepillado

imperfecto de indicativo

cepillaba	cepillábamos
cepillabas	cepillabais
cepillaba	cepillaban

pluscuamperfecto de indicativo

había cepillado	habíamos cepillado
habías cepillado	habíais cepillado
había cepillado	habían cepillado

pretérito

cepillé	cepillamos
cepillaste	cepillasteis
cepilló	cepillaron

pretérito anterior

hube cepillado	hubimos cepillado
hubiste cepillado	hubisteis cepillado
hubo cepillado	hubieron cepillado

futuro

cepillaré	cepillaremos
cepillarás	cepillaréis
cepillará	cepillarán

futuro perfecto

habré cepillado	habremos cepillado
habrás cepillado	habréis cepillado
habrá cepillado	habrán cepillado

condicional simple

cepillaría	cepillaríamos
cepillarías	cepillaríais
cepillaría	cepillarían

condicional compuesto

habría cepillado	habríamos cepillado
habrías cepillado	habríais cepillado
habría cepillado	habrían cepillado

presente de subjuntivo

cepille	cepillemos
cepilles	cepilléis
cepille	cepillen

perfecto de subjuntivo

haya cepillado	hayamos cepillado
hayas cepillado	hayáis cepillado
haya cepillado	hayan cepillado

imperfecto de subjuntivo

cepillara	cepilláramos
cepillaras	cepillarais
cepillara	cepillaran
OR	
cepillase	cepillásemos
cepillases	cepillaseis
cepillase	cepillasen

pluscuamperfecto de subjuntivo

hubiera cepillado	hubiéramos cepillado
hubieras cepillado	hubierais cepillado
hubiera cepillado	hubieran cepillado
OR	
hubiese cepillado	hubiésemos cepillado
hubieses cepillado	hubieseis cepillado
hubiese cepillado	hubiesen cepillado

imperativo

—	cepillemos
cepilla; no cepilles	cepillad; no cepilléis
cepille	cepillen

to close
cerrar

SINGULAR	PLURAL	SINGULAR	PLURAL

presente de indicativo
cierro	cerramos		
cierras	cerráis		
cierra	cierran		

perfecto de indicativo
he cerrado	hemos cerrado
has cerrado	habéis cerrado
ha cerrado	han cerrado

imperfecto de indicativo
cerraba	cerrábamos
cerrabas	cerrabais
cerraba	cerraban

pluscuamperfecto de indicativo
había cerrado	habíamos cerrado
habías cerrado	habíais cerrado
había cerrado	habían cerrado

C

pretérito
cerré	cerramos
cerraste	cerrasteis
cerró	cerraron

pretérito anterior
hube cerrado	hubimos cerrado
hubiste cerrado	hubisteis cerrado
hubo cerrado	hubieron cerrado

futuro
cerraré	cerraremos
cerrarás	cerraréis
cerrará	cerrarán

futuro perfecto
habré cerrado	habremos cerrado
habrás cerrado	habréis cerrado
habrá cerrado	habrán cerrado

condicional simple
cerraría	cerraríamos
cerrarías	cerraríais
cerraría	cerrarían

condicional compuesto
habría cerrado	habríamos cerrado
habrías cerrado	habríais cerrado
habría cerrado	habrían cerrado

presente de subjuntivo
cierre	cerremos
cierres	cerréis
cierre	cierren

perfecto de subjuntivo
haya cerrado	hayamos cerrado
hayas cerrado	hayáis cerrado
haya cerrado	hayan cerrado

imperfecto de subjuntivo
cerrara	cerráramos
cerraras	cerrarais
cerrara	cerraran
OR	
cerrase	cerrásemos
cerrases	cerraseis
cerrase	cerrasen

pluscuamperfecto de subjuntivo
hubiera cerrado	hubiéramos cerrado
hubieras cerrado	hubierais cerrado
hubiera cerrado	hubieran cerrado
OR	
hubiese cerrado	hubiésemos cerrado
hubieses cerrado	hubieseis cerrado
hubiese cerrado	hubiesen cerrado

imperativo
—	cerremos
cierra; no cierres	cerrad; no cerréis
cierre	cierren

MUST
KNOW
VERB

gerundio certificando   **participio de pasado** certificado

SINGULAR	PLURAL	SINGULAR	PLURAL

presente de indicativo
certifico	certificamos
certificas	certificáis
certifica	certifican

perfecto de indicativo
he certificado	hemos certificado
has certificado	habéis certificado
ha certificado	han certificado

imperfecto de indicativo
certificaba	certificábamos
certificabas	certificabais
certificaba	certificaban

pluscuamperfecto de indicativo
había certificado	habíamos certificado
habías certificado	habíais certificado
había certificado	habían certificado

pretérito
certifiqué	certificamos
certificaste	certificasteis
certificó	certificaron

pretérito anterior
hube certificado	hubimos certificado
hubiste certificado	hubisteis certificado
hubo certificado	hubieron certificado

futuro
certificaré	certificaremos
certificarás	certificaréis
certificará	certificarán

futuro perfecto
habré certificado	habremos certificado
habrás certificado	habréis certificado
habrá certificado	habrán certificado

condicional simple
certificaría	certificaríamos
certificarías	certificaríais
certificaría	certificarían

condicional compuesto
habría certificado	habríamos certificado
habrías certificado	habríais certificado
habría certificado	habrían certificado

presente de subjuntivo
certifique	certifiquemos
certifiques	certifiquéis
certifique	certifiquen

perfecto de subjuntivo
haya certificado	hayamos certificado
hayas certificado	hayáis certificado
haya certificado	hayan certificado

imperfecto de subjuntivo
certificara	certificáramos
certificaras	certificarais
certificara	certificaran
OR	
certificase	certificásemos
certificases	certificaseis
certificase	certificasen

pluscuamperfecto de subjuntivo
hubiera certificado	hubiéramos certificado
hubieras certificado	hubierais certificado
hubiera certificado	hubieran certificado
OR	
hubiese certificado	hubiésemos certificado
hubieses certificado	hubieseis certificado
hubiese certificado	hubiesen certificado

imperativo
—	certifiquemos
certifica;	certificad;
no certifiques	no certifiquéis
certifique	certifiquen

to chat, to talk charlar

SINGULAR	PLURAL	SINGULAR	PLURAL

presente de indicativo

		perfecto de indicativo	
charlo	charlamos	**he** charlado	**hemos** charlado
charlas	charláis	**has** charlado	**habéis** charlado
charla	charlan	**ha** charlado	**han** charlado

imperfecto de indicativo

		pluscuamperfecto de indicativo	
charlaba	charlábamos	**había** charlado	**habíamos** charlado
charlabas	charlabais	**habías** charlado	**habíais** charlado
charlaba	charlaban	**había** charlado	**habían** charlado

C

pretérito

		pretérito anterior	
charlé	charlamos	**hube** charlado	**hubimos** charlado
charlaste	charlasteis	**hubiste** charlado	**hubisteis** charlado
charló	charlaron	**hubo** charlado	**hubieron** charlado

futuro

		futuro perfecto	
charlaré	charlaremos	**habré** charlado	**habremos** charlado
charlarás	charlaréis	**habrás** charlado	**habréis** charlado
charlará	charlarán	**habrá** charlado	**habrán** charlado

condicional simple

		condicional compuesto	
charlaría	charlaríamos	**habría** charlado	**habríamos** charlado
charlarías	charlaríais	**habrías** charlado	**habríais** charlado
charlaría	charlarían	**habría** charlado	**habrían** charlado

presente de subjuntivo

		perfecto de subjuntivo	
charle	charlemos	**haya** charlado	**hayamos** charlado
charles	charléis	**hayas** charlado	**hayáis** charlado
charle	charlen	**haya** charlado	**hayan** charlado

imperfecto de subjuntivo

		pluscuamperfecto de subjuntivo	
charlara	charláramos	**hubiera** charlado	**hubiéramos** charlado
charlaras	charlarais	**hubieras** charlado	**hubierais** charlado
charlara	charlaran	**hubiera** charlado	**hubieran** charlado
OR		OR	
charlase	charlásemos	**hubiese** charlado	**hubiésemos** charlado
charlases	charlaseis	**hubieses** charlado	**hubieseis** charlado
charlase	charlasen	**hubiese** charlado	**hubiesen** charlado

imperativo

—	charlemos
charla; no charles	charlad; no charléis
charle	charlen

chistar

to mumble

SINGULAR	PLURAL	SINGULAR	PLURAL

presente de indicativo

		perfecto de indicativo	
chisto	chistamos	**he** chistado	**hemos** chistado
chistas	chistáis	**has** chistado	**habéis** chistado
chista	chistan	**ha** chistado	**han** chistado

imperfecto de indicativo / **pluscuamperfecto de indicativo**

chistaba	chistábamos	**había** chistado	**habíamos** chistado
chistabas	chistabais	**habías** chistado	**habíais** chistado
chistaba	chistaban	**había** chistado	**habían** chistado

pretérito / **pretérito anterior**

chisté	chistamos	**hube** chistado	**hubimos** chistado
chistaste	chistasteis	**hubiste** chistado	**hubisteis** chistado
chistó	chistaron	**hubo** chistado	**hubieron** chistado

futuro / **futuro perfecto**

chistaré	chistaremos	**habré** chistado	**habremos** chistado
chistarás	chistaréis	**habrás** chistado	**habréis** chistado
chistará	chistarán	**habrá** chistado	**habrán** chistado

condicional simple / **condicional compuesto**

chistaría	chistaríamos	**habría** chistado	**habríamos** chistado
chistarías	chistaríais	**habrías** chistado	**habríais** chistado
chistaría	chistarían	**habría** chistado	**habrían** chistado

presente de subjuntivo / **perfecto de subjuntivo**

chiste	chistemos	**haya** chistado	**hayamos** chistado
chistes	chistéis	**hayas** chistado	**hayáis** chistado
chiste	chisten	**haya** chistado	**hayan** chistado

imperfecto de subjuntivo / **pluscuamperfecto de subjuntivo**

chistara	chistáramos	**hubiera** chistado	**hubiéramos** chistado
chistaras	chistarais	**hubieras** chistado	**hubierais** chistado
chistara	chistaran	**hubiera** chistado	**hubieran** chistado
OR		OR	
chistase	chistásemos	**hubiese** chistado	**hubiésemos** chistado
chistases	chistaseis	**hubieses** chistado	**hubieseis** chistado
chistase	chistasen	**hubiese** chistado	**hubiesen** chistado

imperativo

—	chistemos
chista; no chistes	chistad; no chistéis
chiste	chisten

to crash

participio de pasado **chocado**

SINGULAR	PLURAL	SINGULAR	PLURAL

presente de indicativo

		perfecto de indicativo	
choco	chocamos	**he** chocado	**hemos** chocado
chocas	chocáis	**has** chocado	**habéis** chocado
choca	chocan	**ha** chocado	**han** chocado

imperfecto de indicativo

		pluscuamperfecto de indicativo	
chocaba	chocábamos	**había** chocado	**habíamos** chocado
chocabas	chocabais	**habías** chocado	**habíais** chocado
chocaba	chocaban	**había** chocado	**habían** chocado

C

pretérito

		pretérito anterior	
choqué	chocamos	**hube** chocado	**hubimos** chocado
chocaste	chocasteis	**hubiste** chocado	**hubisteis** chocado
chocó	chocaron	**hubo** chocado	**hubieron** chocado

futuro

		futuro perfecto	
chocaré	chocaremos	**habré** chocado	**habremos** chocado
chocarás	chocaréis	**habrás** chocado	**habréis** chocado
chocará	chocaran	**habrá** chocado	**habrán** chocado

condicional simple

		condicional compuesto	
chocaría	chocaríamos	**habría** chocado	**habríamos** chocado
chocarías	chocaríais	**habrías** chocado	**habríais** chocado
chocaría	chocarían	**habría** chocado	**habrían** chocado

presente de subjuntivo

		perfecto de subjuntivo	
choque	choquemos	**haya** chocado	**hayamos** chocado
choques	choquéis	**hayas** chocado	**hayáis** chocado
choque	choquen	**haya** chocado	**hayan** chocado

imperfecto de subjuntivo

		pluscuamperfecto de subjuntivo	
chocara	chocáramos	**hubiera** chocado	**hubiéramos** chocado
chocaras	chocarais	**hubieras** chocado	**hubierais** chocado
chocara	chocaran	**hubiera** chocado	**hubieran** chocado
OR		OR	
chocase	chocásemos	**hubiese** chocado	**hubiésemos** chocado
chocases	chocaseis	**hubieses** chocado	**hubieseis** chocado
chocase	chocasen	**hubiese** chocado	**hubiesen** chocado

imperativo

—	choquemos
choca; no choques	chocad; no choquéis
choque	choquen

SINGULAR	PLURAL	SINGULAR	PLURAL

presente de indicativo

		perfecto de indicativo	
chup**o**	chup**amos**	**he** chupado	**hemos** chupado
chup**as**	chup**áis**	**has** chupado	**habéis** chupado
chup**a**	chup**an**	**ha** chupado	**han** chupado

imperfecto de indicativo / pluscuamperfecto de indicativo

chup**aba**	chup**ábamos**	**había** chupado	**habíamos** chupado
chup**abas**	chup**abais**	**habías** chupado	**habíais** chupado
chup**aba**	chup**aban**	**había** chupado	**habían** chupado

pretérito / pretérito anterior

chup**é**	chup**amos**	**hube** chupado	**hubimos** chupado
chup**aste**	chup**asteis**	**hubiste** chupado	**hubisteis** chupado
chup**ó**	chup**aron**	**hubo** chupado	**hubieron** chupado

futuro / futuro perfecto

chup**aré**	chup**aremos**	**habré** chupado	**habremos** chupado
chup**arás**	chup**aréis**	**habrás** chupado	**habréis** chupado
chup**ará**	chup**arán**	**habrá** chupado	**habrán** chupado

condicional simple / condicional compuesto

chup**aría**	chup**aríamos**	**habría** chupado	**habríamos** chupado
chup**arías**	chup**aríais**	**habrías** chupado	**habríais** chupado
chup**aría**	chup**arían**	**habría** chupado	**habrían** chupado

presente de subjuntivo / perfecto de subjuntivo

chup**e**	chup**emos**	**haya** chupado	**hayamos** chupado
chup**es**	chup**éis**	**hayas** chupado	**hayáis** chupado
chup**e**	chup**en**	**haya** chupado	**hayan** chupado

imperfecto de subjuntivo / pluscuamperfecto de subjuntivo

chup**ara**	chup**áramos**	**hubiera** chupado	**hubiéramos** chupado
chup**aras**	chup**arais**	**hubieras** chupado	**hubierais** chupado
chup**ara**	chup**aran**	**hubiera** chupado	**hubieran** chupado
OR		OR	
chup**ase**	chup**ásemos**	**hubiese** chupado	**hubiésemos** chupado
chup**ases**	chup**aseis**	**hubieses** chupado	**hubieseis** chupado
chup**ase**	chup**asen**	**hubiese** chupado	**hubiesen** chupado

imperativo

—	chup**emos**
chup**a**; no chup**es**	chup**ad**; no chup**éis**
chup**e**	chup**en**

gerundio **citando**   participio de pasado **citado**

SINGULAR	PLURAL	SINGULAR	PLURAL

presente de indicativo

		perfecto de indicativo	
cit**o**	cit**amos**	**he** citado	**hemos** citado
cit**as**	cit**áis**	**has** citado	**habéis** citado
cit**a**	cit**an**	**ha** citado	**han** citado

imperfecto de indicativo

pluscuamperfecto de indicativo

C

cit**aba**	cit**ábamos**	**había** citado	**habíamos** citado
cit**abas**	cit**abais**	**habías** citado	**habíais** citado
cit**aba**	cit**aban**	**había** citado	**habían** citado

pretérito

pretérito anterior

cit**é**	cit**amos**	**hube** citado	**hubimos** citado
cit**aste**	cit**asteis**	**hubiste** citado	**hubisteis** citado
cit**ó**	cit**aron**	**hubo** citado	**hubieron** citado

futuro

futuro perfecto

cit**aré**	cit**aremos**	**habré** citado	**habremos** citado
cit**arás**	cit**aréis**	**habrás** citado	**habréis** citado
cit**ará**	cit**arán**	**habrá** citado	**habrán** citado

condicional simple

condicional compuesto

cit**aría**	cit**aríamos**	**habría** citado	**habríamos** citado
cit**arías**	cit**aríais**	**habrías** citado	**habríais** citado
cit**aría**	cit**arían**	**habría** citado	**habrían** citado

presente de subjuntivo

perfecto de subjuntivo

cit**e**	cit**emos**	**haya** citado	**hayamos** citado
cit**es**	cit**éis**	**hayas** citado	**hayáis** citado
cit**e**	cit**en**	**haya** citado	**hayan** citado

imperfecto de subjuntivo

pluscuamperfecto de subjuntivo

cit**ara**	cit**áramos**	**hubiera** citado	**hubiéramos** citado
cit**aras**	cit**arais**	**hubieras** citado	**hubierais** citado
cit**ara**	cit**aran**	**hubiera** citado	**hubieran** citado
OR		OR	
cit**ase**	cit**ásemos**	**hubiese** citado	**hubiésemos** citado
cit**ases**	cit**aseis**	**hubieses** citado	**hubieseis** citado
cit**ase**	cit**asen**	**hubiese** citado	**hubiesen** citado

imperativo

—	cit**emos**
cit**a**; no cit**es**	cit**ad**; no cit**éis**
cit**e**	cit**en**

to charge, to earn

gerundio **cobrando**   participio de pasado **cobrado**

SINGULAR	PLURAL	SINGULAR	PLURAL
presente de indicativo		**perfecto de indicativo**	
cobro	cobramos	he cobrado	hemos cobrado
cobras	cobráis	has cobrado	habéis cobrado
cobra	cobran	ha cobrado	han cobrado
imperfecto de indicativo		**pluscuamperfecto de indicativo**	
cobraba	cobrábamos	había cobrado	habíamos cobrado
cobrabas	cobrabais	habías cobrado	habíais cobrado
cobraba	cobraban	había cobrado	habían cobrado
pretérito		**pretérito anterior**	
cobré	cobramos	hube cobrado	hubimos cobrado
cobraste	cobrasteis	hubiste cobrado	hubisteis cobrado
cobró	cobraron	hubo cobrado	hubieron cobrado
futuro		**futuro perfecto**	
cobraré	cobraremos	habré cobrado	habremos cobrado
cobrarás	cobraréis	habrás cobrado	habréis cobrado
cobrará	cobrarán	habrá cobrado	habrán cobrado
condicional simple		**condicional compuesto**	
cobraría	cobraríamos	habría cobrado	habríamos cobrado
cobrarías	cobraríais	habrías cobrado	habríais cobrado
cobraría	cobrarían	habría cobrado	habrían cobrado
presente de subjuntivo		**perfecto de subjuntivo**	
cobre	cobremos	haya cobrado	hayamos cobrado
cobres	cobréis	hayas cobrado	hayáis cobrado
cobre	cobren	haya cobrado	hayan cobrado
imperfecto de subjuntivo		**pluscuamperfecto de subjuntivo**	
cobrara	cobráramos	hubiera cobrado	hubiéramos cobrado
cobraras	cobrarais	hubieras cobrado	hubierais cobrado
cobrara	cobraran	hubiera cobrado	hubieran cobrado
OR		OR	
cobrase	cobrásemos	hubiese cobrado	hubiésemos cobrado
cobrases	cobraseis	hubieses cobrado	hubieseis cobrado
cobrase	cobrasen	hubiese cobrado	hubiesen cobrado

imperativo

—	cobremos
cobra; no cobres	cobrad; no cobréis
cobre	cobren

gerundio **cocinando**   participio de pasado **cocinado**

SINGULAR	PLURAL	SINGULAR	PLURAL

presente de indicativo

		perfecto de indicativo	
cocino	cocinamos	he cocinado	hemos cocinado
cocinas	cocináis	has cocinado	habéis cocinado
cocina	cocinan	ha cocinado	han cocinado

imperfecto de indicativo · **pluscuamperfecto de indicativo**

C

cocinaba	cocinábamos	había cocinado	habíamos cocinado
cocinabas	cocinabais	habías cocinado	habíais cocinado
cocinaba	cocinaban	había cocinado	habían cocinado

pretérito · **pretérito anterior**

cociné	cocinamos	hube cocinado	hubimos cocinado
cocinaste	cocinasteis	hubiste cocinado	hubisteis cocinado
cocinó	cocinaron	hubo cocinado	hubieron cocinado

futuro · **futuro perfecto**

cocinaré	cocinaremos	habré cocinado	habremos cocinado
cocinarás	cocinaréis	habrás cocinado	habréis cocinado
cocinará	cocinarán	habrá cocinado	habrán cocinado

condicional simple · **condicional compuesto**

cocinaría	cocinaríamos	habría cocinado	habríamos cocinado
cocinarías	cocinaríais	habrías cocinado	habríais cocinado
cocinaría	cocinarían	habría cocinado	habrían cocinado

presente de subjuntivo · **perfecto de subjuntivo**

cocine	cocinemos	haya cocinado	hayamos cocinado
cocines	cocinéis	hayas cocinado	hayáis cocinado
cocine	cocinen	haya cocinado	hayan cocinado

imperfecto de subjuntivo · **pluscuamperfecto de subjuntivo**

cocinara	cocináramos	hubiera cocinado	hubiéramos cocinado
cocinaras	cocinarais	hubieras cocinado	hubierais cocinado
cocinara	cocinaran	hubiera cocinado	hubieran cocinado
OR		OR	
cocinase	cocinásemos	hubiese cocinado	hubiésemos cocinado
cocinases	cocinaseis	hubieses cocinado	hubieseis cocinado
cocinase	cocinasen	hubiese cocinado	hubiesen cocinado

imperativo

—	cocinemos
cocina; no cocines	cocinad; no cocinéis
cocine	cocinen

MUST KNOW VERB

gerundio cogiendo

participio de pasado cogido

SINGULAR	PLURAL	SINGULAR	PLURAL

presente de indicativo
cojo	cogemos
coges	cogéis
coge	cogen

perfecto de indicativo
he cogido	hemos cogido
has cogido	habéis cogido
ha cogido	han cogido

imperfecto de indicativo
cogía	cogíamos
cogías	cogíais
cogía	cogían

pluscuamperfecto de indicativo
había cogido	habíamos cogido
habías cogido	habíais cogido
había cogido	habían cogido

pretérito
cogí	cogimos
cogiste	cogisteis
cogió	cogieron

pretérito anterior
hube cogido	hubimos cogido
hubiste cogido	hubisteis cogido
hubo cogido	hubieron cogido

futuro
cogeré	cogeremos
cogerás	cogeréis
cogerá	cogerán

futuro perfecto
habré cogido	habremos cogido
habrás cogido	habréis cogido
habrá cogido	habrán cogido

condicional simple
cogería	cogeríamos
cogerías	cogeríais
cogería	cogerían

condicional compuesto
habría cogido	habríamos cogido
habrías cogido	habríais cogido
habría cogido	habrían cogido

presente de subjuntivo
coja	cojamos
cojas	cojáis
coja	cojan

perfecto de subjuntivo
haya cogido	hayamos cogido
hayas cogido	hayáis cogido
haya cogido	hayan cogido

imperfecto de subjuntivo
cogiera	cogiéramos
cogieras	cogierais
cogiera	cogieran
OR	
cogiese	cogiésemos
cogieses	cogieseis
cogiese	cogiesen

pluscuamperfecto de subjuntivo
hubiera cogido	hubiéramos cogido
hubieras cogido	hubierais cogido
hubiera cogido	hubieran cogido
OR	
hubiese cogido	hubiésemos cogido
hubieses cogido	hubieseis cogido
hubiese cogido	hubiesen cogido

imperativo
—	cojamos
coge; no cojas	coged; no cojáis
coja	cojan

*Note: In some countries **coger** has a vulgar meaning. The verbs **tomar** and **agarrar** are used instead.

MUST KNOW VERB

to deduce

gerundio **coligiendo**   participio de pasado **colegido**

SINGULAR	PLURAL
presente de indicativo	
colij**o**	coleg**imos**
colig**es**	coleg**ís**
colig**e**	colig**en**
imperfecto de indicativo	
coleg**ía**	coleg**íamos**
coleg**ías**	coleg**íais**
coleg**ía**	coleg**ían**
pretérito	
coleg**í**	coleg**imos**
coleg**iste**	coleg**isteis**
colig**ió**	colig**ieron**
futuro	
colegir**é**	colegir**emos**
colegir**ás**	colegir**éis**
colegir**á**	colegir**án**
condicional simple	
colegir**ía**	colegir**íamos**
colegir**ías**	colegir**íais**
colegir**ía**	colegir**ían**
presente de subjuntivo	
colij**a**	colij**amos**
colij**as**	colij**áis**
colij**a**	colij**an**
imperfecto de subjuntivo	
colig**iera**	colig**iéramos**
colig**ieras**	colig**ierais**
colig**iera**	colig**ieran**
OR	
colig**iese**	colig**iésemos**
colig**ieses**	colig**ieseis**
colig**iese**	colig**iesen**
imperativo	
—	colij**amos**
colig**e**; no colij**as**	coleg**id**; no colij**áis**
colij**a**	colij**an**

SINGULAR	PLURAL
perfecto de indicativo	
he colegido	**hemos** colegido
has colegido	**habéis** colegido
ha colegido	**han** colegido
pluscuamperfecto de indicativo	
había colegido	**habíamos** colegido
habías colegido	**habíais** colegido
había colegido	**habían** colegido
pretérito anterior	
hube colegido	**hubimos** colegido
hubiste colegido	**hubisteis** colegido
hubo colegido	**hubieron** colegido
futuro perfecto	
habré colegido	**habremos** colegido
habrás colegido	**habréis** colegido
habrá colegido	**habrán** colegido
condicional compuesto	
habría colegido	**habríamos** colegido
habrías colegido	**habríais** colegido
habría colegido	**habrían** colegido
perfecto de subjuntivo	
haya colegido	**hayamos** colegido
hayas colegido	**hayáis** colegido
haya colegido	**hayan** colegido
pluscuamperfecto de subjuntivo	
hubiera colegido	**hubiéramos** colegido
hubieras colegido	**hubierais** colegido
hubiera colegido	**hubieran** colegido
OR	
hubiese colegido	**hubiésemos** colegido
hubieses colegido	**hubieseis** colegido
hubiese colegido	**hubiesen** colegido

C

gerundio colgando

participio de pasado colgado

SINGULAR	PLURAL	SINGULAR	PLURAL

presente de indicativo

		perfecto de indicativo	
cuelgo	colgamos	he colgado	hemos colgado
cuelgas	colgáis	has colgado	habéis colgado
cuelga	cuelgan	ha colgado	han colgado

imperfecto de indicativo / pluscuamperfecto de indicativo

colgaba	colgábamos	había colgado	habíamos colgado
colgabas	colgabais	habías colgado	habíais colgado
colgaba	colgaban	había colgado	habían colgado

pretérito / pretérito anterior

colgué	colgamos	hube colgado	hubimos colgado
colgaste	colgasteis	hubiste colgado	hubisteis colgado
colgó	colgaron	hubo colgado	hubieron colgado

futuro / futuro perfecto

colgaré	colgaremos	habré colgado	habremos colgado
colgarás	colgaréis	habrás colgado	habréis colgado
colgará	colgarán	habrá colgado	habrán colgado

condicional simple / condicional compuesto

colgaría	colgaríamos	habría colgado	habríamos colgado
colgarías	colgaríais	habrías colgado	habríais colgado
colgaría	colgarían	habría colgado	habrían colgado

presente de subjuntivo / perfecto de subjuntivo

cuelgue	colguemos	haya colgado	hayamos colgado
cuelgues	colguéis	hayas colgado	hayáis colgado
cuelgue	cuelguen	haya colgado	hayan colgado

imperfecto de subjuntivo / pluscuamperfecto de subjuntivo

colgara	colgáramos	hubiera colgado	hubiéramos colgado
colgaras	colgarais	hubieras colgado	hubierais colgado
colgara	colgaran	hubiera colgado	hubieran colgado
OR		OR	
colgase	colgásemos	hubiese colgado	hubiésemos colgado
colgases	colgaseis	hubieses colgado	hubieseis colgado
colgase	colgasen	hubiese colgado	hubiesen colgado

imperativo

—	colguemos
cuelga; no cuelgues	colgad; no colguéis
cuelgue	cuelguen

to put, to place — colocar

SINGULAR	PLURAL	SINGULAR	PLURAL

presente de indicativo

		perfecto de indicativo	
coloco	colocamos	**he** colocado	**hemos** colocado
colocas	colocáis	**has** colocado	**habéis** colocado
coloca	colocan	**ha** colocado	**han** colocado

imperfecto de indicativo

		pluscuamperfecto de indicativo	
colocaba	colocábamos	**había** colocado	**habíamos** colocado
colocabas	colocabais	**habías** colocado	**habíais** colocado
colocaba	colocaban	**había** colocado	**habían** colocado

pretérito

		pretérito anterior	
coloqué	colocamos	**hube** colocado	**hubimos** colocado
colocaste	colocasteis	**hubiste** colocado	**hubisteis** colocado
colocó	colocaron	**hubo** colocado	**hubieron** colocado

futuro

		futuro perfecto	
colocaré	colocaremos	**habré** colocado	**habremos** colocado
colocarás	colocaréis	**habrás** colocado	**habréis** colocado
colocará	colocarán	**habrá** colocado	**habrán** colocado

condicional simple

		condicional compuesto	
colocaría	colocaríamos	**habría** colocado	**habríamos** colocado
colocarías	colocaríais	**habrías** colocado	**habríais** colocado
colocaría	colocarían	**habría** colocado	**habrían** colocado

presente de subjuntivo

		perfecto de subjuntivo	
coloque	coloquemos	**haya** colocado	**hayamos** colocado
coloques	coloquéis	**hayas** colocado	**hayáis** colocado
coloque	coloquen	**haya** colocado	**hayan** colocado

imperfecto de subjuntivo

		pluscuamperfecto de subjuntivo	
colocara	colocáramos	**hubiera** colocado	**hubiéramos** colocado
colocaras	colocarais	**hubieras** colocado	**hubierais** colocado
colocara	colocaran	**hubiera** colocado	**hubieran** colocado
OR		OR	
colocase	colocásemos	**hubiese** colocado	**hubiésemos** colocado
colocases	colocaseis	**hubieses** colocado	**hubieseis** colocado
colocase	colocasen	**hubiese** colocado	**hubiesen** colocado

imperativo

—	coloquemos
coloca; no coloques	colocad; no coloquéis
coloque	coloquen

C

SINGULAR	PLURAL	SINGULAR	PLURAL

presente de indicativo

comienz**o**	comenz**amos**
comienz**as**	comenz**áis**
comienz**a**	comienz**an**

perfecto de indicativo

he comenzado	**hemos** comenzado
has comenzado	**habéis** comenzado
ha comenzado	**han** comenzado

imperfecto de indicativo

comenz**aba**	comenz**ábamos**
comenz**abas**	comenz**abais**
comenz**aba**	comenz**aban**

pluscuamperfecto de indicativo

había comenzado	**habíamos** comenzado
habías comenzado	**habíais** comenzado
había comenzado	**habían** comenzado

pretérito

comenc**é**	comenz**amos**
comenz**aste**	comenz**asteis**
comenz**ó**	comenz**aron**

pretérito anterior

hube comenzado	**hubimos** comenzado
hubiste comenzado	**hubisteis** comenzado
hubo comenzado	**hubieron** comenzado

futuro

comenzar**é**	comenzar**emos**
comenzar**ás**	comenzar**éis**
comenzar**á**	comenzar**án**

futuro perfecto

habré comenzado	**habremos** comenzado
habrás comenzado	**habréis** comenzado
habrá comenzado	**habrán** comenzado

condicional simple

comenzar**ía**	comenzar**íamos**
comenzar**ías**	comenzar**íais**
comenzar**ía**	comenzar**ían**

condicional compuesto

habría comenzado	**habríamos** comenzado
habrías comenzado	**habríais** comenzado
habría comenzado	**habrían** comenzado

presente de subjuntivo

comienc**e**	comenc**emos**
comienc**es**	comenc**éis**
comienc**e**	comienc**en**

perfecto de subjuntivo

haya comenzado	**hayamos** comenzado
hayas comenzado	**hayáis** comenzado
haya comenzado	**hayan** comenzado

imperfecto de subjuntivo

comenzar**a**	comenzár**amos**
comenzar**as**	comenzar**ais**
comenzar**a**	comenzar**an**
OR	
comenzas**e**	comenzás**emos**
comenzas**es**	comenzas**eis**
comenzas**e**	comenzas**en**

pluscuamperfecto de subjuntivo

hubiera comenzado	**hubiéramos** comenzado
hubieras comenzado	**hubierais** comenzado
hubiera comenzado	**hubieran** comenzado
OR	
hubiese comenzado	**hubiésemos** comenzado
hubieses comenzado	**hubieseis** comenzado
hubiese comenzado	**hubiesen** comenzado

imperativo

—	comencemos
comienza;	comenzad;
no comiences	no comencéis
comience	comiencen

MUST KNOW VERB

to eat

gerundio comiendo **participio de pasado** comido

SINGULAR	PLURAL	SINGULAR	PLURAL

presente de indicativo

como	comemos
comes	coméis
come	comen

perfecto de indicativo

he comido	hemos comido
has comido	habéis comido
ha comido	han comido

imperfecto de indicativo

comía	comíamos
comías	comíais
comía	comían

pluscuamperfecto de indicativo

había comido	habíamos comido
habías comido	habíais comido
había comido	habían comido

E

pretérito

comí	comimos
comiste	comisteis
comió	comieron

pretérito anterior

hube comido	hubimos comido
hubiste comido	hubisteis comido
hubo comido	hubieron comido

futuro

comeré	comeremos
comerás	comeréis
comerá	comerán

futuro perfecto

habré comido	habremos comido
habrás comido	habréis comido
habrá comido	habrán comido

condicional simple

comería	comeríamos
comerías	comeríais
comería	comerían

condicional compuesto

habría comido	habríamos comido
habrías comido	habríais comido
habría comido	habrían comido

presente de subjuntivo

coma	comamos
comas	comáis
coma	coman

perfecto de subjuntivo

haya comido	hayamos comido
hayas comido	hayáis comido
haya comido	hayan comido

imperfecto de subjuntivo

comiera	comiéramos
comieras	comierais
comiera	comieran
OR	
comiese	comiésemos
comieses	comieseis
comiese	comiesen

pluscuamperfecto de subjuntivo

hubiera comido	hubiéramos comido
hubieras comido	hubierais comido
hubiera comido	hubieran comido
OR	
hubiese comido	hubiésemos comido
hubieses comido	hubieseis comido
hubiese comido	hubiesen comido

imperativo

—	comamos
come; no comas	comed; no comáis
coma	coman

MUST KNOW VERB

SINGULAR	PLURAL	SINGULAR	PLURAL

presente de indicativo

comparto	compartimos
compartes	compartís
comparte	comparten

perfecto de indicativo

he compartido	hemos compartido
has compartido	habéis compartido
ha compartido	han compartido

imperfecto de indicativo

compartía	compartíamos
compartías	compartíais
compañía	compartían

pluscuamperfecto de indicativo

había cumpartido	habíamos compartido
habías compartido	habíais compartido
había compartido	habían compartido

pretérito

compartí	compartimos
compartiste	compartisteis
companió	compartieron

pretérito anterior

hube compartido	hubimos compartido
hubiste compartido	hubisteis compartido
hubo compartido	hubieron compartido

futuro

compartiré	compartiremos
compartirás	compartiréis
compartirá	compartirán

futuro perfecto

habré compartido	habremos compartido
habrás compartido	habréis compartido
habrá compartido	habrán compartido

condicional simple

compartiría	compartiríamos
compartirías	compartiríais
compartiría	compartirían

condicional compuesto

habría compartido	habríamos compartido
habrías compartido	habríais compartido
habría compartido	habrían compartido

presente de subjuntivo

compana	compartamos
companas	compartáis
comparta	compartan

perfecto de subjuntivo

haya compartido	hayamos compartido
hayas compartido	hayáis compartido
haya compartido	hayan compartido

imperfecto de subjuntivo

compartiera	compartiéramos
compartieras	compartierais
compartiera	compartieran
OR	
compartiese	compartiésemos
compartieses	compartieseis
compartiese	compartiesen

pluscuamperfecto de subjuntivo

hubiera compartido	hubiéramos compartido
hubieras compartido	hubierais compartido
hubiera compartido	hubieran compartido
OR	
hubiese compartido	hubiésemos compartido
hubieses compartido	hubieseis compartido
hubiese compartido	hubiesen compartido

imperativo

—	compartamos
comparte;	compartid;
no compartas	no compartáis
comparta	compartan

SINGULAR	PLURAL	SINGULAR	PLURAL

presente de indicativo

		perfecto de indicativo	
compong**o**	compon**emos**	**he** compuesto	**hemos** compuesto
compon**es**	compon**éis**	**has** compuesto	**habéis** compuesto
compon**e**	compon**en**	**ha** compuesto	**han** compuesto

imperfecto de indicativo

		pluscuamperfecto de indicativo		**C**
compon**ía**	compon**íamos**	**había** compuesto	**habíamos** compuesto	
compon**ías**	compon**íais**	**habías** compuesto	**habíais** compuesto	
compon**ía**	compon**ían**	**había** compuesto	**habían** compuesto	

pretérito

		pretérito anterior	
compus**e**	compus**imos**	**hube** compuesto	**hubimos** compuesto
compus**iste**	compus**isteis**	habiste compuesto	**hubisteis** compuesto
compus**o**	compus**ieron**	**hubo** compuesto	**hubieron** compuesto

futuro

		futuro perfecto	
compondr**é**	compondr**emos**	**habré** compuesto	**habremos** compuesto
compondr**ás**	compondr**éis**	**habrás** compuesto	**habréis** compuesto
compondr**á**	compondr**án**	**habrá** compuesto	**habrán** compuesto

condicional simple

		condicional compuesto	
compondr**ía**	compondr**íamos**	**habría** compuesto	**habríamos** compuesto
compondr**ías**	compondr**íais**	**habrías** compuesto	**habríais** compuesto
compondr**ía**	compondr**ían**	**habría** compuesto	**habrían** compuesto

presente de subjuntivo

		perfecto de subjuntivo	
compong**a**	compong**amos**	**haya** compuesto	**hayamos** compuesto
compong**as**	compong**áis**	**hayas** compuesto	**hayáis** compuesto
compong**a**	compong**an**	**haya** compuesto	**hayan** compuesto

imperfecto de subjuntivo

		pluscuamperfecto de subjuntivo	
compus**iera**	compus**iéramos**	**hubiera** compuesto	**hubiéramos** compuesto
compus**ieras**	compus**ierais**	**hubieras** compuesto	**hubierais** compuesto
compus**iera**	compus**ieran**	**hubiera** compuesto	**hubieran** compuesto
OR		OR	
compus**iese**	compus**iésemos**	**hubiese** compuesto	**hubiésemos** compuesto
compus**ieses**	compus**ieseis**	**hubieses** compuesto	**hubieseis** compuesto
compus**iese**	compus**iesen**	**hubiese** compuesto	**hubiesen** compuesto

imperativo

—	compongamos
compon;	componed;
no compongas	no compongáis
componga	compongan

gerundio **comprando** | participio de pasado **comprado**

SINGULAR	PLURAL	SINGULAR	PLURAL

presente de indicativo

		perfecto de indicativo	
compro	compramos	he comprado	hemos comprado
compras	compráis	has comprado	habéis comprado
compra	compran	ha comprado	han comprado

imperfecto de indicativo — **pluscuamperfecto de indicativo**

compraba	comprábamos	había comprado	habíamos comprado
comprabas	comprabais	habías comprado	habíais comprado
compraba	compraban	había comprado	habían comprado

pretérito — **pretérito anterior**

compré	compramos	hube comprado	hubimos comprado
compraste	comprasteis	hubiste comprado	hubisteis comprado
compró	compraron	hubo comprado	hubieron comprado

futuro — **futuro perfecto**

compraré	compraremos	habré comprado	habremos comprado
comprarás	compraréis	habrás comprado	habréis comprado
comprará	comprarán	habrá comprado	habrán comprado

condicional simple — **condicional compuesto**

compraría	compraríamos	habría comprado	habríamos comprado
comprarías	compraríais	habrías comprado	habríais comprado
compraría	comprarían	habría comprado	habrían comprado

presente de subjuntivo — **perfecto de subjuntivo**

compre	compremos	haya comprado	hayamos comprado
compres	compréis	hayas comprado	hayáis comprado
compre	compren	haya comprado	hayan comprado

imperfecto de subjuntivo — **pluscuamperfecto de subjuntivo**

comprara	compráramos	hubiera comprado	hubiéramos comprado
compraras	comprarais	hubieras comprado	hubierais comprado
comprara	compraran	hubiera comprado	hubieran comprado
OR		OR	
comprase	comprásemos	hubiese comprado	hubiésemos comprado
comprases	compraseis	hubieses comprado	hubieseis comprado
comprase	comprasen	hubiese comprado	hubiesen comprado

imperativo

—	compremos
compra; no compres	comprad; no compréis
compre	compren

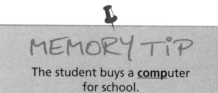

MEMORY TIP

The student buys a **comp**uter
for school.

C

SINGULAR	PLURAL

presente de indicativo

comprend**o**	comprend**emos**
comprend**es**	comprend**éis**
comprend**e**	comprend**en**

imperfecto de indicativo

comprend**ía**	comprend**íamos**
comprend**ías**	comprend**íais**
comprend**ía**	comprend**ían**

pretérito

comprend**í**	comprend**imos**
comprend**iste**	comprend**isteis**
comprend**ió**	comprend**ieron**

futuro

comprender**é**	comprender**emos**
comprender**ás**	comprender**éis**
comprender**á**	comprender**án**

condicional simple

comprender**ía**	comprender**íamos**
comprender**ías**	comprender**íais**
comprender**ía**	comprender**ían**

presente de subjuntivo

comprend**a**	comprend**amos**
comprend**as**	comprend**áis**
comprend**a**	comprend**an**

imperfecto de subjuntivo

comprend**iera**	comprend**iéramos**
comprend**ieras**	comprend**ierais**
comprend**iera**	comprend**ieran**
OR	
comprend**iese**	comprend**iésemos**
comprend**ieses**	comprend**ieseis**
comprend**iese**	comprend**iesen**

imperativo

—	comprend**amos**
comprend**e**;	comprend**ed**;
no comprend**as**	no comprend**áis**
comprend**a**	comprend**an**

SINGULAR	PLURAL

perfecto de indicativo

he comprendido	**hemos** comprendido
has comprendido	**habéis** comprendido
ha comprendido	**han** comprendido

pluscuamperfecto de indicativo

había comprendido	**habíamos** comprendido
habías comprendido	**habíais** comprendido
había comprendido	**habían** comprendido

pretérito anterior

hube comprendido	**hubimos** comprendido
hubiste comprendido	**hubisteis** comprendido
hubo comprendido	**hubieron** comprendido

futuro perfecto

habré comprendido	**habremos** comprendido
habrás comprendido	**habréis** comprendido
habrá comprendido	**habrán** comprendido

condicional compuesto

habría comprendido	**habríamos** comprendido
habrías comprendido	**habríais** comprendido
habría comprendido	**habrían** comprendido

perfecto de subjuntivo

haya comprendido	**hayamos** comprendido
hayas comprendido	**hayáis** comprendido
haya comprendido	**hayan** comprendido

pluscuamperfecto de subjuntivo

hubiera comprendido	**hubiéramos** comprendido
hubieras comprendido	**hubierais** comprendido
hubiera comprendido	**hubieran** comprendido
OR	
hubiese comprendido	**hubiésemos** comprendido
hubieses comprendido	**hubieseis** comprendido
hubiese comprendido	**hubiesen** comprendido

gerundio conduciendo | **participio de pasado** conducido

SINGULAR	PLURAL	SINGULAR	PLURAL

presente de indicativo

		perfecto de indicativo	
conduzco	conducimos	**he** conducido	**hemos** conducido
conduces	conducís	**has** conducido	**habéis** conducido
conduce	conducen	**ha** conducido	**han** conducido

imperfecto de indicativo / **pluscuamperfecto de indicativo**

conducía	conducíamos	**había** conducido	**habíamos** conducido
conducías	conducíais	**habías** conducido	**habíais** conducido
conducía	conducían	**había** conducido	**habían** conducido

pretérito / **pretérito anterior**

conduje	condujimos	**hube** conducido	**hubimos** conducido
condujiste	condujisteis	**hubiste** conducido	**hubisteis** conducido
condujo	condujeron	**hubo** conducido	**hubieron** conducido

futuro / **futuro perfecto**

conduciré	conduciremos	**habré** conducido	**habremos** conducido
conducirás	conduciréis	**habrás** conducido	**habréis** conducido
conducirá	conducirán	**habrá** conducido	**habrán** conducido

condicional simple / **condicional compuesto**

conduciría	conduciríamos	**habría** conducido	**habríamos** conducido
conducirías	conduciríais	**habrías** conducido	**habríais** conducido
conduciría	conducirían	**habría** conducido	**habrían** conducido

presente de subjuntivo / **perfecto de subjuntivo**

conduzca	conduzcamos	**haya** conducido	**hayamos** conducido
conduzcas	conduzcáis	**hayas** conducido	**hayáis** conducido
conduzca	conduzcan	**haya** conducido	**hayan** conducido

imperfecto de subjuntivo / **pluscuamperfecto de subjuntivo**

condujera	condujéramos	**hubiera** conducido	**hubiéramos** conducido
condujeras	condujerais	**hubieras** conducido	**hubierais** conducido
condujera	condujeran	**hubiera** conducido	**hubieran** conducido
OR		OR	
condujese	condujésemos	**hubiese** conducido	**hubiésemos** conducido
condujeses	condujeseis	**hubieses** conducido	**hubieseis** conducido
condujese	condujesen	**hubiese** conducido	**hubiesen** conducido

imperativo

—	conduzcamos
conduce;	conducid;
no conduzcas	no conduzcáis
conduzca	conduzcan

MUST KNOW VERB

to confess

gerundio confesando   **participio de pasado** confesado

SINGULAR	PLURAL	SINGULAR	PLURAL

presente de indicativo

confieso	confesamos
confiesas	confesáis
confiesa	confiesan

perfecto de indicativo

he confesado	hemos confesado
has confesado	habéis confesado
ha confesado	han confesado

imperfecto de indicativo

confesaba	confesábamos
confesabas	confesabais
confesaba	confesaban

pluscuamperfecto de indicativo

había confesado	habíamos confesado
habías confesado	habíais confesado
había confesado	habían confesado

C

pretérito

confesé	confesamos
confesaste	confesasteis
confesó	confesaron

pretérito anterior

hube confesado	hubimos confesado
hubiste confesado	hubisteis confesado
hubo confesado	hubieron confesado

futuro

confesaré	confesaremos
confesarás	confesaréis
confesará	confesarán

futuro perfecto

habré confesado	habremos confesado
habrás confesado	habréis confesado
habrá confesado	habrán confesado

condicional simple

confesaría	confesaríamos
confesarías	confesaríais
confesaría	confesarían

condicional compuesto

habría confesado	habríamos confesado
habrías confesado	habríais confesado
habría confesado	habrían confesado

presente de subjuntivo

confiese	confesemos
confieses	confeséis
confiese	confiesen

perfecto de subjuntivo

haya confesado	hayamos confesado
hayas confesado	hayáis confesado
haya confesado	hayan confesado

imperfecto de subjuntivo

confesara	confesáramos
confesaras	confesarais
confesara	confesaran
OR	
confesase	confesásemos
confesases	confesaseis
confesase	confesasen

pluscuamperfecto de subjuntivo

hubiera confesado	hubiéramos confesado
hubieras confesado	hubierais confesado
hubiera confesado	hubieran confesado
OR	
hubiese confesado	hubiésemos confesado
hubieses confesado	hubieseis confesado
hubiese confesado	hubiesen confesado

imperativo

—	confesemos
confiesa;	confesad;
no confieses	no confeséis
confiese	confiesen

gerundio conociendo   **participio de pasado** conocido

SINGULAR	PLURAL	SINGULAR	PLURAL

presente de indicativo

		perfecto de indicativo	
conozco	conocemos	he conocido	hemos conocido
conoces	conocéis	has conocido	habéis conocido
conoce	conocen	ha conocido	han conocido

imperfecto de indicativo   **pluscuamperfecto de indicativo**

conocía	conocíamos	había conocido	habíamos conocido
conocías	conocíais	habías conocido	habíais conocido
conocía	conocían	había conocido	habían conocido

pretérito   **pretérito anterior**

conocí	conocimos	hube conocido	hubimos conocido
conociste	conocisteis	hubiste conocido	hubisteis conocido
conoció	conocieron	hubo conocido	hubieron conocido

futuro   **futuro perfecto**

conoceré	conoceremos	habré conocido	habremos conocido
conocerás	conoceréis	habrás conocido	habréis conocido
conocerá	conocerán	habrá conocido	habrán conocido

condicional simple   **condicional compuesto**

conocería	conoceríamos	habría conocido	habríamos conocido
conocerías	conoceríais	habrías conocido	habríais conocido
conocería	conocerían	habría conocido	habrían conocido

presente de subjuntivo   **perfecto de subjuntivo**

conozca	conozcamos	haya conocido	hayamos conocido
conozcas	conozcáis	hayas conocido	hayáis conocido
conozca	conozcan	haya conocido	hayan conocido

imperfecto de subjuntivo   **pluscuamperfecto de subjuntivo**

conociera	conociéramos	hubiera conocido	hubiéramos conocido
conocieras	conocierais	hubieras conocido	hubierais conocido
conociera	conocieran	hubiera conocido	hubieran conocido
OR		OR	
conociese	conociésemos	hubiese conocido	hubiésemos conocido
conocieses	conocieseis	hubieses conocido	hubieseis conocido
conociese	conociesen	hubiese conocido	hubiesen conocido

imperativo

—	conozcamos
conoce; no conozcas	conoced; no conozcáis
conozca	conozcan

MUST KNOW VERB

to get, to obtain   conseguir

SINGULAR	PLURAL	SINGULAR	PLURAL

presente de indicativo

consig**o**	consegu**imos**
consigu**es**	consegu**ís**
consigu**e**	consigu**en**

perfecto de indicativo

he conseguido	**hemos** conseguido
has conseguido	**habéis** conseguido
ha conseguido	**han** conseguido

imperfecto de indicativo

consegu**ía**	consegu**íamos**
consegu**ías**	consegu**íais**
consegu**ía**	consegu**ían**

pluscuamperfecto de indicativo

había conseguido	**habíamos** conseguido
habías conseguido	**habíais** conseguido
había conseguido	**habían** conseguido

pretérito

consegu**í**	consegu**imos**
consegu**iste**	consegu**isteis**
consigu**ió**	consigu**ieron**

pretérito anterior

hube conseguido	**hubimos** conseguido
hubiste conseguido	**hubisteis** conseguido
hubo conseguido	**hubieron** conseguido

futuro

conseguir**é**	conseguir**emos**
conseguir**ás**	conseguir**éis**
conseguir**á**	conseguir**án**

futuro perfecto

habré conseguido	**habremos** conseguido
habrás conseguido	**habréis** conseguido
habrá conseguido	**habrán** conseguido

condicional simple

conseguir**ía**	conseguir**íamos**
conseguir**ías**	conseguir**íais**
conseguir**ía**	conseguir**ían**

condicional compuesto

habría conseguido	**habríamos** conseguido
habrías conseguido	**habríais** conseguido
habría conseguido	**habrían** conseguido

presente de subjuntivo

consig**a**	consig**amos**
consig**as**	consig**áis**
consig**a**	consig**an**

perfecto de subjuntivo

haya conseguido	**hayamos** conseguido
hayas conseguido	**hayáis** conseguido
haya conseguido	**hayan** conseguido

imperfecto de subjuntivo

consigu**iera**	consigu**iéramos**
consigu**ieras**	consigu**ierais**
consigu**iera**	consigu**ieran**
OR	
consigu**iese**	consigu**iésemos**
consigu**ieses**	consigu**ieseis**
consigu**iese**	consigu**iesen**

pluscuamperfecto de subjuntivo

hubiera conseguido	**hubiéramos** conseguido
hubieras conseguido	**hubierais** conseguido
hubiera conseguido	**hubieran** conseguido
OR	
hubiese conseguido	**hubiésemos** conseguido
hubieses conseguido	**hubieseis** conseguido
hubiese conseguido	**hubiesen** conseguido

imperativo

—	consig**amos**
consigu**e**;	consegu**id**;
no consig**as**	no consig**áis**
consig**a**	consig**an**

C

to constitute

participio de pasado **constituido**

SINGULAR	PLURAL	SINGULAR	PLURAL
presente de indicativo		**perfecto de indicativo**	
constituy**o**	constitu**imos**	**he** constituido	**hemos** constituido
constituy**es**	constitu**ís**	**has** constituido	**habéis** constituido
constituy**e**	constituy**en**	**ha** constituido	**han** constituido
imperfecto de indicativo		**pluscuamperfecto de indicativo**	
constitu**ía**	constitu**íamos**	**había** constituido	**habíamos** constituido
constitu**ías**	constitu**íais**	**habías** constituido	**habíais** constituido
constitu**ía**	constitu**ían**	**había** constituido	**habían** constituido
pretérito		**pretérito anterior**	
constitu**í**	constitu**imos**	**hube** constituido	**hubimos** constituido
constitu**iste**	constitu**isteis**	**hubiste** constituido	**hubisteis** constituido
constituy**ó**	constituy**eron**	**hubo** constituido	**hubieron** constituido
futuro		**futuro perfecto**	
constituir**é**	constituir**emos**	**habré** constituido	**habremos** constituido
constituir**ás**	constituir**éis**	**habrás** constituido	**habréis** constituido
constituir**á**	constituir**án**	**habrá** constituido	**habrán** constituido
condicional simple		**condicional compuesto**	
constituir**ía**	constituir**íamos**	**habría** constituido	**habríamos** constituido
constituir**ías**	constituir**íais**	**habrías** constituido	**habríais** constituido
constituir**ía**	constituir**ían**	**habría** constituido	**habrían** constituido
presente de subjuntivo		**perfecto de subjuntivo**	
constituy**a**	constituy**amos**	**haya** constituido	**hayamos** constituido
constituy**as**	constituy**áis**	**hayas** constituido	**hayáis** constituido
constituy**a**	constituy**an**	**haya** constituido	**hayan** constituido
imperfecto de subjuntivo		**pluscuamperfecto de subjuntivo**	
constituy**era**	constituy**éramos**	**hubiera** constituido	**hubiéramos** constituido
constituy**eras**	constituy**erais**	**hubieras** constituido	**hubierais** constituido
constituy**era**	constituy**eran**	**hubiera** constituido	**hubieran** constituido
OR		OR	
constituy**ese**	constituy**ésemos**	**hubiese** constituido	**hubiésemos** constituido
constituy**eses**	constituy**eseis**	**hubieses** constituido	**hubieseis** constituido
constituy**ese**	constituy**esen**	**hubiese** constituido	**hubiesen** constituido
imperativo			
—	constituy**amos**		
constituy**e**;	constitu**id**;		
no constituy**as**	no constituy**áis**		
constituy**a**	constituy**an**		

to construct, to build
construir

SINGULAR	PLURAL	SINGULAR	PLURAL
presente de indicativo		**perfecto de indicativo**	
construy**o**	construy**imos**	**he** construido	**hemos** construido
construy**es**	constru**ís**	**has** construido	**habéis** construido
construy**e**	construy**en**	**ha** construido	**han** construido
imperfecto de indicativo		**pluscuamperfecto de indicativo**	
construí**a**	construí**amos**	**había** construido	**habíamos** construido
construí**as**	construí**ais**	**habías** construido	**habíais** construido
construí**a**	construí**an**	**había** construido	**habían** construido
pretérito		**pretérito anterior**	
construí	constru**imos**	**hube** construido	**hubimos** construido
constru**iste**	constru**isteis**	**hubiste** construido	**hubisteis** construido
construy**ó**	construy**eron**	**hubo** construido	**hubieron** construido
futuro		**futuro perfecto**	
construir**é**	construir**emos**	**habré** construido	**habremos** construido
construir**ás**	construir**éis**	**habrás** construido	**habréis** construido
construir**á**	construir**án**	**habrá** construido	**habrán** construido
condicional simple		**condicional compuesto**	
construir**ía**	construir**íamos**	**habría** construido	**habríamos** construido
construir**ías**	construir**íais**	**habrías** construido	**habríais** construido
construir**ía**	construir**ían**	**habría** construido	**habrían** construido
presente de subjuntivo		**perfecto de subjuntivo**	
construy**a**	construy**amos**	**haya** construido	**hayamos** construido
construy**as**	construy**áis**	**hayas** construido	**hayáis** construido
construy**a**	construy**an**	**haya** construido	**hayan** construido
imperfecto de subjuntivo		**pluscuamperfecto de subjuntivo**	
construy**era**	construy**éramos**	**hubiera** construido	**hubiéramos** construido
construy**eras**	construy**erais**	**hubieras** construido	**hubierais** construido
construy**era**	construy**eran**	**hubiera** construido	**hubieran** construido
OR		OR	
construy**ese**	construy**ésemos**	**hubiese** construido	**hubiésemos** construido
construy**eses**	construy**eseis**	**hubieses** construido	**hubieseis** construido
construy**ese**	construy**esen**	**hubiese** construido	**hubiesen** construido
imperativo			
—	construy**amos**		
construy**e**;	constru**id**;		
no construy**as**	no construy**áis**		
construy**a**	construy**an**		

C

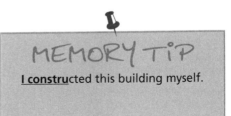

MEMORY TIP

I constructed this building myself.

gerundio contando   **participio de pasado** contado

SINGULAR	PLURAL	SINGULAR	PLURAL

presente de indicativo

cuento	contamos
cuentas	contáis
cuenta	cuentan

perfecto de indicativo

he contado	hemos contado
has contado	habéis contado
ha contado	han contado

imperfecto de indicativo

contaba	contábamos
contabas	contabais
contaba	contaban

pluscuamperfecto de indicativo

había contado	habíamos contado
habías contado	habíais contado
había contado	habían contado

pretérito

conté	contamos
contaste	contasteis
contó	contaron

pretérito anterior

hube contado	hubimos contado
hubiste contado	hubisteis contado
hubo contado	hubieron contado

futuro

contaré	contaremos
contarás	contaréis
contará	contarán

futuro perfecto

habré contado	habremos contado
habrás contado	habréis contado
habrá contado	habrán contado

condicional simple

contaría	contaríamos
contarías	contaríais
contaría	contarían

condicional compuesto

habría contado	habríamos contado
habrías contado	habríais contado
habría contado	habrían contado

presente de subjuntivo

cuente	contemos
cuentes	contéis
cuente	cuenten

perfecto de subjuntivo

haya contado	hayamos contado
hayas contado	hayáis contado
haya contado	hayan contado

imperfecto de subjuntivo

contara	contáramos
contaras	contarais
contara	contaran
OR	
contase	contásemos
contases	contaseis
contase	contasen

pluscuamperfecto de subjuntivo

hubiera contado	hubiéramos contado
hubieras contado	hubierais contado
hubiera contado	hubieran contado
OR	
hubiese contado	hubiésemos contado
hubieses contado	hubieseis contado
hubiese contado	hubiesen contado

imperativo

—	contemos
cuenta; no cuentes	contad; no contéis
cuente	cuenten

MUST KNOW VERB

gerundio **conteniendo**

participio de pasado **contenido**

SINGULAR	PLURAL	SINGULAR	PLURAL

presente de indicativo

conteng**o**	conten**emos**
contien**es**	conten**éis**
contien**e**	contien**en**

perfecto de indicativo

he contenido	**hemos** contenido
has contenido	**habéis** contenido
ha contenido	**han** contenido

imperfecto de indicativo

conten**ía**	conten**íamos**
conten**ías**	conten**íais**
conten**ía**	conten**ían**

pluscuamperfecto de indicativo

había contenido	**habíamos** contenido
habías contenido	**habíais** contenido
había contenido	**habían** contenido

C

pretérito

contuv**e**	contuv**imos**
contuv**iste**	contuv**isteis**
contuv**o**	contuv**ieron**

pretérito anterior

hube contenido	**hubimos** contenido
hubiste contenido	**hubisteis** contenido
hubo contenido	**hubieron** contenido

futuro

contendr**é**	contendr**emos**
contendr**ás**	contendr**éis**
contendr**á**	contendr**án**

futuro perfecto

habré contenido	**habremos** contenido
habrás contenido	**habréis** contenido
habrá contenido	**habrán** contenido

condicional simple

contendr**ía**	contendr**íamos**
contendr**ías**	contendr**íais**
contendr**ía**	contendr**ían**

condicional compuesto

habría contenido	**habríamos** contenido
habrías contenido	**habríais** contenido
habría contenido	**habrían** contenido

presente de subjuntivo

conteng**a**	conteng**amos**
conteng**as**	conteg**áis**
conteng**a**	conteng**an**

perfecto de subjuntivo

haya contenido	**hayamos** contenido
hayas contenido	**hayáis** contenido
haya contenido	**hayan** contenido

imperfecto de subjuntivo

contuv**iera**	contuv**iéramos**
contuv**ieras**	contuv**ierais**
contuv**iera**	contuv**ieran**
OR	
contuv**iese**	contuv**iésemos**
contuv**ieses**	contuv**ieseis**
contuv**iese**	contuv**iesen**

pluscuamperfecto de subjuntivo

hubiera contenido	**hubiéramos** contenido
hubieras contenido	**hubierais** contenido
hubiera contenido	**hubieran** contenido
OR	
hubiese contenido	**hubiésemos** contenido
hubieses contenido	**hubieseis** contenido
hubiese contenido	**hubiesen** contenido

imperativo

—	conteng**amos**
conten;	conten**ed**;
no conteng**as**	no conteg**áis**
conteng**a**	conteng**an**

229

gerundio **contestando**

participio de pasado **contestado**

SINGULAR	PLURAL	SINGULAR	PLURAL

presente de indicativo

SINGULAR	PLURAL
contest**o**	contest**amos**
contest**as**	contest**áis**
contest**a**	contest**an**

perfecto de indicativo

SINGULAR	PLURAL
he contestado	**hemos** contestado
has contestado	**habéis** contestado
ha contestado	**han** contestado

imperfecto de indicativo

SINGULAR	PLURAL
contest**aba**	contest**ábamos**
contest**abas**	contest**abais**
contest**aba**	contest**aban**

pluscuamperfecto de indicativo

SINGULAR	PLURAL
había contestado	**habíamos** contestado
habías contestado	**habíais** contestado
había contestado	**habían** contestado

pretérito

SINGULAR	PLURAL
contest**é**	contest**amos**
contest**aste**	contest**asteis**
contest**ó**	contest**aron**

pretérito anterior

SINGULAR	PLURAL
hube contestado	**hubimos** contestado
hubiste contestado	**hubisteis** contestado
hubo contestado	**hubieron** contestado

futuro

SINGULAR	PLURAL
contestar**é**	contestar**emos**
contestar**ás**	contestar**éis**
contestar**á**	contestar**án**

futuro perfecto

SINGULAR	PLURAL
habré contestado	**habremos** contestado
habrás contestado	**habréis** contestado
habrá contestado	**habrán** contestado

condicional simple

SINGULAR	PLURAL
contestar**ía**	contestar**íamos**
contestar**ías**	contestar**íais**
contestar**ía**	contestar**ían**

condicional compuesto

SINGULAR	PLURAL
habría contestado	**habríamos** contestado
habrías contestado	**habríais** contestado
habría contestado	**habrían** contestado

presente de subjuntivo

SINGULAR	PLURAL
contest**e**	contest**emos**
contest**es**	contest**éis**
contest**e**	contest**en**

perfecto de subjuntivo

SINGULAR	PLURAL
haya contestado	**hayamos** contestado
hayas contestado	**hayáis** contestado
haya contestado	**hayan** contestado

imperfecto de subjuntivo

SINGULAR	PLURAL
contest**ara**	contest**áramos**
contest**aras**	contest**arais**
contest**ara**	contest**aran**
OR	
contest**ase**	contest**ásemos**
contest**ases**	contest**aseis**
contest**ase**	contest**asen**

pluscuamperfecto de subjuntivo

SINGULAR	PLURAL
hubiera contestado	**hubiéramos** contestado
hubieras contestado	**hubierais** contestado
hubiera contestado	**hubieran** contestado
OR	
hubiese contestado	**hubiésemos** contestado
hubieses contestado	**hubieseis** contestado
hubiese contestado	**hubiesen** contestado

imperativo

SINGULAR	PLURAL
—	contest**emos**
contest**a**;	contest**ad**;
no contest**es**	no contest**éis**
contest**e**	contest**en**

to continue

gerundio **continuando**   participio de pasado **continuado**

SINGULAR	PLURAL
presente de indicativo	
continú**o**	continu**amos**
continú**as**	continú**áis**
continú**a**	continú**an**

imperfecto de indicativo	
continu**aba**	continu**ábamos**
continu**abas**	continu**abais**
continu**aba**	continu**aban**

pretérito	
continu**é**	continu**amos**
continu**aste**	continu**asteis**
continu**ó**	continu**aron**

futuro	
continuar**é**	continuar**emos**
continuar**ás**	continuar**éis**
continuar**á**	continuar**án**

condicional simple	
continuar**ía**	continuar**íamos**
continuar**ías**	continuar**íais**
continuar**ía**	continuar**ían**

presente de subjuntivo	
continú**e**	continu**emos**
continú**es**	continu**éis**
continú**e**	continú**en**

imperfecto de subjuntivo	
continu**ara**	continu**áramos**
continu**aras**	continu**arais**
continu**ara**	continu**aran**
OR	
continu**ase**	continu**ásemos**
continu**ases**	continu**aseis**
continu**ase**	continu**asen**

imperativo	
—	continu**emos**
continú**a**;	continu**ad**;
no continú**es**	no continu**éis**
continú**e**	continú**en**

SINGULAR	PLURAL
perfecto de indicativo	
he continuado	**hemos** continuado
has continuado	**habéis** continuado
ha continuado	**han** continuado

pluscuamperfecto de indicativo	
había continuado	**habíamos** continuado
habías continuado	**habíais** continuado
había continuado	**habían** continuado

pretérito anterior	
hube continuado	**hubimos** continuado
hubiste continuado	**hubisteis** continuado
hubo continuado	**hubieron** continuado

futuro perfecto	
habré continuado	**habremos** continuado
habrás continuado	**habréis** continuado
habrá continuado	**habrán** continuado

condicional compuesto	
habría continuado	**habríamos** continuado
habrías continuado	**habríais** continuado
habría continuado	**habrían** continuado

perfecto de subjuntivo	
haya continuado	**hayamos** continuado
hayas continuado	**hayáis** continuado
haya continuado	**hayan** continuado

pluscuamperfecto de subjuntivo	
hubiera continuado	**hubiéramos** continuado
hubieras continuado	**hubierais** continuado
hubiera continuado	**hubieran** continuado
OR	
hubiese continuado	**hubiésemos** continuado
hubieses continuado	**hubieseis** continuado
hubiese continuado	**hubiesen** continuado

C

to learn

gerundio contribuyendo   participio de pasado **contribuido**

SINGULAR	PLURAL	SINGULAR	PLURAL

presente de indicativo
contribuy**o**	contribu**imos**
contribuy**es**	contribu**ís**
contribuy**e**	contribuy**en**

perfecto de indicativo
he contribuido	**hemos** contribuido
has contribuido	**habéis** contribuido
ha contribuido	**han** contribuido

imperfecto de indicativo
contribu**ía**	contribu**íamos**
contribu**ías**	contribu**íais**
contribu**ía**	contribu**ían**

pluscuamperfecto de indicativo
había contribuido	**habíamos** contribuido
habías contribuido	**habíais** contribuido
había contribuido	**habían** contribuido

pretérito
contribu**í**	contribu**imos**
contribu**íste**	contribu**ísteis**
contribuy**ó**	contribuy**eron**

pretérito anterior
hube contribuido	**hubimos** contribuido
hubiste contribuido	**hubisteis** contribuido
hubo contribuido	**hubieron** contribuido

futuro
contribuir**é**	contribuir**emos**
contribuir**ás**	contribuir**éis**
contribuir**á**	contribuir**án**

futuro perfecto
habré contribuido	**habremos** contribuido
habrás contribuido	**habréis** contribuido
habrá contribuido	**habrán** contribuido

condicional simple
contribuir**ía**	contribuir**íamos**
contribuir**ías**	contribuir**íais**
contribuir**ía**	contribuir**ían**

condicional compuesto
habría contribuido	**habríamos** contribuido
habrías contribuido	**habríais** contribuido
habría contribuido	**habrían** contribuido

presente de subjuntivo
contribuy**a**	contribuy**amos**
contribuy**as**	contribuy**áis**
contribuy**a**	contribuy**an**

perfecto de subjuntivo
haya contribuido	**hayamos** contribuido
hayas contribuido	**hayáis** contribuido
haya contribuido	**hayan** contribuido

imperfecto de subjuntivo
contribuy**era**	contribuy**éramos**
contribuy**eras**	contribuy**erais**
contribuy**era**	contribuy**eran**
OR	
contribuy**ese**	contribuy**ésemos**
contribuy**eses**	contribuy**eseis**
contribuy**ese**	contribuy**esen**

pluscuamperfecto de subjuntivo
hubiera contribuido	**hubiéramos** contribuido
hubieras contribuido	**hubierais** contribuido
hubiera contribuido	**hubieran** contribuido
OR	
hubiese contribuido	**hubiésemos** contribuido
hubieses contribuido	**hubieseis** contribuido
hubiese contribuido	**hubiesen** contribuido

imperativo
—	contribuy**amos**
contribuy**e**;	contribu**id**;
no contribuy**as**	no contribuy**áis**
contribuy**a**	contribuy**an**

to convince

gerundio convenciendo   **participio de pasado** convencido

SINGULAR	PLURAL	SINGULAR	PLURAL

presente de indicativo

convenzo	convencemos
convences	convencéis
convence	convencen

perfecto de indicativo

he convencido	hemos convencido
has convencido	habéis convencido
ha convencido	han convencido

imperfecto de indicativo

convencía	convencíamos
convencías	convencíais
convencía	convencían

pluscuamperfecto de indicativo

había convencido	habíamos convencido
habías convencido	habíais convencido
había convencido	habían convencido

C

pretérito

convencí	convencimos
convenciste	convencisteis
convenció	convencieron

pretérito anterior

hube convencido	hubimos convencido
hubiste convencido	hubisteis convencido
hubo convencido	hubieron convencido

futuro

convenceré	convenceremos
convencerás	convenceréis
convencerá	convencerán

futuro perfecto

habré convencido	habremos convencido
habrás convencido	habréis convencido
habrá convencido	habrán convencido

condicional simple

convencería	convenceríamos
convencerías	convenceríais
convencería	convencerían

condicional compuesto

habría convencido	habríamos convencido
habrías convencido	habríais convencido
habría convencido	habrían convencido

presente de subjuntivo

convenza	convenzamos
convenzas	convenzáis
convenza	convenzan

perfecto de subjuntivo

haya convencido	hayamos convencido
hayas convencido	hayáis convencido
haya convencido	hayan convencido

imperfecto de subjuntivo

convenciera	convenciéramos
convencieras	convencierais
convenciera	convencieran
OR	
convenciese	convenciésemos
convencieses	convencieseis
convenciese	convenciesen

pluscuamperfecto de subjuntivo

hubiera convencido	hubiéramos convencido
hubieras convencido	hubierais convencido
hubiera convencido	hubieran convencido
OR	
hubiese convencido	hubiésemos convencido
hubieses convencido	hubieseis convencido
hubiese convencido	hubiesen convencido

imperativo

—	convenzamos
convence;	convenced;
no convenzas	no convenzáis
convenza	convenzan

MUST KNOW VERB

233

convenir

to convene, to agree

SINGULAR	PLURAL	SINGULAR	PLURAL

presente de indicativo

		perfecto de indicativo	
convengo	convenimos	**he** convenido	**hemos** convenido
convienes	convenís	**has** convenido	**habéis** convenido
conviene	convienen	**ha** convenido	**han** convenido

imperfecto de indicativo

		pluscuamperfecto de indicativo	
convenía	conveníamos	**había** convenido	**habíamos** convenido
convenías	conveníais	**habías** convenido	**habíais** convenido
convenía	convenían	**había** convenido	**habían** convenido

pretérito

		pretérito anterior	
convine	convinimos	**hube** convenido	**hubimos** convenido
conviniste	convinisteis	**hubiste** convenido	**hubisteis** convenido
convino	convinieron	**hubo** convenido	**hubieron** convenido

futuro

		futuro perfecto	
convendré	convendremos	**habré** convenido	**habremos** convenido
convendrás	convendréis	**habrás** convenido	**habréis** convenido
convendrá	convendrán	**habrá** convenido	**habrán** convenido

condicional simple

		condicional compuesto	
convendría	convendríamos	**habría** convenido	**habríamos** convenido
convendrías	convendríais	**habrías** convenido	**habríais** convenido
convendría	convendrían	**habría** convenido	**habrían** convenido

presente de subjuntivo

		perfecto de subjuntivo	
convenga	convengamos	**haya** convenido	**hayamos** convenido
convengas	convengáis	**hayas** convenido	**hayáis** convenido
convenga	convengan	**haya** convenido	**hayan** convenido

imperfecto de subjuntivo

		pluscuamperfecto de subjuntivo	
conviniera	conviniéramos	**hubiera** convenido	**hubiéramos** convenido
convinieras	convinierais	**hubieras** convenido	**hubierais** convenido
conviniera	convinieran	**hubiera** convenido	**hubieran** convenido
OR		OR	
conviniese	conviniésemos	**hubiese** convenido	**hubiésemos** convenido
convinieses	convinieseis	**hubieses** convenido	**hubieseis** convenido
conviniese	conviniesen	**hubiese** convenido	**hubiesen** convenido

imperativo

—	convengamos
conven;	convenid;
no convengas	no convengáis
convenga	convengan

to convert

gerundio **convirtiendo**   participio de pasado **convertido**

SINGULAR	PLURAL	SINGULAR	PLURAL

presente de indicativo

		perfecto de indicativo	
convierto	convertimos	**he** convertido	**hemos** convertido
conviertes	convertís	**has** convertido	**habéis** convertido
convierte	convierten	**ha** convertido	**han** convertido

imperfecto de indicativo

		pluscuamperfecto de indicativo	
convertía	convertíamos	**había** convertido	**habíamos** convertido
convertías	convertíais	**habías** convertido	**habíais** convertido
convertía	convertían	**había** convertido	**habían** convertido

pretérito

		pretérito anterior	
convertí	convertimos	**hube** convertido	**hubimos** convertido
convertiste	convertisteis	**hubiste** convertido	**hubisteis** convertido
convirtió	convirtieron	**hubo** convertido	**hubieron** convertido

futuro

		futuro perfecto	
convertiré	convertiremos	**habré** convertido	**habremos** convertido
convertirás	convertiréis	**habrás** convertido	**habréis** convertido
convertirá	convertirán	**habrá** convertido	**habrán** convertido

condicional simple

		condicional compuesto	
convertiría	convertiríamos	**habría** convertido	**habríamos** convertido
convertirías	convertiríais	**habrías** convertido	**habríais** convertido
convertiría	convertirían	**habría** convertido	**habrían** convertido

presente de subjuntivo

		perfecto de subjuntivo	
convierta	convirtamos	**haya** convertido	**hayamos** convertido
conviertas	convirtáis	**hayas** convertido	**hayáis** convertido
convierta	conviertan	**haya** convertido	**hayan** convertido

imperfecto de subjuntivo

		pluscuamperfecto de subjuntivo	
convirtiera	convirtiéramos	**hubiera** convertido	**hubiéramos** convertido
convirtieras	convirtierais	**hubieras** convertido	**hubierais** convertido
convirtiera	convirtieran	**hubiera** convertido	**hubieran** convertido
OR		OR	
convirtiese	convirtiésemos	**hubiese** convertido	**hubiésemos** convertido
convirtieses	convirtieseis	**hubieses** convertido	**hubieseis** convertido
convirtiese	convirtiesen	**hubiese** convertido	**hubiesen** convertido

imperativo

—	convirtamos
convierte;	convertid;
no conviertas	no convirtáis
convierta	conviertan

C

gerundio **convocando**   participio de pasado **convocado**

SINGULAR	PLURAL	SINGULAR	PLURAL

presente de indicativo

convoco	convocamos		
convocas	convocáis		
convoca	convocan		

perfecto de indicativo

he convocado	hemos convocado		
has convocado	habéis convocado		
ha convocado	han convocado		

imperfecto de indicativo

convocaba	convocábamos
convocabas	convocabais
convocaba	convocaban

pluscuamperfecto de indicativo

había convocado	habíamos convocado
habías convocado	habíais convocado
había convocado	habían convocado

pretérito

convoqué	convocamos
convocaste	convocasteis
convocó	convocaron

pretérito anterior

hube convocado	hubimos convocado
hubiste convocado	hubisteis convocado
hubo convocado	hubieron convocado

futuro

convocaré	convocaremos
convocarás	convocaréis
convocará	convocarán

futuro perfecto

habré convocado	habremos convocado
habrás convocado	habréis convocado
habrá convocado	habrán convocado

condicional simple

convocaría	convocaríamos
convocarías	convocaríais
convocaría	convocarían

condicional compuesto

habría convocado	habríamos convocado
habrías convocado	habríais convocado
habría convocado	habrían convocado

presente de subjuntivo

convoque	convoquemos
convoques	convoquéis
convoque	convoquen

perfecto de subjuntivo

haya convocado	hayamos convocado
hayas convocado	hayáis convocado
haya convocado	hayan convocado

imperfecto de subjuntivo

convocara	convocáramos
convocaras	copnvocarais
convocara	convocaran
OR	
convocase	convocásemos
convocases	convocaseis
convocase	convocasen

pluscuamperfecto de subjuntivo

hubiera convocado	hubiéramos convocado
hubieras convocado	hubierais convocado
hubiera convocado	hubieran convocado
OR	
hubiese convocado	hubiésemos convocado
hubieses convocado	hubieseis convocado
hubiese convocado	hubiesen convocado

imperativo

—	convoquemos
convoca;	convocad;
no convoques	no convoquéis
convoque	convoquen

gerundio **corrigiendo**   participio de pasado **corregido**

C

SINGULAR	PLURAL	SINGULAR	PLURAL

presente de indicativo

corrijo	corregimos
corriges	corregís
corrige	corrigen

perfecto de indicativo

he corregido	hemos corregido
has corregido	habéis corregido
ha corregido	han corregido

imperfecto de indicativo

corregía	corregíamos
corregías	corregíais
corregía	corregían

pluscuamperfecto de indicativo

había corregido	habíamos corregido
habías corregido	habíais corregido
había corregido	habían corregido

pretérito

corregí	corregimos
corregiste	corregisteis
corrigió	corrigieron

pretérito anterior

hube corregido	hubimos corregido
hubiste corregido	hubisteis corregido
hubo corregido	hubieron corregido

futuro

corregiré	corregiremos
corregirás	corregiréis
corregirá	corregirán

futuro perfecto

habré corregido	habremos corregido
habrás corregido	habréis corregido
habrá corregido	habrán corregido

condicional simple

corregiría	corregiríamos
corregirías	corregiríais
corregiría	corregirían

condicional compuesto

habría corregido	habríamos corregido
habrías corregido	habríais corregido
habría corregido	habrían corregido

presente de subjuntivo

corrija	corrijamos
corrijas	corrijáis
corrija	corrijan

perfecto de subjuntivo

haya corregido	hayamos corregido
hayas corregido	hayáis corregido
haya corregido	hayan corregido

imperfecto de subjuntivo

corrigiera	corrigiéramos
corrigieras	corrigierais
corrigiera	corrigieran
OR	
corrigiese	corrigiésemos
corrigieses	corrigieseis
corrigiese	corrigiesen

pluscuamperfecto de subjuntivo

hubiera corregido	hubiéramos corregido
hubieras corregido	hubierais corregido
hubiera corregido	hubieran corregido
OR	
hubiese corregido	hubiésemos corregido
hubieses corregido	hubieseis corregido
hubiese corregido	hubiesen corregido

imperativo

—	corrijamos
corrige; no corrijas	corregid; no corrijáis
corrija	corrijan

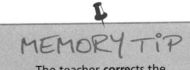

MEMORY TIP

The teacher **corre**cts the grammar mistake.

correr

to run, to race

gerundio **corriendo**   participio de pasado **corrido**

SINGULAR	PLURAL	SINGULAR	PLURAL

presente de indicativo

corr**o**	corr**emos**
corr**es**	corr**éis**
corr**e**	corr**en**

perfecto de indicativo

he corrido	**hemos** corrido
has corrido	**habéis** corrido
ha corrido	**han** corrido

imperfecto de indicativo

corr**ía**	corr**íamos**
corr**ías**	corr**íais**
corr**ía**	corr**ían**

pluscuamperfecto de indicativo

había corrido	**habíamos** corrido
habías corrido	**habíais** corrido
había corrido	**habían** corrido

pretérito

corr**í**	corr**imos**
corr**iste**	corr**isteis**
corr**ió**	corr**ieron**

pretérito anterior

hube corrido	**hubimos** corrido
hubiste corrido	**hubisteis** corrido
hubo corrido	**hubieron** corrido

futuro

correr**é**	correr**emos**
correr**ás**	correr**éis**
correr**á**	correr**án**

futuro perfecto

habré corrido	**habremos** corrido
habrás corrido	**habréis** corrido
habrá corrido	**habrán** corrido

condicional simple

correr**ía**	correr**íamos**
correr**ías**	correr**íais**
correr**ía**	correr**ían**

condicional compuesto

habría corrido	**habríamos** corrido
habrías corrido	**habríais** corrido
habría corrido	**habrían** corrido

presente de subjuntivo

corr**a**	corr**amos**
corr**as**	corr**áis**
corr**a**	corr**an**

perfecto de subjuntivo

haya corrido	**hayamos** corrido
hayas corrido	**hayáis** corrido
haya corrido	**hayan** corrido

imperfecto de subjuntivo

corr**iera**	corr**iéramos**
corr**ieras**	corr**ierais**
corr**iera**	corr**ieran**
OR	
corr**iese**	corr**iésemos**
corr**ieses**	corr**ieseis**
corr**iese**	corr**iesen**

pluscuamperfecto de subjuntivo

hubiera corrido	**hubiéramos** corrido
hubieras corrido	**hubierais** corrido
hubiera corrido	**hubieran** corrido
OR	
hubiese corrido	**hubiésemos** corrido
hubieses corrido	**hubieseis** corrido
hubiese corrido	**hubiesen** corrido

imperativo

—	corr**amos**
corr**e**; no corr**as**	corr**ed**; no corr**áis**
corr**a**	corr**an**

MEMORY TIP

Don't run in the <u>corridors</u>!

238

to cut

cortar

participio de pasado **cortado**

SINGULAR	PLURAL	SINGULAR	PLURAL

presente de indicativo

corto	cortamos
cortas	cortáis
corta	cortan

perfecto de indicativo

he cortado	hemos cortado
has cortado	habéis cortado
ha cortado	han cortado

imperfecto de indicativo

cortaba	cortábamos
cortabas	cortabais
cortaba	cortaban

pluscuamperfecto de indicativo

había cortado	habíamos cortado
habías cortado	habíais cortado
había cortado	habían cortado

C

pretérito

corté	cortamos
cortaste	cortasteis
cortó	cortaron

pretérito anterior

hube cortado	hubimos cortado
hubiste cortado	hubisteis cortado
hubo cortado	hubieron cortado

futuro

cortaré	cortaremos
cortarás	cortaréis
cortará	cortarán

futuro perfecto

habré cortado	habremos cortado
habrás cortado	habréis cortado
habrá cortado	habrán cortado

condicional simple

cortaría	cortaríamos
cortarías	cortaríais
cortaría	cortarían

condicional compuesto

habría cortado	habríamos cortado
habrías cortado	habríais cortado
habría cortado	habrían cortado

presente de subjuntivo

corte	cortemos
cortes	cortéis
corte	corten

perfecto de subjuntivo

haya cortado	hayamos cortado
hayas cortado	hayáis cortado
haya cortado	hayan cortado

imperfecto de subjuntivo

cortara	cortáramos
cortaras	cortarais
cortara	cortaran
OR	
cortase	cortásemos
cortases	cortaseis
cortase	cortasen

pluscuamperfecto de subjuntivo

hubiera cortado	hubiéramos cortado
hubieras cortado	hubierais cortado
hubiera cortado	hubieran cortado
OR	
hubiese cortado	hubiésemos cortado
hubieses cortado	hubieseis cortado
hubiese cortado	hubiesen cortado

imperativo

—	cortemos
corta; no cortes	cortad; no cortéis
corte	corten

gerundio **costando**   participio de pasado **costado**

SINGULAR	PLURAL
presente de indicativo	
cuesta	cuestan
imperfecto de indicativo	
costaba	costaban
pretérito	
costó	costaron
futuro	
costará	costarán
condicional simple	
costaría	costarían
presente de subjuntivo	
cueste	cuesten
imperfecto de subjuntivo	
costara	costaran
OR	
costase	costasen
imperativo	
¡Que cueste!	¡Que cuesten!

SINGULAR	PLURAL
perfecto de indicativo	
ha costado	han costado
pluscuamperfecto de indicativo	
había costado	habían costado
pretérito anterior	
hubo costado	hubieron costado
futuro perfecto	
habrá costado	habrán costado
condicional compuesto	
habría costado	habrían costado
perfecto de subjuntivo	
haya costado	hayan costado
pluscuamperfecto de subjuntivo	
hubiera costado	hubieran costado
OR	
hubiese costado	hubiesen costado

gerundio creando | **participio de pasado** creado

SINGULAR	PLURAL	SINGULAR	PLURAL

presente de indicativo

creo	creamos
creas	creáis
crea	crean

perfecto de indicativo

he creado	hemos creado
has creado	habéis creado
ha creado	han creado

imperfecto de indicativo

creaba	creábamos
creabas	creabais
creaba	creaban

pluscuamperfecto de indicativo

había creado	habíamos creado
habías creado	habíais creado
había creado	habían creado

C

pretérito

creé	creamos
creaste	creasteis
creó	crearon

pretérito anterior

hube creado	hubimos creado
hubiste creado	hubisteis creado
hubo creado	hubieron creado

futuro

crearé	crearemos
crearás	crearéis
creará	crearán

futuro perfecto

habré creado	habremos creado
habrás creado	habréis creado
habrá creado	habrán creado

condicional simple

crearía	crearíamos
crearías	crearíais
crearía	crearían

condicional compuesto

habría creado	habríamos creado
habrías creado	habríais creado
habría creado	habrían creado

presente de subjuntivo

cree	creemos
crees	creéis
cree	creen

perfecto de subjuntivo

haya creado	hayamos creado
hayas creado	hayáis creado
haya creado	hayan creado

imperfecto de subjuntivo

creara	creáramos
crearas	crearais
creara	crearan
OR	
crease	creásemos
creases	creaseis
crease	creasen

pluscuamperfecto de subjuntivo

hubiera creado	hubiéramos creado
hubieras creado	hubierais creado
hubiera creado	hubieran creado
OR	
hubiese creado	hubiésemos creado
hubieses creado	hubieseis creado
hubiese creado	hubiesen creado

imperativo

—	creemos
crea; no crees	cread; no creéis
cree	creen

gerundio **creciendo**   participio de pasado **crecido**

SINGULAR	PLURAL	SINGULAR	PLURAL

presente de indicativo

crezc**o**	crec**emos**
crec**es**	crec**éis**
crec**e**	crec**en**

perfecto de indicativo

he crecido	**hemos** crecido
has crecido	**habéis** crecido
ha crecido	**han** crecido

imperfecto de indicativo

crec**ía**	crec**íamos**
crec**ías**	crec**íais**
crec**ía**	crec**ían**

pluscuamperfecto de indicativo

había crecido	**habíamos** crecido
habías crecido	**habíais** crecido
había crecido	**habían** crecido

pretérito

crec**í**	crec**imos**
crec**iste**	crec**isteis**
crec**ió**	crec**ieron**

pretérito anterior

hube crecido	**hubimos** crecido
hubiste crecido	**hubisteis** crecido
hubo crecido	**hubieron** crecido

futuro

crecer**é**	crecer**emos**
crecer**ás**	crecer**éis**
crecer**á**	crecer**án**

futuro perfecto

habré crecido	**habremos** crecido
habrás crecido	**habréis** crecido
habrá crecido	**habrán** crecido

condicional simple

crecer**ía**	crecer**íamos**
crecer**ías**	crecer**íais**
crecer**ía**	crecer**ían**

condicional compuesto

habría crecido	**habríamos** crecido
habrías crecido	**habríais** crecido
habría crecido	**habrían** crecido

presente de subjuntivo

crezc**a**	crezc**amos**
crezc**as**	crezc**áis**
crezc**a**	crezc**an**

perfecto de subjuntivo

haya crecido	**hayamos** crecido
hayas crecido	**hayáis** crecido
haya crecido	**hayan** crecido

imperfecto de subjuntivo

crec**iera**	crec**iéramos**
crec**ieras**	crec**ierais**
crec**iera**	crec**ieran**
OR	
crec**iese**	crec**iésemos**
crec**ieses**	crec**ieseis**
crec**iese**	crec**iesen**

pluscuamperfecto de subjuntivo

hubiera crecido	**hubiéramos** crecido
hubieras crecido	**hubierais** crecido
hubiera crecido	**hubieran** crecido
OR	
hubiese crecido	**hubiésemos** crecido
hubieses crecido	**hubieseis** crecido
hubiese crecido	**hubiesen** crecido

imperativo

—	crezcamos
crece; no crezcas	creced; no crezcáis
crezca	crezcan

gerundio **creyendo**   participio de pasado **creído**

SINGULAR	PLURAL	SINGULAR	PLURAL

presente de indicativo

		perfecto de indicativo	
creo	creemos	**he** creído	**hemos** creído
crees	creéis	**has** creído	**habéis** creído
cree	creen	**ha** creído	**han** creído

imperfecto de indicativo

		pluscuamperfecto de indicativo	
creía	creíamos	**había** creído	**habíamos** creído
creías	creíais	**habías** creído	**habíais** creído
creía	creían	**había** creído	**habían** creído

C

pretérito

		pretérito anterior	
creí	creímos	**hube** creído	**hubimos** creído
creíste	creísteis	**hubiste** creído	**hubisteis** creído
creyó	creyeron	**hubo** creído	**hubieron** creído

futuro

		futuro perfecto	
creeré	creeremos	**habré** creído	**habremos** creído
creerás	creeréis	**habrás** creído	**habréis** creído
creerá	creerán	**habrá** creído	**habrán** creído

condicional simple

		condicional compuesto	
creería	creeríamos	**habría** creído	**habríamos** creído
creería	creeríais	**habrías** creído	**habríais** creído
creería	creerían	**habría** creído	**habrían** creído

presente de subjuntivo

		perfecto de subjuntivo	
crea	creamos	**haya** creído	**hayamos** creído
creas	creáis	**hayas** creído	**hayáis** creído
crea	crean	**haya** creído	**hayan** creído

imperfecto de subjuntivo

		pluscuamperfecto de subjuntivo	
creyera	creyéramos	**hubiera** creído	**hubiéramos** creído
creyeras	creyerais	**hubieras** creído	**hubierais** creído
creyera	creyeran	**hubiera** creído	**hubieran** creído
OR		OR	
creyese	creyésemos	**hubiese** creído	**hubiésemos** creído
creyeses	creyeseis	**hubieses** creído	**hubieseis** creído
creyese	creyesen	**hubiese** creído	**hubiesen** creído

imperativo

—	creamos
cree; no creas	creed; no creáis
crea	crean

MUST KNOW VERB

gerundio **criando**   participio de pasado **criado**

SINGULAR	PLURAL	SINGULAR	PLURAL

presente de indicativo

crío	criamos
crías	criáis
cría	crían

perfecto de indicativo

he criado	**hemos** criado
has criado	**habéis** criado
ha criado	**han** criado

imperfecto de indicativo

criaba	criábamos
criabas	criabais
criaba	criaban

pluscuamperfecto de indicativo

había criado	**habíamos** criado
habías criado	**habíais** criado
había criado	**habían** criado

pretérito

crié	criamos
criaste	criasteis
crió	criaron

pretérito anterior

hube criado	**hubimos** criado
hubiste criado	**hubisteis** criado
hubo criado	**hubieron** criado

futuro

criaré	criaremos
criarás	criaréis
criará	criarán

futuro perfecto

habré criado	**habremos** criado
habrás criado	**habréis** criado
habrá criado	**habrán** criado

condicional simple

criaría	criaríamos
criarías	criaríais
criaría	criarían

condicional compuesto

habría criado	**habríamos** criado
habrías criado	**habríais** criado
habría criado	**habrían** criado

presente de subjuntivo

críe	criemos
críes	criéis
críe	crien

perfecto de subjuntivo

haya criado	**hayamos** criado
hayas criado	**hayáis** criado
haya criado	**hayan** criado

imperfecto de subjuntivo

criara	criáramos
criaras	criarais
criara	criaran
OR	
criase	criásemos
criases	criaseis
criase	criasen

pluscuamperfecto de subjuntivo

hubiera criado	**hubiéramos** criado
hubieras criado	**hubierais** criado
hubiera criado	**hubieran** criado
OR	
hubiese criado	**hubiésemos** criado
hubieses criado	**hubieseis** criado
hubiese criado	**hubiesen** criado

imperativo

—	criemos
cría; no críes	criad; no criéis
críe	crien

to cross

gerundio **cruzando**   participio de pasado **cruzado**

SINGULAR	PLURAL		SINGULAR	PLURAL

presente de indicativo
cruzo	cruzamos
cruzas	cruzáis
cruza	cruzan

perfecto de indicativo
he cruzado	hemos cruzado
has cruzado	habéis cruzado
ha cruzado	han cruzado

imperfecto de indicativo
cruzaba	cruzábamos
cruzabas	cruzabais
cruzaba	cruzaban

pluscuamperfecto de indicativo
había cruzado	habíamos cruzado
habías cruzado	habíais cruzado
había cruzado	habían cruzado

pretérito
crucé	cruzamos
cruzaste	cruzasteis
cruzó	cruzaron

pretérito anterior
hube cruzado	hubimos cruzado
hubiste cruzado	hubisteis cruzado
hubo cruzado	hubieron cruzado

futuro
cruzaré	cruzaremos
cruzarás	cruzaréis
cruzará	cruzarán

futuro perfecto
habré cruzado	habremos cruzado
habrás cruzado	habréis cruzado
habrá cruzado	habrán cruzado

condicional simple
cruzaría	cruzaríamos
cruzarías	cruzaríais
cruzaría	cruzarían

condicional compuesto
habría cruzado	habríamos cruzado
habrías cruzado	habríais cruzado
habría cruzado	habrían cruzado

presente de subjuntivo
cruce	crucemos
cruces	crucéis
cruce	crucen

perfecto de subjuntivo
haya cruzado	hayamos cruzado
hayas cruzado	hayáis cruzado
haya cruzado	hayan cruzado

imperfecto de subjuntivo
cruzara	cruzáramos
cruzaras	cruzarais
cruzara	cruzaran
OR	
cruzase	cruzásemos
cruzases	cruzaseis
cruzase	cruzasen

pluscuamperfecto de subjuntivo
hubiera cruzado	hubiéramos cruzado
hubieras cruzado	hubierais cruzado
hubiera cruzado	hubieran cruzado
OR	
hubiese cruzado	hubiésemos cruzado
hubieses cruzado	hubieseis cruzado
hubiese cruzado	hubiesen cruzado

imperativo
—	crucemos
cruza; no cruces	cruzad; no crucéis
cruce	crucen

C

gerundio cubriendo

participio de pasado cubierto

SINGULAR	PLURAL	SINGULAR	PLURAL

presente de indicativo

cubro	cubrimos		
cubres	cubrís		
cubre	cubren		

perfecto de indicativo

he cubierto	hemos cubierto		
has cubierto	habéis cubierto		
ha cubierto	han cubierto		

imperfecto de indicativo

cubría	cubríamos
cubrías	cubríais
cubría	cubrían

pluscuamperfecto de indicativo

había cubierto	habíamos cubierto
habías cubierto	habíais cubierto
había cubierto	habían cubierto

pretérito

cubrí	cubrimos
cubriste	cubristeis
cubrió	cubrieron

pretérito anterior

hube cubierto	hubimos cubierto
hubiste cubierto	hubisteis cubierto
hubo cubierto	hubieron cubierto

futuro

cubriré	cubriremos
cubrirás	cubriréis
cubrirá	cubrirán

futuro perfecto

habré cubierto	habremos cubierto
habrás cubierto	habréis cubierto
habrá cubierto	habrán cubierto

condicional simple

cubriría	cubriríamos
cubrirías	cubriríais
cubriría	cubrirían

condicional compuesto

habría cubierto	habríamos cubierto
habrías cubierto	habríais cubierto
habría cubierto	habrían cubierto

presente de subjuntivo

cubra	cubramos
cubras	cubráis
cubra	cubran

perfecto de subjuntivo

haya cubierto	hayamos cubierto
hayas cubierto	hayáis cubierto
haya cubierto	hayan cubierto

imperfecto de subjuntivo

cubriera	cubriéramos
cubrieras	cubrierais
cubriera	cubrieran
OR	
cubriese	cubriésemos
cubrieses	cubrieseis
cubriese	cubriesen

pluscuamperfecto de subjuntivo

hubiera cubierto	hubiéramos cubierto
hubieras cubierto	hubierais cubierto
hubiera cubierto	hubieran cubierto
OR	
hubiese cubierto	hubiésemos cubierto
hubieses cubierto	hubieseis cubierto
hubiese cubierto	hubiesen cubierto

imperativo

—	cubramos
cubre; no cubras	cubrid; no cubráis
cubra	cubran

to take care of oneself

gerundio cuidandose   **participio de pasado** cuidado

SINGULAR	PLURAL	SINGULAR	PLURAL

presente de indicativo

		perfecto de indicativo	
me cuido	nos cuidamos	me he cuidado	nos hemos cuidado
te cuidas	os cuidáis	te has cuidado	os habéis cuidado
se cuida	se cuidan	se ha cuidado	se han cuidado

imperfecto de indicativo

		pluscuamperfecto de indicativo	
me cuidaba	nos cuidábamos	me había cuidado	nos habíamos cuidado
te cuidabas	os cuidabais	te habías cuidado	os habíais cuidado
se cuidaba	se cuidaban	se había cuidado	se habían cuidado

C

pretérito

		pretérito anterior	
me cuidé	nos cuidamos	me hube cuidado	nos hubimos cuidado
te cuidaste	os cuidasteis	te hubiste cuidado	os hubisteis cuidado
se cuidó	se cuidaron	se hubo cuidado	se hubieron cuidado

futuro

		futuro perfecto	
me cuidaré	nos cuidaremos	me habré cuidado	nos habremos cuidado
te cuidarás	os cuidaréis	te habrás cuidado	os habréis cuidado
se cuidará	se cuidarán	se habrá cuidado	se habrán cuidado

condicional simple

		condicional compuesto	
me cuidaría	nos cuidaríamos	me habría cuidado	nos habríamos cuidado
te cuidarías	os cuidaríais	te habrías cuidado	os habríais cuidado
se cuidaría	se cuidarían	se habría cuidado	se habrían cuidado

presente de subjuntivo

		perfecto de subjuntivo	
me cuide	nos cuidemos	me haya cuidado	nos hayamos cuidado
te cuides	os cuidéis	te hayas cuidado	os hayáis cuidado
se cuide	se cuiden	se haya cuidado	se hayan cuidado

imperfecto de subjuntivo

		pluscuamperfecto de subjuntivo	
me cuidara	nos cuidáramos	me hubiera cuidado	nos hubiéramos cuidado
te cuidaras	os cuidarais	te hubieras cuidado	os hubierais cuidado
se cuidara	se cuidaran	se hubiera cuidado	se hubieran cuidado
OR		OR	
me cuidase	nos cuidásemos	me hubiese cuidado	nos hubiésemos cuidado
te cuidases	os cuidaseis	te hubieses cuidado	os hubieseis cuidado
se cuidase	se cuidasen	se hubiese cuidado	se hubiesen cuidado

imperativo

—	cuidémonos; no nos cuidemos
cuídate; no te cuides	cuidaos; no os cuidéis
cuídese; no se cuide	cuídense; no se cuiden

SINGULAR	PLURAL	SINGULAR	PLURAL

presente de indicativo

cumpl**o**	cumpl**imos**
cumpl**es**	cumpl**ís**
cumpl**e**	cumpl**en**

perfecto de indicativo

he cumplido	**hemos** cumplido
has cumplido	**habéis** cumplido
ha cumplido	**han** cumplido

imperfecto de indicativo

cumpl**ía**	cumpl**íamos**
cumpl**ías**	cumpl**íais**
cumpl**ía**	cumpl**ían**

pluscuamperfecto de indicativo

había cumplido	**habíamos** cumplido
habías cumplido	**habíais** cumplido
había cumplido	**habían** cumplido

pretérito

cumpl**í**	cumpl**imos**
cumpl**iste**	cumpl**isteis**
cumpl**ió**	cumpl**ieron**

pretérito anterior

hube cumplido	**hubimos** cumplido
hubiste cumplido	**hubisteis** cumplido
hubo cumplido	**hubieron** cumplido

futuro

cumplir**é**	cumplir**emos**
cumplir**ás**	cumplir**éis**
cumplir**á**	cumplir**án**

futuro perfecto

habré cumplido	**habremos** cumplido
habrás cumplido	**habréis** cumplido
habrá cumplido	**habrán** cumplido

condicional simple

cumplir**ía**	cumplir**íamos**
cumplir**ías**	cumplir**íais**
cumplir**ía**	cumplir**ían**

condicional compuesto

habría cumplido	**habríamos** cumplido
habrías cumplido	**habríais** cumplido
habría cumplido	**habrían** cumplido

presente de subjuntivo

cumpl**a**	cumpl**amos**
cumpl**as**	cumpl**áis**
cumpl**a**	cumpl**an**

perfecto de subjuntivo

haya cumplido	**hayamos** cumplido
hayas cumplido	**hayáis** cumplido
haya cumplido	**hayan** cumplido

imperfecto de subjuntivo

cumplie**ra**	cumplié**ramos**
cumplie**ras**	cumplie**rais**
cumplie**ra**	cumplie**ran**
OR	
cumplie**se**	cumplié**semos**
cumplie**ses**	cumplie**seis**
cumplie**se**	cumplie**sen**

pluscuamperfecto de subjuntivo

hubiera cumplido	**hubiéramos** cumplido
hubieras cumplido	**hubierais** cumplido
hubiera cumplido	**hubieran** cumplido
OR	
hubiese cumplido	**hubiésemos** cumplido
hubieses cumplido	**hubieseis** cumplido
hubiese cumplido	**hubiesen** cumplido

imperativo

—	cumpl**amos**
cumpl**e**; no cumpl**as**	cumpl**id**; no cumpl**áis**
cumpl**a**	cumpl**an**

gerundio dando   **participio de pasado** dado

SINGULAR	PLURAL	SINGULAR	PLURAL

presente de indicativo

doy	damos
das	dais
da	dan

perfecto de indicativo

he dado	hemos dado
has dado	habéis dado
ha dado	han dado

imperfecto de indicativo

daba	dábamos
dabas	dabais
daba	daban

pluscuamperfecto de indicativo

había dado	habíamos dado
habías dado	habíais dado
había dado	habían dado

D

pretérito

di	dimos
diste	disteis
dio	dieron

pretérito anterior

hube dado	hubimos dado
hubiste dado	hubisteis dado
hubo dado	hubieron dado

futuro

daré	daremos
darás	daréis
dará	darán

futuro perfecto

habré dado	habremos dado
habrás dado	habréis dado
habrá dado	habrán dado

condicional simple

daría	daríamos
darías	daríais
daría	darían

condicional compuesto

habría dado	habríamos dado
habrías dado	habríais dado
habría dado	habrían dado

presente de subjuntivo

dé	demos
des	deis
dé	den

perfecto de subjuntivo

haya dado	hayamos dado
hayas dado	hayáis dado
haya dado	hayan dado

imperfecto de subjuntivo

diera	diéramos
dieras	dierais
diera	dieran
OR	
diese	diésemos
dieses	dieseis
diese	diesen

pluscuamperfecto de subjuntivo

hubiera dado	hubiéramos dado
hubieras dado	hubierais dado
hubiera dado	hubieran dado
OR	
hubiese dado	hubiésemos dado
hubieses dado	hubieseis dado
hubiese dado	hubiesen dado

imperativo

—	demos
da; no des	dad; no deis
dé	den

MUST KNOW VERB

gerundio **debiendo** participio de pasado **debido**

SINGULAR	PLURAL	SINGULAR	PLURAL

presente de indicativo

deb**o**	deb**emos**
deb**es**	deb**éis**
deb**e**	deb**en**

perfecto de indicativo

he debido	**hemos** debido
has debido	**habéis** debido
ha debido	**han** debido

imperfecto de indicativo

deb**ía**	deb**íamos**
deb**ías**	deb**íais**
deb**ía**	deb**ían**

pluscuamperfecto de indicativo

había debido	**habíamos** debido
habías debido	**habíais** debido
había debido	**habían** debido

pretérito

deb**í**	deb**imos**
deb**iste**	deb**isteis**
deb**ió**	deb**ieron**

pretérito anterior

hube debido	**hubimos** debido
hubiste debido	**hubisteis** debido
hubo debido	**hubieron** debido

futuro

deber**é**	deber**emos**
deber**ás**	deber**éis**
deber**á**	deber**án**

futuro perfecto

habré debido	**habremos** debido
habrás debido	**habréis** debido
habrá debido	**habrán** debido

condicional simple

deber**ía**	deber**íamos**
deber**ías**	deber**íais**
deber**ía**	deber**ían**

condicional compuesto

habría debido	**habríamos** debido
habrías debido	**habríais** debido
habría debido	**habrían** debido

presente de subjuntivo

deb**a**	deb**amos**
deb**as**	deb**áis**
deb**a**	deb**an**

perfecto de subjuntivo

haya debido	**hayamos** debido
hayas debido	**hayáis** debido
haya debido	**hayan** debido

imperfecto de subjuntivo

deb**iera**	deb**iéramos**
deb**ieras**	deb**ierais**
deb**iera**	deb**ieran**
OR	
deb**iese**	deb**iésemos**
deb**ieses**	deb**ieseis**
deb**iese**	deb**iesen**

pluscuamperfecto de subjuntivo

hubiera debido	**hubiéramos** debido
hubieras debido	**hubierais** debido
hubiera debido	**hubieran** debido
OR	
hubiese debido	**hubiésemos** debido
hubieses debido	**hubieseis** debido
hubiese debido	**hubiesen** debido

imperativo

—	deb**amos**
deb**e**; no deb**as**	deb**ed**; no deb**áis**
deb**a**	deb**an**

MEMORY TIP

He owes a large **debt**.

to decide

gerundio **decidiendo**   participio de pasado **decidido**

SINGULAR	PLURAL	SINGULAR	PLURAL

presente de indicativo

		perfecto de indicativo	
decido	decidimos	**he** decidido	**hemos** decidido
decides	decidís	**has** decidido	**habéis** decidido
decide	deciden	**ha** decidido	**han** decidido

imperfecto de indicativo

		pluscuamperfecto de indicativo	
decidía	decidíamos	**había** decidido	**habíamos** decidido
decidías	decidíais	**habías** decidido	**habíais** decidido
decidía	decidían	**había** decidido	**habían** decidido

D

pretérito

		pretérito anterior	
decidí	decidimos	**hube** decidido	**hubimos** decidido
decidiste	decidisteis	**hubiste** decidido	**hubisteis** decidido
decidió	decidieron	**hubo** decidido	**hubieron** decidido

futuro

		futuro perfecto	
decidiré	decidiremos	**habré** decidido	**habremos** decidido
decidirás	decidiréis	**habrás** decidido	**habréis** decidido
decidirá	decidirán	**habrá** decidido	**habrán** decidido

condicional simple

		condicional compuesto	
decidiría	decidiríamos	**habría** decidido	**habríamos** decidido
decidirías	decidiríais	**habrías** decidido	**habríais** decidido
decidiría	decidirían	**habría** decidido	**habrían** decidido

presente de subjuntivo

		perfecto de subjuntivo	
decida	decidamos	**haya** decidido	**hayamos** decidido
decidas	decidáis	**hayas** decidido	**hayáis** decidido
decida	decidan	**haya** decidido	**hayan** decidido

imperfecto de subjuntivo

		pluscuamperfecto de subjuntivo	
decidiera	decidiéramos	**hubiera** decidido	**hubiéramos** decidido
decidieras	decidierais	**hubieras** decidido	**hubierais** decidido
decidiera	decidieran	**hubiera** decidido	**hubieran** decidido
OR		OR	
decidiese	decidiésemos	**hubiese** decidido	**hubiésemos** decidido
decidieses	decidieseis	**hubieses** decidido	**hubieseis** decidido
decidiese	decidiesen	**hubiese** decidido	**hubiesen** decidido

imperativo

—	decidamos
decide; no decidas	decidid; no decidáis
decida	decidan

gerundio **diciendo**   participio de pasado **dicho**

SINGULAR	PLURAL	SINGULAR	PLURAL

presente de indicativo

dig**o**	dec**imos**
dic**es**	dec**ís**
dic**e**	dic**en**

perfecto de indicativo

he dicho	**hemos** dicho
has dicho	**habéis** dicho
ha dicho	**han** dicho

imperfecto de indicativo

dec**ía**	dec**íamos**
dec**ías**	dec**íais**
dec**ía**	dec**ían**

pluscuamperfecto de indicativo

había dicho	**habíamos** dicho
habías dicho	**habíais** dicho
había dicho	**habían** dicho

pretérito

dij**e**	dij**imos**
dij**iste**	dij**isteis**
dij**o**	dij**eron**

pretérito anterior

hube dicho	**hubimos** dicho
hubiste dicho	**hubisteis** dicho
hubo dicho	**hubieron** dicho

futuro

dir**é**	dir**emos**
dir**ás**	dir**éis**
dir**á**	dir**án**

futuro perfecto

habré dicho	**habremos** dicho
habrás dicho	**habréis** dicho
habrá dicho	**habrán** dicho

condicional simple

dir**ía**	dir**íamos**
dir**ías**	dir**íais**
dir**ía**	dir**ían**

condicional compuesto

habría dicho	**habríamos** dicho
habrías dicho	**habríais** dicho
habría dicho	**habrían** dicho

presente de subjuntivo

dig**a**	dig**amos**
dig**as**	dig**áis**
dig**a**	dig**an**

perfecto de subjuntivo

haya dicho	**hayamos** dicho
hayas dicho	**hayáis** dicho
haya dicho	**hayan** dicho

imperfecto de subjuntivo

dij**era**	dij**éramos**
dij**eras**	dij**erais**
dij**era**	dij**eran**
OR	
dij**ese**	dij**ésemos**
dij**eses**	dij**eseis**
dij**ese**	dij**esen**

pluscuamperfecto de subjuntivo

hubiera dicho	**hubiéramos** dicho
hubieras dicho	**hubierais** dicho
hubiera dicho	**hubieran** dicho
OR	
hubiese dicho	**hubiésemos** dicho
hubieses dicho	**hubieseis** dicho
hubiese dicho	**hubiesen** dicho

imperativo

—	digamos
di; no digas	decid; no digáis
diga	digan

MUST KNOW VERB

252

to declare

gerundio **declarando**

participio de pasado **declarado**

SINGULAR	PLURAL	SINGULAR	PLURAL

D

presente de indicativo

		perfecto de indicativo	
declaro	declaramos	**he** declarado	**hemos** declarado
declaras	declaráis	**has** declarado	**habéis** declarado
declara	declaran	**ha** declarado	**han** declarado

imperfecto de indicativo

		pluscuamperfecto de indicativo	
declaraba	declarábamos	**había** declarado	**habíamos** declarado
declarabas	declarabais	**habías** declarado	**habíais** declarado
declaraba	declaraban	**había** declarado	**habían** declarado

pretérito

		pretérito anterior	
declaré	declaramos	**hube** declarado	**hubimos** declarado
declaraste	declarasteis	**hubiste** declarado	**hubisteis** declarado
declaró	declararon	**hubo** declarado	**hubieron** declarado

futuro

		futuro perfecto	
declararé	declararemos	**habré** declarado	**habremos** declarado
declararás	declararéis	**habrás** declarado	**habréis** declarado
declarará	declararán	**habrá** declarado	**habrán** declarado

condicional simple

		condicional compuesto	
declararía	declararíamos	**habría** declarado	**habríamos** declarado
declararías	declararíais	**habrías** declarado	**habríais** declarado
declararía	declararían	**habría** declarado	**habrían** declarado

presente de subjuntivo

		perfecto de subjuntivo	
declare	declaremos	**haya** declarado	**hayamos** declarado
declares	declaréis	**hayas** declarado	**hayáis** declarado
declare	declaren	**haya** declarado	**hayan** declarado

imperfecto de subjuntivo

		pluscuamperfecto de subjuntivo	
declarara	declaráramos	**hubiera** declarado	**hubiéramos** declarado
declararas	declararais	**hubieras** declarado	**hubierais** declarado
declarara	declararan	**hubiera** declarado	**hubieran** declarado
OR		OR	
declarase	declarásemos	**hubiese** declarado	**hubiésemos** declarado
declarases	declaraseis	**hubieses** declarado	**hubieseis** declarado
declarase	declarasen	**hubiese** declarado	**hubiesen** declarado

imperativo

—	declaremos
declara; no declares	declarad; no declaréis
declare	declaren

253

gerundio **dedicando**

participio de pasado **dedicado**

SINGULAR	PLURAL	SINGULAR	PLURAL

presente de indicativo

dedic**o**	dedic**amos**
dedic**as**	dedic**áis**
dedic**a**	dedic**an**

perfecto de indicativo

he dedicado	**hemos** dedicado
has dedicado	**habéis** dedicado
ha dedicado	**han** dedicado

imperfecto de indicativo

dedic**aba**	dedic**ábamos**
dedic**abas**	dedic**abais**
dedic**aba**	dedic**aban**

pluscuamperfecto de indicativo

había dedicado	**habíamos** dedicado
habías dedicado	**habíais** dedicado
había dedicado	**habían** dedicado

pretérito

dediqu**é**	dedic**amos**
dedic**aste**	dedic**asteis**
dedic**ó**	dedic**aron**

pretérito anterior

hube dedicado	**hubimos** dedicado
hubiste dedicado	**hubisteis** dedicado
hubo dedicado	**hubieron** dedicado

futuro

dedicar**é**	dedicar**emos**
dedicar**ás**	dedicar**éis**
dedicar**á**	dedicar**án**

futuro perfecto

habré dedicado	**habremos** dedicado
habrás dedicado	**habréis** dedicado
habrá dedicado	**habrán** dedicado

condicional simple

dedicar**ía**	dedicar**íamos**
dedicar**ías**	dedicar**íais**
dedicar**ía**	dedicar**ían**

condicional compuesto

habría dedicado	**habríamos** dedicado
habrías dedicado	**habríais** dedicado
habría dedicado	**habrían** dedicado

presente de subjuntivo

dediqu**e**	dediqu**emos**
dediqu**es**	dediqu**éis**
dediqu**e**	dediqu**en**

perfecto de subjuntivo

haya dedicado	**hayamos** dedicado
hayas dedicado	**hayáis** dedicado
haya dedicado	**hayan** dedicado

imperfecto de subjuntivo

dedic**ara**	dedic**áramos**
dedic**aras**	dedic**arais**
dedic**ara**	dedic**aran**
OR	
dedic**ase**	dedic**ásemos**
dedic**ases**	dedic**aseis**
dedic**ase**	dedic**asen**

pluscuamperfecto de subjuntivo

hubiera dedicado	**hubiéramos** dedicado
hubieras dedicado	**hubierais** dedicado
hubiera dedicado	**hubieran** dedicado
OR	
hubiese dedicado	**hubiésemos** dedicado
hubieses dedicado	**hubieseis** dedicado
hubiese dedicado	**hubiesen** dedicado

imperativo

—	dediquemos
dedica; no dediques	dedicad; no dediquéis
dedique	dediquen

to devote oneself — dedicarse

SINGULAR	PLURAL	SINGULAR	PLURAL

presente de indicativo

me dedic**o**	nos dedic**amos**		
te dedic**as**	os dedic**áis**		
se dedic**a**	se dedic**an**		

perfecto de indicativo

me he dedicado	**nos hemos** dedicado
te has dedicado	**os habéis** dedicado
se ha dedicado	**se han** dedicado

imperfecto de indicativo

me dedic**aba**	nos dedic**ábamos**
te dedic**abas**	os dedic**abais**
se dedic**aba**	se dedic**aban**

pluscuamperfecto de indicativo

me había dedicado	**nos habíamos** dedicado
te habías dedicado	**os habíais** dedicado
se había dedicado	**se habían** dedicado

D

pretérito

me dediqu**é**	nos dedic**amos**
te dedic**aste**	os dedic**asteis**
se dedic**ó**	se dedic**aron**

pretérito anterior

me hube dedicado	**nos hubimos** dedicado
te hubiste dedicado	**os hubisteis** dedicado
se hubo dedicado	**se hubieron** dedicado

futuro

me dedicar**é**	nos dedicar**emos**
te dedicar**ás**	os dedicar**éis**
se dedicar**á**	se dedicar**án**

futuro perfecto

me habré dedicado	**nos habremos** dedicado
te habrás dedicado	**os habréis** dedicado
se habrá dedicado	**se habrán** dedicado

condicional simple

me dedicar**ía**	nos dedicar**íamos**
te dedicar**ías**	os dedicar**íais**
se dedicar**ía**	se dedicar**ían**

condicional compuesto

me habría dedicado	**nos habríamos** dedicado
te habrías dedicado	**os habríais** dedicado
se habría dedicado	**se habrían** dedicado

presente de subjuntivo

me dediqu**e**	nos dediqu**emos**
te dediqu**es**	os dediqu**éis**
se dediqu**e**	se dediqu**en**

perfecto de subjuntivo

me haya dedicado	**nos hayamos** dedicado
te hayas dedicado	**os hayáis** dedicado
se haya dedicado	**se hayan** dedicado

imperfecto de subjuntivo

me dedic**ara**	nos dedic**áramos**
te dedic**aras**	os dedic**arais**
se dedic**ara**	se dedic**aran**
OR	
me dedic**ase**	nos dedic**ásemos**
te dedic**ases**	os dedic**aseis**
se dedic**ase**	se dedic**asen**

pluscuamperfecto de subjuntivo

me hubiera dedicado	**nos hubiéramos** dedicado
te hubieras dedicado	**os hubierais** dedicado
se hubiera dedicado	**se hubieran** dedicado
OR	
me hubiese dedicado	**nos hubiésemos** dedicado
te hubieses dedicado	**os hubieseis** dedicado
se hubiese dedicado	**se hubiesen** dedicado

imperativo

—	dediquémonos
dedícate;	dedicaos;
no te dediques	no os dediquéis
dedíquese	dedíquense

deducir
to deduce, to infer, to assume

gerundio **deduciendo** participio de pasado **deducido**

SINGULAR	PLURAL	SINGULAR	PLURAL

presente de indicativo
deduzco	deducimos		
deduces	deducís		
deduce	deducen		

perfecto de indicativo
he deducido	hemos deducido
has deducido	habéis deducido
ha deducido	han deducido

imperfecto de indicativo
deducía	deducíamos
deducías	deducíais
deducía	deducían

pluscuamperfecto de indicativo
había deducido	habíamos deducido
habías deducido	habíais deducido
había deducido	habían deducido

pretérito
deduje	dedujimos
dedujiste	dedujisteis
dedujo	dedujeron

pretérito anterior
hube deducido	hubimos deducido
hubiste deducido	hubisteis deducido
hubo deducido	hubieron deducido

futuro
deduciré	deduciremos
deducirás	deduciréis
deducirá	deducirán

futuro perfecto
habré deducido	habremos deducido
habrás deducido	habréis deducido
habrá deducido	habrán deducido

condicional simple
deduciría	deduciríamos
deducirías	deduciríais
deduciría	deducirían

condicional compuesto
habría deducido	habríamos deducido
habrías deducido	habríais deducido
habría deducido	habrían deducido

presente de subjuntivo
deduzca	deduzcamos
deduzcas	deduzcáis
deduzca	deduzcan

perfecto de subjuntivo
haya deducido	hayamos deducido
hayas deducido	hayáis deducido
haya deducido	hayan deducido

imperfecto de subjuntivo
dedujera	dedujéramos
dedujeras	dedujerais
dedujera	dedujeran
OR	
dedujese	dedujésemos
dedujeses	dedujeseis
dedujese	dedujesen

pluscuamperfecto de subjuntivo
hubiera deducido	hubiéramos deducido
hubieras deducido	hubierais deducido
hubiera deducido	hubieran deducido
OR	
hubiese deducido	hubiésemos deducido
hubieses deducido	hubieseis deducido
hubiese deducido	hubiesen deducido

imperativo
—	deduzcamos
deduce; no deduzcas	deducid; no deduzcáis
deduzca	deduzcan

to defend

gerundio **defendiendo**   participio de pasado **defendido**

SINGULAR	PLURAL	SINGULAR	PLURAL

presente de indicativo

		perfecto de indicativo	
defiend**o**	defend**emos**	**he** defendido	**hemos** defendido
defiend**es**	defend**éis**	**has** defendido	**habéis** defendido
defiend**e**	defiend**en**	**ha** defendido	**han** defendido

imperfecto de indicativo

		pluscuamperfecto de indicativo		**D**
defend**ía**	defend**íamos**	**había** defendido	**habíamos** defendido	
defend**ías**	defend**íais**	**habías** defendido	**habíais** defendido	
defend**ía**	defend**ían**	**había** defendido	**habían** defendido	

pretérito

		pretérito anterior	
defend**í**	defend**imos**	**hube** defendido	**hubimos** defendido
defend**iste**	defend**isteis**	**hubiste** defendido	**hubisteis** defendido
defend**ió**	defend**ieron**	**hubo** defendido	**hubieron** defendido

futuro

		futuro perfecto	
defender**é**	defender**emos**	**habré** defendido	**habremos** defendido
defender**ás**	defender**éis**	**habrás** defendido	**habréis** defendido
defender**á**	defender**án**	**habrá** defendido	**habrán** defendido

condicional simple

		condicional compuesto	
defender**ía**	defender**íamos**	**habría** defendido	**habríamos** defendido
defender**ías**	defender**íais**	**habrías** defendido	**habríais** defendido
defender**ía**	defender**ían**	**habría** defendido	**habrían** defendido

presente de subjuntivo

		perfecto de subjuntivo	
defiend**a**	defend**amos**	**haya** defendido	**hayamos** defendido
defiend**as**	defend**áis**	**hayas** defendido	**hayáis** defendido
defiend**a**	defiend**an**	**haya** defendido	**hayan** defendido

imperfecto de subjuntivo

		pluscuamperfecto de subjuntivo	
defend**iera**	defend**iéramos**	**hubiera** defendido	**hubiéramos** defendido
defend**ieras**	defend**ierais**	**hubieras** defendido	**hubierais** defendido
defend**iera**	defend**ieran**	**hubiera** defendido	**hubieran** defendido
OR		OR	
defend**iese**	defend**iésemos**	**hubiese** defendido	**hubiésemos** defendido
defend**ieses**	defend**ieseis**	**hubieses** defendido	**hubieseis** defendido
defend**iese**	defend**iesen**	**hubiese** defendido	**hubiesen** defendido

imperativo

—	defendamos
defiende;	defended;
no defiendas	no defendáis
defienda	defiendan

gerundio defraudando   **participio de pasado** defraudado

SINGULAR	PLURAL	SINGULAR	PLURAL

presente de indicativo
defraudo	defraudamos		
defraudas	defraudáis		
defrauda	defraudan		

perfecto de indicativo
he defraudado	hemos defraudado
has defraudado	habéis defraudado
ha defraudado	han defraudado

imperfecto de indicativo
defraudaba	defraudábamos
defraudabas	defraudabais
defraudaba	defraudaban

pluscuamperfecto de indicativo
había defraudado	habíamos defraudado
habías defraudado	habíais defraudado
había defraudado	habían defraudado

pretérito
defraudé	defraudamos
defraudaste	defraudasteis
defraudó	defraudaron

pretérito anterior
hube defraudado	hubimos defraudado
hubiste defraudado	hubisteis defraudado
hubo defraudado	hubieron defraudado

futuro
defraudaré	defraudaremos
defraudarás	defraudaréis
defraudará	defraudarán

futuro perfecto
habré defraudado	habremos defraudado
habrás defraudado	habréis defraudado
habrá defraudado	habrán defraudado

condicional simple
defraudaría	defraudaríamos
defraudarías	defraudaríais
defraudaría	defraudarían

condicional compuesto
habría defraudado	habríamos defraudado
habrías defraudado	habríais defraudado
habría defraudado	habrían defraudado

presente de subjuntivo
defraude	defraudemos
defraudes	defraudéis
defraude	defrauden

perfecto de subjuntivo
haya defraudado	hayamos defraudado
hayas defraudado	hayáis defraudado
haya defraudado	hayan defraudado

imperfecto de subjuntivo
defraudara	defraudáramos
defraudaras	defraudarais
defraudara	defraudaran
OR	
defraudase	defraudásemos
defraudases	defraudaseis
defraudase	defraudasen

pluscuamperfecto de subjuntivo
hubiera defraudado	hubiéramos defraudado
hubieras defraudado	hubierais defraudado
hubiera defraudado	hubieran defraudado
OR	
hubiese defraudado	hubiésemos defraudado
hubieses defraudado	hubieseis defraudado
hubiese defraudado	hubiesen defraudado

imperativo
—	defraudemos
defrauda;	defraudad;
no defraudes	no defraudéis
defraude	defrauden

to allow, to leave behind
dejar

SINGULAR	PLURAL	SINGULAR	PLURAL

presente de indicativo

dej**o**	dej**amos**
dej**as**	dej**áis**
dej**a**	dej**an**

perfecto de indicativo

he dejado	**hemos** dejado
has dejado	**habéis** dejado
ha dejado	**han** dejado

imperfecto de indicativo

dej**aba**	dej**ábamos**
dej**abas**	dej**abais**
dej**aba**	dej**aban**

pluscuamperfecto de indicativo

había dejado	**habíamos** dejado
habías dejado	**habíais** dejado
había dejado	**habían** dejado

D

pretérito

dej**é**	dej**amos**
dej**aste**	dej**asteis**
dej**ó**	dej**aron**

pretérito anterior

hube dejado	**hubimos** dejado
hubiste dejado	**hubisteis** dejado
hubo dejado	**hubieron** dejado

futuro

dejar**é**	dejar**emos**
dejar**ás**	dejar**éis**
dejar**á**	dejar**án**

futuro perfecto

habré dejado	**habremos** dejado
habrás dejado	**habréis** dejado
habrá dejado	**habrán** dejado

condicional simple

dejar**ía**	dejar**íamos**
dejar**ías**	dejar**íais**
dejar**ía**	dejar**ían**

condicional compuesto

habría dejado	**habríamos** dejado
habrías dejado	**habríais** dejado
habría dejado	**habrían** dejado

presente de subjuntivo

dej**e**	dej**emos**
dej**es**	dej**éis**
dej**e**	dej**en**

perfecto de subjuntivo

haya dejado	**hayamos** dejado
hayas dejado	**hayáis** dejado
haya dejado	**hayan** dejado

imperfecto de subjuntivo

dej**ara**	dej**áramos**
dej**aras**	dej**arais**
dej**ara**	dej**aran**
OR	
dej**ase**	dej**ásemos**
dej**ases**	dej**aseis**
dej**ase**	dej**asen**

pluscuamperfecto de subjuntivo

hubiera dejado	**hubiéramos** dejado
hubieras dejado	**hubierais** dejado
hubiera dejado	**hubieran** dejado
OR	
hubiese dejado	**hubiésemos** dejado
hubieses dejado	**hubieseis** dejado
hubiese dejado	**hubiesen** dejado

imperativo

—	dejemos
deja; no dejes	dejad; no dejéis
deje	dejen

MUST
KNOW
VERB

delinquir   to be delinquent, to violate the law

SINGULAR	PLURAL	SINGULAR	PLURAL
presente de indicativo		**perfecto de indicativo**	
delinco	delinquimos	he delinquido	hemos delinquido
delinques	delinquís	has delinquido	habéis delinquido
delinque	delinquen	ha delinquido	han delinquido
imperfecto de indicativo		**pluscuamperfecto de indicativo**	
delinquía	delinquíamos	había delinquido	habíamos delinquido
delinquías	delinquíais	habías delinquido	habíais delinquido
delinquía	delinquían	había delinquido	habían delinquido
pretérito		**pretérito anterior**	
delinquí	delinquimos	hube delinquido	hubimos delinquido
delinquiste	delinquisteis	hubiste delinquido	hubisteis delinquido
delinquió	delinquieron	hubo delinquido	hubieron delinquido
futuro		**futuro perfecto**	
delinquiré	delinquiremos	habré delinquido	habremos delinquido
delinquirás	delinquiréis	habrás delinquido	habréis delinquido
delinquirá	delinquirán	habrá delinquido	habrán delinquido
condicional simple		**condicional compuesto**	
delinquiría	delinquiríamos	habría delinquido	habríamos delinquido
delinquirías	delinquiríais	habrías delinquido	habríais delinquido
delinquiría	delinquirían	habría delinquido	habrían delinquido
presente de subjuntivo		**perfecto de subjuntivo**	
delinca	delincamos	haya delinquido	hayamos delinquido
delincas	delincáis	hayas delinquido	hayáis delinquido
delinca	delincan	haya delinquido	hayan delinquido
imperfecto de subjuntivo		**pluscuamperfecto de subjuntivo**	
delinquiera	delinquiéramos	hubiera delinquido	hubiéramos delinquido
delinquieras	delinquierais	hubieras delinquido	hubierais delinquido
delinquiera	delinquieran	hubiera delinquido	hubieran delinquido
OR		OR	
delinquiese	delinquiésemos	hubiese delinquido	hubiésemos delinquida
delinquieses	delinquiese	hubieses delinquido	hubieseis delinquido
delinquieseis	delinquiesen	hubiese delinquido	hubiesen delinquido

imperativo	
—	delincamos
delinque; no delincas	delinquid; no delincáis
delinca	delincan

SINGULAR	PLURAL	SINGULAR	PLURAL

presente de indicativo

demuestro	demostramos		
demuestras	demostráis		
demuestra	demuestran		

perfecto de indicativo

he demostrado	hemos demostrado		
has demostrado	habéis demostrado		
ha demostrado	han demostrado		

imperfecto de indicativo

demostraba	demostrábamos
demostrabas	demostrabais
demostraba	demostraban

pluscuamperfecto de indicativo

había demostrado	habíamos demostrado
habías demostrado	habíais demostrado
había demostrado	habían demostrado

D

pretérito

demostré	demostramos
demostraste	demostrasteis
demostró	demostraron

pretérito anterior

hube demostrado	hubimos demostrado
hubiste demostrado	hubisteis demostrado
hubo demostrado	hubieron demostrado

futuro

demostraré	demostraremos
demostrarás	demostraréis
demostrará	demostrarán

futuro perfecto

habré demostrado	habremos demostrado
habrás demostrado	habréis demostrado
habrá demostrado	habrán demostrado

condicional simple

demostraría	demostraríamos
demostrarías	demostraríais
demostraría	demostrarían

condicional compuesto

habría demostrado	habríamos demostrado
habrías demostrado	habríais demostrado
habría demostrado	habrían demostrado

presente de subjuntivo

demuestre	demostremos
demuestres	demostréis
demuestre	demuestren

perfecto de subjuntivo

haya demostrado	hayamos demostrado
hayas demostrado	hayáis demostrado
haya demostrado	hayan demostrado

imperfecto de subjuntivo

demostrara	demostráramos
demostraras	demostrarais
demostrara	demostraran
OR	
demostrase	demostrásemos
demostrases	demostraseis
demostrase	demostrasen

pluscuamperfecto de subjuntivo

hubiera demostrado	hubiéramos demostrado
hubieras demostrado	hubierais demostrado
hubiera demostrado	hubieran demostrado
OR	
hubiese demostrado	hubiésemos demostrado
hubieses demostrado	hubieseis demostrado
hubiese demostrado	hubiesen demostrado

imperativo

—	demostremos
demuestra;	demostrad;
no demuestres	no demostréis
demuestre	demuestren

gerundio **denegando**   participio de pasado **denegado**

SINGULAR	PLURAL	SINGULAR	PLURAL

presente de indicativo

deniego	denegamos
deniegas	denegáis
deniega	deniegan

perfecto de indicativo

he denegado	hemos denegado
has denegado	habéis denegado
ha denegado	han denegado

imperfecto de indicativo

denegaba	denegábamos
denegabas	denegabais
denegaba	denegaban

pluscuamperfecto de indicativo

había denegado	habíamos denegado
habías denegado	habíais denegado
había denegado	habían denegado

pretérito

denegué	denegamos
denegaste	denegasteis
denegó	denegaron

pretérito anterior

hube denegado	hubimos denegado
hubiste denegado	hubisteis denegado
hubo denegado	hubieron denegado

futuro

denegaré	denegaremos
denegarás	denegaréis
denegará	denegarán

futuro perfecto

habré denegado	habremos denegado
habrás denegado	habréis denegado
habrá denegado	habrán denegado

condicional simple

denegaría	denegaríamos
denegarías	denegaríais
denegaría	denegarían

condicional compuesto

habría denegado	habríamos denegado
habrías denegado	habríais denegado
habría denegado	habrían denegado

presente de subjuntivo

deniegue	deneguemos
deniegues	deneguéis
deniegue	denieguen

perfecto de subjuntivo

haya denegado	hayamos denegado
hayas denegado	hayáis denegado
haya denegado	hayan denegado

imperfecto de subjuntivo

denegara	denegáramos
denegaras	denegarais
denegara	denegaran
OR	
denegase	denegásemos
denegases	denegaseis
denegase	denegasen

pluscuamperfecto de subjuntivo

hubiera denegado	hubiéramos denegado
hubieras denegado	hubierais denegado
hubiera denegado	hubieran denegado
OR	
hubiese denegado	hubiésemos denegado
hubieses denegado	hubieseis denegado
hubiese denegado	hubiesen denegado

imperativo

—	deneguemos
deniega;	denegad;
no deniegues	no deneguéis
deniegue	denieguen

to denounce   denunciar

SINGULAR	PLURAL	SINGULAR	PLURAL

presente de indicativo

denunci**o**	denunci**amos**		
denunci**as**	denunci**áis**		
denunci**a**	denunci**an**		

perfecto de indicativo

he denunciado	**hemos** denunciado
has denunciado	**habéis** denunciado
ha denunciado	**han** denunciado

imperfecto de indicativo

denunci**aba**	denunci**ábamos**
denunci**abas**	denunci**abais**
denunci**aba**	denunci**aban**

pluscuamperfecto de indicativo

había denunciado	**habíamos** denunciado
habías denunciado	**habíais** denunciado
había denunciado	**habían** denunciado

D

pretérito

denunci**é**	denunci**amos**
denunci**aste**	denunci**asteis**
denunci**ó**	denunci**aron**

pretérito anterior

hube denunciado	**hubimos** denunciado
hubiste denunciado	**hubisteis** denunciado
hubo denunciado	**hubieron** denunciado

futuro

denunciar**é**	denunciar**emos**
denunciar**ás**	denunciar**éis**
denunciar**á**	denunciar**án**

futuro perfecto

habré denunciado	**habremos** denunciado
habrás denunciado	**habréis** denunciado
habrá denunciado	**habrán** denunciado

condicional simple

denunciar**ía**	denunciar**íamos**
denunciar**ías**	denunciar**íais**
denunciar**ía**	denunciar**ían**

condicional compuesto

habría denunciado	**habríamos** denunciado
habrías denunciado	**habríais** denunciado
habría denunciado	**habrían** denunciado

presente de subjuntivo

denunci**e**	denunci**emos**
denunci**es**	denunci**éis**
denunci**e**	denunci**en**

perfecto de subjuntivo

haya denunciado	**hayamos** denunciado
hayas denunciado	**hayáis** denunciado
haya denunciado	**hayan** denunciado

imperfecto de subjuntivo

denunci**ara**	denunci**áramos**
denunci**aras**	denunci**arais**
denunci**ara**	denunci**aran**
OR	
denunci**ase**	denunci**ásemos**
denunci**ases**	denunci**aseis**
denunci**ase**	denunci**asen**

pluscuamperfecto de subjuntivo

hubiera denunciado	**hubiéramos** denunciado
hubieras denunciado	**hubierais** denunciado
hubiera denunciado	**hubieran** denunciado
OR	
hubiese denunciado	**hubiésemos** denunciado
hubieses denunciado	**hubieseis** denunciado
hubiese denunciado	**hubiesen** denunciado

imperativo

—	denunci**emos**
denuncia;	denunciad;
no denuncies	no denunci**éis**
denuncie	denuncien

gerundio **dependiendo**   participio de pasado **dependido**

SINGULAR	PLURAL	SINGULAR	PLURAL

presente de indicativo

SINGULAR	PLURAL
depend**o**	depend**emos**
depend**es**	depend**éis**
depend**e**	depend**en**

imperfecto de indicativo

depend**ía**	depend**íamos**
depend**ías**	depend**íais**
depend**ía**	depend**ían**

pretérito

depend**í**	depend**imos**
depend**iste**	depend**isteis**
depend**ió**	depend**ieron**

futuro

depender**é**	depender**emos**
depender**ás**	depender**éis**
depender**á**	depender**án**

condicional simple

depender**ía**	depender**íamos**
depender**ías**	depender**íais**
depender**ía**	depender**ían**

presente de subjuntivo

depend**a**	depend**amos**
depend**as**	depend**áis**
depend**a**	depend**an**

imperfecto de subjuntivo

dependier**a**	dependiér**amos**
dependier**as**	dependier**ais**
dependier**a**	dependier**an**
OR	
dependies**e**	dependiés**emos**
dependies**es**	dependies**eis**
dependies**e**	dependies**en**

imperativo

—	depend**amos**
depend**e**;	depend**ed**;
no depend**as**	no depend**áis**
depend**a**	depend**an**

perfecto de indicativo

SINGULAR	PLURAL
he dependido	**hemos** dependido
has dependido	**habéis** dependido
ha dependido	**han** dependido

pluscuamperfecto de indicativo

había dependido	**habíamos** dependido
habías dependido	**habíais** dependido
había dependido	**habían** dependido

pretérito anterior

hube dependido	**hubimos** dependido
hubiste dependido	**hubisteis** dependido
hubo dependido	**hubieron** dependido

futuro perfecto

habré dependido	**habremos** dependido
habrás dependido	**habréis** dependido
habrá dependido	**habrán** dependido

condicional compuesto

habría dependido	**habríamos** dependido
habrías dependido	**habríais** dependido
habría dependido	**habrían** dependido

perfecto de subjuntivo

haya dependido	**hayamos** dependido
hayas dependido	**hayáis** dependido
haya dependido	**hayan** dependido

pluscuamperfecto de subjuntivo

hubiera dependido	**hubiéramos** dependido
hubieras dependido	**hubierais** dependido
hubiera dependido	**hubieran** dependido
OR	
hubiese dependido	**hubiésemos** dependido
hubieses dependido	**hubieseis** dependido
hubiese dependido	**hubiesen** dependido

to abandon, to overthrow

gerundio **deponiendo**   participio de pasado **depuesto**

SINGULAR	PLURAL
presente de indicativo	
depong**o**	depon**emos**
depon**es**	depon**éis**
depon**e**	depon**en**
imperfecto de indicativo	
depon**ía**	depon**íamos**
depon**ías**	depon**íais**
depon**ía**	depon**ían**
pretérito	
depus**e**	depus**imos**
depus**iste**	depus**isteis**
depus**o**	depus**ieron**
futuro	
depondr**é**	depondr**emos**
depondr**ás**	depondr**éis**
depondr**á**	depondr**án**
condicional simple	
depondr**ía**	depondr**íamos**
depondr**ías**	depondr**íais**
depondr**ía**	depondr**ían**
presente de subjuntivo	
depong**a**	depong**amos**
depong**as**	depong**áis**
depong**a**	depong**an**
imperfecto de subjuntivo	
depus**iera**	depus**iéramos**
depus**ieras**	depus**ierais**
depus**iera**	depus**ieran**
OR	
depus**iese**	depus**iésemos**
depus**ieses**	depus**ieseis**
depus**iese**	depus**iesen**

imperativo

—	depong**amos**
depon**e**; no depong**as**	depon**ed**; no depong**áis**
depong**a**	depong**an**

SINGULAR	PLURAL
perfecto de indicativo	
he depuesto	**hemos** depuesto
has depuesto	**habéis** depuesto
ha depuesto	**han** depuesto
pluscuamperfecto de indicativo	
había depuesto	**habíamos** depuesto
habías depuesto	**habíais** depuesto
había depuesto	**habían** depuesto
pretérito anterior	
hube depuesto	**hubimos** depuesto
hubiste depuesto	**hubisteis** depuesto
hubo depuesto	**hubieron** depuesto
futuro perfecto	
habré depuesto	**habremos** depuesto
habrás depuesto	**habréis** depuesto
habrá depuesto	**habrán** depuesto
condicional compuesto	
habría depuesto	**habríamos** depuesto
habrías depuesto	**habríais** depuesto
habría depuesto	**habrían** depuesto
perfecto de subjuntivo	
haya depuesto	**hayamos** depuesto
hayas depuesto	**hayáis** depuesto
haya depuesto	**hayan** depuesto
pluscuamperfecto de subjuntivo	
hubiera depuesto	**hubiéramos** depuesto
hubieras depuesto	**hubierais** depuesto
hubiera depuesto	**hubieran** depuesto
OR	
hubiese depuesto	**hubiésemos** depuesto
hubieses depuesto	**hubieseis** depuesto
hubiese depuesto	**hubiesen** depuesto

D

gerundio **deportando**

participio de pasado **deportado**

SINGULAR	PLURAL	SINGULAR	PLURAL

presente de indicativo

deport**o**	deport**amos**
deport**as**	deport**áis**
deport**a**	deport**an**

perfecto de indicativo

he deportado	**hemos** deportado
has deportado	**habéis** deportado
ha deportado	**han** deportado

imperfecto de indicativo

deport**aba**	deport**ábamos**
deport**abas**	deport**abais**
deport**aba**	deport**aban**

pluscuamperfecto de indicativo

había deportado	**habíamos** deportado
habías deportado	**habíais** deportado
había deportado	**habían** deportado

pretérito

deport**é**	deport**amos**
deport**aste**	deport**asteis**
deport**ó**	deport**aron**

pretérito anterior

hube deportado	**hubimos** deportado
hubiste deportado	**hubisteis** deportado
hubo deportado	**hubieron** deportado

futuro

deportar**é**	deportar**emos**
deportar**ás**	deportar**éis**
deportar**á**	deportar**án**

futuro perfecto

habré deportado	**habremos** deportado
habrás deportado	**habréis** deportado
habrá deportado	**habrán** deportado

condicional simple

deportar**ía**	deportar**íamos**
deportar**ías**	deportar**íais**
deportar**ía**	deportar**ían**

condicional compuesto

habría deportado	**habríamos** deportado
habrías deportado	**habríais** deportado
habría deportado	**habrían** deportado

presente de subjuntivo

deport**e**	deport**emos**
deport**es**	deport**éis**
deport**e**	deport**en**

perfecto de subjuntivo

haya deportado	**hayamos** deportado
hayas deportado	**hayáis** deportado
haya deportado	**hayan** deportado

imperfecto de subjuntivo

deportar**a**	deportár**amos**
deportar**as**	deportar**ais**
deportar**a**	deportar**an**
OR	
deportas**e**	deportás**emos**
deportas**es**	deportas**eis**
deportas**e**	deportas**en**

pluscuamperfecto de subjuntivo

hubiera deportado	**hubiéramos** deportado
hubieras deportado	**hubierais** deportado
hubiera deportado	**hubieran** deportado
OR	
hubiese deportado	**hubiésemos** deportado
hubieses deportado	**hubieseis** deportado
hubiese deportado	**hubiesen** deportado

imperativo

—	deport**emos**
deport**a**; no deport**es**	deport**ad**; no deport**éis**
deport**e**	deport**en**

to derive, to drift

gerundio **derivando**   participio de pasado **derivado**

SINGULAR	PLURAL
presente de indicativo	
deriv**o**	deriv**amos**
deriv**as**	deriv**áis**
deriv**a**	deriv**an**
imperfecto de indicativo	
deriv**aba**	deriv**ábamos**
deriv**abas**	deriv**abais**
deriv**aba**	deriv**aban**
pretérito	
deriv**é**	deriv**amos**
deriv**aste**	deriv**asteis**
deriv**ó**	deriv**aron**
futuro	
derivar**é**	derivar**emos**
derivar**ás**	derivar**éis**
derivar**á**	derivar**án**
condicional simple	
derivar**ía**	derivar**íamos**
derivar**ías**	derivar**íais**
derivar**ía**	derivar**ían**
presente de subjuntivo	
deriv**e**	deriv**emos**
deriv**es**	deriv**éis**
deriv**e**	deriv**en**
imperfecto de subjuntivo	
deriv**ara**	deriv**áramos**
deriv**aras**	deriv**arais**
deriv**ara**	deriv**aran**
OR	
deriv**ase**	deriv**ásemos**
deriv**ases**	deriv**aseis**
deriv**ase**	deriv**asen**
imperativo	
—	deriv**emos**
deriv**a**; no deriv**es**	deriv**ad**; no deriv**éis**
deriv**e**	deriv**en**

SINGULAR	PLURAL
perfecto de indicativo	
he derivado	**hemos** derivado
has derivado	**habéis** derivado
ha derivado	**han** derivado
pluscuamperfecto de indicativo	
había derivado	**habíamos** derivado
habías derivado	**habíais** derivado
había derivado	**habían** derivado
pretérito anterior	
hube derivado	**hubimos** derivado
hubiste derivado	**hubisteis** derivado
hubo derivado	**hubieron** derivado
futuro perfecto	
habré derivado	**habremos** derivado
habrás derivado	**habréis** derivado
habrá derivado	**habrán** derivado
condicional compuesto	
habría derivado	**habríamos** derivado
habrías derivado	**habríais** derivado
habría derivado	**habrían** derivado
perfecto de subjuntivo	
haya derivado	**hayamos** derivado
hayas derivado	**hayáis** derivado
haya derivado	**hayan** derivado
pluscuamperfecto de subjuntivo	
hubiera derivado	**hubiéramos** derivado
hubieras derivado	**hubierais** derivado
hubiera derivado	**hubieran** derivado
OR	
hubiese derivado	**hubiésemos** derivado
hubieses derivado	**hubieseis** derivado
hubiese derivado	**hubiesen** derivado

D

derribar

to demolish, to overthrow

SINGULAR	PLURAL	SINGULAR	PLURAL

presente de indicativo / perfecto de indicativo

SINGULAR	PLURAL	SINGULAR	PLURAL
derrib**o**	derrib**amos**	**he** derribado	**hemos** derribado
derrib**as**	derrib**áis**	**has** derribado	**habéis** derribado
derrib**a**	derrib**an**	**ha** derribado	**han** derribado

imperfecto de indicativo / pluscuamperfecto de indicativo

derrib**aba**	derrib**ábamos**	**había** derribado	**habíamos** derribado
derrib**abas**	derrib**abais**	**habías** derribado	**habíais** derribado
derrib**aba**	derrib**aban**	**había** derribado	**habían** derribado

pretérito / pretérito anterior

derrib**é**	derrib**amos**	**hube** derribado	**hubimos** derribado
derrib**aste**	derrib**asteis**	**hubiste** derribado	**hubisteis** derribado
derrib**ó**	derrib**aron**	**hubo** derribado	**hubieron** derribado

futuro / futuro perfecto

derrib**aré**	derrib**aremos**	**habré** derribado	**habremos** derribado
derrib**arás**	derrib**aréis**	**habrás** derribado	**habréis** derribado
derrib**ará**	derrib**arán**	**habrá** derribado	**habrán** derribado

condicional simple / condicional compuesto

derrib**aría**	derrib**aríamos**	**habría** derribado	**habríamos** derribado
derrib**arías**	derrib**aríais**	**habrías** derribado	**habríais** derribado
derrib**aría**	derrib**arían**	**habría** derribado	**habrían** derribado

presente de subjuntivo / perfecto de subjuntivo

derrib**e**	derrib**emos**	**haya** derribado	**hayamos** derribado
derrib**es**	derrib**éis**	**hayas** derribado	**hayáis** derribado
derrib**e**	derrib**en**	**haya** derribado	**hayan** derribado

imperfecto de subjuntivo / pluscuamperfecto de subjuntivo

derrib**ara**	derrib**áramos**	**hubiera** derribado	**hubiéramos** derribado
derrib**aras**	derrib**arais**	**hubieras** derribado	**hubierais** derribado
derrib**ara**	derrib**aran**	**hubiera** derribado	**hubieran** derribado
OR		OR	
derrib**ase**	derrib**ásemos**	**hubiese** derribado	**hubiésemos** derribado
derrib**ases**	derrib**aseis**	**hubieses** derribado	**hubieseis** derribado
derrib**ase**	derrib**asen**	**hubiese** derribado	**hubiesen** derribado

imperativo

—	derrib**emos**
derriba; no derribes	derribad; no derribéis
derribe	derriben

to defy, to challenge   desafiar

SINGULAR	PLURAL	SINGULAR	PLURAL

presente de indicativo

desafí**o**	desafi**amos**		
desafí**as**	desafi**áis**		
desafí**a**	desafí**an**		

perfecto de indicativo

he desafiado	**hemos** desafiado		
has desafiado	**habéis** desafiado		
ha desafiado	**han** desafiado		

imperfecto de indicativo

desafi**aba**	desafi**ábamos**
desafi**abas**	desafi**abais**
desafi**aba**	desafi**aban**

pluscuamperfecto de indicativo

había desafiado	**habíamos** desafiado
habías desafiado	**habíais** desafiado
había desafiado	**habían** desafiado

D

pretérito

desafi**é**	desafi**amos**
desafi**aste**	desafi**asteis**
desafi**ó**	desafi**aron**

pretérito anterior

hube desafiado	**hubimos** desafiado
hubiste desafiado	**hubisteis** desafiado
hubo desafiado	**hubieron** desafiado

futuro

desafiar**é**	desafiar**emos**
desafiar**ás**	desafiar**éis**
desafiar**á**	desafiar**án**

futuro perfecto

habré desafiado	**habremos** desafiado
habrás desafiado	**habréis** desafiado
habrá desafiado	**habrán** desafiado

condicional simple

desafiar**ía**	desafiar**íamos**
desafiar**ías**	desafiar**íais**
desafiar**ía**	desafiar**ían**

condicional compuesto

habría desafiado	**habríamos** desafiado
habrías desafiado	**habríais** desafiado
habría desafiado	**habrían** desafiado

presente de subjuntivo

desafí**e**	desafi**emos**
desafí**es**	desafi**éis**
desafí**e**	desafí**en**

perfecto de subjuntivo

haya desafiado	**hayamos** desafiado
hayas desafiado	**hayáis** desafiado
haya desafiado	**hayan** desafiado

imperfecto de subjuntivo

desafiar**a**	desafiár**amos**
desafiar**as**	desafiar**ais**
desafiar**a**	desafiar**an**
OR	
desafias**e**	desafiás**emos**
desafias**es**	desafias**eis**
desafias**e**	desafias**en**

pluscuamperfecto de subjuntivo

hubiera desafiado	**hubiéramos** desafiado
hubieras desafiado	**hubierais** desafiado
hubiera desafiado	**hubieran** desafiado
OR	
hubiese desafiado	**hubiésemos** desafiado
hubieses desafiado	**hubieseis** desafiado
hubiese desafiado	**hubiesen** desafiado

imperativo

—	desafiemos
desafía; no desafíes	desafiad; no desafiéis
desafíe	desafíen

to abandon

gerundio desamparando   **participio de pasado** desamparado

SINGULAR	PLURAL	SINGULAR	PLURAL

presente de indicativo

desamparo	desamparamos
desamparas	desamparáis
desampara	desamparan

perfecto de indicativo

he desamparado	hemos desamparado
has desamparado	habéis desamparado
ha desamparado	han desamparado

imperfecto de indicativo

desamparaba	desamparábamos
desamparabas	desamparabais
desamparaba	desamparaban

pluscuamperfecto de indicativo

había desamparado	habíamos desamparado
habías desamparado	habíais desamparado
había desamparado	habían desamparado

pretérito

desamparé	desamparamos
desamparaste	desamparasteis
desamparó	desampararon

pretérito anterior

hube desamparado	hubimos desamparado
hubiste desamparado	hubisteis desamparado
hubo desamparado	hubieron desamparado

futuro

desampararé	desampararemos
desampararás	desamparareis
desamparará	desampararán

futuro perfecto

habré desamparado	habremos desamparado
habrás desamparado	habréis desamparado
habrá desamparado	habrán desamparado

condicional simple

desampararía	desampararíamos
desampararías	desampararíais
desampararía	desampararían

condicional compuesto

habría desamparado	habríamos desamparado
habrías desamparado	habríais desamparado
habría desamparado	habrían desamparado

presente de subjuntivo

desampare	desamparemos
desampares	desamparéis
desampare	desamparen

perfecto de subjuntivo

haya desamparado	hayamos desamparado
hayas desamparado	hayáis desamparado
haya desamparado	hayan desamparado

imperfecto de subjuntivo

desamparara	desamparáramos
desampararas	desampararais
desamparara	desampararan
OR	
desamparase	desamparásemos
desamparases	desamparaseis
desamparase	desamparasen

pluscuamperfecto de subjuntivo

hubiera desamparado	hubiéramos desamparado
hubieras desamparado	hubierais desamparado
hubiera desamparado	hubieran desamparado
OR	
hubiese desamparado	hubiésemos desamparado
hubieses desamparado	hubieseis desamparado
hubiese desamparado	hubiesen desamparado

imperativo

—	desamparemos
desampara;	desamparad;
no desampares	no desamparéis
desampare	desamparen

to disappear

gerundio desapareciendo   **participio de pasado** desaparecido

SINGULAR	PLURAL	SINGULAR	PLURAL

presente de indicativo

desaparezco	desaparecemos	
desapareces	desaparecéis	
desaparece	desaparecen	

perfecto de indicativo

he desaparecido	hemos desaparecido
has desaparecido	habéis desaparecido
ha desaparecido	han desaparecido

imperfecto de indicativo

desaparecía	desaparecíamos
desaparecías	desaparecíais
desaparecía	desaparecían

pluscuamperfecto de indicativo

había desaparecido	habíamos desaparecido
habías desaparecido	habíais desaparecido
había desaparecido	habían desaparecido

D

pretérito

desaparecí	desaparecimos
desapareciste	desaparecisteis
desapareció	desaparecieron

pretérito anterior

hube desaparecido	hubimos desaparecido
hubiste desaparecido	hubisteis desaparecido
hubo desaparecido	hubieron desaparecido

futuro

desapareceré	desapareceremos
desaparecerás	desapareceréis
desaparecerá	desaparecerán

futuro perfecto

habré desaparecido	habremos desaparecido
habrás desaparecido	habréis desaparecido
habrá desaparecido	habrán desaparecido

condicional simple

desaparecería	desapareceríamos
desaparecerías	desapareceríais
desaparecería	desaparecerían

condicional compuesto

habría desaparecido	habríamos desaparecido
habrías desaparecido	habríais desaparecido
habría desaparecido	habrían desaparecido

presente de subjuntivo

desaparezca	desaparezcamos
desaparezcas	desaparezcáis
desaparezca	desaparezcan

perfecto de subjuntivo

haya desaparecido	hayamos desaparecido
hayas desaparecido	hayáis desaparecido
haya desaparecido	hayan desaparecido

imperfecto de subjuntivo

desapareciera	desapareciéramos
desaparecieras	desaparecierais
desapareciera	desaparecieran
OR	
desapareciese	desapareciésemos
desaparecieses	desaparecieseis
desapareciese	desapareciesen

pluscuamperfecto de subjuntivo

hubiera desaparecido	hubiéramos desaparecido
hubieras desaparecido	hubierais desaparecido
hubiera desaparecido	hubieran desaparecido
OR	
hubiese desaparecido	hubiésemos desaparecido
hubieses desaparecido	hubieseis desaparecido
hubiese desaparecido	hubiesen desaparecido

imperativo

—	desaparezcamos
desaparece;	desapareced;
no desaparezcas	no desaparezcáis
desaparezca	desaparezcan

desayunarse

to have breakfast

SINGULAR	PLURAL	SINGULAR	PLURAL

presente de indicativo

me desayuno	nos desayunamos
te desayunas	os desayunáis
se desayuna	se desayunan

perfecto de indicativo

me he desayunado	nos hemos desayunado
te has desayunado	os habéis desayunado
se ha desayunado	se han desayunado

imperfecto de indicativo

me desayunaba	nos desayunábamos
te desayunabas	os desayunabais
se desayunaba	se desayunaban

pluscuamperfecto de indicativo

me había desayunado	nos habíamos desayunado
te habías desayunado	os habíais desayunado
se había desayunado	se habían desayunado

pretérito

me desayuné	nos desayunamos
te desayunaste	os desayunasteis
se desayunó	se desayunaron

pretérito anterior

me hube desayunado	nos hubimos desayunado
te hubiste desayunado	os hubisteis desayunado
se hubo desayunado	se hubieron desayunado

futuro

me desayunaré	nos desayunaremos
te desayunarás	os desayunaréis
se desayunará	se desayunarán

futuro perfecto

me habré desayunado	nos habremos desayunado
te habrás desayunado	os habréis desayunado
se habrá desayunado	se habrán desayunado

condicional simple

me desayunaría	nos desayunaríamos
te desayunarías	os desayunaríais
se desayunaría	se desayunarían

condicional compuesto

me habría desayunado	nos habríamos desayunado
te habrías desayunado	os habríais desayunado
se habría desayunado	se habrían desayunado

presente de subjuntivo

me desayune	nos desayunemos
te desayunes	os desayunéis
se desayune	se desayunen

perfecto de subjuntivo

me haya desayunado	nos hayamos desayunado
te hayas desayunado	os hayáis desayunado
se haya desayunado	se hayan desayunado

imperfecto de subjuntivo

me desayunara	nos desayunáramos
te desayunaras	os desayunarais
se desayunara	se desayunaran
OR	
me desayunase	nos desayunásemos
te desayunases	os desayunaseis
se desayunase	se desayunasen

pluscuamperfecto de subjuntivo

me hubiera desayunado	nos hubiéramos desayunado
te hubieras desayunado	os hubierais desayunado
se hubiera desayunado	se hubieran desayunado
OR	
me hubiese desayunado	nos hubiésemos desayunado
te hubieses desayunado	os hubieseis desayunado
se hubiese desayunado	se hubiesen desayunado

imperativo

—	desayunémonos
desayúnate;	desayunaos;
no te desayunes	no os desayunéis
desayúnese	desayúnense

gerundio **descansando**   participio de pasado **descansado**

SINGULAR	PLURAL	SINGULAR	PLURAL
presente de indicativo		**perfecto de indicativo**	
descanso	descansamos	**he** descansado	**hemos** descansado
descansas	descansáis	**has** descansado	**habéis** descansado
descansa	descansan	**ha** descansado	**han** descansado
imperfecto de indicativo		**pluscuamperfecto de indicativo**	
descansaba	descansábamos	**había** descansado	**habíamos** descansado
descansabas	descansabais	**habías** descansado	**habíais** descansado
descansaba	descansaban	**había** descansado	**habían** descansado
pretérito		**pretérito anterior**	
descansé	descansamos	**hube** descansado	**hubimos** descansado
descansaste	descansasteis	**hubiste** descansado	**hubisteis** descansado
descansó	descansaron	**hubo** descansado	**hubieron** descansado
futuro		**futuro perfecto**	
descansaré	descansaremos	**habré** descansado	**habremos** descansado
descansarás	descansaréis	**habrás** descansado	**habréis** descansado
descansará	descansarán	**habrá** descansado	**habrán** descansado
condicional simple		**condicional compuesto**	
descansaría	descansaríamos	**habría** descansado	**habríamos** descansado
descansarías	descansaríais	**habrías** descansado	**habríais** descansado
descansaría	descansarían	**habría** descansado	**habrían** descansado
presente de subjuntivo		**perfecto de subjuntivo**	
descanse	descansemos	**haya** descansado	**hayamos** descansado
descanses	descanséis	**hayas** descansado	**hayáis** descansado
descanse	descansen	**haya** descansado	**hayan** descansado
imperfecto de subjuntivo		**pluscuamperfecto de subjuntivo**	
descansara	descansáramos	**hubiera** descansado	**hubiéramos** descansado
descansaras	descansarais	**hubieras** descansado	**hubierais** descansado
descansara	descansaran	**hubiera** descansado	**hubieran** descansado
OR		OR	
descansase	descansásemos	**hubiese** descansado	**hubiésemos** descansado
descansases	descansaseis	**hubieses** descansado	**hubieseis** descansado
descansase	descansasen	**hubiese** descansado	**hubiesen** descansado

D

imperativo

—	descansemos
descansa;	descansad;
no descanses	no descanséis
descanse	descansen

describir

to describe, to delineate

gerundio **describiendo** participio de pasado **descrito**

SINGULAR	PLURAL	SINGULAR	PLURAL

presente de indicativo
		perfecto de indicativo	
describo	describimos	**he** descrito	**hemos** descrito
describes	describís	**has** descrito	**habéis** descrito
describe	describen	**ha** descrito	**han** descrito

imperfecto de indicativo
		pluscuamperfecto de indicativo	
describía	describíamos	**había** descrito	**habíamos** descrito
describías	describíais	**habías** descrito	**habíais** descrito
describía	describían	**había** descrito	**habían** descrito

pretérito
		pretérito anterior	
describí	describimos	**hube** descrito	**hubimos** descrito
describiste	describisteis	**hubiste** descrito	**hubisteis** descrito
describió	describieron	**hubo** descrito	**hubieron** descrito

futuro
		futuro perfecto	
describiré	describiremos	**habré** descrito	**habremos** descrito
describirás	describiréis	**habrás** descrito	**habréis** descrito
describirá	describirán	**habrá** descrito	**habrán** descrito

condicional simple
		condicional compuesto	
describiría	describiríamos	**habría** descrito	**habríamos** descrito
describirías	describiríais	**habrías** descrito	**habríais** descrito
describiría	describirían	**habría** descrito	**habrían** descrito

presente de subjuntivo
		perfecto de subjuntivo	
describa	describamos	**haya** descrito	**hayamos** descrito
describas	describáis	**hayas** descrito	**hayáis** descrito
describa	describan	**haya** descrito	**hayan** descrito

imperfecto de subjuntivo
		pluscuamperfecto de subjuntivo	
describiera	describiéramos	**hubiera** descrito	**hubiéramos** descrito
describieras	describierais	**hubieras** descrito	**hubierais** descrito
describiera	describieran	**hubiera** descrito	**hubieran** descrito
OR		OR	
describiese	describiésemos	**hubiese** descrito	**hubiésemos** descrito
describieses	describieseis	**hubieses** descrito	**hubieseis** descrito
describiese	describiesen	**hubiese** descrito	**hubiesen** descrito

imperativo
—	describamos
describe; no describas	describid; no describáis
describa	describan

gerundio **descubriendo**   participio de pasado **descubierto**

SINGULAR	PLURAL

SINGULAR	PLURAL

presente de indicativo
descubro	descubrimos
descubres	descubrís
descubre	descubren

perfecto de indicativo
he descubierto	**hemos** descubierto
has descubierto	**habéis** descubierto
ha descubierto	**han** descubierto

imperfecto de indicativo
descubría	descubríamos
descubrías	descubríais
descubría	descubrían

pluscuamperfecto de indicativo
había descubierto	**habíamos** descubierto
habías descubierto	**habíais** descubierto
había descubierto	**habían** descubierto

D

pretérito
descubrí	descubrimos
descubriste	descubristeis
descubrió	descubrieron

pretérito anterior
hube descubierto	**hubimos** descubierto
hubiste descubierto	**hubisteis** descubierto
hubo descubierto	**hubieron** descubierto

futuro
descubriré	descubriremos
descubrirás	descubriréis
descubrirá	descubrirán

futuro perfecto
habré descubierto	**habremos** descubierto
habrás descubierto	**habréis** descubierto
habrá descubierto	**habrán** descubierto

condicional simple
descubriría	descubriríamos
descubrirías	descubriríais
descubriría	descubrirían

condicional compuesto
habría descubierto	**habríamos** descubierto
habrías descubierto	**habríais** descubierto
habría descubierto	**habrían** descubierto

presente de subjuntivo
descubra	descubramos
descubras	descubráis
descubra	descubran

perfecto de subjuntivo
haya descubierto	**hayamos** descubierto
hayas descubierto	**hayáis** descubierto
haya descubierto	**hayan** descubierto

imperfecto de subjuntivo
descubriera	descubriéramos
descubrieras	descubrierais
descubriera	descubrieran
OR	
descubriese	descubriésemos
descubrieses	descubrieseis
descubriese	descubriesen

pluscuamperfecto de subjuntivo
hubiera descubierto	**hubiéramos** descubierto
hubieras descubierto	**hubierais** descubierto
hubiera descubierto	**hubieran** descubierto
OR	
hubiese descubierto	**hubiésemos** descubierto
hubieses descubierto	**hubieseis** descubierto
hubiese descubierto	**hubiesen** descubierto

imperativo
—	descubramos
descubre;	descubrid;
no descubras	no descubráis
descubra	descubran

SINGULAR	PLURAL	SINGULAR	PLURAL

presente de indicativo

		perfecto de indicativo	
destaco	destacamos	he destacado	hemos destacado
destacas	destacáis	has destacado	habéis destacado
destaca	destacan	ha destacado	han destacado

imperfecto de indicativo **pluscuamperfecto de indicativo**

destacaba	destacábamos	había destacado	habíamos destacado
destacabas	destacabais	habías destacado	habíais destacado
destacaba	destacaban	había destacado	habían destacado

pretérito **pretérito anterior**

destaqué	destacamos	hube destacado	hubimos destacado
destacaste	destacasteis	hubiste destacado	hubisteis destacado
destacó	destacaron	hubo destacado	hubieron destacado

futuro **futuro perfecto**

destacaré	destacaremos	habré destacado	habremos destacado
destacarás	destacaréis	habrás destacado	habréis destacado
destacará	destacarán	habrá destacado	habrán destacado

condicional simple **condicional compuesto**

destacaría	destacaríamos	habría destacado	habríamos destacado
destacarías	destacaríais	habrías destacado	habríais destacado
destacaría	destacarían	habría destacado	habrían destacado

presente de subjuntivo **perfecto de subjuntivo**

destaque	destaquemos	haya destacado	hayamos destacado
destaques	destaquéis	hayas destacado	hayáis destacado
destaque	destaquen	haya destacado	hayan destacado

imperfecto de subjuntivo **pluscuamperfecto de subjuntivo**

destacara	destacáramos	hubiera destacado	hubiéramos destacado
destacaras	destacarais	hubieras destacado	hubierais destacado
destacara	destacaran	hubiera destacado	hubieran destacado
OR		OR	
destacase	destacásemos	hubiese destacado	hubiésemos destacado
destacases	destacaseis	hubieses destacado	hubieseis destacado
destacase	destacasen	hubiese destacado	hubiesen destacado

imperativo

—	destaquemos
destaca;	destacad;
no destaques	no destaquéis
destaque	destaquen

to exile   desterrar

SINGULAR	PLURAL	SINGULAR	PLURAL

presente de indicativo

destierro	desterramos
destierras	desterráis
destierra	destierran

perfecto de indicativo

he desterrado	hemos desterrado
has desterrado	habéis desterrado
ha desterrado	han desterrado

imperfecto de indicativo

desterraba	desterrábamos
desterrabas	desterrabais
desterraba	desterraban

pluscuamperfecto de indicativo

había desterrado	habíamos desterrado
habías desterrado	habíais desterrado
había desterrado	habían desterrado

D

pretérito

desterré	desterramos
desterraste	desterrasteis
desterró	desterraron

pretérito anterior

hube desterrado	hubimos desterrado
hubiste desterrado	hubisteis desterrado
hubo desterrado	hubieron desterrado

futuro

desterraré	desterraremos
desterrarás	desterraréis
desterrará	desterrarán

futuro perfecto

habré desterrado	habremos desterrado
habrás desterrado	habréis desterrado
habrá desterrado	habrán desterrado

condicional simple

desterraría	desterraríamos
desterrarías	desterraríais
desterraría	desterrarían

condicional compuesto

habría desterrado	habríamos desterrado
habrías desterrado	habríais desterrado
habría desterrado	habrían desterrado

presente de subjuntivo

destierre	desterremos
destierres	desterréis
destierre	destierren

perfecto de subjuntivo

haya desterrado	hayamos desterrado
hayas desterrado	hayáis desterrado
haya desterrado	hayan desterrado

imperfecto de subjuntivo

desterrara	desterráramos
desterraras	desterrarais
desterrara	desterraran
OR	
desterrase	desterrásemos
desterrases	desterraseis
desterrase	desterrasen

pluscuamperfecto de subjuntivo

hubiera desterrado	hubiéramos desterrado
hubieras desterrado	hubierais desterrado
hubiera desterrado	hubieran desterrado
OR	
hubiese desterrado	hubiésemos desterrado
hubieses desterrado	hubieseis desterrado
hubiese desterrado	hubiesen desterrado

imperativo

—	desterremos
destierra;	desterrad;
no destierres	no desterréis
destierre	destierren

277

destituir

to deprive, to dismiss

SINGULAR	PLURAL	SINGULAR	PLURAL
presente de indicativo		**perfecto de indicativo**	
destituy**o**	destitu**imos**	**he** destituido	**hemos** destituido
destituy**es**	destitu**ís**	**has** destituido	**habéis** destituido
destituy**e**	destituy**en**	**ha** destituido	**han** destituido
imperfecto de indicativo		**pluscuamperfecto de indicativo**	
destitu**ía**	destitu**íamos**	**había** destituido	**habíamos** destituido
destitu**ías**	destitu**íais**	**habías** destituido	**habíais** destituido
destitu**ía**	destitu**ían**	**había** destituido	**habían** destituido
pretérito		**pretérito anterior**	
destitu**í**	destitu**imos**	**hube** destituido	**hubimos** destituido
destitu**iste**	destitu**isteis**	**hubiste** destituido	**hubisteis** destituido
destituy**ó**	destituy**eron**	**hubo** destituido	**hubieron** destituido
futuro		**futuro perfecto**	
destituir**é**	destituir**emos**	**habré** destituido	**habremos** destituido
destituir**ás**	destituir**éis**	**habrás** destituido	**habréis** destituido
destituir**á**	destituir**án**	**habrá** destituido	**habrán** destituido
condicional simple		**condicional compuesto**	
destituir**ía**	destituir**íamos**	**habría** destituido	**habríamos** destituido
destituir**ías**	destituir**íais**	**habrías** destituido	**habríais** destituido
destituir**ía**	destituir**ían**	**habría** destituido	**habrían** destituido
presente de subjuntivo		**perfecto de subjuntivo**	
destituy**a**	destituy**amos**	**haya** destituido	**hayamos** destituido
destituy**as**	destituy**áis**	**hayas** destituido	**hayáis** destituido
destituy**a**	destituy**an**	**haya** destituido	**hayan** destituido
imperfecto de subjuntivo		**pluscuamperfecto de subjuntivo**	
destituy**era**	destituy**éramos**	**hubiera** destituido	**hubiéramos** destituido
destituy**eras**	destituy**erais**	**hubieras** destituido	**hubierais** destituido
destituy**era**	destituy**eran**	**hubiera** destituido	**hubieran** destituido
OR		OR	
destituy**ese**	destituy**ésemos**	**hubiese** destituido	**hubiésemos** destituido
destituy**eses**	destituy**eseis**	**hubieses** destituido	**hubieseis** destituido
destituy**ese**	destituy**esen**	**hubiese** destituido	**hubiesen** destituido
imperativo			
—	destituy**amos**		
destituy**e**;	destitu**id**;		
no destituy**as**	no destituy**áis**		
destituy**a**	destituy**an**		

to undress oneself

SINGULAR	PLURAL	SINGULAR	PLURAL

presente de indicativo

me desvist**o**	nos desvest**imos**		
te desvist**es**	os desvest**ís**		
se desvist**e**	se desvist**en**		

perfecto de indicativo

me **he** desvestido	nos **hemos** desvestido
te **has** desvestido	os **habéis** desvestido
se **ha** desvestido	se **han** desvestido

imperfecto de indicativo

me desvest**ía**	nos desvest**íamos**
te desvest**ías**	os desvest**íais**
se desvest**ía**	se desvest**ían**

pluscuamperfecto de indicativo

D

me **había** desvestido	nos **habíamos** desvestido
te **habías** desvestido	os **habíais** desvestido
se **había** desvestido	se **habían** desvestido

pretérito

me desvest**í**	nos desvest**imos**
te desvest**iste**	os desvest**ísteis**
se desvist**ió**	se desvist**ieron**

pretérito anterior

me **hube** desvestido	nos **hubimos** desvestido
te **hubiste** desvestido	os **hubisteis** desvestido
se **hubo** desvestido	se **hubieron** desvestido

futuro

me desvestir**é**	nos desvestir**emos**
te desvestir**ás**	os desvestir**éis**
se desvestir**á**	se desvestir**án**

futuro perfecto

me **habré** desvestido	nos **habremos** desvestido
te **habrás** desvestido	os **habréis** desvestido
se **habrá** desvestido	se **habrán** desvestido

condicional simple

me desvestir**ía**	nos desvestir**íamos**
te desvestir**ías**	os desvestir**íais**
se desvestir**ía**	se desvestir**ían**

condicional compuesto

me **habría** desvestido	nos **habríamos** desvestido
te **habrías** desvestido	os **habríais** desvestido
se **habría** desvestido	se **habrían** desvestido

presente de subjuntivo

me desvist**a**	nos desvist**amos**
te desvist**as**	os desvist**áis**
se desvist**a**	se desvist**an**

perfecto de subjuntivo

me **haya** desvestido	nos **hayamos** desvestido
te **hayas** desvestido	os **hayáis** desvestido
se **haya** desvestido	se **hayan** desvestido

imperfecto de subjuntivo

me desvist**iera**	nos desvist**iéramos**
te desvist**ieras**	os desvist**ierais**
se desvist**iera**	se desvist**ieran**
OR	
me desvist**iese**	nos desvist**iésemos**
te desvist**ieses**	os desvist**ieseis**
se desvist**iese**	se desvist**iesen**

pluscuamperfecto de subjuntivo

me **hubiera** desvestido	nos **hubiéramos** desvestido
te **hubieras** desvestido	os **hubierais** desvestido
se **hubiera** desvestido	se **hubieran** desvestido
OR	
me **hubiese** desvestido	nos **hubiésemos** desvestido
te **hubieses** desvestido	os **hubieseis** desvestido
se **hubiese** desvestido	se **hubiesen** desvestido

imperativo

—	desvist**ámonos**
desvíst**ete;**	desvest**ios;**
no te desvist**as**	no os desvist**áis**
desvíst**ase**	desvíst**anse**

detener

to arrest

SINGULAR	PLURAL	SINGULAR	PLURAL

presente de indicativo

		perfecto de indicativo	
detengo	detenemos	he detenido	hemos detenido
detienes	detenéis	has detenido	habéis detenido
detiene	detienen	ha detenido	han detenido

imperfecto de indicativo

		pluscuamperfecto de indicativo	
detenía	deteníamos	había detenido	habíamos detenido
detenías	deteníais	habías detenido	habíais detenido
detenía	detenían	había detenido	habían detenido

pretérito

		pretérito anterior	
detuve	detuvimos	hube detenido	hubimos detenido
detuviste	detuvisteis	hubiste detenido	hubisteis detenido
detuvo	detuvieron	hubo detenido	hubieron detenido

futuro

		futuro perfecto	
detendré	detendremos	habré detenido	habremos detenido
detendrás	detendréis	habrás detenido	habréis detenido
detendrá	detendrán	habrá detenido	habrán detenido

condicional simple

		condicional compuesto	
detendría	detendríamos	habría detenido	habríamos detenido
detendrías	detendríais	habrías detenido	habríais detenido
detendría	detendrían	habría detenido	habrían detenido

presente de subjuntivo

		perfecto de subjuntivo	
desaparezca	desaparezcamos	haya detenido	hayamos detenido
desaparezcas	desaparezcáis	hayas detenido	hayáis detenido
desaparezca	desaparezcan	haya detenido	hayan detenido

imperfecto de subjuntivo

		pluscuamperfecto de subjuntivo	
detuviera	detuviéramos	hubiera detenido	hubiéramos detenido
detuvieras	detuvierais	hubieras detenido	hubierais detenido
detuviera	detuvieran	hubiera detenido	hubieran detenido
OR		OR	
detuviese	detuviésemos	hubiese detenido	hubiésemos detenido
detuvieses	detuvieseis	hubieses detenido	hubieseis detenido
detuviese	detuviesen	hubiese detenido	hubiesen detenido

imperativo

—	detengamos
detén; no detengas	detened; no detengáis
detenga	detengan

SINGULAR	PLURAL	SINGULAR	PLURAL
presente de indicativo		**perfecto de indicativo**	
devuelv**o**	devolv**emos**	**he** devuelto	**hemos** devuelto
devuelv**es**	devolv**éis**	**has** devuelto	**habéis** devuelto
devuelv**e**	devuelv**en**	**ha** devuelto	**han** devuelto
imperfecto de indicativo		**pluscuamperfecto de indicativo**	
devolv**ía**	devolv**íamos**	**había** devuelto	**habíamos** devuelto
devolv**ías**	devolv**íais**	**habías** devuelto	**habíais** devuelto
devolv**ía**	devolv**ían**	**había** devuelto	**habían** devuelto
pretérito		**pretérito anterior**	
devolv**í**	devolv**imos**	**hube** devuelto	**hubimos** devuelto
devolv**iste**	devolv**isteis**	**hubiste** devuelto	**hubisteis** devuelto
devolv**ió**	devolv**ieron**	**hubo** devuelto	**hubieron** devuelto
futuro		**futuro perfecto**	
devolver**é**	devolver**emos**	**habré** devuelto	**habremos** devuelto
devolver**ás**	devolver**éis**	**habrás** devuelto	**habréis** devuelto
devolver**á**	devolver**án**	**habrá** devuelto	**habrán** devuelto
condicional simple		**condicional compuesto**	
devolver**ía**	devolver**íamos**	**habría** devuelto	**habríamos** devuelto
devolver**ías**	devolver**íais**	**habrías** devuelto	**habríais** devuelto
devolver**ía**	devolver**ían**	**habría** devuelto	**habrían** devuelto
presente de subjuntivo		**perfecto de subjuntivo**	
devuelv**a**	devolv**amos**	**haya** devuelto	**hayamos** devuelto
devuelv**as**	devolv**áis**	**hayas** devuelto	**hayáis** devuelto
devuelv**a**	devuelv**an**	**haya** devuelto	**hayan** devuelto
imperfecto de subjuntivo		**pluscuamperfecto de subjuntivo**	
devolv**iera**	devolv**iéramos**	**hubiera** devuelto	**hubiéramos** devuelto
devolv**ieras**	devolv**ierais**	**hubieras** devuelto	**hubierais** devuelto
devolv**iera**	devolv**ieran**	**hubiera** devuelto	**hubieran** devuelto
OR		OR	
devolv**iese**	devolv**iésemos**	**hubiese** devuelto	**hubiésemos** devuelto
devolv**ieses**	devolv**ieseis**	**hubieses** devuelto	**hubieseis** devuelto
devolv**iese**	devolv**iesen**	**hubiese** devuelto	**hubiesen** devuelto

D

imperativo

—	devolvamos
devuelve;	devolved;
no devuelvas	no devolváis
devuelva	devuelvan

MUST
KNOW
VERB

gerundio dibujando   **participio de pasado** dibujado

SINGULAR	PLURAL	SINGULAR	PLURAL
presente de indicativo		**perfecto de indicativo**	
dibujo	dibujamos	**he** dibujado	**hemos** dibujado
dibujas	dibujáis	**has** dibujado	**habéis** dibujado
dibuja	dibujan	**ha** dibujado	**han** dibujado
imperfecto de indicativo		**pluscuamperfecto de indicativo**	
dibujaba	dibujábamos	**había** dibujado	**habíamos** dibujado
dibujabas	dibujabais	**habías** dibujado	**habíais** dibujado
dibujaba	dibujaban	**había** dibujado	**habían** dibujado
pretérito		**pretérito anterior**	
dibujé	dibujamos	**hube** dibujado	**hubimos** dibujado
dibujaste	dibujasteis	**hubiste** dibujado	**hubisteis** dibujado
dibujó	dibujaron	**hubo** dibujado	**hubieron** dibujado
futuro		**futuro perfecto**	
dibujaré	dibujaremos	**habré** dibujado	**habremos** dibujado
dibujarás	dibujaréis	**habrás** dibujado	**habréis** dibujado
dibujará	dibujarán	**habrá** dibujado	**habrán** dibujado
condicional simple		**condicional compuesto**	
dibujaría	dibujaríamos	**habría** dibujado	**habríamos** dibujado
dibujarías	dibujaríais	**habrías** dibujado	**habríais** dibujado
dibujaría	dibujarían	**habría** dibujado	**habrían** dibujado
presente de subjuntivo		**perfecto de subjuntivo**	
dibuje	dibujemos	**haya** dibujado	**hayamos** dibujado
dibujes	dibujéis	**hayas** dibujado	**hayáis** dibujado
dibuje	dibujen	**haya** dibujado	**hayan** dibujado
imperfecto de subjuntivo		**pluscuamperfecto de subjuntivo**	
dibujara	dibujáramos	**hubiera** dibujado	**hubiéramos** dibujado
dibujaras	dibujarais	**hubieras** dibujado	**hubierais** dibujado
dibujara	dibujaran	**hubiera** dibujado	**hubieran** dibujado
OR		OR	
dibujase	dibujásemos	**hubiese** dibujado	**hubiésemos** dibujado
dibujases	dibujaseis	**hubieses** dibujado	**hubieseis** dibujado
dibujase	dibujasen	**hubiese** dibujado	**hubiesen** dibujado
imperativo			
—	dibujemos		
dibuja; no dibujes	dibujad; no dibujéis		
dibuje	dibujen		

to direct

gerundio **dirigiendo**   participio de pasado **dirigido**

SINGULAR	PLURAL	SINGULAR	PLURAL

presente de indicativo

		perfecto de indicativo	
dirijo	dirigimos	**he** dirigido	**hemos** dirigido
diriges	dirigís	**has** dirigido	**habéis** dirigido
dirige	dirigen	**ha** dirigido	**han** dirigido

imperfecto de indicativo

		pluscuamperfecto de indicativo	
dirigía	dirigíamos	**había** dirigido	**habíamos** dirigido
dirigías	dirigíais	**habías** dirigido	**habíais** dirigido
dirigía	dirigían	**había** dirigido	**habían** dirigido

pretérito

		pretérito anterior	
dirigí	dirigimos	**hube** dirigido	**hubimos** dirigido
dirigiste	dirigisteis	**hubiste** dirigido	**hubisteis** dirigido
dirigió	dirigieron	**hubo** dirigido	**hubieron** dirigido

futuro

		futuro perfecto	
dirigiré	dirigiremos	**habré** dirigido	**habremos** dirigido
dirigirás	dirigiréis	**habrás** dirigido	**habréis** dirigido
dirigirá	dirigirán	**habrá** dirigido	**habrán** dirigido

condicional simple

		condicional compuesto	
dirigiría	dirigiríamos	**habría** dirigido	**habríamos** dirigido
dirigirías	dirigiríais	**habrías** dirigido	**habríais** dirigido
dirigiría	dirigirían	**habría** dirigido	**habrían** dirigido

presente de subjuntivo

		perfecto de subjuntivo	
dirija	dirijamos	**haya** dirigido	**hayamos** dirigido
dirijas	dirijáis	**hayas** dirigido	**hayáis** dirigido
dirija	dirijan	**haya** dirigido	**hayan** dirigido

imperfecto de subjuntivo

		pluscuamperfecto de subjuntivo	
dirigiera	dirigiéramos	**hubiera** dirigido	**hubiéramos** dirigido
dirigieras	dirigierais	**hubieras** dirigido	**hubierais** dirigido
dirigiera	dirigieran	**hubiera** dirigido	**hubieran** dirigido
OR		OR	
dirigiese	dirigiésemos	**hubiese** dirigido	**hubiésemos** dirigido
dirigieses	dirigieseis	**hubieses** dirigido	**hubieseis** dirigido
dirigiese	dirigiesen	**hubiese** dirigido	**hubiesen** dirigido

imperativo

—	dirijamos
dirige; no dirijas	dirigid; no dirijáis
dirija	dirijan

D

gerundio disculpándose   **participio de pasado** disculpado

SINGULAR	PLURAL	SINGULAR	PLURAL

presente de indicativo

me disculpo	nos disculpamos
te disculpas	os disculpáis
se disculpa	se disculpan

perfecto de indicativo

me he disculpado	nos hemos disculpado
te has disculpado	os habéis disculpado
se ha disculpado	se han disculpado

imperfecto de indicativo

me disculpaba	nos disculpábamos
te disculpabas	os disculpabais
se disculpaba	se disculpaban

pluscuamperfecto de indicativo

me había disculpado	nos habíamos disculpado
te habías disculpado	os habíais disculpado
se había disculpado	se habían disculpado

pretérito

me disculpé	nos disculpamos
te disculpaste	os disculpasteis
se disculpó	se disculparon

pretérito anterior

me hube disculpado	nos hubimos disculpado
te hubiste disculpado	os hubisteis disculpado
se hubo disculpado	se hubieron disculpado

futuro

me disculparé	nos disculparemos
te disculparás	os disculparéis
se disculpará	se disculparán

futuro perfecto

me habré disculpado	nos habremos disculpado
te habrás disculpado	os habréis disculpado
se habrá disculpado	se habrán disculpado

condicional simple

me disculparía	nos disculparíamos
te disculparías	os disculparíais
se disculparía	se disculparían

condicional compuesto

me habría disculpado	nos habríamos disculpado
te habrías disculpado	os habríais disculpado
se habría disculpado	se habrían disculpado

presente de subjuntivo

me disculpe	nos disculpemos
te disculpes	os disculpéis
se disculpe	se disculpen

perfecto de subjuntivo

me haya disculpado	nos hayamos disculpado
te hayas disculpado	os hayáis disculpado
se haya disculpado	se hayan disculpado

imperfecto de subjuntivo

me disculpara	nos disculpáramos
te disculparas	os disculparais
se disculpara	se disculparan
OR	
me disculpase	nos disculpásemos
te disculpases	os disculpaseis
se disculpase	se disculpasen

pluscuamperfecto de subjuntivo

me hubiera disculpado	nos hubiéramos disculpado
te hubieras disculpado	os hubierais disculpado
se hubiera disculpado	se hubieran disculpado
OR	
me hubiese disculpado	nos hubiésemos disculpado
te hubieses disculpado	os hubieseis disculpado
se hubiese disculpado	se hubiesen disculpado

imperativo

—	disculpémonos
discúlpate;	disculpaos;
no te disculpes	no os disculpéis
discúlpese	discúlpense

to discuss, to debate   discutir

SINGULAR	PLURAL	SINGULAR	PLURAL

presente de indicativo
discut**o**	discut**imos**
discut**es**	discut**ís**
discut**e**	discut**en**

perfecto de indicativo
he discutido	**hemos** discutido
has discutido	**habéis** discutido
ha discutido	**han** discutido

imperfecto de indicativo
discut**ía**	discut**íamos**
discut**ías**	discut**íais**
discut**ía**	discut**ían**

pluscuamperfecto de indicativo

D

había discutido	**habíamos** discutido
habías discutido	**habíais** discutido
había discutido	**habían** discutido

pretérito
discut**í**	discut**imos**
discut**iste**	discut**isteis**
discut**ió**	discut**ieron**

pretérito anterior
hube discutido	**hubimos** discutido
hubiste discutido	**hubisteis** discutido
hubo discutido	**hubieron** discutido

futuro
discutir**é**	discutir**emos**
discutir**ás**	discutir**éis**
discutir**á**	discutir**án**

futuro perfecto
habré discutido	**habremos** discutido
habrás discutido	**habréis** discutido
habrá discutido	**habrán** discutido

condicional simple
discutir**ía**	discutir**íamos**
discutir**ías**	discutir**íais**
discutir**ía**	discutir**ían**

condicional compuesto
habría discutido	**habríamos** discutido
habrías discutido	**habríais** discutido
habría discutido	**habrían** discutido

presente de subjuntivo
discut**a**	discut**amos**
discut**as**	discut**áis**
discut**a**	discut**an**

perfecto de subjuntivo
haya discutido	**hayamos** discutido
hayas discutido	**hayáis** discutido
haya discutido	**hayan** discutido

imperfecto de subjuntivo
discutier**a**	discutiér**amos**
discutier**as**	discutier**ais**
discutier**a**	discutier**an**
OR	
discuties**e**	discutiés**emos**
discuties**es**	discuties**eis**
discuties**e**	discuties**en**

pluscuamperfecto de subjuntivo
hubiera discutido	**hubiéramos** discutido
hubieras discutido	**hubierais** discutido
hubiera discutido	**hubieran** discutido
OR	
hubiese discutido	**hubiésemos** discutido
hubieses discutido	**hubieseis** discutido
hubiese discutido	**hubiesen** discutido

imperativo
—	discutamos
discute; no discutas	discutid; no discutáis
discuta	discutan

diseñar

gerundio **diseñando**

participio de pasado **diseñado**

SINGULAR	PLURAL	SINGULAR	PLURAL

presente de indicativo
diseño	diseñamos	
diseñas	diseñáis	
diseña	diseñan	

perfecto de indicativo
he diseñado	hemos diseñado
has diseñado	habéis diseñado
ha diseñado	han diseñado

imperfecto de indicativo
diseñaba	diseñábamos
diseñabas	diseñabais
diseñaba	diseñaban

pluscuamperfecto de indicativo
había diseñado	habíamos diseñado
habías diseñado	habíais diseñado
había diseñado	habían diseñado

pretérito
diseñé	diseñamos
diseñaste	diseñasteis
diseñó	diseñaron

pretérito anterior
hube diseñado	hubimos diseñado
hubiste diseñado	hubisteis diseñado
hubo diseñado	hubieron diseñado

futuro
diseñaré	diseñaremos
diseñarás	diseñaréis
diseñará	diseñarán

futuro perfecto
habré diseñado	habremos diseñado
habrás diseñado	habréis diseñado
habrá diseñado	habrán diseñado

condicional simple
diseñaría	diseñaríamos
diseñarías	diseñaríais
diseñaría	diseñarían

condicional compuesto
habría diseñado	habríamos diseñado
habrías diseñado	habríais diseñado
habría diseñado	habrían diseñado

presente de subjuntivo
diseñe	diseñemos
diseñes	diseñéis
diseñe	diseñen

perfecto de subjuntivo
haya diseñado	hayamos diseñado
hayas diseñado	hayáis diseñado
haya diseñado	hayan diseñado

imperfecto de subjuntivo
diseñara	diseñáramos
diseñaras	diseñarais
diseñara	diseñaran
OR	
diseñase	diseñásemos
diseñases	diseñaseis
diseñase	diseñasen

pluscuamperfecto de subjuntivo
hubiera diseñado	hubiéramos diseñado
hubieras diseñado	hubierais diseñado
hubiera diseñado	hubieran diseñado
OR	
hubiese diseñado	hubiésemos diseñado
hubieses diseñado	hubieseis diseñado
hubiese diseñado	hubiesen diseñado

imperativo
—	diseñemos
diseña; no diseñes	diseñad; no diseñéis
diseñe	diseñen

to enjoy

gerundio **disfrutando**   participio de pasado **disfrutado**

SINGULAR	PLURAL	SINGULAR	PLURAL

presente de indicativo

disfruto	disfrutamos
disfrutas	disfrutáis
disfruta	disfrutan

perfecto de indicativo

he disfrutado	**hemos** disfrutado
has disfrutado	**habéis** disfrutado
ha disfrutado	**han** disfrutado

D

imperfecto de indicativo

disfrutaba	disfrutábamos
disfrutabas	disfrutabais
disfrutaba	disfrutaban

pluscuamperfecto de indicativo

había disfrutado	**habíamos** disfrutado
habías disfrutado	**habíais** disfrutado
había disfrutado	**habían** disfrutado

pretérito

disfruté	disfrutamos
disfrutaste	disfrutasteis
disfrutó	disfrutaron

pretérito anterior

hube disfrutado	**hubimos** disfrutado
hubiste disfrutado	**hubisteis** disfrutado
hubo disfrutado	**hubieron** disfrutado

futuro

disfrutaré	disfrutaremos
disfrutarás	disfrutaréis
disfrutará	disfrutarán

futuro perfecto

habré disfrutado	**habremos** disfrutado
habrás disfrutado	**habréis** disfrutado
habrá disfrutado	**habrán** disfrutado

condicional simple

disfrutaría	disfrutaríamos
disfrutarías	disfrutaríais
disfrutaría	disfrutarían

condicional compuesto

habría disfrutado	**habríamos** disfrutado
habrías disfrutado	**habríais** disfrutado
habría disfrutado	**habrían** disfrutado

presente de subjuntivo

disfrute	disfrutemos
disfrutes	disfrutéis
disfrute	disfruten

perfecto de subjuntivo

haya disfrutado	**hayamos** disfrutado
hayas disfrutado	**hayáis** disfrutado
haya disfrutado	**hayan** disfrutado

imperfecto de subjuntivo

disfrutara	disfrutáramos
disfrutaras	disfrutarais
disfrutara	disfrutaran
OR	
disfrutase	disfrutásemos
disfrutases	disfrutaseis
disfrutase	disfrutasen

pluscuamperfecto de subjuntivo

hubiera disfrutado	**hubiéramos** disfrutado
hubieras disfrutado	**hubierais** disfrutado
hubiera disfrutado	**hubieran** disfrutado
OR	
hubiese disfrutado	**hubiésemos** disfrutado
hubieses disfrutado	**hubieseis** disfrutado
hubiese disfrutado	**hubiesen** disfrutado

imperativo

—	disfrutemos
disfruta; no disfrutes	disfrutad; no disfrutéis
disfrute	disfruten

gerundio dispensando   participio de pasado **dispensado**

SINGULAR	PLURAL	SINGULAR	PLURAL

presente de indicativo

dispenso	dispensamos	**he** dispensado	**hemos** dispensado
dispensas	dispensáis	**has** dispensado	**habéis** dispensado
dispensa	dispensan	**ha** dispensado	**han** dispensado

perfecto de indicativo (above right column)

imperfecto de indicativo

dispensaba	dispensábamos	**había** dispensado	**habíamos** dispensado
dispensabas	dispensabais	**habías** dispensado	**habíais** dispensado
dispensaba	dispensaban	**había** dispensado	**habían** dispensado

pluscuamperfecto de indicativo

pretérito

dispensé	dispensamos	**hube** dispensado	**hubimos** dispensado
dispensaste	dispensasteis	**hubiste** dispensado	**hubisteis** dispensado
dispensó	dispensaron	**hubo** dispensado	**hubieron** dispensado

pretérito anterior

futuro

dispensaré	dispensaremos	**habré** dispensado	**habremos** dispensado
dispensarás	dispensaréis	**habrás** dispensado	**habréis** dispensado
dispensará	dispensarán	**habrá** dispensado	**habrán** dispensado

futuro perfecto

condicional simple

dispensaría	dispensaríamos	**habría** dispensado	**habríamos** dispensado
dispensarías	dispensaríais	**habrías** dispensado	**habríais** dispensado
dispensaría	dispensarían	**habría** dispensado	**habrían** dispensado

condicional compuesto

presente de subjuntivo

dispense	dispensemos	**haya** dispensado	**hayamos** dispensado
dispenses	dispenséis	**hayas** dispensado	**hayáis** dispensado
dispense	dispensen	**haya** dispensado	**hayan** dispensado

perfecto de subjuntivo

imperfecto de subjuntivo

dispensara	dispensáramos	**hubiera** dispensado	**hubiéramos** dispensado
dispensaras	dispensarais	**hubieras** dispensado	**hubierais** dispensado
dispensara	dispensaran	**hubiera** dispensado	**hubieran** dispensado
OR		OR	
dispensase	dispensásemos	**hubiese** dispensado	**hubiésemos** dispensado
dispensases	dispensaseis	**hubieses** dispensado	**hubieseis** dispensado
dispensase	dispensasen	**hubiese** dispensado	**hubiesen** dispensado

pluscuamperfecto de subjuntivo

imperativo

—	dispensemos
dispensa;	dispensad;
no dispenses	no dispenséis
dispense	dispensen

to disperse

gerundio **dispersando**   participio de pasado **dispersado**

SINGULAR	PLURAL	SINGULAR	PLURAL

presente de indicativo

		perfecto de indicativo	
disperso	dispersamos	**he** dispersado	**hemos** dispersado
dispersas	dispersáis	**has** dispersado	**habéis** dispersado
dispersa	dispersan	**ha** dispersado	**han** dispersado

imperfecto de indicativo

		pluscuamperfecto de indicativo		**D**
dispersaba	dispersábamos	**había** dispersado	**habíamos** dispersado	
dispersabas	dispersabais	**habías** dispersado	**habíais** dispersado	
dispersaba	dispersaban	**había** dispersado	**habían** dispersado	

pretérito

		pretérito anterior	
dispersé	dispersamos	**hube** dispersado	**hubimos** dispersado
dispersaste	dispersasteis	**hubiste** dispersado	**hubisteis** dispersado
dispersó	dispersaron	**hubo** dispersado	**hubieron** dispersado

futuro

		futuro perfecto	
dispersaré	dispersaremos	**habré** dispersado	**habremos** dispersado
dispersarás	dispersaréis	**habrás** dispersado	**habréis** dispersado
dispersará	dispersarán	**habrá** dispersado	**habrán** dispersado

condicional simple

		condicional compuesto	
dispersaría	dispersaríamos	**habría** dispersado	**habríamos** dispersado
dispersarías	dispersaríais	**habrías** dispersado	**habríais** dispersado
dispersaría	dispersarían	**habría** dispersado	**habrían** dispersado

presente de subjuntivo

		perfecto de subjuntivo	
disperse	dispersemos	**haya** dispersado	**hayamos** dispersado
disperses	disperséis	**hayas** dispersado	**hayáis** dispersado
disperse	dispersen	**haya** dispersado	**hayan** dispersado

imperfecto de subjuntivo

		pluscuamperfecto de subjuntivo	
dispersara	dispersáramos	**hubiera** dispersado	**hubiéramos** dispersado
dispersaras	dispersarais	**hubieras** dispersado	**hubierais** dispersado
dispersara	dispersaran	**hubiera** dispersado	**hubieran** dispersado
OR		OR	
dispersase	dispersásemos	**hubiese** dispersado	**hubiésemos** dispersado
dispersases	dispersaseis	**hubieses** dispersado	**hubieseis** dispersado
dispersase	dispersasen	**hubiese** dispersado	**hubiesen** dispersado

imperativo

—	dispersemos
dispersa;	dispersad;
no disperses	no disperséis
disperse	dispersen

289

distinguir

to distinguish

SINGULAR	PLURAL	SINGULAR	PLURAL

presente de indicativo

distingo	distinguimos		
distingues	distinguís		
distingue	distinguen		

perfecto de indicativo

he distinguido	**hemos** distinguido
has distinguido	**habéis** distinguido
ha distinguido	**han** distinguido

imperfecto de indicativo

distinguía	distinguíamos
distinguías	distinguíais
distinguía	distinguían

pluscuamperfecto de indicativo

había distinguido	**habíamos** distinguido
habías distinguido	**habíais** distinguido
había distinguido	**habían** distinguido

pretérito

distinguí	distinguimos
distinguiste	distinguisteis
distinguió	distinguieron

pretérito anterior

hube distinguido	**hubimos** distinguido
hubiste distinguido	**hubisteis** distinguido
hubo distinguido	**hubieron** distinguido

futuro

distinguiré	distinguiremos
distinguirás	distinguiréis
distinguirá	distinguirán

futuro perfecto

habré distinguido	**habremos** distinguido
habrás distinguido	**habréis** distinguido
habrá distinguido	**habrán** distinguido

condicional simple

distinguiría	distinguiríamos
distinguirías	distinguiríais
distinguiría	distinguirían

condicional compuesto

habría distinguido	**habríamos** distinguido
habrías distinguido	**habríais** distinguido
habría distinguido	**habrían** distinguido

presente de subjuntivo

distinga	distingamos
distingas	distingáis
distinga	distingan

perfecto de subjuntivo

haya distinguido	**hayamos** distinguido
hayas distinguido	**hayáis** distinguido
haya distinguido	**hayan** distinguido

imperfecto de subjuntivo

distinguiera	distinguiéramos
distinguieras	distinguierais
distinguiera	distinguieran
OR	
distinguiese	distinguiésemos
distinguieses	distinguieseis
distinguiese	distinguiesen

pluscuamperfecto de subjuntivo

hubiera distinguido	**hubiéramos** distinguido
hubieras distinguido	**hubierais** distinguido
hubiera distinguido	**hubieran** distinguido
OR	
hubiese distinguido	**hubiésemos** distinguido
hubieses distinguido	**hubieseis** distinguido
hubiese distinguido	**hubiesen** distinguido

imperativo

—	distingamos
distingue;	distinguid;
no distingas	no distingáis
distinga	distingan

to distribute

gerundio distribuyendo   **participio de pasado** distribuido

SINGULAR	PLURAL
presente de indicativo	
distribuy**o**	distribu**imos**
distribuy**es**	distribu**ís**
distribuy**e**	distribuy**en**
imperfecto de indicativo	
distribu**ía**	distribu**íamos**
distribu**ías**	distribu**íais**
distribu**ía**	distribu**ían**
pretérito	
distribu**í**	distribu**imos**
distribu**iste**	distribu**isteis**
distribuy**ó**	distribuy**eron**
futuro	
distribuir**é**	distribuir**emos**
distribuir**ás**	distribuir**éis**
distribuir**á**	distribuir**án**
condicional simple	
distribuir**ía**	distribuir**íamos**
distribuir**ías**	distribuir**íais**
distribuir**ía**	distribuir**ían**
presente de subjuntivo	
distribuy**a**	distribuy**amos**
distribuy**as**	distribuy**áis**
distribuy**a**	distribuy**an**
imperfecto de subjuntivo	
distribuy**era**	distribuy**éramos**
distribuy**eras**	distribuy**erais**
distribuy**era**	distribuy**eran**
OR	
distribuy**ese**	distribuy**ésemos**
distribuy**eses**	distribuy**eseis**
distribuy**ese**	distribuy**esen**
imperativo	
—	distribuy**amos**
distribuy**e**;	distribu**id**;
no distribuy**as**	no distribuy**áis**
distribuy**a**	distribuy**an**

SINGULAR	PLURAL
perfecto de indicativo	
he distribuido	**hemos** distribuido
has distribuido	**habéis** distribuido
ha distribuido	**han** distribuido
pluscuamperfecto de indicativo	
había distribuido	**habíamos** distribuido
habías distribuido	**habíais** distribuido
había distribuido	**habían** distribuido
pretérito anterior	
hube distribuido	**hubimos** distribuido
hubiste distribuido	**hubisteis** distribuido
hubo distribuido	**hubieron** distribuido
futuro perfecto	
habré distribuido	**habremos** distribuido
habrás distribuido	**habréis** distribuido
habrá distribuido	**habrán** distribuido
condicional compuesto	
habría distribuido	**habríamos** distribuido
habrías distribuido	**habríais** distribuido
habría distribuido	**habrían** distribuido
perfecto de subjuntivo	
haya distribuido	**hayamos** distribuido
hayas distribuido	**hayáis** distribuido
haya distribuido	**hayan** distribuido
pluscuamperfecto de subjuntivo	
hubiera distribuido	**hubiéramos** distribuido
hubieras distribuido	**hubierais** distribuido
hubiera distribuido	**hubieran** distribuido
OR	
hubiese distribuido	**hubiésemos** distribuido
hubieses distribuido	**hubieseis** distribuido
hubiese distribuido	**hubiesen** distribuido

D

to entertain

gerundio **divirtiendo** | participio de pasado **divertido**

SINGULAR	PLURAL	SINGULAR	PLURAL

presente de indicativo

		perfecto de indicativo	
divierto	divertimos	**he** divertido	**hemos** divertido
diviertes	divertís	**has** divertido	**habéis** divertido
divierte	divierten	**ha** divertido	**han** divertido

imperfecto de indicativo

		pluscuamperfecto de indicativo	
divertía	divertíamos	**había** divertido	**habíamos** divertido
divertías	divertíais	**habías** divertido	**habíais** divertido
divertía	divertían	**había** divertido	**habían** divertido

pretérito

		pretérito anterior	
divertí	divertimos	**hube** divertido	**hubimos** divertido
divertiste	divertisteis	**hubiste** divertido	**hubisteis** divertido
divirtió	divirtieron	**hubo** divertido	**hubieron** divertido

futuro

		futuro perfecto	
divertiré	divertiremos	**habré** divertido	**habremos** divertido
divertirás	divertiréis	**habrás** divertido	**habréis** divertido
divertirá	divertirán	**habrá** divertido	**habrán** divertido

condicional simple

		condicional compuesto	
divertiría	divertiríamos	**habría** divertido	**habríamos** divertido
divertirías	divertiríais	**habrías** divertido	**habríais** divertido
divertiría	divertirían	**habría** divertido	**habrían** divertido

presente de subjuntivo

		perfecto de subjuntivo	
divierta	divirtamos	**haya** divertido	**hayamos** divertido
diviertas	divirtáis	**hayas** divertido	**hayáis** divertido
divierta	diviertan	**haya** divertido	**hayan** divertido

imperfecto de subjuntivo

		pluscuamperfecto de subjuntivo	
divirtiera	divirtiéramos	**hubiera** divertido	**hubiéramos** divertido
divirtieras	divirtierais	**hubieras** divertido	**hubierais** divertido
divirtiera	divirtieran	**hubiera** divertido	**hubieran** divertido
OR		OR	
divirtiese	divirtiésemos	**hubiese** divertido	**hubiésemos** divertido
divirtieses	divirtieseis	**hubieses** divertido	**hubieseis** divertido
divirtiese	divirtiesen	**hubiese** divertido	**hubiesen** divertido

imperativo

—	divirtamos
divierte; no diviertas	divertid; no divirtáis
divierta	diviertan

to have a good time · divertirse

SINGULAR	PLURAL	SINGULAR	PLURAL

presente de indicativo

me divierto	nos divertimos
te diviertes	os divertís
se divierte	se divierten

perfecto de indicativo

me he divertido	nos hemos divertido
te has divertido	os habéis divertido
se ha divertido	se han divertido

imperfecto de indicativo

me divertía	nos divertíamos
te divertías	os divertíais
se divertía	se divertían

pluscuamperfecto de indicativo

me había divertido	nos habíamos divertido
te habías divertido	os habíais divertido
se había divertido	se habían divertido

D

pretérito

me divertí	nos divertimos
te divertiste	os divertisteis
se divirtió	se divirtieron

pretérito anterior

me hube divertido	nos hubimos divertido
te hubiste divertido	os hubisteis divertido
se hubo divertido	se hubieron divertido

futuro

me divertiré	nos divertiremos
te divertirás	os divertiréis
se divertirá	se divertirán

futuro perfecto

me habré divertido	nos habremos divertido
te habrás divertido	os habréis divertido
se habrá divertido	se habrán divertido

condicional simple

me divertiría	nos divertiríamos
te divertirías	os divertiríais
se divertiría	se divertirían

condicional compuesto

me habría divertido	nos habríamos divertido
te habrías divertido	os habríais divertido
se habría divertido	se habrían divertido

presente de subjuntivo

me divierta	nos divirtamos
te diviertas	os divirtáis
se divierta	se diviertan

perfecto de subjuntivo

me haya divertido	nos hayamos divertido
te hayas divertido	os hayáis divertido
se haya divertido	se hayan divertido

imperfecto de subjuntivo

me divirtiera	nos divirtiéramos
te divirtieras	os divirtierais
se divirtiera	se divirtieran
OR	
me divirtiese	nos divirtiésemos
te divirtieses	os divirtieseis
se divirtiese	se divirtiesen

pluscuamperfecto de subjuntivo

me hubiera divertido	nos hubiéramos divertido
te hubieras divertido	os hubierais divertido
se hubiera divertido	se hubieran divertido
OR	
me hubiese divertido	nos hubiésemos divertido
te hubieses divertido	os hubieseis divertido
se hubiese divertido	se hubiesen divertido

imperativo

—	divirtámonos;
	no nos divirtamos
diviértete;	divertíos;
no te diviertas	no os divirtáis
diviértase;	diviértanse;
no se divierta	no se diviertan

divorciarse

to be (get) divorced

SINGULAR	PLURAL	SINGULAR	PLURAL

presente de indicativo

me divorci**o**	nos divorci**amos**	
te divorci**as**	os divorci**áis**	
se divorci**a**	se divorci**an**	

perfecto de indicativo

me he divorciado	**nos hemos** divorciado
te has divorciado	**os habéis** divorciado
se ha divorciado	**se han** divorciado

imperfecto de indicativo

me divorci**aba**	nos divorci**ábamos**
te divorci**abas**	os divorci**abais**
se divorci**aba**	se divorci**aban**

pluscuamperfecto de indicativo

me había divorciado	**nos habíamos** divorciado
te habías divorciado	**os habíais** divorciado
se había divorciado	**se habían** divorciado

pretérito

me divorci**é**	nos divorci**amos**
te divorci**aste**	os divorci**asteis**
se divorci**ó**	se divorci**aron**

pretérito anterior

me hube divorciado	**nos hubimos** divorciado
te hubiste divorciado	**os hubisteis** divorciado
se hubo divorciado	**se hubieron** divorciado

futuro

me divorciar**é**	nos divorciar**emos**
te divorciar**ás**	os divorciar**éis**
se divoricar**á**	se divorciar**án**

futuro perfecto

me habré divorciado	**nos habremos** divorciado
te habrás divorciado	**os habréis** divorciado
se habrá divorciado	**se habrán** divorciado

condicional simple

me divorciar**ía**	nos divorciar**íamos**
te divorciar**ías**	os divorciar**íais**
se divoricar**ía**	se divorciar**ían**

condicional compuesto

me habría divorciado	**nos habríamos** divorciado
te habrías divorciado	**os habríais** divorciado
se habría divorciado	**se habrían** divorciado

presente de subjuntivo

me divorci**e**	nos divorci**emos**
te divorci**es**	os divorci**éis**
se divorci**e**	se divorci**en**

perfecto de subjuntivo

me haya divorciado	**nos hayamos** divorciado
te hayas divorciado	**os hayáis** divorciado
se haya divorciado	**se hayan** divorciado

imperfecto de subjuntivo

me divorci**ara**	nos divorci**áramos**
fe divorci**aras**	os divorci**arais**
se divorci**ara**	se divorci**aran**
OR	
me divorci**ase**	nos divorci**ásemos**
te divorci**ases**	os divorci**aseis**
se divorci**ase**	se divorci**asen**

pluscuamperfecto de subjuntivo

me hubiera divorciado	**nos hubiéramos** divorciado
te hubieras divorciado	**os hubierais** divorciado
se hubiera divorciado	**se hubieran** divorciado
OR	
me hubiese divorciado	**nos hubiésemos** divorciado
te hubieses divorciado	**os hubieseis** divorciado
se hubiese divorciado	**se hubiesen** divorciado

imperativo

—	divorciémonos
divórciate;	divorciaos;
no te divorcies	no os divorciéis
divórciese	divórciense

gerundio **doliendo**   participio de pasado **dolido**

SINGULAR	PLURAL
presente de indicativo	
duel**o**	dol**emos**
duel**es**	dol**éis**
duel**e**	duel**en**
imperfecto de indicativo	
dol**ía**	dol**íamos**
dol**ías**	dol**íais**
dol**ía**	dol**ían**
pretérito	
dol**í**	dol**imos**
dol**iste**	dol**isteis**
dol**ió**	dol**ieron**
futuro	
doler**é**	doler**emos**
doler**ás**	doler**éis**
doler**á**	doler**án**
condicional simple	
doler**ía**	doler**íamos**
doler**ías**	doler**íais**
doler**ía**	doler**ían**
presente de subjuntivo	
duel**a**	dol**amos**
duel**as**	dol**áis**
duel**a**	duel**an**
imperfecto de subjuntivo	
dol**iera**	dol**iéramos**
dol**ieras**	dol**ierais**
dol**iera**	dol**ieran**
OR	
dol**iese**	dol**iésemos**
dol**ieses**	dol**ieseis**
dol**iese**	dol**iesen**
imperativo	
—	dol**amos**
duel**e**; no duel**as**	dol**ed**; no dol**éis**
duel**a**	duel**an**

D

SINGULAR	PLURAL
perfecto de indicativo	
he dolido	**hemos** dolido
has dolido	**habéis** dolido
ha dolido	**han** dolido
pluscuamperfecto de indicativo	
había dolido	**habíamos** dolido
habías dolido	**habíais** dolido
había dolido	**habían** dolido
pretérito anterior	
hube dolido	**hubimos** dolido
hubiste dolido	**hubisteis** dolido
hubo dolido	**hubieron** dolido
futuro perfecto	
habré dolido	**habremos** dolido
habrás dolido	**habréis** dolido
habrá dolido	**habrán** dolido
condicional compuesto	
habría dolido	**habríamos** dolido
habrías dolido	**habríais** dolido
habría dolido	**habrían** dolido
perfecto de subjuntivo	
haya dolido	**hayamos** dolido
hayas dolido	**hayáis** dolido
haya dolido	**hayan** dolido
pluscuamperfecto de subjuntivo	
hubiera dolido	**hubiéramos** dolido
hubieras dolido	**hubierais** dolido
hubiera dolido	**hubieran** dolido
OR	
hubiese dolido	**hubiésemos** dolido
hubieses dolido	**hubieseis** dolido
hubiese dolido	**hubiesen** dolido

dormir

to sleep

SINGULAR	PLURAL	SINGULAR	PLURAL

presente de indicativo

duermo	dormimos
duermes	dormís
duerme	duermen

perfecto de indicativo

he dormido	hemos dormido
has dormido	habéis dormido
ha dormido	han dormido

imperfecto de indicativo

dormía	dormíamos
dormías	dormíais
dormía	dormían

pluscuamperfecto de indicativo

había dormido	habíamos dormido
habías dormido	habíais dormido
había dormido	habían dormido

pretérito

dormí	dormimos
dormiste	dormisteis
durmió	durmieron

pretérito anterior

hube dormido	hubimos dormido
hubiste dormido	hubisteis dormido
hubo dormido	hubieron dormido

futuro

dormiré	dormiremos
dormirás	dormiréis
dormirá	dormirán

futuro perfecto

habré dormido	habremos dormido
habrás dormido	habréis dormido
habrá dormido	habrán dormido

condicional simple

dormiría	dormiríamos
dormirías	dormiríais
dormiría	dormirían

condicional compuesto

habría dormido	habríamos dormido
habrías dormido	habríais dormido
habría dormido	habrían dormido

presente de subjuntivo

duerma	durmamos
duermas	durmáis
duerma	duerman

perfecto de subjuntivo

haya dormido	hayamos dormido
hayas dormido	hayáis dormido
haya dormido	hayan dormido

imperfecto de subjuntivo

durmiera	durmiéramos
durmieras	durmierais
durmiera	durmieran
OR	
durmiese	durmiésemos
durmieses	durmieseis
durmiese	durmiesen

pluscuamperfecto de subjuntivo

hubiera dormido	hubiéramos dormido
hubieras dormido	hubierais dormido
hubiera dormido	hubieran dormido
OR	
hubiese dormido	hubiésemos dormido
hubieses dormido	hubieseis dormido
hubiese dormido	hubiesen dormido

imperativo

—	durmamos
duerme; no duermas	dormid; no durmáis
duerma	duerman

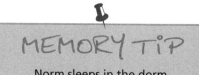

MEMORY TIP

Norm sleeps in the <u>dorm</u>.

to endow

gerundio **dotando**   participio de pasado **dotado**

SINGULAR	PLURAL	SINGULAR	PLURAL

presente de indicativo

		perfecto de indicativo	
dot**o**	dot**amos**	**he** dotado	**hemos** dotado
dot**as**	dot**áis**	**has** dotado	**habéis** dotado
dot**a**	dot**an**	**ha** dotado	**han** dotado

imperfecto de indicativo   **pluscuamperfecto de indicativo**

dot**aba**	dot**ábamos**	**había** dotado	**habíamos** dotado
dot**abas**	dot**abais**	**habías** dotado	**habíais** dotado
dot**aba**	dot**aban**	**había** dotado	**habían** dotado

pretérito   **pretérito anterior**

dot**é**	dot**amos**	**hube** dotado	**hubimos** dotado
dot**aste**	dot**asteis**	**hubiste** dotado	**hubisteis** dotado
dot**ó**	dot**aron**	**hubo** dotado	**hubieron** dotado

futuro   **futuro perfecto**

dotar**é**	dotar**emos**	**habré** dotado	**habremos** dotado
dotar**ás**	dotar**éis**	**habrás** dotado	**habréis** dotado
dotar**á**	dotar**án**	**habrá** dotado	**habrán** dotado

condicional simple   **condicional compuesto**

dotar**ía**	dotar**íamos**	**habría** dotado	**habríamos** dotado
dotar**ías**	dotar**íais**	**habrías** dotado	**habríais** dotado
dotar**ía**	dotar**ían**	**habría** dotado	**habrían** dotado

presente de subjuntivo   **perfecto de subjuntivo**

dot**e**	dot**emos**	**haya** dotado	**hayamos** dotado
dot**es**	dot**éis**	**hayas** dotado	**hayáis** dotado
dot**e**	dot**en**	**haya** dotado	**hayan** dotado

imperfecto de subjuntivo   **pluscuamperfecto de subjuntivo**

dotar**a**	dotár**amos**	**hubiera** dotado	**hubiéramos** dotado
dotar**as**	dotar**ais**	**hubieras** dotado	**hubierais** dotado
dotar**a**	dotar**an**	**hubiera** dotado	**hubieran** dotado
OR		OR	
dotas**e**	dotás**emos**	**hubiese** dotado	**hubiésemos** dotado
dotas**es**	dotas**eis**	**hubieses** dotado	**hubieseis** dotado
dotas**e**	dotas**en**	**hubiese** dotado	**hubiesen** dotado

imperativo

—	dotemos
dota; no dotes	dotad; no dotéis
dote	doten

gerundio duchándose   **participio de pasado** duchado

SINGULAR	PLURAL	SINGULAR	PLURAL

presente de indicativo
me ducho	nos duchamos
te duchas	os ducháis
se ducha	se duchan

perfecto de indicativo
me he duchado	nos hemos duchado
te has duchado	os habéis duchado
se ha duchado	se han duchado

imperfecto de indicativo
me duchaba	nos duchábamos
te duchabas	os duchabais
se duchaba	se duchaban

pluscuamperfecto de indicativo
me había duchado	nos habíamos duchado
te habías duchado	os habíais duchado
se había duchado	se habían duchado

pretérito
me duché	nos duchamos
te duchaste	os duchasteis
se duchó	se ducharon

pretérito anterior
me hube duchado	nos hubimos duchado
te hubiste duchado	os hubisteis duchado
se hubo duchado	se hubieron duchado

futuro
me ducharé	nos ducharemos
te ducharás	os ducharéis
se duchará	se ducharán

futuro perfecto
me habré duchado	nos habremos duchado
te habrás duchado	os habréis duchado
se habrá duchado	se habrán duchado

condicional simple
me ducharía	nos ducharíamos
te ducharías	os ducharíais
se ducharía	se ducharían

condicional compuesto
me habría duchado	nos habríamos duchado
te habrías duchado	os habríais duchado
se habría duchado	se habrían duchado

presente de subjuntivo
me duche	nos duchemos
te duches	os duchéis
se duche	se duchen

perfecto de subjuntivo
me haya duchado	nos hayamos duchado
te hayas duchado	os hayáis duchado
se haya duchado	se hayan duchado

imperfecto de subjuntivo
me duchara	nos ducháramos
te ducharas	os ducharais
se duchara	se ducharan
OR	
me duchase	nos duchásemos
te duchases	os duchaseis
se duchase	se duchasen

pluscuamperfecto de subjuntivo
me hubiera duchado	nos hubiéramos duchado
te hubieras duchado	os hubierais duchado
se hubiera duchado	se hubieran duchado
OR	
me hubiese duchado	nos hubiésemos duchado
te hubieses duchado	os hubieseis duchado
se hubiese duchado	se hubiesen duchado

imperativo
—	duchémonos
dúchate;	duchaos;
no te duches	no os duchéis
dúchese	dúchense

MUST KNOW VERB

to doubt

dudar

SINGULAR	PLURAL	SINGULAR	PLURAL

D

presente de indicativo

dud**o**	dud**amos**	
dud**as**	dud**áis**	
dud**a**	dud**an**	

perfecto de indicativo

he dudado	**hemos** dudado
has dudado	**habéis** dudado
ha dudado	**han** dudado

imperfecto de indicativo

dud**aba**	dud**ábamos**
dud**abas**	dud**abais**
dud**aba**	dud**aban**

pluscuamperfecto de indicativo

había dudado	**habíamos** dudado
habías dudado	**habíais** dudado
había dudado	**habían** dudado

pretérito

dud**é**	dud**amos**
dud**aste**	dud**asteis**
dud**ó**	dud**aron**

pretérito anterior

hube dudado	**hubimos** dudado
hubiste dudado	**hubisteis** dudado
hubo dudado	**hubieron** dudado

futuro

dudar**é**	dudar**emos**
dudar**ás**	dudar**éis**
dudar**á**	dudar**án**

futuro perfecto

habré dudado	**habremos** dudado
habrás dudado	**habréis** dudado
habrá dudado	**habrán** dudado

condicional simple

dudar**ía**	dudar**íamos**
dudar**ías**	dudar**íais**
dudar**ía**	dudar**ían**

condicional compuesto

habría dudado	**habríamos** dudado
habrías dudado	**habríais** dudado
habría dudado	**habrían** dudado

presente de subjuntivo

dud**e**	dud**emos**
dud**es**	dud**éis**
dud**e**	dud**en**

perfecto de subjuntivo

haya dudado	**hayamos** dudado
hayas dudado	**hayáis** dudado
haya dudado	**hayan** dudado

imperfecto de subjuntivo

dud**ara**	dud**áramos**
dud**aras**	dud**arais**
dud**ara**	dud**aran**
OR	
dud**ase**	dud**ásemos**
dud**ases**	dud**aseis**
dud**ase**	dud**asen**

pluscuamperfecto de subjuntivo

hubiera dudado	**hubiéramos** dudado
hubieras dudado	**hubierais** dudado
hubiera dudado	**hubieran** dudado
OR	
hubiese dudado	**hubiésemos** dudado
hubieses dudado	**hubieseis** dudado
hubiese dudado	**hubiesen** dudado

imperativo

—	dud**emos**
dud**a**; no dud**es**	dud**ad**; no dud**éis**
dud**e**	dud**en**

echar

to throw

SINGULAR	PLURAL	SINGULAR	PLURAL

presente de indicativo

echo	echamos		
echas	echáis		
echa	echan		

perfecto de indicativo

he echado	hemos echado
has echado	habéis echado
ha echado	han echado

imperfecto de indicativo

echaba	echábamos
echabas	echabais
echaba	echaban

pluscuamperfecto de indicativo

había echado	habíamos echado
habías echado	habíais echado
había echado	habían echado

pretérito

eché	echamos
echaste	echasteis
echó	echaron

pretérito anterior

hube echado	hubimos echado
hubiste echado	hubisteis echado
hubo echado	hubieron echado

futuro

echaré	echaremos
echarás	echaréis
echará	echarán

futuro perfecto

habré echado	habremos echado
habrás echado	habréis echado
habrá echado	habrán echado

condicional simple

echaría	echaríamos
echarías	echaríais
echaría	echarían

condicional compuesto

habría echado	habríamos echado
habrías echado	habríais echado
habría echado	habrían echado

presente de subjuntivo

eche	echemos
eches	echéis
eche	echen

perfecto de subjuntivo

haya echado	hayamos echado
hayas echado	hayáis echado
haya echado	hayan echado

imperfecto de subjuntivo

echara	echáramos
echaras	echarais
echara	echaran
OR	
echase	echásemos
echases	echaseis
echase	echasen

pluscuamperfecto de subjuntivo

hubiera echado	hubiéramos echado
hubieras echado	hubierais echado
hubiera echado	hubieran echado
OR	
hubiese echado	hubiésemos echado
hubieses echado	hubieseis echado
hubiese echado	hubiesen echado

imperativo

—	echemos
echa; no eches	echad; no echeis
eche	echen

to carry out, to execute
ejecutar

gerundio **ejecutando**   participio de pasado **ejecutado**

SINGULAR	PLURAL	SINGULAR	PLURAL

presente de indicativo

ejecut**o**	ejecut**amos**		
ejecut**as**	ejecut**áis**		
ejecut**a**	ejecut**an**		

perfecto de indicativo

he ejecutado	**hemos** ejecutado		
has ejecutado	**habéis** ejecutado		
ha ejecutado	**han** ejecutado		

imperfecto de indicativo

ejecut**aba**	ejecut**ábamos**
ejecut**abas**	ejecut**abais**
ejecut**aba**	ejecut**aban**

pluscuamperfecto de indicativo

había ejecutado	**habíamos** ejecutado
habías ejecutado	**habíais** ejecutado
había ejecutado	**habían** ejecutado

pretérito

ejecut**é**	ejecut**amos**
ejecut**aste**	ejecut**asteis**
ejecut**ó**	ejecut**aron**

pretérito anterior

hube ejecutado	**hubimos** ejecutado
hubiste ejecutado	**hubisteis** ejecutado
hubo ejecutado	**hubieron** ejecutado

futuro

ejecutar**é**	ejecutar**emos**
ejecutar**ás**	ejecutar**éis**
ejecutar**á**	ejecutar**án**

futuro perfecto

habré ejecutado	**habremos** ejecutado
habrás ejecutado	**habréis** ejecutado
habrá ejecutado	**habrán** ejecutado

condicional simple

ejecutar**ía**	ejecutar**íamos**
ejecutar**ías**	ejecutar**íais**
ejecutar**ía**	ejecutar**ían**

condicional compuesto

habría ejecutado	**habríamos** ejecutado
habrías ejecutado	**habríais** ejecutado
habría ejecutado	**habrían** ejecutado

presente de subjuntivo

ejecut**e**	ejecut**emos**
ejecut**es**	ejecut**éis**
ejecut**e**	ejecut**en**

perfecto de subjuntivo

haya ejecutado	**hayamos** ejecutado
hayas ejecutado	**hayáis** ejecutado
haya ejecutado	**hayan** ejecutado

imperfecto de subjuntivo

ejecutar**a**	ejecutár**amos**
ejecutar**as**	ejecutar**ais**
ejecutar**a**	ejecutar**an**
OR	
ejecutas**e**	ejecutás**emos**
ejecutas**es**	ejecutas**eis**
ejecutas**e**	ejecutas**en**

pluscuamperfecto de subjuntivo

hubiera ejecutado	**hubiéramos** ejecutado
hubieras ejecutado	**hubierais** ejecutado
hubiera ejecutado	**hubieran** ejecutado
OR	
hubiese ejecutado	**hubiésemos** ejecutado
hubieses ejecutado	**hubieseis** ejecutado
hubiese ejecutado	**hubiesen** ejecutado

imperativo

—	ejecut**emos**
ejecut**a**; no ejecut**es**	ejecut**ad**; no ejecut**éis**
ejecut**e**	ejecut**en**

gerundio **eligiendo**   participio de pasado **eligido**

SINGULAR	PLURAL	SINGULAR	PLURAL

presente de indicativo

		perfecto de indicativo	
elij**o**	eleg**imos**	**he** elegido	**hemos** elegido
elig**es**	eleg**ís**	**has** elegido	**habéis** elegido
elig**e**	elig**en**	**ha** elegido	**han** elegido

imperfecto de indicativo / pluscuamperfecto de indicativo

eleg**ía**	eleg**íamos**	**había** elegido	**habíamos** elegido
eleg**ías**	eleg**íais**	**habías** elegido	**habíais** elegido
eleg**ía**	eleg**ían**	**había** elegido	**habían** elegido

pretérito / pretérito anterior

eleg**í**	eleg**imos**	**hube** elegido	**hubimos** elegido
eleg**iste**	eleg**isteis**	**hubiste** elegido	**hubisteis** elegido
elig**ió**	elig**ieron**	**hubo** elegido	**hubieron** elegido

futuro / futuro perfecto

elegir**é**	elegir**emos**	**habré** elegido	**habremos** elegido
elegir**ás**	elegir**éis**	**habrás** elegido	**habréis** elegido
elegir**á**	elegir**án**	**habrá** elegido	**habrán** elegido

condicional simple / condicional compuesto

elegir**ía**	elegir**íamos**	**habría** elegido	**habríamos** elegido
elegir**ías**	elegir**íais**	**habrías** elegido	**habríais** elegido
elegir**ía**	elegir**ían**	**habría** elegido	**habrían** elegido

presente de subjuntivo / perfecto de subjuntivo

elij**a**	elij**amos**	**haya** elegido	**hayamos** elegido
elij**as**	elij**áis**	**hayas** elegido	**hayáis** elegido
elij**a**	elij**an**	**haya** elegido	**hayan** elegido

imperfecto de subjuntivo / pluscuamperfecto de subjuntivo

elig**iera**	elig**iéramos**	**hubiera** elegido	**hubiéramos** elegido
elig**ieras**	elig**ierais**	**hubieras** elegido	**hubierais** elegido
elig**iera**	elig**ieran**	**hubiera** elegido	**hubieran** elegido
OR		OR	
elig**iese**	elig**iésemos**	**hubiese** elegido	**hubiésemos** elegido
elig**ieses**	elig**ieseis**	**hubieses** elegido	**hubieseis** elegido
elig**iese**	elig**iesen**	**hubiese** elegido	**hubiesen** elegido

imperativo

—	elijamos
elige; no elijas	elegid; no elijáis
elija	elijan

to soak in, to soak up

embeber

SINGULAR	PLURAL	SINGULAR	PLURAL

presente de indicativo
embeb**o**	embeb**emos**
embeb**es**	embeb**éis**
embeb**e**	embeb**en**

perfecto de indicativo
he embebido	**hemos** embebido
has embebido	**habéis** embebido
ha embebido	**han** embebido

imperfecto de indicativo
embeb**ía**	embeb**íamos**
embeb**ías**	embeb**íais**
embeb**ía**	embeb**ían**

pluscuamperfecto de indicativo
había embebido	**habíamos** embebido
habías embebido	**habíais** embebido
había embebido	**habían** embebido

E

pretérito
embeb**í**	embeb**imos**
embeb**iste**	embeb**isteis**
embeb**ió**	embeb**ieron**

pretérito anterior
hube embebido	**hubimos** embebido
hubiste embebido	**hubisteis** embebido
hubo embebido	**hubieron** embebido

futuro
embeber**é**	embeber**emos**
embeber**ás**	embeber**éis**
embeber**á**	embeber**án**

futuro perfecto
habré embebido	**habremos** embebido
habrás embebido	**habréis** embebido
habrá embebido	**habrán** embebido

condicional simple
embeber**ía**	embeber**íamos**
embeber**ías**	embeber**íais**
embeber**ía**	embeber**ían**

condicional compuesto
habría embebido	**habríamos** embebido
habrías embebido	**habríais** embebido
habría embebido	**habrían** embebido

presente de subjuntivo
embeb**a**	embeb**amos**
embeb**as**	embeb**áis**
embeb**a**	embeb**an**

perfecto de subjuntivo
haya embebido	**hayamos** embebido
hayas embebido	**hayáis** embebido
haya embebido	**hayan** embebido

imperfecto de subjuntivo
embeb**iera**	embeb**iéramos**
embeb**ieras**	embeb**ierais**
embeb**iera**	embeb**ieran**
OR	
embeb**iese**	embeb**iésemos**
embeb**ieses**	embeb**ieseis**
embeb**iese**	embeb**iesen**

pluscuamperfecto de subjuntivo
hubiera embebido	**hubiéramos** embebido
hubieras embebido	**hubierais** embebido
hubiera embebido	**hubieran** embebido
OR	
hubiese embebido	**hubiésemos** embebido
hubieses embebido	**hubieseis** embebido
hubiese embebido	**hubiesen** embebido

imperativo
—	embebamos
embebe; no embebas	embebed; no embebáis
embeba	embeban

gerundio empezando　　　　**participio de pasado** empezado

SINGULAR	PLURAL	SINGULAR	PLURAL

presente de indicativo
empiez**o**	empez**amos**
empiez**as**	empez**áis**
empiez**a**	empiez**an**

perfecto de indicativo
he empezado	**hemos** empezado
has empezado	**habéis** empezado
ha empezado	**han** empezado

imperfecto de indicativo
empez**aba**	empez**ábamos**
empez**abas**	empez**abais**
empez**aba**	empez**aban**

pluscuamperfecto de indicativo
había empezado	**habíamos** empezado
habías empezado	**habíais** empezado
había empezado	**habían** empezado

pretérito
empec**é**	empez**amos**
empez**aste**	empez**asteis**
empez**ó**	empez**aron**

pretérito anterior
hube empezado	**hubimos** empezado
hubiste empezado	**hubisteis** empezado
hubo empezado	**hubieron** empezado

futuro
empezar**é**	empezar**emos**
empezar**ás**	empezar**éis**
empezar**á**	empezar**án**

futuro perfecto
habré empezado	**habremos** empezado
habrás empezado	**habréis** empezado
habrá empezado	**habrán** empezado

condicional simple
empezar**ía**	empezar**íamos**
empezar**ías**	empezar**íais**
empezar**ía**	empezar**ían**

condicional compuesto
habría empezado	**habríamos** empezado
habrías empezado	**habríais** empezado
habría empezado	**habrían** empezado

presente de subjuntivo
empiec**e**	empec**emos**
empiec**es**	empec**éis**
empiec**e**	empiec**en**

perfecto de subjuntivo
haya empezado	**hayamos** empezado
hayas empezado	**hayáis** empezado
haya empezado	**hayan** empezado

imperfecto de subjuntivo
empezar**a**	empez**áramos**
empezar**as**	empezar**ais**
empezar**a**	empezar**an**
OR	
empezas**e**	empez**ásemos**
empezas**es**	empezas**eis**
empezas**e**	empezas**en**

pluscuamperfecto de subjuntivo
hubiera empezado	**hubiéramos** empezado
hubieras empezado	**hubierais** empezado
hubiera empezado	**hubieran** empezado
OR	
hubiese empezado	**hubiésemos** empezado
hubieses empezado	**hubieseis** empezado
hubiese empezado	**hubiesen** empezado

imperativo
—	empecemos
empieza; no empieces	empezad; no empecéis
empiece	empiecen

to employ, to use — emplear

E

SINGULAR	PLURAL	SINGULAR	PLURAL

presente de indicativo
		perfecto de indicativo	
empleo	empleamos	he empleado	hemos empleado
empleas	empleáis	has empleado	habéis empleado
emplea	emplean	ha empleado	han empleado

imperfecto de indicativo
		pluscuamperfecto de indicativo	
empleaba	empleábamos	había empleado	habíamos empleado
empleabas	empleabais	habías empleado	habíais empleado
empleaba	empleaban	había empleado	habían empleado

pretérito
		pretérito anterior	
empleé	empleamos	hube empleado	hubimos empleado
empleaste	empleasteis	hubiste empleado	hubisteis empleado
empleó	emplearon	hubo empleado	hubieron empleado

futuro
		futuro perfecto	
emplearé	emplearemos	habré empleado	habremos empleado
emplearás	emplearéis	habrás empleado	habréis empleado
empleará	emplearán	habrá empleado	habrán empleado

condicional simple
		condicional compuesto	
emplearía	emplearíamos	habría empleado	habríamos empleado
emplearías	emplearíais	habrías empleado	habríais empleado
emplearía	emplearían	habría empleado	habrían empleado

presente de subjuntivo
		perfecto de subjuntivo	
emplee	empleemos	haya empleado	hayamos empleado
emplees	empleéis	hayas empleado	hayáis empleado
emplee	empleen	haya empleado	hayan empleado

imperfecto de subjuntivo
		pluscuamperfecto de subjuntivo	
empleara	empleáramos	hubiera empleado	hubiéramos empleado
emplearas	emplearais	hubieras empleado	hubierais empleado
empleara	emplearan	hubiera empleado	hubieran empleado
OR		OR	
emplease	empleásemos	hubiese empleado	hubiésemos empleado
empleases	empleaseis	hubieses empleado	hubieseis empleado
emplease	empleasen	hubiese empleado	hubiesen empleado

imperativo
—	empleemos
emplea; no emplees	emplead, no empleéis
emplee	empleen

gerundio **encendiendo**　participio de pasado **encendido**

SINGULAR	PLURAL	SINGULAR	PLURAL

presente de indicativo

encien**do**	encend**emos**
encien**des**	encend**éis**
encien**de**	encien**den**

perfecto de indicativo

he encendido	**hemos** encendido
has encendido	**habéis** encendido
ha encendido	**han** encendido

imperfecto de indicativo

encend**ía**	encend**íamos**
encend**ías**	encend**íais**
encend**ía**	encend**ían**

pluscuamperfecto de indicativo

había encendido	**habíamos** encendido
habías encendido	**habíais** encendido
había encendido	**habían** encendido

pretérito

encend**í**	encend**imos**
encend**iste**	encend**isteis**
encend**ió**	encend**ieron**

pretérito anterior

hube encendido	**hubimos** encendido
hubiste encendido	**hubisteis** encendido
hubo encendido	**hubieron** encendido

futuro

encender**é**	encender**emos**
encender**ás**	encender**éis**
encender**á**	encender**án**

futuro perfecto

habré encendido	**habremos** encendido
habrás encendido	**habréis** encendido
habrá encendido	**habrán** encendido

condicional simple

encender**ía**	encender**íamos**
encender**ías**	encender**íais**
encender**ía**	encender**ían**

condicional compuesto

habría encendido	**habríamos** encendido
habrías encendido	**habríais** encendido
habría encendido	**habrían** encendido

presente de subjuntivo

encien**da**	encend**amos**
encien**das**	encend**áis**
encien**da**	encien**dan**

perfecto de subjuntivo

haya encendido	**hayamos** encendido
hayas encendido	**hayáis** encendido
haya encendido	**hayan** encendido

imperfecto de subjuntivo

encend**iera**	encend**iéramos**
encend**ieras**	encend**ierais**
encend**iera**	encend**ieran**
OR	
encend**iese**	encend**iésemos**
encend**ieses**	encend**ieseis**
encend**iese**	encend**iesen**

pluscuamperfecto de subjuntivo

hubiera encendido	**hubiéramos** encendido
hubieras encendido	**hubierais** encendido
hubiera encendido	**hubieran** encendido
OR	
hubiese encendido	**hubiésemos** encendido
hubieses encendido	**hubieseis** encendido
hubiese encendido	**hubiesen** encendido

imperativo

—	encend**amos**
encien**de**;	encend**ed**;
no encien**das**	no encend**áis**
encien**da**	encien**dan**

to lock up

gerundio **encerrando**   participio de pasado **encerrado**

SINGULAR	PLURAL	SINGULAR	PLURAL

presente de indicativo

SINGULAR	PLURAL
encierr**o**	encerr**amos**
encierr**as**	encerr**áis**
encierr**a**	encierr**an**

perfecto de indicativo

SINGULAR	PLURAL
he encerrado	**hemos** encerrado
has encerrado	**habéis** encerrado
ha encerrado	**han** encerrado

imperfecto de indicativo

SINGULAR	PLURAL
encerr**aba**	encerr**ábamos**
encerr**abas**	encerr**abais**
encerr**aba**	encerr**aban**

pluscuamperfecto de indicativo

SINGULAR	PLURAL
había encerrado	**habíamos** encerrado
habías encerrado	**habíais** encerrado
había encerrado	**habían** encerrado

E

pretérito

SINGULAR	PLURAL
encerr**é**	encerr**amos**
encerr**aste**	encerr**asteis**
encerr**ó**	encerr**aron**

pretérito anterior

SINGULAR	PLURAL
hube encerrado	**hubimos** encerrado
hubiste encerrado	**hubisteis** encerrado
hubo encerrado	**hubieron** encerrado

futuro

SINGULAR	PLURAL
encerrar**é**	encerrar**emos**
encerrar**ás**	encerrar**éis**
encerrar**á**	encerrar**án**

futuro perfecto

SINGULAR	PLURAL
habré encerrado	**habremos** encerrado
habrás encerrado	**habréis** encerrado
habrá encerrado	**habrán** encerrado

condicional simple

SINGULAR	PLURAL
encerrar**ía**	encerrar**íamos**
encerrar**ías**	encerrar**íais**
encerrar**ía**	encerrar**ían**

condicional compuesto

SINGULAR	PLURAL
habría encerrado	**habríamos** encerrado
habrías encerrado	**habríais** encerrado
habría encerrado	**habrían** encerrado

presente de subjuntivo

SINGULAR	PLURAL
encierr**e**	encerr**emos**
encierr**es**	encerr**éis**
encierr**e**	encierr**en**

perfecto de subjuntivo

SINGULAR	PLURAL
haya encerrado	**hayamos** encerrado
hayas encerrado	**hayáis** encerrado
haya encerrado	**hayan** encerrado

imperfecto de subjuntivo

SINGULAR	PLURAL
encerrar**a**	encerrár**amos**
encerrar**as**	encerrar**ais**
encerrar**a**	encerrar**an**
OR	
encerras**e**	encerrás**emos**
encerras**es**	encerras**eis**
encerras**e**	encerras**en**

pluscuamperfecto de subjuntivo

SINGULAR	PLURAL
hubiera encerrado	**hubiéramos** encerrado
hubieras encerrado	**hubierais** encerrado
hubiera encerrado	**hubieran** encerrado
OR	
hubiese encerrado	**hubiésemos** encerrado
hubieses encerrado	**hubieseis** encerrado
hubiese encerrado	**hubiesen** encerrado

imperativo

SINGULAR	PLURAL
—	encerremos
encierra; no encierres	encerrad; no encerréis
encierre	encierren

SINGULAR	PLURAL	SINGULAR	PLURAL

presente de indicativo

encuentro	encontramos	**he** encontrado	**hemos** encontrado
encuentras	encontráis	**has** encontrado	**habéis** encontrado
encuentra	encuentran	**ha** encontrado	**han** encontrado

perfecto de indicativo (right column header)

imperfecto de indicativo

encontraba	encontrábamos	**había** encontrado	**habíamos** encontrado
encontrabas	encontrabais	**habías** encontrado	**habíais** encontrado
encontraba	encontraban	**había** encontrado	**habían** encontrado

pluscuamperfecto de indicativo

pretérito

encontré	encontramos	**hube** encontrado	**hubimos** encontrado
encontraste	encontrasteis	**hubiste** encontrado	**hubisteis** encontrado
encontró	encontraron	**hubo** encontrado	**hubieron** encontrado

pretérito anterior

futuro

encontraré	encontraremos	**habré** encontrado	**habremos** encontrado
encontrarás	encontraréis	**habrás** encontrado	**habréis** encontrado
encontrará	encontrarán	**habrá** encontrado	**habrán** encontrado

futuro perfecto

condicional simple

encontraría	encontraríamos	**habría** encontrado	**habríamos** encontrado
encontrarías	encontraríais	**habrías** encontrado	**habríais** encontrado
encontraría	encontrarían	**habría** encontrado	**habrían** encontrado

condicional compuesto

presente de subjuntivo

encuentre	encontremos	**haya** encontrado	**hayamos** encontrado
encuentres	encontréis	**hayas** encontrado	**hayáis** encontrado
encuentre	encuentren	**haya** encontrado	**hayan** encontrado

perfecto de subjuntivo

imperfecto de subjuntivo

encontrara	encontráramos	**hubiera** encontrado	**hubiéramos** encontrado
encontraras	encontrarais	**hubieras** encontrado	**hubierais** encontrado
encontrara	encontraran	**hubiera** encontrado	**hubieran** encontrado
OR		OR	
encontrase	encontrásemos	**hubiese** encontrado	**hubiésemos** encontrado
encontrases	encontraseis	**hubieses** encontrado	**hubieseis** encontrado
encontrase	encontrasen	**hubiese** encontrado	**hubiesen** encontrado

pluscuamperfecto de subjuntivo

imperativo

—	encontremos
encuentra;	encontrad;
no encuentres	no encontréis
encuentre	encuentren

MUST
KNOW
VERB

to annoy, to anger   enfadar

SINGULAR	PLURAL	SINGULAR	PLURAL

presente de indicativo

enfad**o**	enfad**amos**
enfad**as**	enfad**áis**
enfad**a**	enfad**an**

perfecto de indicativo

he enfadado	**hemos** enfadado
has enfadado	**habéis** enfadado
ha enfadado	**han** enfadado

imperfecto de indicativo

enfad**aba**	enfad**ábamos**
enfad**abas**	enfad**abais**
enfad**aba**	enfad**aban**

pluscuamperfecto de indicativo

había enfadado	**habíamos** enfadado
habías enfadado	**habíais** enfadado
había enfadado	**habían** enfadado

E

pretérito

enfad**é**	enfad**amos**
enfad**aste**	enfad**asteis**
enfad**ó**	enfad**aron**

pretérito anterior

hube enfadado	**hubimos** enfadado
hubiste enfadado	**hubisteis** enfadado
hubo enfadado	**hubieron** enfadado

futuro

enfadar**é**	enfadar**emos**
enfadar**ás**	enfadar**éis**
enfadar**á**	enfadar**án**

futuro perfecto

habré enfadado	**habremos** enfadado
habrás enfadado	**habréis** enfadado
habrá enfadado	**habrán** enfadado

condicional simple

enfadar**ía**	enfadar**íamos**
enfadar**ías**	enfadar**íais**
enfadar**ía**	enfadar**ían**

condicional compuesto

habría enfadado	**habríamos** enfadado
habrías enfadado	**habríais** enfadado
habría enfadado	**habrían** enfadado

presente de subjuntivo

enfad**e**	enfad**emos**
enfad**es**	enfad**éis**
enfad**e**	enfad**en**

perfecto de subjuntivo

haya enfadado	**hayamos** enfadado
hayas enfadado	**hayáis** enfadado
haya enfadado	**hayan** enfadado

imperfecto de subjuntivo

enfad**ara**	enfad**áramos**
enfad**aras**	enfad**arais**
enfad**ara**	enfad**aran**
OR	
enfad**ase**	enfad**ásemos**
enfad**ases**	enfad**aseis**
enfad**ase**	enfad**asen**

pluscuamperfecto de subjuntivo

hubiera enfadado	**hubiéramos** enfadado
hubieras enfadado	**hubierais** enfadado
hubiera enfadado	**hubieran** enfadado
OR	
hubiese enfadado	**hubiésemos** enfadado
hubieses enfadado	**hubieseis** enfadado
hubiese enfadado	**hubiesen** enfadado

imperativo

—	enfad**emos**
enfad**a**; no enfad**es**	enfad**ad**; no enfad**éis**
enfad**e**	enfad**en**

309

SINGULAR	PLURAL	SINGULAR	PLURAL

presente de indicativo
me enfad**o**	nos enfad**amos**		
te enfad**as**	os enfad**áis**		
se enfad**a**	se enfad**an**		

perfecto de indicativo
me he enfadado	**nos hemos** enfadado
te has enfadado	**os habéis** enfadado
se ha enfadado	**se han** enfadado

imperfecto de indicativo
me enfad**aba**	nos enfad**ábamos**
te enfad**abas**	os enfad**abais**
se enfad**aba**	se enfad**aban**

pluscuamperfecto de indicativo
me había enfadado	**nos habíamos** enfadado
te habías enfadado	**os habíais** enfadado
se había enfadado	**se habían** enfadado

pretérito
me enfad**é**	nos enfad**amos**
te enfad**aste**	os enfad**asteis**
se enfad**ó**	se enfad**aron**

pretérito anterior
me hube enfadado	**nos hubimos** enfadado
te hubiste enfadado	**os hubisteis** enfadado
se hubo enfadado	**se hubieron** enfadado

futuro
me enfadar**é**	nos enfadar**emos**
te enfadar**ás**	os enfadar**éis**
se enfadar**á**	se enfadar**án**

futuro perfecto
me habré enfadado	**nos habremos** enfadado
te habrás enfadado	**os habréis** enfadado
se habrá enfadado	**se habrán** enfadado

condicional simple
me enfadar**ía**	nos enfadar**íamos**
te enfadar**ías**	os enfadar**íais**
se enfadar**ía**	se enfadar**ían**

condicional compuesto
me habría enfadado	**nos habríamos** enfadado
te habrías enfadado	**os habríais** enfadado
se habría enfadado	**se habrían** enfadado

presente de subjuntivo
me enfad**e**	nos enfad**emos**
te enfad**es**	os enfad**éis**
se enfad**e**	se enfad**en**

perfecto de subjuntivo
me haya enfadado	**nos hayamos** enfadado
te hayas enfadado	**os hayáis** enfadado
se haya enfadado	**se hayan** enfadado

imperfecto de subjuntivo
me enfad**ara**	nos enfad**áramos**
te enfad**aras**	os enfad**arais**
se enfad**ara**	se enfad**aran**
OR	
me enfad**ase**	nos enfad**ásemos**
te enfad**ases**	os enfad**aseis**
se enfad**ase**	se enfad**asen**

pluscuamperfecto de subjuntivo
me hubiera enfadado	**nos hubiéramos** enfadado
te hubieras enfadado	**os hubierais** enfadado
se hubiera enfadado	**se hubieran** enfadado
OR	
me hubiese enfadado	**nos hubiésemos** enfadado
te hubieses enfadado	**os hubieseis** enfadado
se hubiese enfadado	**se hubiesen** enfadado

imperativo
—	enfadémonos; no nos enfademos
enfádate; no te enfades	enfadaos; no os enfadéis
enfádese; no se enfade	enfádense; no se enfaden

gerundio **enfermándose** | participio de pasado **enfermado**

SINGULAR	PLURAL	SINGULAR	PLURAL

presente de indicativo
me enferm**o** — nos enferm**amos**
te enferm**as** — os enferm**áis**
se enferm**a** — se enferm**an**

perfecto de indicativo
me he enfermado — nos hemos enfermado
te has enfermado — os habéis enfermado
se ha enfermado — se han enfermado

imperfecto de indicativo
me enferm**aba** — nos enferm**ábamos**
te enferm**abas** — os enferm**abais**
se enferm**aba** — se enferm**aban**

pluscuamperfecto de indicativo
me había enfermado — nos habíamos enfermado
te habías enfermado — os habíais enfermado
se había enfermado — se habían enfermado

E

pretérito
me enferm**é** — nos enferm**amos**
te enferm**aste** — os enferm**asteis**
se enferm**ó** — se enferm**aron**

pretérito anterior
me hube enfermado — nos hubimos enfermado
te hubiste enfermado — os hubisteis enfermado
se hubo enfermado — se hubieron enfermado

futuro
me enfermar**é** — nos enfermar**emos**
te enfermar**ás** — os enfermar**éis**
se enfermar**á** — se enfermar**án**

futuro perfecto
me habré enfermado — nos habremos enfermado
te habrás enfermado — os habréis enfermado
se habrá enfermado — se habrán enfermado

condicional simple
me enfermar**ía** — nos enfermar**íamos**
te enfermar**ías** — os enfermar**íais**
se enfermar**ía** — se enfermar**ían**

condicional compuesto
me habría enfermado — nos habríamos enfermado
te habrías enfermado — os habríais enfermado
se habría enfermado — se habrían enfermado

presente de subjuntivo
me enferm**e** — nos enferm**emos**
te enferm**es** — os enferm**éis**
se enferm**e** — se enferm**en**

perfecto de subjuntivo
me haya enfermado — nos hayamos enfermado
te hayas enfermado — os hayáis enfermado
se haya enfermado — se hayan enfermado

imperfecto de subjuntivo
me enfermar**a** — nos enfermár**amos**
te enfermar**as** — os enfermar**ais**
se enfermar**a** — se enfermar**an**
OR
me enfermas**e** — nos enfermás**emos**
te enfermas**es** — os enfermas**eis**
se enfermas**e** — se enfermas**en**

pluscuamperfecto de subjuntivo
me hubiera enfermado — nos hubiéramos enfermado
te hubieras enfermado — os hubierais enfermado
se hubiera enfermado — se hubieran enfermado
OR
me hubiese enfermado — nos hubiésemos enfermado
te hubieses enfermado — os hubieseis enfermado
se hubiese enfermado — se hubiesen enfermado

imperativo
— — enfermémonos;
no nos enfermemos
enfermáte; — enfermaos;
no te enfermes — no os enferméis
enférmese; — enférmense;
no se enferme — no se enfermen

MUST KNOW VERB

to become angry

SINGULAR	PLURAL	SINGULAR	PLURAL
presente de indicativo		**perfecto de indicativo**	
me enoj**o**	nos enoj**amos**	**me he** enojado	**nos hemos** enojado
te enoj**as**	os enoj**áis**	**te has** enojado	**os habéis** enojado
se enoj**a**	se enoj**an**	**se ha** enojado	**se han** enojado
imperfecto de indicativo		**pluscuamperfecto de indicativo**	
me enoj**aba**	nos enoj**ábamos**	**me había** enojado	**nos habíamos** enojado
te enoj**abas**	os enoj**abais**	**te habías** enojado	**os habíais** enojado
se enoj**aba**	se enoj**aban**	**se había** enojado	**se habían** enojado
pretérito		**pretérito anterior**	
me enoj**é**	nos enoj**amos**	**me hube** enojado	**nos hubimos** enojado
te enoj**aste**	os enoj**asteis**	**te hubiste** enojado	**os hubisteis** enojado
se enoj**ó**	se enoj**aron**	**se hubo** enojado	**se hubieron** enojado
futuro		**futuro perfecto**	
me enoj**aré**	nos enoj**aremos**	**me habré** enojado	**nos habremos** enojado
te enoj**arás**	os enoj**aréis**	**te habrás** enojado	**os habréis** enojado
se enoj**ará**	se enoj**arán**	**se habrá** enojado	**se habrán** enojado
condicional simple		**condicional compuesto**	
me enoj**aría**	nos enoj**aríamos**	**me habría** enojado	**nos habríamos** enojado
te enoj**arías**	os enoj**aríais**	**te habrías** enojado	**os habríais** enojado
se enoj**aría**	se enoj**arían**	**se habría** enojado	**se habrían** enojado
presente de subjuntivo		**perfecto de subjuntivo**	
me enoj**e**	nos enoj**emos**	**me haya** enojado	**nos hayamos** enojado
te enoj**es**	os enoj**éis**	**te hayas** enojado	**os hayáis** enojado
se enoj**e**	se enoj**en**	**se haya** enojado	**se hayan** enojado
imperfecto de subjuntivo		**pluscuamperfecto de subjuntivo**	
me enoj**ara**	nos enoj**áramos**	**me hubiera** enojado	**nos hubiéramos** enojado
te enoj**aras**	os enoj**arais**	**te hubieras** enojado	**os hubierais** enojado
se enoj**ara**	se enoj**aran**	**se hubiera** enojado	**se hubieran** enojado
OR		OR	
me enoj**ase**	nos enoj**ásemos**	**me hubiese** enojado	**nos hubiésemos** enojado
te enoj**ases**	os enoj**aseis**	**te hubieses** enojado	**os hubieseis** enojado
se enoj**ase**	se enoj**asen**	**se hubiese** enojado	**se hubiesen** enojado

imperativo

—	enoj**émonos**;
	no nos enoj**emos**
enój**ate**; no te enoj**es**	enoj**aos**; no os enoj**áis**
enój**ese**; no se enoj**e**	enój**ense**; no se enoj**en**

to teach

gerundio **enseñando** participio de pasado **enseñado**

SINGULAR	PLURAL	SINGULAR	PLURAL

presente de indicativo

enseñ**o**	enseñ**amos**	
enseñ**as**	enseñ**áis**	
enseñ**a**	enseñ**an**	

perfecto de indicativo

he enseñado	**hemos** enseñado
has enseñado	**habéis** enseñado
ha enseñado	**han** enseñado

imperfecto de indicativo

enseñ**aba**	enseñ**ábamos**
enseñ**abas**	enseñ**abais**
enseñ**aba**	enseñ**aban**

pluscuamperfecto de indicativo

había enseñado	**habíamos** enseñado
habías enseñado	**habíais** enseñado
había enseñado	**habían** enseñado

E

pretérito

enseñ**é**	enseñ**amos**
enseñ**aste**	enseñ**asteis**
enseñ**ó**	enseñ**aron**

pretérito anterior

hube enseñado	**hubimos** enseñado
hubiste enseñado	**hubisteis** enseñado
hubo enseñado	**hubieron** enseñado

futuro

enseñar**é**	enseñar**emos**
enseñar**ás**	enseñar**éis**
enseñar**á**	enseñar**án**

futuro perfecto

habré enseñado	**habremos** enseñado
habrás enseñado	**habréis** enseñado
habrá enseñado	**habrán** enseñado

condicional simple

enseñar**ía**	enseñar**íamos**
enseñar**ías**	enseñar**íais**
enseñar**ía**	enseñar**ían**

condicional compuesto

habría enseñado	**habríamos** enseñado
habrías enseñado	**habríais** enseñado
habría enseñado	**habrían** enseñado

presente de subjuntivo

enseñ**e**	enseñ**emos**
enseñ**es**	enseñ**éis**
enseñ**e**	enseñ**en**

perfecto de subjuntivo

haya enseñado	**hayamos** enseñado
hayas enseñado	**hayáis** enseñado
haya enseñado	**hayan** enseñado

imperfecto de subjuntivo

enseñ**ara**	enseñ**áramos**
enseñ**aras**	enseñ**arais**
enseñ**ara**	enseñ**aran**
OR	
enseñ**ase**	enseñ**ásemos**
enseñ**ases**	enseñ**aseis**
enseñ**ase**	enseñ**asen**

pluscuamperfecto de subjuntivo

hubiera enseñado	**hubiéramos** enseñado
hubieras enseñado	**hubierais** enseñado
hubiera enseñado	**hubieran** enseñado
OR	
hubiese enseñado	**hubiésemos** enseñado
hubieses enseñado	**hubieseis** enseñado
hubiese enseñado	**hubiesen** enseñado

imperativo

—	enseñ**emos**
enseña; no enseñes	enseñad; no enseñéis
enseñe	enseñen

gerundio **ensuciándose**   participio de pasado **ensuciado**

SINGULAR	PLURAL	SINGULAR	PLURAL

presente de indicativo
me ensuci**o** — nos ensuci**amos**
te ensuci**as** — os ensuci**áis**
se ensuci**a** — se ensuci**an**

perfecto de indicativo
me he ensuciado — **nos hemos** ensuciado
te has ensuciado — **os habéis** ensuciado
se ha ensuciado — **se han** ensuciado

imperfecto de indicativo
me ensuci**aba** — nos ensuci**ábamos**
te ensuci**abas** — os ensuci**abais**
se ensuci**aba** — se ensuci**aban**

pluscuamperfecto de indicativo
me había ensuciado — **nos habíamos** ensuciado
te habías ensuciado — **os habíais** ensuciado
se había ensuciado — **se habían** ensuciado

pretérito
me ensuci**é** — nos ensuci**amos**
te ensuci**aste** — os ensuci**asteis**
se ensuci**ó** — se ensuci**aron**

pretérito anterior
me hube ensuciado — **nos hubimos** ensuciado
te hubiste ensuciado — **os hubisteis** ensuciado
se hubo ensuciado — **se hubieron** ensuciado

futuro
me ensuciar**é** — nos ensuciar**emos**
te ensuciar**ás** — os ensuciar**éis**
se ensuciar**á** — se ensuciar**án**

futuro perfecto
me habré ensuciado — **nos habremos** ensuciado
te habrás ensuciado — **os habréis** ensuciado
se habrá ensuciado — **se habrán** ensuciado

condicional simple
me ensuciar**ía** — nos ensuciar**íamos**
te ensuciar**ías** — os ensuciar**íais**
se ensuciar**ía** — se ensuciar**ían**

condicional compuesto
me habría ensuciado — **nos habríamos** ensuciado
te habrías ensuciado — **os habríais** ensuciado
se habría ensuciado — **se habrían** ensuciado

presente de subjuntivo
me ensuci**e** — nos ensuci**emos**
te ensuci**es** — os ensuci**éis**
se ensuci**e** — se ensuci**en**

perfecto de subjuntivo
me haya ensuciado — **nos hayamos** ensuciado
te hayas ensuciado — **os hayáis** ensuciado
se haya ensuciado — **se hayan** ensuciado

imperfecto de subjuntivo
me ensuci**ara** — nos ensuci**áramos**
te ensuci**aras** — os ensuci**arais**
se ensuci**ara** — se ensuci**aran**
OR
me ensuci**ase** — nos ensuci**ásemos**
te ensuci**ases** — os ensuci**aseis**
se ensuci**ase** — se ensuci**asen**

pluscuamperfecto de subjuntivo
me hubiera ensuciado — **nos hubiéramos** ensuciado
te hubieras ensuciado — **os hubierais** ensuciado
se hubiera ensuciado — **se hubieran** ensuciado
OR
me hubiese ensuciado — **nos hubiésemos** ensuciado
te hubieses ensuciado — **os hubieseis** ensuciado
se hubiese ensuciado — **se hubiesen** ensuciado

imperativo
— — ensuciémonos
ensúciate; — ensuciaos;
no te ensucies — no os ensuciéis
ensúciese — ensúciense

to understand

entender

SINGULAR	PLURAL	SINGULAR	PLURAL

presente de indicativo

entiend**o**	entend**emos**
entiend**es**	entend**éis**
entiend**e**	entiend**en**

perfecto de indicativo

he entendido	**hemos** entendido
has entendido	**habéis** entendido
ha entendido	**han** entendido

imperfecto de indicativo

entend**ía**	entend**íamos**
entend**ías**	entend**íais**
entend**ía**	entend**ían**

pluscuamperfecto de indicativo

había entendido	**habíamos** entendido
habías entendido	**habíais** entendido
había entendido	**habían** entendido

E

pretérito

entend**í**	entend**imos**
entend**iste**	entend**isteis**
entend**ió**	entend**ieron**

pretérito anterior

hube entendido	**hubimos** entendido
hubiste entendido	**hubisteis** entendido
hubo entendido	**hubieron** entendido

futuro

entender**é**	entender**emos**
entender**ás**	entender**éis**
entender**á**	entender**án**

futuro perfecto

habré entendido	**habremos** entendido
habrás entendido	**habréis** entendido
habrá entendido	**habrán** entendido

condicional simple

entender**ía**	entender**íamos**
entender**ías**	entender**íais**
entender**ía**	entender**ían**

condicional compuesto

habría entendido	**habríamos** entendido
habrías entendido	**habríais** entendido
habría entendido	**habrían** entendido

presente de subjuntivo

entiend**a**	entend**amos**
entiend**as**	entend**áis**
entiend**a**	entiend**an**

perfecto de subjuntivo

haya entendido	**hayamos** entendido
hayas entendido	**hayáis** entendido
haya entendido	**hayan** entendido

imperfecto de subjuntivo

entend**iera**	entend**iéramos**
entend**ieras**	entend**ierais**
entend**iera**	entend**ieran**
OR	
entend**iese**	entend**iésemos**
entend**ieses**	entend**ieseis**
entend**iese**	entend**iesen**

pluscuamperfecto de subjuntivo

hubiera entendido	**hubiéramos** entendido
hubieras entendido	**hubierais** entendido
hubiera entendido	**hubieran** entendido
OR	
hubiese entendido	**hubiésemos** entendido
hubieses entendido	**hubieseis** entendido
hubiese entendido	**hubiesen** entendido

imperativo

—	entendamos
entiende;	entended;
no entiendas	no entendáis
entienda	entiendan

MUST
KNOW
VERB

gerundio **enterándose**   participio de pasado **enterado**

SINGULAR	PLURAL	SINGULAR	PLURAL

presente de indicativo

me entero	nos enteramos
te enteras	os enteráis
se entera	se enteran

perfecto de indicativo

me he enterado	nos hemos enterado
te has enterado	os habéis enterado
se ha enterado	se han enterado

imperfecto de indicativo

me enteraba	nos enterábamos
te enterabas	os enterabais
se enteraba	se enteraban

pluscuamperfecto de indicativo

me había enterado	nos habíamos enterado
te habías enterado	os habíais enterado
se había enterado	se habían enterado

pretérito

me enteré	nos enteramos
te enteraste	os enterasteis
se enteró	se enteraron

pretérito anterior

me hube enterado	nos hubimos enterado
te hubiste enterado	os hubisteis enterado
se hubo enterado	se hubieron enterado

futuro

me enteraré	nos enteraremos
te enterarás	os enteraréis
se enterará	se enterarán

futuro perfecto

me habré enterado	nos habremos enterado
te habrás enterado	os habréis enterado
se habrá enterado	se habrán enterado

condicional simple

me enteraría	nos enteraríamos
te enterarías	os enteraríais
se enteraría	se enterarían

condicional compuesto

me habría enterado	nos habríamos enterado
te habrías enterado	os habríais enterado
se habría enterado	se habrían enterado

presente de subjuntivo

me entere	nos enteremos
te enteres	os enteréis
se entere	se enteren

perfecto de subjuntivo

me haya enterado	nos hayamos enterado
te hayas enterado	os hayáis enterado
se haya enterado	se hayan enterado

imperfecto de subjuntivo

me enterara	nos enteráramos
te enteraras	os enterarais
se enterara	se enteraran
OR	
me enterase	nos enterásemos
te enterases	os enteraseis
se enterase	se enterasen

pluscuamperfecto de subjuntivo

me hubiera enterado	nos hubiéramos enterado
te hubieras enterado	os hubierais enterado
se hubiera enterado	se hubieran enterado
OR	
me hubiese enterado	nos hubiésemos enterado
te hubieses enterado	os hubieseis enterado
se hubiese enterado	se hubiesen enterado

imperativo

—	enterémonos
entérate;	enteraos;
no te enteres	no os enteréis
entérese	entérense

to enter

gerundio **entrando**   participio de pasado **entrado**

SINGULAR	PLURAL	SINGULAR	PLURAL

presente de indicativo

entro	entramos
entras	entráis
entra	entran

imperfecto de indicativo

entraba	entrábamos
entrabas	entrabais
entraba	entraban

pretérito

entré	entramos
entraste	entrasteis
entró	entraron

futuro

entraré	entraremos
entrarás	entraréis
entrará	entrarán

condicional simple

entraría	entraríamos
entrarías	entraríais
entraría	entrarían

presente de subjuntivo

entre	entremos
entres	entréis
entre	entren

imperfecto de subjuntivo

entrara	entráramos
entraras	entrarais
entrara	entraran
OR	
entrase	entrásemos
entrases	entraseis
entrase	entrasen

imperativo

—	entremos
entra; no entres	entrad; no entréis
entre	entren

perfecto de indicativo

he entrado	hemos entrado
has entrado	habéis entrado
ha entrado	han entrado

pluscuamperfecto de indicativo   E

había entrado	habíamos entrado
habías entrado	habíais entrado
había entrado	habían entrado

pretérito anterior

hube entrado	hubimos entrado
hubiste entrado	hubisteis entrado
hubo entrado	hubieron entrado

futuro perfecto

habré entrado	habremos entrado
habrás entrado	habréis entrado
habrá entrado	habrán entrado

condicional compuesto

habría entrado	habríamos entrado
habrías entrado	habríais entrado
habría entrado	habrían entrado

perfecto de subjuntivo

haya entrado	hayamos entrado
hayas entrado	hayáis entrado
haya entrado	hayan entrado

pluscuamperfecto de subjuntivo

hubiera entrado	hubiéramos entrado
hubieras entrado	hubierais entrado
hubiera entrado	hubieran entrado
OR	
hubiese entrado	hubiésemos entrado
hubieses entrado	hubieseis entrado
hubiese entrado	hubiesen entrado

MUST KNOW VERB

gerundio **entregando**   participio de pasado **entregado**

SINGULAR	PLURAL	SINGULAR	PLURAL

presente de indicativo

		perfecto de indicativo	
entreg**o**	entreg**amos**	**he** entregado	**hemos** entregado
entreg**as**	entreg**áis**	**has** entregado	**habéis** entregado
entreg**a**	entreg**an**	**ha** entregado	**han** entregado

imperfecto de indicativo

		pluscuamperfecto de indicativo	
entreg**aba**	entreg**ábamos**	**había** entregado	**habíamos** entregado
entreg**abas**	entreg**abais**	**habías** entregado	**habíais** entregado
entreg**aba**	entreg**aban**	**había** entregado	**habían** entregado

pretérito

		pretérito anterior	
entreg**ué**	entreg**amos**	**hube** entregado	**hubimos** entregado
entreg**aste**	entreg**asteis**	**hubiste** entregado	**hubisteis** entregado
entreg**ó**	entreg**aron**	**hubo** entregado	**hubieron** entregado

futuro

		futuro perfecto	
entregar**é**	entregar**emos**	**habré** entregado	**habremos** entregado
entregar**ás**	entregar**éis**	**habrás** entregado	**habréis** entregado
entregar**á**	entregar**án**	**habrá** entregado	**habrán** entregado

condicional simple

		condicional compuesto	
entregar**ía**	entregar**íamos**	**habría** entregado	**habríamos** entregado
entregar**ías**	entregar**íais**	**habrías** entregado	**habríais** entregado
entregar**ía**	entregar**ían**	**habría** entregado	**habrían** entregado

presente de subjuntivo

		perfecto de subjuntivo	
entreg**ue**	entreg**uemos**	**haya** entregado	**hayamos** entregado
entreg**ues**	entreg**uéis**	**hayas** entregado	**hayáis** entregado
entreg**ue**	entreg**uen**	**haya** entregado	**hayan** entregado

imperfecto de subjuntivo

		pluscuamperfecto de subjuntivo	
entregar**a**	entregár**amos**	**hubiera** entregado	**hubiéramos** entregado
entregar**as**	entregar**ais**	**hubieras** entregado	**hubierais** entregado
entregar**a**	entregar**an**	**hubiera** entregado	**hubieran** entregado
OR		OR	
entregas**e**	entregás**emos**	**hubiese** entregado	**hubiésemos** entregado
entregas**es**	entregas**eis**	**hubieses** entregado	**hubieseis** entregado
entregas**e**	entregas**en**	**hubiese** entregado	**hubiesen** entregado

imperativo

—	entreguemos
entrega;	entregad;
no entregues	no entreguéis
entregue	entreguen

SINGULAR	PLURAL	SINGULAR	PLURAL

presente de indicativo

		perfecto de indicativo	
enuncio	enunciamos	**he** enunciado	**hemos** enunciado
enuncias	enunciáis	**has** enunciado	**habéis** enunciado
enuncia	enuncian	**ha** enunciado	**han** enunciado

imperfecto de indicativo

		pluscuamperfecto de indicativo	
enunciaba	enunciábamos	**había** enunciado	**habíamos** enunciado
enunciabas	enunciabais	**habías** enunciado	**habíais** enunciado
enunciaba	enunciaban	**había** enunciado	**habían** enunciado

E

pretérito

		pretérito anterior	
enuncié	enunciamos	**hube** enunciado	**hubimos** enunciado
enunciaste	enunciasteis	**hubiste** enunciado	**hubisteis** enunciado
enunció	enunciaron	**hubo** enunciado	**hubieron** enunciado

futuro

		futuro perfecto	
enunciaré	enunciaremos	**habré** enunciado	**habremos** enunciado
enunciarás	enunciaréis	**habrás** enunciado	**habréis** enunciado
enunciará	enunciarán	**habrá** enunciado	**habrán** enunciado

condicional simple

		condicional compuesto	
enunciaría	enunciaríamos	**habría** enunciado	**habríamos** enunciado
enunciarías	enunciaríais	**habrías** enunciado	**habríais** enunciado
enunciaría	enunciarían	**habría** enunciado	**habrían** enunciado

presente de subjuntivo

		perfecto de subjuntivo	
enuncie	enunciemos	**haya** enunciado	**hayamos** enunciado
enuncies	enunciéis	**hayas** enunciado	**hayáis** enunciado
enuncie	enuncien	**haya** enunciado	**hayan** enunciado

imperfecto de subjuntivo

		pluscuamperfecto de subjuntivo	
enunciara	enunciáramos	**hubiera** enunciado	**hubiéramos** enunciado
enunciaras	enunciarais	**hubieras** enunciado	**hubierais** enunciado
enunciara	enunciaran	**hubiera** enunciado	**hubieran** enunciado
OR		OR	
enunciase	enunciásemos	**hubiese** enunciado	**hubiésemos** enunciado
enunciases	enunciaseis	**hubieses** enunciado	**hubieseis** enunciado
enunciase	enunciasen	**hubiese** enunciado	**hubiesen** enunciado

imperativo

—	enunciemos
enuncia; no enuncies	enunciad; no enunciéis
enuncie	enuncien

gerundio **envejeciendo**   participio de pasado **envejecido**

SINGULAR	PLURAL

presente de indicativo
envejez**o**	envejec**emos**
envejec**es**	envejec**éis**
envejec**e**	envejec**en**

imperfecto de indicativo
envejec**ía**	envejec**íamos**
envejec**ías**	envejec**íais**
envejec**ía**	envejec**ían**

pretérito
envejec**í**	envejec**imos**
envejec**iste**	envejec**isteis**
envejec**ió**	envejec**ieron**

futuro
envejecer**é**	envejecer**emos**
envejecer**ás**	envejecer**éis**
envejecer**á**	envejecer**án**

condicional simple
envejecer**ía**	envejecer**íamos**
envejecer**ías**	envejecer**íais**
envejecer**ía**	envejecer**ían**

presente de subjuntivo
envejez**ca**	envejez**camos**
envejez**cas**	envejez**cáis**
envejez**ca**	envejez**can**

imperfecto de subjuntivo
envejec**iera**	envejec**iéramos**
envejec**ieras**	envejec**ierais**
envejec**iera**	envejec**ieran**
OR	
envejec**iese**	envejec**iésemos**
envejec**ieses**	envejec**ieseis**
envejec**iese**	envejec**iesen**

imperativo
—	envejez**camos**
envejec**e;**	envejec**ed;**
no envejez**cas**	no envejez**cáis**
envejez**ca**	envejez**can**

perfecto de indicativo
he envejecido	**hemos** envejecido
has envejecido	**habéis** envejecido
ha envejecido	**han** envejecido

pluscuamperfecto de indicativo
había envejecido	**habíamos** envejecido
habías envejecido	**habíais** envejecido
había envejecido	**habían** envejecido

pretérito anterior
hube envejecido	**hubimos** envejecido
hubiste envejecido	**hubisteis** envejecido
hubo envejecido	**hubieron** envejecido

futuro perfecto
habré envejecido	**habremos** envejecido
habrás envejecido	**habréis** envejecido
habrá envejecido	**habrán** envejecido

condicional compuesto
habría envejecido	**habríamos** envejecido
habrías envejecido	**habríais** envejecido
habría envejecido	**habrían** envejecido

perfecto de subjuntivo
haya envejecido	**hayamos** envejecido
hayas envejecido	**hayáis** envejecido
haya envejecido	**hayan** envejecido

pluscuamperfecto de subjuntivo
hubiera envejecido	**hubiéramos** envejecido
hubieras envejecido	**hubierais** envejecido
hubiera envejecido	**hubieran** envejecido
OR	
hubiese envejecido	**hubiésemos** envejecido
hubieses envejecido	**hubieseis** envejecido
hubiese envejecido	**hubiesen** envejecido

gerundio enviando   **participio de pasado** enviado

SINGULAR	PLURAL	SINGULAR	PLURAL
presente de indicativo		**perfecto de indicativo**	
envío	enviamos	he enviado	hemos enviado
envías	enviáis	has enviado	habéis enviado
envía	envían	ha enviado	han enviado
imperfecto de indicativo		**pluscuamperfecto de indicativo**	
enviaba	enviábamos	había enviado	habíamos enviado
enviabas	enviabais	habías enviado	habíais enviado
enviaba	enviaban	había enviado	habían enviado
pretérito		**pretérito anterior**	
envié	enviamos	hube enviado	hubimos enviado
enviaste	enviasteis	hubiste enviado	hubisteis enviado
envió	enviaron	hubo enviado	hubieron enviado
futuro		**futuro perfecto**	
enviaré	enviaremos	habré enviado	habremos enviado
enviarás	enviaréis	habrás enviado	habréis enviado
enviará	enviarán	habrá enviado	habrán enviado
condicional simple		**condicional compuesto**	
enviaría	enviaríamos	habría enviado	habríamos enviado
enviarías	enviaríais	habrías enviado	habríais enviado
enviaría	enviarían	habría enviado	habrían enviado
presente de subjuntivo		**perfecto de subjuntivo**	
envíe	enviemos	haya enviado	hayamos enviado
envíes	enviéis	hayas enviado	hayáis enviado
envíe	envíen	haya enviado	hayan enviado
imperfecto de subjuntivo		**pluscuamperfecto de subjuntivo**	
enviara	enviáramos	hubiera enviado	hubiéramos enviado
enviaras	enviarais	hubieras enviado	hubierais enviado
enviara	enviaran	hubiera enviado	hubieran enviado
OR		OR	
enviase	enviásemos	hubiese enviado	hubiésemos enviado
enviases	enviaseis	hubieses enviado	hubieseis enviado
enviase	enviasen	hubiese enviado	hubiesen enviado
imperativo			
—	enviemos		
envía; no envíes	enviad; no enviéis		
envíe	envíen		

E

MEMORY TIP

I sent the **enve**lope in the mail.

equivocarse

to be mistaken

SINGULAR	PLURAL	SINGULAR	PLURAL

presente de indicativo

		perfecto de indicativo	
me equivoco	nos equivocamos	**me he** equivocado	**nos hemos** equivocado
te equivocas	os equivocáis	**te has** equivocado	**os habéis** equivocado
se equivoca	se equivocan	**se ha** equivocado	**se han** equivocado

imperfecto de indicativo

		pluscuamperfecto de indicativo	
me equivocaba	nos equivocábamos	**me había** equivocado	**nos habíamos** equivocado
te equivocabas	os equivocabais	**te habías** equivocado	**os habíais** equivocado
se equivocaba	se equivocaban	**se había** equivocado	**se habían** equivocado

pretérito

		pretérito anterior	
me equivoqué	nos equivocamos	**me hube** equivocado	**nos hubimos** equivocado
te equivocaste	os equivocasteis	**te hubiste** equivocado	**os hubisteis** equivocado
se equivocó	se equivocaron	**se hubo** equivocado	**se hubieron** equivocado

futuro

		futuro perfecto	
me equivocaré	nos equivocaremos	**me habré** equivocado	**nos habremos** equivocado
te equivocarás	os equivocaréis	**te habrás** equivocado	**os habréis** equivocado
se equivocará	se equivocarán	**se habrá** equivocado	**se habrán** equivocado

condicional simple

		condicional compuesto	
me equivocaría	nos equivocaríamos	**me habría** equivocado	**nos habríamos** equivocado
te equivocarías	os equivocaríais	**te habrías** equivocado	**os habríais** equivocado
se equivocaría	se equivocarían	**se habría** equivocado	**se habrían** equivocado

presente de subjuntivo

		perfecto de subjuntivo	
me equivoque	nos equivoquemos	**me haya** equivocado	**nos hayamos** equivocado
te equivoques	os equivoquéis	**te hayas** equivocado	**os hayáis** equivocado
se equivoque	se equivoquen	**se haya** equivocado	**se hayan** equivocado

imperfecto de subjuntivo

		pluscuamperfecto de subjuntivo	
me equivocara	nos equivocáramos	**me hubiera** equivocado	**nos hubiéramos** equivocado
te equivocaras	os equivocarais	**te hubieras** equivocado	**os hubierais** equivocado
se equivocara	se equivocaran	**se hubiera** equivocado	**se hubieran** equivocado
OR		OR	
me equivocase	nos equivocásemos	**me hubiese** equivocado	**nos hubiésemos** equivocado
te equivocases	os equivocaseis	**te hubieses** equivocado	**os hubieseis** equivocado
se equivocase	se equivocasen	**se hubiese** equivocado	**se hubiesen** equivocado

imperativo

—	equivoquemonos; no nos equivoquemos
equivócate;	equivocaos;
no te equivoques	no os equivoquéis
equivóquese;	equivóquense;
no se equivoque	no se equivoquen

to raise, to stand up straight erguir

SINGULAR	PLURAL	SINGULAR	PLURAL

presente de indicativo

		perfecto de indicativo	
irgo (yergo)	erguimos	**he** erguido	**hemos** erguido
irgues (yergues)	erguís	**has** erguido	**habéis** erguido
irgue (yergue)	irguen (yerguen)	**ha** erguido	**han** erguido

imperfecto de indicativo

pluscuamperfecto de indicativo

erguía	erguíamos	**había** erguido	**habíamos** erguido
erguías	erguíais	**habías** erguido	**habíais** erguido
erguía	erguían	**había** erguido	**habían** erguido

E

pretérito

pretérito anterior

erguí	erguimos	**hube** erguido	**hubimos** erguido
erguiste	erguisteis	**hubiste** erguido	**hubisteis** erguido
irguió	irguieron	**hubo** erguido	**hubieron** erguido

futuro

futuro perfecto

erguiré	erguiremos	**habré** erguido	**habremos** erguido
erguirás	erguiréis	**habrás** erguido	**habréis** erguido
erguirá	erguirán	**habrá** erguido	**habrán** erguido

condicional simple

condicional compuesto

erguiría	erguiríamos	**habría** erguido	**habríamos** erguido
erguirías	erguiríais	**habrías** erguido	**habríais** erguido
erguiría	erguirían	**habría** erguido	**habrían** erguido

presente de subjuntivo

perfecto de subjuntivo

irga (yerga)	irgamos (yergamos)	**haya** erguido	**hayamos** erguido
irgas (yergas)	irgáis (yergáis)	**hayas** erguido	**hayáis** erguido
irga (yerga)	irgan (yergan)	**haya** erguido	**hayan** erguido

imperfecto de subjuntivo

pluscuamperfecto de subjuntivo

irguiera	irguiéramos	**hubiera** erguido	**hubiéramos** erguido
irguieras	irguierais	**hubieras** erguido	**hubierais** erguido
irguiera	irguieran	**hubiera** erguido	**hubieran** erguido
OR		OR	
irguiese	irguiésemos	**hubiese** erguido	**hubiésemos** erguido
irguieses	irguieseis	**hubieses** erguido	**hubieseis** erguido
irguiese	irguiesen	**hubiese** erguido	**hubiesen** erguido

imperativo

—	irgamos (yergamos)
irgue (yergue);	erguid;
no irgas (yergas)	no irgáis (no yergáis)
irga (yerga)	irgan (yergan)

to erect

gerundio **erigiendo**   participio de pasado **erigido**

SINGULAR	PLURAL	SINGULAR	PLURAL

presente de indicativo

erij**o**	erig**imos**		
erig**es**	erig**ís**		
erig**e**	erig**en**		

perfecto de indicativo

he erigido	**hemos** erigido		
has erigido	**habéis** erigido		
ha erigido	**han** erigido		

imperfecto de indicativo

erig**ía**	erig**íamos**
erig**ías**	erig**íais**
erig**ía**	erig**ían**

pluscuamperfecto de indicativo

había erigido	**habíamos** erigido
habías erigido	**habíais** erigido
había erigido	**habían** erigido

pretérito

erig**í**	erig**imos**
erig**iste**	erig**isteis**
erig**ió**	erig**ieron**

pretérito anterior

hube erigido	**hubimos** erigido
hubiste erigido	**hubisteis** erigido
hubo erigido	**hubieron** erigido

futuro

erigir**é**	erigir**emos**
erigir**ás**	erigir**éis**
erigir**á**	erigir**án**

futuro perfecto

habré erigido	**habremos** erigido
habrás erigido	**habréis** erigido
habrá erigido	**habrán** erigido

condicional simple

erigir**ía**	erigir**íamos**
erigir**ías**	erigir**íais**
erigir**ía**	erigir**ían**

condicional compuesto

habría erigido	**habríamos** erigido
habrías erigido	**habríais** erigido
habría erigido	**habrían** erigido

presente de subjuntivo

erij**a**	erij**amos**
erij**as**	erij**áis**
erij**a**	erij**an**

perfecto de subjuntivo

haya erigido	**hayamos** erigido
hayas erigido	**hayáis** erigido
haya erigido	**hayan** erigido

imperfecto de subjuntivo

erigi**era**	erigi**éramos**
erigi**eras**	erigi**erais**
erigi**era**	erigi**eran**
OR	
erigi**ese**	erigi**ésemos**
erigi**eses**	erigi**eseis**
erigi**ese**	erigi**esen**

pluscuamperfecto de subjuntivo

hubiera erigido	**hubiéramos** erigido
hubieras erigido	**hubierais** erigido
hubiera erigido	**hubieran** erigido
OR	
hubiese erigido	**hubiésemos** erigido
hubieses erigido	**hubieseis** erigido
hubiese erigido	**hubiesen** erigido

imperativo

—	erij**amos**
erig**e**; no erij**as**	erig**id**; no erij**áis**
erij**a**	erij**an**

gerundio **errando**   participio de pasado **errado**

SINGULAR	PLURAL	SINGULAR	PLURAL

presente de indicativo

yerr**o**	err**amos**
yerr**as**	err**áis**
yerr**a**	yerr**an**

perfecto de indicativo

he errado	**hemos** errado
has errado	**habéis** errado
ha errado	**han** errado

imperfecto de indicativo

err**aba**	err**ábamos**
err**abas**	err**abais**
err**aba**	err**aban**

pluscuamperfecto de indicativo

había errado	**habíamos** errado
habías errado	**habíais** errado
había errado	**habían** errado

E

pretérito

err**é**	err**amos**
err**aste**	err**asteis**
err**ó**	err**aron**

pretérito anterior

hube errado	**hubimos** errado
hubiste errado	**hubisteis** errado
hubo errado	**hubieron** errado

futuro

errar**é**	errar**emos**
errar**ás**	errar**éis**
errar**á**	errar**án**

futuro perfecto

habré errado	**habremos** errado
habrás errado	**habréis** errado
habrá errado	**habrán** errado

condicional simple

errar**ía**	errar**íamos**
errar**ías**	errar**íais**
errar**ía**	errar**ían**

condicional compuesto

habría errado	**habríamos** errado
habrías errado	**habríais** errado
habría errado	**habrían** errado

presente de subjuntivo

yerr**e**	err**emos**
yerr**es**	err**éis**
yerr**e**	yerr**en**

perfecto de subjuntivo

haya errado	**hayamos** errado
hayas errado	**hayáis** errado
haya errado	**hayan** errado

imperfecto de subjuntivo

err**ara**	err**áramos**
err**aras**	err**arais**
err**ara**	err**aran**
OR	
err**ase**	err**ásemos**
err**ases**	err**aseis**
err**ase**	err**asen**

pluscuamperfecto de subjuntivo

hubiera errado	**hubiéramos** errado
hubieras errado	**hubierais** errado
hubiera errado	**hubieran** errado
OR	
hubiese errado	**hubiésemos** errado
hubieses errado	**hubieseis** errado
hubiese errado	**hubiesen** errado

imperativo

—	err**emos**
yerr**a**; no yerr**es**	err**ad**; no err**éis**
yerr**e**	yerr**en**

to choose, to select

participio de pasado **escogido**

SINGULAR	PLURAL	SINGULAR	PLURAL

presente de indicativo

		perfecto de indicativo	
escojo	escogemos	he escogido	hemos escogido
escoges	escogéis	has escogido	habéis escogido
escoge	escogen	ha escogido	han escogido

imperfecto de indicativo · **pluscuamperfecto de indicativo**

escogía	escogíamos	había escogido	habíamos escogido
escogías	escogíais	habías escogido	habíais escogido
escogía	escogían	había escogido	habían escogido

pretérito · **pretérito anterior**

escogí	escogimos	hube escogido	hubimos escogido
escogiste	escogisteis	hubiste escogido	hubisteis escogido
escogió	escogieron	hubo escogido	hubieron escogido

futuro · **futuro perfecto**

escogeré	escogeremos	habré escogido	habremos escogido
escogerás	escogeréis	habrás escogido	habréis escogido
escogerá	escogerán	habrá escogido	habrán escogido

condicional simple · **condicional compuesto**

escogería	escogeríamos	habría escogido	habríamos escogido
escogerías	escogeríais	habrías escogido	habríais escogido
escogería	escogerían	habría escogido	habrían escogido

presente de subjuntivo · **perfecto de subjuntivo**

escoja	escojamos	haya escogido	hayamos escogido
escojas	escojáis	hayas escogido	hayáis escogido
escoja	escojan	haya escogido	hayan escogido

imperfecto de subjuntivo · **pluscuamperfecto de subjuntivo**

escogiera	escogiéramos	hubiera escogido	hubiéramos escogido
escogieras	escogierais	hubieras escogido	hubierais escogido
escogiera	escogieran	hubiera escogido	hubieran escogido
OR		OR	
escogiese	escogiésemos	hubiese escogido	hubiésemos escogido
escogieses	escogieseis	hubieses escogido	hubieseis escogido
escogiese	escogiesen	hubiese escogido	hubiesen escogido

imperativo

—	escojamos
escoge; no escojas	escoged; no escojáis
escoja	escojan

MUST KNOW VERB

gerundio escribiendo   **participio de pasado** escrito

SINGULAR	PLURAL	SINGULAR	PLURAL

presente de indicativo

escribo	escribimos
escribes	escribís
escribe	escriben

perfecto de indicativo

he escrito	hemos escrito
has escrito	habéis escrito
ha escrito	han escrito

E

imperfecto de indicativo

escribía	escribíamos
escribías	escribíais
escribía	escribían

pluscuamperfecto de indicativo

había escrito	habíamos escrito
habías escrito	habíais escrito
había escrito	habían escrito

pretérito

escribí	escribimos
escribiste	escribisteis
escribió	escribieron

pretérito anterior

hube escrito	hubimos escrito
hubiste escrito	hubisteis escrito
hubo escrito	hubieron escrito

futuro

escribiré	escribiremos
escribirás	escribiréis
escribirá	escribirán

futuro perfecto

habré escrito	habremos escrito
habrás escrito	habréis escrito
habrá escrito	habrán escrito

condicional simple

escribiría	escribiríamos
escribirías	escribiríais
escribiría	escribirían

condicional compuesto

habría escrito	habríamos escrito
habrías escrito	habríais escrito
habría escrito	habrían escrito

presente de subjuntivo

escriba	escribamos
escribas	escribáis
escriba	escriban

perfecto de subjuntivo

haya escrito	hayamos escrito
hayas escrito	hayáis escrito
haya escrito	hayan escrito

imperfecto de subjuntivo

escribiera	escribiéramos
escribieras	escribierais
escribiera	escribieran
OR	
escribiese	escribiésemos
escribieses	escribieseis
escribiese	escribiesen

pluscuamperfecto de subjuntivo

hubiera escrito	hubiéramos escrito
hubieras escrito	hubierais escrito
hubiera escrito	hubieran escrito
OR	
hubiese escrito	hubiésemos escrito
hubieses escrito	hubieseis escrito
hubiese escrito	hubiesen escrito

imperativo

—	escribamos
escribe; no escribas	escribid; no escribáis
escriba	escriban

MUST KNOW VERB

to listen to

gerundio **escuchando**   participio de pasado **escuchado**

SINGULAR	PLURAL	SINGULAR	PLURAL

presente de indicativo

		perfecto de indicativo	
escucho	escuchamos	**he** escuchado	**hemos** escuchado
escuchas	escucháis	**has** escuchado	**habéis** escuchado
escucha	escuchan	**ha** escuchado	**han** escuchado

imperfecto de indicativo

		pluscuamperfecto de indicativo	
escuchaba	escuchábamos	**había** escuchado	**habíamos** escuchado
escuchabas	escuchabais	**habías** escuchado	**habíais** escuchado
escuchaba	escuchaban	**había** escuchado	**habían** escuchado

pretérito

		pretérito anterior	
escuché	escuchamos	**hube** escuchado	**hubimos** escuchado
escuchaste	escuchasteis	**hubiste** escuchado	**hubisteis** escuchado
escuchó	escucharon	**hubo** escuchado	**hubieron** escuchado

futuro

		futuro perfecto	
escucharé	escucharemos	**habré** escuchado	**habremos** escuchado
escucharás	escucharéis	**habrás** escuchado	**habréis** escuchado
escuchará	escucharán	**habrá** escuchado	**habrán** escuchado

condicional simple

		condicional compuesto	
escucharía	escucharíamos	**habría** escuchado	**habríamos** escuchado
escucharías	escucharíais	**habrías** escuchado	**habríais** escuchado
escucharía	escucharían	**habría** escuchado	**habrían** escuchado

presente de subjuntivo

		perfecto de subjuntivo	
escuche	escuchemos	**haya** escuchado	**hayamos** escuchado
escuches	escuchéis	**hayas** escuchado	**hayáis** escuchado
escuche	escuchen	**haya** escuchado	**hayan** escuchado

imperfecto de subjuntivo

		pluscuamperfecto de subjuntivo	
escuchara	escucháramos	**hubiera** escuchado	**hubiéramos** escuchado
escucharas	escucharais	**hubieras** escuchado	**hubierais** escuchado
escuchara	escucharan	**hubiera** escuchado	**hubieran** escuchado
OR		OR	
escuchase	escuchásemos	**hubiese** escuchado	**hubiésemos** escuchado
escuchases	escuchaseis	**hubieses** escuchado	**hubieseis** escuchado
escuchase	escuchasen	**hubiese** escuchado	**hubiesen** escuchado

imperativo

—	escuchemos
escucha; no escuches	escuchad; no escuchéis
escuche	escuchen

SINGULAR	PLURAL	SINGULAR	PLURAL
presente de indicativo		**perfecto de indicativo**	
esparz**o**	esparc**emos**	**he** esparcido	**hemos** esparcido
esparc**es**	esparc**éis**	**has** esparcido	**habéis** esparcido
esparc**e**	esparc**en**	**ha** esparcido	**han** esparcido
imperfecto de indicativo		**pluscuamperfecto de indicativo**	
esparc**ía**	esparc**íamos**	**había** esparcido	**habíamos** esparcido
esparc**ías**	esparc**íais**	**habías** esparcido	**habíais** esparcido
esparc**ía**	esparc**ían**	**había** esparcido	**habían** esparcido
pretérito		**pretérito anterior**	
esparc**í**	esparc**imos**	**hube** esparcido	**hubimos** esparcido
esparc**iste**	esparc**isteis**	**hubiste** esparcido	**hubisteis** esparcido
esparc**ió**	esparc**ieron**	**hubo** esparcido	**hubieron** esparcido
futuro		**futuro perfecto**	
esparcir**é**	esparcir**emos**	**habré** esparcido	**habremos** esparcido
esparcir**ás**	esparcir**éis**	**habrás** esparcido	**habréis** esparcido
esparcir**á**	esparcir**án**	**habrá** esparcido	**habrán** esparcido
condicional simple		**condicional compuesto**	
esparcir**ía**	esparcir**íamos**	**habría** esparcido	**habríamos** esparcido
esparcir**ías**	esparcir**íais**	**habrías** esparcido	**habríais** esparcido
esparcir**ía**	esparcir**ían**	**habría** esparcido	**habrían** esparcido
presente de subjuntivo		**perfecto de subjuntivo**	
esparz**a**	esparz**amos**	**haya** esparcido	**hayamos** esparcido
esparz**as**	esparz**áis**	**hayas** esparcido	**hayáis** esparcido
esparz**a**	esparz**an**	**haya** esparcido	**hayan** esparcido
imperfecto de subjuntivo		**pluscuamperfecto de subjuntivo**	
esparc**iera**	esparc**iéramos**	**hubiera** esparcido	**hubiéramos** esparcido
esparc**ieras**	esparc**ierais**	**hubieras** esparcido	**hubierais** esparcido
esparc**iera**	esparc**ieran**	**hubiera** esparcido	**hubieran** esparcido
OR		OR	
esparc**iese**	esparc**iésemos**	**hubiese** esparcido	**hubiésemos** esparcido
esparc**ieses**	esparc**ieseis**	**hubieses** esparcido	**hubieseis** esparcido
esparc**iese**	esparc**iesen**	**hubiese** esparcido	**hubiesen** esparcido

E

imperativo

—	esparz**amos**
esparce; no esparzas	esparcid; no esparzáis
esparza	esparzan

gerundio **esperando**   participio de pasado **esperado**

SINGULAR	PLURAL	SINGULAR	PLURAL

presente de indicativo

		perfecto de indicativo	
esper**o**	esper**amos**	**he** esperado	**hemos** esperado
esper**as**	esper**áis**	**has** esperado	**habéis** esperado
esper**a**	esper**an**	**ha** esperado	**han** esperado

imperfecto de indicativo

		pluscuamperfecto de indicativo	
esper**aba**	esper**ábamos**	**había** esperado	**habíamos** esperado
esper**abas**	esper**abais**	**habías** esperado	**habíais** esperado
esper**aba**	esper**aban**	**había** esperado	**habían** esperado

pretérito

		pretérito anterior	
esper**é**	esper**amos**	**hube** esperado	**hubimos** esperado
esper**aste**	esper**asteis**	**hubiste** esperado	**hubisteis** esperado
esper**ó**	esper**aron**	**hubo** esperado	**hubieron** esperado

futuro

		futuro perfecto	
esperar**é**	esperar**emos**	**habré** esperado	**habremos** esperado
esperar**ás**	esperar**éis**	**habrás** esperado	**habréis** esperado
esperar**á**	esperar**án**	**habrá** esperado	**habrán** esperado

condicional simple

		condicional compuesto	
esperar**ía**	esperar**íamos**	**habría** esperado	**habríamos** esperado
esperar**ías**	esperar**íais**	**habrías** esperado	**habríais** esperado
esperar**ía**	esperar**ían**	**habría** esperado	**habrían** esperado

presente de subjuntivo

		perfecto de subjuntivo	
esper**e**	esper**emos**	**haya** esperado	**hayamos** esperado
esper**es**	esper**éis**	**hayas** esperado	**hayáis** esperado
esper**e**	esper**en**	**haya** esperado	**hayan** esperado

imperfecto de subjuntivo

		pluscuamperfecto de subjuntivo	
esper**ara**	esper**áramos**	**hubiera** esperado	**hubiéramos** esperado
esper**aras**	esper**arais**	**hubieras** esperado	**hubierais** esperado
esper**ara**	esper**aran**	**hubiera** esperado	**hubieran** esperado
OR		OR	
esper**ase**	esper**ásemos**	**hubiese** esperado	**hubiésemos** esperado
esper**ases**	esper**aseis**	**hubieses** esperado	**hubieseis** esperado
esper**ase**	esper**asen**	**hubiese** esperado	**hubiesen** esperado

imperativo

—	esperemos
espera; no esperes	esperad; no esperéis
espere	esperen

to ski

gerundio **esquiando**   participio de pasado **esquiado**

SINGULAR	PLURAL	SINGULAR	PLURAL

presente de indicativo
esquí**o**	esqui**amos**
esquí**as**	esqui**áis**
esquí**a**	esquí**an**

perfecto de indicativo
he esquiado	**hemos** esquiado
has esquiado	**habéis** esquiado
ha esquiado	**han** esquiado

imperfecto de indicativo
esqui**aba**	esqui**ábamos**
esqui**abas**	esqui**abais**
esqui**aba**	esqui**aban**

pluscuamperfecto de indicativo
había esquiado	**habíamos** esquiado
habías esquiado	**habíais** esquiado
había esquiado	**habían** esquiado

E

pretérito
esqui**é**	esqui**amos**
esqui**aste**	esqui**asteis**
esqui**ó**	esqui**aron**

pretérito anterior
hube esquiado	**hubimos** esquiado
hubiste esquiado	**hubisteis** esquiado
hubo esquiado	**hubieron** esquiado

futuro
esquiar**é**	esquiar**emos**
esquiar**ás**	esquiar**éis**
esquiar**á**	esquiar**án**

futuro perfecto
habré esquiado	**habremos** esquiado
habrás esquiado	**habréis** esquiado
habrá esquiado	**habrán** esquiado

condicional simple
esquiar**ía**	esquiar**íamos**
esquiar**ías**	esquiar**íais**
esquiar**ía**	esquiar**ían**

condicional compuesto
habría esquiado	**habríamos** esquiado
habrías esquiado	**habríais** esquiado
habría esquiado	**habrían** esquiado

presente de subjuntivo
esquí**e**	esqui**emos**
esquí**es**	esqui**éis**
esquí**e**	esquí**en**

perfecto de subjuntivo
haya esquiado	**hayamos** esquiado
hayas esquiado	**hayáis** esquiado
haya esquiado	**hayan** esquiado

imperfecto de subjuntivo
esqui**ara**	esqui**áramos**
esqui**aras**	esqui**arais**
esqui**ara**	esqu**aran**
OR	
esqui**ase**	esqui**ásemos**
esqui**ases**	esqui**aseis**
esqui**ase**	esqui**asen**

pluscuamperfecto de subjuntivo
hubiera esquiado	**hubiéramos** esquiado
hubieras esquiado	**hubierais** esquiado
hubiera esquiado	**hubieran** esquiado
OR	
hubiese esquiado	**hubiésemos** esquiado
hubieses esquiado	**hubieseis** esquiado
hubiese esquiado	**hubiesen** esquiado

imperativo
—	esquiemos
esquía; no esquíes	esquiad; no esquiéis
esquíe	esquíen

gerundio estando   **participio de pasado** estado

SINGULAR	PLURAL	SINGULAR	PLURAL

presente de indicativo
est**oy**	est**amos**
est**ás**	est**áis**
est**á**	est**án**

perfecto de indicativo
he estado	**hemos** estado
has estado	**habéis** estado
ha estado	**han** estado

imperfecto de indicativo
est**aba**	est**ábamos**
est**abas**	est**abais**
est**aba**	est**aban**

pluscuamperfecto de indicativo
había estado	**habíamos** estado
habías estado	**habíais** estado
había estado	**habían** estado

pretérito
estuv**e**	estuv**imos**
estuv**iste**	estuv**isteis**
estuv**o**	estuv**ieron**

pretérito anterior
hube estado	**hubimos** estado
hubiste estado	**hubisteis** estado
hubo estado	**hubieron** estado

futuro
estar**é**	estar**emos**
estar**ás**	estar**éis**
estar**á**	estar**án**

futuro perfecto
habré estado	**habremos** estado
habrás estado	**habréis** estado
habrá estado	**habrán** estado

condicional simple
estar**ía**	estar**íamos**
estar**ías**	estar**íais**
estar**ía**	estar**ían**

condicional compuesto
habría estado	**habríamos** estado
habrías estado	**habríais** estado
habría estado	**habrían** estado

presente de subjuntivo
est**é**	est**emos**
est**és**	est**éis**
est**é**	est**én**

perfecto de subjuntivo
haya estado	**hayamos** estado
hayas estado	**hayáis** estado
haya estado	**hayan** estado

imperfecto de subjuntivo
estuvier**a**	estuvi**éramos**
estuvier**as**	estuvier**ais**
estuvier**a**	estuvier**an**
OR	
estuvies**e**	estuvi**ésemos**
estuvies**es**	estuvies**eis**
estuvies**e**	estuvies**en**

pluscuamperfecto de subjuntivo
hubiera estado	**hubiéramos** estado
hubieras estado	**hubierais** estado
hubiera estado	**hubieran** estado
OR	
hubiese estado	**hubiésemos** estado
hubieses estado	**hubieseis** estado
hubiese estado	**hubiesen** estado

imperativo
—	estemos
está; no estés	estad; no estéis
esté	estén

MUST KNOW VERB

to study

gerundio **estudiando**   participio de pasado **estudiado**

SINGULAR	PLURAL	SINGULAR	PLURAL

presente de indicativo

		perfecto de indicativo	
estudio	estudiamos	**he** estudiado	**hemos** estudiado
estudias	estudiáis	**has** estudiado	**habéis** estudiado
estudia	estudian	**ha** estudiado	**han** estudiado

imperfecto de indicativo

		pluscuamperfecto de indicativo	
estudiaba	estudiábamos	**había** estudiado	**habíamos** estudiado
estudiabas	estudiabais	**habías** estudiado	**habíais** estudiado
estudiaba	estudiaban	**había** estudiado	**habían** estudiado

pretérito

		pretérito anterior	
estudié	estudiamos	**hube** estudiado	**hubimos** estudiado
estudiaste	estudiasteis	**hubiste** estudiado	**hubisteis** estudiado
estudió	estudiaron	**hubo** estudiado	**hubieron** estudiado

futuro

		futuro perfecto	
estudiaré	estudiaremos	**habré** estudiado	**habremos** estudiado
estudiarás	estudiaréis	**habrás** estudiado	**habréis** estudiado
estudiará	estudiarán	**habrá** estudiado	**habrán** estudiado

condicional simple

		condicional compuesto	
estudiaría	estudiaríamos	**habría** estudiado	**habríamos** estudiado
estudiarías	estudiaríais	**habrías** estudiado	**habríais** estudiado
estudiaría	estudiarían	**habría** estudiado	**habrían** estudiado

presente de subjuntivo

		perfecto de subjuntivo	
estudie	estudiemos	**haya** estudiado	**hayamos** estudiado
estudies	estudiéis	**hayas** estudiado	**hayáis** estudiado
estudie	estudien	**haya** estudiado	**hayan** estudiado

imperfecto de subjuntivo

		pluscuamperfecto de subjuntivo	
estudiara	estudiáramos	**hubiera** estudiado	**hubiéramos** estudiado
estudiaras	estudiarais	**hubieras** estudiado	**hubierais** estudiado
estudiara	estudiaran	**hubiera** estudiado	**hubieran** estudiado
OR		OR	
estudiase	estudiásemos	**hubiese** estudiado	**hubiésemos** estudiado
estudiases	estudiaseis	**hubieses** estudiado	**hubieseis** estudiado
estudiase	estudiasen	**hubiese** estudiado	**hubiesen** estudiado

imperativo

—	estudiemos
estudia; no estudies	estudiad; no estudiéis
estudie	estudien

E

MEMORY TIP

The students **study** for their exam

evaluar

to evaluate

gerundio evaluando

participio de pasado evaluado

SINGULAR	PLURAL	SINGULAR	PLURAL

presente de indicativo

		perfecto de indicativo	
evalúo	evaluamos	he evaluado	hemos evaluado
evalúas	evaluáis	has evaluado	habéis evaluado
evalúa	evalúan	ha evaluado	han evaluado

imperfecto de indicativo

		pluscuamperfecto de indicativo	
evaluaba	evaluábamos	había evaluado	habíamos evaluado
evaluabas	evaluabais	habías evaluado	habíais evaluado
evaluaba	evaluaban	había evaluado	habían evaluado

pretérito

		pretérito anterior	
evalué	evaluamos	hube evaluado	hubimos evaluado
evaluaste	evaluasteis	hubiste evaluado	hubisteis evaluado
evaluó	evaluaron	hubo evaluado	hubieron evaluado

futuro

		futuro perfecto	
evaluaré	evaluaremos	habré evaluado	habremos evaluado
evaluarás	evaluaréis	habrás evaluado	habréis evaluado
evaluará	evaluarán	habrá evaluado	habrán evaluado

condicional simple

		condicional compuesto	
evaluaría	evaluaríamos	habría evaluado	habríamos evaluado
evaluarías	evaluaríais	habrías evaluado	habríais evaluado
evaluaría	evaluarían	habría evaluado	habrían evaluado

presente de subjuntivo

		perfecto de subjuntivo	
evalúe	evaluemos	haya evaluado	hayamos evaluado
evalúes	evaluéis	hayas evaluado	hayáis evaluado
evalúe	evalúen	haya evaluado	hayan evaluado

imperfecto de subjuntivo

		pluscuamperfecto de subjuntivo	
evaluara	evaluáramos	hubiera evaluado	hubiéramos evaluado
evaluaras	evaluarais	hubieras evaluado	hubierais evaluado
evaluara	evaluaran	hubiera evaluado	hubieran evaluado
OR		OR	
evaluase	evaluásemos	hubiese evaluado	hubiésemos evaluado
evaluases	evaluaseis	hubieses evaluado	hubieseis evaluado
evaluase	evaluasen	hubiese evaluado	hubiesen evaluado

imperativo

—	evaluemos
evalúa; no evalúes	evaluad; no evaluéis
evalúe	evalúen

to demand

gerundio **exigiendo**   participio de pasado **exigido**

SINGULAR	PLURAL

E

presente de indicativo
exijo	exigimos
exiges	exigís
exige	exigen

imperfecto de indicativo
exigía	exigíamos
exigías	exigíais
exigía	exigían

pretérito
exigí	exigimos
exigiste	exigisteis
exigió	exigieron

futuro
exigiré	exigiremos
exigirás	exigiréis
exigirá	exigirán

condicional simple
exigiría	exigiríamos
exigirías	exigiríais
exigiría	exigirían

presente de subjuntivo
exija	exijamos
exijas	exijáis
exija	exijan

imperfecto de subjuntivo
exigiera	exigiéramos
exigieras	exigierais
exigiera	exigieran
OR	
exigiese	exigiésemos
exigieses	exigieseis
exigiese	exigiesen

imperativo
—	exijamos
exige; no exijas	exigid; no exijáis
exija	exijan

perfecto de indicativo
he exigido	hemos exigido
has exigido	habéis exigido
ha exigido	han exigido

pluscuamperfecto de indicativo
había exigido	habíamos exigido
habías exigido	habíais exigido
había exigido	habían exigido

pretérito anterior
hube exigido	hubimos exigido
hubiste exigido	hubisteis exigido
hubo exigido	hubieron exigido

futuro perfecto
habré exigido	habremos exigido
habrás exigido	habréis exigido
habrá exigido	habrán exigido

condicional compuesto
habría exigido	habríamos exigido
habrías exigido	habríais exigido
habría exigido	habrían exigido

perfecto de subjuntivo
haya exigido	hayamos exigido
hayas exigido	hayáis exigido
haya exigido	hayan exigido

pluscuamperfecto de subjuntivo
hubiera exigido	hubiéramos exigido
hubieras exigido	hubierais exigido
hubiera exigido	hubieran exigido
OR	
hubiese exigido	hubiésemos exigido
hubieses exigido	hubieseis exigido
hubiese exigido	hubiesen exigido

fabricar
to fabricate, to manufacture

gerundio fabricando   participio de pasado fabricado

SINGULAR	PLURAL	SINGULAR	PLURAL
presente de indicativo		**perfecto de indicativo**	
fabrico	fabricamos	he fabricado	hemos fabricado
fabricas	fabricáis	has fabricado	habéis fabricado
fabrica	fabrican	ha fabricado	han fabricado
imperfecto de indicativo		**pluscuamperfecto de indicativo**	
fabricaba	fabricábamos	había fabricado	habíamos fabricado
fabricabas	fabricabais	habías fabricado	habíais fabricado
fabricaba	fabricaban	había fabricado	habían fabricado
pretérito		**pretérito anterior**	
fabriqué	fabricamos	hube fabricado	hubimos fabricado
fabricaste	fabricasteis	hubiste fabricado	hubisteis fabricado
fabricó	fabricaron	hubo fabricado	hubieron fabricado
futuro		**futuro perfecto**	
fabricaré	fabricaremos	habré fabricado	habremos fabricado
fabricarás	fabricaréis	habrás fabricado	habréis fabricado
fabricará	fabricarán	habrá fabricado	habrán fabricado
condicional simple		**condicional compuesto**	
fabricaría	fabricaríamos	habría fabricado	habríamos fabricado
fabricarías	fabricaríais	habrías fabricado	habríais fabricado
fabricaría	fabricarían	habría fabricado	habrían fabricado
presente de subjuntivo		**perfecto de subjuntivo**	
fabrique	fabriquemos	haya fabricado	hayamos fabricado
fabriques	fabriquéis	hayas fabricado	hayáis fabricado
fabrique	fabriquen	haya fabricado	hayan fabricado
imperfecto de subjuntivo		**pluscuamperfecto de subjuntivo**	
fabricara	fabricáramos	hubiera fabricado	hubiéramos fabricado
fabricaras	fabricarais	hubieras fabricado	hubierais fabricado
fabricara	fabricaran	hubiera fabricado	hubieran fabricado
OR		OR	
fabricase	fabricásemos	hubiese fabricado	hubiésemos fabricado
fabricases	fabricaseis	hubieses fabricado	hubieseis fabricado
fabricase	fabricasen	hubiese fabricado	hubiesen fabricado

imperativo

—	fabriquemos
fabrica; no fabriques	fabricad; no fabriquéis
fabrique	fabriquen

to lack, to miss

SINGULAR	PLURAL	SINGULAR	PLURAL
presente de indicativo		**perfecto de indicativo**	
falto	faltamos	he faltado	hemos faltado
faltas	faltiás	has faltado	habéis faltado
falta	faltan	ha faltado	han faltado
imperfecto de indicativo		**pluscuamperfecto de indicativo**	
faltaba	faltábamos	había faltado	habíamos faltado
faltabas	faltabais	habías faltado	habíais faltado
faltaba	faltaban	había faltado	habían faltado
pretérito		**pretérito anterior**	
falté	faltamos	hube faltado	hubimos faltado
faltaste	faltasteis	hubiste faltado	hubisteis faltado
faltó	faltaron	hubo faltado	hubieron faltado
futuro		**futuro perfecto**	
faltaré	faltaremos	habré faltado	habremos faltado
faltarás	faltaréis	habrás faltado	habréis faltado
faltará	faltarán	habrá faltado	habrán faltado
condicional simple		**condicional compuesto**	
faltaría	faltaríamos	habría faltado	habríamos faltado
faltarías	faltaríais	habrías faltado	habríais faltado
faltaría	faltarían	habría faltado	habrían faltado
presente de subjuntivo		**perfecto de subjuntivo**	
falte	faltemos	haya faltado	hayamos faltado
faltes	faltéis	hayas faltado	hayáis faltado
falte	falten	haya faltado	hayan faltado
imperfecto de subjuntivo		**pluscuamperfecto de subjuntivo**	
faltara	faltáramos	hubiera faltado	hubiéramos faltado
faltaras	faltarais	hubieras faltado	hubierais faltado
faltara	faltaran	hubiera faltado	hubieran faltado
OR		OR	
faltase	faltásemos	hubiese faltado	hubiésemos faltado
faltases	faltaseis	hubieses faltado	hubieseis faltado
faltase	faltasen	hubiese faltado	hubiesen faltado

F

imperativo

—	faltemos
falta; no faltes	faltad; no faltéis
falte	falten

SINGULAR	PLURAL	SINGULAR	PLURAL
presente de indicativo		**perfecto de indicativo**	
favorezc**o**	favorec**emos**	**he** favorecido	**hemos** favorecido
favorec**es**	favorec**éis**	**has** favorecido	**habéis** favorecido
favorec**e**	favorec**en**	**ha** favorecido	**han** favorecido
imperfecto de indicativo		**pluscuamperfecto de indicativo**	
favorec**ía**	favorec**íamos**	**había** favorecido	**habíamos** favorecido
favorec**ías**	favorec**íais**	**habías** favorecido	**habíais** favorecido
favorec**ía**	favorec**ían**	**había** favorecido	**habían** favorecido
pretérito		**pretérito anterior**	
favorec**í**	favorec**imos**	**hube** favorecido	**hubimos** favorecido
favorec**iste**	favorec**isteis**	**hubiste** favorecido	**hubisteis** favorecido
favorec**ió**	favorec**ieron**	**hubo** favorecido	**hubieron** favorecido
futuro		**futuro perfecto**	
favorecer**é**	favorecer**emos**	**habré** favorecido	**habremos** favorecido
favorecer**ás**	favorecer**éis**	**habrás** favorecido	**habréis** favorecido
favorecer**á**	favorecer**án**	**habrá** favorecido	**habrán** favorecido
condicional simple		**condicional compuesto**	
favorecer**ía**	favorecer**íamos**	**habría** favorecido	**habríamos** favorecido
favorecer**ías**	favorecer**íais**	**habrías** favorecido	**habríais** favorecido
favorecer**ía**	favorecer**ían**	**habría** favorecido	**habrían** favorecido
presente de subjuntivo		**perfecto de subjuntivo**	
favorezc**a**	favorezc**amos**	**haya** favorecido	**hayamos** favorecido
favorezc**as**	favorezc**áis**	**hayas** favorecido	**hayáis** favorecido
favorezc**a**	favorezc**an**	**haya** favorecido	**hayan** favorecido
imperfecto de subjuntivo		**pluscuamperfecto de subjuntivo**	
favorec**iera**	favorec**iéramos**	**hubiera** favorecido	**hubiéramos** favorecido
favorec**ieras**	favorec**ierais**	**hubieras** favorecido	**hubierais** favorecido
favorec**iera**	favorec**ieran**	**hubiera** favorecido	**hubieran** favorecido
OR		OR	
favorec**iese**	favorec**iésemos**	**hubiese** favorecido	**hubiésemos** favorecido
favorec**ieses**	favorec**ieseis**	**hubieses** favorecido	**hubieseis** favorecido
favorec**iese**	favorec**iesen**	**hubiese** favorecido	**hubiesen** favorecido

imperativo

—	favorezcamos
favorece;	favoreced;
no favorezcas	no favorezcáis
favorezca	favorezcan

to congratulate

gerundio **felicitando**

participio de pasado **felicitado**

SINGULAR	PLURAL	SINGULAR	PLURAL

presente de indicativo

felicit**o**	felicit**amos**	
felicit**as**	felicit**áis**	
felicit**a**	felicit**an**	

perfecto de indicativo

he felicitado	**hemos** felicitado
has felicitado	**habéis** felicitado
ha felicitado	**han** felicitado

imperfecto de indicativo

felicit**aba**	felicit**ábamos**
felicit**abas**	felicit**abais**
felicit**aba**	felicit**aban**

pluscuamperfecto de indicativo

había felicitado	**habíamos** felicitado
habías felicitado	**habíais** felicitado
había felicitado	**habían** felicitado

F

pretérito

felicit**é**	felicit**amos**
felicit**aste**	felicit**asteis**
felicit**ó**	felicit**aron**

pretérito anterior

hube felicitado	**hubimos** felicitado
hubiste felicitado	**hubisteis** felicitado
hubo felicitado	**hubieron** felicitado

futuro

felicitar**é**	felicitar**emos**
felicitar**ás**	felicitar**éis**
felicitar**á**	felicitar**án**

futuro perfecto

habré felicitado	**habremos** felicitado
habrás felicitado	**habréis** felicitado
habrá felicitado	**habrán** felicitado

condicional simple

felicitar**ía**	felicitar**íamos**
felicitar**ías**	felicitar**íais**
felicitar**ía**	felicitar**ían**

condicional compuesto

habría felicitado	**habríamos** felicitado
habrías felicitado	**habríais** felicitado
habría felicitado	**habrían** felicitado

presente de subjuntivo

felicit**e**	felicit**emos**
felicit**es**	felicit**éis**
felicit**e**	felicit**en**

perfecto de subjuntivo

haya felicitado	**hayamos** felicitado
hayas felicitado	**hayáis** felicitado
haya felicitado	**hayan** felicitado

imperfecto de subjuntivo

felicit**ara**	felicit**áramos**
felicit**aras**	felicit**arais**
felicit**ara**	felicit**aran**
OR	
felicit**ase**	felicit**ásemos**
felicit**ases**	felicit**aseis**
felicit**ase**	felicit**asen**

pluscuamperfecto de subjuntivo

hubiera felicitado	**hubiéramos** felicitado
hubieras felicitado	**hubierais** felicitado
hubiera felicitado	**hubieran** felicitado
OR	
hubiese felicitado	**hubiésemos** felicitado
hubieses felicitado	**hubieseis** felicitado
hubiese felicitado	**hubiesen** felicitado

imperativo

—	felicit**emos**
felicit**a**; no felicit**es**	felicit**ad**; no felicit**éis**
felicit**e**	felicit**en**

festejar — to celebrate

gerundio festejando   **participio de pasado** festejado

SINGULAR	PLURAL	SINGULAR	PLURAL

presente de indicativo
festejo	festejamos
festejas	festejáis
festeja	festejan

perfecto de indicativo
he festejado	hemos festejado
has festejado	habéis festejado
ha festejado	han festejado

imperfecto de indicativo
festejaba	festejábamos
festejabas	festejabais
fetsejaba	festejaban

pluscuamperfecto de indicativo
había festejado	habíamos festejado
habías festejado	habíais festejado
había festejado	habían festejado

pretérito
festejé	festejamos
festejaste	festejasteis
festejó	festejaron

pretérito anterior
hube festejado	hubimos festejado
hubiste festejado	hubisteis festejado
hubo festejado	hubieron festejado

futuro
festejaré	festejaremos
festejarás	festejaréis
festejará	festejarán

futuro perfecto
habré festejado	habremos festejado
habrás festejado	habréis festejado
habrá festejado	habrán festejado

condicional simple
festejaría	festejaríamos
festejarías	festejaríais
festejaría	festejarían

condicional compuesto
habría festejado	habríamos festejado
habrías festejado	habríais festejado
habría festejado	habrían festejado

presente de subjuntivo
festeje	festejemos
festejes	festejéis
festeje	festejen

perfecto de subjuntivo
haya festejado	hayamos festejado
hayas festejado	hayáis festejado
haya festejado	hayan festejado

imperfecto de subjuntivo
festejara	festejáramos
festejaras	festejarais
festejara	festejaran
OR	
festejase	festejásemos
festejases	festejaseis
festejase	festejasen

pluscuamperfecto de subjuntivo
hubiera festejado	hubiéramos festejado
hubieras festejado	hubierais festejado
hubiera festejado	hubieran festejado
OR	
hubiese festejado	hubiésemos festejado
hubieses festejado	hubieseis festejado
hubiese festejado	hubiesen festejado

imperativo
—	festejemos
festeja; no festejes	festejad; no festejéis
festeje	festejen

gerundio fiando   participio de pasado fiado

SINGULAR	PLURAL	SINGULAR	PLURAL

presente de indicativo

		perfecto de indicativo	
fío	fiamos	**he** fiado	**hemos** fiado
fías	fiáis	**has** fiado	**habéis** fiado
fía	fían	**ha** fiado	**han** fiado

F

imperfecto de indicativo / pluscuamperfecto de indicativo

fiaba	fiábamos	**había** fiado	**habíamos** fiado
fiabas	fiabais	**habías** fiado	**habíais** fiado
fiaba	fiaban	**había** fiado	**habían** fiado

pretérito / pretérito anterior

fié	fiamos	**hube** fiado	**hubimos** fiado
fiaste	fiasteis	**hubiste** fiado	**hubisteis** fiado
fió	fiaron	**hubo** fiado	**hubieron** fiado

futuro / futuro perfecto

fiaré	fiaremos	**habré** fiado	**habremos** fiado
fiarás	fiaréis	**habrás** fiado	**habréis** fiado
fiará	fiarán	**habrá** fiado	**habrán** fiado

condicional simple / condicional compuesto

fiaría	fiaríamos	**habría** fiado	**habríamos** fiado
fiarías	fiaríais	**habrías** fiado	**habríais** fiado
fiaría	fiarían	**habría** fiado	**habrían** fiado

presente de subjuntivo / perfecto de subjuntivo

fíe	fiemos	**haya** fiado	**hayamos** fiado
fíes	fiéis	**hayas** fiado	**hayáis** fiado
fíe	fíen	**haya** fiado	**hayan** fiado

imperfecto de subjuntivo / pluscuamperfecto de subjuntivo

fiara	fiáramos	**hubiera** fiado	**hubiéramos** fiado
fiaras	fiarais	**hubieras** fiado	**hubierais** fiado
fiara	fiaran	**hubiera** fiado	**hubieran** fiado
OR		OR	
fiase	fiásemos	**hubiese** fiado	**hubiésemos** fiado
fiases	fiaseis	**hubieses** fiado	**hubieseis** fiado
fiase	fiasen	**hubiese** fiado	**hubiesen** fiado

imperativo

—	fiemos
fía; no fíes	fiad; no fiéis
fíe	fíen

gerundio **fiándose**   participio de pasado **fiado**

SINGULAR	PLURAL	SINGULAR	PLURAL

presente de indicativo

me fío	nos fiamos
te fías	os fiáis
se fía	se fían

perfecto de indicativo

me he fiado	nos hemos fiado
te has fiado	os habéis fiado
se ha fiado	se han fiado

imperfecto de indicativo

me fiaba	nos fiábamos
te fiabas	os fiabais
se fiaba	se fiaban

pluscuamperfecto de indicativo

me había fiado	nos habíamos fiado
te habías fiado	os habíais fiado
se había fiado	se habían fiado

pretérito

me fié	nos fiamos
te fiaste	os fiasteis
se fió	se fiaron

pretérito anterior

me hube fiado	nos hubimos fiado
te hubiste fiado	os hubisteis fiado
se hubo fiado	se hubieron fiado

futuro

me fiaré	nos fiaremos
te fiarás	os fiaréis
se fiará	se fiarán

futuro perfecto

me habré fiado	nos habremos fiado
te habrás fiado	os habréis fiado
se habrá fiado	se habrán fiado

condicional simple

me fiaría	nos fiaríamos
te fiarías	os fiaríais
se fiaría	se fiarían

condicional compuesto

me habría fiado	nos habríamos fiado
te habrías fiado	os habríais fiado
se habría fiado	se habrían fiado

presente de subjuntivo

me fíe	nos fiemos
te fíes	os fiéis
se fíe	se fíen

perfecto de subjuntivo

me haya fiado	nos hayamos fiado
te hayas fiado	os hayáis fiado
se haya fiado	se hayan fiado

imperfecto de subjuntivo

me fiara	nos fiáramos
te fiaras	os fiarais
se fiara	se fiaran
OR	
me fiase	nos fiásemos
te fiases	os fiaseis
se fiase	se fiasen

pluscuamperfecto de subjuntivo

me hubiera fiado	nos hubiéramos fiado
te hubieras fiado	os hubierais fiado
se hubiera fiado	se hubieran fiado
OR	
me hubiese fiado	nos hubiésemos fiado
te hubieses fiado	os hubieseis fiado
se hubiese fiado	se hubiesen fiado

imperativo

—	fiémonos
fíate; no te fíes	fiaos; no os fiéis
fíese	fíense

to notice

gerundio **fijándose**   participio de pasado **fijado**

SINGULAR	PLURAL	SINGULAR	PLURAL

presente de indicativo

me fij**o**	nos fij**amos**
te fij**as**	os fij**áis**
se fij**a**	se fij**an**

perfecto de indicativo

me he fijado	**nos hemos** fijado
te has fijado	**os habéis** fijado
se ha fijado	**se han** fijado

imperfecto de indicativo

me fij**aba**	nos fij**ábamos**
te fij**abas**	os fij**abais**
se fij**aba**	se fij**aban**

pluscuamperfecto de indicativo

me había fijado	**nos habíamos** fijado
te habías fijado	**os habíais** fijado
se había fijado	**se habían** fijado

F

pretérito

me fij**é**	nos fij**amos**
te fij**aste**	os fij**asteis**
se fij**ó**	se fij**aron**

pretérito anterior

me hube fijado	**nos hubimos** fijado
te hubiste fijado	**os hubisteis** fijado
se hubo fijado	**se hubieron** fijado

futuro

me fijar**é**	nos fijar**emos**
te fijar**ás**	os fijar**éis**
se fijar**á**	se fijar**án**

futuro perfecto

me habré fijado	**nos habremos** fijado
te habrás fijado	**os habréis** fijado
se habrá fijado	**se habrán** fijado

condicional simple

me fijar**ía**	nos fijar**íamos**
te fijar**ías**	os fijar**íais**
se fijar**ía**	se fijar**ían**

condicional compuesto

me habría fijado	**nos habríamos** fijado
te habrías fijado	**os habríais** fijado
se habría fijado	**se habrían** fijado

presente de subjuntivo

me fij**e**	nos fij**emos**
te fij**es**	os fij**éis**
se fij**e**	se fij**en**

perfecto de subjuntivo

me haya fijado	**nos hayamos** fijado
te hayas fijado	**os hayáis** fijado
se haya fijado	**se hayan** fijado

imperfecto de subjuntivo

me fij**ara**	nos fij**áramos**
te fij**aras**	os fij**arais**
se fij**ara**	se fij**aran**
OR	
me fij**ase**	nos fij**ásemos**
te fij**ases**	os fij**aseis**
se fíj**ase**	se fij**asen**

pluscuamperfecto de subjuntivo

me hubiera fijado	**nos hubiéramos** fijado
te hubieras fijado	**os hubierais** fijado
se hubiera fijado	**se hubieran** fijado
OR	
me hubiese fijado	**nos hubiésemos** fijado
te hubieses fijado	**os hubieseis** fijado
se hubiese fijado	**se hubiesen** fijado

imperativo

—	fijémonos
fíjate; no te fijes	fijaos; no os fijéis
fíjese	fíjense

gerundio **finalizando**   participio de pasado **finalizado**

SINGULAR	PLURAL
presente de indicativo	
finaliz**o**	finaliz**amos**
finaliz**as**	finaliz**áis**
finaliz**a**	finaliz**an**
imperfecto de indicativo	
finaliz**aba**	finaliz**ábamos**
finaliz**abas**	finaliz**abais**
finaliz**aba**	finaliz**aban**
pretérito	
finaliz**é**	finaliz**amos**
finaliz**aste**	finaliz**asteis**
finaliz**ó**	finaliz**aron**
futuro	
finalizar**é**	finalizar**emos**
finalizar**ás**	finalizar**éis**
finalizar**á**	finalizar**án**
condicional simple	
finalizar**ía**	finalizar**íamos**
finalizar**ías**	finalizar**íais**
finalizar**ía**	finalizar**ían**
presente de subjuntivo	
finalic**e**	finalic**emos**
finalic**es**	finalic**éis**
finalic**e**	finalic**en**
imperfecto de subjuntivo	
finaliz**ara**	finaliz**áramos**
finaliz**aras**	finaliz**arais**
finaliz**ara**	finaliz**aran**
OR	
finaliz**ase**	finaliz**ásemos**
finaliz**ases**	finaliz**aseis**
finaliz**ase**	finaliz**asen**
imperativo	
—	finalic**emos**
finaliz**a**; no finalic**es**	finaliz**ad**; no finalic**éis**
finalic**e**	finalic**en**

SINGULAR	PLURAL
perfecto de indicativo	
he finalizado	**hemos** finalizado
has finalizado	**habéis** finalizado
ha finalizado	**han** finalizado
pluscuamperfecto de indicativo	
había finalizado	**habíamos** finalizado
habías finalizado	**habíais** finalizado
había finalizado	**habían** finalizado
pretérito anterior	
hube finalizado	**hubimos** finalizado
hubiste finalizado	**hubisteis** finalizado
hubo finalizado	**hubieron** finalizado
futuro perfecto	
habré finalizado	**habremos** finalizado
habrás finalizado	**habréis** finalizado
habrá finalizado	**habrán** finalizado
condicional compuesto	
habría finalizado	**habríamos** finalizado
habrías finalizado	**habríais** finalizado
habría finalizado	**habrían** finalizado
perfecto de subjuntivo	
haya finalizado	**hayamos** finalizado
hayas finalizado	**hayáis** finalizado
haya finalizado	**hayan** finalizado
pluscuamperfecto de subjuntivo	
hubiera finalizado	**hubiéramos** finalizado
hubieras finalizado	**hubierais** finalizado
hubiera finalizado	**hubieran** finalizado
OR	
hubiese finalizado	**hubiésemos** finalizado
hubieses finalizado	**hubieseis** finalizado
hubiese finalizado	**hubiesen** finalizado

to pretend
fingir

gerundio **fingiendo**   participio de pasado **fingido**

SINGULAR	PLURAL	SINGULAR	PLURAL

presente de indicativo

fin**jo**	fing**imos**
fing**es**	fing**ís**
fing**e**	fing**en**

imperfecto de indicativo

fing**ía**	fing**íamos**
fing**ías**	fing**íais**
fing**ía**	fing**ían**

pretérito

fing**í**	fing**imos**
fing**iste**	fing**isteis**
fing**ió**	fing**ieron**

futuro

fingir**é**	fingir**emos**
fingir**ás**	fingir**éis**
fingir**á**	fingir**án**

condicional simple

fingir**ía**	fingir**íamos**
fingir**ías**	fingir**íais**
fingir**ía**	fingir**ían**

presente de subjuntivo

fin**ja**	fin**jamos**
fin**jas**	fin**jáis**
fin**ja**	fin**jan**

imperfecto de subjuntivo

fing**iera**	fing**iéramos**
fing**ieras**	fing**ierais**
fing**iera**	fing**ieran**
OR	
fing**iese**	fing**iésemos**
fing**ieses**	fing**ieseis**
fing**iese**	fing**iesen**

imperativo

—	fin**jamos**
fing**e**; no fin**jas**	fing**id**; no fin**jáis**
fin**ja**	fin**jan**

perfecto de indicativo

he fingido	**hemos** fingido
has fingido	**habéis** fingido
ha fingido	**han** fingido

pluscuamperfecto de indicativo

había fingido	**habíamos** fingido
habías fingido	**habíais** fingido
había fingido	**habían** fingido

pretérito anterior

hube fingido	**hubimos** fingido
hubiste fingido	**hubisteis** fingido
hubo fingido	**hubieron** fingido

futuro perfecto

habré fingido	**habremos** fingido
habrás fingido	**habréis** fingido
habrá fingido	**habrán** fingido

condicional compuesto

habría fingido	**habríamos** fingido
habrías fingido	**habríais** fingido
habría fingido	**habrían** fingido

perfecto de subjuntivo

haya fingido	**hayamos** fingido
hayas fingido	**hayáis** fingido
haya fingido	**hayan** fingido

pluscuamperfecto de subjuntivo

hubiera fingido	**hubiéramos** fingido
hubieras fingido	**hubierais** fingido
hubiera fingido	**hubieran** fingido
OR	
hubiese fingido	**hubiésemos** fingido
hubieses fingido	**hubieseis** fingido
hubiese fingido	**hubiesen** fingido

F

345

gerundio firmando

participio de pasado firmado

SINGULAR	PLURAL	SINGULAR	PLURAL

presente de indicativo

firmo	firmamos		
firmas	firmáis		
firma	firman		

perfecto de indicativo

he firmado	hemos firmado		
has firmado	habéis firmado		
ha firmado	han firmado		

imperfecto de indicativo

firmaba	firmábamos
firmabas	firmabais
firmaba	firmaban

pluscuamperfecto de indicativo

había firmado	habíamos firmado
habías firmado	habíais firmado
había firmado	habían firmado

pretérito

firmé	firmamos
firmaste	firmasteis
firmó	firmaron

pretérito anterior

hube firmado	hubimos firmado
hubiste firmado	hubisteis firmado
hubo firmado	hubieron firmado

futuro

firmaré	firmaremos
firmarás	firmaréis
firmará	firmarán

futuro perfecto

habré firmado	habremos firmado
habrás firmado	habréis firmado
habrá firmado	habrán firmado

condicional simple

firmaría	firmaríamos
firmarías	firmaríais
firmaría	firmarían

condicional compuesto

habría firmado	habríamos firmado
habrías firmado	habríais firmado
habría firmado	habrían firmado

presente de subjuntivo

firme	firmemos
firmes	firméis
firme	firmen

perfecto de subjuntivo

haya firmado	hayamos firmado
hayas firmado	hayáis firmado
haya firmado	hayan firmado

imperfecto de subjuntivo

firmara	firmáramos
firmaras	firmarais
firmara	firmaran
OR	
firmase	firmásemos
firmases	firmaseis
firmase	firmasen

pluscuamperfecto de subjuntivo

hubiera firmado	hubiéramos firmado
hubieras firmado	hubierais firmado
hubiera firmado	hubieran firmado
OR	
hubiese firmado	hubiésemos firmado
hubieses firmado	hubieseis firmado
hubiese firmado	hubiesen firmado

imperativo

—	firmemos
firma; no firmes	firmad; no firméis
firme	firmen

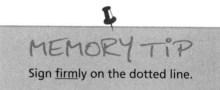

MEMORY TIP

Sign <u>firm</u>ly on the dotted line.

to form, to shape

gerundio **formando**

participio de pasado **formado**

SINGULAR	PLURAL
presente de indicativo	
form**o**	form**amos**
form**as**	form**áis**
form**a**	form**an**
imperfecto de indicativo	
form**aba**	form**ábamos**
form**abas**	form**abais**
form**aba**	form**aban**
pretérito	
form**é**	form**amos**
form**aste**	form**asteis**
form**ó**	form**aron**
futuro	
formar**é**	formar**emos**
formar**ás**	formar**éis**
formar**á**	formar**án**
condicional simple	
formar**ía**	formar**íamos**
formar**ías**	formar**íais**
formar**ía**	formar**ían**
presente de subjuntivo	
form**e**	form**emos**
form**es**	form**éis**
form**e**	form**en**
imperfecto de subjuntivo	
form**ara**	form**áramos**
form**aras**	form**arais**
form**ara**	form**aran**
OR	
form**ase**	form**ásemos**
form**ases**	form**aseis**
form**ase**	form**asen**
imperativo	
—	form**emos**
form**a**; no form**es**	form**ad**; no form**éis**
form**e**	form**en**

F

SINGULAR	PLURAL
perfecto de indicativo	
he formado	**hemos** formado
has formado	**habéis** formado
ha formado	**han** formado
pluscuamperfecto de indicativo	
había formado	**habíamos** formado
habías formado	**habíais** formado
había formado	**habían** formado
pretérito anterior	
hube formado	**hubimos** formado
hubiste formado	**hubisteis** formado
hubo formado	**hubieron** formado
futuro perfecto	
habré formado	**habremos** formado
habrás formado	**habréis** formado
habrá formado	**habrán** formado
condicional compuesto	
habría formado	**habríamos** formado
habrías formado	**habríais** formado
habría formado	**habrían** formado
perfecto de subjuntivo	
haya formado	**hayamos** formado
hayas formado	**hayáis** formado
haya formado	**hayan** formado
pluscuamperfecto de subjuntivo	
hubiera formado	**hubiéramos** formado
hubieras formado	**hubierais** formado
hubiera formado	**hubieran** formado
OR	
hubiese formado	**hubiésemos** formado
hubieses formado	**hubieseis** formado
hubiese formado	**hubiesen** formado

forzar

to force, to strain

gerundio **forzando**

participio de pasado **forzado**

SINGULAR	PLURAL	SINGULAR	PLURAL

presente de indicativo

fuerz**o**	forz**amos**		
fuerz**as**	forz**áis**		
fuerz**a**	fuerz**an**		

perfecto de indicativo

he forzado	**hemos** forzado
has forzado	**habéis** forzado
ha forzado	**han** forzado

imperfecto de indicativo

forz**aba**	forz**ábamos**
forz**abas**	forz**abais**
forz**aba**	forz**aban**

pluscuamperfecto de indicativo

había forzado	**habíamos** forzado
habías forzado	**habíais** forzado
había forzado	**habían** forzado

pretérito

forc**é**	forz**amos**
forz**aste**	forz**asteis**
forz**ó**	forz**aron**

pretérito anterior

hube forzado	**hubimos** forzado
hubiste forzado	**hubisteis** forzado
hubo forzado	**hubieron** forzado

futuro

forzar**é**	forzar**emos**
forzar**ás**	forzar**éis**
forzar**á**	forzar**án**

futuro perfecto

habré forzado	**habremos** forzado
habrás forzado	**habréis** forzado
habrá forzado	**habrán** forzado

condicional simple

forzar**ía**	forzar**íamos**
forzar**ías**	forzar**íais**
forzar**ía**	forzar**ían**

condicional compuesto

habría forzado	**habríamos** forzado
habrías forzado	**habríais** forzado
habría forzado	**habrían** forzado

presente de subjuntivo

fuerc**e**	forc**emos**
fuerc**es**	forc**éis**
fuerc**e**	fuerc**en**

perfecto de subjuntivo

haya forzado	**hayamos** forzado
hayas forzado	**hayáis** forzado
haya forzado	**hayan** forzado

imperfecto de subjuntivo

forz**ara**	forz**áramos**
forz**aras**	forz**arais**
forz**ara**	forz**aran**
OR	
forz**ase**	forz**ásemos**
forz**ases**	forz**aseis**
forz**ase**	forz**asen**

pluscuamperfecto de subjuntivo

hubiera forzado	**hubiéramos** forzado
hubieras forzado	**hubierais** forzado
hubiera forzado	**hubieran** forzado
OR	
hubiese forzado	**hubiésemos** forzado
hubieses forzado	**hubieseis** forzado
hubiese forzado	**hubiesen** forzado

imperativo

—	forcemos
fuerza; no fuerces	forzad; no forcéis
fuerce	fuercen

gerundio **fregando**   participio de pasado **fregado**

SINGULAR	PLURAL	SINGULAR	PLURAL

presente de indicativo

		perfecto de indicativo	
friego	fregamos	**he** fregado	**hemos** fregado
friegas	fregáis	**has** fregado	**habéis** fregado
friega	friegan	**ha** fregado	**han** fregado

imperfecto de indicativo

pluscuamperfecto de indicativo   **F**

fregaba	fregábamos	**había** fregado	**habíamos** fregado
fregabas	fregabais	**habías** fregado	**habíais** fregado
fregaba	fregaban	**había** fregado	**habían** fregado

pretérito   **pretérito anterior**

fregué	fregamos	**hube** fregado	**hubimos** fregado
fregaste	fregasteis	**hubiste** fregado	**hubisteis** fregado
fregó	fregaron	**hubo** fregado	**hubieron** fregado

futuro   **futuro perfecto**

fregaré	fregaremos	**habré** fregado	**habremos** fregado
fregarás	fregaréis	**habrás** fregado	**habréis** fregado
fregará	fregarán	**habrá** fregado	**habrán** fregado

condicional simple   **condicional compuesto**

fregaría	fregaríamos	**habría** fregado	**habríamos** fregado
fregarías	fregaríais	**habrías** fregado	**habríais** fregado
fregaría	fregarían	**habría** fregado	**habrían** fregado

presente de subjuntivo   **perfecto de subjuntivo**

friegue	freguemos	**haya** fregado	**hayamos** fregado
friegues	freguéis	**hayas** fregado	**hayáis** fregado
friegue	frieguen	**haya** fregado	**hayan** fregado

imperfecto de subjuntivo   **pluscuamperfecto de subjuntivo**

fregara	fregáramos	**hubiera** fregado	**hubiéramos** fregado
fregaras	fregarais	**hubieras** fregado	**hubierais** fregado
fregara	fregaran	**hubiera** fregado	**hubieran** fregado
OR		OR	
fregase	fregásemos	**hubiese** fregado	**hubiésemos** fregado
fregases	fregaseis	**hubieses** fregado	**hubieseis** fregado
fregase	fregasen	**hubiese** fregado	**hubiesen** fregado

imperativo

—	freguemos
friega; no friegues	fregad; no freguéis
friegue	frieguen

freír

to fry

SINGULAR	PLURAL	SINGULAR	PLURAL
presente de indicativo		**perfecto de indicativo**	
frío	freímos	**he** frito	**hemos** frito
fríes	freís	**has** frito	**habéis** frito
fríe	fríen	**ha** frito	**han** frito
imperfecto de indicativo		**pluscuamperfecto de indicativo**	
freía	freíamos	**había** frito	**habíamos** frito
freías	freíais	**habías** frito	**habíais** frito
freía	freían	**había** frito	**habían** frito
pretérito		**pretérito anterior**	
freí	freímos	**hube** frito	**hubimos** frito
freiste	freisteis	**hubiste** frito	**hubisteis** frito
frió	frieron	**hubo** frito	**hubieron** frito
futuro		**futuro perfecto**	
freiré	freiremos	**habré** frito	**habremos** frito
freirás	freiréis	**habrás** frito	**habréis** frito
freirá	freirán	**habrá** frito	**habrán** frito
condicional simple		**condicional compuesto**	
freiría	freiríamos	**habría** frito	**habríamos** frito
freirías	freiríais	**habrías** frito	**habríais** frito
freiría	freirían	**habría** frito	**habrían** frito
presente de subjuntivo		**perfecto de subjuntivo**	
fría	friamos	**haya** frito	**hayamos** frito
frías	friáis	**hayas** frito	**hayáis** frito
fría	frían	**haya** frito	**hayan** frito
imperfecto de subjuntivo		**pluscuamperfecto de subjuntivo**	
friera	friéramos	**hubiera** frito	**hubiéramos** frito
frieras	frierais	**hubieras** frito	**hubierais** frito
friera	frieran	**hubiera** frito	**hubieran** frito
OR		OR	
friese	friésemos	**hubiese** frito	**hubiésemos** frito
frieses	frieseis	**hubieses** frito	**hubieseis** frito
friese	friesen	**hubiese** frito	**hubiesen** frito
imperativo			
—	friamos		
fríe; no frías	freíd; no friáis		
fría	frían		

to smoke

gerundio **fumando**   participio de pasado **fumado**

SINGULAR	PLURAL	SINGULAR	PLURAL

presente de indicativo

		perfecto de indicativo	
fumo	fumamos	he fumado	hemos fumado
fumas	fumáis	has fumado	habéis fumado
fuma	fuman	ha fumado	han fumado

imperfecto de indicativo

		pluscuamperfecto de indicativo	
fumaba	fumábamos	había fumado	habíamos fumado
fumabas	fumabais	habías fumado	habíais fumado
fumaba	fumaban	había fumado	habían fumado

pretérito

		pretérito anterior	
fumé	fumamos	hube fumado	hubimos fumado
fumaste	fumasteis	hubiste fumado	hubisteis fumado
fumó	fumaron	hubo fumado	hubieron fumado

futuro

		futuro perfecto	
fumaré	fumaremos	habré fumado	habremos fumado
fumarás	fumaréis	habrás fumado	habréis fumado
fumará	fumarán	habrá fumado	habrán fumado

condicional simple

		condicional compuesto	
fumaría	fumaríamos	habría fumado	habríamos fumado
fumarías	fumaríais	habrías fumado	habríais fumado
fumaría	fumarían	habría fumado	habrían fumado

presente de subjuntivo

		perfecto de subjuntivo	
fume	fumemos	haya fumado	hayamos fumado
fumes	fuméis	hayas fumado	hayáis fumado
fume	fumen	haya fumado	hayan fumado

imperfecto de subjuntivo

		pluscuamperfecto de subjuntivo	
fumara	fumáramos	hubiera fumado	hubiéramos fumado
fumarás	fumarais	hubieras fumado	hubierais fumado
fumara	fumaran	hubiera fumado	hubieran fumado
OR		OR	
fumase	fumásemos	hubiese fumado	hubiésemos fumado
fumases	fumaseis	hubieses fumado	hubieseis fumado
fumase	fumasen	hubiese fumado	hubiesen fumado

imperativo

—	fumemos
fuma; no fumes	fumad; no fuméis
fume	fumen

F

SINGULAR	PLURAL	SINGULAR	PLURAL

presente de indicativo

funcion**o**	funcion**amos**
funcion**as**	funcion**áis**
funcion**a**	funcion**an**

perfecto de indicativo

he funcionado	**hemos** funcionado
has funcionado	**habéis** funcionado
ha funcionado	**han** funcionado

imperfecto de indicativo

funcion**aba**	funcion**ábamos**
funcion**abas**	funcion**abais**
funcion**aba**	funcion**aban**

pluscuamperfecto de indicativo

había funcionado	**habíamos** funcionado
habías funcionado	**habíais** funcionado
había funcionado	**habían** funcionado

pretérito

funcion**é**	funcion**amos**
funcion**aste**	funcion**asteis**
funcion**ó**	funcion**aron**

pretérito anterior

hube funcionado	**hubimos** funcionado
hubiste funcionado	**hubisteis** funcionado
hubo funcionado	**hubieron** funcionado

futuro

funcionar**é**	funcionar**emos**
funcionar**ás**	funcionar**éis**
funcionar**á**	funcionar**án**

futuro perfecto

habré funcionado	**habremos** funcionado
habrás funcionado	**habréis** funcionado
habrá funcionado	**habrán** funcionado

condicional simple

funcionar**ía**	funcionar**íamos**
funcionar**ías**	funcionar**íais**
funcionar**ía**	funcionar**ían**

condicional compuesto

habría funcionado	**habríamos** funcionado
habrías funcionado	**habríais** funcionado
habría funcionado	**habrían** funcionado

presente de subjuntivo

funcion**e**	funcion**emos**
funcion**es**	funcion**éis**
funcion**e**	funcion**en**

perfecto de subjuntivo

haya funcionado	**hayamos** funcionado
hayas funcionado	**hayáis** funcionado
haya funcionado	**hayan** funcionado

imperfecto de subjuntivo

funcion**ara**	funcion**áramos**
funcion**aras**	funcion**arais**
funcion**ara**	funcion**aran**
OR	
funcion**ase**	funcion**ásemos**
funcion**ases**	funion**aseis**
funcion**ase**	funcion**asen**

pluscuamperfecto de subjuntivo

hubiera funcionado	**hubiéramos** funcionado
hubieras funcionado	**hubierais** funcionado
hubiera funcionado	**hubieran** funcionado
OR	
hubiese funcionado	**hubiésemos** funcionado
hubieses funcionado	**hubieseis** funcionado
hubiese funcionado	**hubiesen** funcionado

imperativo

—	funcion**emos**
funciona;	funcionad;
no funciones	no funcionéis
funcione	funcionen

SINGULAR	PLURAL	SINGULAR	PLURAL

presente de indicativo

gano	ganamos
ganas	ganáis
gana	ganan

imperfecto de indicativo

ganaba	ganábamos
ganabas	ganabais
ganaba	ganaban

pretérito

gané	ganamos
ganaste	ganasteis
ganó	ganaron

futuro

ganaré	ganaremos
ganarás	ganaréis
ganará	ganarán

condicional simple

ganaría	ganaríamos
ganarías	ganaríais
ganaría	ganarían

presente de subjuntivo

gane	ganemos
ganes	ganéis
gane	ganen

imperfecto de subjuntivo

ganara	ganáramos
ganaras	ganarais
ganara	ganaran
OR	
ganase	ganásemos
ganases	ganaseis
ganase	ganasen

imperativo

—	ganemos
gana; no ganes	ganad; no ganéis
gane	ganen

perfecto de indicativo

he ganado	hemos ganado
has ganado	habéis ganado
ha ganado	han ganado

pluscuamperfecto de indicativo

G

había ganado	habíamos ganado
habías ganado	habíais ganado
había ganado	habían ganado

pretérito anterior

hube ganado	hubimos ganado
hubiste ganado	hubisteis ganado
hubo ganado	hubieron ganado

futuro perfecto

habré ganado	habremos ganado
habrás ganado	habréis ganado
habrá ganado	habrán ganado

condicional compuesto

habría ganado	habríamos ganado
habrías ganado	habríais ganado
habría ganado	habrían ganado

perfecto de subjuntivo

haya ganado	hayamos ganado
hayas ganado	hayáis ganado
haya ganado	hayan ganado

pluscuamperfecto de subjuntivo

hubiera ganado	hubiéramos ganado
hubieras ganado	hubierais ganado
hubiera ganado	hubieran ganado
OR	
hubiese ganado	hubiésemos ganado
hubieses ganado	hubieseis ganado
hubiese ganado	hubiesen ganado

SINGULAR	PLURAL	SINGULAR	PLURAL

presente de indicativo

garantiz**o**	garantiz**amos**
garantiz**as**	garantiz**áis**
garantiz**a**	garantiz**an**

perfecto de indicativo

he garantizado	**hemos** garantizado
has garantizado	**habéis** garantizado
ha garantizado	**han** garantizado

imperfecto de indicativo

garantiz**aba**	garantiz**ábamos**
garantiz**abas**	garantiz**abais**
garantiz**aba**	garantiz**aban**

pluscuamperfecto de indicativo

había garantizado	**habíamos** garantizado
habías garantizado	**habíais** garantizado
había garantizado	**habían** garantizado

pretérito

garantic**é**	garantiz**amos**
garantiz**aste**	garantiz**asteis**
garantiz**ó**	garantiz**aron**

pretérito anterior

hube garantizado	**hubimos** garantizado
hubiste garantizado	**hubisteis** garantizado
hubo garantizado	**hubieron** garantizado

futuro

garantizar**é**	garantizar**emos**
garantizar**ás**	garantizar**éis**
garantizar**á**	garantizar**án**

futuro perfecto

habré garantizado	**habremos** garantizado
habrás garantizado	**habréis** garantizado
habrá garantizado	**habrán** garantizado

condicional simple

garantizar**ía**	garantizar**íamos**
garantizar**ías**	garantizar**íais**
garantizar**ía**	garantizar**ían**

condicional computeso

habría garantizado	**habríamos** garantizado
habrías garantizado	**habríais** garantizado
habría garantizado	**habrían** garantizado

presente de subjuntivo

garantic**e**	garantic**emos**
garantic**es**	garantic**éis**
garantic**e**	garantic**en**

perpecto de subjuntivo

haya garantizado	**hayamos** garantizado
hayas garantizado	**hayáis** garantizado
haya garantizado	**hayan** garantizado

imperfecto de subjuntivo

garantiz**ara**	garantiz**áramos**
garantiz**aras**	garantiz**arais**
garantiz**ara**	garantiz**aran**
OR	
garantiz**ase**	garantiz**ásemos**
garantiz**ases**	garantiz**aseis**
garantiz**ase**	garantiz**asen**

pluscuamperfecto de subjuntivo

hubiera garantizado	**hubiéramos** garantizado
hubieras garantizado	**hubierais** garantizado
hubiera garantizado	**hubieran** garantizado
OR	
hubiese garantizado	**hubiésemos** garantizado
hubieses garantizado	**hubieseis** garantizado
hubiese garantizado	**hubiesen** garantizado

imperativo

—	garanticemos
garantiza;	garantizad;
no garantices	no garanticéis
garantice	garanticen

gerundio **gastando**   participio de pasado **gastado**

SINGULAR	PLURAL
presente de indicativo	
gast**o**	gast**amos**
gast**as**	gast**áis**
gast**a**	gast**an**

SINGULAR	PLURAL
perfecto de indicativo	
he gastado	**hemos** gastado
has gastado	**habéis** gastado
ha gastado	**han** gastado

G

imperfecto de indicativo	
gast**aba**	gast**ábamos**
gast**abas**	gast**abais**
gast**aba**	gast**aban**

pluscuamperfecto de indicativo	
había gastado	**habíamos** gastado
habías gastado	**habíais** gastado
había gastado	**habían** gastado

pretérito	
gast**é**	gast**amos**
gast**aste**	gast**asteis**
gast**ó**	gast**aron**

pretérito anterior	
hube gastado	**hubimos** gastado
hubiste gastado	**hubisteis** gastado
hubo gastado	**hubieron** gastado

futuro	
gastar**é**	gastar**emos**
gastar**ás**	gastar**éis**
gastar**á**	gastar**án**

futuro perfecto	
habré gastado	**habremos** gastado
habrás gastado	**habréis** gastado
habrá gastado	**habrán** gastado

condicional simple	
gastar**ía**	gastar**íamos**
gastar**ías**	gastar**íais**
gastar**ía**	gastar**ían**

condicional compuesto	
habría gastado	**habríamos** gastado
habrías gastado	**habríais** gastado
habría gastado	**habrían** gastado

presente de subjuntivo	
gast**e**	gast**emos**
gast**es**	gast**éis**
gast**e**	gast**en**

perfecto de subjuntivo	
haya gastado	**hayamos** gastado
hayas gastado	**hayáis** gastado
haya gastado	**hayan** gastado

imperfecto de subjuntivo	
gast**ara**	gast**áramos**
gast**aras**	gast**arais**
gast**ara**	gast**aran**
OR	
gast**ase**	gast**ásemos**
gast**ases**	gast**aseis**
gast**ase**	gast**asen**

pluscuamperfecto de subjuntivo	
hubiera gastado	**hubiéramos** gastado
hubieras gastado	**hubierais** gastado
hubiera gastado	**hubieran** gastado
OR	
hubiese gastado	**hubiésemos** gastado
hubieses gastado	**hubieseis** gastado
hubiese gastado	**hubiesen** gastado

imperativo	
—	gastemos
gasta; no gastes	gastad; no gastéis
gaste	gasten

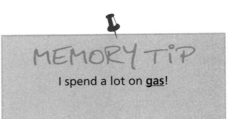

MEMORY TIP

I spend a lot on **gas**!

gemir

to moan

SINGULAR	PLURAL	SINGULAR	PLURAL

presente de indicativo

gim**o**	gem**imos**		
gim**es**	gem**ís**		
gim**e**	gim**en**		

perfecto de indicativo

he gemido	**hemos** gemido		
has gemido	**habéis** gemido		
ha gemido	**han** gemido		

imperfecto de indicativo

gem**ía**	gem**íamos**
gem**ías**	gem**íais**
gem**ía**	gem**ían**

pluscuamperfecto de indicativo

había gemido	**habíamos** gemido
habías gemido	**habíais** gemido
había gemido	**habían** gemido

pretérito

gem**í**	gem**imos**
gem**iste**	gem**isteis**
gim**ió**	gim**ieron**

pretérito anterior

hube gemido	**hubimos** gemido
hubiste gemido	**hubisteis** gemido
hubo gemido	**hubieron** gemido

futuro

gemir**é**	gemir**emos**
gemir**ás**	gemir**éis**
gemir**á**	gemir**án**

futuro perfecto

habré gemido	**habremos** gemido
habrás gemido	**habréis** gemido
habrá gemido	**habrán** gemido

condicional simple

gemir**ía**	gemir**íamos**
gemir**ías**	gemir**íais**
gemir**ía**	gemir**ían**

condicional compuesto

habría gemido	**habríamos** gemido
habrías gemido	**habríais** gemido
habría gemido	**habrían** gemido

presente de subjuntivo

gim**a**	gim**amos**
gim**as**	gim**áis**
gim**a**	gim**an**

perfecto de subjuntivo

haya gemido	**hayamos** gemido
hayas gemido	**hayáis** gemido
haya gemido	**hayan** gemido

imperfecto de subjuntivo

gim**iera**	gim**iéramos**
gim**ieras**	gim**ierais**
gim**iera**	gim**ieran**
OR	
gim**iese**	gim**iésemos**
gim**ieses**	gim**ieseis**
gim**iese**	gim**iesen**

pluscuamperfecto de subjuntivo

hubiera gemido	**hubiéramos** gemido
hubieras gemido	**hubierais** gemido
hubiera gemido	**hubieran** gemido
OR	
hubiese gemido	**hubiésemos** gemido
hubieses gemido	**hubieseis** gemido
hubiese gemido	**hubiesen** gemido

imperativo

—	gim**amos**
gim**e**; no gim**as**	gem**id**; no gim**áis**
gim**a**	gim**an**

to govern   gobernar

SINGULAR	PLURAL	SINGULAR	PLURAL

presente de indicativo
		perfecto de indicativo	
gobierno	gobernamos	**he** gobernado	**hemos** gobernado
gobiernas	gobernáis	**has** gobernado	**habéis** gobernado
gobierna	gobiernan	**ha** gobernado	**han** gobernado

imperfecto de indicativo
		pluscuamperfecto de indicativo	
gobernaba	gobernábamos	**había** gobernado	**habíamos** gobernado
gobernabas	gobernabais	**habías** gobernado	**habíais** gobernado
gobernaba	gobernaban	**había** gobernado	**habían** gobernado

pretérito
		pretérito anterior	
goberné	gobernamos	**hube** gobernado	**hubimos** gobernado
gobernaste	gobernasteis	**hubiste** gobernado	**hubisteis** gobernado
gobernó	gobernaron	**hubo** gobernado	**hubieron** gobernado

futuro
		futuro perfecto	
gobernaré	gobernaremos	**habré** gobernado	**habremos** gobernado
gobernarás	gobernaréis	**habrás** gobernado	**habréis** gobernado
gobernará	gobernarán	**habrá** gobernado	**habrán** gobernado

condicional simple
		condicional compuesto	
gobernaría	gobernaríamos	**habría** gobernado	**habríamos** gobernado
gobernarías	gobernaríais	**habrías** gobernado	**habríais** gobernado
gobernaría	gobernarían	**habría** gobernado	**habrían** gobernado

presente de subjuntivo
		perfecto de subjuntivo	
gobierne	gobernemos	**haya** gobernado	**hayamos** gobernado
gobiernes	gobernéis	**hayas** gobernado	**hayáis** gobernado
gobierne	gobiernen	**haya** gobernado	**hayan** gobernado

imperfecto de subjuntivo
		pluscuamperfecto de subjuntivo	
gobernara	gobernáramos	**hubiera** gobernado	**hubiéramos** gobernado
gobernaras	gobernarais	**hubieras** gobernado	**hubierais** gobernado
gobernara	gobernaran	**hubiera** gobernado	**hubieran** gobernado
OR		OR	
gobernase	gobernásemos	**hubiese** gobernado	**hubiésemos** gobernado
gobernases	gobernaseis	**hubieses** gobernado	**hubieseis** gobernado
gobernase	gobernasen	**hubiese** gobernado	**hubiesen** gobernado

imperativo
—	gobernemos
gobierna;	gobernad;
no gobiernes	no gobernéis
gobierne	gobiernen

G

gerundio golpeando   **participio de pasado** golpeado

SINGULAR	PLURAL	SINGULAR	PLURAL

presente de indicativo

		perfecto de indicativo	
golpeo	golpeamos	he golpeado	hemos golpeado
golpeas	golpeáis	has golpeado	habéis golpeado
golpea	golpean	ha golpeado	han golpeado

imperfecto de indicativo

		pluscuamperfecto de indicativo	
golpeaba	golpeábamos	había golpeado	habíamos golpeado
golpeabas	golpeabais	habías golpeado	habíais golpeado
golpeaba	golpeaban	había golpeado	habían golpeado

pretérito

		pretérito anterior	
golpeé	golpeamos	hube golpeado	hubimos golpeado
golpeaste	golpeasteis	hubiste golpeado	hubisteis golpeado
golpeó	golpearon	hubo golpeado	hubieron golpeado

futuro

		futuro perfecto	
golpearé	golpearemos	habré golpeado	habremos golpeado
golpearás	golpearéis	habrás golpeado	habréis golpeado
golpeará	golpearán	habrá golpeado	habrán golpeado

condicional simple

		condicional compuesto	
golpearía	golpearíamos	habría golpeado	habríamos golpeado
golpearías	golpearíais	habrías golpeado	habríais golpeado
golpearía	golpearían	habría golpeado	habrían golpeado

presente de subjuntivo

		perfecto de subjuntivo	
golpee	golpeemos	haya golpeado	hayamos golpeado
golpees	golpeéis	hayas golpeado	hayáis golpeado
golpee	golpeen	haya golpeado	hayan golpeado

imperfecto de subjuntivo

		pluscuamperfecto de subjuntivo	
golpeara	golpeáramos	hubiera golpeado	hubiéramos golpeado
golpearas	golpearais	hubieras golpeado	hubierais golpeado
golpeara	golpearan	hubiera golpeado	hubieran golpeado
OR		OR	
golpease	golpeásemos	hubiese golpeado	hubiésemos golpeado
golpeases	golpeaseis	hubieses golpeado	hubieseis golpeado
golpease	golpeasen	hubiese golpeado	hubiesen golpeado

imperativo

—	golpeemos
golpea; no golpees	golpead; no golpeéis
golpee	golpeen

to enjoy gozar

SINGULAR	PLURAL	SINGULAR	PLURAL

presente de indicativo

gozo / gozamos
gozas / gozáis
goza / gozan

perfecto de indicativo

he gozado / hemos gozado
has gozado / habéis gozado
ha gozado / han gozado

imperfecto de indicativo

gozaba / gozábamos
gozabas / gozabais
gozaba / gozaban

pluscuamperfecto de indicativo

había gozado / habíamos gozado
habías gozado / habíais gozado
había gozado / habían gozado

G

pretérito

gocé / gozamos
gozaste / gozasteis
gozó / gozaron

pretérito anterior

hube gozado / hubimos gozado
hubiste gozado / hubisteis gozado
hubo gozado / hubieron gozado

futuro

gozaré / gozaremos
gozarás / gozaréis
gozará / gozarán

futuro perfecto

habré gozado / habremos gozado
habrás gozado / habréis gozado
habrá gozado / habrán gozado

condicional simple

gozaría / gozaríamos
gozarías / gozaríais
gozaría / gozarían

condicional compuesto

habría gozado / habríamos gozado
habrías gozado / habríais gozado
habría gozado / habrían gozado

presente de subjuntivo

goce / gocemos
goces / gocéis
goce / gocen

perfecto de subjuntivo

haya gozado / hayamos gozado
hayas gozado / hayáis gozado
haya gozado / hayan gozado

imperfecto de subjuntivo

gozara / gozáramos
gozaras / gozarais
gozara / gozaran
OR
gozase / gozásemos
gozases / gozaseis
gozase / gozasen

pluscuamperfecto de subjuntivo

hubiera gozado / hubiéramos gozado
hubieras gozado / hubierais gozado
hubiera gozado / hubieran gozado
OR
hubiese gozado / hubiésemos gozado
hubieses gozado / hubieseis gozado
hubiese gozado / hubiesen gozado

imperativo

— / gocemos
goza; no goces / gozad; no gocéis
goce / gocen

gerundio grabando   **participio de pasado** grabado

SINGULAR	PLURAL	SINGULAR	PLURAL
presente de indicativo		**perfecto de indicativo**	
grabo	grabamos	he grabado	hemos grabado
grabas	grabáis	has grabado	habéis grabado
graba	graban	ha grabado	han grabado
imperfecto de indicativo		**pluscuamperfecto de indicativo**	
grababa	grabábamos	había grabado	habíamos grabado
grababas	grababais	habías grabado	habíais grabado
grababa	grababan	había grabado	habían grabado
pretérito		**pretérito anterior**	
grabé	grabamos	hube grabado	hubimos grabado
grabaste	grabasteis	hubiste grabado	hubisteis grabado
grabó	grabaron	hubo grabado	hubieron grabado
futuro		**futuro perfecto**	
grabaré	grabaremos	habré grabado	habremos grabado
grabarás	grabaréis	habrás grabado	habréis grabado
grabará	grabarán	habrá grabado	habrán grabado
condicional simple		**condicional compuesto**	
grabaría	grabaríamos	habría grabado	habríamos grabado
grabarías	grabaríais	habrías grabado	habríais grabado
grabaría	grabarían	habría grabado	habrían grabado
presente de subjuntivo		**perfecto de subjuntivo**	
grabe	grabemos	haya grabado	hayamos grabado
grabes	grabéis	hayas grabado	hayáis grabado
grabe	graben	haya grabado	hayan grabado
imperfecto de subjuntivo		**pluscuamperfecto de subjuntivo**	
grabara	grabáramos	hubiera grabado	hubiéramos grabado
grabaras	grabarais	hubieras grabado	hubierais grabado
grabara	grabaran	hubiera grabado	hubieran grabado
OR		OR	
grabase	grabásemos	hubiese grabado	hubiésemos grabado
grabases	grabaseis	hubieses grabado	hubieseis grabado
grabase	grabasen	hubiese grabado	hubiesen grabado

imperativo

—	grabemos
graba; no grabes	grabad; no grabéis
grabe	graben

to graduate

graduar

SINGULAR	PLURAL	SINGULAR	PLURAL

presente de indicativo

gradúo	graduamos
gradúas	graduáis
gradúa	gradúan

perfecto de indicativo

he graduado	hemos graduado
has graduado	habéis graduado
ha graduado	han graduado

imperfecto de indicativo

graduaba	graduábamos
graduabas	graduabais
graduaba	graduaban

G

pluscuamperfecto de indicativo

había graduado	habíamos graduado
habías graduado	habíais graduado
había graduado	habían graduado

pretérito

gradué	graduamos
graduaste	graduasteis
graduó	graduaron

pretérito anterior

hube graduado	hubimos graduado
hubiste graduado	hubisteis graduado
hubo graduado	hubieron graduado

futuro

graduaré	graduaremos
graduarás	graduaréis
graduará	graduarán

futuro perfecto

habré graduado	habremos graduado
habrás graduado	habréis graduado
habrá graduado	habrán graduado

condicional simple

graduaría	graduaríamos
graduarías	graduaríais
graduaría	graduarían

condicional compuesto

habría graduado	habríamos graduado
habrías graduado	habríais graduado
habría graduado	habrían graduado

presente de subjuntivo

gradúe	graduemos
gradúes	graduéis
gradúe	gradúen

perfecto de subjuntivo

haya graduado	hayamos graduado
hayas graduado	hayáis graduado
haya graduado	hayan graduado

imperfecto de subjuntivo

graduara	graduáramos
graduaras	graduarais
graduara	graduaran
OR	
graduase	graduásemos
graduases	graduaseis
graduase	graduasen

pluscuamperfecto de subjuntivo

hubiera graduado	hubiéramos graduado
hubieras graduado	hubierais graduado
hubiera graduado	hubieran graduado
OR	
hubiese graduado	hubiésemos graduado
hubieses graduado	hubieseis graduado
hubiese graduado	hubiesen graduado

imperativo

—	graduemos
gradúa; no gradúes	graduad; no graduéis
gradúe	gradúen

gerundio **gritando**   participio de pasado **gritado**

SINGULAR	PLURAL

presente de indicativo
grit**o**	grit**amos**
grit**as**	grit**áis**
grit**a**	grit**an**

imperfecto de indicativo
grit**aba**	grit**ábamos**
grit**abas**	grit**abais**
grit**aba**	grit**aban**

pretérito
grit**é**	grit**amos**
grit**aste**	grit**asteis**
grit**ó**	grit**aron**

futuro
gritar**é**	gritar**emos**
gritar**ás**	gritar**éis**
gritar**á**	gritar**án**

condicional simple
gritar**ía**	gritar**íamos**
gritar**ías**	gritar**íais**
gritar**ía**	gritar**ían**

presente de subjuntivo
grit**e**	grit**emos**
grit**es**	grit**éis**
grit**e**	grit**en**

imperfecto de subjuntivo
grit**ara**	grit**áramos**
grit**aras**	grit**arais**
grit**ara**	grit**aran**
OR	
grit**ase**	grit**ásemos**
grit**ases**	grit**aseis**
grit**ase**	grit**asen**

imperativo
—	grit**emos**
grit**a**; no grit**es**	grit**ad**; no grit**éis**
grit**e**	grit**en**

SINGULAR	PLURAL

perfecto de indicativo
he gritado	**hemos** gritado
has gritado	**habéis** gritado
ha gritado	**han** gritado

pluscuamperfecto de indicativo
había gritado	**habíamos** gritado
habías gritado	**habíais** gritado
había gritado	**habían** gritado

pretérito anterior
hube gritado	**hubimos** gritado
hubiste gritado	**hubisteis** gritado
hubo gritado	**hubieron** gritado

futuro perfecto
habré gritado	**habremos** gritado
habrás gritado	**habréis** gritado
habrá gritado	**habrán** gritado

condicional compuesto
habría gritado	**habríamos** gritado
habrías gritado	**habríais** gritado
habría gritado	**habrían** gritado

perfecto de subjuntivo
haya gritado	**hayamos** gritado
hayas gritado	**hayáis** gritado
haya gritado	**hayan** gritado

pluscuamperfecto de subjuntivo
hubiera gritado	**hubiéramos** gritado
hubieras gritado	**hubierais** gritado
hubiera gritado	**hubieran** gritado
OR	
hubiese gritado	**hubiésemos** gritado
hubieses gritado	**hubieseis** gritado
hubiese gritado	**hubiesen** gritado

to grumble, to growl

gerundio **gruñendo**   participio de pasado **gruñido**

SINGULAR	PLURAL	SINGULAR	PLURAL

presente de indicativo

gruño	gruñimos
gruñes	gruñís
gruñe	gruñen

perfecto de indicativo

he gruñido	hemos gruñido
has gruñido	habéis gruñido
ha gruñido	han gruñido

imperfecto de indicativo

gruñía	gruñíamos
gruñías	gruñíais
gruñía	gruñían

pluscuamperfecto de indicativo

había gruñido	habíamos gruñido
habías gruñido	habíais gruñido
había gruñido	habían gruñido

G

pretérito

gruñí	gruñimos
gruñiste	gruñisteis
gruño	gruñeron

pretérito anterior

hube gruñido	hubimos gruñido
hubiste gruñido	hubisteis gruñido
hubo gruñido	hubieron gruñido

futuro

gruñiré	gruñiremos
gruñiste	gruñiréis
gruñirá	gruñirán

futuro perfecto

habré gruñido	habremos gruñido
habrás gruñido	habréis gruñido
habrá gruñido	habrán gruñido

condicional simple

gruñiría	gruñiríamos
gruñirías	gruñiríais
gruñiría	gruñirían

condicional compuesto

habría gruñido	habríamos gruñido
habrías gruñido	habríais gruñido
habría gruñido	habrían gruñido

presente de subjuntivo

gruña	gruñamos
gruñas	gruñáis
gruña	gruñan

perfecto de subjuntivo

haya gruñido	hayamos gruñido
hayas gruñido	hayáis gruñido
haya gruñido	hayan gruñido

imperfecto de subjuntivo

gruñera	gruñéramos
gruñeras	gruñerais
gruñera	gruñeran
OR	
gruñese	gruñésemos
gruñeses	gruñeseis
gruñese	gruñesen

pluscuamperfecto de subjuntivo

hubiera gruñido	hubiéramos gruñido
hubieras gruñido	hubierais gruñido
hubiera gruñido	hubieran gruñido
OR	
hubiese gruñido	hubiésemos gruñido
hubieses gruñido	hubieseis gruñido
hubiese gruñido	hubiesen gruñido

imperativo

—	gruñamos
gruñe; no gruñas	gruñid; no gruñáis
gruña	gruñan

gerundio **guiando**   participio de pasado **guiado**

SINGULAR	PLURAL	SINGULAR	PLURAL

presente de indicativo
guí**o**	gui**amos**
guí**as**	gui**áis**
guí**a**	guí**an**

perfecto de indicativo
he guiado	**hemos** guiado
has guiado	**habéis** guiado
ha guiado	**han** guiado

imperfecto de indicativo
gui**aba**	gui**ábamos**
gui**abas**	gui**abais**
gui**aba**	gui**aban**

pluscuamperfecto de indicativo
había guiado	**habíamos** guiado
habías guiado	**habíais** guiado
había guiado	**habían** guiado

pretérito
gui**é**	gui**amos**
gui**aste**	gui**asteis**
gui**ó**	gui**aron**

pretérito anterior
hube guiado	**hubimos** guiado
hubiste guiado	**hubisteis** guiado
hubo guiado	**hubieron** guiado

futuro
guiar**é**	guiar**emos**
guiar**ás**	guiar**éis**
guiar**á**	guiar**án**

futuro perfecto
habré guiado	**habremos** guiado
habrás guiado	**habréis** guiado
habrá guiado	**habrán** guiado

condicional simple
guiar**ía**	guiar**íamos**
guiar**ías**	guiar**íais**
guiar**ía**	guiar**ían**

condicional compuesto
habría guiado	**habríamos** guiado
habrías guiado	**habríais** guiado
habría guiado	**habrían** guiado

presente de subjuntivo
guí**e**	gui**emos**
guí**es**	gui**éis**
guí**e**	guí**en**

perfecto de subjuntivo
haya guiado	**hayamos** guiado
hayas guiado	**hayáis** guiado
haya guiado	**hayan** guiado

imperfecto de subjuntivo
gui**ara**	gui**áramos**
gui**aras**	gui**arais**
gui**ara**	gui**aran**
OR	
gui**ase**	gui**ásemos**
gui**ases**	gui**aseis**
gui**ase**	gui**asen**

pluscuamperfecto de subjuntivo
hubiera guiado	**hubiéramos** guiado
hubieras guiado	**hubierais** guiado
hubiera guiado	**hubieran** guiado
OR	
hubiese guiado	**hubiésemos** guiado
hubieses guiado	**hubieseis** guiado
hubiese guiado	**hubiesen** guiado

imperativo
—	gui**emos**
guí**a**; no guí**es**	gui**ad**; no gui**éis**
guí**e**	guí**en**

gerundio gustando   **participio de pasado** gustado

SINGULAR	PLURAL	SINGULAR	PLURAL
presente de indicativo		**perfecto de indicativo**	
gust**a**	gust**an**	**ha** gustado	**han** gustado
imperfecto de indicativo		**pluscuamperfecto de indicativo**	
gust**aba**	gust**aban**	**había** gustado	**habían** gustado
pretérito		**pretérito anterior**	
gust**o**	gust**aron**	**hubo** gustado	**hubieron** gustado
futuro		**futuro perfecto**	
gust**ará**	gust**arán**	**habrá** gustado	**habrán** gustado
condicional simple		**condicional computeso**	
gust**aría**	gust**arían**	**habría** gustado	**habrían** gustado
presente de subjuntivo		**perfecto de subjuntivo**	
gust**e**	gust**en**	**haya** gustado	**hayan** gustado
imperfecto de subjuntivo		**pluscuamperfecto de subjuntivo**	
gust**ara**	gust**aran**	**hubiera** gustado	**hubieran** gustado
OR		OR	
gust**ase**	gust**asen**	**hubiese** gustado	**hubiesen** gustado
imperativo			
¡Que gust**e**!	¡Que gust**en**!		

G

MUST KNOW VERB

365

SINGULAR	PLURAL	SINGULAR	PLURAL

presente de indicativo

he	hemos		
has	habéis		
ha	han		

perfecto de indicativo

he habido	hemos habido
has habido	habéis habido
ha habido	han habido

imperfecto de indicativo

había	habíamos
habías	habíais
había	habían

pluscuamperfecto de indicativo

había habido	habíamos habido
habías habido	habíais habido
había habido	habían habido

pretérito

hube	hubimos
hubiste	hubisteis
hubo	hubieron

pretérito anterior

hube habido	hubimos habido
hubiste habido	hubisteis habido
hubo habido	hubieron habido

futuro

habré	habremos
habrás	habréis
habrá	habrán

futuro perfecto

habré habido	habremos habido
habrás habido	habréis habido
habrá habido	habrán habido

condicional simple

habría	habríamos
habrías	habríais
habría	habrían

condicional compuesto

habría habido	habríamos habido
habrías habido	habríais habido
habría habido	habrían habido

presente de subjuntivo

haya	hayamos
hayas	hayáis
haya	hayan

perfecto de subjuntivo

haya habido	hayamos habido
hayas habido	hayáis habido
haya habido	hayan habido

imperfecto de subjuntivo

hubiera	hubiéramos
hubieras	hubierais
hubiera	hubieran
OR	
hubiese	hubiésemos
hubieses	hubieseis
hubiese	hubiesen

pluscuamperfecto de subjuntivo

hubiera habido	hubiéramos habido
hubieras habido	hubierais habido
hubiera habido	hubieran habido
OR	
hubiese habido	hubiésemos habido
hubieses habido	hubieseis habido
hubiese habido	hubiesen habido

imperativo

—	hayamos
he; no hayas	habed; no hayáis
haya	hayan

MUST
KNOW
VERB

to speak, to talk   hablar

gerundio hablando   participio de pasado hablado

SINGULAR	PLURAL	SINGULAR	PLURAL

presente de indicativo

SINGULAR	PLURAL
hablo	hablamos
hablas	habláis
habla	hablan

perfecto de indicativo

SINGULAR	PLURAL
he hablado	hemos hablado
has hablado	habéis hablado
ha hablado	han hablado

imperfecto de indicativo

hablaba	hablábamos
hablabas	hablabais
hablaba	hablaban

pluscuamperfecto de indicativo

había hablado	habíamos hablado
habías hablado	habíais hablado
había hablado	habían hablado

pretérito

hablé	hablamos
hablaste	hablasteis
habló	hablaron

pretérito anterior

hube hablado	hubimos hablado
hubiste hablado	hubisteis hablado
hubo hablado	hubieron hablado

futuro

hablaré	hablaremos
hablarás	hablaréis
hablará	hablarán

futuro perfecto

habré hablado	habremos hablado
habrás hablado	habréis hablado
habrá hablado	habrán hablado

condicional simple

hablaría	hablaríamos
hablarías	hablaríais
hablaría	hablarían

condicional compuesto

habría hablado	habríamos hablado
habrías hablado	habríais hablado
habría hablado	habrían hablado

presente de subjuntivo

hable	hablemos
hables	habléis
hable	hablen

perfecto de subjuntivo

haya hablado	hayamos hablado
hayas hablado	hayáis hablado
haya hablado	hayan hablado

imperfecto de subjuntivo

hablara	habláramos
hablaras	hablarais
hablara	hablaran
OR	
hablase	hablásemos
hablases	hablaseis
hablase	hablasen

pluscuamperfecto de subjuntivo

hubiera hablado	hubiéramos hablado
hubieras hablado	hubierais hablado
hubiera hablado	hubieran hablado
OR	
hubiese hablado	hubiésemos hablado
hubieses hablado	hubieseis hablado
hubiese hablado	hubiesen hablado

imperativo

—	hablemos
habla; no hables	hablad; no habléis
hable	hablen

MUST
KNOW
VERB

hacer

to do, to make

SINGULAR	PLURAL	SINGULAR	PLURAL
presente de indicativo		**perfecto de indicativo**	
hago	hacemos	he hecho	hemos hecho
haces	hacéis	has hecho	habéis hecho
hace	hacen	ha hecho	han hecho
imperfecto de indicativo		**pluscuamperfecto de indicativo**	
hacía	hacíamos	había hecho	habíamos hecho
hacías	hacíais	habías hecho	habíais hecho
hacía	hacían	había hecho	habían hecho
pretérito		**pretérito anterior**	
hice	hicimos	hube hecho	hubimos hecho
hiciste	hicisteis	hubiste hecho	hubisteis hecho
hizo	hicieron	hubo hecho	hubieron hecho
futuro		**futuro perfecto**	
haré	haremos	habré hecho	habremos hecho
harás	haréis	habrás hecho	habréis hecho
hará	harán	habrá hecho	habrán hecho
condicional simple		**condicional compuesto**	
haría	haríamos	habría hecho	habríamos hecho
harías	haríais	habrías hecho	habríais hecho
haría	harían	habría hecho	habrían hecho
presente de subjuntivo		**perfecto de subjuntivo**	
haga	hagamos	haya hecho	hayamos hecho
hagas	hagáis	hayas hecho	hayáis hecho
haga	hagan	haya hecho	hayan hecho
imperfecto de subjuntivo		**pluscuamperfecto de subjuntivo**	
hiciera	hiciéramos	hubiera hecho	hubiéramos hecho
hicieras	hicierais	hubieras hecho	hubierais hecho
hiciera	hicieran	hubiera hecho	hubieran hecho
OR		OR	
hiciese	hiciésemos	hubiese hecho	hubiésemos hecho
hicieses	hicieseis	hubieses hecho	hubieseis hecho
hiciese	hiciesen	hubiese hecho	hubiesen hecho

imperativo	
—	hagamos
haz; no hagas	haced; no hagáis
haga	hagan

MUST
KNOW
VERB

368

to find

gerundio **hallando**   participio de pasado **hallado**

SINGULAR	PLURAL	SINGULAR	PLURAL

presente de indicativo

		perfecto de indicativo	
hall**o**	hall**amos**	**he** hallado	**hemos** hallado
hall**as**	hall**áis**	**has** hallado	**habéis** hallado
hall**a**	hall**an**	**ha** hallado	**han** hallado

imperfecto de indicativo

		pluscuamperfecto de indicativo	
hall**aba**	hall**ábamos**	**había** hallado	**habíamos** hallado
hall**abas**	hall**abais**	**habías** hallado	**habíais** hallado
hall**aba**	hall**aban**	**había** hallado	**habían** hallado

H

pretérito

		pretérito anterior	
hall**é**	hall**amos**	**hube** hallado	**hubimos** hallado
hall**aste**	hall**asteis**	**hubiste** hallado	**hubisteis** hallado
hall**ó**	hall**aron**	**hubo** hallado	**hubieron** hallado

futuro

		futuro perfecto	
hallar**é**	hallar**emos**	**habré** hallado	**habremos** hallado
hallar**ás**	hallar**éis**	**habrás** hallado	**habréis** hallado
hallar**á**	hallar**án**	**habrá** hallado	**habrán** hallado

condicional simple

		condicional compuesto	
hallar**ía**	hallar**íamos**	**habría** hallado	**habríamos** hallado
hallar**ías**	hallar**íais**	**habrías** hallado	**habríais** hallado
hallar**ía**	hallar**ían**	**habría** hallado	**habrían** hallado

presente de subjuntivo

		perfecto de subjuntivo	
hall**e**	hall**emos**	**haya** hallado	**hayamos** hallado
hall**es**	hall**éis**	**hayas** hallado	**hayáis** hallado
hall**e**	hall**en**	**haya** hallado	**hayan** hallado

imperfecto de subjuntivo

		pluscuamperfecto de subjuntivo	
hall**ara**	hall**áramos**	**hubiera** hallado	**hubiéramos** hallado
hall**aras**	hall**arais**	**hubieras** hallado	**hubierais** hallado
hall**ara**	hall**aran**	**hubiera** hallado	**hubieran** hallado
OR		OR	
hall**ase**	hall**ásemos**	**hubiese** hallado	**hubiésemos** hallado
hall**ases**	hall**aseis**	**hubieses** hallado	**hubieseis** hallado
hall**ase**	hall**asen**	**hubiese** hallado	**hubiesen** hallado

imperativo

—	hallemos
halla; no halles	hallad; no halléis
halle	hallen

SINGULAR	PLURAL	SINGULAR	PLURAL

presente de indicativo

		perfecto de indicativo	
hered**o**	hered**amos**	**he** heredado	**hemos** heredado
hered**as**	hered**áis**	**has** heredado	**habéis** heredado
hered**a**	hered**an**	**ha** heredado	**han** heredado

imperfecto de indicativo — **pluscuamperfecto de indicativo**

hered**aba**	hered**ábamos**	**había** heredado	**habíamos** heredado
hered**abas**	hered**abais**	**habías** heredado	**habíais** heredado
hered**aba**	hered**aban**	**había** heredado	**habían** heredado

pretérito — **pretérito anterior**

hered**é**	hered**amos**	**hube** heredado	**hubimos** heredado
hered**aste**	hered**asteis**	**hubiste** heredado	**hubisteis** heredado
hered**ó**	hered**aron**	**hubo** heredado	**hubieron** heredado

futuro — **futuro perfecto**

heredar**é**	heredar**emos**	**habré** heredado	**habremos** heredado
heredar**ás**	heredar**éis**	**habrás** heredado	**habréis** heredado
heredar**á**	heredar**án**	**habrá** heredado	**habrán** heredado

condicional simple — **condicional compuesto**

heredar**ía**	heredar**íamos**	**habría** heredado	**habríamos** heredado
heredar**ías**	heredar**íais**	**habrías** heredado	**habríais** heredado
heredar**ía**	heredar**ían**	**habría** heredado	**habrían** heredado

presente de subjuntivo — **perfecto de subjuntivo**

hered**e**	hered**emos**	**haya** heredado	**hayamos** heredado
hered**es**	hered**éis**	**hayas** heredado	**hayáis** heredado
hered**e**	hered**en**	**haya** heredado	**hayan** heredado

imperfecto de subjuntivo — **pluscuamperfecto de subjuntivo**

heredar**a**	heredár**amos**	**hubiera** heredado	**hubiéramos** heredado
heredar**as**	heredar**ais**	**hubieras** heredado	**hubierais** heredado
heredar**a**	heredar**an**	**hubiera** heredado	**hubieran** heredado
OR		OR	
heredas**e**	heredás**emos**	**hubiese** heredado	**hubiésemos** heredado
heredas**es**	heredas**eis**	**hubieses** heredado	**hubieseis** heredado
heredas**e**	heredas**en**	**hubiese** heredado	**hubiesen** heredado

imperativo

—	heredemos
hereda; no heredes	heredad; no heredéis
herede	hereden

to wound, to hurt

gerundio **hiriendo** participio de pasado **herido**

SINGULAR	PLURAL

presente de indicativo

hiero	herimos
hieres	herís
hiere	hieren

imperfecto de indicativo

hería	heríamos
herías	heríais
hería	herían

pretérito

herí	herimos
heriste	heristeis
hirió	hirieron

futuro

heriré	heriremos
herirás	heriréis
herirá	herirán

condicional simple

heriría	heriríamos
herirías	heriríais
heriría	herirían

presente de subjuntivo

hiera	hiramos
hieras	hiráis
hiera	hieran

imperfecto de subjuntivo

hiriera	hiriéramos
hirieras	hirierais
hiriera	hirieran
OR	
hiriese	hiriésemos
hirieses	hirieseis
hiriese	hiriesen

imperativo

—	hiramos
hiere; no hieras	herid; no hiráis
hiera	hieran

SINGULAR	PLURAL

perfecto de indicativo

he herido	hemos herido
has herido	habéis herido
ha herido	han herido

pluscuamperfecto de indicativo

había herido	habíamos herido
habías herido	habíais herido
había herido	habían herido

H

pretérito anterior

hube herido	hubimos herido
hubiste herido	hubisteis herido
hubo herido	hubieron herido

futuro perfecto

habré herido	habremos herido
habrás herido	habréis herido
habrá herido	habrán herido

condicional compuesto

habría herido	habríamos herido
habrías herido	habríais herido
habría herido	habrían herido

perfecto de subjuntivo

haya herido	hayamos herido
hayas herido	hayáis herido
haya herido	hayan herido

pluscuamperfecto de subjuntivo

hubiera herido	hubiéramos herido
hubieras herido	hubierais herido
hubiera herido	hubieran herido
OR	
hubiese herido	hubiésemos herido
hubieses herido	hubieseis herido
hubiese herido	hubiesen herido

gerundio **huyendo**   participio de pasado **huido**

SINGULAR	PLURAL	SINGULAR	PLURAL

presente de indicativo

huy**o**	hu**imos**
huy**es**	hu**ís**
huy**e**	huy**en**

perfecto de indicativo

he huido	**hemos** huido
has huido	**habéis** huido
ha huido	**han** huido

imperfecto de indicativo

hu**ía**	hu**íamos**
hu**ías**	hu**íais**
hu**ía**	hu**ían**

pluscuamperfecto de indicativo

había huido	**habíamos** huido
habías huido	**habíais** huido
había huido	**habían** huido

pretérito

hu**í**	hu**imos**
hu**iste**	hu**isteis**
huy**ó**	huy**eron**

pretérito anterior

hube huido	**hubimos** huido
hubiste huido	**hubisteis** huido
hubo huido	**hubieron** huido

futuro

huir**é**	huir**emos**
huir**ás**	huir**éis**
huir**á**	huir**án**

futuro perfecto

habré huido	**habremos** huido
habrás huido	**habréis** huido
habrá huido	**habrán** huido

condicional simple

huir**ía**	huir**íamos**
huir**ías**	huir**íais**
huir**ía**	huir**ían**

condicional compuesto

habría huido	**habríamos** huido
habrías huido	**habríais** huido
habría huido	**habrían** huido

presente de subjuntivo

huy**a**	huy**amos**
huy**as**	huy**áis**
huy**a**	huy**an**

perfecto de subjuntivo

haya huido	**hayamos** huido
hayas huido	**hayáis** huido
haya huido	**hayan** huido

imperfecto de subjuntivo

huy**era**	huy**éramos**
huy**eras**	huy**erais**
huy**era**	huy**eran**
OR	
huy**ese**	huy**ésemos**
huy**eses**	huy**eseis**
huy**ese**	huy**esen**

pluscuamperfecto de subjuntivo

hubiera huido	**hubiéramos** huido
hubieras huido	**hubierais** huido
hubiera huido	**hubieran** huido
OR	
hubiese huido	**hubiésemos** huido
hubieses huido	**hubieseis** huido
hubiese huido	**hubiesen** huido

imperativo

—	huy**amos**
huy**e**; no huy**as**	hu**id**; no huy**áis**
huy**a**	huy**an**

gerundio **identificando**   participio de pasado **identificado**

SINGULAR	PLURAL	SINGULAR	PLURAL

presente de indicativo

		perfecto de indicativo	
identifico	identificamos	**he** identificado	**hemos** identificado
identificas	identificáis	**has** identificado	**habéis** identificado
identifica	identifican	**ha** identificado	**han** identificado

imperfecto de indicativo

pluscuamperfecto de indicativo

identificaba	identificábamos	**había** identificado	**habíamos** identificado
identificabas	identificabais	**habías** identificado	**habíais** identificado
identificaba	identificaban	**había** identificado	**habían** identificado

I

pretérito

pretérito anterior

identifiqué	identificamos	**hube** identificado	**hubimos** identificado
identificaste	identificasteis	**hubiste** identificado	**hubisteis** identificado
identificó	identificaron	**hubo** identificado	**hubieron** identificado

futuro

futuro perfecto

identificaré	identificaremos	**habré** identificado	**habremos** identificado
identificarás	identificaréis	**habrás** identificado	**habréis** identificado
identificará	identificarán	**habrá** identificado	**habrán** identificado

condicional simple

condicional compuesto

identificaría	identificaríamos	**habría** identificado	**habríamos** identificado
identificarías	identificaríais	**habrías** identificado	**habríais** identificado
identificaría	identificarían	**habría** identificado	**habrían** identificado

presente de subjuntivo

perfecto de subjuntivo

identifique	identifiquemos	**haya** identificado	**hayamos** identificado
identifiques	identifiquéis	**hayas** identificado	**hayáis** identificado
identifique	identifiquen	**haya** identificado	**hayan** identificado

imperfecto de subjuntivo

pluscuamperfecto de subjuntivo

identificara	identificáramos	**hubiera** identificado	**hubiéramos** identificado
identificaras	identificarais	**hubieras** identificado	**hubierais** identificado
identificara	identificaran	**hubiera** identificado	**hubieran** identificado
OR		OR	
identificase	identificásemos	**hubiese** identificado	**hubiésemos** identificado
identificases	identificaseis	**hubieses** identificado	**hubieseis** identificado
identificase	identificasen	**hubiese** identificado	**hubiesen** identificado

imperativo

—	identifiquemos
identifica;	identificad;
no identifiques	no identifiquéis
identifique	identifiquen

ignorar

gerundio **ignorando**   participio de pasado **ignorado**

SINGULAR	PLURAL	SINGULAR	PLURAL

presente de indicativo
ignor**o**	ignor**amos**	
ignor**as**	ignor**áis**	
ignor**a**	ignor**an**	

perfecto de indicativo
he ignorado	**hemos** ignorado
has ignorado	**habéis** ignorado
ha ignorado	**han** ignorado

imperfecto de indicativo
ignor**aba**	ignor**ábamos**
ignor**abas**	ignor**abais**
ignor**aba**	ignor**aban**

pluscuamperfecto de indicativo
había ignorado	**habíamos** ignorado
habías ignorado	**habíais** ignorado
había ignorado	**habían** ignorado

pretérito
ignor**é**	ignor**amos**
ignor**aste**	ignor**asteis**
ignor**ó**	ignor**aron**

pretérito anterior
hube ignorado	**hubimos** ignorado
hubiste ignorado	**hubisteis** ignorado
hubo ignorado	**hubieron** ignorado

futuro
ignorar**é**	ignorár**emos**
ignorar**ás**	ignorar**éis**
ignorar**á**	ignorar**án**

futuro perfecto
habré ignorado	**habremos** ignorado
habrás ignorado	**habréis** ignorado
habrá ignorado	**habrán** ignorado

condicional simple
ignoarar**ía**	ignorar**íamos**
ignóarar**ías**	ignorar**íais**
ignorar**ía**	ignorar**ían**

condicional compuesto
habría ignorado	**habríamos** ignorado
habrías ignorado	**habríais** ignorado
habría ignorado	**habrían** ignorado

presente de subjuntivo
ignor**e**	ignor**emos**
ignor**es**	ignor**éis**
ignor**e**	ignor**en**

perfecto de subjuntivo
haya ignorado	**hayamos** ignorado
hayas ignorado	**hayáis** ignorado
haya ignorado	**hayan** ignorado

imperfecto de subjuntivo
ignor**ara**	ignorár**amos**
ignor**aras**	ignorar**ais**
ignor**ara**	ignor**aran**
OR	
ignor**ase**	ignorás**emos**
ignor**ases**	ignor**aseis**
ignor**ase**	ignor**asen**

pluscuamperfecto de subjuntivo
hubiera ignorado	**hubiéramos** ignorado
hubieras ignorado	**hubierais** ignorado
hubiera ignorado	**hubieran** ignorado
OR	
hubiese ignorado	**hubiésemos** ignorado
hubieses ignorado	**hubieseis** ignorado
hubiese ignorado	**hubiesen** ignorado

imperativo
—	ignoremos
ignora; no ignores	ignorad; no ignoréis
ignore	ignoren

to make illegal

gerundio **ilegalizando**   participio de pasado **ilegalizado**

SINGULAR	PLURAL	SINGULAR	PLURAL

presente de indicativo

ilegaliz**o**	ilegaliz**amos**
ilegaliz**as**	ilegaliz**áis**
ilegaliz**a**	ilegaliz**an**

perfecto de indicativo

he ilegalizado	**hemos** ilegalizado
has ilegalizado	**habéis** ilegalizado
ha ilegalizado	**han** ilegalizado

imperfecto de indicativo

ilegaliz**aba**	ilegaliz**ábamos**
ilegaliz**abas**	ilegaliz**abais**
ilegaliz**aba**	ilegaliz**aban**

pluscuamperfecto de indicativo

había ilegalizado	**habíamos** ilegalizado
habías ilegalizado	**habíais** ilegalizado
había ilegalizado	**habían** ilegalizado

pretérito

ilegalic**é**	ilegaliz**amos**
ilegaliz**aste**	ilegaliz**asteis**
ilegaliz**ó**	ilegaliz**aron**

pretérito anterior

hube ilegalizado	**hubimos** ilegalizado
hubiste ilegalizado	**hubisteis** ilegalizado
hubo ilegalizado	**hubieron** ilegalizado

futuro

ilegalizar**é**	ilegalizar**emos**
ilegalizar**ás**	ilegalizar**éis**
ilegalizar**á**	ilegalizar**án**

futuro perfecto

habré ilegalizado	**habremos** ilegalizado
habrás ilegalizado	**habréis** ilegalizado
habrá ilegalizado	**habrán** ilegalizado

condicional simple

ilegalizar**ía**	ilegalizar**íamos**
ilegalizar**ías**	ilegalizar**íais**
ilegalizar**ía**	ilegalizar**ían**

condicional compuesto

habría ilegalizado	**habríamos** ilegalizado
habrías ilegalizado	**habríais** ilegalizado
habría ilegalizado	**habrían** ilegalizado

presente de subjuntivo

ilegalic**e**	ilegalic**emos**
ilegalic**es**	ilegalic**éis**
ilegalic**e**	ilegalic**en**

perfecto de subjuntivo

haya ilegalizado	**hayamos** ilegalizado
hayas ilegalizado	**hayáis** ilegalizado
haya ilegalizado	**hayan** ilegalizado

imperfecto de subjuntivo

ilegalizar**a**	ilegalizár**amos**
ilegalizar**as**	ilegalizar**ais**
ilegalizar**a**	ilegalizar**an**
OR	
ilegaliz**ase**	ilegalizás**emos**
ilegaliz**ases**	ilegaliz**aseis**
ilegaliz**ase**	ilegaliz**asen**

pluscuamperfecto de subjuntivo

hubiera ilegalizado	**hubiéramos** ilegalizado
hubieras ilegalizado	**hubierais** ilegalizado
hubiera ilegalizado	**hubieran** ilegalizado
OR	
hubiese ilegalizado	**hubiésemos** ilegalizado
hubieses ilegalizado	**hubieseis** ilegalizado
hubiese ilegalizado	**hubiesen** ilegalizado

imperativo

—	ilegalicemos
ilegaliza;	ilegalizad;
no ilegalices	no ilegalicéis
ilegalice	ilegalicen

gerundio imitando   **participio de pasado** imitado

SINGULAR	PLURAL	SINGULAR	PLURAL

presente de indicativo

imito	imitamos
imitas	imitáis
imita	imitan

perfecto de indicativo

he imitado	hemos imitado
has imitado	habéis imitado
ha imitado	han imitado

imperfecto de indicativo

imitaba	imitábamos
imitabas	imitabais
imitaba	imitaban

pluscuamperfecto de indicativo

había imitado	habíamos imitado
habías imitado	habíais imitado
había imitado	habían imitado

pretérito

imité	imitamos
imitaste	imitasteis
imitó	imitaron

pretérito anterior

hube imitado	hubimos imitado
hubiste imitado	hubisteis imitado
hubo imitado	hubieron imitado

futuro

imitaré	imitaremos
imitarás	imitaréis
imitará	imitarán

futuro perfecto

habré imitado	habremos imitado
habrás imitado	habréis imitado
habrá imitado	habrán imitado

condicional simple

imitaría	imitaríamos
imitarías	imitaríais
imitaría	imitarían

condicional compuesto

habría imitado	habríamos imitado
habrías imitado	habríais imitado
habría imitado	habrían imitado

presente de subjuntivo

imite	imitemos
imites	imitéis
imite	imiten

perfecto de subjuntivo

haya imitado	hayamos imitado
hayas imitado	hayáis imitado
haya imitado	hayan imitado

imperfecto de subjuntivo

imitara	imitáramos
imitaras	imitarais
imitara	imitaran
OR	
imitase	imitásemos
imitases	imitaseis
imitase	imitasen

pluscuamperfecto de subjuntivo

hubiera imitado	hubiéramos imitado
hubieras imitado	hubierais imitado
hubiera imitado	hubieran imitado
OR	
hubiese imitado	hubiésemos imitado
hubieses imitado	hubieseis imitado
hubiese imitado	hubiesen imitado

imperativo

—	imitemos
imita; no imites	imitad; no imitéis
imite	imiten

to implement

gerundio **implementando**   participio de pasado **implementado**

SINGULAR	PLURAL	SINGULAR	PLURAL

presente de indicativo
implemento	implementamos
implementas	implementáis
implementa	implementan

perfecto de indicativo
he implementado	hemos implementado
has implementado	habéis implementado
ha implementado	han implementado

imperfecto de indicativo
implementaba	implementábamos
implementabas	implementabais
implementaba	implementaban

pluscuamperfecto de indicativo
había implementado	habíamos implementado
habías implementado	habíais implementado
había implementado	habían implementado

pretérito
implementé	implementamos
implementaste	implementasteis
implementó	implementaron

pretérito anterior
hube implementado	hubimos implementado
hubiste implementado	hubisteis implementado
hubo implementado	hubieron implementado

futuro
implementaré	implementaremos
implementarás	implementaréis
implementará	implementarán

futuro perfecto
habré implementado	habremos implementado
habrás implementado	habréis implementado
habrá implementado	habrán implementado

condicional simple
implementaría	implementaríamos
implementarías	implementaríais
implementaría	implementarían

condicional compuesto
habría implementado	habríamos implementado
habrías implementado	habríais implementado
habría implementado	habrían implementado

presente de subjuntivo
implemente	implementemos
implementes	implementéis
implemente	implementen

perfecto de subjuntivo
haya implementado	hayamos implementado
hayas implementado	hayáis implementado
haya implementado	hayan implementado

imperfecto de subjuntivo
implementara	implementáramos
implementaras	implementarais
implementara	implementaran
OR	
implementase	implementásemos
implementases	implementaseis
implementase	implementasen

pluscuamperfecto de subjuntivo
hubiera implementado	hubiéramos implementado
hubieras implementado	hubierais implementado
hubiera implementado	hubieran implementado
OR	
hubiese implementado	hubiésemos implementado
hubieses implementado	hubieseis implementado
hubiese implementado	hubiesen implementado

imperativo
—	implementemos
implementa;	implementad;
no implementes	no implementéis
implemente	implementen

377

implicar

to implicate, to involve

gerundio **implicando**

participio de pasado **implicado**

SINGULAR	PLURAL	SINGULAR	PLURAL

presente de indicativo

implico	implicamos	
implicas	implicáis	
implica	implican	

perfecto de indicativo

he implicado	hemos implicado
has implicado	habéis implicado
ha implicado	han implicado

imperfecto de indicativo

implicaba	implicábamos
implicabas	implicabais
implicaba	implicaban

pluscuamperfecto de indicativo

había implicado	habíamos implicado
habías implicado	habíais implicado
había implicado	habían implicado

pretérito

impliqué	implicamos
implicaste	implicasteis
implicó	implicaron

pretérito anterior

hube implicado	hubimos implicado
hubiste implicado	hubisteis implicado
hubo implicado	hubieron implicado

futuro

implicaré	implicaremos
implicarás	implicaréis
implicará	implicarán

futuro perfecto

habré implicado	habremos implicado
habrás implicado	habréis implicado
habrá implicado	habrán implicado

condicional simple

implicaría	implicaríamos
implicarías	implicaríais
implicaría	implicarían

condicional compuesto

habría implicado	habríamos implicado
habrías implicado	habríais implicado
habría implicado	habrían implicado

presente de subjuntivo

implique	impliquemos
impliques	impliquéis
implique	impliquen

perfecto de subjuntivo

haya implicado	hayamos implicado
hayas implicado	hayáis implicado
haya implicado	hayan implicado

imperfecto de subjuntivo

implicara	implicáramos
implicaras	implicarais
implicara	implicaran
OR	
implicase	implicásemos
implicases	implicaseis
implicase	implicasen

pluscuamperfecto de subjuntivo

hubiera implicado	hubiéramos implicado
hubieras implicado	hubierais implicado
hubiera implicado	hubieran implicado
OR	
hubiese implicado	hubiésemos implicado
hubieses implicado	hubieseis implicado
hubiese implicado	hubiesen implicado

imperativo

—	impliquemos
implica; no impliques	implicad; no impliquéis
implique	impliquen

to impose

imponer

SINGULAR	PLURAL	SINGULAR	PLURAL

presente de indicativo
impongo	imponemos		
impones	imponéis		
impone	imponen		

perfecto de indicativo
he impuesto	**hemos** impuesto
has impuesto	**habéis** impuesto
ha impuesto	**han** impuesto

imperfecto de indicativo
imponía	imponíamos
imponías	imponíais
imponía	imponían

pluscuamperfecto de indicativo
había impuesto	**habíamos** impuesto
habías impuesto	**habíais** impuesto
había impuesto	**habían** impuesto

pretérito
impuse	impusimos
impusiste	impusisteis
impuso	impusieron

pretérito anterior
hube impuesto	**hubimos** impuesto
hubiste impuesto	**hubisteis** impuesto
hubo impuesto	**hubieron** impuesto

futuro
impondré	impondremos
impondrás	impondréis
impondrá	impondrán

futuro perfecto
habré impuesto	**habremos** impuesto
habrás impuesto	**habréis** impuesto
habrá impuesto	**habrán** impuesto

condicional simple
impondría	impondríamos
impondrías	impondríais
impondría	impondrían

condicional compuesto
habría impuesto	**habríamos** impuesto
habrías impuesto	**habríais** impuesto
habría impuesto	**habrían** impuesto

presente de subjuntivo
imponga	impongamos
impongas	impongáis
imponga	impongan

perfecto de subjuntivo
haya impuesto	**hayamos** impuesto
hayas impuesto	**hayáis** impuesto
haya impuesto	**hayan** impuesto

imperfecto de subjuntivo
impusiera	impusiéramos
impusieras	impusierais
impusiera	impusieran
OR	
impusiese	impusiésemos
impusieses	impusieseis
impusiese	impusiesen

pluscuamperfecto de subjuntivo
hubiera impuesto	**hubiéramos** impuesto
hubieras impuesto	**hubierais** impuesto
hubiera impuesto	**hubieran** impuesto
OR	
hubiese impuesto	**hubiésemos** impuesto
hubieses impuesto	**hubieseis** impuesto
hubiese impuesto	**hubiesen** impuesto

imperativo
—	impongamos
impón; no impongas	imponed; no impongáis
imponga	impongan

I

imprimir   to print

SINGULAR	PLURAL	SINGULAR	PLURAL

presente de indicativo

imprimo	imprimimos	**perfecto de indicativo**	
imprimo	imprimimos	**he** imprimido	**hemos** imprimido
imprimes	imprimís	**has** imprimido	**habéis** imprimido
imprime	imprimen	**ha** imprimido	**han** imprimido

imperfecto de indicativo / **pluscuamperfecto de indicativo**

imprimía	imprimíamos	**había** imprimido	**habíamos** imprimido
imprimías	imprimíais	**habías** imprimido	**habíais** imprimido
imprimía	imprimían	**había** imprimido	**habían** imprimido

pretérito / **pretérito anterior**

imprimí	imprimimos	**hube** imprimido	**hubimos** imprimido
imprimiste	imprimisteis	**hubiste** imprimido	**hubisteis** imprimido
imprimió	imprimieron	**hubo** imprimido	**hubieron** imprimido

futuro / **futuro perfecto**

imprimiré	imprimiremos	**habré** imprimido	**habremos** imprimido
imprimirás	imprimiréis	**habrás** imprimido	**habréis** imprimido
imprimirá	imprimirán	**habrá** imprimido	**habrán** imprimido

condicional simple / **condicional compuesto**

imprimiría	imprimiríamos	**habría** imprimido	**habríamos** imprimido
imprimirías	imprimiríais	**habrías** imprimido	**habríais** imprimido
imprimiría	imprimirían	**habría** imprimido	**habrían** imprimido

presente de subjuntivo / **perfecto de subjuntivo**

imprima	imprimamos	**haya** imprimido	**hayamos** imprimido
imprimas	imprimáis	**hayas** imprimido	**hayáis** imprimido
imprima	impriman	**haya** imprimido	**hayan** imprimido

imperfecto de subjuntivo / **pluscuamperfecto de subjuntivo**

imprimiera	imprimiéramos	**hubiera** imprimido	**hubiéramos** imprimido
imprimieras	imprimierais	**hubieras** imprimido	**hubierais** imprimido
imprimiera	imprimieran	**hubiera** imprimido	**hubieran** imprimido
OR		OR	
imprimiese	imprimiésemos	**hubiese** imprimido	**hubiésemos** imprimido
imprimieses	imprimieseis	**hubieses** imprimido	**hubieseis** imprimido
imprimiese	imprimiesen	**hubiese** imprimido	**hubiesen** imprimido

imperativo

—	imprimamos
imprime;	imprimid;
no imprimas	no imprimáis
imprima	impriman

to include

incluir

SINGULAR	PLURAL	SINGULAR	PLURAL

presente de indicativo
incluy**o**	inclu**imos**
incluy**es**	inclu**ís**
incluy**e**	incluy**en**

perfecto de indicativo
he incluido	**hemos** incluido
has incluido	**habéis** incluido
ha incluido	**han** incluido

imperfecto de indicativo
inclu**ía**	inclu**íamos**
inclu**ías**	inclu**íais**
inclu**ía**	inclu**ían**

pluscuamperfecto de indicativo
había incluido	**habíamos** incluido
habías incluido	**habíais** incluido
había incluido	**habían** incluido

pretérito
inclu**í**	inclu**imos**
inclu**iste**	inclu**isteis**
incluy**ó**	incluy**eron**

pretérito anterior
hube incluido	**hubimos** incluido
hubiste incluido	**hubisteis** incluido
hubo incluido	**hubieron** incluido

futuro
incluir**é**	incluir**emos**
incluir**ás**	incluir**éis**
incluir**á**	incluir**án**

futuro perfecto
habré incluido	**habremos** incluido
habrás incluido	**habréis** incluido
habrá incluido	**habrán** incluido

condicional simple
incluir**ía**	incluir**íamos**
incluir**ías**	incluir**íais**
incluir**ía**	incluir**ían**

condicional compuesto
habría incluido	**habríamos** incluido
habrías incluido	**habríais** incluido
habría incluido	**habrían** incluido

presente de subjuntivo
incluy**a**	incluy**amos**
incluy**as**	incluy**áis**
incluy**a**	incluy**an**

perfecto de subjuntivo
haya incluido	**hayamos** incluido
hayas incluido	**hayáis** incluido
haya incluido	**hayan** incluido

imperfecto de subjuntivo
incluy**era**	incluy**éramos**
incluy**eras**	incluy**erais**
incluy**era**	incluy**eran**
OR	
incluy**ese**	incluy**ésemos**
incluy**eses**	incluy**eseis**
incluy**ese**	incluy**esen**

pluscuamperfecto de subjuntivo
hubiera incluido	**hubiéramos** incluido
hubieras incluido	**hubierais** incluido
hubiera incluido	**hubieran** incluido
OR	
hubiese incluido	**hubiésemos** incluido
hubieses incluido	**hubieseis** incluido
hubiese incluido	**hubiesen** incluido

imperativo
—	incluy**amos**
incluy**e**; no incluy**as**	inclu**id**; no incluy**áis**
incluy**a**	incluy**an**

incorporar
to incorporate

SINGULAR	PLURAL	SINGULAR	PLURAL
presente de indicativo		**perfecto de indicativo**	
incorpor**o**	incorpor**amos**	**he** incorporado	**hemos** incorporado
incorpor**as**	incorpor**áis**	**has** incorporado	**habéis** incorporado
incorpor**a**	incorpor**an**	**ha** incorporado	**han** incorporado
imperfecto de indicativo		**pluscuamperfecto de indicativo**	
incorpor**aba**	incorpor**ábamos**	**había** incorporado	**habíamos** incorporado
incorpor**abas**	incorpor**abais**	**habías** incorporado	**habíais** incorporado
incorpor**aba**	incorpor**aban**	**había** incorporado	**habían** incorporado
pretérito		**pretérito anterior**	
incorpor**é**	incorpor**amos**	**hube** incorporado	**hubimos** incorporado
incorpor**aste**	incorpor**asteis**	**hubiste** incorporado	**hubisteis** incorporado
incorpor**ó**	incorpor**aron**	**hubo** incorporado	**hubieron** incorporado
futuro		**futuro perfecto**	
incorporar**é**	incorporar**emos**	**habré** incorporado	**habremos** incorporado
incorporar**ás**	incorporar**éis**	**habrás** incorporado	**habréis** incorporado
incorporar**á**	incorporar**án**	**habrá** incorporado	**habrán** incorporado
condicional simple		**condicional compuesto**	
incorporar**ía**	incorporar**íamos**	**habría** incorporado	**habríamos** incorporado
incorporar**ías**	incorporar**íais**	**habrías** incorporado	**habríais** incorporado
incorporar**ía**	incorporar**ían**	**habría** incorporado	**habrían** incorporado
presente de subjuntivo		**perfecto de subjuntivo**	
incorpor**e**	incorpor**emos**	**haya** incorporado	**hayamos** incorporado
incorpor**es**	incorpor**éis**	**hayas** incorporado	**hayáis** incorporado
incorpor**e**	incorpor**en**	**haya** incorporado	**hayan** incorporado
imperfecto de subjuntivo		**pluscuamperfecto de subjuntivo**	
incorpor**ara**	incorpor**áramos**	**hubiera** incorporado	**hubiéramos** incorporado
incorpor**aras**	incorpor**arais**	**hubieras** incorporado	**hubierais** incorporado
incorpor**ara**	incorpor**aran**	**hubiera** incorporado	**hubieran** incorporado
OR		OR	
incorpor**ase**	incorpor**ásemos**	**hubiese** incorporado	**hubiésemos** incorporado
incorpor**ases**	incorpor**aseis**	**hubieses** incorporado	**hubieseis** incorporado
incorpor**ase**	incorpor**asen**	**hubiese** incorporado	**hubiesen** incorporado
imperativo			
—	incorpor**emos**		
incorpor**a**;	incorpor**ad**;		
no incorpor**es**	no incorpor**éis**		
incorpor**e**	incorpor**en**		

to indicate, to point out

gerundio **indicando**   participio de pasado **indicado**

SINGULAR	PLURAL	SINGULAR	PLURAL

presente de indicativo

indico	indicamos		
indicas	indicáis		
indica	indican		

perfecto de indicativo

he indicado	hemos indicado
has indicado	habéis indicado
ha indicado	han indicado

imperfecto de indicativo

indicaba	indicábamos
indicabas	indicabais
indicaba	indicaban

pluscuamperfecto de indicativo

había indicado	habíamos indicado
habías indicado	habíais indicado
había indicado	habían indicado

pretérito

indiqué	indicamos
indicaste	indicasteis
indicó	indicaron

pretérito anterior

hube indicado	hubimos indicado
hubiste indicado	hubisteis indicado
hubo indicado	hubieron indicado

futuro

indicaré	indicaremos
indicarás	indicaréis
indicará	indicarán

futuro perfecto

habré indicado	habremos indicado
habrás indicado	habréis indicado
habrá indicado	habrán indicado

condicional simple

indicaría	indicaríamos
indicarías	indicaríais
indicaría	indicarían

condicional compuesto

habría indicado	habríamos indicado
habrías indicado	habríais indicado
habría indicado	habrían indicado

presente de subjuntivo

indique	indiquemos
indiques	indiquéis
indique	indiquen

perfecto de subjuntivo

haya indicado	hayamos indicado
hayas indicado	hayáis indicado
haya indicado	hayan indicado

imperfecto de subjuntivo

indicara	indicáramos
indicaras	indicarais
indicara	indicaran
OR	
indicase	indicásemos
indicases	indicaseis
indicase	indicasen

pluscuamperfecto de subjuntivo

hubiera indicado	hubiéramos indicado
hubieras indicado	hubierais indicado
hubiera indicado	hubieran indicado
OR	
hubiese indicado	hubiésemos indicado
hubieses indicado	hubieseis indicado
hubiese indicado	hubiesen indicado

imperativo

—	indiquemos
indica; no indiques	indicad; no indiquéis
indique	indiquen

inducir
to induce, to influence
gerundio **induciendo**   participio de pasado **inducido**

SINGULAR	PLURAL	SINGULAR	PLURAL

presente de indicativo

induzc**o**	induc**imos**		
induc**es**	induc**ís**		
induc**e**	induc**en**		

perfecto de indicativo

he inducido	**hemos** inducido	
has inducido	**habéis** inducido	
ha inducido	**han** inducido	

imperfecto de indicativo

induc**ía**	induc**íamos**
induc**ías**	induc**íais**
induc**ía**	induc**ían**

pluscuamperfecto de indicativo

había inducido	**habíamos** inducido
habías inducido	**habíais** inducido
había inducido	**habían** inducido

pretérito

induj**e**	induj**imos**
induj**iste**	induj**isteis**
induj**o**	induj**eron**

pretérito anterior

hube inducido	**hubimos** inducido
hubiste inducido	**hubisteis** inducido
hubo inducido	**hubieron** inducido

futuro

inducir**é**	inducir**emos**
inducir**ás**	inducir**éis**
inducir**á**	inducir**án**

futuro perfecto

habré inducido	**habremos** inducido
habrás inducido	**habréis** inducido
habrá inducido	**habrán** inducido

condicional simple

inducir**ía**	inducir**íamos**
inducir**ías**	inducir**íais**
inducir**ía**	inducir**ían**

condicional compuesto

habría inducido	**habríamos** inducido
habrías inducido	**habríais** inducido
habría inducido	**habrían** inducido

presente de subjuntivo

induzc**a**	induzc**amos**
induzc**as**	induzc**áis**
induzc**a**	induzc**an**

perfecto de subjuntivo

haya inducido	**hayamos** inducido
hayas inducido	**hayáis** inducido
haya inducido	**hayan** inducido

imperfecto de subjuntivo

induj**era**	induj**éramos**
induj**eras**	induj**erais**
induj**era**	induj**eran**
OR	
induj**ese**	induj**ésemos**
induj**eses**	induj**eseis**
induj**ese**	induj**esen**

pluscuamperfecto de subjuntivo

hubiera inducido	**hubiéramos** inducido
hubieras inducido	**hubierais** inducido
hubiera inducido	**hubieran** inducido
OR	
hubiese inducido	**hubiésemos** inducido
hubieses inducido	**hubieseis** inducido
hubiese inducido	**hubiesen** inducido

imperativo

—	induzcamos
induce; no induzcas	inducid; no induzcáis
induzca	induzcan

to infer

SINGULAR	PLURAL	SINGULAR	PLURAL

presente de indicativo

infiero	inferimos		
infieres	inferís		
infiere	infieren		

perfecto de indicativo

he inferido	hemos inferido
has inferido	habéis inferido
ha inferido	han inferido

imperfecto de indicativo

infería	inferíamos
inferías	inferíais
infería	inferían

pluscuamperfecto de indicativo

había inferido	habíamos inferido
habías inferido	habíais inferido
había inferido	habían inferido

I

pretérito

inferí	inferimos
inferiste	inferisteis
infirió	infirieron

pretérito anterior

hube inferido	hubimos inferido
hubiste inferido	hubisteis inferido
hubo inferido	hubieron inferido

futuro

inferiré	inferiremos
inferirás	inferiréis
inferirá	inferirán

futuro perfecto

habré inferido	habremos inferido
habrás inferido	habréis inferido
habrá inferido	habrán inferido

condicional simple

inferiría	inferiríamos
inferirías	inferiríais
inferiría	inferirían

condicional compuesto

habría inferido	habríamos inferido
habrías inferido	habríais inferido
habría inferido	habrían inferido

presente de subjuntivo

infiera	infiramos
infieras	infiráis
infiera	infieran

perfecto de subjuntivo

haya inferido	hayamos inferido
hayas inferido	hayáis inferido
haya inferido	hayan inferido

imperfecto de subjuntivo

infiriera	infiriéramos
infirieras	infirierais
infiriera	infirieran
OR	
infiriese	infiriésemos
infirieses	infirieseis
infiriese	infiriesen

pluscuamperfecto de subjuntivo

hubiera inferido	hubiéramos inferido
hubieras inferido	hubierais inferido
hubiera inferido	hubieran inferido
OR	
hubiese inferido	hubiésemos inferido
hubieses inferido	hubieseis inferido
hubiese inferido	hubiesen inferido

imperativo

—	infiramos
infiere; no infieras	inferid; no infiráis
infiera	infieran

gerundio **infligiendo**   participio de pasado **infligido**

SINGULAR	PLURAL	SINGULAR	PLURAL

presente de indicativo
inflij**o**	inflig**imos**
inflig**es**	inflig**ís**
inflig**e**	inflig**en**

perfecto de indicativo
he infligido	**hemos** infligido
has infligido	**habéis** infligido
ha infligido	**han** infligido

imperfecto de indicativo
inflig**ía**	inflig**íamos**
inflig**ías**	inflig**íais**
inflig**ía**	inflig**ían**

pluscuamperfecto de indicativo
había infligido	**habíamos** infligido
habías infligido	**habíais** infligido
había infligido	**habían** infligido

pretérito
inflig**í**	inflig**imos**
inflig**iste**	inflig**isteis**
inflig**ió**	inflig**ieron**

pretérito anterior
hube infligido	**hubimos** infligido
hubiste infligido	**hubisteis** infligido
hubo infligido	**hubieron** infligido

futuro
infligir**é**	infligir**emos**
infligir**ás**	infligir**éis**
infligir**á**	infligir**án**

futuro perfecto
habré infligido	**habremos** infligido
habrás infligido	**habréis** infligido
habrá infligido	**habrán** infligido

condicional simple
infligir**ía**	infligir**íamos**
infligir**ías**	infligir**íais**
infligir**ía**	infligir**ían**

condicional compuesto
habría infligido	**habríamos** infligido
habrías infligido	**habríais** infligido
habría infligido	**habrían** infligido

presente de subjuntivo
inflij**a**	inflij**amos**
inflij**as**	inflij**áis**
inflij**a**	inflij**an**

perfecto de subjuntivo
haya infligido	**hayamos** infligido
hayas infligido	**hayáis** infligido
haya infligido	**hayan** infligido

imperfecto de subjuntivo
inflig**iera**	inflig**iéramos**
inflig**ieras**	inflig**ierais**
inflig**iera**	inflig**ieran**
OR	
inflig**iese**	inflig**iésemos**
inflig**ieses**	inflig**ieseis**
inflig**iese**	inflig**iesen**

pluscuamperfecto de subjuntivo
hubiera infligido	**hubiéramos** infligido
hubieras infligido	**hubierais** infligido
hubiera infligido	**hubieran** infligido
OR	
hubiese infligido	**hubiésemos** infligido
hubieses infligido	**hubieseis** infligido
hubiese infligido	**hubiesen** infligido

imperativo
—	inflij**amos**
inflig**e**; no inflij**as**	inflig**id**; no inflij**áis**
inflij**a**	inflij**an**

to influence

gerundio **influyendo**   participio de pasado **influido**

SINGULAR	PLURAL	SINGULAR	PLURAL

presente de indicativo

influy**o**	influ**imos**
influy**es**	influ**ís**
influy**e**	influy**en**

perfecto de indicativo

he influido	**hemos** influido
has influido	**habéis** influido
ha influido	**han** influido

imperfecto de indicativo

influ**ía**	influ**íamos**
influ**ías**	influ**íais**
influ**ía**	influ**ían**

pluscuamperfecto de indicativo

había influido	**habíamos** influido
habías influido	**habíais** influido
había influido	**habían** influido

I

pretérito

influ**í**	influ**imos**
influ**iste**	influ**isteis**
influy**ó**	influy**eron**

pretérito anterior

hube influido	**hubimos** influido
hubiste influido	**hubisteis** influido
hubo influido	**hubieron** influido

futuro

influir**é**	influir**emos**
influir**ás**	influir**éis**
influir**á**	influir**án**

futuro perfecto

habré influido	**habremos** influido
habrás influido	**habréis** influido
habrá influido	**habrán** influido

condicional simple

influir**ía**	influir**íamos**
influir**ías**	influir**íais**
influir**ía**	influir**ían**

condicional compuesto

habría influido	**habríamos** influido
habrías influido	**habríais** influido
habría influido	**habrían** influido

presente de subjuntivo

influy**a**	influy**amos**
influy**as**	influy**áis**
influy**a**	influy**an**

perfecto de subjuntivo

haya influido	**hayamos** influido
hayas influido	**hayáis** influido
haya influido	**hayan** influido

imperfecto de subjuntivo

influy**era**	influy**éramos**
influy**eras**	influy**erais**
influy**era**	influy**eran**
OR	
influy**ese**	influy**ésemos**
influy**eses**	influy**eseis**
influy**ese**	influy**esen**

pluscuamperfecto de subjuntivo

hubiera influido	**hubiéramos** influido
hubieras influido	**hubierais** influido
hubiera influido	**hubieran** influido
OR	
hubiese influido	**hubiésemos** influido
hubieses influido	**hubieseis** influido
hubiese influido	**hubiesen** influido

imperativo

—	influy**amos**
influy**e**; no influy**as**	influ**id**; no influy**áis**
influy**a**	influy**an**

387

informar

gerundio informando   **participio de pasado** informado

SINGULAR	PLURAL	SINGULAR	PLURAL

presente de indicativo

informo	informamos		
informas	informáis		
informa	informan		

perfecto de indicativo

he informado	hemos informado
has informado	habéis informado
ha informado	han informado

imperfecto de indicativo

informaba	informábamos
informabas	informabais
informaba	informaban

pluscuamperfecto de indicativo

había informado	habíamos informado
habías informado	habíais informado
había informado	habían informado

pretérito

informé	informamos
informaste	informasteis
informó	informaron

pretérito anterior

hube informado	hubimos informado
hubiste informado	hubisteis informado
hubo informado	hubieron informado

futuro

informaré	informaremos
informarás	informaréis
informará	informarán

futuro perfecto

habré informado	habremos informado
habrás informado	habréis informado
habrá informado	habrán informado

condicional simple

informaría	informaríamos
informarías	informaríais
informaría	informarían

condicional compuesto

habría informado	habríamos informado
habrías informado	habríais informado
habría informado	habrían informado

presente de subjuntivo

informe	informemos
informes	informéis
informe	informen

perfecto de subjuntivo

haya informado	hayamos informado
hayas informado	hayáis informado
haya informado	hayan informado

imperfecto de subjuntivo

informara	informáramos
informaras	informarais
informara	informaran
OR	
informase	informásemos
informases	informaseis
informase	informasen

pluscuamperfecto de subjuntivo

hubiera informado	hubiéramos informado
hubieras informado	hubierais informado
hubiera informado	hubieran informado
OR	
hubiese informado	hubiésemos informado
hubieses informado	hubieseis informado
hubiese informado	hubiesen informado

imperativo

—	informemos
informa; no informes	informad; no informéis
informe	informen

to enter, to join a group ingresar

SINGULAR	PLURAL	SINGULAR	PLURAL

presente de indicativo
		perfecto de indicativo	
ingreso	ingresamos	**he** ingresado	**hemos** ingresado
ingresas	ingresáis	**has** ingresado	**habéis** ingresado
ingresa	ingresan	**ha** ingresado	**han** ingresado

imperfecto de indicativo
		pluscuamperfecto de indicativo	
ingresaba	ingresábamos	**había** ingresado	**habíamos** ingresado
ingresabas	ingresabais	**habías** ingresado	**habíais** ingresado
ingresaba	ingresaban	**había** ingresado	**habían** ingresado

pretérito
		pretérito anterior	
ingresé	ingresamos	**hube** ingresado	**hubimos** ingresado
ingresaste	ingresasteis	**hubiste** ingresado	**hubisteis** ingresado
ingresó	ingresaron	**hubo** ingresado	**hubieron** ingresado

futuro
		futuro perfecto	
ingresaré	ingresaremos	**habré** ingresado	**habremos** ingresado
ingresarás	ingresaréis	**habrás** ingresado	**habréis** ingresado
ingresará	ingresarán	**habrá** ingresado	**habrán** ingresado

condicional simple
		condicional compuesto	
ingresaría	ingresaríamos	**habría** ingresado	**habríamos** ingresado
ingresarías	ingresaríais	**habrías** ingresado	**habríais** ingresado
ingresaría	ingresarían	**habría** ingresado	**habrían** ingresado

presente de subjuntivo
		perfecto de subjuntivo	
ingrese	ingresemos	**haya** ingresado	**hayamos** ingresado
ingreses	ingreséis	**hayas** ingresado	**hayáis** ingresado
ingrese	ingresen	**haya** ingresado	**hayan** ingresado

imperfecto de subjuntivo
		pluscuamperfecto de subjuntivo	
ingresara	ingresáramos	**hubiera** ingresado	**hubiéramos** ingresado
ingresaras	ingresarais	**hubieras** ingresado	**hubierais** ingresado
ingresara	ingresaran	**hubiera** ingresado	**hubieran** ingresado
OR		OR	
ingresase	ingresásemos	**hubiese** ingresado	**hubiésemos** ingresado
ingresases	ingresaseis	**hubieses** ingresado	**hubieseis** ingresado
ingresase	ingresasen	**hubiese** ingresado	**hubiesen** ingresado

imperativo
—	ingresemos
ingresa; no ingreses	ingresad; no ingreséis
ingrese	ingresen

gerundio iniciando   participio de pasado iniciado

SINGULAR	PLURAL	SINGULAR	PLURAL

presente de indicativo

inicio	iniciamos
inicias	iniciáis
inicia	inician

perfecto de indicativo

he iniciado	hemos iniciado
has iniciado	habéis iniciado
ha iniciado	han iniciado

imperfecto de indicativo

iniciaba	iniciábamos
iniciabas	iniciabais
iniciaba	iniciaban

pluscuamperfecto de indicativo

había iniciado	habíamos iniciado
habías iniciado	habíais iniciado
había iniciado	habían iniciado

pretérito

inicié	iniciamos
iniciaste	iniciasteis
inició	iniciaron

pretérito anterior

hube iniciado	hubimos iniciado
hubiste iniciado	hubisteis iniciado
hubo iniciado	hubieron iniciado

futuro

iniciaré	iniciaremos
iniciarás	iniciaréis
iniciará	iniciarán

futuro perfecto

habré iniciado	habremos iniciado
habrás iniciado	habréis iniciado
habrá iniciado	habrán iniciado

condicional simple

iniciaría	iniciaríamos
iniciarías	iniciaríais
iniciaría	iniciarían

condicional compuesto

habría iniciado	habríamos iniciado
habrías iniciado	habríais iniciado
habría iniciado	habrían iniciado

presente de subjuntivo

inicie	iniciemos
inicies	iniciéis
inicie	inicien

perfecto de subjuntivo

haya iniciado	hayamos iniciado
hayas iniciado	hayáis iniciado
haya iniciado	hayan iniciado

imperfecto de subjuntivo

iniciara	iniciáramos
iniciaras	iniciarais
iniciara	iniciaran
OR	
iniciase	iniciásemos
iniciases	iniciaseis
iniciase	iniciasen

pluscuamperfecto de subjuntivo

hubiera iniciado	hubiéramos iniciado
hubieras iniciado	hubierais iniciado
hubiera iniciado	hubieran iniciado
OR	
hubiese iniciado	hubiésemos iniciado
hubieses iniciado	hubieseis iniciado
hubiese iniciado	hubiesen iniciado

imperativo

—	iniciemos
inicia; no inicies	iniciad; no iniciéis
inicie	inicien

to immigrate

gerundio **inmigrando**   participio de pasado **inmigrado**

SINGULAR	PLURAL	SINGULAR	PLURAL

presente de indicativo
inmigro	inmigramos
inmigras	inmigráis
inmigra	inmigran

perfecto de indicativo
he inmigrado	hemos inmigrado
has inmigrado	habéis inmigrado
ha inmigrado	han inmigrado

imperfecto de indicativo
inmigraba	inmigrábamos
inmigrabas	inmigrabais
inmigraba	inmigraban

pluscuamperfecto de indicativo
había inmigrado	habíamos inmigrado
habías inmigrado	habíais inmigrado
había inmigrado	habían inmigrado

pretérito
inmigré	inmigramos
inmigraste	inmigrasteis
inmigró	inmigraron

pretérito anterior
hube inmigrado	hubimos inmigrado
hubiste inmigrado	hubisteis inmigrado
hubo inmigrado	hubieron inmigrado

futuro
inmigraré	inmigraremos
inmigrarás	inmigraréis
inmigrará	inmigrarán

futuro perfecto
habré inmigrado	habremos inmigrado
habrás inmigrado	habréis inmigrado
habrá inmigrado	habrán inmigrado

condicional simple
inmigraría	inmigraríamos
inmigrarías	inmigraríais
inmigraría	inmigrarían

condicional compuesto
habría inmigrado	habríamos inmigrado
habrías inmigrado	habríais inmigrado
habría inmigrado	habrían inmigrado

presente de subjuntivo
inmigre	inmigremos
inmigres	inmigréis
inmigre	inmigren

perfecto de subjuntivo
haya inmigrado	hayamos inmigrado
hayas inmigrado	hayáis inmigrado
haya inmigrado	hayan inmigrado

imperfecto de subjuntivo
inmigrara	inmigráramos
inmigraras	inmigrarais
inmigrara	inmigraran
OR	
inmigrase	inmigrásemos
inmigrases	inmigraseis
inmigrase	inmigrasen

pluscuamperfecto de subjuntivo
hubiera inmigrado	hubiéramos inmigrado
hubieras inmigrado	hubierais inmigrado
hubiera inmigrado	hubieran inmigrado
OR	
hubiese inmigrado	hubiésemos inmigrado
hubieses inmigrado	hubieseis inmigrado
hubiese inmigrado	hubiesen inmigrado

imperativo
—	inmigremos
inmigra; no inmigres	inmigrad; no inmigréis
inmigre	inmigren

gerundio **inscribiendo**   participio de pasado **inscrito**

SINGULAR	PLURAL	SINGULAR	PLURAL

presente de indicativo

inscrib**o**	inscrib**imos**
inscrib**es**	inscrib**ís**
inscrib**e**	inscrib**en**

perfecto de indicativo

he inscrito	**hemos** inscrito
has inscrito	**habéis** inscrito
ha inscrito	**han** inscrito

imperfecto de indicativo

inscrib**ía**	inscrib**íamos**
inscrib**ías**	inscrib**íais**
inscrib**ía**	inscrib**ían**

pluscuamperfecto de indicativo

había inscrito	**habíamos** inscrito
habías inscrito	**habíais** inscrito
había inscrito	**habían** inscrito

pretérito

inscrib**í**	inscrib**imos**
inscrib**iste**	inscrib**isteis**
inscrib**ió**	inscrib**ieron**

pretérito anterior

hube inscrito	**hubimos** inscrito
hubiste inscrito	**hubisteis** inscrito
hubo inscrito	**hubieron** inscrito

futuro

inscribir**é**	inscribir**emos**
inscribir**ás**	inscribir**éis**
inscribir**á**	inscribir**án**

futuro perfecto

habré inscrito	**habremos** inscrito
habrás inscrito	**habréis** inscrito
habrá inscrito	**habrán** inscrito

condicional simple

inscribir**ía**	inscribir**íamos**
inscribir**ías**	inscribir**íais**
inscribir**ía**	inscribir**ían**

condicional compuesto

habría inscrito	**habríamos** inscrito
habrías inscrito	**habríais** inscrito
habría inscrito	**habrían** inscrito

presente de subjuntivo

inscrib**a**	inscrib**amos**
inscrib**as**	inscrib**áis**
inscrib**a**	inscrib**an**

perfecto de subjuntivo

haya inscrito	**hayamos** inscrito
hayas inscrito	**hayáis** inscrito
haya inscrito	**hayan** inscrito

imperfecto de subjuntivo

inscribi**era**	inscribi**éramos**
inscribi**eras**	inscribi**erais**
inscribi**era**	inscribi**eran**
OR	
inscribi**ese**	inscribi**ésemos**
inscribi**eses**	inscribi**eseis**
inscribi**ese**	inscribi**esen**

pluscuamperfecto de subjuntivo

hubiera inscrito	**hubiéramos** inscrito
hubieras inscrito	**hubierais** inscrito
hubiera inscrito	**hubieran** inscrito
OR	
hubiese inscrito	**hubiésemos** inscrito
hubieses inscrito	**hubieseis** inscrito
hubiese inscrito	**hubiesen** inscrito

imperativo

—	inscrib**amos**
inscrib**e**; no inscrib**as**	inscrib**id**; no inscrib**áis**
inscrib**a**	inscrib**an**

to enroll, to register, to sign up   inscribirse

SINGULAR	PLURAL	SINGULAR	PLURAL
presente de indicativo		**perfecto de indicativo**	
me inscribo	nos inscribimos	me he inscrito	nos hemos inscrito
te inscribes	os inscribís	te has inscrito	os habéis inscrito
se inscribe	se inscriben	se ha inscrito	se han inscrito
imperfecto de indicativo		**pluscuamperfecto de indicativo**	
me inscribía	nos inscribíamos	me había inscrito	nos habíamos inscrito
te inscribías	os inscribíais	te habías inscrito	os habíais inscrito
se inscribía	se inscribían	se había inscrito	se habían inscrito
pretérito		**pretérito anterior**	
me inscribí	nos inscribimos	me hube inscrito	nos hubimos inscrito
te inscribiste	os inscribisteis	te hubiste inscrito	os hubisteis inscrito
se inscribió	se inscribieron	se hubo inscrito	se hubieron inscrito
futuro		**futuro perfecto**	
me inscribiré	nos inscribiremos	me habré inscrito	nos habremos inscrito
te inscribirás	os inscribiréis	te habrás inscrito	os habréis inscrito
se inscribirá	se inscribirán	se habrá inscrito	se habrán inscrito
condicional simple		**condicional compuesto**	
me inscribiría	nos inscribiríamos	me habría inscrito	nos habríamos inscrito
te inscribirías	os inscribiríais	te habrías inscrito	os habríais inscrito
se inscribiría	se inscribirían	se habría inscrito	se habrían inscrito
presente de subjuntivo		**perfecto de subjuntivo**	
me inscriba	nos inscribamos	me haya inscrito	nos hayamos inscrito
te inscribas	os inscribáis	te hayas inscrito	os hayáis inscrito
se inscriba	se inscriban	se haya inscrito	se hayan inscrito
imperfecto de subjuntivo		**pluscuamperfecto de subjuntivo**	
me inscribiera	nos inscribiéramos	me hubiera inscrito	nos hubiéramos inscrito
te inscribieras	os inscribierais	te hubieras inscrito	os hubierais inscrito
se inscribiera	se inscribieran	se hubiera inscrito	se hubieran inscrito
OR		OR	
me inscribiese	nos inscribiésemos	me hubiese inscrito	nos hubiésemos inscrito
te inscribieses	os inscribieseis	te hubieses inscrito	os hubieseis inscrito
se inscribiese	se inscribiesen	se hubiese inscrito	se hubiesen inscrito

imperativo

—	inscribámonos
inscríbete;	inscribios;
no te inscribas	no os inscribáis
inscríbase	inscríbanse

SINGULAR	PLURAL	SINGULAR	PLURAL
presente de indicativo		**perfecto de indicativo**	
insist**o**	insist**imos**	**he** insistido	**hemos** insistido
insist**es**	insist**ís**	**has** insistido	**habéis** insistido
insist**e**	insist**en**	**ha** insistido	**han** insistido
imperfecto de indicativo		**pluscuamperfecto de indicativo**	
insist**ía**	insist**íamos**	**había** insistido	**habíamos** insistido
insist**ías**	insist**íais**	**habías** insistido	**habíais** insistido
insist**ía**	insist**ían**	**había** insistido	**habían** insistido
pretérito		**pretérito anterior**	
insist**í**	insist**imos**	**hube** insistido	**hubimos** insistido
insist**iste**	insist**isteis**	**hubiste** insistido	**hubisteis** insistido
insist**ió**	insist**ieron**	**hubo** insistido	**hubieron** insistido
futuro		**futuro perfecto**	
insistir**é**	insistir**emos**	**habré** insistido	**habremos** insistido
insistir**ás**	insistir**éis**	**habrás** insistido	**habréis** insistido
insistir**á**	insistir**án**	**habrá** insistido	**habrán** insistido
condicional simple		**condicional compuesto**	
insistir**ía**	insistir**íamos**	**habría** insistido	**habríamos** insistido
insistir**ías**	insistir**íais**	**habrías** insistido	**habríais** insistido
insistir**ía**	insistir**ían**	**habría** insistido	**habrían** insistido
presente de subjuntivo		**perfecto de subjuntivo**	
insist**a**	insist**amos**	**haya** insistido	**hayamos** insistido
insist**as**	insist**áis**	**hayas** insistido	**hayáis** insistido
insist**a**	insist**an**	**haya** insistido	**hayan** insistido
imperfecto de subjuntivo		**pluscuamperfecto de subjuntivo**	
insist**iera**	insist**iéramos**	**hubiera** insistido	**hubiéramos** insistido
insist**ieras**	insist**ierais**	**hubieras** insistido	**hubierais** insistido
insist**iera**	insist**ieran**	**hubiera** insistido	**hubieran** insistido
OR		OR	
insist**iese**	insist**iésemos**	**hubiese** insistido	**hubiésemos** insistido
insist**ieses**	insist**ieseis**	**hubieses** insistido	**hubieseis** insistido
insist**iese**	insist**iesen**	**hubiese** insistido	**hubiesen** insistido

imperativo	
—	insist**amos**
insist**e**; no insist**as**	insist**id**; no insist**áis**
insist**a**	insist**an**

to inspect, to examine

gerundio **inspeccionando** participio de pasado **inspeccionado**

SINGULAR	PLURAL	SINGULAR	PLURAL

presente de indicativo
inspecciono	inspeccionamos
inspeccionas	inspeccionáis
inspecciona	inspeccionan

perfecto de indicativo
he inspeccionado	hemos inspeccionado
has inspeccionado	habéis inspeccionado
ha inspeccionado	han inspeccionado

imperfecto de indicativo
inspeccionaba	inspeccionábamos
inspeccionabas	inspeccionabais
inspeccionaba	inspeccionaban

pluscuamperfecto de indicativo
había inspeccionado	habíamos inspeccionado
habías inspeccionado	habíais inspeccionado
había inspeccionado	habían inspeccionado

pretérito
inspeccioné	inspeccionamos
inspeccionaste	inspeccionasteis
inspeccionó	inspeccionaron

pretérito anterior
hube inspeccionado	hubimos inspeccionado
hubiste inspeccionado	hubisteis inspeccionado
hubo inspeccionado	hubieron inspeccionado

futuro
inspeccionaré	inspeccionaremos
inspeccionarás	inspeccionaréis
inspeccionará	inspeccionarán

futuro perfecto
habré inspeccionado	habremos inspeccionado
habrás inspeccionado	habréis inspeccionado
habrá inspeccionado	habrán inspeccionado

condicional simple
inspeccionaría	inspeccionaríamos
inspeccionarías	inspeccionaríais
inspeccionaría	inspeccionarían

condicional compuesto
habría inspeccionado	habríamos inspeccionado
habrías inspeccionado	habríais inspeccionado
habría inspeccionado	habrían inspeccionado

presente de subjuntivo
inspeccione	inspeccionemos
inspecciones	inspeccionéis
inspeccione	inspeccionen

perfecto de subjuntivo
haya inspeccionado	hayamos inspeccionado
hayas inspeccionado	hayáis inspeccionado
haya inspeccionado	hayan inspeccionado

imperfecto de subjuntivo
inspeccionara	inspeccionáramos
inspeccionaras	inspeccionarais
inspeccionara	inspeccionaran
OR	
inspeccionase	inspeccionásemos
inspeccionases	inspeccionaseis
inspeccionase	inspeccionasen

pluscuamperfecto de subjuntivo
hubiera inspeccionado	hubiéramos inspeccionado
hubieras inspeccionado	hubierais inspeccionado
hubiera inspeccionado	hubieran inspeccionado
OR	
hubiese inspeccionado	hubiésemos inspeccionado
hubieses inspeccionado	hubieseis inspeccionado
hubiese inspeccionado	hubiesen inspeccionado

imperativo
—	inspeccionemos
inspecciona;	inspeccionad;
no inspecciones	no inspeccionéis
inspeccione	inspeccionen

395

gerundio **inspirando** participio de pasado **inspirado**

SINGULAR	PLURAL	SINGULAR	PLURAL

presente de indicativo

inspir**o**	inspir**amos**
inspir**as**	inspir**áis**
inspir**a**	inspir**an**

perfecto de indicativo

he inspirado	**hemos** inspirado
has inspirado	**habéis** inspirado
ha inspirado	**han** inspirado

imperfecto de indicativo

inspir**aba**	inspir**ábamos**
inspir**abas**	inspir**abais**
inspir**aba**	inspir**aban**

pluscuamperfecto de indicativo

había inspirado	**habíamos** inspirado
habías inspirado	**habíais** inspirado
había inspirado	**habían** inspirado

pretérito

inspir**é**	inspir**amos**
inspir**aste**	inspir**asteis**
inspir**ó**	inspir**aron**

pretérito anterior

hube inspirado	**hubimos** inspirado
hubiste inspirado	**hubisteis** inspirado
hubo inspirado	**hubieron** inspirado

futuro

inspirar**é**	inspirar**emos**
inspirar**ás**	inspirar**éis**
inspirar**á**	inspirar**án**

futuro perfecto

habré inspirado	**habremos** inspirado
habrás inspirado	**habréis** inspirado
habrá inspirado	**habrán** inspirado

condicional simple

inspirar**ía**	inspirar**íamos**
inspirar**ías**	inspirar**íais**
inspirar**ía**	inspirar**ían**

condicional compuesto

habría inspirado	**habríamos** inspirado
habrías inspirado	**habríais** inspirado
habría inspirado	**habrían** inspirado

presente de subjuntivo

inspir**e**	inspir**emos**
inspir**es**	inspir**éis**
inspir**e**	inspir**en**

perfecto de subjuntivo

haya inspirado	**hayamos** inspirado
hayas inspirado	**hayáis** inspirado
haya inspirado	**hayan** inspirado

imperfecto de subjuntivo

inspir**ara**	inspir**áramos**
inspir**aras**	inspir**arais**
inspir**ara**	inspir**aran**
OR	
inspir**ase**	inspir**ásemos**
inspir**ases**	inspir**aseis**
inspir**ase**	inspir**asen**

pluscuamperfecto de subjuntivo

hubiera inspirado	**hubiéramos** inspirado
hubieras inspirado	**hubierais** inspirado
hubiera inspirado	**hubieran** inspirado
OR	
hubiese inspirado	**hubiésemos** inspirado
hubieses inspirado	**hubieseis** inspirado
hubiese inspirado	**hubiesen** inspirado

imperativo

—	inspir**emos**
inspir**a**; no inspir**es**	inspir**ad**; no inspir**éis**
inspir**e**	inspir**en**

to institute, to found, to establish   instituir

SINGULAR	PLURAL	SINGULAR	PLURAL

presente de indicativo

instituy**o**	institu**imos**
instituy**es**	institu**ís**
instituy**e**	instituy**en**

perfecto de indicativo

he instituido	**hemos** instituido
has instituido	**habéis** instituido
ha instituido	**han** instituido

imperfecto de indicativo

institu**ía**	institu**íamos**
institu**ías**	institu**íais**
institu**ía**	institu**ían**

pluscuamperfecto de indicativo

había instituido	**habíamos** instituido
habías instituido	**habíais** instituido
había instituido	**habían** instituido

pretérito

institu**í**	institu**imos**
institu**iste**	institu**isteis**
instituy**ó**	instituy**eron**

pretérito anterior

hube instituido	**hubimos** instituido
hubiste instituido	**hubisteis** instituido
hubo instituido	**hubieron** instituido

futuro

instituir**é**	instituir**emos**
instituir**ás**	instituir**éis**
instituir**á**	instituir**án**

futuro perfecto

habré instituido	**habremos** instituido
habrás instituido	**habréis** instituido
habrá instituido	**habrán** instituido

condicional simple

instituir**ía**	instituir**íamos**
instituir**ías**	instituir**íais**
instituir**ía**	instituir**ían**

condicional compuesto

habría instituido	**habríamos** instituido
habrías instituido	**habríais** instituido
habría instituido	**habrían** instituido

presente de subjuntivo

instituy**a**	instituy**amos**
instituy**as**	instituy**áis**
instituy**a**	instituy**an**

perfecto de subjuntivo

haya instituido	**hayamos** instituido
hayas instituido	**hayáis** instituido
haya instituido	**hayan** instituido

imperfecto de subjuntivo

instituy**era**	instituy**éramos**
instituy**eras**	instituy**erais**
instituy**era**	instituy**eran**
OR	
instituy**ese**	instituy**ésemos**
instituy**eses**	instituy**eseis**
instituy**ese**	instituy**esen**

pluscuamperfecto de subjuntivo

hubiera instituido	**hubiéramos** instituido
hubieras instituido	**hubierais** instituido
hubiera instituido	**hubieran** instituido
OR	
hubiese instituido	**hubiésemos** instituido
hubieses instituido	**hubieseis** instituido
hubiese instituido	**hubiesen** instituido

imperativo

—	instituy**amos**
instituye; no instituy**as**	institu**id**; no instituy**áis**
instituy**a**	instituy**an**

gerundio insultando | **participio de pasado** insultado

SINGULAR	PLURAL	SINGULAR	PLURAL

presente de indicativo

		perfecto de indicativo	
insulto	insultamos	he insultado	hemos insultado
insultas	insultáis	has insultado	habéis insultado
insulta	insultan	ha insultado	han insultado

imperfecto de indicativo

		pluscuamperfecto de indicativo	
insultaba	insultábamos	había insultado	habíamos insultado
insultabas	insultabais	habías insultado	habíais insultado
insultaba	insultaban	había insultado	habían insultado

pretérito

		pretérito anterior	
insulté	insultamos	hube insultado	hubimos insultado
insultaste	insultasteis	hubiste insultado	hubisteis insultado
insultó	insultaron	hubo insultado	hubieron insultado

futuro

		futuro perfecto	
insultaré	insultaremos	habré insultado	habremos insultado
insultarás	insultaréis	habrás insultado	habréis insultado
insultará	insultarán	habrá insultado	habrán insultado

condicional simple

		condicional compuesto	
insultaría	insultaríamos	habría insultado	habríamos insultado
insultarías	insultaríais	habrías insultado	habríais insultado
insultaría	insultarían	habría insultado	habrían insultado

presente de subjuntivo

		perfecto de subjuntivo	
insulte	insultemos	haya insultado	hayamos insultado
insultes	insultéis	hayas insultado	hayáis insultado
insulte	insulten	haya insultado	hayan insultado

imperfecto de subjuntivo

		pluscuamperfecto de subjuntivo	
insultara	insultáramos	hubiera insultado	hubiéramos insultado
insultaras	insultarais	hubieras insultado	hubierais insultado
insultara	insultaran	hubiera insultado	hubieran insultado
OR		OR	
insultase	insultásemos	hubiese insultado	hubiésemos insultado
insultases	insultaseis	hubieses insultado	hubieseis insultado
insultase	insultasen	hubiese insultado	hubiesen insultado

imperativo

—	insultemos
insulta; no insultes	insultad; no insultéis
insulte	insulten

gerundio **intentando**   participio de pasado **intentado**

SINGULAR	PLURAL	SINGULAR	PLURAL

presente de indicativo

intent**o**	intent**amos**	
intent**as**	intent**áis**	
intent**a**	intent**an**	

perfecto de indicativo

he intentado	**hemos** intentado
has intentado	**habéis** intentado
ha intentado	**han** intentado

imperfecto de indicativo

intent**aba**	intent**ábamos**
intent**abas**	intent**abais**
intent**aba**	intent**aban**

pluscuamperfecto de indicativo

había intentado	**habíamos** intentado
habías intentado	**habíais** intentado
había intentado	**habían** intentado

pretérito

intent**é**	intent**amos**
intent**aste**	intent**asteis**
intent**ó**	intent**aron**

pretérito anterior

hube intentado	**hubimos** intentado
hubiste intentado	**hubisteis** intentado
hubo intentado	**hubieron** intentado

futuro

intentar**é**	intentar**emos**
intentar**ás**	intentar**éis**
intentar**á**	intentar**án**

futuro perfecto

habré intentado	**habremos** intentado
habrás intentado	**habréis** intentado
habrá intentado	**habrán** intentado

condicional simple

intentar**ía**	intentar**íamos**
intentar**ías**	intentar**íais**
intentar**ía**	intentar**ían**

condicional compuesto

habría intentado	**habríamos** intentado
habrías intentado	**habríais** intentado
habría intentado	**habrían** intentado

presente de subjuntivo

intent**e**	intent**emos**
intent**es**	intent**éis**
intent**e**	intent**en**

perfecto de subjuntivo

haya intentado	**hayamos** intentado
hayas intentado	**hayáis** intentado
haya intentado	**hayan** intentado

imperfecto de subjuntivo

intent**ara**	intent**áramos**
intent**aras**	intent**arais**
intent**ara**	intent**aran**
OR	
intent**ase**	intent**ásemos**
intent**ases**	intent**aseis**
intent**ase**	intent**asen**

pluscuamperfecto de subjuntivo

hubiera intentado	**hubiéramos** intentado
hubieras intentado	**hubierais** intentado
hubiera intentado	**hubieran** intentado
OR	
hubiese intentado	**hubiésemos** intentado
hubieses intentado	**hubieseis** intentado
hubiese intentado	**hubiesen** intentado

imperativo

—	intentemos
intenta; no intentes	intentad; no intentéis
intente	intenten

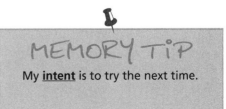

MEMORY TIP

My **intent** is to try the next time.

interesarse

to be interested in

SINGULAR	PLURAL	SINGULAR	PLURAL

presente de indicativo
me interes**o**	nos interes**amos**
te interes**as**	os interes**áis**
se interes**a**	se interes**an**

perfecto de indicativo
me he interesado	**nos hemos** interesado
te has interesado	**os habéis** interesado
se ha interesado	**se han** interesado

imperfecto de indicativo
me interes**aba**	nos interes**ábamos**
te interes**abas**	os interes**abais**
se interes**aba**	se interes**aban**

pluscuamperfecto de indicativo
me había interesado	**nos habíamos** interesado
te habías interesado	**os habíais** interesado
se había interesado	**se habían** interesado

pretérito
me interes**é**	nos interes**amos**
te interes**aste**	os interes**asteis**
se interes**ó**	se interes**aron**

pretérito anterior
me hube interesado	**nos hubimos** interesado
te hubiste interesado	**os hubisteis** interesado
se hubo interesado	**se hubieron** interesado

futuro
me interesar**é**	nos interesar**emos**
te interesar**ás**	os interesar**éis**
se interesar**á**	se interesar**án**

futuro perfecto
me habré interesado	**nos habremos** interesado
te habrás interesado	**os habréis** interesado
se habrá interesado	**se habrán** interesado

condicional simple
me interesar**ía**	nos interesar**íamos**
te interesar**ías**	os interesar**íais**
se interesar**ía**	se interesar**ían**

condicional compuesto
me habría interesado	**nos habríamos** interesado
te habrías interesado	**os habríais** interesado
se habría interesado	**se habrían** interesado

presente de subjuntivo
me interes**e**	nos interes**emos**
te interes**es**	os interes**éis**
se interes**e**	se interes**en**

perfecto de subjuntivo
me haya interesado	**nos hayamos** interesado
te hayas interesado	**os hayáis** interesado
se haya interesado	**se hayan** interesado

imperfecto de subjuntivo
me interesar**a**	nos interesár**amos**
te interesar**as**	os interesar**ais**
se interesar**a**	se interesar**an**
OR	
me interesas**e**	nos interesás**emos**
te interesas**es**	os interesas**eis**
se interesas**e**	se interesas**en**

pluscuamperfecto de subjuntivo
me hubiera interesado	**nos hubiéramos** interesado
te hubieras interesado	**os hubierais** interesado
se hubiera interesado	**se hubieran** interesado
OR	
me hubiese interesado	**nos hubiésemos** interesado
te hubieses interesado	**os hubieseis** interesado
se hubiese interesado	**se hubiesen** interesado

imperativo
—	interesémonos
interésate;	interesaos;
no te intereses	no os intereséis
interésese	interésense

gerundio **interpretando**   participio de pasado **interpretado**

SINGULAR	PLURAL	SINGULAR	PLURAL
presente de indicativo		**perfecto de indicativo**	
interpret**o**	interpret**amos**	**he** interpretado	**hemos** interpretado
interpret**as**	interpret**áis**	**has** interpretado	**habéis** interpretado
interpret**a**	interpret**an**	**ha** interpretado	**han** interpretado
imperfecto de indicativo		**pluscuamperfecto de indicativo**	
interpret**aba**	interpret**ábamos**	**había** interpretado	**habíamos** interpretado
interpret**abas**	interpret**abais**	**habías** interpretado	**habíais** interpretado
interpret**aba**	interpret**aban**	**había** interpretado	**habían** interpretado
pretérito		**pretérito anterior**	
interpret**é**	interpret**amos**	**hube** interpretado	**hubimos** interpretado
interpret**aste**	interpret**asteis**	**hubiste** interpretado	**hubisteis** interpretado
interpret**ó**	interpret**aron**	**hubo** interpretado	**hubieron** interpretado
futuro		**futuro perfecto**	
interpretar**é**	interpretar**emos**	**habré** interpretado	**habremos** interpretado
interpretar**ás**	interpretar**éis**	**habrás** interpretado	**habréis** interpretado
interpretar**á**	interpretar**án**	**habrá** interpretado	**habrán** interpretado
condicional simple		**condicional compuesto**	
interpretar**ía**	interpretar**íamos**	**habría** interpretado	**habríamos** interpretado
interpretar**ías**	interpretar**íais**	**habrías** interpretado	**habríais** interpretado
interpretar**ía**	interpretar**ían**	**habría** interpretado	**habrían** interpretado
presente de subjuntivo		**perfecto de subjuntivo**	
interpret**e**	interpret**emos**	**haya** interpretado	**hayamos** interpretado
interpret**es**	interpret**éis**	**hayas** interpretado	**hayáis** interpretado
interpret**e**	interpret**en**	**haya** interpretado	**hayan** interpretado
imperfecto de subjuntivo		**pluscuamperfecto de subjuntivo**	
interpretar**a**	interpretár**amos**	**hubiera** interpretado	**hubiéramos** interpretado
interpretar**as**	interpretar**ais**	**hubieras** interpretado	**hubierais** interpretado
interpretar**a**	interpretar**an**	**hubiera** interpretado	**hubieran** interpretado
OR		OR	
interpretas**e**	interpretás**emos**	**hubiese** interpretado	**hubiésemos** interpretado
interpretas**es**	interpretas**eis**	**hubieses** interpretado	**hubieseis** interpretado
interpretas**e**	interpretas**en**	**hubiese** interpretado	**hubiesen** interpretado
imperativo			
—	interpretemos		
interpreta;	interpretad;		
no interpretes	no interpretéis		
interprete	interpreten		

I

gerundio interrumpiendo   **participio de pasado** interrumpido

SINGULAR	PLURAL	SINGULAR	PLURAL

presente de indicativo

interrumpo	interrumpimos		
interrumpes	interrumpís		
interrumpe	interrumpen		

perfecto de indicativo

he interrumpido	hemos interrumpido		
has interrumpido	habéis interrumpido		
ha interrumpido	han interrumpido		

imperfecto de indicativo

interrumpía	interrumpíamos
interrumpías	interrumpíais
interrumpía	interrumpían

pluscuamperfecto de indicativo

había interrumpido	habíamos interrumpido
habías interrumpido	habíais interrumpido
había interrumpido	habían interrumpido

pretérito

interrumpí	interrumpimos
interrumpiste	interrumpisteis
interrumpió	interrumpieron

pretérito anterior

hube interrumpido	hubimos interrumpido
hubiste interrumpido	hubisteis interrumpido
hubo interrumpido	hubieron interrumpido

futuro

interrumpiré	interrumpiremos
interrumpirás	interrumpiréis
interrumpirá	interrumpirán

futuro perfecto

habré interrumpido	habremos interrumpido
habrás interrumpido	habréis interrumpido
habrá interrumpido	habrán interrumpido

condicional simple

interrumpiría	interrumpiríamos
interrumpirías	interrumpiríais
interrumpiría	interrumpirían

condicional compuesto

habría interrumpido	habríamos interrumpido
habrías interrumpido	habríais interrumpido
habría interrumpido	habrían interrumpido

presente de subjuntivo

interrumpa	interrumpamos
interrumpas	interrumpáis
interrumpa	interrumpan

perfecto de subjuntivo

haya interrumpido	hayamos interrumpido
hayas interrumpido	hayáis interrumpido
haya interrumpido	hayan interrumpido

imperfecto de subjuntivo

interrumpiera	interrumpiéramos
interrumpieras	interrumpierais
interrumpiera	interrumpieran
OR	
interrumpiese	interrumpiésemos
interrumpieses	interrumpieseis
interrumpiese	interrumpiesen

pluscuamperfecto de subjuntivo

hubiera interrumpido	hubiéramos interrumpido
hubieras interrumpido	hubierais interrumpido
hubiera interrumpido	hubieran interrumpido
OR	
hubiese interrumpido	hubiésemos interrumpido
hubieses interrumpido	hubieseis interrumpido
hubiese interrumpido	hubiesen interrumpido

imperativo

—	interrumpamos
interrumpe;	interrumpid;
no interrumpas	no interrumpáis
interrumpa	interrumpan

gerundio interviniendo   **participio de pasado intervenido**

SINGULAR	PLURAL	SINGULAR	PLURAL

presente de indicativo

intervengo	intervenimos
intervienes	intervenís
interviene	intervienen

perfecto de indicativo

he intervenido	hemos intervenido
has intervenido	habéis intervenido
ha intervenido	han intervenido

imperfecto de indicativo

intervenía	interveníamos
intervenías	interveníais
intervenía	intervenían

pluscuamperfecto de indicativo

había intervenido	habíamos intervenido
habías intervenido	habíais intervenido
había intervenido	habían intervenido

pretérito

intervine	intervinimos
interviniste	intervinisteis
intervino	intervinieron

pretérito anterior

hube intervenido	hubimos intervenido
hubiste intervenido	hubisteis intervenido
hubo intervenido	hubieron intervenido

futuro

intervendré	intervendremos
intervendrás	intervendréis
intervendrá	intervendrán

futuro perfecto

habré intervenido	habremos intervenido
habrás intervenido	habréis intervenido
habrá intervenido	habrán intervenido

condicional simple

intervendría	intervendríamos
intervendrías	intervendríais
intervendría	intervendrían

condicional compuesto

habría intervenido	habríamos intervenido
habrías intervenido	habríais intervenido
habría intervenido	habrían intervenido

presente de subjuntivo

intervenga	intervengamos
intervengas	intervengáis
intervenga	intervengan

perfecto de subjuntivo

haya intervenido	hayamos intervenido
hayas intervenido	hayáis intervenido
haya intervenido	hayan intervenido

imperfecto de subjuntivo

interviniera	interviniéramos
intervinieras	intervinierais
interviniera	intervinieran
OR	
interviniese	interviniésemos
intervinieses	intervinieseis
interviniese	interviniesen

pluscuamperfecto de subjuntivo

hubiera intervenido	hubiéramos intervenido
hubieras intervenido	hubierais intervenido
hubiera intervenido	hubieran intervenido
OR	
hubiese intervenido	hubiésemos intervenido
hubieses intervenido	hubieseis intervenido
hubiese intervenido	hubiesen intervenido

imperativo

—	intervengamos
intervén;	intervenid;
no intervengas	no intervengáis
intervenga	intervengan

SINGULAR	PLURAL	SINGULAR	PLURAL

presente de indicativo

		perfecto de indicativo	
introduzco	introducimos	**he** introducido	**hemos** introducido
introduces	introducís	**has** introducido	**habéis** introducido
introduce	introducen	**ha** introducido	**han** introducido

imperfecto de indicativo

		pluscuamperfecto de indicativo	
introducía	introducíamos	**había** introducido	**habíamos** introducido
introducías	introducíais	**habías** introducido	**habíais** introducido
introducía	introducían	**había** introducido	**habían** introducido

pretérito

		pretérito anterior	
introduje	introdujimos	**hube** introducido	**hubimos** introducido
introdujiste	introdujisteis	**hubiste** introducido	**hubisteis** introducido
introdujo	introdujeron	**hubo** introducido	**hubieron** introducido

futuro

		futuro perfecto	
introduciré	introduciremos	**habré** introducido	**habremos** introducido
introducirás	introduciréis	**habrás** introducido	**habréis** introducido
introducirá	introducirán	**habrá** introducido	**habrán** introducido

condicional simple

		condicional compuesto	
introduciría	introduciríamos	**habría** introducido	**habríamos** introducido
introducirías	introduciríais	**habrías** introducido	**habríais** introducido
introduciría	introducirían	**habría** introducido	**habrían** introducido

presente de subjuntivo

		perfecto de subjuntivo	
introduzca	introduzcamos	**haya** introducido	**hayamos** introducido
introduzcas	introduzcáis	**hayas** introducido	**hayáis** introducido
introduzca	introduzcan	**haya** introducido	**hayan** introducido

imperfecto de subjuntivo

		pluscuamperfecto de subjuntivo	
introdujera	introdujéramos	**hubiera** introducido	**hubiéramos** introducido
introdujeras	introdujerais	**hubieras** introducido	**hubierais** introducido
introdujera	introdujeran	**hubiera** introducido	**hubieran** introducido
OR		OR	
introdujese	introdujésemos	**hubiese** introducido	**hubiésemos** introducido
introdujeses	introdujeseis	**hubieses** introducido	**hubieseis** introducido
introdujese	introdujesen	**hubiese** introducido	**hubiesen** introducido

imperativo

—	introduzcamos
introduce;	introducid;
no introduzcas	no introduzcáis
introduzca	introduzcan

to invent

gerundio **inventando**   participio de pasado **inventado**

SINGULAR	PLURAL	SINGULAR	PLURAL

presente de indicativo

invento	inventamos		
inventas	inventáis		
inventa	inventan		

perfecto de indicativo

he inventado	hemos inventado
has inventado	habéis inventado
ha inventado	han inventado

imperfecto de indicativo

inventaba	inventábamos
inventabas	inventabais
inventaba	inventaban

pluscuamperfecto de indicativo

había inventado	habíamos inventado
habías inventado	habíais inventado
había inventado	habían inventado

I

pretérito

inventé	inventamos
inventaste	inventasteis
inventó	inventaron

pretérito anterior

hube inventado	hubimos inventado
hubiste inventado	hubisteis inventado
hubo inventado	hubieron inventado

futuro

inventaré	inventaremos
inventarás	inventaréis
inventará	inventarán

futuro perfecto

habré inventado	habremos inventado
habrás inventado	habréis inventado
habrá inventado	habrán inventado

condicional simple

inventaría	inventaríamos
inventarías	inventaríais
inventaría	inventarían

condicional compuesto

habría inventado	habríamos inventado
habrías inventado	habríais inventado
habría inventado	habrían inventado

presente de subjuntivo

invente	inventemos
inventes	inventéis
invente	inventen

perfecto de subjuntivo

haya inventado	hayamos inventado
hayas inventado	hayáis inventado
haya inventado	hayan inventado

imperfecto de subjuntivo

inventara	inventáramos
inventaras	inventarais
inventara	inventaran
OR	
inventase	inventásemos
inventases	inventaseis
inventase	inventasen

pluscuamperfecto de subjuntivo

hubiera inventado	hubiéramos inventado
hubieras inventado	hubierais inventado
hubiera inventado	hubieran inventado
OR	
hubiese inventado	hubiésemos inventado
hubieses inventado	hubieseis inventado
hubiese inventado	hubiesen inventado

imperativo

—	inventemos
inventa; no inventes	inventad; no inventéis
invente	inventen

gerundio invirtiendo   **participio de pasado** invertido

SINGULAR	PLURAL	SINGULAR	PLURAL

presente de indicativo

		perfecto de indicativo	
invierto	invertimos	**he** invertido	**hemos** invertido
inviertes	invertís	**has** invertido	**habéis** invertido
invierte	invierten	**ha** invertido	**han** invertido

imperfecto de indicativo / **pluscuamperfecto de indicativo**

invertía	invertíamos	**había** invertido	**habíamos** invertido
invertías	invertíais	**habías** invertido	**habíais** invertido
invertía	invertían	**había** invertido	**habían** invertido

pretérito / **pretérito anterior**

invertí	invertimos	**hube** invertido	**hubimos** invertido
invertiste	invertisteis	**hubiste** invertido	**hubisteis** invertido
invirtió	invirtieron	**hubo** invertido	**hubieron** invertido

futuro / **futuro perfecto**

invertiré	invertiremos	**habré** invertido	**habremos** invertido
invertirás	invertiréis	**habrás** invertido	**habréis** invertido
invertirá	invertirán	**habrá** invertido	**habrán** invertido

condicional simple / **condicional compuesto**

invertiría	invertiríamos	**habría** invertido	**habríamos** invertido
invertirías	invertiríais	**habrías** invertido	**habríais** invertido
invertiría	invertirían	**habría** invertido	**habrían** invertido

presente de subjuntivo / **perfecto de subjuntivo**

invierta	invirtamos	**haya** invertido	**hayamos** invertido
inviertas	invirtáis	**hayas** invertido	**hayáis** invertido
invierta	inviertan	**haya** invertido	**hayan** invertido

imperfecto de subjuntivo / **pluscuamperfecto de subjuntivo**

invirtiera	invirtiéramos	**hubiera** invertido	**hubiéramos** invertido
invirtieras	invirtierais	**hubieras** invertido	**hubierais** invertido
invirtiera	invirtieran	**hubiera** invertido	**hubieran** invertido
OR		OR	
invirtiese	invirtiésemos	**hubiese** invertido	**hubiésemos** invertido
invirtieses	invirtieseis	**hubieses** invertido	**hubieseis** invertido
invirtiese	invirtiesen	**hubiese** invertido	**hubiesen** invertido

imperativo

—	invirtamos
invierte; no inviertas	invertid; no invirtáis
invierta	inviertan

to investigate, to research · investigar

SINGULAR	PLURAL	SINGULAR	PLURAL

presente de indicativo

investig**o**	investig**amos**
investig**as**	investig**áis**
investig**a**	investig**an**

perfecto de indicativo

he investigado	**hemos** investigado
has investigado	**habéis** investigado
ha investigado	**han** investigado

imperfecto de indicativo

investig**aba**	investig**ábamos**
investig**abas**	investig**abais**
investig**aba**	investig**aban**

pluscuamperfecto de indicativo

había investigado	**habíamos** investigado
habías investigado	**habíais** investigado
había investigado	**habían** investigado

pretérito

investig**ué**	investig**amos**
investig**aste**	investig**asteis**
investig**ó**	investig**aron**

pretérito anterior

hube investigado	**hubimos** investigado
hubiste investigado	**hubisteis** investigado
hubo investigado	**hubieron** investigado

futuro

investigar**é**	investigar**emos**
investigar**ás**	investigar**éis**
investigar**á**	investigar**án**

futuro perfecto

habré investigado	**habremos** investigado
habrás investigado	**habréis** investigado
habrá investigado	**habrán** investigado

condicional simple

investigar**ía**	investigar**íamos**
investigar**ías**	investigar**íais**
investigar**ía**	investigar**ían**

condicional compuesto

habría investigado	**habríamos** investigado
habrías investigado	**habríais** investigado
habría investigado	**habrían** investigado

presente de subjuntivo

investig**ue**	investig**uemos**
investig**ues**	investig**uéis**
investig**ue**	investig**uen**

perfecto de subjuntivo

haya investigado	**hayamos** investigado
hayas investigado	**hayáis** investigado
haya investigado	**hayan** investigado

imperfecto de subjuntivo

investig**ara**	investig**áramos**
investig**aras**	investig**arais**
investig**ara**	investig**aran**
OR	
investig**ase**	investig**ásemos**
investig**ases**	investig**aseis**
investig**ase**	investig**asen**

pluscuamperfecto de subjuntivo

hubiera investigado	**hubiéramos** investigado
hubieras investigado	**hubierais** investigado
hubiera investigado	**hubieran** investigado
OR	
hubiese investigado	**hubiésemos** investigado
hubieses investigado	**hubieseis** investigado
hubiese investigado	**hubiesen** investigado

imperativo

—	investig**uemos**
investig**a**;	investig**ad**;
no investig**ues**	no investig**uéis**
investig**ue**	investig**uen**

invitar

to invite

SINGULAR	PLURAL	SINGULAR	PLURAL

presente de indicativo

		perfecto de indicativo	
invito	invitamos	he invitado	hemos invitado
invitas	invitáis	has invitado	habéis invitado
invita	invitan	ha invitado	han invitado

imperfecto de indicativo

pluscuamperfecto de indicativo

invitaba	invitábamos	había invitado	habíamos invitado
invitabas	invitabais	habías invitado	habíais invitado
invitaba	invitaban	había invitado	habían invitado

pretérito

pretérito anterior

invité	invitamos	hube invitado	hubimos invitado
invitaste	invitasteis	hubiste invitado	hubisteis invitado
invitó	invitaron	hubo invitado	hubieron invitado

futuro

futuro perfecto

invitaré	invitaremos	habré invitado	habremos invitado
invitarás	invitaréis	habrás invitado	habréis invitado
invitará	invitarán	habrá invitado	habrán invitado

condicional simple

condicional compuesto

invitaría	invitaríamos	habría invitado	habríamos invitado
invitarías	invitaríais	habrías invitado	habríais invitado
invitaría	invitarían	habría invitado	habrían invitado

presente de subjuntivo

perfecto de subjuntivo

invite	invitemos	haya invitado	hayamos invitado
invites	invitéis	hayas invitado	hayáis invitado
invite	inviten	haya invitado	hayan invitado

imperfecto de subjuntivo

pluscuamperfecto de subjuntivo

invitara	invitáramos	hubiera invitado	hubiéramos invitado
invitaras	invitarais	hubieras invitado	hubierais invitado
invitara	invitaran	hubiera invitado	hubieran invitado
OR		OR	
invitase	invitásemos	hubiese invitado	hubiésemos invitado
invitases	invitaseis	hubieses invitado	hubieseis invitado
invitase	invitasen	hubiese invitado	hubiesen invitado

imperativo

—	invitemos
invita; no invites	invitad; no invitéis
invite	inviten

to inject

gerundio **inyectando**   participio de pasado **inyectado**

SINGULAR	PLURAL	SINGULAR	PLURAL

presente de indicativo

		perfecto de indicativo	
inyect**o**	inyect**amos**	**he** inyectado	**hemos** inyectado
inyect**as**	inyect**áis**	**has** inyectado	**habéis** inyectado
inyect**a**	inyect**an**	**ha** inyectado	**han** inyectado

imperfecto de indicativo

		pluscuamperfecto de indicativo	
inyect**aba**	inyect**ábamos**	**había** inyectado	**habíamos** inyectado
inyect**abas**	inyect**abais**	**habías** inyectado	**habíais** inyectado
inyect**aba**	inyect**aban**	**había** inyectado	**habían** inyectado

pretérito

		pretérito anterior	
inyect**é**	inyect**amos**	**hube** inyectado	**hubimos** inyectado
inyect**aste**	inyect**asteis**	**hubiste** inyectado	**hubisteis** inyectado
inyect**ó**	inyect**aron**	**hubo** inyectado	**hubieron** inyectado

futuro

		futuro perfecto	
inyectar**é**	inyectar**emos**	**habré** inyectado	**habremos** inyectado
inyectar**ás**	inyectar**éis**	**habrás** inyectado	**habréis** inyectado
inyectar**á**	inyectar**án**	**habrá** inyectado	**habrán** inyectado

condicional simple

		condicional compuesto	
inyectar**ía**	inyectar**íamos**	**habría** inyectado	**habríamos** inyectado
inyectar**ías**	inyectar**íais**	**habrías** inyectado	**habríais** inyectado
inyectar**ía**	inyectar**ían**	**habría** inyectado	**habrían** inyectado

presente de subjuntivo

		perfecto de subjuntivo	
inyect**e**	inyect**emos**	**haya** inyectado	**hayamos** inyectado
inyect**es**	inyect**éis**	**hayas** inyectado	**hayáis** inyectado
inyect**e**	inyect**en**	**haya** inyectado	**hayan** inyectado

imperfecto de subjuntivo

		pluscuamperfecto de subjuntivo	
inyectar**a**	inyectár**amos**	**hubiera** inyectado	**hubiéramos** inyectado
inyectar**as**	inyectar**ais**	**hubieras** inyectado	**hubierais** inyectado
inyectar**a**	inyectar**an**	**hubiera** inyectado	**hubieran** inyectado
OR		OR	
inyecta**se**	inyectá**semos**	**hubiese** inyectado	**hubiésemos** inyectado
inyecta**ses**	inyecta**seis**	**hubieses** inyectado	**hubieseis** inyectado
inyecta**se**	inyecta**sen**	**hubiese** inyectado	**hubiesen** inyectado

imperativo

—	inyectemos
inyecta; no inyectes	inyectad; no inyectéis
inyecte	inyecten

gerundio yendo   **participio de pasado** ido

SINGULAR	PLURAL	SINGULAR	PLURAL

presente de indicativo

		perfecto de indicativo	
v**oy**	v**amos**	**he** ido	**hemos** ido
v**as**	v**ais**	**has** ido	**habéis** ido
v**a**	v**an**	**ha** ido	**han** ido

imperfecto de indicativo   **pluscuamperfecto de indicativo**

ib**a**	íb**amos**	**había** ido	**habíamos** ido
ib**as**	ib**ais**	**habías** ido	**habíais** ido
ib**a**	ib**an**	**había** ido	**habían** ido

pretérito   **pretérito anterior**

fu**i**	fu**imos**	**hube** ido	**hubimos** ido
fu**iste**	fu**isteis**	**hubiste** ido	**hubisteis** ido
fu**e**	fu**eron**	**hubo** ido	**hubieron** ido

futuro   **futuro perfecto**

ir**é**	ir**emos**	**habré** ido	**habremos** ido
ir**ás**	ir**éis**	**habrás** ido	**habréis** ido
ir**á**	ir**án**	**habrá** ido	**habrán** ido

condicional simple   **condicional compuesto**

ir**ía**	ir**íamos**	**habría** ido	**habríamos** ido
ir**ías**	ir**íais**	**habrías** ido	**habríais** ido
ir**ía**	ir**ían**	**habría** ido	**habrían** ido

presente de subjuntivo   **perfecto de subjuntivo**

vay**a**	vay**amos**	**haya** ido	**hayamos** ido
vay**as**	vay**áis**	**hayas** ido	**hayáis** ido
vay**a**	vay**an**	**haya** ido	**hayan** ido

imperfecto de subjuntivo   **pluscuamperfecto de subjuntivo**

fuer**a**	fuér**amos**	**hubiera** ido	**hubiéramos** ido
fuer**as**	fuer**ais**	**hubieras** ido	**hubierais** ido
fuer**a**	fuer**an**	**hubiera** ido	**hubieran** ido
OR		OR	
fues**e**	fués**emos**	**hubiese** ido	**hubiésemos** ido
fues**es**	fues**eis**	**hubieses** ido	**hubieseis** ido
fues**e**	fues**en**	**hubiese** ido	**hubiesen** ido

imperativo

—	vamos (no vayamos)
ve; no vayas	id; no vayáis
vaya	vayan

MUST KNOW VERB

to go away

gerundio **yéndose** participio de pasado **ido**

SINGULAR	PLURAL	SINGULAR	PLURAL

presente de indicativo

me v**oy**	nos v**amos**
te v**as**	os v**ais**
se v**a**	se v**an**

perfecto de indicativo

me he ido	nos hemos ido
te has ido	os habéis ido
se ha ido	se han ido

imperfecto de indicativo

me **iba**	nos **íbamos**
te **ibas**	os **ibais**
se **iba**	se **iban**

pluscuamperfecto de indicativo

me había ido	nos habíamos ido
te habías ido	os habíais ido
se había ido	se habían ido

pretérito

me fu**i**	nos fu**imos**
te fu**iste**	os fu**isteis**
se fu**e**	se fu**eron**

pretérito anterior

me hube ido	nos hubimos ido
te hubiste ido	os hubisteis ido
se hubo ido	se hubieron ido

futuro

me ir**é**	nos ir**emos**
te ir**ás**	os ir**éis**
se ir**á**	se ir**án**

futuro perfecto

me habré ido	nos habremos ido
te habrás ido	os habréis ido
se habrá ido	se habrán ido

condicional simple

me ir**ía**	nos ir**íamos**
te ir**ías**	os ir**íais**
se ir**ía**	se ir**ían**

condicional compuesto

me habría ido	nos habríamos ido
te habrías ido	os habríais ido
se habría ido	se habrían ido

presente de subjuntivo

me vay**a**	nos vay**amos**
te vay**as**	os vay**áis**
se vay**a**	se vay**an**

perfecto de subjuntivo

me haya ido	nos hayamos ido
te hayas ido	os hayáis ido
se haya ido	se hayan ido

imperfecto de subjuntivo

me fuer**a**	nos fuér**amos**
te fuer**as**	os fuer**ais**
se fuer**a**	se fuer**an**
OR	
me fues**e**	nos fués**emos**
te fues**es**	os fues**eis**
se fues**e**	se fues**en**

pluscuamperfecto de subjuntivo

me hubiera ido	nos hubiéramos ido
te hubieras ido	os hubierais ido
se hubiera ido	se hubieran ido
OR	
me hubiese ido	nos hubiésemos ido
te hubieses ido	os hubieseis ido
se hubiese ido	se hubiesen ido

imperativo

—	vámonos;
	no nos vayamos
vete; no te vayas	idos; no os vayáis
váyase; no se vaya	váyanse; no se vayan

MUST KNOW VERB

to play

gerundio **jugando**   participio de pasado **jugado**

SINGULAR	PLURAL	SINGULAR	PLURAL

presente de indicativo

jue**go**	jug**amos**	
jue**gas**	jug**áis**	
jue**ga**	jue**gan**	

perfecto de indicativo

he jugado	**hemos** jugado
has jugado	**habéis** jugado
ha jugado	**han** jugado

imperfecto de indicativo

jug**aba**	jug**ábamos**
jug**abas**	jug**abais**
jug**aba**	jug**aban**

pluscuamperfecto de indicativo

había jugado	**habíamos** jugado
habías jugado	**habíais** jugado
había jugado	**habían** jugado

pretérito

jug**ué**	jug**amos**
jug**aste**	jug**asteis**
jug**ó**	jug**aron**

pretérito anterior

hube jugado	**hubimos** jugado
hubiste jugado	**hubisteis** jugado
hubo jugado	**hubieron** jugado

futuro

jugar**é**	jugar**emos**
jugar**ás**	jugar**éis**
jugar**á**	jugar**án**

futuro perfecto

habré jugado	**habremos** jugado
habrás jugado	**habréis** jugado
habrá jugado	**habrán** jugado

condicional simple

jugar**ía**	jugar**íamos**
jugar**ías**	jugar**íais**
jugar**ía**	jugar**ían**

condicional compuesto

habría jugado	**habríamos** jugado
habrías jugado	**habríais** jugado
habría jugado	**habrían** jugado

presente de subjuntivo

jue**gue**	jug**uemos**
jue**gues**	jug**uéis**
jue**gue**	jue**guen**

perfecto de subjuntivo

haya jugado	**hayamos** jugado
hayas jugado	**hayáis** jugado
haya jugado	**hayan** jugado

imperfecto de subjuntivo

jug**ara**	jug**áramos**
jug**aras**	jug**arais**
jug**ara**	jug**aran**
OR	
jug**ase**	jug**ásemos**
jug**ases**	jug**aseis**
jug**ase**	jug**asen**

pluscuamperfecto de subjuntivo

hubiera jugado	**hubiéramos** jugado
hubieras jugado	**hubierais** jugado
hubiera jugado	**hubieran** jugado
OR	
hubiese jugado	**hubiésemos** jugado
hubieses jugado	**hubieseis** jugado
hubiese jugado	**hubiesen** jugado

imperativo

—	jug**uemos**
jue**ga**; no jue**gues**	jug**ad**; no jug**uéis**
jue**gue**	jue**guen**

SINGULAR	PLURAL	SINGULAR	PLURAL

presente de indicativo

junto	juntamos	
juntas	juntáis	
junta	juntan	

perfecto de indicativo

he juntado	hemos juntado
has juntado	habéis juntado
ha juntado	han juntado

imperfecto de indicativo

juntaba	juntábamos
juntabas	juntabais
juntaba	juntaban

pluscuamperfecto de indicativo

había juntado	habíamos juntado
habías juntado	habíais juntado
había juntado	habían juntado

J

pretérito

junté	juntamos
juntaste	juntasteis
juntó	juntaron

pretérito anterior

hube juntado	hubimos juntado
hubiste juntado	hubisteis juntado
hubo juntado	hubieron juntado

futuro

juntaré	juntaremos
juntarás	juntaréis
juntará	juntarán

futuro perfecto

habré juntado	habremos juntado
habrás juntado	habréis juntado
habrá juntado	habrán juntado

condicional simple

juntaría	juntaríamos
juntarías	juntaríais
juntaría	juntarían

condicional compuesto

habría juntado	habríamos juntado
habrías juntado	habríais juntado
habría juntado	habrían juntado

presente de subjuntivo

junte	juntemos
juntes	juntéis
junte	junten

perfecto de subjuntivo

haya juntado	hayamos juntado
hayas juntado	hayáis juntado
haya juntado	hayan juntado

imperfecto de subjuntivo

juntara	juntáramos
juntaras	juntarais
juntara	juntaran
OR	
juntase	juntásemos
juntases	juntaseis
juntase	juntasen

pluscuamperfecto de subjuntivo

hubiera juntado	hubiéramos juntado
hubieras juntado	hubierais juntado
hubiera juntado	hubieran juntado
OR	
hubiese juntado	hubiésemos juntado
hubieses juntado	hubieseis juntado
hubiese juntado	hubiesen juntado

imperativo

—	juntemos
junta; no juntes	juntad; no juntéis
junte	junten

jurar

to swear, to take an oath

SINGULAR	PLURAL	SINGULAR	PLURAL
presente de indicativo		**perfecto de indicativo**	
juro	juramos	he jurado	hemos jurado
juras	juráis	has jurado	habéis jurado
jura	juran	ha jurado	han jurado
imperfecto de indicativo		**pluscuamperfecto de indicativo**	
juraba	jurábamos	había jurado	habíamos jurado
jurabas	jurabais	habías jurado	habíais jurado
juraba	juraban	había jurado	habían jurado
pretérito		**pretérito anterior**	
juré	juramos	hube jurado	hubimos jurado
juraste	jurasteis	hubiste jurado	hubisteis jurado
juró	juraron	hubo jurado	hubieron jurado
futuro		**futuro perfecto**	
juraré	juraremos	habré jurado	habremos jurado
jurarás	juraréis	habrás jurado	habréis jurado
jurará	jurarán	habrá jurado	habrán jurado
condicional simple		**condicional compuesto**	
juraría	juraríamos	habría jurado	habríamos jurado
jurarías	juraríais	habrías jurado	habríais jurado
juraría	jurarían	habría jurado	habrían jurado
presente de subjuntivo		**perfecto de subjuntivo**	
jure	juremos	haya jurado	hayamos jurado
jures	juréis	hayas jurado	hayáis jurado
jure	juren	haya jurado	hayan jurado
imperfecto de subjuntivo		**pluscuamperfecto de subjuntivo**	
jurara	juráramos	hubiera jurado	hubiéramos jurado
juraras	jurarais	hubieras jurado	hubierais jurado
jurara	juraran	hubiera jurado	hubieran jurado
OR		OR	
jurase	jurásemos	hubiese jurado	hubiésemos jurado
jurases	juraseis	hubieses jurado	hubieseis jurado
jurase	jurasen	hubiese jurado	hubiesen jurado

imperativo	
—	juremos
jura; no jures	jurad; no juréis
jure	juren

gerundio **justificando**   participio de pasado **justificado**

SINGULAR	PLURAL	SINGULAR	PLURAL

presente de indicativo

justific**o**	justific**amos**		
justific**as**	justific**áis**		
justific**a**	justific**an**		

perfecto de indicativo

he justificado	**hemos** justificado
has justificado	**habéis** justificado
ha justificado	**han** justificado

imperfecto de indicativo

justific**aba**	justific**ábamos**
justific**abas**	justific**abais**
justific**aba**	justific**aban**

pluscuamperfecto de indicativo

había justificado	**habíamos** justificado
habías justificado	**habíais** justificado
había justificado	**habían** justificado

J

pretérito

justifiqu**é**	justific**amos**
justific**aste**	justific**asteis**
justific**ó**	justific**aron**

pretérito anterior

hube justificado	**hubimos** justificado
hubiste justificado	**hubisteis** justificado
hubo justificado	**hubieron** justificado

futuro

justificar**é**	justificar**emos**
justificar**ás**	justificar**éis**
justificar**á**	justificar**án**

futuro perfecto

habré justificado	**habremos** justificado
habrás justificado	**habréis** justificado
habrá justificado	**habrán** justificado

condicional simple

justificar**ía**	justificar**íamos**
justificar**ías**	justificar**íais**
justificar**ía**	justificar**ían**

condicional compuesto

habría justificado	**habríamos** justificado
habrías justificado	**habríais** justificado
habría justificado	**habrían** justificado

presente de subjuntivo

justifiqu**e**	justifiqu**emos**
justifiqu**es**	justifiqu**éis**
justifiqu**e**	justifiqu**en**

perfecto de subjuntivo

haya justificado	**hayamos** justificado
hayas justificado	**hayáis** justificado
haya justificado	**hayan** justificado

imperfecto de subjuntivo

justificar**a**	justificár**amos**
justificar**as**	justificar**ais**
justificar**a**	justificar**an**
OR	
justificas**e**	justificás**emos**
justificas**es**	justificas**eis**
justificas**e**	justificas**en**

pluscuamperfecto de subjuntivo

hubiera justificado	**hubiéramos** justificado
hubieras justificado	**hubierais** justificado
hubiera justificado	**hubieran** justificado
OR	
hubiese justificado	**hubiésemos** justificado
hubieses justificado	**hubieseis** justificado
hubiese justificado	**hubiesen** justificado

imperativo

—	justifiquemos
justifica;	justificad;
no justifiques	no justifiquéis
justifique	justifiquen

SINGULAR	PLURAL	SINGULAR	PLURAL
presente de indicativo		**perfecto de indicativo**	
juzg**o**	juzg**amos**	**he** juzgado	**hemos** juzgado
juzg**as**	juzg**áis**	**has** juzgado	**habéis** juzgado
juzg**a**	juzg**an**	**ha** juzgado	**han** juzgado
imperfecto de indicativo		**pluscuamperfecto de indicativo**	
juzg**aba**	juzg**ábamos**	**había** juzgado	**habíamos** juzgado
juzg**abas**	juzg**abais**	**habías** juzgado	**habíais** juzgado
juzg**aba**	juzg**aban**	**había** juzgado	**habían** juzgado
pretérito		**pretérito anterior**	
juzg**ué**	juzg**amos**	**hube** juzgado	**hubimos** juzgado
juzg**aste**	juzg**asteis**	**hubiste** juzgado	**hubisteis** juzgado
juzg**ó**	juzg**aron**	**hubo** juzgado	**hubieron** juzgado
futuro		**futuro perfecto**	
juzgar**é**	juzgar**emos**	**habré** juzgado	**habremos** juzgado
juzgar**ás**	juzgar**éis**	**habrás** juzgado	**habréis** juzgado
juzgar**á**	juzgar**án**	**habrá** juzgado	**habrán** juzgado
condicional simple		**condicional compuesto**	
juzgar**ía**	juzgar**íamos**	**habría** juzgado	**habríamos** juzgado
juzgar**ías**	juzgar**íais**	**habrías** juzgado	**habríais** juzgado
juzgar**ía**	juzgar**ían**	**habría** juzgado	**habrían** juzgado
presente de subjuntivo		**perfecto de subjuntivo**	
juzg**ue**	juzg**uemos**	**haya** juzgado	**hayamos** juzgado
juzg**ues**	juzg**uéis**	**hayas** juzgado	**hayáis** juzgado
juzg**ue**	juzg**uen**	**haya** juzgado	**hayan** juzgado
imperfecto de subjuntivo		**pluscuamperfecto de subjuntivo**	
juzgar**a**	juzg**áramos**	**hubiera** juzgado	**hubiéramos** juzgado
juzgar**as**	juzgar**ais**	**hubieras** juzgado	**hubierais** juzgado
juzgar**a**	juzgar**an**	**hubiera** juzgado	**hubieran** juzgado
OR		OR	
juzgas**e**	juzg**ásemos**	**hubiese** juzgado	**hubiésemos** juzgado
juzgas**es**	juzgas**eis**	**hubieses** juzgado	**hubieseis** juzgado
juzgas**e**	juzgas**en**	**hubiese** juzgado	**hubiesen** juzgado

imperativo

—	juzg**uemos**
juzg**a**; no juzg**ues**	juzg**ad**; no juzg**uéis**
juzg**ue**	juzg**uen**

to throw, to launch

gerundio **lanzando**   participio de pasado **lanzado**

SINGULAR	PLURAL	SINGULAR	PLURAL

presente de indicativo

		perfecto de indicativo	
lanz**o**	lanz**amos**	**he** lanzado	**hemos** lanzado
lanz**as**	lanz**áis**	**has** lanzado	**habéis** lanzado
lanz**a**	lanz**an**	**ha** lanzado	**han** lanzado

imperfecto de indicativo

		pluscuamperfecto de indicativo	
lanz**aba**	lanz**ábamos**	**había** lanzado	**habíamos** lanzado
lanz**abas**	lanz**abais**	**habías** lanzado	**habíais** lanzado
lanz**aba**	lanz**aban**	**había** lanzado	**habían** lanzado

L

pretérito

		pretérito anterior	
lanc**é**	lanz**amos**	**hube** lanzado	**hubimos** lanzado
lanz**aste**	lanz**asteis**	**hubiste** lanzado	**hubisteis** lanzado
lanz**ó**	lanz**aron**	**hubo** lanzado	**hubieron** lanzado

futuro

		futuro perfecto	
lanzar**é**	lanzar**emos**	**habré** lanzado	**habremos** lanzado
lanzar**ás**	lanzar**éis**	**habrás** lanzado	**habréis** lanzado
lanzar**á**	lanzar**án**	**habrá** lanzado	**habrán** lanzado

condicional simple

		condicional compuesto	
lanzar**ía**	lanzar**íamos**	**habría** lanzado	**habríamos** lanzado
lanzar**ías**	lanzar**íais**	**habrías** lanzado	**habríais** lanzado
lanzar**ía**	lanzar**ían**	**habría** lanzado	**habrían** lanzado

presente de subjuntivo

		perfecto de subjuntivo	
lanc**e**	lanc**emos**	**haya** lanzado	**hayamos** lanzado
lanc**es**	lanc**éis**	**hayas** lanzado	**hayáis** lanzado
lanc**e**	lanc**en**	**haya** lanzado	**hayan** lanzado

imperfecto de subjuntivo

		pluscuamperfecto de subjuntivo	
lanz**ara**	lanz**áramos**	**hubiera** lanzado	**hubiéramos** lanzado
lanz**aras**	lanz**arais**	**hubieras** lanzado	**hubierais** lanzado
lanz**ara**	lanz**aran**	**hubiera** lanzado	**hubieran** lanzado
OR		OR	
lanz**ase**	lanz**ásemos**	**hubiese** lanzado	**hubiésemos** lanzado
lanz**ases**	lanz**aseis**	**hubieses** lanzado	**hubieseis** lanzado
lanz**ase**	lanz**asen**	**hubiese** lanzado	**hubiesen** lanzado

imperativo

—	lancemos
lanza; no lances	lanzad; no lancéis
lance	lancen

lavar
to wash

SINGULAR	PLURAL	SINGULAR	PLURAL

presente de indicativo

		perfecto de indicativo	
lavo	lavamos	he lavado	hemos lavado
lavas	laváis	has lavado	habéis lavado
lava	lavan	ha lavado	han lavado

imperfecto de indicativo — **pluscuamperfecto de indicativo**

lavaba	lavábamos	había lavado	habíamos lavado
lavabas	lavabais	habías lavado	habíais lavado
lavaba	lavaban	había lavado	habían lavado

pretérito — **pretérito anterior**

lavé	lavamos	hube lavado	hubimos lavado
lavaste	lavasteis	hubiste lavado	hubisteis lavado
lavó	lavaron	hubo lavado	hubieron lavado

futuro — **futuro perfecto**

lavaré	lavaremos	habré lavado	habremos lavado
lavarás	lavaréis	habrás lavado	habréis lavado
lavará	lavarán	habrá lavado	habrán lavado

condicional simple — **condicional compuesto**

lavaría	lavaríamos	habría lavado	habríamos lavado
lavarías	lavaríais	habrías lavado	habríais lavado
lavaría	lavarían	habría lavado	habrían lavado

presente de subjuntivo — **perfecto de subjuntivo**

lave	lavemos	haya lavado	hayamos lavado
laves	lavéis	hayas lavado	hayáis lavado
lave	laven	haya lavado	hayan lavado

imperfecto de subjuntivo — **pluscuamperfecto de subjuntivo**

lavara	laváramos	hubiera lavado	hubiéramos lavado
lavaras	lavarais	hubieras lavado	hubierais lavado
lavara	lavaran	hubiera lavado	hubieran lavado
OR		OR	
lavase	lavásemos	hubiese lavado	hubiésemos lavado
lavases	lavaseis	hubieses lavado	hubieseis lavado
lavase	lavasen	hubiese lavado	hubiesen lavado

imperativo

—	lavemos
lava; no laves	lavad; no lavéis
lave	laven

to read

gerundio **leyendo**   participio de pasado **leído**

SINGULAR	PLURAL	SINGULAR	PLURAL

presente de indicativo

		perfecto de indicativo	
le**o**	le**emos**	**he** leído	**hemos** leído
le**es**	le**éis**	**has** leído	**habéis** leído
le**e**	le**en**	**ha** leído	**han** leído

imperfecto de indicativo

		pluscuamperfecto de indicativo	
le**ía**	le**íamos**	**había** leído	**habíamos** leído
le**ías**	le**íais**	**habías** leído	**habíais** leído
le**ía**	le**ían**	**había** leído	**habían** leído

pretérito

		pretérito anterior	
le**í**	le**ímos**	**hube** leído	**hubimos** leído
le**íste**	le**ísteis**	**hubiste** leído	**hubisteis** leído
le**yó**	le**yeron**	**hubo** leído	**hubieron** leído

futuro

		futuro perfecto	
leer**é**	leer**emos**	**habré** leído	**habremos** leído
leer**ás**	leer**éis**	**habrás** leído	**habréis** leído
leer**á**	leer**án**	**habrá** leído	**habrán** leído

condicional simple

		condicional compuesto	
leer**ía**	leer**íamos**	**habría** leído	**habríamos** leído
leer**ías**	leer**íais**	**habrías** leído	**habríais** leído
leer**ía**	leer**ían**	**habría** leído	**habrían** leído

presente de subjuntivo

		perfecto de subjuntivo	
le**a**	le**amos**	**haya** leído	**hayamos** leído
le**as**	le**áis**	**hayas** leído	**hayáis** leído
le**a**	le**an**	**haya** leído	**hayan** leído

imperfecto de subjuntivo

		pluscuamperfecto de subjuntivo	
le**yera**	le**yéramos**	**hubiera** leído	**hubiéramos** leído
le**yeras**	le**yerais**	**hubieras** leído	**hubierais** leído
le**yera**	le**yeran**	**hubiera** leído	**hubieran** leído
OR		OR	
le**yese**	le**yésemos**	**hubiese** leído	**hubiésemos** leído
le**yeses**	le**yeseis**	**hubieses** leído	**hubieseis** leído
le**yese**	le**yesen**	**hubiese** leído	**hubiesen** leído

imperativo

—	leamos
lee; no leas	leed; no leáis
lea	lean

L

MUST KNOW VERB

levantar

to lift, to raise

SINGULAR	PLURAL	SINGULAR	PLURAL

presente de indicativo
levanto	levantamos
levantas	levantáis
levanta	levantan

perfecto de indicativo
he levantado	hemos levantado
has levantado	habéis levantado
ha levantado	han levantado

imperfecto de indicativo
levantaba	levantábamos
levantabas	levantabais
levantaba	levantaban

pluscuamperfecto de indicativo
había levantado	habíamos levantado
habías levantado	habíais levantado
había levantado	habían levantado

pretérito
levanté	levantamos
levantaste	levantasteis
levantó	levantaron

pretérito anterior
hube levantado	hubimos levantado
hubiste levantado	hubisteis levantado
hubo levantado	hubieron levantado

futuro
levantaré	levantaremos
levantarás	levantaréis
levantará	levantarán

futuro perfecto
habré levantado	habremos levantado
habrás levantado	habréis levantado
habrá levantado	habrán levantado

condicional simple
levantaría	levantaríamos
levantarías	levantaríais
levantaría	levantarían

condicional compuesto
habría levantado	habríamos levantado
habrías levantado	habríais levantado
habría levantado	habrían levantado

presente de subjuntivo
levante	levantemos
levantes	levantéis
levante	levanten

perfecto de subjuntivo
haya levantado	hayamos levantado
hayas levantado	hayáis levantado
haya levantado	hayan levantado

imperfecto de subjuntivo
levantara	levantáramos
levantaras	levantarais
levantara	levantaran
OR	
levantase	levantásemos
levantases	levantaseis
levantase	levantasen

pluscuamperfecto de subjuntivo
hubiera levantado	hubiéramos levantado
hubieras levantado	hubierais levantado
hubiera levantado	hubieran levantado
OR	
hubiese levantado	hubiésemos levantado
hubieses levantado	hubieseis levantado
hubiese levantado	hubiesen levantado

imperativo
—	levantemos
levanta; no levantes	levantad; no levantéis
levante	levanten

to clean

limpiar

SINGULAR	PLURAL	SINGULAR	PLURAL
presente de indicativo		**perfecto de indicativo**	
limpio	limpiamos	he limpiado	hemos limpiado
limpias	limpiáis	has limpiado	habéis limpiado
limpia	limpian	ha limpiado	han limpiado
imperfecto de indicativo		**pluscuamperfecto de indicativo**	
limpiaba	limpiábamos	había limpiado	habíamos limpiado
limpiabas	limpiabais	habías limpiado	habíais limpiado
limpiaba	limpiaban	había limpiado	habían limpiado
pretérito		**pretérito anterior**	
limpié	limpiamos	hube limpiado	hubimos limpiado
limpiaste	limpiasteis	hubiste limpiado	hubisteis limpiado
limpió	limpiaron	hubo limpiado	hubieron limpiado
futuro		**futuro perfecto**	
limpiaré	limpiaremos	habré limpiado	habremos limpiado
limpiarás	limpiaréis	habrás limpiado	habréis limpiado
llimpiará	limpiarán	habrá limpiado	habrán limpiado
condicional simple		**condicional compuesto**	
limpiaría	limpiaríamos	habría limpiado	habríamos limpiado
limpiarías	limpiaríais	habrías limpiado	habríais limpiado
limpiaría	limpiarían	habría limpiado	habrían limpiado
presente de subjuntivo		**perfecto de subjuntivo**	
limpie	limpiemos	haya limpiado	hayamos limpiado
limpies	limpiéis	hayas limpiado	hayáis limpiado
limpie	limpien	haya limpiado	hayan limpiado
imperfecto de subjuntivo		**pluscuamperfecto de subjuntivo**	
limpiara	limiáramos	hubiera limpiado	hubiéramos limpiado
limpiaras	limpiarais	hubieras limpiado	hubierais limpiado
limpiara	limpiaran	hubiera limpiado	hubieran limpiado
OR		OR	
limpiase	limpiásemos	hubiese limpiado	hubiésemos limpiado
limpiases	limpiaseis	hubieses limpiado	hubieseis limpiado
limpiase	limpiasen	hubiese limpiado	hubiesen limpiado

L

imperativo

—	limpiemos
limpia; no limpies	limpiad; no limpiéis
limpie	limpien

MUST
KNOW
VERB

SINGULAR	PLURAL	SINGULAR	PLURAL

presente de indicativo

llamo	llamamos	
llamas	llamáis	
llama	llaman	

perfecto de indicativo

he llamado	hemos llamado
has llamado	habéis llamado
ha llamado	han llamado

imperfecto de indicativo

llamaba	llamábamos
llamabas	llamabais
llamaba	llamaban

pluscuamperfecto de indicativo

había llamado	habíamos llamado
habías llamado	habíais llamado
había llamado	habían llamado

pretérito

llamé	llamamos
llamaste	llamasteis
llamó	llamaron

pretérito anterior

hube llamado	hubimos llamado
hubiste llamado	hubisteis llamado
hubo llamado	hubieron llamado

futuro

llamaré	llamaremos
llamarás	llamaréis
llamará	llamarán

futuro perfecto

habré llamado	habremos llamado
habrás llamado	habréis llamado
habrá llamado	habrán llamado

condicional simple

llamaría	llamaríamos
llamarías	llamaríais
llamaría	llamarían

condicional compuesto

habría llamado	habríamos llamado
habrías llamado	habríais llamado
habría llamado	habrían llamado

presente de subjuntivo

llame	llamemos
llames	llaméis
llame	llamen

perfecto de subjuntivo

haya llamado	hayamos llamado
hayas llamado	hayáis llamado
haya llamado	hayan llamado

imperfecto de subjuntivo

llamara	llamáramos
llamaras	llamarais
llamara	llamaran
OR	
llamase	llamásemos
llamases	llamaseis
llamase	llamasen

pluscuamperfecto de subjuntivo

hubiera llamado	hubiéramos llamado
hubieras llamado	hubierais llamado
hubiera llamado	hubieran llamado
OR	
hubiese llamado	hubiésemos llamado
hubieses llamado	hubieseis llamado
hubiese llamado	hubiesen llamado

imperativo

—	llamemos
llama; no llames	llamad; no llaméis
llame	llamen

MUST KNOW VERB

to arrive

gerundio llegando   **participio de pasado llegado**

SINGULAR	PLURAL	SINGULAR	PLURAL

presente de indicativo

		perfecto de indicativo	
llego	llegamos	**he** llegado	**hemos** llegado
llegas	llegáis	**has** llegado	**habéis** llegado
llega	llegan	**ha** llegado	**han** llegado

imperfecto de indicativo

		pluscuamperfecto de indicativo	
llegaba	llegábamos	**había** llegado	**habíamos** llegado
llegabas	llegabais	**habías** llegado	**habíais** llegado
llegaba	llegaban	**había** llegado	**habían** llegado

L

pretérito

		pretérito anterior	
llegué	llegamos	**hube** llegado	**hubimos** llegado
llegaste	llegasteis	**hubiste** llegado	**hubisteis** llegado
llegó	llegaron	**hubo** llegado	**hubieron** llegado

futuro

		futuro perfecto	
llegaré	llegaremos	**habré** llegado	**habremos** llegado
llegarás	llegaréis	**habrás** llegado	**habréis** llegado
llegará	llegarán	**habrá** llegado	**habrán** llegado

condicional simple

		condicional compuesto	
llegaría	llegaríamos	**habría** llegado	**habríamos** llegado
llegarías	llegaríais	**habrías** llegado	**habríais** llegado
llegaría	llegarían	**habría** llegado	**habrían** llegado

presente de subjuntivo

		perfecto de subjuntivo	
llegue	lleguemos	**haya** llegado	**hayamos** llegado
llegues	lleguéis	**hayas** llegado	**hayáis** llegado
llegue	lleguen	**haya** llegado	**hayan** llegado

imperfecto de subjuntivo

		pluscuamperfecto de subjuntivo	
llegara	llegáramos	**hubiera** llegado	**hubiéramos** llegado
llegaras	llegarais	**hubieras** llegado	**hubierais** llegado
llegara	llegaran	**hubiera** llegado	**hubieran** llegado
OR		OR	
llegase	llegásemos	**hubiese** llegado	**hubiésemos** llegado
llegases	llegaseis	**hubieses** llegado	**hubieseis** llegado
llegase	llegasen	**hubiese** llegado	**hubiesen** llegado

imperativo

—	lleguemos
llega; no llegues	llegad; no lleguéis
llegue	lleguen

gerundio **llenando**   participio de pasado **llenado**

SINGULAR	PLURAL	SINGULAR	PLURAL

presente de indicativo

lleno	llenamos		
llenas	llenáis		
llena	llenan		

perfecto de indicativo

he llenado	hemos llenado		
has llenado	habéis llenado		
ha llenado	han llenado		

imperfecto de indicativo

llenaba	llenábamos
llenabas	llenabais
llenaba	llenaban

pluscuamperfecto de indicativo

había llenado	habíamos llenado
habías llenado	habíais llenado
había llenado	habían llenado

pretérito

llené	llenamos
llenaste	llenasteis
llenó	llenaron

pretérito anterior

hube llenado	hubimos llenado
hubiste llenado	hubisteis llenado
hubo llenado	hubieron llenado

futuro

llenaré	llenaremos
llenarás	llenaréis
llenará	llenarán

futuro perfecto

habré llenado	habremos llenado
habrás llenado	habréis llenado
habrá llenado	habrán llenado

condicional simple

llenaría	llenaríamos
llenarías	llenaríais
llenaría	llenarían

condicional compuesto

habría llenado	habríamos llenado
habrías llenado	habríais llenado
habría llenado	habrían llenado

presente de subjuntivo

llene	llenemos
llenes	llenéis
llene	llenen

perfecto de subjuntivo

haya llenado	hayamos llenado
hayas llenado	hayáis llenado
haya llenado	hayan llenado

imperfecto de subjuntivo

llenara	llenáramos
llenaras	llenarais
llenara	llenaran
OR	
llenase	llenásemos
llenases	llenaseis
llenase	llenasen

pluscuamperfecto de subjuntivo

hubiera llenado	hubiéramos llenado
hubieras llenado	hubierais llenado
hubiera llenado	hubieran llenado
OR	
hubiese llenado	hubiésemos llenado
hubieses llenado	hubieseis llenado
hubiese llenado	hubiesen llenado

imperativo

—	llenemos
llena; no llenes	llenad; no llenéis
llene	llenen

to carry away, to take away, to wear llevar

SINGULAR	PLURAL	SINGULAR	PLURAL

presente de indicativo

		perfecto de indicativo	
llevo	llevamos	he llevado	hemos llevado
llevas	lleváis	has llevado	habéis llevado
lleva	llevan	ha llevado	han llevado

imperfecto de indicativo ／ **pluscuamperfecto de indicativo**

llevaba	llevábamos	había llevado	habíamos llevado
llevabas	llevabais	habías llevado	habíais llevado
llevaba	llevaban	había llevado	habían llevado

L

pretérito ／ **pretérito anterior**

llevé	llevamos	hube llevado	hubimos llevado
llevaste	llevasteis	hubiste llevado	hubisteis llevado
llevó	llevaron	hubo llevado	hubieron llevado

futuro ／ **futuro perfecto**

llevaré	llevaremos	habré llevado	habremos llevado
llevarás	llevaréis	habrás llevado	habréis llevado
llevará	llevarán	habrá llevado	habrán llevado

condicional simple ／ **condicional compuesto**

llevaría	llevaríamos	habría llevado	habríamos llevado
llevarías	llevaríais	habrías llevado	habríais llevado
llevaría	llevarían	habría llevado	habrían llevado

presente de subjuntivo ／ **perfecto de subjuntivo**

lleve	llevemos	haya llevado	hayamos llevado
lleves	llevéis	hayas llevado	hayáis llevado
lleve	lleven	haya llevado	hayan llevado

imperfecto de subjuntivo ／ **pluscuamperfecto de subjuntivo**

llevara	lleváramos	hubiera llevado	hubiéramos llevado
llevaras	llevarais	hubieras llevado	hubierais llevado
llevara	llevaran	hubiera llevado	hubieran llevado
OR		OR	
llevase	llevásemos	hubiese llevado	hubiésemos llevado
llevases	llevaseis	hubieses llevado	hubieseis llevado
llevase	llevasen	hubiese llevado	hubiesen llevado

imperativo

—	llevemos
lleva; no lleves	llevad; no llevéis
lleve	lleven

MUST
KNOW
VERB

llorar

to cry

SINGULAR	PLURAL	SINGULAR	PLURAL

presente de indicativo
lloro	lloramos
lloras	lloráis
llora	lloran

perfecto de indicativo
he llorado	**hemos** llorado
has llorado	**habéis** llorado
ha llorado	**han** llorado

imperfecto de indicativo
lloraba	llorábamos
llorabas	llorabais
lloraba	lloraban

pluscuamperfecto de indicativo
había llorado	**habíamos** llorado
habías llorado	**habíais** llorado
había llorado	**habían** llorado

pretérito
lloré	lloramos
lloraste	llorasteis
lloró	lloraron

pretérito anterior
hube llorado	**hubimos** llorado
hubiste llorado	**hubisteis** llorado
hubo llorado	**hubieron** llorado

futuro
lloraré	lloraremos
llorarás	lloraréis
llorará	llorarán

futuro perfecto
habré llorado	**habremos** llorado
habrás llorado	**habréis** llorado
habrá llorado	**habrán** llorado

condicional simple
lloraría	lloraríamos
llorarías	lloraríais
lloraría	llorarían

condicional compuesto
habría llorado	**habríamos** llorado
habrías llorado	**habríais** llorado
habría llorado	**habrían** llorado

presente de subjuntivo
llore	lloremos
llores	lloréis
llore	lloren

perfecto de subjuntivo
haya llorado	**hayamos** llorado
hayas llorado	**hayáis** llorado
haya llorado	**hayan** llorado

imperfecto de subjuntivo
llorara	lloráramos
lloraras	llorarais
llorara	lloraran
OR	
llorase	llorásemos
llorases	lloraseis
llorase	llorasen

pluscuamperfecto de subjuntivo
hubiera llorado	**hubiéramos** llorado
hubieras llorado	**hubierais** llorado
hubiera llorado	**hubieran** llorado
OR	
hubiese llorado	**hubiésemos** llorado
hubieses llorado	**hubieseis** llorado
hubiese llorado	**hubiesen** llorado

imperativo
—	lloremos
llora; no llores	llorad; no lloréis
llore	lloren

SINGULAR	PLURAL	SINGULAR	PLURAL

presente de indicativo

SINGULAR	PLURAL
lucho	luchamos
luchas	lucháis
lucha	luchan

perfecto de indicativo

SINGULAR	PLURAL
he luchado	hemos luchado
has luchado	habéis luchado
ha luchado	han luchado

imperfecto de indicativo

luchaba	luchábamos
luchabas	luchabais
luchaba	luchaban

pluscuamperfecto de indicativo

L

había luchado	habíamos luchado
habías luchado	habíais luchado
había luchado	habían luchado

pretérito

luché	luchamos
luchaste	luchasteis
luchó	lucharon

pretérito anterior

hube luchado	hubimos luchado
hubiste luchado	hubisteis luchado
hubo luchado	hubieron luchado

futuro

lucharé	lucharemos
lucharás	lucharéis
luchará	lucharán

futuro perfecto

habré luchado	habremos luchado
habrás luchado	habréis luchado
habrá luchado	habrán luchado

condicional simple

lucharía	lucharíamos
lucharías	lucharíais
lucharía	lucharían

condicional compuesto

habría luchado	habríamos luchado
habrías luchado	habríais luchado
habría luchado	habrían luchado

presente de subjuntivo

luche	luchemos
luches	luchéis
luche	luchen

perfecto de subjuntivo

haya luchado	hayamos luchado
hayas luchado	hayáis luchado
haya luchado	hayan luchado

imperfecto de subjuntivo

luchara	lucháramos
lucharas	lucharais
luchara	lucharan
OR	
luchase	luchásemos
luchases	luchaseis
luchase	luchasen

pluscuamperfecto de subjuntivo

hubiera luchado	hubiéramos luchado
hubieras luchado	hubierais luchado
hubiera luchado	hubieran luchado
OR	
hubiese luchado	hubiésemos luchado
hubieses luchado	hubieseis luchado
hubiese luchado	hubiesen luchado

imperativo

—	luchemos
lucha; no luches	luchad; no luchéis
luche	luchen

madurar
to mature, to ripen

SINGULAR	PLURAL	SINGULAR	PLURAL

presente de indicativo

maduro	maduramos
maduras	maduráis
madura	maduran

perfecto de indicativo

he madurado	hemos madurado
has madurado	habéis madurado
ha madurado	han madurado

imperfecto de indicativo

maduraba	madurábamos
madurabas	madurabais
maduraba	maduraban

pluscuamperfecto de indicativo

había madurado	habíamos madurado
habías madurado	habíais madurado
había madurado	habían madurado

pretérito

maduré	maduramos
maduraste	madurasteis
maduró	maduraron

pretérito anterior

hube madurado	hubimos madurado
hubiste madurado	hubisteis madurado
hubo madurado	hubieron madurado

futuro

maduraré	maduraremos
madurarás	maduraréis
madurará	madurarán

futuro perfecto

habré madurado	habremos madurado
habrás madurado	habréis madurado
habrá madurado	habrán madurado

condicional simple

maduraría	maduraríamos
madurarías	maduraríais
maduraría	madurarían

condicional compuesto

habría madurado	habríamos madurado
habrías madurado	habríais madurado
habría madurado	habrían madurado

presente de subjuntivo

madure	maduremos
madures	maduréis
madure	maduren

perfecto de subjuntivo

haya madurado	hayamos madurado
hayas madurado	hayáis madurado
haya madurado	hayan madurado

imperfecto de subjuntivo

madurara	maduráramos
maduraras	madurarais
madurara	maduraran
OR	
madurase	madurásemos
madurases	maduraseis
madurase	madurasen

pluscuamperfecto de subjuntivo

hubiera madurado	hubiéramos madurado
hubieras madurado	hubierais madurado
hubiera madurado	hubieran madurado
OR	
hubiese madurado	hubiésemos madurado
hubieses madurado	hubieseis madurado
hubiese madurado	hubiesen madurado

imperativo

—	maduremos
madura;	madurad;
no madures	no maduréis
madure	maduren

to curse

gerundio **maldiciendo**   participio de pasado **maldecido**

SINGULAR	PLURAL	SINGULAR	PLURAL

presente de indicativo

maldig**o**	maldec**imos**
maldic**es**	maldec**ís**
maldic**e**	maldic**en**

perfecto de indicativo

he maldecido	**hemos** maldecido
has maldecido	**habéis** maldecido
ha maldecido	**han** maldecido

imperfecto de indicativo

maldec**ía**	maldec**íamos**
maldec**ías**	maldec**íais**
maldec**ía**	maldec**ían**

pluscuamperfecto de indicativo

había maldecido	**habíamos** maldecido
habías maldecido	**habíais** maldecido
había maldecido	**habían** maldecido

M

pretérito

maldij**e**	maldij**imos**
maldij**iste**	maldij**isteis**
maldij**o**	maldij**eron**

pretérito anterior

hube maldecido	**hubimos** maldecido
hubiste maldecido	**hubisteis** maldecido
hubo maldecido	**hubieron** maldecido

futuro

maldecir**é**	maldecir**emos**
maldecir**ás**	maldecir**éis**
maldecir**á**	maldecir**án**

futuro perfecto

habré maldecido	**habremos** maldecido
habrás maldecido	**habréis** maldecido
habrá maldecido	**habrán** maldecido

condicional simple

maldecir**ía**	maldecir**íamos**
maldecir**ías**	maldecir**íais**
maldecir**ía**	maldecir**ían**

condicional compuesto

habría maldecido	**habríamos** maldecido
habrías maldecido	**habríais** maldecido
habría maldecido	**habrían** maldecido

presente de subjuntivo

maldig**a**	maldig**amos**
maldig**as**	maldig**áis**
maldig**a**	maldig**an**

perfecto de subjuntivo

haya maldecido	**hayamos** maldecido
hayas maldecido	**hayáis** maldecido
haya maldecido	**hayan** maldecido

imperfecto de subjuntivo

maldij**era**	maldij**éramos**
maldij**eras**	maldij**erais**
maldij**era**	maldij**eran**
OR	
maldij**ese**	maldij**ésemos**
maldij**eses**	maldij**eseis**
maldij**ese**	maldij**esen**

pluscuamperfecto de subjuntivo

hubiera maldecido	**hubiéramos** maldecido
hubieras maldecido	**hubierais** maldecido
hubiera maldecido	**hubieran** maldecido
OR	
hubiese maldecido	**hubiésemos** maldecido
hubieses maldecido	**hubieseis** maldecido
hubiese maldecido	**hubiesen** maldecido

imperativo

—	maldigamos
maldice;	maldecid;
no maldigas	no maldigáis
maldiga	maldigan

SINGULAR	PLURAL	SINGULAR	PLURAL

presente de indicativo

maltrat**o**	maltrat**amos**	
maltrat**as**	maltrat**áis**	
maltrat**a**	maltrat**an**	

perfecto de indicativo

he maltratado	**hemos** maltratado
has maltratado	**habéis** maltratado
ha maltratado	**han** maltratado

imperfecto de indicativo

maltrat**aba**	maltrat**ábamos**
maltrat**abas**	maltrat**abais**
maltrat**aba**	maltrat**aban**

pluscuamperfecto de indicativo

había maltratado	**habíamos** maltratado
habías maltratado	**habíais** maltratado
había maltratado	**habían** maltratado

pretérito

maltrat**é**	maltrat**amos**
maltrat**aste**	maltrat**asteis**
maltrat**ó**	maltrat**aron**

pretérito anterior

hube maltratado	**hubimos** maltratado
hubiste maltratado	**hubisteis** maltratado
hubo maltratado	**hubieron** maltratado

futuro

maltrataré	maltratar**emos**
maltratar**ás**	maltratar**éis**
maltratar**á**	maltratar**án**

futuro perfecto

habré maltratado	**habremos** maltratado
habrás maltratado	**habréis** maltratado
habrá maltratado	**habrán** maltratado

condicional simple

maltratar**ía**	maltratar**íamos**
maltratar**ías**	maltratar**íais**
maltratar**ía**	maltratar**ían**

condicional compuesto

habría maltratado	**habríamos** maltratado
habrías maltratado	**habríais** maltratado
habría maltratado	**habrían** maltratado

presente de subjuntivo

maltrat**e**	maltrat**emos**
maltrat**es**	maltrat**éis**
maltrat**e**	maltrat**en**

perfecto de subjuntivo

haya maltratado	**hayamos** maltratado
hayas maltratado	**hayáis** maltratado
haya maltratado	**hayan** maltratado

imperfecto de subjuntivo

maltrat**ara**	maltrat**áramos**
maltrat**aras**	maltrat**arais**
maltrat**ara**	maltrat**aran**
OR	
maltrat**ase**	maltrat**ásemos**
maltrat**ases**	maltrat**aseis**
maltrat**ase**	maltrat**asen**

pluscuamperfecto de subjuntivo

hubiera maltratado	**hubiéramos** maltratado
hubieras maltratado	**hubierais** maltratado
hubiera maltratado	**hubieran** maltratado
OR	
hubiese maltratado	**hubiésemos** maltratado
hubieses maltratado	**hubieseis** maltratado
hubiese maltratado	**hubiesen** maltratado

imperativo

—	maltratemos
maltrata;	maltratad;
no maltrates	no maltratéis
maltrate	maltraten

to send, to order, to command mandar

SINGULAR	PLURAL	SINGULAR	PLURAL

presente de indicativo

		perfecto de indicativo	
mand**o**	mand**amos**	**he** mandado	**hemos** mandado
mand**as**	mand**áis**	**has** mandado	**habéis** mandado
mand**a**	mand**an**	**ha** mandado	**han** mandado

imperfecto de indicativo

		pluscuamperfecto de indicativo	
mand**aba**	mand**ábamos**	**había** mandado	**habíamos** mandado
mand**abas**	mand**abais**	**habías** mandado	**habíais** mandado
mand**aba**	mand**aban**	**había** mandado	**habían** mandado

M

pretérito

		pretérito anterior	
mand**é**	mand**amos**	**hube** mandado	**hubimos** mandado
mand**aste**	mand**asteis**	**hubiste** mandado	**hubisteis** mandado
mand**ó**	mand**aron**	**hubo** mandado	**hubieron** mandado

futuro

		futuro perfecto	
mandar**é**	mandar**emos**	**habré** mandado	**habremos** mandado
mandar**ás**	mandar**éis**	**habrás** mandado	**habréis** mandado
mandar**á**	mandar**án**	**habrá** mandado	**habrán** mandado

condicional simple

		condicional compuesto	
mandar**ía**	mandar**íamos**	**habría** mandado	**habríamos** mandado
mandar**ías**	mandar**íais**	**habrías** mandado	**habríais** mandado
mandar**ía**	mandar**ían**	**habría** mandado	**habrían** mandado

presente de subjuntivo

		perfecto de subjuntivo	
mand**e**	mand**emos**	**haya** mandado	**hayamos** mandado
mand**es**	mand**éis**	**hayas** mandado	**hayáis** mandado
mand**e**	mand**en**	**haya** mandado	**hayan** mandado

imperfecto de subjuntivo

		pluscuamperfecto de subjuntivo	
mand**ara**	mand**áramos**	**hubiera** mandado	**hubiéramos** mandado
mand**aras**	mand**arais**	**hubieras** mandado	**hubierais** mandado
mand**ara**	mand**aran**	**hubiera** mandado	**hubieran** mandado
OR		OR	
mand**ase**	mand**ásemos**	**hubiese** mandado	**hubiésemos** mandado
mand**ases**	mand**aseis**	**hubieses** mandado	**hubieseis** mandado
mand**ase**	mand**asen**	**hubiese** mandado	**hubiesen** mandado

imperativo

—	mandemos
manda;	mandad;
no mandes	no mandéis
mande	manden

SINGULAR	PLURAL	SINGULAR	PLURAL

presente de indicativo

manej**o**	manej**amos**
manej**as**	manej**áis**
manej**a**	manej**an**

perfecto de indicativo

he manejado	**hemos** manejado
has manejado	**habéis** manejado
ha manejado	**han** manejado

imperfecto de indicativo

manej**aba**	manej**ábamos**
manej**abas**	manej**abais**
manej**aba**	manej**aban**

pluscuamperfecto de indicativo

había manejado	**habíamos** manejado
habías manejado	**habíais** manejado
había manejado	**habían** manejado

pretérito

manej**é**	manej**amos**
manej**aste**	manej**asteis**
manej**ó**	manej**aron**

pretérito anterior

hube manejado	**hubimos** manejado
hubiste manejado	**hubisteis** manejado
hubo manejado	**hubieron** manejado

futuro

manejar**é**	manejar**emos**
manejar**ás**	manejar**éis**
manejar**á**	manejar**án**

futuro perfecto

habré manejado	**habremos** manejado
habrás manejado	**habréis** manejado
habrá manejado	**habrán** manejado

condicional simple

manejar**ía**	manejar**íamos**
manejar**ías**	manejar**íais**
manejar**ía**	manejar**ían**

condicional compuesto

habría manejado	**habríamos** manejado
habrías manejado	**habríais** manejado
habría manejado	**habrían** manejado

presente de subjuntivo

manej**e**	manej**emos**
manej**es**	manej**éis**
manej**e**	manej**en**

perfecto de subjuntivo

haya manejado	**hayamos** manejado
hayas manejado	**hayáis** manejado
haya manejado	**hayan** manejado

imperfecto de subjuntivo

manejar**a**	manejár**amos**
manejar**as**	manejar**ais**
manejar**a**	manejar**an**
OR	
manejas**e**	manejás**emos**
manejas**es**	manejas**eis**
manejas**e**	manejas**en**

pluscuamperfecto de subjuntivo

hubiera manejado	**hubiéramos** manejado
hubieras manejado	**hubierais** manejado
hubiera manejado	**hubieran** manejado
OR	
hubiese manejado	**hubiésemos** manejado
hubieses manejado	**hubieseis** manejado
hubiese manejado	**hubiesen** manejado

imperativo

—	manejemos
maneja; no manejes	manejad; no manejéis
maneje	manejen

to manifest, to display

M

SINGULAR	PLURAL	SINGULAR	PLURAL

presente de indicativo

manifiest**o**	manifest**amos**
manifiest**as**	manifest**áis**
manifiest**a**	manifiest**an**

perfecto de indicativo

he manifestado	**hemos** manifestado
has manifestado	**habéis** manifestado
ha manifestado	**han** manifestado

imperfecto de indicativo

manifest**aba**	manifest**ábamos**
manifest**abas**	manifest**abais**
manifest**aba**	manifest**aban**

pluscuamperfecto de indicativo

había manifestado	**habíamos** manifestado
habías manifestado	**habíais** manifestado
había manifestado	**habían** manifestado

pretérito

manifest**é**	manifest**amos**
manifest**aste**	manifest**asteis**
manifest**ó**	manifest**aron**

pretérito anterior

hube manifestado	**hubimos** manifestado
hubiste manifestado	**hubisteis** manifestado
hubo manifestado	**hubieron** manifestado

futuro

manifestar**é**	manifestar**emos**
manifestar**ás**	manifestar**éis**
manifestar**á**	manifestar**án**

futuro perfecto

habré manifestado	**habremos** manifestado
habrás manifestado	**habréis** manifestado
habrá manifestado	**habrán** manifestado

condicional simple

manifestar**ía**	manifestar**íamos**
manifestar**ías**	manifestar**íais**
manifestar**ía**	manifestar**ían**

condicional compuesto

habría manifestado	**habríamos** manifestado
habrías manifestado	**habríais** manifestado
habría manifestado	**habrían** manifestado

presente de subjuntivo

manifiest**e**	manifest**emos**
manifiest**es**	manifest**éis**
manifiest**e**	manifiest**en**

perfecto de subjuntivo

haya manifestado	**hayamos** manifestado
hayas manifestado	**hayáis** manifestado
haya manifestado	**hayan** manifestado

imperfecto de subjuntivo

manifestar**a**	manifestár**amos**
manifestar**as**	manifestar**ais**
manifestar**a**	manifestar**an**
OR	
manifestas**e**	manifestás**emos**
manifestas**es**	manifestas**eis**
manifestas**e**	manifestas**en**

pluscuamperfecto de subjuntivo

hubiera manifestado	**hubiéramos** manifestado
hubieras manifestado	**hubierais** manifestado
hubiera manifestado	**hubieran** manifestado
OR	
hubiese manifestado	**hubiésemos** manifestado
hubieses manifestado	**hubieseis** manifestado
hubiese manifestado	**hubiesen** manifestado

imperativo

—	manifestemos
manifiesta;	manifestad;
no manifiestes	no manifestéis
manifieste	manifiesten

manipular
to manipulate

SINGULAR	PLURAL	SINGULAR	PLURAL

presente de indicativo

manipul**o**	manipul**amos**
manipul**as**	manipul**áis**
manipul**a**	manipul**an**

perfecto de indicativo

he manipulado	**hemos** manipulado
has manipulado	**habéis** manipulado
ha manipulado	**han** manipulado

imperfecto de indicativo

manipul**aba**	manipul**ábamos**
manipul**abas**	manipul**abais**
manipul**aba**	manipul**aban**

pluscuamperfecto de indicativo

había manipulado	**habíamos** manipulado
habías manipulado	**habíais** manipulado
había manipulado	**habían** manipulado

pretérito

manipul**é**	manipul**amos**
manipul**aste**	manipul**asteis**
manipul**ó**	manipul**aron**

pretérito anterior

hube manipulado	**hubimos** manipulado
hubiste manipulado	**hubisteis** manipulado
hubo manipulado	**hubieron** manipulado

futuro

manipular**é**	manipular**emos**
manipular**ás**	manipular**éis**
manipular**á**	manipular**án**

futuro perfecto

habré manipulado	**habremos** manipulado
habrás manipulado	**habréis** manipulado
habrá manipulado	**habrán** manipulado

condicional simple

manipular**ía**	manipular**íamos**
manipular**ías**	manipular**íais**
manipular**ía**	manipular**ían**

condicional compuesto

habría manipulado	**habríamos** manipulado
habrías manipulado	**habríais** manipulado
habría manipulado	**habrían** manipulado

presente de subjuntivo

manipul**e**	manipul**emos**
manipul**es**	manipul**éis**
manipul**e**	manipul**en**

perfecto de subjuntivo

haya manipulado	**hayamos** manipulado
hayas manipulado	**hayáis** manipulado
haya manipulado	**hayan** manipulado

imperfecto de subjuntivo

manipul**ara**	manipul**áramos**
manipul**aras**	manipul**arais**
manipul**ara**	manipul**aran**
OR	
manipul**ase**	manipul**ásemos**
manipul**ases**	manipul**aseis**
manipul**ase**	manipul**asen**

pluscuamperfecto de subjuntivo

hubiera manipulado	**hubiéramos** manipulado
hubieras manipulado	**hubierais** manipulado
hubiera manipulado	**hubieran** manipulado
OR	
hubiese manipulado	**hubiésemos** manipulado
hubieses manipulado	**hubieseis** manipulado
hubiese manipulado	**hubiesen** manipulado

imperativo

—	manipulemos
manipula;	manipulad;
no manipules	no manipuléis
manipule	manipulen

to maintain, to support   mantener

SINGULAR	PLURAL	SINGULAR	PLURAL
presente de indicativo		**perfecto de indicativo**	
mantengo	mantenemos	he mantenido	hemos mantenido
mantienes	mantenéis	has mantenido	habéis mantenido
mantiene	mantienen	ha mantenido	han mantenido
imperfecto de indicativo		**pluscuamperfecto de indicativo**	
mantenía	manteníamos	había mantenido	habíamos mantenido
mantenías	manteníais	habías mantenido	habíais mantenido
mantenía	mantenían	había mantenido	habían mantenido
pretérito		**pretérito anterior**	
mantuve	mantuvimos	hube mantenido	hubimos mantenido
mantuviste	mantuvisteis	hubiste mantenido	hubisteis mantenido
mantuvo	mantuvieron	hubo mantenido	hubieron mantenido
futuro		**futuro perfecto**	
mantendré	mantendremos	habré mantenido	habremos mantenido
mantendrás	mantendréis	habrás mantenido	habréis mantenido
mantendrá	mantendrán	habrá mantenido	habrán mantenido
condicional simple		**condicional compuesto**	
mantendría	mantendríamos	habría mantenido	habríamos mantenido
mantendrías	mantendríais	habrías mantenido	habríais mantenido
mantendría	mantendrían	habría mantenido	habrían mantenido
presente de subjuntivo		**perfecto de subjuntivo**	
mantenga	mantengamos	haya mantenido	hayamos mantenido
mantengas	mantengáis	hayas mantenido	hayáis mantenido
mantenga	mantengan	haya mantenido	hayan mantenido
imperfecto de subjuntivo		**pluscuamperfecto de subjuntivo**	
mantuviera	mantuviéramos	hubiera mantenido	hubiéramos mantenido
mantuvieras	mantuvierais	hubieras mantenido	hubierais mantenido
mantuviera	mantuvieran	hubiera mantenido	hubieran mantenido
OR		OR	
mantuviese	mantuviésemos	hubiese mantenido	hubiésemos mantenido
mantuvieses	mantuvieseis	hubieses mantenido	hubieseis mantenido
mantuviese	mantuviesen	hubiese mantenido	hubiesen mantenido
imperativo			
—	mantengamos		
manten;	mantened;		
no mantengas	no mantengáis		
mantenga	mantengan		

M

gerundio **marcando**   participio de pasado **marcado**

SINGULAR	PLURAL	SINGULAR	PLURAL

presente de indicativo

SINGULAR	PLURAL
marco	marcamos
marcas	marcáis
marca	marcan

perfecto de indicativo

SINGULAR	PLURAL
he marcado	hemos marcado
has marcado	habéis marcado
ha marcado	han marcado

imperfecto de indicativo

SINGULAR	PLURAL
marcaba	marcábamos
marcabas	marcabais
marcaba	marcaban

pluscuamperfecto de indicativo

SINGULAR	PLURAL
había marcado	habíamos marcado
habías marcado	habíais marcado
había marcado	habían marcado

pretérito

SINGULAR	PLURAL
marqué	marcamos
marcaste	marcasteis
marcó	marcaron

pretérito anterior

SINGULAR	PLURAL
hube marcado	hubimos marcado
hubiste marcado	hubisteis marcado
hubo marcado	hubieron marcado

futuro

SINGULAR	PLURAL
marcaré	marcaremos
marcarás	marcaréis
marcará	marcarán

futuro perfecto

SINGULAR	PLURAL
habré marcado	habremos marcado
habrás marcado	habréis marcado
habrá marcado	habrán marcado

condicional simple

SINGULAR	PLURAL
marcaría	marcaríamos
marcarías	marcaríais
marcaría	marcarían

condicional compuesto

SINGULAR	PLURAL
habría marcado	habríamos marcado
habrías marcado	habríais marcado
habría marcado	habrían marcado

presente de subjuntivo

SINGULAR	PLURAL
marque	marquemos
marques	marquéis
marque	marquen

perfecto de subjuntivo

SINGULAR	PLURAL
haya marcado	hayamos marcado
hayas marcado	hayáis marcado
haya marcado	hayan marcado

imperfecto de subjuntivo

SINGULAR	PLURAL
marcara	marcáramos
marcaras	marcarais
marcara	marcaran
OR	
marcase	marcásemos
marcases	marcaseis
marcase	marcasen

pluscuamperfecto de subjuntivo

SINGULAR	PLURAL
hubiera marcado	hubiéramos marcado
hubieras marcado	hubierais marcado
hubiera marcado	hubieran marcado
OR	
hubiese marcado	hubiésemos marcado
hubieses marcado	hubieseis marcado
hubiese marcado	hubiesen marcado

imperativo

SINGULAR	PLURAL
—	marquemos
marca; no marques	marcad; no marquéis
marque	marquen

gerundio **marchando**   participio de pasado **marchado**

SINGULAR	PLURAL	SINGULAR	PLURAL

presente de indicativo

march**o**	march**amos**	
march**as**	march**áis**	
march**a**	march**an**	

perfecto de indicativo

he marchado	**hemos** marchado
has marchado	**habéis** marchado
ha marchado	**han** marchado

imperfecto de indicativo

march**aba**	march**ábamos**
march**abas**	march**abais**
march**aba**	march**aban**

pluscuamperfecto de indicativo   **M**

había marchado	**habíamos** marchado
habías marchado	**habíais** marchado
había marchado	**habían** marchado

pretérito

march**é**	march**amos**
march**aste**	march**asteis**
march**ó**	march**aron**

pretérito anterior

hube marchado	**hubimos** marchado
hubiste marchado	**hubisteis** marchado
hubo marchado	**hubieron** marchado

futuro

marchar**é**	marchar**emos**
marchar**ás**	marchar**éis**
marchar**á**	marchar**án**

futuro perfecto

habré marchado	**habremos** marchado
habrás marchado	**habréis** marchado
habrá marchado	**habrán** marchado

condicional simple

marchar**ía**	marchar**íamos**
marchar**ías**	marchar**íais**
marchar**ía**	marchar**ían**

condicional compuesto

habría marchado	**habríamos** marchado
habrías marchado	**habríais** marchado
habría marchado	**habrían** marchado

presente de subjuntivo

march**e**	march**emos**
march**es**	march**éis**
march**e**	march**en**

perfecto de subjuntivo

haya marchado	**hayamos** marchado
hayas marchado	**hayáis** marchado
haya marchado	**hayan** marchado

imperfecto de subjuntivo

marchar**a**	marchár**amos**
marchar**as**	marchar**ais**
marchar**a**	marchar**an**
OR	
marchas**e**	marchás**emos**
marchas**es**	marchas**eis**
marchas**e**	marchas**en**

pluscuamperfecto de subjuntivo

hubiera marchado	**hubiéramos** marchado
hubieras marchado	**hubierais** marchado
hubiera marchado	**hubieran** marchado
OR	
hubiese marchado	**hubiésemos** marchado
hubieses marchado	**hubieseis** marchado
hubiese marchado	**hubiesen** marchado

imperativo

—	marchemos
marcha;	marchad;
no marches	no marchéis
marche	marchen

gerundio marchándose   **participio de pasado** marchado

SINGULAR	PLURAL	SINGULAR	PLURAL

presente de indicativo

		perfecto de indicativo	
me march**o**	nos march**amos**	**me he** marchado	**nos hemos** marchado
te march**as**	os march**áis**	**te has** marchado	**os habéis** marchado
se march**a**	se march**an**	**se ha** marchado	**se han** marchado

imperfecto de indicativo

		pluscuamperfecto de indicativo	
me march**aba**	nos march**ábamos**	**me había** marchado	**nos habíamos** marchado
te march**abas**	os march**abais**	**te habías** marchado	**os habíais** marchado
se march**aba**	se march**aban**	**se había** marchado	**se habían** marchado

pretérito

		pretérito anterior	
me march**é**	nos march**amos**	**me hube** marchado	**nos hubimos** marchado
te march**aste**	os march**asteis**	**te hubiste** marchado	**os hubisteis** marchado
se march**ó**	se march**aron**	**se hubo** marchado	**se hubieron** marchado

futuro

		futuro perfecto	
me marchar**é**	nos marchar**emos**	**me habré** marchado	**nos habremos** marchado
te marchar**ás**	os marchar**éis**	**te habrás** marchado	**os habréis** marchado
se marchar**á**	se marchar**án**	**se habrá** marchado	**se habrán** marchado

condicional simple

		condicional compuesto	
me marchar**ía**	nos marchar**íamos**	**me habría** marchado	**nos habríamos** marchado
te marchar**ías**	os marchar**íais**	**te habrías** marchado	**os habríais** marchado
se marchar**ían**	se marchar**ían**	**se habría** marchado	**se habrían** marchado

presente de subjuntivo

		perfecto de subjuntivo	
me march**e**	nos march**emos**	**me haya** marchado	**nos hayamos** marchado
te march**es**	os march**éis**	**te hayas** marchado	**os hayáis** marchado
se march**e**	se march**en**	**se haya** marchado	**se hayan** marchado

imperfecto de subjuntivo

		pluscuamperfecto de subjuntivo	
me marchar**a**	nos marchár**amos**	**me hubiera** marchado	**nos hubiéramos** marchado
te marchar**as**	os marchar**ais**	**te hubieras** marchado	**os hubierais** marchado
se marchar**a**	se marchar**an**	**se hubiera** marchado	**se hubieran** marchado
OR		OR	
me marchas**e**	nos marchás**emos**	**me hubiese** marchado	**nos hubiésemos** marchado
te marchas**es**	os marchas**eis**	**te hubieses** marchado	**os hubieseis** marchado
se marchas**e**	se marchas**en**	**se hubiese** marchado	**se hubiesen** marchado

imperativo

—	marchémonos
márchate;	marchaos;
no te marches	no os marchéis
márchese	márchense

to kill

gerundio **matando**   participio de pasado **matado**

SINGULAR	PLURAL	SINGULAR	PLURAL

presente de indicativo

mat**o**	mat**amos**
mat**as**	mat**áis**
mat**a**	mat**an**

perfecto de indicativo

he matado	**hemos** matado
has matado	**habéis** matado
ha matado	**han** matado

imperfecto de indicativo

mat**aba**	mat**ábamos**
mat**abas**	mat**abais**
mat**aba**	mat**aban**

pluscuamperfecto de indicativo

había matado	**habíamos** matado
habías matado	**habíais** matado
había matado	**habían** matado

M

pretérito

mat**é**	mat**amos**
mat**aste**	mat**asteis**
mat**ó**	mat**aron**

pretérito anterior

hube matado	**hubimos** matado
hubiste matado	**hubisteis** matado
hubo matado	**hubieron** matado

futuro

mat**aré**	mat**aremos**
mat**arás**	mat**aréis**
mat**ará**	mat**arán**

futuro perfecto

habré matado	**habremos** matado
habrás matado	**habréis** matado
habrá matado	**habrán** matado

condicional simple

mat**aría**	mat**aríamos**
mat**arías**	mat**aríais**
mat**aría**	mat**arían**

condicional compuesto

habría matado	**habríamos** matado
habrías matado	**habríais** matado
habría matado	**habrían** matado

presente de subjuntivo

mat**e**	mat**emos**
mat**es**	mat**éis**
mat**e**	mat**en**

perfecto de subjuntivo

haya matado	**hayamos** matado
hayas matado	**hayáis** matado
haya matado	**hayan** matado

imperfecto de subjuntivo

mat**ara**	mat**áramos**
mat**aras**	mat**arais**
mat**ara**	mat**aran**
OR	
mat**ase**	mat**ásemos**
mat**ases**	mat**aseis**
mat**ase**	mat**asen**

pluscuamperfecto de subjuntivo

hubiera matado	**hubiéramos** matado
hubieras matado	**hubierais** matado
hubiera matado	**hubieran** matado
OR	
hubiese matado	**hubiésemos** matado
hubieses matado	**hubieseis** matado
hubiese matado	**hubiesen** matado

imperativo

—	matemos
mata; no mates	matad; no matéis
mate	maten

gerundio **midiendo**   participio de pasado **medido**

SINGULAR	PLURAL	SINGULAR	PLURAL

presente de indicativo

		perfecto de indicativo	
mid**o**	med**imos**	**he** medido	**hemos** medido
mid**es**	med**ís**	**has** medido	**habéis** medido
mid**e**	mid**en**	**ha** medido	**han** medido

imperfecto de indicativo

		pluscuamperfecto de indicativo	
med**ía**	med**íamos**	**había** medido	**habíamos** medido
med**ías**	med**íais**	**habías** medido	**habíais** medido
med**ía**	med**ían**	**había** medido	**habían** medido

pretérito

		pretérito anterior	
med**í**	med**imos**	**hube** medido	**hubimos** medido
med**iste**	med**isteis**	**hubiste** medido	**hubisteis** medido
mid**ió**	mid**ieron**	**hubo** medido	**hubieron** medido

futuro

		futuro perfecto	
medir**é**	medir**emos**	**habré** medido	**habremos** medido
medir**ás**	medir**éis**	**habrás** medido	**habréis** medido
medir**á**	medir**án**	**habrá** medido	**habrán** medido

condicional simple

		condicional compuesto	
medir**ía**	medir**íamos**	**habría** medido	**habríamos** medido
medir**ías**	medir**íais**	**habrías** medido	**habríais** medido
medir**ía**	medir**ían**	**habría** medido	**habrían** medido

presente de subjuntivo

		perfecto de subjuntivo	
mid**a**	mid**amos**	**haya** medido	**hayamos** medido
mid**as**	mid**áis**	**hayas** medido	**hayáis** medido
mid**a**	mid**an**	**haya** medido	**hayan** medido

imperfecto de subjuntivo

		pluscuamperfecto de subjuntivo	
midier**a**	midiér**amos**	**hubiera** medido	**hubiéramos** medido
midier**as**	midier**ais**	**hubieras** medido	**hubierais** medido
midier**a**	midier**an**	**hubiera** medido	**hubieran** medido
OR		OR	
midies**e**	midiés**emos**	**hubiese** medido	**hubiésemos** medido
midies**es**	midies**eis**	**hubieses** medido	**hubieseis** medido
midies**e**	midies**en**	**hubiese** medido	**hubiesen** medido

imperativo

—	mid**amos**
mid**e**;	med**id**;
no mid**as**	no mid**áis**
mid**a**	mid**an**

to make better, to get better   mejorar

SINGULAR	PLURAL	SINGULAR	PLURAL

presente de indicativo

		perfecto de indicativo	
mejor**o**	mejor**amos**	**he** mejorado	**hemos** mejorado
mejor**as**	mejor**áis**	**has** mejorado	**habéis** mejorado
mejor**a**	mejor**an**	**ha** mejorado	**han** mejorado

imperfecto de indicativo | **pluscuamperfecto de indicativo**

mejor**aba**	mejor**ábamos**	**había** mejorado	**habíamos** mejorado
mejor**abas**	mejor**abais**	**habías** mejorado	**habíais** mejorado
mejor**aba**	mejor**aban**	**había** mejorado	**habían** mejorado

pretérito | **pretérito anterior**

mejor**é**	mejor**amos**	**hube** mejorado	**hubimos** mejorado
mejor**aste**	mejor**asteis**	**hubiste** mejorado	**hubisteis** mejorado
mejor**ó**	mejor**aron**	**hubo** mejorado	**hubieron** mejorado

futuro | **futuro perfecto**

mejorar**é**	mejorar**emos**	**habré** mejorado	**habremos** mejorado
mejorar**ás**	mejorar**éis**	**habrás** mejorado	**habréis** mejorado
mejorar**á**	mejorar**án**	**habrá** mejorado	**habrán** mejorado

condicional simple | **condicional compuesto**

mejorar**ía**	mejorar**íamos**	**habría** mejorado	**habríamos** mejorado
mejorar**ías**	mejorar**íais**	**habrías** mejorado	**habríais** mejorado
mejorar**ía**	mejorar**ían**	**habría** mejorado	**habrían** mejorado

presente de subjuntivo | **perfecto de subjuntivo**

mejor**e**	mejor**emos**	**haya** mejorado	**hayamos** mejorado
mejor**es**	mejor**éis**	**hayas** mejorado	**hayáis** mejorado
mejor**e**	mejor**en**	**haya** mejorado	**hayan** mejorado

imperfecto de subjuntivo | **pluscuamperfecto de subjuntivo**

mejor**ara**	mejor**áramos**	**hubiera** mejorado	**hubiéramos** mejorado
mejor**aras**	mejor**arais**	**hubieras** mejorado	**hubierais** mejorado
mejor**ara**	mejor**aran**	**hubiera** mejorado	**hubieran** mejorado
OR		OR	
mejor**ase**	mejor**ásemos**	**hubiese** mejorado	**hubiésemos** mejorado
mejor**ases**	mejor**aseis**	**hubieses** mejorado	**hubieseis** mejorado
mejor**ase**	mejor**asen**	**hubiese** mejorado	**hubiesen** mejorado

imperativo

—	mejoremos
mejora;	mejorad;
no mejores	no mejoréis
mejore	mejoren

M

SINGULAR	PLURAL	SINGULAR	PLURAL

presente de indicativo

		perfecto de indicativo	
menciono	mencionamos	**he** mencionado	**hemos** mencionado
mencionas	mencionáis	**has** mencionado	**habéis** mencionado
menciona	mencionan	**ha** mencionado	**han** mencionado

imperfecto de indicativo **pluscuamperfecto de indicativo**

mencionaba	mencionábamos	**había** mencionado	**habíamos** mencionado
mencionabas	mencionabais	**habías** mencionado	**habíais** mencionado
mencionaba	mencionaban	**había** mencionado	**habían** mencionado

pretérito **pretérito anterior**

mencioné	mencionamos	**hube** mencionado	**hubimos** mencionado
mencionaste	mencionasteis	**hubiste** mencionado	**hubisteis** mencionado
mencionó	mencionaron	**hubo** mencionado	**hubieron** mencionado

futuro **futuro perfecto**

mencionaré	mencionaremos	**habré** mencionado	**habremos** mencionado
mencionarás	mencionaréis	**habrás** mencionado	**habréis** mencionado
mencionará	mencionarán	**habrá** mencionado	**habrán** mencionado

condicional simple **condicional compuesto**

mencionaría	mencionaríamos	**habría** mencionado	**habríamos** mencionado
mencionarías	mencionaríais	**habrías** mencionado	**habríais** mencionado
mencionaría	mencionarían	**habría** mencionado	**habrían** mencionado

presente de subjuntivo **perfecto de subjuntivo**

mencione	mencionemos	**haya** mencionado	**hayamos** mencionado
menciones	mencionéis	**hayas** mencionado	**hayáis** mencionado
mencione	mencionen	**haya** mencionado	**hayan** mencionado

imperfecto de subjuntivo **pluscuamperfecto de subjuntivo**

mencionara	mencionáramos	**hubiera** mencionado	**hubiéramos** mencionado
mencionaras	mencionarais	**hubieras** mencionado	**hubierais** mencionado
mencionara	mencionaran	**hubiera** mencionado	**hubieran** mencionado
OR		OR	
mencionase	mencionásemos	**hubiese** mencionado	**hubiésemos** mencionado
mencionases	mencionaseis	**hubieses** mencionado	**hubieseis** mencionado
mencionase	mencionasen	**hubiese** mencionado	**hubiesen** mencionado

imperativo

—	mencionemos
menciona;	mencionad;
no menciones	no mencionéis
mencione	mencionen

to lie

gerundio **mintiendo**   participio de pasado **mentido**

SINGULAR	PLURAL	SINGULAR	PLURAL

presente de indicativo

mient**o**	ment**imos**
mient**es**	ment**ís**
mient**e**	mient**en**

perfecto de indicativo

he mentido	**hemos** mentido
has mentido	**habéis** mentido
ha mentido	**han** mentido

imperfecto de indicativo

ment**ía**	ment**íamos**
ment**ías**	ment**íais**
ment**ía**	ment**ían**

pluscuamperfecto de indicativo

había mentido	**habíamos** mentido
habías mentido	**habíais** mentido
había mentido	**habían** mentido

M

pretérito

ment**í**	ment**imos**
ment**iste**	ment**isteis**
mint**ió**	mint**ieron**

pretérito anterior

hube mentido	**hubimos** mentido
hubiste mentido	**hubisteis** mentido
hubo mentido	**hubieron** mentido

futuro

mentir**é**	mentir**emos**
mentir**ás**	mentir**éis**
mentir**á**	mentir**án**

futuro perfecto

habré mentido	**habremos** mentido
habrás mentido	**habréis** mentido
habrá mentido	**habrán** mentido

condicional simple

mentir**ía**	mentir**íamos**
mentir**ías**	mentir**íais**
mentir**ía**	mentir**ían**

condicional compuesto

habría mentido	**habríamos** mentido
habrías mentido	**habríais** mentido
habría mentido	**habrían** mentido

presente de subjuntivo

mient**a**	mint**amos**
mient**as**	mint**áis**
mient**a**	mient**an**

perfecto de subjuntivo

haya mentido	**hayamos** mentido
hayas mentido	**hayáis** mentido
haya mentido	**hayan** mentido

imperfecto de subjuntivo

mintier**a**	mintiér**amos**
mintier**as**	mintier**ais**
mintier**a**	mintier**an**
OR	
mintie**se**	mintié**semos**
mintie**ses**	mintie**seis**
mintie**se**	mintie**sen**

pluscuamperfecto de subjuntivo

hubiera mentido	**hubiéramos** mentido
hubieras mentido	**hubierais** mentido
hubiera mentido	**hubieran** mentido
OR	
hubiese mentido	**hubiésemos** mentido
hubieses mentido	**hubieseis** mentido
hubiese mentido	**hubiesen** mentido

imperativo

—	mint**amos**
mient**e**;	ment**id**;
no mient**as**	no mint**áis**
mient**a**	mient**an**

SINGULAR	PLURAL	SINGULAR	PLURAL

presente de indicativo

merezc**o**	merec**emos**
merec**es**	merec**éis**
merec**e**	merec**en**

perfecto de indicativo

he merecido	**hemos** merecido
has merecido	**habéis** merecido
ha merecido	**han** merecido

imperfecto de indicativo

merec**ía**	merec**íamos**
merec**ías**	merec**íais**
merec**ía**	merec**ían**

pluscuamperfecto de indicativo

había merecido	**habíamos** merecido
habías merecido	**habíais** merecido
había merecido	**habían** merecido

pretérito

merec**í**	merec**imos**
merec**iste**	merec**isteis**
merec**ió**	merec**ieron**

pretérito anterior

hube merecido	**hubimos** merecido
hubiste merecido	**hubisteis** merecido
hubo merecido	**hubieron** merecido

futuro

merecer**é**	merecer**emos**
merecer**ás**	merecer**éis**
merecer**á**	merecer**án**

futuro perfecto

habré merecido	**habremos** merecido
habrás merecido	**habréis** merecido
habrá merecido	**habrán** merecido

condicional simple

merecer**ía**	merecer**íamos**
merecer**ías**	merecer**íais**
merecer**ía**	merecer**ían**

condicional compuesto

habría merecido	**habríamos** merecido
habrías merecido	**habríais** merecido
habría merecido	**habrían** merecido

presente de subjuntivo

merezc**a**	merezc**amos**
merezc**as**	merezc**áis**
merezc**a**	merezc**an**

perfecto de subjuntivo

haya merecido	**hayamos** merecido
hayas merecido	**hayáis** merecido
haya merecido	**hayan** merecido

imperfecto de subjuntivo

merecier**a**	merecié**ramos**
merecier**as**	merecier**ais**
merecier**a**	merecier**an**
OR	
merecies**e**	merecié**semos**
merecies**es**	merecies**eis**
merecies**e**	merecies**en**

pluscuamperfecto de subjuntivo

hubiera merecido	**hubiéramos** merecido
hubieras merecido	**hubierais** merecido
hubiera merecido	**hubieran** merecido
OR	
hubiese merecido	**hubiésemos** merecido
hubieses merecido	**hubieseis** merecido
hubiese merecido	**hubiesen** merecido

imperativo

—	merezcamos
merece;	mereced;
no merezcas	no merezcáis
merezca	merezcan

gerundio **metiendo**   participio de pasado **metido**

SINGULAR	PLURAL

presente de indicativo

met**o**	met**emos**
met**es**	met**éis**
met**e**	met**en**

imperfecto de indicativo

met**ía**	met**íamos**
met**ías**	met**íais**
met**ía**	met**ían**

pretérito

met**í**	met**imos**
met**iste**	met**isteis**
met**ió**	met**ieron**

futuro

meter**é**	meter**emos**
meter**ás**	meter**éis**
meter**á**	meter**án**

condicional simple

meter**ía**	meter**íamos**
meter**ías**	meter**íais**
meter**ía**	meter**ían**

presente de subjuntivo

met**a**	met**amos**
met**as**	met**áis**
met**a**	met**an**

imperfecto de subjuntivo

metier**a**	metiér**amos**
metier**as**	metier**ais**
metier**a**	metier**an**
OR	
meties**e**	metiés**emos**
meties**es**	meties**eis**
meties**e**	meties**en**

imperativo

—	met**amos**
met**e**;	met**ed**;
no met**as**	no met**áis**
met**a**	met**an**

M

SINGULAR	PLURAL

perfecto de indicativo

he metido	**hemos** metido
has metido	**habéis** metido
ha metido	**han** metido

pluscuamperfecto de indicativo

había metido	**habíamos** metido
habías metido	**habíais** metido
había metido	**habían** metido

pretérito anterior

hube metido	**hubimos** metido
hubiste metido	**hubisteis** metido
hubo metido	**hubieron** metido

futuro perfecto

habré metido	**habremos** metido
habrás metido	**habréis** metido
habrá metido	**habrán** metido

condicional compuesto

habría metido	**habríamos** metido
habrías metido	**habríais** metido
habría metido	**habrían** metido

perfecto de subjuntivo

haya metido	**hayamos** metido
hayas metido	**hayáis** metido
haya metido	**hayan** metido

pluscuamperfecto de subjuntivo

hubiera metido	**hubiéramos** metido
hubieras metido	**hubierais** metido
hubiera metido	**hubieran** metido
OR	
hubiese metido	**hubiésemos** metido
hubieses metido	**hubieseis** metido
hubiese metido	**hubiesen** metido

MEMORY TIP

Peter puts money in the **meter**.

SINGULAR	PLURAL	SINGULAR	PLURAL

presente de indicativo

mir**o**	mir**amos**
mir**as**	mir**áis**
mir**a**	mir**an**

perfecto de indicativo

he mirado	**hemos** mirado
has mirado	**habéis** mirado
ha mirado	**han** mirado

imperfecto de indicativo

mir**aba**	mir**ábamos**
mir**abas**	mir**abais**
mir**aba**	mir**aban**

pluscuamperfecto de indicativo

había mirado	**habíamos** mirado
habías mirado	**habíais** mirado
había mirado	**habían** mirado

pretérito

mir**é**	mir**amos**
mir**aste**	mir**asteis**
mir**ó**	mir**aron**

pretérito anterior

hube mirado	**hubimos** mirado
hubiste mirado	**hubisteis** mirado
hubo mirado	**hubieron** mirado

futuro

mirar**é**	mirar**emos**
mirar**ás**	mirar**éis**
mirar**á**	mirar**án**

futuro perfecto

habré mirado	**habremos** mirado
habrás mirado	**habréis** mirado
habrá mirado	**habrán** mirado

condicional simple

mirar**ía**	mirar**íamos**
mirar**ías**	mirar**íais**
mirar**ía**	mirar**ían**

condicional compuesto

habría mirado	**habríamos** mirado
habrías mirado	**habríais** mirado
habría mirado	**habrían** mirado

presente de subjuntivo

mir**e**	mir**emos**
mir**es**	mir**éis**
mir**e**	mir**en**

perfecto de subjuntivo

haya mirado	**hayamos** mirado
hayas mirado	**hayáis** mirado
haya mirado	**hayan** mirado

imperfecto de subjuntivo

mir**ara**	mir**áramos**
mir**aras**	mir**arais**
mir**ara**	mir**aran**
OR	
mir**ase**	mir**ásemos**
mir**ases**	mir**aseis**
mir**ase**	mir**asen**

pluscuamperfecto de subjuntivo

hubiera mirado	**hubiéramos** mirado
hubieras mirado	**hubierais** mirado
hubiera mirado	**hubieran** mirado
OR	
hubiese mirado	**hubiésemos** mirado
hubieses mirado	**hubieseis** mirado
hubiese mirado	**hubiesen** mirado

imperativo

—	mir**emos**
mir**a**; no mir**es**	mir**ad**; no mir**éis**
mir**e**	mir**en**

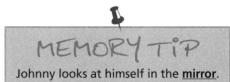

MEMORY TiP

Johnny looks at himself in the **mirror**.

gerundio **mirándose**   participio de pasado **mirado**

SINGULAR	PLURAL	SINGULAR	PLURAL

presente de indicativo
me mir**o**	nos mir**amos**
te mir**as**	os mir**áis**
se mir**a**	se mir**an**

perfecto de indicativo
me he mirado	**nos hemos** mirado
te has mirado	**os habéis** mirado
se ha mirado	**se han** mirado

imperfecto de indicativo
me mir**aba**	nos mir**ábamos**
te mir**abas**	os mir**abais**
se mir**aba**	se mir**aban**

pluscuamperfecto de indicativo
me había mirado	**nos habíamos** mirado
te habías mirado	**os habíais** mirado
se había mirado	**se habían** mirado

M

pretérito
me mir**é**	nos mir**amos**
te mir**aste**	os mir**asteis**
se mir**ó**	se mir**aron**

pretérito anterior
me hube mirado	**nos hubimos** mirado
te hubiste mirado	**os hubisteis** mirado
se hubo mirado	**se hubieron** mirado

futuro
me mirar**é**	nos mirar**emos**
te mirar**ás**	os mirar**éis**
se mirar**á**	se mirar**án**

futuro perfecto
me habré mirado	**nos habremos** mirado
te habrás mirado	**os habréis** mirado
se habrá mirado	**se habrán** mirado

condicional simple
me mirar**ía**	nos mirar**íamos**
te mirar**ías**	os mirar**íais**
se mirar**ía**	se mirar**ían**

condicional compuesto
me habría mirado	**nos habríamos** mirado
te habrías mirado	**os habríais** mirado
se habría mirado	**se habrían** mirado

presente de subjuntivo
me mir**e**	nos mir**emos**
te mir**es**	os mir**éis**
se mir**e**	se mir**en**

perfecto de subjuntivo
me haya mirado	**nos hayamos** mirado
te hayas mirado	**os hayáis** mirado
se haya mirado	**se hayan** mirado

imperfecto de subjuntivo
me mir**ara**	nos mir**áramos**
te mir**aras**	os mir**arais**
se mir**ara**	se mir**aran**
OR	
me mir**ase**	nos mir**ásemos**
te mir**ases**	os mir**aseis**
se mir**ase**	se mir**asen**

pluscuamperfecto de subjuntivo
me hubiera mirado	**nos hubiéramos** mirado
te hubieras mirado	**os hubierais** mirado
se hubiera mirado	**se hubieran** mirado
OR	
me hubiese mirado	**nos hubiésemos** mirado
te hubieses mirado	**os hubieseis** mirado
se hubiese mirado	**se hubiesen** mirado

imperativo
—	mirémonos
mírate; no te mires	miraos; no os miréis
mírese	mírense

MUST KNOW VERB

to get wet

SINGULAR	PLURAL	SINGULAR	PLURAL

presente de indicativo

me moj**o**	nos moj**amos**	**me he** mojado	**nos hemos** mojado
te moj**as**	os moj**áis**	**te has** mojado	**os habéis** mojado
se moj**a**	se moj**an**	**se ha** mojado	**se han** mojado

imperfecto de indicativo / pluscuamperfecto de indicativo

me moj**aba**	nos moj**ábamos**	**me había** mojado	**nos habíamos** mojado
te moj**abas**	os moj**abais**	**te habías** mojado	**os habíais** mojado
se moj**aba**	se moj**aban**	**se había** mojado	**se habían** mojado

pretérito / pretérito anterior

me moj**é**	nos moj**amos**	**me hube** mojado	**nos hubimos** mojado
te moj**aste**	os moj**asteis**	**te hubiste** mojado	**os hubisteis** mojado
se moj**ó**	se moj**aron**	**se hubo** mojado	**se hubieron** mojado

futuro / futuro perfecto

me mojar**é**	nos mojar**emos**	**me habré** mojado	**nos habremos** mojado
te mojar**ás**	os mojar**éis**	**te habrás** mojado	**os habréis** mojado
se mojar**á**	se mojar**án**	**se habrá** mojado	**se habrán** mojado

condicional simple / condicional compuesto

me mojar**ía**	nos mojar**íamos**	**me habría** mojado	**nos habríamos** mojado
te mojar**ías**	os mojar**íais**	**te habrías** mojado	**os habríais** mojado
se mojar**ía**	se mojar**ían**	**se habría** mojado	**se habrían** mojado

presente de subjuntivo / perfecto de subjuntivo

me moj**e**	nos moj**emos**	**me haya** mojado	**nos hayamos** mojado
te moj**es**	os moj**éis**	**te hayas** mojado	**os hayáis** mojado
se moj**e**	se moj**en**	**se haya** mojado	**se hayan** mojado

imperfecto de subjuntivo / pluscuamperfecto de subjuntivo

me mojar**a**	nos mojár**amos**	**me hubiera** mojado	**nos hubiéramos** mojado
te mojar**as**	os mojar**ais**	**te hubieras** mojado	**os hubierais** mojado
se mojar**a**	se mojar**an**	**se hubiera** mojado	**se hubieran** mojado
OR		OR	
me mojas**e**	nos mojás**emos**	**me hubiese** mojado	**nos hubiésemos** mojado
te mojas**es**	os mojas**eis**	**te hubieses** mojado	**os hubieseis** mojado
se mojas**e**	se mojas**en**	**se hubiese** mojado	**se hubiesen** mojado

imperativo

—	mojé**monos**
mój**ate**; no te moj**es**	moj**aos**; no os moj**éis**
mój**ese**	mój**ense**

to annoy, to bother   molestar

SINGULAR	PLURAL	SINGULAR	PLURAL

presente de indicativo

		perfecto de indicativo	
molesto	molestamos	he molestado	hemos molestado
molestas	molestáis	has molestado	habéis molestado
molesta	molestan	ha molestado	han molestado

imperfecto de indicativo

pluscuamperfecto de indicativo

				M
molestaba	molestábamos	había molestado	habíamos molestado	
molestabas	molestabais	habías molestado	habíais molestado	
molestaba	molestaban	había molestado	habían molestado	

pretérito

pretérito anterior

molesté	molestamos	hube molestado	hubimos molestado
molestaste	molestasteis	hubiste molestado	hubisteis molestado
molestó	molestaron	hubo molestado	hubieron molestado

futuro

futuro perfecto

molestaré	molestaremos	habré molestado	habremos molestado
molestarás	molestaréis	habrás molestado	habréis molestado
molestará	molestarán	habrá molestado	habrán molestado

condicional simple

condicional compuesto

molestaría	molestaríamos	habría molestado	habríamos molestado
molestarías	molestaríais	habrías molestado	habríais molestado
molestaría	molestarían	habría molestado	habrían molestado

presente de subjuntivo

perfecto de subjuntivo

moleste	molestemos	haya molestado	hayamos molestado
molestes	molestéis	hayas molestado	hayáis molestado
moleste	molesten	haya molestado	hayan molestado

imperfecto de subjuntivo

pluscuamperfecto de subjuntivo

molestara	molestáramos	hubiera molestado	hubiéramos molestado
molestaras	molestarais	hubieras molestado	hubierais molestado
molestara	molestaran	hubiera molestado	hubieran molestado
OR		OR	
molestase	molestásemos	hubiese molestado	hubiésemos molestado
molestases	molestaseis	hubieses molestado	hubieseis molestado
molestase	molestasen	hubiese molestado	hubiesen molestado

imperativo

	molestemos
—	
molesta;	molestad;
no molestes	no molestéis
moleste	molesten

montar

to mount, to ride

SINGULAR	PLURAL	SINGULAR	PLURAL

presente de indicativo

mont**o**	mont**amos**
mont**as**	mont**áis**
mont**a**	mont**an**

perfecto de indicativo

he montado	**hemos** montado
has montado	**habéis** montado
ha montado	**han** montado

imperfecto de indicativo

mont**aba**	mont**ábamos**
mont**abas**	mont**abais**
mont**aba**	mont**aban**

pluscuamperfecto de indicativo

había montado	**habíamos** montado
habías montado	**habíais** montado
había montado	**habían** montado

pretérito

mont**é**	mont**amos**
mont**aste**	mont**asteis**
mont**ó**	mont**aron**

pretérito anterior

hube montado	**hubimos** montado
hubiste montado	**hubisteis** montado
hubo montado	**hubieron** montado

futuro

montar**é**	montar**emos**
montar**ás**	montar**éis**
montar**á**	montar**án**

futuro perfecto

habré montado	**habremos** montado
habrás montado	**habréis** montado
habrá montado	**habrán** montado

condicional simple

montar**ía**	montar**íamos**
montar**ías**	montar**íais**
montar**ía**	montar**ían**

condicional compuesto

habría montado	**habríamos** montado
habrías montado	**habríais** montado
habría montado	**habrían** montado

presente de subjuntivo

mont**e**	mont**emos**
mont**es**	mont**éis**
mont**e**	mont**en**

perfecto de subjuntivo

haya montado	**hayamos** montado
hayas montado	**hayáis** montado
haya montado	**hayan** montado

imperfecto de subjuntivo

mont**ara**	mont**áramos**
mont**aras**	mont**arais**
mont**ara**	mont**aran**
OR	
mont**ase**	mont**ásemos**
mont**ases**	mont**aseis**
mont**ase**	mont**asen**

pluscuamperfecto de subjuntivo

hubiera montado	**hubiéramos** montado
hubieras montado	**hubierais** montado
hubiera montado	**hubieran** montado
OR	
hubiese montado	**hubiésemos** montado
hubieses montado	**hubieseis** montado
hubiese montado	**hubiesen** montado

imperativo

—	montemos
monta;	montad;
no montes	no montéis
monte	monten

MEMORY TIP

I ride a **mountain** bike.

to bite

gerundio **mordiendo**   participio de pasado **mordido**

M

SINGULAR	PLURAL	SINGULAR	PLURAL

presente de indicativo

muerd**o**	mord**emos**
muerd**es**	mord**éis**
muerd**e**	muerd**en**

perfecto de indicativo

he mordido	**hemos** mordido
has mordido	**habéis** mordido
ha mordido	**han** mordido

imperfecto de indicativo

mord**ía**	mord**íamos**
mord**ías**	mord**íais**
mord**ía**	mord**ían**

pluscuamperfecto de indicativo

había mordido	**habíamos** mordido
habías mordido	**habíais** mordido
había mordido	**habían** mordido

pretérito

mord**í**	mord**imos**
mord**iste**	mord**isteis**
mord**ió**	mord**ieron**

pretérito anterior

hube mordido	**hubimos** mordido
hubiste mordido	**hubisteis** mordido
hubo mordido	**hubieron** mordido

futuro

morder**é**	morder**emos**
morder**ás**	morder**éis**
morder**á**	morder**án**

futuro perfecto

habré mordido	**habremos** mordido
habrás mordido	**habréis** mordido
habrá mordido	**habrán** mordido

condicional simple

morder**ía**	morder**íamos**
morder**ías**	morder**íais**
morder**ía**	morder**ían**

condicional compuesto

habría mordido	**habríamos** mordido
habrías mordido	**habríais** mordido
habría mordido	**habrían** mordido

presente de subjuntivo

muerd**a**	mord**amos**
muerd**as**	mord**áis**
muerd**a**	muerd**an**

perfecto de subjuntivo

haya mordido	**hayamos** mordido
hayas mordido	**hayáis** mordido
haya mordido	**hayan** mordido

imperfecto de subjuntivo

mord**iera**	mord**iéramos**
mord**ieras**	mord**ierais**
mord**iera**	mord**ieran**
OR	
mord**iese**	mord**iésemos**
mord**ieses**	mord**ieseis**
mord**iese**	mord**iesen**

pluscuamperfecto de subjuntivo

hubiera mordido	**hubiéramos** mordido
hubieras mordido	**hubierais** mordido
hubiera mordido	**hubieran** mordido
OR	
hubiese mordido	**hubiésemos** mordido
hubieses mordido	**hubieseis** mordido
hubiese mordido	**hubiesen** mordido

imperativo

—	mord**amos**
muerde; no muerdas	morded; no mordáis
muerda	muerdan

to die

gerundio muriendo   **participio de pasado** muerto

SINGULAR	PLURAL	SINGULAR	PLURAL
presente de indicativo		**perfecto de indicativo**	
muer**o**	mor**imos**	**he** muerto	**hemos** muerto
muer**es**	mor**ís**	**has** muerto	**habéis** muerto
muer**e**	muer**en**	**ha** muerto	**han** muerto
imperfecto de indicativo		**pluscuamperfecto de indicativo**	
mor**ía**	mor**íamos**	**había** muerto	**habíamos** muerto
mor**ías**	mor**íais**	**habías** muerto	**habíais** muerto
mor**ía**	mor**ían**	**había** muerto	**habían** muerto
pretérito		**pretérito anterior**	
mor**í**	mor**imos**	**hube** muerto	**hubimos** muerto
mor**iste**	mor**isteis**	**hubiste** muerto	**hubisteis** muerto
mur**ió**	mur**ieron**	**hubo** muerto	**hubieron** muerto
futuro		**futuro perfecto**	
morir**é**	morir**emos**	**habré** muerto	**habremos** muerto
morir**ás**	morir**éis**	**habrás** muerto	**habréis** muerto
morir**á**	morir**án**	**habrá** muerto	**habrán** muerto
condicional simple		**condicional compuesto**	
morir**ía**	morir**íamos**	**habría** muerto	**habríamos** muerto
morir**ías**	morir**íais**	**habrías** muerto	**habríais** muerto
morir**ía**	morir**ían**	**habría** muerto	**habrían** muerto
presente de subjuntivo		**perfecto de subjuntivo**	
muer**a**	mur**amos**	**haya** muerto	**hayamos** muerto
muer**as**	mur**áis**	**hayas** muerto	**hayáis** muerto
muer**a**	muer**an**	**haya** muerto	**hayan** muerto
imperfecto de subjuntivo		**pluscuamperfecto de subjuntivo**	
muri**era**	muri**éramos**	**hubiera** muerto	**hubiéramos** muerto
muri**eras**	muri**erais**	**hubieras** muerto	**hubierais** muerto
muri**era**	muri**eran**	**hubiera** muerto	**hubieran** muerto
OR		OR	
muri**ese**	muri**ésemos**	**hubiese** muerto	**hubiésemos** muerto
muri**eses**	muri**eseis**	**hubieses** muerto	**hubieseis** muerto
muri**ese**	muri**esen**	**hubiese** muerto	**hubiesen** muerto
imperativo			
—	muramos		
muere;	morid;		
no mueras	no muráis		
muera	mueran		

to show   mostrar

SINGULAR	PLURAL	SINGULAR	PLURAL
presente de indicativo		**perfecto de indicativo**	
muestro	mostramos	**he** mostrado	**hemos** mostrado
muestras	mostráis	**has** mostrado	**habéis** mostrado
muestra	muestran	**ha** mostrado	**han** mostrado
imperfecto de indicativo		**pluscuamperfecto de indicativo**	
mostraba	mostrábamos	**había** mostrado	**habíamos** mostrado
mostrabas	mostrabais	**habías** mostrado	**habíais** mostrado
mostraba	mostraban	**había** mostrado	**habían** mostrado
pretérito		**pretérito anterior**	
mostré	mostramos	**hube** mostrado	**hubimos** mostrado
mostraste	mostrasteis	**hubiste** mostrado	**hubisteis** mostrado
mostró	mostraron	**hubo** mostrado	**hubieron** mostrado
futuro		**futuro perfecto**	
mostraré	mostraremos	**habré** mostrado	**habremos** mostrado
mostrarás	mostraréis	**habrás** mostrado	**habréis** mostrado
mostrará	mostrarán	**habrá** mostrado	**habrán** mostrado
condicional simple		**condicional compuesto**	
mostraría	mostraríamos	**habría** mostrado	**habríamos** mostrado
mostrarías	mostraríais	**habrías** mostrado	**habríais** mostrado
mostraría	mostrarían	**habría** mostrado	**habrían** mostrado
presente de subjuntivo		**perfecto de subjuntivo**	
muestre	mostremos	**haya** mostrado	**hayamos** mostrado
muestres	mostréis	**hayas** mostrado	**hayáis** mostrado
muestre	muestren	**haya** mostrado	**hayan** mostrado
imperfecto de subjuntivo		**pluscuamperfecto de subjuntivo**	
mostrara	mostráramos	**hubiera** mostrado	**hubiéramos** mostrado
mostraras	mostrarais	**hubieras** mostrado	**hubierais** mostrado
mostrara	mostraran	**hubiera** mostrado	**hubieran** mostrado
OR		OR	
mostrase	mostrásemos	**hubiese** mostrado	**hubiésemos** mostrado
mostrases	mostraseis	**hubieses** mostrado	**hubieseis** mostrado
mostrase	mostrasen	**hubiese** mostrado	**hubiesen** mostrado
imperativo			
—	mostremos		
muestra;	mostrad;		
no muestres	no mostréis		
muestre	muestren		

M

to move, to excite

SINGULAR	PLURAL	SINGULAR	PLURAL
presente de indicativo		**perfecto de indicativo**	
muevo	movemos	**he** movido	**hemos** movido
mueves	movéis	**has** movido	**habéis** movido
mueve	mueven	**ha** movido	**han** movido
imperfecto de indicativo		**pluscuamperfecto de indicativo**	
movía	movíamos	**había** movido	**habíamos** movido
movías	movíais	**habías** movido	**habíais** movido
movía	movían	**había** movido	**habían** movido
pretérito		**pretérito anterior**	
moví	movimos	**hube** movido	**hubimos** movido
moviste	movisteis	**hubiste** movido	**hubisteis** movido
movió	movieron	**hubo** movido	**hubieron** movido
futuro		**futuro perfecto**	
moveré	moveremos	**habré** movido	**habremos** movido
moverás	moveréis	**habrás** movido	**habréis** movido
moverá	moverán	**habrá** movido	**habrán** movido
condicional simple		**condicional compuesto**	
movería	moveríamos	**habría** movido	**habríamos** movido
moverías	moveríais	**habrías** movido	**habríais** movido
movería	moverían	**habría** movido	**habrían** movido
presente de subjuntivo		**perfecto de subjuntivo**	
mueva	movamos	**haya** movido	**hayamos** movido
muevas	mováis	**hayas** movido	**hayáis** movido
mueva	muevan	**haya** movido	**hayan** movido
imperfecto de subjuntivo		**pluscuamperfecto de subjuntivo**	
moviera	moviéramos	**hubiera** movido	**hubiéramos** movido
movieras	movierais	**hubieras** movido	**hubierais** movido
moviera	movieran	**hubiera** movido	**hubieran** movido
OR		OR	
moviese	moviésemos	**hubiese** movido	**hubiésemos** movido
movieses	movieseis	**hubieses** movido	**hubieseis** movido
moviese	moviesen	**hubiese** movido	**hubiesen** movido

imperativo	
—	movamos
mueve; no muevas	moved; no mováis
mueva	muevan

to move

gerundio **mudándose**   participio de pasado **mudado**

SINGULAR	PLURAL	SINGULAR	PLURAL

M

presente de indicativo
me mud**o**	nos mud**amos**
te mud**as**	os mud**áis**
se mud**a**	se mud**an**

perfecto de indicativo
me he mudado	nos hemos mudado
te has mudado	os habéis mudado
se ha mudado	se han mudado

imperfecto de indicativo
me mud**aba**	nos mud**ábamos**
te mud**abas**	os mud**abais**
se mud**aba**	se mud**aban**

pluscuamperfecto de indicativo
me había mudado	nos habíamos mudado
te habías mudado	os habíais mudado
se había mudado	se habían mudado

pretérito
me mud**é**	nos mud**amos**
te mud**aste**	os mud**asteis**
se mud**ó**	se mud**aron**

pretérito anterior
me hube mudado	nos hubimos mudado
te hubiste mudado	os hubisteis mudado
se hubo mudado	se hubieron mudado

futuro
me mudar**é**	nos mudar**emos**
te mudar**ás**	os mudar**éis**
se mudar**á**	se mudar**án**

futuro perfecto
me habré mudado	nos habremos mudado
te habrás mudado	os habréis mudado
se habrá mudado	se habrán mudado

condicional simple
me mudar**ía**	nos mudar**íamos**
te mudar**ías**	os mudar**íais**
se mudar**ía**	se mudar**ían**

condicional compuesto
me habría mudado	nos habríamos mudado
te habrías mudado	os habríais mudado
se habría mudado	se habrían mudado

presente de subjuntivo
me mud**e**	nos mud**emos**
te mud**es**	os mud**éis**
se mud**e**	se mud**en**

perfecto de subjuntivo
me haya mudado	nos hayamos mudado
te hayas mudado	os hayáis mudado
se haya mudado	se hayan mudado

imperfecto de subjuntivo
me mudar**a**	nos mud**áramos**
te mudar**as**	os mudar**ais**
se mudar**a**	se mudar**an**
OR	
me mudas**en**	nos mud**ásemos**
te mudas**es**	os mudas**eis**
se mudas**e**	se mudas**en**

pluscuamperfecto de subjuntivo
me hubiera mudado	nos hubiéramos mudado
te hubieras mudado	os hubierais mudado
se hubiera mudado	se hubieran mudado
OR	
me hubiese mudado	nos hubiésemos mudado
te hubieses mudado	os hubieseis mudado
se hubiese mudado	se hubiesen mudado

imperativo
—	mudémonos
múdate;	mudaos; no os
no te mudes	mudéis
múdese	múdense

SINGULAR	PLURAL	SINGULAR	PLURAL

presente de indicativo

		perfecto de indicativo	
nazco	nacemos	he nacido	hemos nacido
naces	nacéis	has nacido	habéis nacido
nace	nacen	ha nacido	han nacido

imperfecto de indicativo

		pluscuamperfecto de indicativo	
nacía	nacíamos	había nacido	habíamos nacido
nacías	nacíais	habías nacido	habíais nacido
nacía	nacían	había nacido	habían nacido

pretérito

		pretérito anterior	
nací	nacimos	hube nacido	hubimos nacido
naciste	nacisteis	hubiste nacido	hubisteis nacido
nació	nacieron	hubo nacido	hubieron nacido

futuro

		futuro perfecto	
naceré	naceremos	habré nacido	habremos nacido
nacerás	naceréis	habrás nacido	habréis nacido
nacerá	nacerán	habrá nacido	habrán nacido

condicional simple

		condicional compuesto	
nacería	naceríamos	habría nacido	habríamos nacido
nacerías	naceríais	habrías nacido	habríais nacido
nacería	nacerían	habría nacido	habrían nacido

presente de subjuntivo

		perfecto de subjuntivo	
nazca	nazcamos	haya nacido	hayamos nacido
nazcas	nazcáis	hayas nacido	hayáis nacido
nazca	nazcan	haya nacido	hayan nacido

imperfecto de subjuntivo

		pluscuamperfecto de subjuntivo	
naciera	naciéramos	hubiera nacido	hubiéramos nacido
nacieras	nacierais	hubieras nacido	hubierais nacido
naciera	nacieran	hubiera nacido	hubieran nacido
OR		OR	
naciese	naciésemos	hubiese nacido	hubiésemos nacido
nacieses	nacieseis	hubieses nacido	hubieseis nacido
naciese	naciesen	hubiese nacido	hubiesen nacido

imperativo

—	nazcamos
nace; no nazcas	naced; no nazcáis
nazca	nazcan

to swim

gerundio **nadando**   participio de pasado **nadado**

SINGULAR	PLURAL	SINGULAR	PLURAL

presente de indicativo
nado	nadamos
nadas	nadáis
nada	nadan

perfecto de indicativo
he nadado	hemos nadado
has nadado	habéis nadado
ha nadado	han nadado

imperfecto de indicativo
nadaba	nadábamos
nadabas	nadabais
nadaba	nadaban

pluscuamperfecto de indicativo
había nadado	habíamos nadado
habías nadado	habíais nadado
había nadado	habían nadado

N

pretérito
nadé	nadamos
nadaste	nadasteis
nadó	nadaron

pretérito anterior
hube nadado	hubimos nadado
hubiste nadado	hubisteis nadado
hubo nadado	hubieron nadado

futuro
nadaré	nadaremos
nadarás	nadaréis
nadará	nadarán

futuro perfecto
habré nadado	habremos nadado
habrás nadado	habréis nadado
habrá nadado	habrán nadado

condicional simple
nadaría	nadaríamos
nadarías	nadaríais
nadaría	nadarían

condicional compuesto
habría nadado	habríamos nadado
habrías nadado	habríais nadado
habría nadado	habrían nadado

presente de subjuntivo
nade	nademos
nades	nadéis
nade	naden

perfecto de subjuntivo
haya nadado	hayamos nadado
hayas nadado	hayáis nadado
haya nadado	hayan nadado

imperfecto de subjuntivo
nadara	nadáramos
nadaras	nadarais
nadara	nadaran
OR	
nadase	nadásemos
nadases	nadaseis
nadase	nadasen

pluscuamperfecto de subjuntivo
hubiera nadado	hubiéramos nadado
hubieras nadado	hubierais nadado
hubiera nadado	hubieran nadado
OR	
hubiese nadado	hubiésemos nadado
hubieses nadado	hubieseis nadado
hubiese nadado	hubiesen nadado

imperativo
—	nademos
nada; no nades	nadad; no nadéis
nade	naden

gerundio naturalizando   **participio de pasado** naturalizado

SINGULAR	PLURAL	SINGULAR	PLURAL

presente de indicativo

		perfecto de indicativo	
naturalizo	naturalizamos	he naturalizado	hemos naturalizado
naturalizas	naturalizáis	has naturalizado	habéis naturalizado
naturaliza	naturalizan	ha naturalizado	han naturalizado

imperfecto de indicativo

		pluscuamperfecto de indicativo	
naturalizaba	naturalizábamos	había naturalizado	habíamos naturalizado
naturalizabas	naturalizabais	habías naturalizado	habíais naturalizado
naturalizaba	naturalizaban	había naturalizado	habían naturalizado

pretérito

		pretérito anterior	
naturalicé	naturalizamos	hube naturalizado	hubimos naturalizado
naturalizaste	naturalizasteis	hubiste naturalizado	hubisteis naturalizado
naturalizó	naturalizaron	hubo naturalizado	hubieron naturalizado

futuro

		futuro perfecto	
naturalizaré	naturalizaremos	habré naturalizado	habremos naturalizado
naturalizarás	naturalizaréis	habrás naturalizado	habréis naturalizado
naturalizará	naturalizarán	habrá naturalizado	habrán naturalizado

condicional simple

		condicional compuesto	
naturalizaría	naturalizaríamos	habría naturalizado	habríamos naturalizado
naturalizarías	naturalizaríais	habrías naturalizado	habríais naturalizado
naturalizaría	naturalizarían	habría naturalizado	habrían naturalizado

presente de subjuntivo

		perfecto de subjuntivo	
naturalice	naturalicemos	haya naturalizado	hayamos naturalizado
naturalices	naturalicéis	hayas naturalizado	hayáis naturalizado
naturalice	naturalicen	haya naturalizado	hayan naturalizado

imperfecto de subjuntivo

		pluscuamperfecto de subjuntivo	
naturalizara	naturalizáramos	hubiera naturalizado	hubiéramos naturalizado
naturalizaras	naturalizarais	hubieras naturalizado	hubierais naturalizado
naturalizara	naturalizaran	hubiera naturalizado	hubieran naturalizado
OR		OR	
naturalizase	naturalizásemos	hubiese naturalizado	hubiésemos naturalizado
naturalizases	naturalizaseis	hubieses naturalizado	hubieseis naturalizado
naturalizase	naturalizasen	hubiese naturalizado	hubiesen naturalizado

imperativo

—	naturalicemos
naturaliza;	naturalizad;
no naturalices	no naturalicéis
naturalice	naturalicen

to navigate, to sail

gerundio **navegando**   participio de pasado **navegado**

SINGULAR	PLURAL	SINGULAR	PLURAL

presente de indicativo

navego	navegamos
navegas	navegáis
navega	navegan

perfecto de indicativo

he navegado	hemos navegado
has navegado	habéis navegado
ha navegado	han navegado

imperfecto de indicativo

navegaba	navegábamos
navegabas	navegabais
navegaba	navegaban

pluscuamperfecto de indicativo

había navegado	habíamos navegado
habías navegado	habíais navegado
había navegado	habían navegado

N

pretérito

navegué	navegamos
navegaste	navegasteis
navegó	navegaron

pretérito anterior

hube navegado	hubimos navegado
hubiste navegado	hubisteis navegado
hubo navegado	hubieron navegado

futuro

navegaré	navegaremos
navegarás	navegaréis
navegará	navegarán

futuro perfecto

habré navegado	habremos navegado
habrás navegado	habréis navegado
habrá navegado	habrán navegado

condicional simple

navegaría	navegaríamos
navegarías	navegaríais
navegaría	navegarían

condicional compuesto

habría navegado	habríamos navegado
habrías navegado	habríais navegado
habría navegado	habrían navegado

presente de subjuntivo

navegue	naveguemos
navegues	naveguéis
navegue	naveguen

perfecto de subjuntivo

haya navegado	hayamos navegado
hayas navegado	hayáis navegado
haya navegado	hayan navegado

imperfecto de subjuntivo

navegara	navegáramos
navegaras	navegarais
navegara	navegaran
OR	
navegase	navegásemos
navegases	navegaseis
navegase	navegasen

pluscuamperfecto de subjuntivo

hubiera navegado	hubiéramos navegado
hubieras navegado	hubierais navegado
hubiera navegado	hubieran navegado
OR	
hubiese navegado	hubiésemos navegado
hubieses navegado	hubieseis navegado
hubiese navegado	hubiesen navegado

imperativo

—	naveguemos
navega; no navegues	navegad; no naveguéis
navegue	naveguen

gerundio necesitando   **participio de pasado** necesitado

SINGULAR	PLURAL	SINGULAR	PLURAL

presente de indicativo

necesit**o**	necesit**amos**
necesit**as**	necesit**áis**
necesit**a**	necesit**an**

perfecto de indicativo

he necesitado	**hemos** necesitado
has necesitado	**habéis** necesitado
ha necesitado	**han** necesitado

imperfecto de indicativo

necesit**aba**	necesit**ábamos**
necesit**abas**	necesit**abais**
necesit**aba**	necesit**aban**

pluscuamperfecto de indicativo

había necesitado	**habíamos** necesitado
habías necesitado	**habíais** necesitado
había necesitado	**habían** necesitado

pretérito

necesit**é**	necesit**amos**
necesit**aste**	necesit**asteis**
necesit**ó**	necesit**aron**

pretérito anterior

hube necesitado	**hubimos** necesitado
hubiste necesitado	**hubisteis** necesitado
hubo necesitado	**hubieron** necesitado

futuro

necesit**aré**	necesit**aremos**
necesit**arás**	necesit**aréis**
necesit**ará**	necesit**arán**

futuro perfecto

habré necesitado	**habremos** necesitado
habrás necesitado	**habréis** necesitado
habrá necesitado	**habrán** necesitado

condicional simple

necesit**aría**	necesit**aríamos**
necesit**arías**	necesit**aríais**
necesit**aría**	necesit**arían**

condicional compuesto

habría necesitado	**habríamos** necesitado
habrías necesitado	**habríais** necesitado
habría necesitado	**habrían** necesitado

presente de subjuntivo

necesit**e**	necesit**emos**
necesit**es**	necesit**éis**
necesit**e**	necesit**en**

perfecto de subjuntivo

haya necesitado	**hayamos** necesitado
hayas necesitado	**hayáis** necesitado
haya necesitado	**hayan** necesitado

imperfecto de subjuntivo

necesit**ara**	necesit**áramos**
necesit**aras**	necesit**arais**
necesit**ara**	necesit**aran**
OR	
necesit**ase**	necesit**ásemos**
necesit**ases**	necesit**aseis**
necesit**ase**	necesit**asen**

pluscuamperfecto de subjuntivo

hubiera necesitado	**hubiéramos** necesitado
hubieras necesitado	**hubierais** necesitado
hubiera necesitado	**hubieran** necesitado
OR	
hubiese necesitado	**hubiésemos** necesitado
hubieses necesitado	**hubieseis** necesitado
hubiese necesitado	**hubiesen** necesitado

imperativo

—	necesitemos
necesita;	necesitad;
no necesites	no necesitéis
necesite	necesiten

to negate, to say no, to deny   negar

SINGULAR	PLURAL
presente de indicativo	
nieg**o**	neg**amos**
nieg**as**	neg**áis**
nieg**a**	nieg**an**
imperfecto de indicativo	
neg**aba**	neg**ábamos**
neg**abas**	neg**abais**
neg**aba**	neg**aban**
pretérito	
negu**é**	neg**amos**
neg**aste**	neg**asteis**
neg**ó**	neg**aron**
futuro	
negar**é**	negar**emos**
negar**ás**	negar**éis**
negar**á**	negar**án**
condicional simple	
negar**ía**	negar**íamos**
negar**ías**	negar**íais**
negar**ía**	negar**ían**
presente de subjuntivo	
niegu**e**	negu**emos**
niegu**es**	negu**éis**
niegu**e**	niegu**en**
imperfecto de subjuntivo	
neg**ara**	neg**áramos**
neg**aras**	neg**arais**
neg**ara**	neg**aran**
OR	
neg**ase**	neg**ásemos**
neg**ases**	neg**aseis**
neg**ase**	neg**asen**
imperativo	
—	negu**emos**
nieg**a**; no niegu**es**	neg**ad**; no negu**éis**
niegu**e**	niegu**en**

SINGULAR	PLURAL
perfecto de indicativo	
he negado	**hemos** negado
has negado	**habéis** negado
ha negado	**han** negado
pluscuamperfecto de indicativo	
había negado	**habíamos** negado
habías negado	**habíais** negado
había negado	**habían** negado
pretérito anterior	
hube negado	**hubimos** negado
hubiste negado	**hubisteis** negado
hubo negado	**hubieron** negado
futuro perfecto	
habré negado	**habremos** negado
habrás negado	**habréis** negado
habrá negado	**habrán** negado
condicional compuesto	
habría negado	**habríamos** negado
habrías negado	**habríais** negado
habría negado	**habrían** negado
perfecto de subjuntivo	
haya negado	**hayamos** negado
hayas negado	**hayáis** negado
haya negado	**hayan** negado
pluscuamperfecto de subjuntivo	
hubiera negado	**hubiéramos** negado
hubieras negado	**hubierais** negado
hubiera negado	**hubieran** negado
OR	
hubiese negado	**hubiésemos** negado
hubieses negado	**hubieseis** negado
hubiese negado	**hubiesen** negado

N

gerundio **nevando**   participio de pasado **nevado**

SINGULAR	PLURAL	SINGULAR	PLURAL

presente de indicativo
niev**a**   niev**an**

imperfecto de indicativo
nev**aba**   nev**aban**

pretérito
nev**ó**   nev**aron**

futuro
nevar**á**   nevar**án**

condicional simple
nevar**ía**   nevar**ían**

presente de subjuntivo
niev**e**   niev**en**

imperfecto de subjuntivo
nev**ara**   nev**aran**
OR
nev**ase**   nev**asen**

imperativo
¡Qué nieve!   ¡Que no nieve!

perfecto de indicativo
ha nevado   **han** nevado

pluscuamperfecto de indicativo
había nevado   **habían** nevado

pretérito anterior
hube nevado   **hubimos** nevado
hubiste nevado   **hubisteis** nevado
hubo nevado   **hubieron** nevado

futuro perfecto
habrá nevado   **habrán** nevado

condicional compuesto
habría nevado   **habrían** nevado

perfecto de subjuntivo
haya nevado   **hayan** nevado

pluscuamperfecto de subjuntivo
hubiera nevado   **hubieran** nevado
OR
hubiese nevado   **hubiesen** nevado

to obey

gerundio **obedeciendo**   participio de pasado **obedecido**

SINGULAR	PLURAL
presente de indicativo	
obedezco	obedecemos
obedeces	obedecéis
obedece	obedecen
imperfecto de indicativo	
obedecía	obedecíamos
obedecías	obedecíais
obedecía	obedecían
pretérito	
obedecí	obedecimos
obedeciste	obedecisteis
obedeció	obedecieron
futuro	
obedeceré	obedeceremos
obedecerás	obedeceréis
obedecerá	obedecerán
condicional simple	
obedecería	obedeceríamos
obedecerías	obedeceríais
obedecería	obedecerían
presente de subjuntivo	
obedezca	obedezcamos
obedezcas	obedezcáis
obedezca	obedezcan
imperfecto de subjuntivo	
obedeciera	obedeciéramos
obedecieras	obedecierais
obedeciera	obedecieran
OR	
obedeciese	obedeciésemos
obedecieses	obedecieseis
obedeciese	obedeciesen
imperativo	
—	obedezcamos
obedece;	obedeced;
no obedezcas	no obedezcáis
obedezca	obedezcan

SINGULAR	PLURAL
perfecto de indicativo	
he obedecido	**hemos** obedecido
has obedecido	**habéis** obedecido
ha obedecido	**han** obedecido
pluscuamperfecto de indicativo	
había obedecido	**habíamos** obedecido
habías obedecido	**habíais** obedecido
había obedecido	**habían** obedecido
pretérito anterior	
hube obedecido	**hubimos** obedecido
hubiste obedecido	**hubisteis** obedecido
hubo obedecido	**hubieron** obedecido
futuro perfecto	
habré obedecido	**habremos** obedecido
habrás obedecido	**habréis** obedecido
habrá obedecido	**habrán** obedecido
condicional compuesto	
habría obedecido	**habríamos** obedecido
habrías obedecido	**habríais** obedecido
habría obedecido	**habrían** obedecido
perfecto de subjuntivo	
haya obedecido	**hayamos** obedecido
hayas obedecido	**hayáis** obedecido
haya obedecido	**hayan** obedecido
pluscuamperfecto de subjuntivo	
hubiera obedecido	**hubiéramos** obedecido
hubieras obedecido	**hubierais** obedecido
hubiera obedecido	**hubieran** obedecido
OR	
hubiese obedecido	**hubiésemos** obedecido
hubieses obedecido	**hubieseis** obedecido
hubiese obedecido	**hubiesen** obedecido

O

to oblige, to force

SINGULAR	PLURAL	SINGULAR	PLURAL

presente de indicativo

		perfecto de indicativo	
oblig**o**	oblig**amos**	**he** obligado	**hemos** obligado
oblig**as**	oblig**áis**	**has** obligado	**habéis** obligado
oblig**a**	oblig**an**	**ha** obligado	**han** obligado

imperfecto de indicativo

		pluscuamperfecto de indicativo	
oblig**aba**	oblig**ábamos**	**había** obligado	**habíamos** obligado
oblig**abas**	oblig**abais**	**habías** obligado	**habíais** obligado
oblig**aba**	oblig**aban**	**había** obligado	**habían** obligado

pretérito

		pretérito anterior	
oblig**ué**	oblig**amos**	**hube** obligado	**hubimos** obligado
oblig**aste**	oblig**asteis**	**hubiste** obligado	**hubisteis** obligado
oblig**ó**	oblig**aron**	**hubo** obligado	**hubieron** obligado

futuro

		futuro perfecto	
obligar**é**	obligar**emos**	**habré** obligado	**habremos** obligado
obligar**ás**	obligar**éis**	**habrás** obligado	**habréis** obligado
obligar**á**	obligar**án**	**habrá** obligado	**habrán** obligado

condicional simple

		condicional compuesto	
obligar**ía**	obligar**íamos**	**habría** obligado	**habríamos** obligado
obligar**ías**	obligar**íais**	**habrías** obligado	**habríais** obligado
obligar**ía**	obligar**ían**	**habría** obligado	**habrían** obligado

presente de subjuntivo

		perfecto de subjuntivo	
obligu**e**	obligu**emos**	**haya** obligado	**hayamos** obligado
obligu**es**	obligu**éis**	**hayas** obligado	**hayáis** obligado
obligu**e**	obligu**en**	**haya** obligado	**hayan** obligado

imperfecto de subjuntivo

		pluscuamperfecto de subjuntivo	
oblig**ara**	oblig**áramos**	**hubiera** obligado	**hubiéramos** obligado
oblig**aras**	oblig**arais**	**hubieras** obligado	**hubierais** obligado
oblig**ara**	oblig**aran**	**hubiera** obligado	**hubieran** obligado
OR		OR	
oblig**ase**	oblig**ásemos**	**hubiese** obligado	**hubiésemos** obligado
oblig**ases**	oblig**aseis**	**hubieses** obligado	**hubieseis** obligado
oblig**ase**	oblig**asen**	**hubiese** obligado	**hubiesen** obligado

imperativo

—	obliguemos
obliga; no obligues	obligad; no obliguéis
obligue	obliguen

to present

gerundio **obsequiando**   participio de pasado **obsequiado**

SINGULAR	PLURAL	SINGULAR	PLURAL

presente de indicativo

		perfecto de indicativo	
obsequí**o**	obsequi**amos**	**he** obsequiado	**hemos** obsequiado
obsequí**as**	obsequi**áis**	**has** obsequiado	**habéis** obsequiado
obsequí**a**	obsequí**an**	**ha** obsequiado	**han** obsequiado

imperfecto de indicativo

		pluscuamperfecto de indicativo	
obsequi**aba**	obsequi**ábamos**	**había** obsequiado	**habíamos** obsequiado
obsequi**abas**	obsequi**abais**	**habías** obsequiado	**habíais** obsequiado
obsequi**aba**	obsequi**aban**	**había** obsequiado	**habían** obsequiado

O

pretérito

		pretérito anterior	
obsequi**é**	obsequi**amos**	**hube** obsequiado	**hubimos** obsequiado
obsequi**aste**	obsequi**asteis**	**hubiste** obsequiado	**hubisteis** obsequiado
obsequi**ó**	obsequi**aron**	**hubo** obsequiado	**hubieron** obsequiado

futuro

		futuro perfecto	
obsequiar**é**	obsequiar**emos**	**habré** obsequiado	**habremos** obsequiado
obsequiar**ás**	obsequiar**éis**	**habrás** obsequiado	**habréis** obsequiado
obsequiar**á**	obsequiar**án**	**habrá** obsequiado	**habrán** obsequiado

condicional simple

		condicional compuesto	
obsequiar**ía**	obsequiar**íamos**	**habría** obsequiado	**habríamos** obsequiado
obsequiar**ías**	obsequiar**íais**	**habrías** obsequiado	**habríais** obsequiado
obsequiar**ía**	obsequiar**ían**	**habría** obsequiado	**habrían** obsequiado

presente de subjuntivo

		perfecto de subjuntivo	
obsequí**e**	obsequi**emos**	**haya** obsequiado	**hayamos** obsequiado
obsequí**es**	obsequi**éis**	**hayas** obsequiado	**hayáis** obsequiado
obsequí**e**	obsequí**en**	**haya** obsequiado	**hayan** obsequiado

imperfecto de subjuntivo

		pluscuamperfecto de subjuntivo	
obsequi**ara**	obsequi**áramos**	**hubiera** obsequiado	**hubiéramos** obsequiado
obsequi**aras**	obsequi**arais**	**hubieras** obsequiado	**hubierais** obsequiado
obsequi**ara**	obsequi**aran**	**hubiera** obsequiado	**hubieran** obsequiado
OR		OR	
obsequi**ase**	obsequi**ásemos**	**hubiese** obsequiado	**hubiésemos** obsequiado
obsequi**ases**	obsequi**aseis**	**hubieses** obsequiado	**hubieseis** obsequiado
obsequi**ase**	obsequi**asen**	**hubiese** obsequiado	**hubiesen** obsequiado

imperativo

—	obsequiemos
obsequía;	obsequiad;
no obsequíes	no obsequiéis
obsequíe	obsequíen

gerundio obstando

participio de pasado obstado

SINGULAR	PLURAL	SINGULAR	PLURAL
presente de indicativo		perfecto de indicativo	
obsto	obstamos	he obstado	hemos obstado
obstas	obstáis	has obstado	habéis obstado
obsta	obstan	ha obstado	han obstado
imperfecto de indicativo		pluscuamperfecto de indicativo	
obstaba	obstábamos	había obstado	habíamos obstado
obstabas	obstabais	habías obstado	habíais obstado
obstaba	obstaban	había obstado	habían obstado
pretérito		pretérito anterior	
obsté	obstamos	hube obstado	hubimos obstado
obstaste	obstasteis	hubiste obstado	hubisteis obstado
obstó	obstaron	hubo obstado	hubieron obstado
futuro		futuro perfecto	
obstaré	obstaremos	habré obstado	habremos obstado
obstarás	obstaréis	habrás obstado	habréis obstado
obstará	obstarán	habrá obstado	habrán obstado
condicional simple		condicional compuesto	
obstaría	obstaríamos	habría obstado	habríamos obstado
obstarías	obstaríais	habrías obstado	habríais obstado
obstaría	obstarían	habría obstado	habrían obstado
presente de subjuntivo		perfecto de subjuntivo	
obste	obstemos	haya obstado	hayamos obstado
obstes	obstéis	hayas obstado	hayáis obstado
obste	obsten	haya obstado	hayan obstado
imperfecto de subjuntivo		pluscuamperfecto de subjuntivo	
obstara	obstáramos	hubiera obstado	hubiéramos obstado
obstaras	obstarais	hubieras obstado	hubierais obstado
obstara	obstaran	hubiera obstado	hubieran obstado
OR		OR	
obstase	obstásemos	hubiese obstado	hubiésemos obstado
obstases	obstaseis	hubieses obstado	hubieseis obstado
obstase	obstasen	hubiese obstado	hubiesen obstado

imperativo	
—	obstemos
obsta; no obstes	obsta; no obstéis
obste	obsten

gerundio **ocultando**   participio de pasado **ocultado**

SINGULAR	PLURAL
presente de indicativo	
oculto	ocultamos
ocultas	ocultáis
oculta	ocultan
imperfecto de indicativo	
ocultaba	ocultábamos
ocultabas	ocultabais
ocultaba	ocultaban
pretérito	
oculté	ocultamos
ocultaste	ocultasteis
ocultó	ocultaron
futuro	
ocultaré	ocultaremos
ocultarás	ocultaréis
ocultará	ocultarán
condicional simple	
ocultaría	ocultaríamos
ocultarías	ocultaríais
ocultaría	ocultarían
presente de subjuntivo	
oculte	ocultemos
ocultes	ocultéis
oculte	oculten
imperfecto de subjuntivo	
ocultara	ocultáramos
ocultaras	ocultarais
ocultara	ocultaran
OR	
ocultase	ocultásemos
ocultases	ocultaseis
ocultase	ocultasen
imperativo	
—	ocultemos
oculta; no ocultes	ocultad; no ocultéis
oculte	oculten

SINGULAR	PLURAL
perfecto de indicativo	
he ocultado	hemos ocultado
has ocultado	habéis ocultado
ha ocultado	han ocultado
pluscuamperfecto de indicativo	
había ocultado	habíamos ocultado
habías ocultado	habíais ocultado
había ocultado	habían ocultado
pretérito anterior	
hube ocultado	hubimos ocultado
hubiste ocultado	hubisteis ocultado
hubo ocultado	hubieron ocultado
futuro perfecto	
habré ocultado	habremos ocultado
habrás ocultado	habréis ocultado
habrá ocultado	habrán ocultado
condicional compuesto	
habría ocultado	habríamos ocultado
habrías ocultado	habríais ocultado
habría ocultado	habrían ocultado
perfecto de subjuntivo	
haya ocultado	hayamos ocultado
hayas ocultado	hayáis ocultado
haya ocultado	hayan ocultado
pluscuamperfecto de subjuntivo	
hubiera ocultado	hubiéramos ocultado
hubieras ocultado	hubierais ocultado
hubiera ocultado	hubieran ocultado
OR	
hubiese ocultado	hubiésemos ocultado
hubieses ocultado	hubieseis ocultado
hubiese ocultado	hubiesen ocultado

O

ocultarse

to hide oneself

SINGULAR	PLURAL	SINGULAR	PLURAL
presente de indicativo		**perfecto de indicativo**	
me ocult**o**	nos ocult**amos**	**me he** ocultado	**nos hemos** ocultado
te ocult**as**	os ocult**áis**	**te has** ocultado	**os habéis** ocultado
se ocult**a**	se ocult**an**	**se ha** ocultado	**se han** ocultado
imperfecto de indicativo		**pluscuamperfecto de indicativo**	
me ocult**aba**	nos ocult**ábamos**	**me había** ocultado	**nos habíamos** ocultado
te ocult**abas**	os ocult**abais**	**te habías** ocultado	**os habíais** ocultado
se ocult**aba**	se ocult**aban**	**se había** ocultado	**se habían** ocultado
pretérito		**pretérito anterior**	
me ocult**é**	nos ocult**amos**	**me hube** ocultado	**nos hubimos** ocultado
te ocult**aste**	os ocult**asteis**	**te hubiste** ocultado	**os hubisteis** ocultado
se ocult**ó**	se ocult**aron**	**se hubo** ocultado	**se hubieron** ocultado
futuro		**futuro perfecto**	
me ocultar**é**	nos ocultar**emos**	**me habré** ocultado	**nos habremos** ocultado
te ocultar**ás**	os ocultar**éis**	**te habrás** ocultado	**os habréis** ocultado
se ocultar**á**	se ocultar**án**	**se habrá** ocultado	**se habrán** ocultado
condicional simple		**condicional compuesto**	
me ocultar**ía**	nos ocultar**íamos**	**me habría** ocultado	**nos habríamos** ocultado
te ocultar**ías**	os ocultar**íais**	**te habrías** ocultado	**os habríais** ocultado
se ocultar**ía**	se ocultar**ían**	**se habría** ocultado	**se habrían** ocultado
presente de subjuntivo		**perfecto de subjuntivo**	
me ocult**e**	nos ocult**emos**	**me haya** ocultado	**nos hayamos** ocultado
te ocult**es**	os ocult**éis**	**te hayas** ocultado	**os hayáis** ocultado
se ocult**e**	se ocult**en**	**se haya** ocultado	**se hayan** ocultado
imperfecto de subjuntivo		**pluscuamperfecto de subjuntivo**	
me ocult**ara**	nos ocult**áramos**	**me hubiera** ocultado	**nos hubiéramos** ocultado
te ocult**aras**	os ocult**arais**	**te hubieras** ocultado	**os hubierais** ocultado
se ocult**ara**	se ocult**aran**	**se hubiera** ocultado	**se hubieran** ocultado
OR		OR	
me ocult**ase**	nos ocult**ásemos**	**me hubiese** ocultado	**nos hubiésemos** ocultado
te ocult**ases**	os ocult**aseis**	**te hubieses** ocultado	**os hubieseis** ocultado
se ocult**ase**	se ocult**asen**	**se hubiese** ocultado	**se hubiesen** ocultado

imperativo	
—	ocultémonos
ocúltate;	ocultaos;
no te ocultes	no os ocultéis
ocúltese	ocúltense

to occupy

gerundio ocupando   **participio de pasado** ocupado

SINGULAR	PLURAL	SINGULAR	PLURAL

presente de indicativo

SINGULAR	PLURAL
ocupo	ocupamos
ocupas	ocupáis
ocupa	ocupan

perfecto de indicativo

SINGULAR	PLURAL
he ocupado	hemos ocupado
has ocupado	habéis ocupado
ha ocupado	han ocupado

imperfecto de indicativo

SINGULAR	PLURAL
ocupaba	ocupábamos
ocupabas	ocupabais
ocupaba	ocupaban

pluscuamperfecto de indicativo

SINGULAR	PLURAL
había ocupado	habíamos ocupado
habías ocupado	habíais ocupado
había ocupado	habían ocupado

pretérito

SINGULAR	PLURAL
ocupé	ocupamos
ocupaste	ocupasteis
ocupó	ocuparon

pretérito anterior

SINGULAR	PLURAL
hube ocupado	hubimos ocupado
hubiste ocupado	hubisteis ocupado
hubo ocupado	hubieron ocupado

futuro

SINGULAR	PLURAL
ocuparé	ocuparemos
ocuparás	ocuparéis
ocupará	ocuparán

futuro perfecto

SINGULAR	PLURAL
habré ocupado	habremos ocupado
habrás ocupado	habréis ocupado
habrá ocupado	habrán ocupado

condicional simple

SINGULAR	PLURAL
ocuparía	ocuparíamos
ocuparías	ocuparíais
ocuparía	ocuparían

condicional compuesto

SINGULAR	PLURAL
habría ocupado	habríamos ocupado
habrías ocupado	habríais ocupado
habría ocupado	habrían ocupado

presente de subjuntivo

SINGULAR	PLURAL
ocupe	ocupemos
ocupes	ocupéis
ocupe	ocupen

perfecto de subjuntivo

SINGULAR	PLURAL
haya ocupado	hayamos ocupado
hayas ocupado	hayáis ocupado
haya ocupado	hayan ocupado

imperfecto de subjuntivo

SINGULAR	PLURAL
ocupara	ocupáramos
ocuparas	ocuparais
ocupara	ocuparan
OR	
ocupase	ocupasemos
ocupases	ocupaseis
ocupase	ocupasen

pluscuamperfecto de subjuntivo

SINGULAR	PLURAL
hubiera ocupado	hubiéramos ocupado
hubieras ocupado	hubierais ocupado
hubiera ocupado	hubieran ocupado
OR	
hubiese ocupado	hubiésemos ocupado
hubieses ocupado	hubieseis ocupado
hubiese ocupado	hubiesen ocupado

imperativo

SINGULAR	PLURAL
—	ocupemos
ocupa; no ocupes	ocupad; no ocupéis
ocupe	ocupen

O

gerundio **ocurriendo**   participio de pasado **ocurrido**

SINGULAR	PLURAL	SINGULAR	PLURAL

presente de indicativo

ocurr**o**	ocurr**imos**		
ocurr**es**	ocurr**ís**		
ocurr**e**	ocurr**en**		

perfecto de indicativo

he ocurrido	**hemos** ocurrido
has ocurrido	**habéis** ocurrido
ha ocurrido	**han** ocurrido

imperfecto de indicativo

ocurr**ía**	ocurr**íamos**
ocurr**ías**	ocurr**íais**
ocurr**ía**	ocurr**ían**

pluscuamperfecto de indicativo

había ocurrido	**habíamos** ocurrido
habías ocurrido	**habíais** ocurrido
había ocurrido	**habían** ocurrido

pretérito

ocurr**í**	ocurr**imos**
ocurr**iste**	ocurr**isteis**
ocurr**ió**	ocurr**ieron**

pretérito anterior

hube ocurrido	**hubimos** ocurrido
hubiste ocurrido	**hubisteis** ocurrido
hubo ocurrido	**hubieron** ocurrido

futuro

ocurrir**é**	ocurrir**emos**
ocurrir**ás**	ocurrir**éis**
ocurrir**á**	ocurrir**án**

futuro perfecto

habré ocurrido	**habremos** ocurrido
habrás ocurrido	**habréis** ocurrido
habrá ocurrido	**habrán** ocurrido

condicional simple

ocurrir**ía**	ocurrir**íamos**
ocurrir**ías**	ocurrir**íais**
ocurrir**ía**	ocurrir**ían**

condicional compuesto

habría ocurrido	**habríamos** ocurrido
habrías ocurrido	**habríais** ocurrido
habría ocurrido	**habrían** ocurrido

presente de subjuntivo

ocurr**a**	ocurr**amos**
ocurr**as**	ocurr**áis**
ocurr**a**	ocurr**an**

perfecto de subjuntivo

haya ocurrido	**hayamos** ocurrido
hayas ocurrido	**hayáis** ocurrido
haya ocurrido	**hayan** ocurrido

imperfecto de subjuntivo

ocurr**iera**	ocurr**iéramos**
ocurr**ieras**	ocurr**ierais**
ocurr**iera**	ocurr**ieran**
OR	
ocurr**iese**	ocurr**iésemos**
ocurr**ieses**	ocurr**ieseis**
ocurr**iese**	ocurr**iesen**

pluscuamperfecto de subjuntivo

hubiera ocurrido	**hubiéramos** ocurrido
hubieras ocurrido	**hubierais** ocurrido
hubiera ocurrido	**hubieran** ocurrido
OR	
hubiese ocurrido	**hubiésemos** ocurrido
hubieses ocurrido	**hubieseis** ocurrido
hubiese ocurrido	**hubiesen** ocurrido

imperativo

—	ocurr**amos**
ocurr**e**; no ocurr**as**	ocurr**id**; no ocurr**áis**
ocurr**a**	ocurr**an**

to hate

gerundio **odiando**   participio de pasado **odiado**

SINGULAR	PLURAL	SINGULAR	PLURAL

presente de indicativo

odi**o**	odi**amos**
odi**as**	odi**áis**
odi**a**	odi**an**

perfecto de indicativo

he odiado	**hemos** odiado
has odiado	**habéis** odiado
ha odiado	**han** odiado

imperfecto de indicativo

odi**aba**	odi**ábamos**
odi**abas**	odi**abais**
odi**aba**	odi**aban**

pluscuamperfecto de indicativo

había odiado	**habíamos** odiado
habías odiado	**habíais** odiado
había odiado	**habían** odiado

pretérito

odi**é**	odi**amos**
odi**aste**	odi**asteis**
odi**ó**	odi**aron**

pretérito anterior

hube odiado	**hubimos** odiado
hubiste odiado	**hubisteis** odiado
hubo odiado	**hubieron** odiado

futuro

odiar**é**	odiar**emos**
odiar**ás**	odiar**éis**
odiar**á**	odiar**án**

futuro perfecto

habré odiado	**habremos** odiado
habrás odiado	**habréis** odiado
habrá odiado	**habrán** odiado

condicional simple

odiar**ía**	odiar**íamos**
odiar**ías**	odiar**íais**
odiar**ía**	odiar**ían**

condicional compuesto

habría odiado	**habríamos** odiado
habrías odiado	**habríais** odiado
habría odiado	**habrían** odiado

presente de subjuntivo

odi**e**	odi**emos**
odi**es**	odi**éis**
odi**e**	odi**en**

perfecto de subjuntivo

haya odiado	**hayamos** odiado
hayas odiado	**hayáis** odiado
haya odiado	**hayan** odiado

imperfecto de subjuntivo

odi**ara**	odi**áramos**
odi**aras**	odi**arais**
odi**ara**	odi**aran**
OR	
odi**ase**	odi**ásemos**
odi**ases**	odi**aseis**
odi**ase**	odi**asen**

pluscuamperfecto de subjuntivo

hubiera odiado	**hubiéramos** odiado
hubieras odiado	**hubierais** odiado
hubiera odiado	**hubieran** odiado
OR	
hubiese odiado	**hubiésemos** odiado
hubieses odiado	**hubieseis** odiado
hubiese odiado	**hubiesen** odiado

imperativo

—	odi**emos**
odi**a**; no odi**es**	odi**ad**; no odi**éis**
odi**e**	odi**en**

O

SINGULAR	PLURAL	SINGULAR	PLURAL

presente de indicativo

		perfecto de indicativo	
ofrezco	ofrecemos	**he** ofrecido	**hemos** ofrecido
ofreces	ofrecéis	**has** ofrecido	**habéis** ofrecido
ofrece	ofrecen	**ha** ofrecido	**han** ofrecido

imperfecto de indicativo · pluscuamperfecto de indicativo

ofrecía	ofrecíamos	**había** ofrecido	**habíamos** ofrecido
ofrecías	ofrecíais	**habías** ofrecido	**habíais** ofrecido
ofrecía	ofrecían	**había** ofrecido	**habían** ofrecido

pretérito · pretérito anterior

ofrecí	ofrecimos	**hube** ofrecido	**hubimos** ofrecido
ofreciste	ofrecisteis	**hubiste** ofrecido	**hubisteis** ofrecido
ofreció	ofrecieron	**hubo** ofrecido	**hubieron** ofrecido

futuro · futuro perfecto

ofreceré	ofreceremos	**habré** ofrecido	**habremos** ofrecido
ofrecerás	ofreceréis	**habrás** ofrecido	**habréis** ofrecido
ofrecerá	ofrecerán	**habrá** ofrecido	**habrán** ofrecido

condicional simple · condicional compuesto

ofrecería	ofreceríamos	**habría** ofrecido	**habríamos** ofrecido
ofrecerías	ofreceríais	**habrías** ofrecido	**habríais** ofrecido
ofrecería	ofrecerían	**habría** ofrecido	**habrían** ofrecido

presente de subjuntivo · perfecto de subjuntivo

ofrezca	ofrezcamos	**haya** ofrecido	**hayamos** ofrecido
ofrezcas	ofrezcáis	**hayas** ofrecido	**hayáis** ofrecido
ofrezca	ofrezcan	**haya** ofrecido	**hayan** ofrecido

imperfecto de subjuntivo · pluscuamperfecto de subjuntivo

ofreciera	ofreciéramos	**hubiera** ofrecido	**hubiéramos** ofrecido
ofrecieras	ofrecierais	**hubieras** ofrecido	**hubierais** ofrecido
ofreciera	ofrecieran	**hubiera** ofrecido	**hubieran** ofrecido
OR		OR	
ofreciese	ofreciésemos	**hubiese** ofrecido	**hubiésemos** ofrecido
ofrecieses	ofrecieseis	**hubieses** ofrecido	**hubieseis** ofrecido
ofreciese	ofreciesen	**hubiese** ofrecido	**hubiesen** ofrecido

imperativo

—	ofrezcamos
ofrece; no ofrezcas	ofreced; no ofrezcáis
ofrezca	ofrezcan

gerundio **oyendo**   participio de pasado **oído**

SINGULAR	PLURAL	SINGULAR	PLURAL

presente de indicativo

oigo	oímos
oyes	oís
oye	oyen

perfecto de indicativo

he oído	hemos oído
has oído	habéis oído
ha oído	han oído

imperfecto de indicativo

oía	oíamos
oías	oíais
oía	oían

pluscuamperfecto de indicativo

había oído	habíamos oído
habías oído	habíais oído
había oído	habían oído

O

pretérito

oí	oímos
oíste	oísteis
oyó	oyeron

pretérito anterior

hube oído	hubimos oído
hubiste oído	hubisteis oído
hubo oído	hubieron oído

futuro

oiré	oiremos
oirás	oiréis
oirá	oirán

futuro perfecto

habré oído	habremos oído
habrás oído	habréis oído
habrá oído	habrán oído

condicional simple

oiría	oiríamos
oirías	oiríais
oiría	oirían

condicional compuesto

habría oído	habríamos oído
habrías oído	habríais oído
habría oído	habrían oído

presente de subjuntivo

oiga	oigamos
oigas	oigáis
oiga	oigan

perfecto de subjuntivo

haya oído	hayamos oído
hayas oído	hayáis oído
haya oído	hayan oído

imperfecto de subjuntivo

oyera	oyéramos
oyeras	oyerais
oyera	oyeran
OR	
oyese	oyésemos
oyeses	oyeseis
oyese	oyesen

pluscuamperfecto de subjuntivo

hubiera oído	hubiéramos oído
hubieras oído	hubierais oído
hubiera oído	hubieran oído
OR	
hubiese oído	hubiésemos oído
hubieses oído	hubieseis oído
hubiese oído	hubiesen oído

imperativo

—	oigamos
oye; no oigas	oíd; no oigáis
oiga	oigan

MUST
KNOW
VERB

gerundio oliendo | **participio de pasado** olido

SINGULAR	PLURAL	SINGULAR	PLURAL

presente de indicativo

huelo	olemos		
hueles	oléis		
huele	huelen		

perfecto de indicativo

he olido	hemos olido		
has olido	habéis olido		
ha olido	han olido		

imperfecto de indicativo

olía	olíamos
olías	olíais
olía	olían

pluscuamperfecto de indicativo

había olido	habíamos olido
habías olido	habíais olido
había olido	habían olido

pretérito

olí	olimos
oliste	olisteis
olió	olieron

pretérito anterior

hube olido	hubimos olido
hubiste olido	hubisteis olido
hubo olido	hubieron olido

futuro

oleré	oleremos
olerás	oleréis
olerá	olerán

futuro perfecto

habré olido	habremos olido
habrás olido	habréis olido
habrá olido	habrán olido

condicional simple

olería	oleríamos
olerías	oleríais
olería	olerían

condicional compuesto

habría olido	habríamos olido
habrías olido	habríais olido
habría olido	habrían olido

presente de subjuntivo

huela	olamos
huelas	oláis
huela	huelan

perfecto de subjuntivo

haya olido	hayamos olido
hayas olido	hayáis olido
haya olido	hayan olido

imperfecto de subjuntivo

oliera	oliéramos
olieras	olierais
oliera	olieran
OR	
oliese	oliésemos
olieses	olieseis
oliese	oliesen

pluscuamperfecto de subjuntivo

hubiera olido	hubiéramos olido
hubieras olido	hubierais olido
hubiera olido	hubieran olido
OR	
hubiese olido	hubiésemos olido
hubieses olido	hubieseis olido
hubiese olido	hubiesen olido

imperativo

—	olamos
huele; no huelas	oled; no oláis
huela	huelan

to forget

SINGULAR	PLURAL	SINGULAR	PLURAL

presente de indicativo

		perfecto de indicativo	
olvido	olvidamos	he olvidado	hemos olvidado
olvidas	olvidáis	has olvidado	habéis olvidado
olvida	olvidan	ha olvidado	han olvidado

imperfecto de indicativo

		pluscuamperfecto de indicativo	
olvidaba	olvidábamos	había olvidado	habíamos olvidado
olvidabas	olvidabais	habías olvidado	habíais olvidado
olvidaba	olvidaban	había olvidado	habían olvidado

O

pretérito

		pretérito anterior	
olvidé	olvidamos	hube olvidado	hubimos olvidado
olvidaste	olvidasteis	hubiste olvidado	hubisteis olvidado
olvidó	olvidaron	hubo olvidado	hubieron olvidado

futuro

		futuro perfecto	
olvidaré	olvidaremos	habré olvidado	habremos olvidado
olvidarás	olvidaréis	habrás olvidado	habréis olvidado
olvidará	olvidarán	habrá olvidado	habrán olvidado

condicional simple

		condicional compuesto	
olvidaría	olvidaríamos	habría olvidado	habríamos olvidado
olvidarías	olvidaríais	habrías olvidado	habríais olvidado
olvidaría	olvidarían	habría olvidado	habrían olvidado

presente de subjuntivo

		perfecto de subjuntivo	
olvide	olvidemos	haya olvidado	hayamos olvidado
olvides	olvidéis	hayas olvidado	hayáis olvidado
olvide	olviden	haya olvidado	hayan olvidado

imperfecto de subjuntivo

		pluscuamperfecto de subjuntivo	
olvidara	olvidáramos	hubiera olvidado	hubiéramos olvidado
olvidaras	olvidarais	hubieras olvidado	hubierais olvidado
olvidara	olvidaran	hubiera olvidado	hubieran olvidado
OR		OR	
olvidase	olvidásemos	hubiese olvidado	hubiésemos olvidado
olvidases	olvidaseis	hubieses olvidado	hubieseis olvidado
olvidase	olvidasen	hubiese olvidado	hubiesen olvidado

imperativo

—	olvidemos
olvida; no olvides	olvidad; no olvidéis
olvide	olviden

gerundio **omitiendo**   participio de pasado **omitido**

SINGULAR	PLURAL	SINGULAR	PLURAL

presente de indicativo

omit**o**	omit**imos**
omit**es**	omit**ís**
omit**e**	omit**en**

perfecto de indicativo

he omitido	**hemos** omitido
has omitido	**habéis** omitido
ha omitido	**han** omitido

imperfecto de indicativo

omit**ía**	omit**íamos**
omit**ías**	omit**íais**
omit**ía**	omit**ían**

pluscuamperfecto de indicativo

había omitido	**habíamos** omitido
habías omitido	**habíais** omitido
había omitido	**habían** omitido

pretérito

omit**í**	omit**imos**
omit**iste**	omit**isteis**
omit**ió**	omit**ieron**

pretérito anterior

hube omitido	**hubimos** omitido
hubiste omitido	**hubisteis** omitido
hubo omitido	**hubieron** omitido

futuro

omitir**é**	omitir**emos**
omitir**ás**	omitir**éis**
omitir**á**	omitir**án**

futuro perfecto

habré omitido	**habremos** omitido
habrás omitido	**habréis** omitido
habrá omitido	**habrán** omitido

condicional simple

omitir**ía**	omitir**íamos**
omitir**ías**	omitir**íais**
omitir**ía**	omitir**ían**

condicional compuesto

habría omitido	**habríamos** omitido
habrías omitido	**habríais** omitido
habría omitido	**habrían** omitido

presente de subjuntivo

omit**a**	omit**amos**
omit**as**	omit**áis**
omit**a**	omit**an**

perfecto de subjuntivo

haya omitido	**hayamos** omitido
hayas omitido	**hayáis** omitido
haya omitido	**hayan** omitido

imperfecto de subjuntivo

omit**iera**	omit**iéramos**
omit**ieras**	omit**ierais**
omit**iera**	omit**ieran**
OR	
omit**iese**	omit**iésemos**
omit**ieses**	omit**ieseis**
omit**iese**	omit**iesen**

pluscuamperfecto de subjuntivo

hubiera omitido	**hubiéramos** omitido
hubieras omitido	**hubierais** omitido
hubiera omitido	**hubieran** omitido
OR	
hubiese omitido	**hubiésemos** omitido
hubieses omitido	**hubieseis** omitido
hubiese omitido	**hubiesen** omitido

imperativo

—	omit**amos**
omit**e**; no omit**as**	omit**id**; no omit**áis**
omit**a**	omit**an**

to operate

gerundio **operando**   participio de pasado **operado**

SINGULAR	PLURAL	SINGULAR	PLURAL

presente de indicativo

oper**o**	oper**amos**
oper**as**	oper**áis**
oper**a**	oper**an**

perfecto de indicativo

he operado	**hemos** operado
has operado	**habéis** operado
ha operado	**han** operado

imperfecto de indicativo

oper**aba**	oper**ábamos**
oper**abas**	oper**abais**
oper**aba**	oper**aban**

pluscuamperfecto de indicativo

había operado	**habíamos** operado
habías operado	**habíais** operado
había operado	**habían** operado

O

pretérito

oper**é**	oper**amos**
oper**aste**	oper**asteis**
oper**ó**	oper**aron**

pretérito anterior

hube operado	**hubimos** operado
hubiste operado	**hubisteis** operado
hubo operado	**hubieron** operado

futuro

operar**é**	operar**emos**
operar**ás**	operar**éis**
operar**á**	operar**án**

futuro perfecto

habré operado	**habremos** operado
habrás operado	**habréis** operado
habrá operado	**habrán** operado

condicional simple

operar**ía**	operar**íamos**
operar**ías**	operar**íais**
operar**ía**	operar**ían**

condicional compuesto

habría operado	**habríamos** operado
habrías operado	**habríais** operado
habría operado	**habrían** operado

presente de subjuntivo

oper**e**	oper**emos**
oper**es**	oper**éis**
oper**e**	oper**en**

perfecto de subjuntivo

haya operado	**hayamos** operado
hayas operado	**hayáis** operado
haya operado	**hayan** operado

imperfecto de subjuntivo

oper**ara**	oper**áramos**
oper**aras**	oper**arais**
oper**ara**	oper**aran**
OR	
oper**ase**	oper**ásemos**
oper**ases**	oper**aseis**
oper**ase**	oper**asen**

pluscuamperfecto de subjuntivo

hubiera operado	**hubiéramos** operado
hubieras operado	**hubierais** operado
hubiera operado	**hubieran** operado
OR	
hubiese operado	**hubiésemos** operado
hubieses operado	**hubieseis** operado
hubiese operado	**hubiesen** operado

imperativo

—	operemos
opera; no operes	operad; no operéis
opere	operen

477

SINGULAR	PLURAL	SINGULAR	PLURAL

presente de indicativo

opongo / oponemos
opones / oponéis
opone / oponen

perfecto de indicativo

he opuesto / hemos opuesto
has opuesto / habéis opuesto
ha opuesto / han opuesto

imperfecto de indicativo

oponía / oponíamos
oponías / oponíais
oponía / oponían

pluscuamperfecto de indicativo

había opuesto / habíamos opuesto
habías opuesto / habíais opuesto
había opuesto / habían opuesto

pretérito

opuse / opusimos
opusiste / opusisteis
opuso / opusieron

pretérito anterior

hube opuesto / hubimos opuesto
hubiste opuesto / hubisteis opuesto
hubo opuesto / hubieron opuesto

futuro

opondré / opondremos
opondrás / opondréis
opondrá / opondrán

futuro perfecto

habré opuesto / habremos opuesto
habrás opuesto / habréis opuesto
habrá opuesto / habrán opuesto

condicional simple

opondría / opondríamos
opondrías / opondríais
opondría / opondrían

condicional compuesto

habría opuesto / habríamos opuesto
habrías opuesto / habríais opuesto
habría opuesto / habrían opuesto

presente de subjuntivo

oponga / opongamos
opongas / opongáis
oponga / opongan

perfecto de subjuntivo

haya opuesto / hayamos opuesto
hayas opuesto / hayáis opuesto
haya opuesto / hayan opuesto

imperfecto de subjuntivo

opusiera / opusiéramos
opusieras / opusierais
opusiera / opusieran
OR
opusiese / opusiésemos
opusieses / opusieseis
opusiese / opusiesen

pluscuamperfecto de subjuntivo

hubiera opuesto / hubiéramos opuesto
hubieras opuesto / hubierais opuesto
hubiera opuesto / hubieran opuesto
OR
hubiese opuesto / hubiésemos opuesto
hubieses opuesto / hubieseis opuesto
hubiese opuesto / hubiesen opuesto

imperativo

— / opongamos
opón; no opongas / oponed; no opongáis
oponga / opongan

to choose

gerundio **optando**   participio de pasado **optado**

SINGULAR	PLURAL
presente de indicativo	
opt**o**	opt**amos**
opt**as**	opt**áis**
opt**a**	opt**an**
imperfecto de indicativo	
opt**aba**	opt**ábamos**
opt**abas**	opt**abais**
opt**aba**	opt**aban**
pretérito	
opt**é**	opt**amos**
opt**aste**	opt**asteis**
opt**ó**	opt**aron**
futuro	
optar**é**	optar**emos**
optar**ás**	optar**éis**
optar**á**	optar**án**
condicional simple	
optar**ía**	optar**íamos**
optar**ías**	optar**íais**
optar**ía**	optar**ían**
presente de subjuntivo	
opt**e**	opt**emos**
opt**es**	opt**éis**
opt**e**	opt**en**
imperfecto de subjuntivo	
opt**ara**	opt**áramos**
opt**aras**	opt**arais**
opt**ara**	opt**aran**
OR	
opt**ase**	opt**ásemos**
opt**ases**	opt**aseis**
opt**ase**	opt**asen**

SINGULAR	PLURAL
perfecto de indicativo	
he optado	**hemos** optado
has optado	**habéis** optado
ha optado	**han** optado
pluscuamperfecto de indicativo	
había optado	**habíamos** optado
habías optado	**habíais** optado
había optado	**habían** optado
pretérito anterior	
hube optado	**hubimos** optado
hubiste optado	**hubisteis** optado
hubo optado	**hubieron** optado
futuro perfecto	
habré optado	**habremos** optado
habrás optado	**habréis** optado
habrá optado	**habrán** optado
condicional compuesto	
habría optado	**habríamos** optado
habrías optado	**habríais** optado
habría optado	**habrían** optado
perfecto de subjuntivo	
haya optado	**hayamos** optado
hayas optado	**hayáis** optado
haya optado	**hayan** optado
pluscuamperfecto de subjuntivo	
hubiera optado	**hubiéramos** optado
hubieras optado	**hubierais** optado
hubiera optado	**hubieran** optado
OR	
hubiese optado	**hubiésemos** optado
hubieses optado	**hubieseis** optado
hubiese optado	**hubiesen** optado

O

imperativo

	optemos
—	optemos
opta; no optes	optad; no optéis
opte	opten

gerundio orando | **participio de pasado** orado

SINGULAR	PLURAL	SINGULAR	PLURAL

presente de indicativo

oro	oramos
oras	oráis
ora	oran

perfecto de indicativo

he orado	hemos orado
has orado	habéis orado
ha orado	han orado

imperfecto de indicativo

oraba	orábamos
orabas	orabais
oraba	oraban

pluscuamperfecto de indicativo

había orado	habíamos orado
habías orado	habíais orado
había orado	habían orado

pretérito

oré	oramos
oraste	orasteis
oró	oraron

pretérito anterior

hube orado	hubimos orado
hubiste orado	hubisteis orado
hubo orado	hubieron orado

futuro

oraré	oraremos
orarás	oraréis
orará	orarán

futuro perfecto

habré orado	habremos orado
habrás orado	habréis orado
habrá orado	habrán orado

condicional simple

oraría	oraríamos
orarías	oraríais
oraría	orarían

condicional compuesto

habría orado	habríamos orado
habrías orado	habríais orado
habría orado	habrían orado

presente de subjuntivo

ore	oremos
ores	oréis
ore	oren

perfecto de subjuntivo

haya orado	hayamos orado
hayas orado	hayáis orado
haya orado	hayan orado

imperfecto de subjuntivo

orara	oráramos
oraras	orarais
orara	oraran
OR	
orase	orásemos
orases	oraseis
orase	orasen

pluscuamperfecto de subjuntivo

hubiera orado	hubiéramos orado
hubieras orado	hubierais orado
hubiera orado	hubieran orado
OR	
hubiese orado	hubiésemos orado
hubieses orado	hubieseis orado
hubiese orado	hubiesen orado

imperativo

—	oremos
ora; no ores	orad; no oréis
ore	oren

to put in order

SINGULAR	PLURAL	SINGULAR	PLURAL

presente de indicativo

orden**o**	orden**amos**
orden**as**	orden**áis**
orden**a**	orden**an**

perfecto de indicativo

he ordenado	**hemos** ordenado
has ordenado	**habéis** ordenado
ha ordenado	**han** ordenado

imperfecto de indicativo

orden**aba**	orden**ábamos**
orden**abas**	orden**abais**
orden**aba**	orden**aban**

pluscuamperfecto de indicativo

había ordenado	**habíamos** ordenado
habías ordenado	**habíais** ordenado
había ordenado	**habían** ordenado

O

pretérito

orden**é**	orden**amos**
orden**aste**	orden**asteis**
orden**ó**	orden**aron**

pretérito anterior

hube ordenado	**hubimos** ordenado
hubiste ordenado	**hubisteis** ordenado
hubo ordenado	**hubieron** ordenado

futuro

ordenar**é**	ordenar**emos**
ordenar**ás**	ordenar**éis**
ordenar**á**	ordenar**án**

futuro perfecto

habré ordenado	**habremos** ordenado
habrás ordenado	**habréis** ordenado
habrá ordenado	**habrán** ordenado

condicional simple

ordenar**ía**	ordenar**íamos**
ordenar**ías**	ordenar**íais**
ordenar**ía**	ordenar**ían**

condicional compuesto

habría ordenado	**habríamos** ordenado
habrías ordenado	**habríais** ordenado
habría ordenado	**habrían** ordenado

presente de subjuntivo

orden**e**	orden**emos**
orden**es**	orden**éis**
orden**e**	orden**en**

perfecto de subjuntivo

haya ordenado	**hayamos** ordenado
hayas ordenado	**hayáis** ordenado
haya ordenado	**hayan** ordenado

imperfecto de subjuntivo

ordenar**a**	ordenár**amos**
ordenar**as**	ordenar**ais**
ordenar**a**	ordenar**an**
OR	
ordenas**e**	ordenás**emos**
ordenas**es**	ordenas**eis**
ordenas**e**	ordenas**en**

pluscuamperfecto de subjuntivo

hubiera ordenado	**hubiéramos** ordenado
hubieras ordenado	**hubierais** ordenado
hubiera ordenado	**hubieran** ordenado
OR	
hubiese ordenado	**hubiésemos** ordenado
hubieses ordenado	**hubieseis** ordenado
hubiese ordenado	**hubiesen** ordenado

imperativo

—	ordenemos
ordena; no ordenes	ordenad; no ordenéis
ordene	ordenen

organizar

to organize

SINGULAR	PLURAL	SINGULAR	PLURAL

presente de indicativo

organiz**o**	organiz**amos**	
organiz**as**	organiz**áis**	
organiz**a**	organiz**an**	

perfecto de indicativo

he organizado	**hemos** organizado
has organizado	**habéis** organizado
ha organizado	**han** organizado

imperfecto de indicativo

organiz**aba**	organiz**ábamos**
organiz**abas**	organiz**abais**
organiz**aba**	organiz**aban**

pluscuamperfecto de indicativo

había organizado	**habíamos** organizado
habías organizado	**habíais** organizado
había organizado	**habían** organizado

pretérito

organic**é**	organiz**amos**
organiz**aste**	organiz**asteis**
organiz**ó**	organiz**aron**

pretérito anterior

hube organizado	**hubimos** organizado
hubiste organizado	**hubisteis** organizado
hubo organizado	**hubieron** organizado

futuro

organizar**é**	organizar**emos**
organizar**ás**	organizar**éis**
organizar**á**	organizar**án**

futuro perfecto

habré organizado	**habremos** organizado
habrás organizado	**habréis** organizado
habrá organizado	**habrán** organizado

condicional simple

organizar**ía**	organizar**íamos**
organizar**ías**	organizar**íais**
organizar**ía**	organizar**ían**

condicional compuesto

habría organizado	**habríamos** organizado
habrías organizado	**habríais** organizado
habría organizado	**habrían** organizado

presente de subjuntivo

organic**e**	organic**emos**
organic**es**	organic**éis**
organic**e**	organic**en**

perfecto de subjuntivo

haya organizado	**hayamos** organizado
hayas organizado	**hayáis** organizado
haya organizado	**hayan** organizado

imperfecto de subjuntivo

organizar**a**	organizár**amos**
organizar**as**	organizar**ais**
organizar**a**	organizar**an**
OR	
organiz**ase**	organizás**emos**
organiz**ases**	organiz**aseis**
organiz**ase**	organiz**asen**

pluscuamperfecto de subjuntivo

hubiera organizado	**hubiéramos** organizado
hubieras organizado	**hubierais** organizado
hubiera organizado	**hubieran** organizado
OR	
hubiese organizado	**hubiésemos** organizado
hubieses organizado	**hubieseis** organizado
hubiese organizado	**hubiesen** organizado

imperativo

—	organicemos
organiza;	organizad;
no organices	no organicéis
organice	organicen

482

to dare, to venture

gerundio **osando**   participio de pasado **osado**

SINGULAR	PLURAL	SINGULAR	PLURAL

presente de indicativo

oso	osamos
osas	osáis
osa	osan

perfecto de indicativo

he osado	hemos osado
has osado	habéis osado
ha osado	han osado

imperfecto de indicativo

osaba	osábamos
osabas	osabais
osaba	osaban

pluscuamperfecto de indicativo

había osado	habíamos osado
habías osado	habíais osado
había osado	habían osado

pretérito

osé	osamos
osaste	osasteis
osó	osaron

pretérito anterior

hube osado	hubimos osado
hubiste osado	hubisteis osado
hubo osado	hubieron osado

futuro

osaré	osaremos
osarás	osaréis
osará	osarán

futuro perfecto

habré osado	habremos osado
habrás osado	habréis osado
habrá osado	habrán osado

condicional simple

osaría	osaríamos
osarías	osaríais
osaría	osarían

condicional compuesto

habría osado	habríamos osado
habrías osado	habríais osado
habría osado	habrían osado

presente de subjuntivo

ose	osemos
oses	oséis
ose	osen

perfecto de subjuntivo

haya osado	hayamos osado
hayas osado	hayáis osado
haya osado	hayan osado

imperfecto de subjuntivo

osara	osáramos
osaras	osarais
osara	osaran
OR	
osase	osásemos
osases	osaseis
osase	osasen

pluscuamperfecto de subjuntivo

hubiera osado	hubiéramos osado
hubieras osado	hubierais osado
hubiera osado	hubieran osado
OR	
hubiese osado	hubiésemos osado
hubieses osado	hubieseis osado
hubiese osado	hubiesen osado

imperativo

—	osemos
osa; no oses	osad; no oséis
ose	osen

O

gerundio **ostentando**　　　participio de pasado **ostentado**

SINGULAR	PLURAL	SINGULAR	PLURAL

presente de indicativo

ostent**o**	ostent**amos**
ostent**as**	ostent**áis**
ostent**a**	ostent**an**

perfecto de indicativo

he ostentado	**hemos** ostentado
has ostentado	**habéis** ostentado
ha ostentado	**han** ostentado

imperfecto de indicativo

ostent**aba**	ostent**ábamos**
ostent**abas**	ostent**abais**
ostent**aba**	ostent**aban**

pluscuamperfecto de indicativo

había ostentado	**habíamos** ostentado
habías ostentado	**habíais** ostentado
había ostentado	**habían** ostentado

pretérito

ostent**é**	ostent**amos**
ostent**aste**	ostent**asteis**
ostent**ó**	ostent**aron**

pretérito anterior

hube ostentado	**hubimos** ostentado
hubiste ostentado	**hubisteis** ostentado
hubo ostentado	**hubieron** ostentado

futuro

ostentar**é**	ostentar**emos**
ostentar**ás**	ostentar**éis**
ostentar**á**	ostentar**án**

futuro perfecto

habré ostentado	**habremos** ostentado
habrás ostentado	**habréis** ostentado
habrá ostentado	**habrán** ostentado

condicional simple

ostentar**ía**	ostentar**íamos**
ostentar**ías**	ostentar**íais**
ostentar**ía**	ostentar**ían**

condicional compuesto

habría ostentado	**habríamos** ostentado
habrías ostentado	**habríais** ostentado
habría ostentado	**habrían** ostentado

presente de subjuntivo

ostent**e**	ostent**emos**
ostent**es**	ostent**éis**
ostent**e**	ostent**en**

perfecto de subjuntivo

haya ostentado	**hayamos** ostentado
hayas ostentado	**hayáis** ostentado
haya ostentado	**hayan** ostentado

imperfecto de subjuntivo

ostent**ara**	ostent**áramos**
ostent**aras**	ostent**arais**
ostent**ara**	ostent**aran**
OR	
ostent**ase**	ostent**ásemos**
ostent**ases**	ostent**aseis**
ostent**ase**	ostent**asen**

pluscuamperfecto de subjuntivo

hubiera ostentado	**hubiéramos** ostentado
hubieras ostentado	**hubierais** ostentado
hubiera ostentado	**hubieran** ostentado
OR	
hubiese ostentado	**hubiésemos** ostentado
hubieses ostentado	**hubieseis** ostentado
hubiese ostentado	**hubiesen** ostentado

imperativo

—	ostent**emos**
ostenta; no ostentes	ostentad; no ostentéis
ostente	ostenten

to grant, to award

gerundio **otorgando**   participio de pasado **otorgado**

SINGULAR	PLURAL

presente de indicativo

otorg**o**	otorg**amos**
otorg**as**	otorg**áis**
otorg**a**	otorg**an**

imperfecto de indicativo

otorg**aba**	otorg**ábamos**
otorg**abas**	otorg**abais**
otorg**aba**	otorg**aban**

pretérito

otorg**ué**	otorg**amos**
otorg**aste**	otorg**asteis**
otorg**ó**	otorg**aron**

futuro

otorgar**é**	otorgar**emos**
otorgar**ás**	otorgar**éis**
otorgar**á**	otorgar**án**

condicional simple

otorgar**ía**	otorgar**íamos**
otorgar**ías**	otorgar**íais**
otorgar**ía**	otorgar**ían**

presente de subjuntivo

otorg**ue**	otorg**uemos**
otorg**ues**	otorg**uéis**
otorg**ue**	otorg**uen**

imperfecto de subjuntivo

otorg**ara**	otorg**áramos**
otorg**aras**	otorg**arais**
otorg**ara**	otorg**aran**
OR	
otorg**ase**	otorg**ásemos**
otorg**ases**	otorg**aseis**
otorg**ase**	otorg**asen**

imperativo

—	otorg**uemos**
otorg**a**; no otorg**ues**	otorg**ad**; no otorg**uéis**
otorg**ue**	otorg**uen**

SINGULAR	PLURAL

perfecto de indicativo

he otorgado	**hemos** otorgado
has otorgado	**habéis** otorgado
ha otorgado	**han** otorgado

pluscuamperfecto de indicativo

había otorgado	**habíamos** otorgado
habías otorgado	**habíais** otorgado
había otorgado	**habían** otorgado

pretérito anterior

hube otorgado	**hubimos** otorgado
hubiste otorgado	**hubisteis** otorgado
hubo otorgado	**hubieron** otorgado

futuro perfecto

habré otorgado	**habremos** otorgado
habrás otorgado	**habréis** otorgado
habrá otorgado	**habrán** otorgado

condicional compuesto

habría otorgado	**habríamos** otorgado
habrías otorgado	**habríais** otorgado
habría otorgado	**habrían** otorgado

perfecto de subjuntivo

haya otorgado	**hayamos** otorgado
hayas otorgado	**hayáis** otorgado
haya otorgado	**hayan** otorgado

pluscuamperfecto de subjuntivo

hubiera otorgado	**hubiéramos** otorgado
hubieras otorgado	**hubierais** otorgado
hubiera otorgado	**hubieran** otorgado
OR	
hubiese otorgado	**hubiésemos** otorgado
hubieses otorgado	**hubieseis** otorgado
hubiese otorgado	**hubiesen** otorgado

O

gerundio **pagando**   participio de pasado **pagado**

SINGULAR	PLURAL

presente de indicativo
pago	pagamos
pagas	pagáis
paga	pagan

imperfecto de indicativo
pagaba	pagábamos
pagabas	pagabais
pagaba	pagaban

pretérito
pagué	pagamos
pagaste	pagasteis
pagó	pagaron

futuro
pagaré	pagaremos
pagarás	pagaréis
pagará	pagarán

condicional simple
pagaría	pagaríamos
pagarías	pagaríais
pagaría	pagarían

presente de subjuntivo
pague	paguemos
pagues	paguéis
pague	paguen

imperfecto de subjuntivo
pagara	pagáramos
pagaras	pagarais
pagara	pagaran
OR	
pagase	pagásemos
pagases	pagaseis
pagase	pagasen

imperativo
—	paguemos
paga; no pagues	pagad; no paguéis
pague	paguen

SINGULAR	PLURAL

perfecto de indicativo
he pagado	hemos pagado
has pagado	habéis pagado
ha pagado	han pagado

pluscuamperfecto de indicativo
había pagado	habíamos pagado
habías pagado	habíais pagado
había pagado	habían pagado

pretérito anterior
hube pagado	hubimos pagado
hubiste pagado	hubisteis pagado
hubo pagado	hubieron pagado

futuro perfecto
habré pagado	habremos pagado
habrás pagado	habréis pagado
habrá pagado	habrán pagado

condicional compuesto
habría pagado	habríamos pagado
habrías pagado	habríais pagado
habría pagado	habrían pagado

perfecto de subjuntivo
haya pagado	hayamos pagado
hayas pagado	hayáis pagado
haya pagado	hayan pagado

pluscuamperfecto de subjuntivo
hubiera pagado	hubiéramos pagado
hubieras pagado	hubierais pagado
hubiera pagado	hubieran pagado
OR	
hubiese pagado	hubiésemos pagado
hubieses pagado	hubieseis pagado
hubiese pagado	hubiesen pagado

MUST
KNOW
VERB

gerundio **parando**   participio de pasado **parado**

SINGULAR	PLURAL	SINGULAR	PLURAL

presente de indicativo

par**o**	par**amos**
par**as**	par**áis**
par**a**	par**an**

perfecto de indicativo

he parado	**hemos** parado
has parado	**habéis** parado
ha parado	**han** parado

imperfecto de indicativo

par**aba**	par**ábamos**
par**abas**	par**abais**
par**aba**	par**aban**

pluscuamperfecto de indicativo

había parado	**habíamos** parado
habías parado	**habíais** parado
había parado	**habían** parado

P

pretérito

par**é**	par**amos**
par**aste**	par**asteis**
par**ó**	par**aron**

pretérito anterior

hube parado	**hubimos** parado
hubiste parado	**hubisteis** parado
hubo parado	**hubieron** parado

futuro

parar**é**	parar**emos**
parar**ás**	parar**éis**
parar**á**	parar**án**

futuro perfecto

habré parado	**habremos** parado
habrás parado	**habréis** parado
habrá parado	**habrán** parado

condicional simple

parar**ía**	parar**íamos**
parar**ías**	parar**íais**
parar**ía**	parar**ían**

condicional compuesto

habría parado	**habríamos** parado
habrías parado	**habríais** parado
habría parado	**habrían** parado

presente de subjuntivo

par**e**	par**emos**
par**es**	par**éis**
par**e**	par**en**

perfecto de subjuntivo

haya parado	**hayamos** parado
hayas parado	**hayáis** parado
haya parado	**hayan** parado

imperfecto de subjuntivo

par**ara**	par**áramos**
par**aras**	par**arais**
par**ara**	par**aran**
OR	
par**ase**	par**ásemos**
par**ases**	par**aseis**
par**ase**	par**asen**

pluscuamperfecto de subjuntivo

hubiera parado	**hubiéramos** parado
hubieras parado	**hubierais** parado
hubiera parado	**hubieran** parado
OR	
hubiese parado	**hubiésemos** parado
hubieses parado	**hubieseis** parado
hubiese parado	**hubiesen** parado

imperativo

—	paremos
para; no pares	parad; no paréis
pare	paren

487

gerundio **parándose**   participio de pasado **parado**

SINGULAR	PLURAL	SINGULAR	PLURAL

presente de indicativo

me par**o**	nos par**amos**		
te par**as**	os par**áis**		
se par**a**	se par**an**		

perfecto de indicativo

me he parado	nos hemos parado
te has parado	os habéis parado
se ha parado	se han parado

imperfecto de indicativo

me par**aba**	nos par**ábamos**
te par**abas**	os par**abais**
se par**aba**	se par**aban**

pluscuamperfecto de indicativo

me había parado	nos habíamos parado
te habías parado	os habíais parado
se había parado	se habían parado

pretérito

me par**é**	nos par**amos**
te par**aste**	os par**asteis**
se par**ó**	se par**aron**

pretérito anterior

me hube parado	nos hubimos parado
te hubiste parado	os hubisteis parado
se hubo parado	se hubieron parado

futuro

me parar**é**	nos parar**emos**
te parar**ás**	os parar**éis**
se parar**á**	se parar**án**

futuro perfecto

me habré parado	nos habremos parado
te habrás parado	os habréis parado
se habrá parado	se habrán parado

condicional simple

me parar**ía**	nos parar**íamos**
te parar**ías**	os parar**íais**
se parar**ía**	se parar**ían**

condicional compuesto

me habría parado	nos habríamos parado
te habrías parado	os habríais parado
se habría parado	se habrían parado

presente de subjuntivo

me par**e**	nos par**emos**
te par**es**	os par**éis**
se par**e**	se par**en**

perfecto de subjuntivo

me haya parado	nos hayamos parado
te hayas parado	os hayáis parado
se haya parado	se hayan parado

imperfecto de subjuntivo

me parar**a**	nos parár**amos**
te parar**as**	os parar**ais**
se parar**a**	se parar**an**
OR	
me paras**e**	nos parás**emos**
te paras**es**	os paras**eis**
se paras**e**	se paras**en**

pluscuamperfecto de subjuntivo

me hubiera parado	nos hubiéramos parado
te hubieras parado	os hubierais parado
se hubiera parado	se hubieran parado
OR	
me hubiese parado	nos hubiésemos parado
te hubieses parado	os hubieseis parado
se hubiese parado	se hubiesen parado

imperativo

—	parémonos
párate; no te pares	paraos; no os paréis
párese	párense

to seem, to appear

gerundio **pareciendo**   participio de pasado **parecido**

SINGULAR	PLURAL
presente de indicativo	
parezco	parecemos
pareces	parecéis
parece	parecen
imperfecto de indicativo	
parecía	parecíamos
parecías	parecíais
parecía	parecían
pretérito	
parecí	parecimos
pareciste	parecisteis
pareció	parecieron
futuro	
pareceré	pareceremos
parecerás	pareceréis
parecerá	parecerán
condicional simple	
parecería	pareceríamos
parecerías	pareceríais
parecería	parecerían
presente de subjuntivo	
parezca	parezcamos
parezcas	parezcáis
parezca	parezcan
imperfecto de subjuntivo	
pareciera	pareciéramos
parecieras	parecierais
pareciera	parecieran
OR	
pareciese	pareciésemos
parecieses	parecieseis
pareciese	pareciesen
imperativo	
—	parezcamos
parece; no parezcas	pareced; no parezcáis
parezca	parezcan

SINGULAR	PLURAL
perfecto de indicativo	
he parecido	hemos parecido
has parecido	habéis parecido
ha parecido	han parecido
pluscuamperfecto de indicativo	
había parecido	habíamos parecido
habías parecido	habíais parecido
había parecido	habían parecido
pretérito anterior	
hube parecido	hubimos parecido
hubiste parecido	hubisteis parecido
hubo parecido	hubieron parecido
futuro perfecto	
habré parecido	habremos parecido
habrás parecido	habréis parecido
habrá parecido	habrán parecido
condicional compuesto	
habría parecido	habríamos parecido
habrías parecido	habríais parecido
habría parecido	habrían parecido
perfecto de subjuntivo	
haya parecido	hayamos parecido
hayas parecido	hayáis parecido
haya parecido	hayan parecido
pluscuamperfecto de subjuntivo	
hubiera parecido	hubiéramos parecido
hubieras parecido	hubierais parecido
hubiera parecido	hubieran parecido
OR	
hubiese parecido	hubiésemos parecido
hubieses parecido	hubieseis parecido
hubiese parecido	hubiesen parecido

P

489

to resemble each other

gerundio **pareciéndose**   participio de pasado **parecido**

SINGULAR	PLURAL	SINGULAR	PLURAL

presente de indicativo

me parezco	nos parecemos
te pareces	os parecéis
se parece	se parecen

perfecto de indicativo

me he parecido	nos hemos parecido
te has parecido	os habéis parecido
se ha parecido	se han parecido

imperfecto de indicativo

me parecía	nos parecíamos
te parecías	os parecíais
se parecía	se parecían

pluscuamperfecto de indicativo

me había parecido	nos habíamos parecido
te habías parecido	os habíais parecido
se había parecido	se habían parecido

pretérito

me parecí	nos parecimos
te pareciste	os parecisteis
se pareció	se parecieron

pretérito anterior

me hube parecido	nos hubimos parecido
te hubiste parecido	os hubisteis parecido
se hubo parecido	se hubieron parecido

futuro

me pareceré	nos pareceremos
te parecerás	os pareceréis
se parecerá	se parecerán

futuro perfecto

me habré parecido	nos habremos parecido
te habrás parecido	os habréis parecido
se habrá parecido	se habrán parecido

condicional simple

me parecería	nos pareceríamos
te parecerías	os pareceríais
se parecería	se parecerían

condicional compuesto

me habría parecido	nos habríamos parecido
te habrías parecido	os habríais parecido
se habría parecido	se habrían parecido

presente de subjuntivo

me parezca	nos parezcamos
te parezcas	os parezcáis
se parezca	se parezcan

perfecto de subjuntivo

me haya parecido	nos hayamos parecido
te hayas parecido	os hayáis parecido
se haya parecido	se hayan parecido

imperfecto de subjuntivo

me pareciera	nos pareciéramos
te parecieras	os parecierais
se pareciera	se parecieran
OR	
me pareciese	nos pareciésemos
te parecieses	os parecieseis
se pareciese	se pareciesen

pluscuamperfecto de subjuntivo

me hubiera parecido	nos hubiéramos parecido
te hubieras parecido	os hubierais parecido
se hubiera parecido	se hubieran parecido
OR	
me hubiese parecido	nos hubiésemos parecido
te hubieses parecido	os hubieseis parecido
se hubiese parecido	se hubiesen parecido

imperativo

—	parezcámonos
parécete;	pareceos;
no te parezcas	no os parezcáis
parézcase	parézcanse

gerundio **partiendo** participio de pasado **partido**

SINGULAR	PLURAL

presente de indicativo
parto	partimos
partes	partís
parte	parten

imperfecto de indicativo
partía	partíamos
partías	partíais
partía	partían

pretérito
partí	partimos
partiste	partisteis
partió	partieron

futuro
partiré	partiremos
partirás	partiréis
partirá	partirán

condicional simple
partiría	partiríamos
partirías	partiríais
partiría	partirían

presente de subjuntivo
parta	partamos
partas	partáis
parta	partan

imperfecto de subjuntivo
partiera	partiéramos
partieras	partierais
partiera	partieran
OR	
partiese	partiésemos
partieses	partieseis
partiese	partiesen

imperativo
—	partamos
parte; no partas	partid; no partáis
parta	partan

SINGULAR	PLURAL

perfecto de indicativo
he partido	hemos partido
has partido	habéis partido
ha partido	han partido

P

pluscuamperfecto de indicativo
había partido	habíamos partido
habías partido	habíais partido
había partido	habían partido

pretérito anterior
hube partido	hubimos partido
hubiste partido	hubisteis partido
hubo partido	hubieron partido

futuro perfecto
habré partido	habremos partido
habrás partido	habréis partido
habrá partido	habrán partido

condicional compuesto
habría partido	habríamos partido
habrías partido	habríais partido
habría partido	habrían partido

perfecto de subjuntivo
haya partido	hayamos partido
hayas partido	hayáis partido
haya partido	hayan partido

pluscuamperfecto de subjuntivo
hubiera partido	hubiéramos partido
hubieras partido	hubierais partido
hubiera partido	hubieran partido
OR	
hubiese partido	hubiésemos partido
hubieses partido	hubieseis partido
hubiese partido	hubiesen partido

MUST KNOW VERB

gerundio pasando	participio de pasado pasado

SINGULAR	PLURAL	SINGULAR	PLURAL

presente de indicativo
paso	pasamos		
pasas	pasáis		
pasa	pasan		

perfecto de indicativo
		he pasado	hemos pasado
		has pasado	habéis pasado
		ha pasado	han pasado

imperfecto de indicativo
pasaba	pasábamos
pasabas	pasabais
pasaba	pasaban

pluscuamperfecto de indicativo
había pasado	habíamos pasado
habías pasado	habíais pasado
había pasado	habían pasado

pretérito
pasé	pasamos
pasaste	pasasteis
pasó	pasaron

pretérito anterior
hube pasado	hubimos pasado
hubiste pasado	hubisteis pasado
hubo pasado	hubieron pasado

futuro
pasaré	pasaremos
pasarás	pasaréis
pasará	pasarán

futuro perfecto
habré pasado	habremos pasado
habrás pasado	habréis pasado
habrá pasado	habrán pasado

condicional simple
pasaría	pasaríamos
pasarías	pasaríais
pasaría	pasarían

condicional compuesto
habría pasado	habríamos pasado
habrías pasado	habríais pasado
habría pasado	habrían pasado

presente de subjuntivo
pase	pasemos
pases	paséis
pase	pasen

perfecto de subjuntivo
haya pasado	hayamos pasado
hayas pasado	hayáis pasado
haya pasado	hayan pasado

imperfecto de subjuntivo
pasara	pasáramos
pasaras	pasarais
pasara	pasaran
OR	
pasase	pasásemos
pasases	pasaseis
pasase	pasasen

pluscuamperfecto de subjuntivo
hubiera pasado	hubiéramos pasado
hubieras pasado	hubierais pasado
hubiera pasado	hubieran pasado
OR	
hubiese pasado	hubiésemos pasado
hubieses pasado	hubieseis pasado
hubiese pasado	hubiesen pasado

imperativo
—	pasemos
pasa; no pases	pasad; no paséis
pase	pasen

MEMORY TIP

She **pas**ses the time in her room.

gerundio **paseándose**   participio de pasado **paseado**

SINGULAR	PLURAL	SINGULAR	PLURAL

P

presente de indicativo
me pase**o**	nos pase**amos**
te pase**as**	os pase**áis**
se pase**a**	se pase**an**

perfecto de indicativo
me he paseado	**nos hemos** paseado
te has paseado	**os habéis** paseado
se ha paseado	**se han** paseado

imperfecto de indicativo
me pase**aba**	nos pase**ábamos**
te pase**abas**	os pase**abais**
se pase**aba**	se pase**aban**

pluscuamperfecto de indicativo
me había paseado	**nos habíamos** paseado
te habías paseado	**os habíais** paseado
se había paseado	**se habían** paseado

pretérito
me pase**é**	nos pase**amos**
te pase**aste**	os pase**asteis**
se pase**ó**	se pase**aron**

pretérito anterior
me hube paseado	**nos hubimos** paseado
te hubiste paseado	**os hubisteis** paseado
se hubo paseado	**se hubieron** paseado

futuro
me pasear**é**	nos pasear**emos**
te pasear**ás**	os pasear**éis**
se pasear**á**	se pasear**án**

futuro perfecto
me habré paseado	**nos habremos** paseado
te habrás paseado	**os habréis** paseado
se habrá paseado	**se habrán** paseado

condicional simple
me pasear**ía**	nos pasear**íamos**
te pasear**ías**	os pasear**íais**
se pasear**ía**	se pasear**ían**

condicional compuesto
me habría paseado	**nos habríamos** paseado
te habrías paseado	**os habríais** paseado
se habría paseado	**se habrían** paseado

presente de subjuntivo
me pase**e**	nos pase**emos**
te pase**es**	os pase**éis**
se pase**e**	se pase**en**

perfecto de subjuntivo
me haya paseado	**nos hayamos** paseado
te hayas paseado	**os hayáis** paseado
se haya paseado	**se hayan** paseado

imperfecto de subjuntivo
me pase**ara**	nos pase**áramos**
te pase**aras**	os pase**arais**
se pase**ara**	se pase**aran**
OR	
me pase**ase**	nos pase**ásemos**
te pase**ases**	os pase**aseis**
se pase**ase**	se pase**asen**

pluscuamperfecto de subjuntivo
me hubiera paseado	**nos hubiéramos** paseado
te hubieras paseado	**os hubierais** paseado
se hubiera paseado	**se hubieran** paseado
OR	
me hubiese paseado	**nos hubiésemos** paseado
te hubieses paseado	**os hubieseis** paseado
se hubiese paseado	**se hubiesen** paseado

imperativo
—	paseémonos
paséate; no te pasees	paseaos; no os paseéis
paséese	paséense

gerundio **pidiendo**   participio de pasado **pedido**

SINGULAR	PLURAL	SINGULAR	PLURAL

presente de indicativo

pid**o**	ped**imos**
pid**es**	ped**ís**
pid**e**	pid**en**

perfecto de indicativo

he pedido	**hemos** pedido
has pedido	**habéis** pedido
ha pedido	**han** pedido

imperfecto de indicativo

ped**ía**	ped**íamos**
ped**ías**	ped**íais**
ped**ía**	ped**ían**

pluscuamperfecto de indicativo

había pedido	**habíamos** pedido
habías pedido	**habíais** pedido
había pedido	**habían** pedido

pretérito

ped**í**	ped**imos**
ped**iste**	ped**isteis**
pid**ió**	pid**ieron**

pretérito anterior

hube pedido	**hubimos** pedido
hubiste pedido	**hubisteis** pedido
hubo pedido	**hubieron** pedido

futuro

pedir**é**	pedir**emos**
pedir**ás**	pedir**éis**
pedir**á**	pedir**án**

futuro perfecto

habré pedido	**habremos** pedido
habrás pedido	**habréis** pedido
habrá pedido	**habrán** pedido

condicional simple

pedir**ía**	pedir**íamos**
pedir**ías**	pedir**íais**
pedir**ía**	pedir**ían**

condicional compuesto

habría pedido	**habríamos** pedido
habrías pedido	**habríais** pedido
habría pedido	**habrían** pedido

presente de subjuntivo

pid**a**	pid**amos**
pid**as**	pid**áis**
pid**a**	pid**an**

perfecto de subjuntivo

haya pedido	**hayamos** pedido
hayas pedido	**hayáis** pedido
haya pedido	**hayan** pedido

imperfecto de subjuntivo

pid**iera**	pid**iéramos**
pid**ieras**	pid**ierais**
pid**iera**	pid**ieran**
OR	
pid**iese**	pid**iésemos**
pid**ieses**	pid**ieseis**
pid**iese**	pid**iesen**

pluscuamperfecto de subjuntivo

hubiera pedido	**hubiéramos** pedido
hubieras pedido	**hubierais** pedido
hubiera pedido	**hubieran** pedido
OR	
hubiese pedido	**hubiésemos** pedido
hubieses pedido	**hubieseis** pedido
hubiese pedido	**hubiesen** pedido

imperativo

—	pid**amos**
pide; no pidas	pedid; no pidáis
pida	pidan

gerundio **pegando**   participio de pasado **pegado**

SINGULAR	PLURAL	SINGULAR	PLURAL

presente de indicativo
peg**o**	peg**amos**	
peg**as**	peg**áis**	
peg**a**	peg**an**	

perfecto de indicativo
he pegado	**hemos** pegado
has pegado	**habéis** pegado
ha pegado	**han** pegado

imperfecto de indicativo
peg**aba**	peb**ábamos**
peg**abas**	peg**abais**
peg**aba**	peg**aban**

pluscuamperfecto de indicativo
había pegado	**habíamos** pegado
habías pegado	**habíais** pegado
había pegado	**habían** pegado

P

pretérito
peg**ué**	peg**amos**
peg**aste**	pesg**asteis**
peg**ó**	peg**aron**

pretérito anterior
hube pegado	**hubimos** pegado
hubiste pegado	**hubisteis** pegado
hubo pegado	**hubieron** pegado

futuro
pegar**é**	pegar**emos**
pegar**ás**	pegar**éis**
pegar**á**	pegar**án**

futuro perfecto
habré pegado	**habremos** pegado
habrás pegado	**habréis** pegado
habrá pegado	**habrán** pegado

condicional simple
pegar**ía**	pegar**íamos**
pegar**ías**	pegar**íais**
pegar**ía**	pegar**ían**

condicional compuesto
habría pegado	**habríamos** pegado
habrías pegado	**habríais** pegado
habría pegado	**habrían** pegado

presente de subjuntivo
peg**ue**	peg**uemos**
peg**ues**	peg**uéis**
peg**ue**	peg**uen**

perfecto de subjuntivo
haya pegado	**hayamos** pegado
hayas pegado	**hayáis** pegado
haya pegado	**hayan** pegado

imperfecto de subjuntivo
peg**ara**	peg**áramos**
peg**aras**	peg**arais**
peg**ara**	peg**aran**
OR	
peg**ase**	peg**ásemos**
peg**ases**	peg**aseis**
peg**ase**	peg**asen**

pluscuamperfecto de subjuntivo
hubiera pegado	**hubiéramos** pegado
hubieras pegado	**hubierais** pegado
hubiera pegado	**hubieran** pegado
OR	
hubiese pegado	**hubiésemos** pegado
hubieses pegado	**hubieseis** pegado
hubiese pegado	**hubiesen** pegado

imperativo
—	peguemos
pega; no pegues	pegad; no peguéis
pegue	peguen

gerundio **peinándose**   participio de pasado **peinado**

SINGULAR	PLURAL	SINGULAR	PLURAL

presente de indicativo

me peino	nos peinamos
te peinas	os peináis
se peina	se peinan

perfecto de indicativo

me he peinado	nos hemos peinado
te has peinado	os habéis peinado
se ha peinado	se han peinado

imperfecto de indicativo

me peinaba	nos peinábamos
te peinabas	os peinabais
se peinaba	se peinaban

pluscuamperfecto de indicativo

me había peinado	nos habíamos peinado
te habías peinado	os habíais peinado
se había peinado	se habían peinado

pretérito

me peiné	nos peinamos
te peinaste	os peinasteis
se peinó	se peinaron

pretérito anterior

me hube peinado	nos hubimos peinado
te hubiste peinado	os hubisteis peinado
se hubo peinado	se hubieron peinado

futuro

me peinaré	nos peinaremos
te peinarás	os peinaréis
se peinará	se peinarán

futuro perfecto

me habré peinado	nos habremos peinado
te habrás peinado	os habréis peinado
se habrá peinado	se habrán peinado

condicional simple

me peinaría	nos peinaríamos
te peinarías	os peinaríais
se peinaría	se peinarían

condicional compuesto

me habría peinado	nos habríamos peinado
te habrías peinado	os habríais peinado
se habría peinado	se habrían peinado

presente de subjuntivo

me peine	nos peinemos
te peines	os peinéis
se peine	se peinen

perfecto de subjuntivo

me haya peinado	nos hayamos peinado
te hayas peinado	os hayáis peinado
se haya peinado	se hayan peinado

imperfecto de subjuntivo

me peinara	nos peináramos
te peinaras	os peinarais
se peinara	se peinaran
OR	
me peinase	nos peinásemos
te peinases	os peinaseis
se peinase	se peinasen

pluscuamperfecto de subjuntivo

me hubiera peinado	nos hubiéramos peinado
te hubieras peinado	os hubierais peinado
se hubiera peinado	se hubieran peinado
OR	
me hubiese peinado	nos hubiésemos peinado
te hubieses peinado	os hubieseis peinado
se hubiese peinado	se hubiesen peinado

imperativo

—	peinémonos
péinate; no te peines	peinaos; no os peinéis
péinese	péinense

to think

pensar

SINGULAR	PLURAL	SINGULAR	PLURAL

presente de indicativo

pienso	pensamos		
piensas	pensáis		
piensa	piensan		

perfecto de indicativo

he pensado	hemos pensado
has pensado	habéis pensado
ha pensado	han pensado

imperfecto de indicativo

pensaba	pensábamos
pensabas	pensabais
pensaba	pensaban

pluscuamperfecto de indicativo

había pensado	habíamos pensado
habías pensado	habíais pensado
había pensado	habían pensado

P

pretérito

pensé	pensamos
pensaste	pensasteis
pensó	pensaron

pretérito anterior

hube pensado	hubimos pensado
hubiste pensado	hubisteis pensado
hubo pensado	hubieron pensado

futuro

pensaré	pensaremos
pensarás	pensaréis
pensará	pensarán

futuro perfecto

habré pensado	habremos pensado
habrás pensado	habréis pensado
habrá pensado	habrán pensado

condicional simple

pensaría	pensaríamos
pensarías	pensaríais
pensaría	pensarían

condicional compuesto

habría pensado	habríamos pensado
habrías pensado	habríais pensado
habría pensado	habrían pensado

presente de subjuntivo

piense	pensemos
pienses	penséis
piense	piensen

perfecto de subjuntivo

haya pensado	hayamos pensado
hayas pensado	hayáis pensado
haya pensado	hayan pensado

imperfecto de subjuntivo

pensara	pensáramos
pensaras	pensarais
pensara	pensaran
OR	
pensase	pensásemos
pensases	pensaseis
pensase	pensasen

pluscuamperfecto de subjuntivo

hubiera pensado	hubiéramos pensado
hubieras pensado	hubierais pensado
hubiera pensado	hubieran pensado
OR	
hubiese pensado	hubiésemos pensado
hubieses pensado	hubieseis pensado
hubiese pensado	hubiesen pensado

imperativo

—	pensemos
piensa; no pienses	pensad; no penséis
piense	piensen

MUST
KNOW
VERB

percibir

to perceive

SINGULAR	PLURAL	SINGULAR	PLURAL

presente de indicativo / perfecto de indicativo

SINGULAR	PLURAL	SINGULAR	PLURAL
percib**o**	percib**imos**	**he** percibido	**hemos** percibido
percib**es**	percib**ís**	**has** percibido	**habéis** percibido
percib**e**	percib**en**	**ha** percibido	**han** percibido

imperfecto de indicativo / pluscuamperfecto de indicativo

percib**ía**	percib**íamos**	**había** percibido	**habíamos** percibido
percib**ías**	percib**íais**	**habías** percibido	**habíais** percibido
percib**ía**	percib**ían**	**había** percibido	**habían** percibido

pretérito / pretérito anterior

percib**í**	percib**imos**	**hube** percibido	**hubimos** percibido
percib**iste**	percib**isteis**	**hubiste** percibido	**hubisteis** percibido
percib**ió**	percib**ieron**	**hubo** percibido	**hubieron** percibido

futuro / futuro perfecto

percibir**é**	percibir**emos**	**habré** percibido	**habremos** percibido
percibir**ás**	percibir**éis**	**habrás** percibido	**habréis** percibido
percibir**á**	percibir**án**	**habrá** percibido	**habrán** percibido

condicional simple / condicional compuesto

percibir**ía**	percibir**íamos**	**habría** percibido	**habríamos** percibido
percibir**ías**	percibir**íais**	**habrías** percibido	**habríais** percibido
percibir**ía**	percibir**ían**	**habría** percibido	**habrían** percibido

presente de subjuntivo / perfecto de subjuntivo

percib**a**	percib**amos**	**haya** percibido	**hayamos** percibido
percib**as**	percib**áis**	**hayas** percibido	**hayáis** percibido
percib**a**	percib**an**	**haya** percibido	**hayan** percibido

imperfecto de subjuntivo / pluscuamperfecto de subjuntivo

percib**iera**	percib**iéramos**	**hubiera** percibido	**hubiéramos** percibido
percib**ieras**	percib**ierais**	**hubieras** percibido	**hubierais** percibido
percib**iera**	percib**ieran**	**hubiera** percibido	**hubieran** percibido
OR		OR	
percib**iese**	percib**iésemos**	**hubiese** percibido	**hubiésemos** percibido
percib**ieses**	percib**ieseis**	**hubieses** percibido	**hubieseis** percibido
percib**iese**	percib**iesen**	**hubiese**	**hubiesen** percibido

imperativo

—	percib**amos**
percib**e**; no percib**as**	percib**id**; no percib**áis**
percib**a**	percib**an**

to lose

SINGULAR	PLURAL	SINGULAR	PLURAL

presente de indicativo

pierd**o**	perd**emos**
pierd**es**	perd**éis**
pierd**e**	pierd**en**

perfecto de indicativo

he perdido	**hemos** perdido
has perdido	**habéis** perdido
ha perdido	**han** perdido

imperfecto de indicativo

perd**ía**	perd**íamos**
perd**ías**	perd**íais**
perd**ía**	perd**ían**

pluscuamperfecto de indicativo

había perdido	**habíamos** perdido
habías perdido	**habíais** perdido
había perdido	**habían** perdido

P

pretérito

perd**í**	perd**imos**
perd**iste**	perd**isteis**
perd**ió**	perd**ieron**

pretérito anterior

hube perdido	**hubimos** perdido
hubiste perdido	**hubisteis** perdido
hubo perdido	**hubieron** perdido

futuro

perder**é**	perder**emos**
perder**ás**	perder**éis**
perder**á**	perder**án**

futuro perfecto

habré perdido	**habremos** perdido
habrás perdido	**habréis** perdido
habrá perdido	**habrán** perdido

condicional simple

perder**ía**	perder**íamos**
perder**ías**	perder**íais**
perder**ía**	perder**ían**

condicional compuesto

habría perdido	**habríamos** perdido
habrías perdido	**habríais** perdido
habría perdido	**habrían** perdido

presente de subjuntivo

pierd**a**	perd**amos**
pierd**as**	perd**áis**
pierd**a**	pierd**an**

perfecto de subjuntivo

haya perdido	**hayamos** perdido
hayas perdido	**hayáis** perdido
haya perdido	**hayan** perdido

imperfecto de subjuntivo

perd**iera**	perd**iéramos**
perd**ieras**	perd**ierais**
perd**iera**	perd**ieran**
OR	
perd**iese**	perd**iésemos**
perd**ieses**	perd**ieseis**
perd**iese**	perd**iesen**

pluscuamperfecto de subjuntivo

hubiera perdido	**hubiéramos** perdido
hubieras perdido	**hubierais** perdido
hubiera perdido	**hubieran** perdido
OR	
hubiese perdido	**hubiésemos** perdido
hubieses perdido	**hubieseis** perdido
hubiese perdido	**hubiesen** perdido

imperativo

—	perdamos
pierde; no pierdas	perded; no perdáis
pierda	pierdan

MUST KNOW VERB

perdonar   to pardon, to forgive, to excuse

SINGULAR	PLURAL	SINGULAR	PLURAL
presente de indicativo		**perfecto de indicativo**	
perdono	perdonamos	he perdonado	hemos perdonado
perdonas	perdonáis	has perdonado	habéis perdonado
perdona	perdonan	ha perdonado	han perdonado
imperfecto de indicativo		**pluscuamperfecto de indicativo**	
perdonaba	perdonábamos	había perdonado	habíamos perdonado
perdonabas	perdonabais	habías perdonado	habíais perdonado
perdonaba	perdonaban	había perdonado	habían perdonado
pretérito		**pretérito anterior**	
perdoné	perdonamos	hube perdonado	hubimos perdonado
perdonaste	perdonasteis	hubiste perdonado	hubisteis perdonado
perdonó	perdonaron	hubo perdonado	hubieron perdonado
futuro		**futuro perfecto**	
perdonaré	perdonaremos	habré perdonado	habremos perdonado
perdonarás	perdonaréis	habrás perdonado	habréis perdonado
perdonará	perdonarán	habrá perdonado	habrán perdonado
condicional simple		**condicional compuesto**	
perdonaría	perdonaríamos	habría perdonado	habríamos perdonado
perdonarías	perdonaríais	habrías perdonado	habríais perdonado
perdonaría	perdonarían	habría perdonado	habrían perdonado
presente de subjuntivo		**perfecto de subjuntivo**	
perdone	perdonemos	haya perdonado	hayamos perdonado
perdones	perdonéis	hayas perdonado	hayáis perdonado
perdone	perdonen	haya perdonado	hayan perdonado
imperfecto de subjuntivo		**pluscuamperfecto de subjuntivo**	
perdonara	perdonáramos	hubiera perdonado	hubiéramos perdonado
perdonaras	perdonarais	hubieras perdonado	hubierais perdonado
perdonara	perdonaran	hubiera perdonado	hubieran perdonado
OR		OR	
perdonase	perdonásemos	hubiese perdonado	hubiésemos perdonado
perdonases	perdonaseis	hubieses perdonado	hubieseis perdonado
perdonase	perdonasen	hubiese perdonado	hubiesen perdonado
imperativo			
—	perdonemos		
perdona;	perdonad;		
no perdones	no perdonéis		
perdone	perdonen		

gerundio permaneciendo   **participio de pasado** permanecido

SINGULAR	PLURAL	SINGULAR	PLURAL

presente de indicativo

		perfecto de indicativo	
permanezco	permanecemos	he permanecido	hemos permanecido
permaneces	permanecéis	has permanecido	habéis permanecido
permanece	permanecen	ha permanecido	han permanecido

imperfecto de indicativo

P

		pluscuamperfecto de indicativo	
permanecía	permanecíamos	había permanecido	habíamos permanecido
permanecías	permanecíais	habías permanecido	habíais permanecido
permanecía	permanecían	había permanecido	habían permanecido

pretérito

		pretérito anterior	
permanecí	permanecimos	hube permanecido	hubimos permanecido
permaneciste	permanecisteis	hubiste permanecido	hubisteis permanecido
permaneció	permanecieron	hubo permanecido	hubieron permanecido

futuro

		futuro perfecto	
permaneceré	permaneceremos	habré permanecido	habremos permanecido
permanecerás	permaneceréis	habrás permanecido	habréis permanecido
permanecerá	permanecerán	habrá permanecido	habrán permanecido

condicional simple

		condicional compuesto	
permanecería	permaneceríamos	habría permanecido	habríamos permanecido
permanecerías	permaneceríais	habrías permanecido	habríais permanecido
permanecería	permanecerían	habría permanecido	habrían permanecido

presente de subjuntivo

		perfecto de subjuntivo	
permanezca	permanezcamos	haya permanecido	hayamos permanecido
permanezcas	permanezcáis	hayas permanecido	hayáis permanecido
permanezca	permanezcan	haya permanecido	hayan permanecido

imperfecto de subjuntivo

		pluscuamperfecto de subjuntivo	
permaneciera	permaneciéramos	hubiera permanecido	hubiéramos permanecido
permanecieras	permanecierais	hubieras permanecido	hubierais permanecido
permaneciera	permanecieran	hubiera permanecido	hubieran permanecido
OR		OR	
permaneciese	permaneciésemos	hubiese permanecido	hubiésemos permanecido
permanecieses	permanecieseis	hubieses permanecido	hubieseis permanecido
permaneciese	permaneciesen	hubiese permanecido	hubiesen permanecido

imperativo

—	permanezcamos
permanece;	permaneced;
no permanezcas	no permanezcáis
permanezca	permanezcan

gerundio **permitiendo** participio de pasado **permitido**

SINGULAR	PLURAL	SINGULAR	PLURAL

presente de indicativo
		perfecto de indicativo	

permit**o** · permit**imos**
permit**es** · permit**ís**
permit**e** · permit**en**

perfecto de indicativo
he permitido · **hemos** permitido
has permitido · **habéis** permitido
ha permitido · **han** permitido

imperfecto de indicativo
permit**ía** · permit**íamos**
permit**ías** · permit**íais**
permit**ía** · permit**ían**

pluscuamperfecto de indicativo
había permitido · **habíamos** permitido
habías permitido · **habíais** permitido
había permitido · **habían** permitido

pretérito
permit**í** · permit**imos**
permit**iste** · permit**isteis**
permit**ió** · permit**ieron**

pretérito anterior
hube permitido · **hubimos** permitido
hubiste permitido · **hubisteis** permitido
hubo permitido · **hubieron** permitido

futuro
permitir**é** · permitir**emos**
permitir**ás** · permitir**éis**
permitir**á** · permitir**án**

futuro perfecto
habré permitido · **habremos** permitido
habrás permitido · **habréis** permitido
habrá permitido · **habrán** permitido

condicional simple
permitir**ía** · permitir**íamos**
permitir**ías** · permitir**íais**
permitir**ía** · permitir**ían**

condicional compuesto
habría permitido · **habríamos** permitido
habrías permitido · **habríais** permitido
habría permitido · **habrían** permitido

presente de subjuntivo
permit**a** · permit**amos**
permit**as** · permit**áis**
permit**a** · permit**an**

perfecto de subjuntivo
haya permitido · **hayamos** permitido
hayas permitido · **hayáis** permitido
haya permitido · **hayan** permitido

imperfecto de subjuntivo
permitier**a** · permitiér**amos**
permitier**as** · permitier**ais**
permitier**a** · permitier**an**
OR
permities**e** · permitiés**emos**
permities**es** · permities**eis**
permities**e** · permities**en**

pluscuamperfecto de subjuntivo
hubiera permitido · **hubiéramos** permitido
hubieras permitido · **hubierais** permitido
hubiera permitido · **hubieran** permitido
OR
hubiese permitido · **hubiésemos** permitido
hubieses permitido · **hubieseis** permitido
hubiese permitido · **hubiesen** permitido

imperativo
— · permitamos
permite; no permitas · permitid; no permitáis
permita · permitan

to pursue, to chase
perseguir

SINGULAR	PLURAL	SINGULAR	PLURAL

presente de indicativo

persigo	perseguimos
persigues	perseguís
persigue	persiguen

perfecto de indicativo

he perseguido	hemos perseguido
has perseguido	habéis perseguido
ha perseguido	han perseguido

imperfecto de indicativo

perseguía	perseguíamos
perseguías	perseguíais
perseguía	perseguían

pluscuamperfecto de indicativo

había perseguido	habíamos perseguido
habías perseguido	habíais perseguido
había perseguido	habían perseguido

P

pretérito

perseguí	perseguimos
perseguiste	perseguisteis
persiguió	persiguieron

pretérito anterior

hube perseguido	hubimos perseguido
hubiste perseguido	hubisteis perseguido
hubo perseguido	hubieron perseguido

futuro

perseguiré	perseguiremos
perseguirás	perseguiréis
perseguirá	perseguirán

futuro perfecto

habré perseguido	habremos perseguido
habrás perseguido	habréis perseguido
habrá perseguido	habrán perseguido

condicional simple

perseguiría	perseguiríamos
perseguirías	perseguiríais
perseguiría	perseguirían

condicional compuesto

habría perseguido	habríamos perseguido
habrías perseguido	habríais perseguido
habría perseguido	habrían perseguido

presente de subjuntivo

persiga	persigamos
persigas	persigáis
persiga	persigan

perfecto de subjuntivo

haya perseguido	hayamos perseguido
hayas perseguido	hayáis perseguido
haya perseguido	hayan perseguido

imperfecto de subjuntivo

persiguiera	persiguiéramos
persiguieras	persiguierais
persiguiera	persiguieran
OR	
persiguiese	persiguiésemos
persiguieses	persiguieseis
persiguiese	persiguiesen

pluscuamperfecto de subjuntivo

hubiera perseguido	hubiéramos perseguido
hubieras perseguido	hubierais perseguido
hubiera perseguido	hubieran perseguido
OR	
hubiese perseguido	hubiésemos perseguido
hubieses perseguido	hubieseis perseguido
hubiese perseguido	hubiesen perseguido

imperativo

—	persigamos
persigue; no persigas	perseguid; no persigáis
persiga	persigan

gerundio perteneciendo   **participio de pasado** pertenecido

SINGULAR	PLURAL	SINGULAR	PLURAL

presente de indicativo
pertenezco	pertenecemos
perteneces	pertenecéis
pertenece	pertenecen

perfecto de indicativo
he pertenecido	hemos pertenecido
has pertenecido	habéis pertenecido
ha pertenecido	han pertenecido

imperfecto de indicativo
pertenecía	pertenecíamos
pertenecías	pertenecíais
pertenecía	pertenecían

pluscuamperfecto de indicativo
había pertenecido	habíamos pertenecido
habías pertenecido	habíais pertenecido
había pertenecido	habían pertenecido

pretérito
pertenecí	pertenecimos
perteneciste	pertenecisteis
perteneció	pertenecieron

pretérito anterior
hube pertenecido	hubimos pertenecido
hubiste pertenecido	hubisteis pertenecido
hubo pertenecido	hubieron pertenecido

futuro
perteneceré	perteneceremos
pertenecerás	pertenecéréis
pertenecerá	pertenecerán

futuro perfecto
habré pertenecido	habremos pertenecido
habrás pertenecido	habréis pertenecido
habrá pertenecido	habrán pertenecido

condicional simple
pertenecería	perteneceríamos
pertenecerías	perteneceríais
pertenecería	pertenecerían

condicional compuesto
habría pertenecido	habríamos pertenecido
habrías pertenecido	habríais pertenecido
habría pertenecido	habrían pertenecido

presente de subjuntivo
pertenezca	pertenezcamos
pertenezcas	pertenezcáis
pertenezca	pertenezcan

perfecto de subjuntivo
haya pertenecido	hayamos pertenecido
hayas pertenecido	hayáis pertenecido
haya pertenecido	hayan pertenecido

imperfecto de subjuntivo
perteneciera	perteneciéramos
pertenecieras	pertenecierais
perteneciera	pertenecieran
OR	
perteneciese	perteneciésemos
pertenecieses	pertenecieseis
perteneciese	perteneciesen

pluscuamperfecto de subjuntivo
hubiera pertenecido	hubiéramos pertenecido
hubieras pertenecido	hubierais pertenecido
hubiera pertenecido	hubieran pertenecido
OR	
hubiese pertenecido	hubiésemos pertenecido
hubieses pertenecido	hubieseis pertenecido
hubiese pertenecido	hubiesen pertenecido

imperativo
—	pertenezcamos
pertenece;	perteneced;
no pertenezcas	no pertenezcáis
pertenezca	pertenezcan

to paint / pintar

gerundio **pintando**

participio de pasado **pintado**

SINGULAR	PLURAL

presente de indicativo

pinto	pintamos
pintas	pintáis
pinta	pintan

imperfecto de indicativo

pintaba	pintábamos
pintabas	pintabais
pintaba	pintaban

pretérito

pinté	pintamos
pintaste	pintasteis
pintó	pintaron

futuro

pintaré	pintaremos
pintarás	pintaréis
pintará	pintarán

condicional simple

pintaría	pintaríamos
pintarías	pintaríais
pintaría	pintarían

presente de subjuntivo

pinte	pintemos
pintes	pintéis
pinte	pinten

imperfecto de subjuntivo

pintara	pintáramos
pintaras	pintarais
pintara	pintaran
OR	
pintase	pintásemos
pintases	pintaseis
pintase	pintasen

imperativo

—	pintemos
pinta; no pintes	pintad; no pintéis
pinte	pinten

perfecto de indicativo

he pintado	hemos pintado
has pintado	habéis pintado
ha pintado	han pintado

pluscuamperfecto de indicativo

había pintado	habíamos pintado
habías pintado	habíais pintado
había pintado	habían pintado

pretérito anterior

hube pintado	hubimos pintado
hubiste pintado	hubisteis pintado
hubo pintado	hubieron pintado

futuro perfecto

habré pintado	habremos pintado
habrás pintado	habréis pintado
habrá pintado	habrán pintado

condicional compuesto

habría pintado	habríamos pintado
habrías pintado	habríais pintado
habría pintado	habrían pintado

perfecto de subjuntivo

haya pintado	hayamos pintado
hayas pintado	hayáis pintado
haya pintado	hayan pintado

pluscuamperfecto de subjuntivo

hubiera pintado	hubiéramos pintado
hubieras pintado	hubierais pintado
hubiera pintado	hubieran pintado
OR	
hubiese pintado	hubiésemos pintado
hubieses pintado	hubieseis pintado
hubiese pintado	hubiesen pintado

P

pintarse

to make up one's face

gerundio **pintándose**   participio de pasado **pintado**

SINGULAR	PLURAL	SINGULAR	PLURAL

presente de indicativo
me pint**o**	nos pint**amos**
te pint**as**	os pint**áis**
se pint**a**	se pint**an**

perfecto de indicativo
me he pintado	**nos hemos** pintado
te has pintado	**os habéis** pintado
se ha pintado	**se han** pintado

imperfecto de indicativo
me pint**aba**	nos pint**ábamos**
te pint**abas**	os pint**abais**
se pint**aba**	se pint**aban**

pluscuamperfecto de indicativo
me había pintado	**nos habíamos** pintado
te habías pintado	**os habíais** pintado
se había pintado	**se habían** pintado

pretérito
me pint**é**	nos pint**amos**
te pint**aste**	os pint**asteis**
se pint**ó**	se pint**aron**

pretérito anterior
me hube pintado	**nos hubimos** pintado
te hubiste pintado	**os hubisteis** pintado
se hubo pintado	**se hubieron** pintado

futuro
me pintar**é**	nos pintar**emos**
te pintar**ás**	os pintar**éis**
se pintar**á**	se pintar**án**

futuro perfecto
me habré pintado	**nos habremos** pintado
te habrás pintado	**os habréis** pintado
se habrá pintado	**se habrán** pintado

condicional simple
me pintar**ía**	nos pintar**íamos**
te pintar**ías**	os pintar**íais**
se pintar**ía**	se pintar**ían**

condicional compuesto
me habría pintado	**nos habríamos** pintado
te habrías pintado	**os habríais** pintado
se habría pintado	**se habrían** pintado

presente de subjuntivo
me pint**e**	nos pint**emos**
te pint**es**	os pint**éis**
se pint**e**	se pint**en**

perfecto de subjuntivo
me haya pintado	**nos hayamos** pintado
te hayas pintado	**os hayáis** pintado
se haya pintado	**se hayan** pintado

imperfecto de subjuntivo
me pint**ara**	nos pint**áramos**
te pint**aras**	os pint**arais**
se pint**ara**	se pint**aran**
OR	
me pint**ase**	nos pint**ásemos**
te pint**ases**	os pint**aseis**
se pint**ase**	se pint**asen**

pluscuamperfecto de subjuntivo
me hubiera pintado	**nos hubiéramos** pintado
te hubieras pintado	**os hubierais** pintado
se hubiera pintado	**se hubieran** pintado
OR	
me hubiese pintado	**nos hubiésemos** pintado
te hubieses pintado	**os hubieseis** pintado
se hubiese pintado	**se hubiesen** pintado

imperativo
—	pintémonos
píntate; no te pintes	pintaos; no os pintéis
píntese	píntense

to step on, to trample

gerundio **pisando**   participio de pasado **pisado**

SINGULAR	PLURAL	SINGULAR	PLURAL

presente de indicativo

		perfecto de indicativo	
pis**o**	pis**amos**	**he** pisado	**hemos** pisado
pis**as**	pis**áis**	**has** pisado	**habéis** pisado
pis**a**	pis**an**	**ha** pisado	**han** pisado

imperfecto de indicativo

		pluscuamperfecto de indicativo	
pis**aba**	pis**ábamos**	**había** pisado	**habíamos** pisado
pis**abas**	pis**abais**	**habías** pisado	**habíais** pisado
pis**aba**	pis**aban**	**había** pisado	**habían** pisado

P

pretérito

		pretérito anterior	
pis**é**	pis**amos**	**hube** pisado	**hubimos** pisado
pis**aste**	pis**asteis**	**hubiste** pisado	**hubisteis** pisado
pis**ó**	pis**aron**	**hubo** pisado	**hubieron** pisado

futuro

		futuro perfecto	
pisar**é**	pisar**emos**	**habré** pisado	**habremos** pisado
pisar**ás**	pisar**éis**	**habrás** pisado	**habréis** pisado
pisar**á**	pisar**án**	**habrá** pisado	**habrán** pisado

condicional simple

		condicional compuesto	
pisar**ía**	pisar**íamos**	**habría** pisado	**habríamos** pisado
pisar**ías**	pisar**íais**	**habrías** pisado	**habríais** pisado
pisar**ía**	pisar**ían**	**habría** pisado	**habrían** pisado

presente de subjuntivo

		perfecto de subjuntivo	
pis**e**	pis**emos**	**haya** pisado	**hayamos** pisado
pis**es**	pis**éis**	**hayas** pisado	**hayáis** pisado
pis**e**	pis**en**	**haya** pisado	**hayan** pisado

imperfecto de subjuntivo

		pluscuamperfecto de subjuntivo	
pis**ara**	pis**áramos**	**hubiera** pisado	**hubiéramos** pisado
pis**aras**	pis**arais**	**hubieras** pisado	**hubierais** pisado
pis**ara**	pis**aran**	**hubiera** pisado	**hubieran** pisado
OR		OR	
pis**ase**	pis**ásemos**	**hubiese** pisado	**hubiésemos** pisado
pis**ases**	pis**aseis**	**hubieses** pisado	**hubieseis** pisado
pis**ase**	pis**asen**	**hubiese** pisado	**hubiesen** pisado

imperativo

—	pis**emos**
pis**a**; no pis**es**	pis**ad**; no pis**éis**
pis**e**	pis**en**

gerundio **placiendo**   participio de pasado **placido**

SINGULAR	PLURAL	SINGULAR	PLURAL

presente de indicativo

plaz**co**	plac**emos**
plac**es**	plac**éis**
plac**e**	plac**en**

perfecto de indicativo

he placido	**hemos** placido
has placido	**habéis** placido
ha placido	**han** placido

imperfecto de indicativo

plac**ía**	plac**íamos**
plac**ías**	plac**íais**
plac**ía**	plac**ían**

pluscuamperfecto de indicativo

había placido	**habíamos** placido
habías placido	**habíais** placido
había placido	**habían** placido

pretérito

plac**í**	plac**imos**
plac**iste**	plac**isteis**
plac**ió**	plac**ieron**

pretérito anterior

hube placido	**hubimos** placido
hubiste placido	**hubisteis** placido
hubo placido	**hubieron** placido

futuro

placer**é**	placer**emos**
placer**ás**	placer**éis**
placer**á**	placer**án**

futuro perfecto

habré placido	**habremos** placido
habrás placido	**habréis** placido
habrá placido	**habrán** placido

condicional simple

placer**ía**	placer**íamos**
placer**ías**	placer**íais**
placer**ía**	placer**ían**

condicional compuesto

habría placido	**habríamos** placido
habrías placido	**habríais** placido
habría placido	**habrían** placido

presente de subjuntivo

plaz**ca**	plaz**camos**
plaz**cas**	plaz**cáis**
plaz**ca**	plaz**can**

perfecto de subjuntivo

haya placido	**hayamos** placido
hayas placido	**hayáis** placido
haya placido	**hayan** placido

imperfecto de subjuntivo

plac**iera**	plac**iéramos**
plac**ieras**	plac**ierais**
plac**iera**	plac**ieran**
OR	
plac**iese**	plac**iésemos**
plac**ieses**	plac**ieseis**
plac**iese**	plac**iesen**

pluscuamperfecto de subjuntivo

hubiera placido	**hubiéramos** placido
hubieras placido	**hubierais** placido
hubiera placido	**hubieran** placido
OR	
hubiese placido	**hubiésemos** placido
hubieses placido	**hubieseis** placido
hubiese placido	**hubiesen** placido

imperativo

—	plazcamos
place; no plazcas	placed; no plazcáis
plazca	plazcan

SINGULAR	PLURAL	SINGULAR	PLURAL

presente de indicativo

platic**o**	platic**amos**
platic**as**	platic**áis**
platic**a**	platic**an**

perfecto de indicativo

he platicado	**hemos** platicado
has platicado	**habéis** platicado
ha platicado	**han** platicado

imperfecto de indicativo

platic**aba**	platic**ábamos**
platic**abas**	platic**abais**
platic**aba**	platic**aban**

pluscuamperfecto de indicativo

había platicado	**habíamos** platicado
habías platicado	**habíais** platicado
había platicado	**habían** platicado

P

pretérito

platiqu**é**	platic**amos**
platic**aste**	platic**asteis**
platic**ó**	platic**aron**

pretérito anterior

hube platicado	**hubimos** platicado
hubiste platicado	**hubisteis** platicado
hubo platicado	**hubieron** platicado

futuro

platicar**é**	platicar**emos**
platicar**ás**	platicar**éis**
platicar**á**	platicar**án**

futuro perfecto

habré platicado	**habremos** platicado
habrás platicado	**habréis** platicado
habrá platicado	**habrán** platicado

condicional simple

platicar**ía**	platicar**íamos**
platicar**ías**	platicar**íais**
platicar**ía**	platicar**ían**

condicional compuesto

habría platicado	**habríamos** platicado
habrías platicado	**habríais** platicado
habría platicado	**habrían** platicado

presente de subjuntivo

platiqu**e**	platiqu**emos**
platiqu**es**	platiqu**éis**
platiqu**e**	platiqu**en**

perfecto de subjuntivo

haya platicado	**hayamos** platicado
hayas platicado	**hayáis** platicado
haya platicado	**hayan** platicado

imperfecto de subjuntivo

platic**ara**	platic**áramos**
platic**aras**	platic**arais**
platic**ara**	platic**aran**
OR	
platic**ase**	platic**ásemos**
platic**ases**	platic**aseis**
platic**ase**	platic**asen**

pluscuamperfecto de subjuntivo

hubiera platicado	**hubiéramos** platicado
hubieras platicado	**hubierais** platicado
hubiera platicado	**hubieran** platicado
OR	
hubiese platicado	**hubiésemos** platicado
hubieses platicado	**hubieseis** platicado
hubiese platicado	**hubiesen** platicado

imperativo

—	platiquemos
platica; no platiques	platicad; no platiquéis
platique	platiquen

poder
to be able, can
gerundio **pudiendo**   participio de pasado **podido**

SINGULAR	PLURAL	SINGULAR	PLURAL

presente de indicativo

puedo	podemos		
puedes	podéis		
puede	pueden		

perfecto de indicativo

he podido	hemos podido
has podido	habéis podido
ha podido	han podido

imperfecto de indicativo

podía	podíamos
podías	podíais
podía	podían

pluscuamperfecto de indicativo

había podido	habíamos podido
habías podido	habíais podido
había podido	habían podido

pretérito

pude	pudimos
pudiste	pudisteis
pudo	pudieron

pretérito anterior

hube podido	hubimos podido
hubiste podido	hubisteis podido
hubo podido	hubieron podido

futuro

podré	podremos
podrás	podréis
podrá	podrán

futuro perfecto

habré podido	habremos podido
habrás podido	habréis podido
habrá podido	habrán podido

condicional simple

podría	podríamos
podrías	podríais
podría	podrían

condicional compuesto

habría podido	habríamos podido
habrías podido	habríais podido
habría podido	habrían podido

presente de subjuntivo

pueda	podamos
puedas	podáis
pueda	puedan

perfecto de subjuntivo

haya podido	hayamos podido
hayas podido	hayáis podido
haya podido	hayan podido

imperfecto de subjuntivo

pudiera	pudiéramos
pudieras	pudierais
pudiera	pudieran
OR	
pudiese	pudiésemos
pudieses	pudieseis
pudiese	pudiesen

pluscuamperfecto de subjuntivo

hubiera podido	hubiéramos podido
hubieras podido	hubierais podido
hubiera podido	hubieran podido
OR	
hubiese podido	hubiésemos podido
hubieses podido	hubieseis podido
hubiese podido	hubiesen podido

imperativo

—	podamos
puede; no puedas	poded; no podáis
pueda	puedan

MUST KNOW VERB

to put, to turn on TV, radio   poner

SINGULAR	PLURAL	SINGULAR	PLURAL

presente de indicativo

pong**o**	pon**emos**
pon**es**	pon**éis**
pon**e**	pon**en**

perfecto de indicativo

he puesto	**hemos** puesto
has puesto	**habéis** puesto
ha puesto	**han** puesto

imperfecto de indicativo

pon**ía**	pon**íamos**
pon**ías**	pon**íais**
pon**ía**	pon**ían**

pluscuamperfecto de indicativo

había puesto	**habíamos** puesto
habías puesto	**habíais** puesto
había puesto	**habían** puesto

P

pretérito

pus**e**	pus**imos**
pus**iste**	pus**isteis**
pus**o**	pus**ieron**

pretérito anterior

hube puesto	**hubimos** puesto
hubiste puesto	**hubisteis** puesto
hubo puesto	**hubieron** puesto

futuro

pondr**é**	pondr**emos**
pondr**ás**	pondr**éis**
pondr**á**	pondr**án**

futuro perfecto

habré puesto	**habremos** puesto
habrás puesto	**habréis** puesto
habrá puesto	**habrán** puesto

condicional simple

pondr**ía**	pondr**íamos**
pondr**ías**	pondr**íais**
pondr**ía**	pondr**ían**

condicional compuesto

habría puesto	**habríamos** puesto
habrías puesto	**habríais** puesto
habría puesto	**habrían** puesto

presente de subjuntivo

pong**a**	pong**amos**
pong**as**	pong**áis**
pong**a**	pong**an**

perfecto de subjuntivo

haya puesto	**hayamos** puesto
hayas puesto	**hayáis** puesto
haya puesto	**hayan** puesto

imperfecto de subjuntivo

pus**iera**	pus**iéramos**
pus**ieras**	pus**ierais**
pus**iera**	pus**ieran**
OR	
pus**iese**	pus**iésemos**
pus**ieses**	pus**ieseis**
pus**iese**	pus**iesen**

pluscuamperfecto de subjuntivo

hubiera puesto	**hubiéramos** puesto
hubieras puesto	**hubierais** puesto
hubiera puesto	**hubieran** puesto
OR	
hubiese puesto	**hubiésemos** puesto
hubieses puesto	**hubieseis** puesto
hubiese puesto	**hubiesen** puesto

imperativo

—	pongamos
pon; no pongas	poned; no pongáis
ponga	pongan

MUST KNOW VERB

SINGULAR	PLURAL	SINGULAR	PLURAL

presente de indicativo

me pong**o**	nos pon**emos**		
te pon**es**	os pon**éis**		
se pon**e**	se pon**en**		

perfecto de indicativo

me he puesto	**nos hemos** puesto		
te has puesto	**os habéis** puesto		
se ha puesto	**se han** puesto		

imperfecto de indicativo

me pon**ía**	nos pon**íamos**
te pon**ías**	os pon**íais**
se pon**ía**	se pon**ían**

pluscuamperfecto de indicativo

me había puesto	**nos habíamos** puesto
te habías puesto	**os habíais** puesto
se había puesto	se **habían** puesto

pretérito

me pus**e**	nos pus**imos**
te pus**iste**	os pus**isteis**
se pus**o**	se pus**ieron**

pretérito anterior

me hube puesto	**nos hubimos** puesto
te hubiste puesto	**os hubisteis** puesto
se hubo puesto	**se hubieron** puesto

futuro

me pondr**é**	nos pondr**emos**
te pondr**ás**	os pondr**éis**
se pondr**á**	se pondr**án**

futuro perfecto

me habré puesto	**nos habremos** puesto
te habrás puesto	**os habréis** puesto
se habrá puesto	**se habrán** puesto

condicional simple

me pondr**ía**	nos pondr**íamos**
te pondr**ías**	os pondr**íais**
se pondr**ía**	se pondr**ían**

condicional compuesto

me habría puesto	**nos habríamos** puesto
te habrías puesto	**os habríais** puesto
se habría puesto	**se habrían** puesto

presente de subjuntivo

me pong**a**	nos pong**amos**
te pong**as**	os pong**áis**
se pong**a**	se pong**an**

perfecto de subjuntivo

me haya puesto	**nos hayamos** puesto
te hayas puesto	**os hayáis** puesto
se haya puesto	**se hayan** puesto

imperfecto de subjuntivo

me pusi**era**	nos pusi**éramos**
te pusi**eras**	os pusi**erais**
se pusi**era**	se pusi**eran**
OR	
me pusi**ese**	nos pusi**ésemos**
te pusi**eses**	os pusi**eseis**
se pusi**ese**	se pusi**esen**

pluscuamperfecto de subjuntivo

me hubiera puesto	**nos hubiéramos** puesto
te hubieras puesto	**os hubierais** puesto
se hubiera puesto	**se hubieran** puesto
OR	
me hubiese puesto	**nos hubiésemos** puesto
te hubieses puesto	**os hubieseis** puesto
se hubiese puesto	**se hubiesen** puesto

imperativo

—	pongámonos
ponte; no te pongas	poneos; no os pongáis
póngase	pónganse

MUST KNOW VERB

to possess, to own

SINGULAR	PLURAL	SINGULAR	PLURAL

presente de indicativo

pose**o**	pose**emos**	
pose**es**	pose**éis**	
pose**e**	pose**en**	

perfecto de indicativo

he poseído	**hemos** poseído
has poseído	**habéis** poseído
ha poseído	**han** poseído

imperfecto de indicativo

pose**ía**	pose**íamos**
pose**ías**	pose**íais**
pose**ía**	pose**ían**

pluscuamperfecto de indicativo

había poseído	**habíamos** poseído
habías poseído	**habíais** poseído
había poseído	**habían** poseído

P

pretérito

pose**í**	pose**ímos**
pose**íste**	pose**ísteis**
pose**yó**	pose**yeron**

pretérito anterior

hube poseído	**hubimos** poseído
hubiste poseído	**hubisteis** poseído
hubo poseído	**hubieron** poseído

futuro

poseer**é**	poseer**emos**
poseer**ás**	poseer**éis**
poseer**á**	poseer**án**

futuro perfecto

habré poseído	**habremos** poseído
habrás poseído	**habréis** poseído
habrá poseído	**habrán** poseído

condicional simple

poseer**ía**	poseer**íamos**
poseer**ías**	poseer**íais**
poseer**ía**	poseer**ían**

condicional compuesto

habría poseído	**habríamos** poseído
habrías poseído	**habríais** poseído
habría poseído	**habrían** poseído

presente de subjuntivo

pose**a**	pose**amos**
pose**as**	pose**áis**
pose**a**	pose**an**

perfecto de subjuntivo

haya poseído	**hayamos** poseído
hayas poseído	**hayáis** poseído
haya poseído	**hayan** poseído

imperfecto de subjuntivo

pose**yera**	pose**yéramos**
pose**yeras**	pose**yerais**
pose**yera**	pose**yeran**
OR	
pose**yese**	pose**yésemos**
pose**yeses**	pose**yeseis**
pose**yese**	pose**yesen**

pluscuamperfecto de subjuntivo

hubiera poseído	**hubiéramos** poseído
hubieras poseído	**hubierais** poseído
hubiera poseído	**hubieran** poseído
OR	
hubiese poseído	**hubiésemos** poseído
hubieses poseído	**hubieseis** poseído
hubiese poseído	**hubiesen** poseído

imperativo

—	poseamos
posee; no poseas	poseed; no poseáis
posea	posean

SINGULAR	PLURAL	SINGULAR	PLURAL

presente de indicativo

		perfecto de indicativo	
practic**o**	practic**amos**	**he** practicado	**hemos** practicado
practic**as**	practic**áis**	**has** practicado	**habéis** practicado
practic**a**	practic**an**	**ha** practicado	**han** practicado

imperfecto de indicativo

		pluscuamperfecto de indicativo	
practic**aba**	practic**ábamos**	**había** practicado	**habíamos** practicado
practic**abas**	practic**abais**	**habías** practicado	**habíais** practicado
practic**aba**	practic**aban**	**había** practicado	**habían** practicado

pretérito

		pretérito anterior	
practiqu**é**	practic**amos**	**hube** practicado	**hubimos** practicado
practic**aste**	practic**asteis**	**hubiste** practicado	**hubisteis** practicado
practic**ó**	practic**aron**	**hubo** practicado	**hubieron** practicado

futuro

		futuro perfecto	
practicar**é**	practicar**emos**	**habré** practicado	**habremos** practicado
practicar**ás**	practicar**éis**	**habrás** practicado	**habréis** practicado
practicar**á**	practicar**án**	**habrá** practicado	**habrán** practicado

condicional simple

		condicional compuesto	
practicar**ía**	practicar**íamos**	**habría** practicado	**habríamos** practicado
practicar**ías**	practicar**íais**	**habrías** practicado	**habríais** practicado
practicar**ía**	practicar**ían**	**habría** practicado	**habrían** practicado

presente de subjuntivo

		perfecto de subjuntivo	
practiqu**e**	practiqu**emos**	**haya** practicado	**hayamos** practicado
practiqu**es**	practiqu**éis**	**hayas** practicado	**hayáis** practicado
practiqu**e**	practiqu**en**	**haya** practicado	**hayan** practicado

imperfecto de subjuntivo

		pluscuamperfecto de subjuntivo	
practic**ara**	practic**áramos**	**hubiera** practicado	**hubiéramos** practicado
practic**aras**	practic**arais**	**hubieras** practicado	**hubierais** practicado
practic**ara**	practic**aran**	**hubiera** practicado	**hubieran** practicado
OR		OR	
practic**ase**	practic**ásemos**	**hubiese** practicado	**hubiésemos** practicado
practic**ases**	practic**aseis**	**hubieses** practicado	**hubieseis** practicado
practic**ase**	practic**asen**	**hubiese** practicado	**hubiesen** practicado

imperativo

—	practiquemos
practica; no practiques	practicad; no practiquéis
practique	practiquen

to predict   predecir

SINGULAR	PLURAL	SINGULAR	PLURAL

presente de indicativo

predig**o**	predec**imos**
predic**es**	predec**ís**
predic**e**	predic**en**

perfecto de indicativo

he predicho	**hemos** predicho
has predicho	**habéis** predicho
ha predicho	**han** predicho

imperfecto de indicativo

predec**ía**	predec**íamos**
predec**ías**	predec**íais**
predec**ía**	predec**ían**

pluscuamperfecto de indicativo

había predicho	**habíamos** predicho
habías predicho	**habíais** predicho
había predicho	**habían** predicho

P

pretérito

predij**e**	predij**imos**
predij**iste**	predij**isteis**
predij**o**	predij**eron**

pretérito anterior

hube predicho	**hubimos** predicho
hubiste predicho	**hubisteis** predicho
hubo predicho	**hubieron** predicho

futuro

predecir**é**	predecir**emos**
predecir**ás**	predecir**éis**
predecir**á**	predecir**án**

futuro perfecto

habré predicho	**habremos** predicho
habrás predicho	**habréis** predicho
habrá predicho	**habrán** predicho

condicional simple

predecir**ía**	predecir**íamos**
predecir**ías**	predecir**íais**
predecir**ía**	predecir**ían**

condicional compuesto

habría predicho	**habríamos** predicho
habrías predicho	**habríais** predicho
habría predicho	**habrían** predicho

presente de subjuntivo

predig**a**	predig**amos**
predig**as**	predig**áis**
predig**a**	predig**an**

perfecto de subjuntivo

haya predicho	**hayamos** predicho
hayas predicho	**hayáis** predicho
haya predicho	**hayan** predicho

imperfecto de subjuntivo

predij**era**	predij**éramos**
predij**eras**	predij**erais**
predij**era**	predij**eran**
OR	
predij**ese**	predij**ésemos**
predij**eses**	predij**eseis**
predij**ese**	predij**esen**

pluscuamperfecto de subjuntivo

hubiera predicho	**hubiéramos** predicho
hubieras predicho	**hubierais** predicho
hubiera predicho	**hubieran** predicho
OR	
hubiese predicho	**hubiésemos** predicho
hubieses predicho	**hubieseis** predicho
hubiese predicho	**hubiesen** predicho

imperativo

—	predigamos
predice; no predigas	predecid; no predigáis
prediga	predigan

gerundio predicando   **participio de pasado** predicado

SINGULAR	PLURAL	SINGULAR	PLURAL
presente de indicativo		**perfecto de indicativo**	
predico	predicamos	**he** predicado	**hemos** predicado
predicas	predicáis	**has** predicado	**habéis** predicado
predica	predican	**ha** predicado	**han** predicado
imperfecto de indicativo		**pluscuamperfecto de indicativo**	
predicaba	predicábamos	**había** predicado	**habíamos** predicado
predicabas	predicabais	**habías** predicado	**habíais** predicado
predicaba	predicaban	**había** predicado	**habían** predicado
pretérito		**pretérito anterior**	
prediqué	predicamos	**hube** predicado	**hubimos** predicado
predicaste	predicasteis	**hubiste** predicado	**hubisteis** predicado
predicó	predicaron	**hubo** predicado	**hubieron** predicado
futuro		**futuro perfecto**	
predicaré	predicaremos	**habré** predicado	**habremos** predicado
predicarás	predicaréis	**habrás** predicado	**habréis** predicado
predicará	predicarán	**habrá** predicado	**habrán** predicado
condicional simple		**condicional compuesto**	
predicaría	predicaríamos	**habría** predicado	**habríamos** predicado
predicarías	predicaríais	**habrías** predicado	**habríais** predicado
predicaría	predicarían	**habría** predicado	**habrían** predicado
presente de subjuntivo		**perfecto de subjuntivo**	
predique	prediquemos	**haya** predicado	**hayamos** predicado
prediques	prediquéis	**hayas** predicado	**hayáis** predicado
predique	prediquen	**haya** predicado	**hayan** predicado
imperfecto de subjuntivo		**pluscuamperfecto de subjuntivo**	
predicara	predicáramos	**hubiera** predicado	**hubiéramos** predicado
predicaras	predicarais	**hubieras** predicado	**hubierais** predicado
predicara	predicaran	**hubiera** predicado	**hubieran** predicado
OR		OR	
predicase	predicásemos	**hubiese** predicado	**hubiésemos** predicado
predicases	predicaseis	**hubieses** predicado	**hubieseis** predicado
predicase	predicasen	**hubiese** predicado	**hubiesen** predicado

imperativo

—	prediquemos
predica; no prediques	predicad; no prediquéis
predique	prediquen

to prefer

gerundio prefiriendo   participio de pasado **preferido**

SINGULAR	PLURAL	SINGULAR	PLURAL

presente de indicativo

prefiero	preferimos
prefieres	preferís
prefiere	prefieren

perfecto de indicativo

he preferido	hemos preferido
has preferido	habéis preferido
ha preferido	han preferido

imperfecto de indicativo

prefería	preteríamos
preferías	preferíais
prefería	preferían

pluscuamperfecto de indicativo

había preferido	habíamos preferido
habías preferido	habíais preferido
había preferido	habían preferido

P

pretérito

preferí	preferimos
preferiste	preferisteis
prefirió	prefirieron

pretérito anterior

hube preferido	hubimos preferido
hubiste preferido	hubisteis preferido
hubo preferido	hubieron preferido

futuro

preferiré	preferiremos
preferirás	preferiréis
preferirá	preferirán

futuro perfecto

habré preferido	habremos preferido
habrás preferido	habréis preferido
habrá preferido	habrán preferido

condicional simple

preferiría	preferiríamos
preferirías	preferiríais
preferiría	preferirían

condicional compuesto

habría preferido	habríamos preferido
habrías preferido	habríais preferido
habría preferido	habrían preferido

presente de subjuntivo

prefiera	prefiramos
prefieras	prefiráis
prefiera	prefieran

perfecto de subjuntivo

haya preferido	hayamos preferido
hayas preferido	hayáis preferido
haya preferido	hayan preferido

imperfecto de subjuntivo

prefiriera	prefiriéramos
prefirieras	prefirierais
prefiriera	prefirieran
OR	
prefiriese	prefiriésemos
prefirieses	prefirieseis
prefiriese	prefiriesen

pluscuamperfecto de subjuntivo

hubiera preferido	hubiéramos preferido
hubieras preferido	hubierais preferido
hubiera preferido	hubieran preferido
OR	
hubiese preferido	hubiésemos preferido
hubieses preferido	hubieseis preferido
hubiese preferido	hubiesen preferido

imperativo

—	prefiramos
prefiere; no prefieras	preferid; no prefiráis
prefiera	prefieran

preguntar

to ask

SINGULAR	PLURAL	SINGULAR	PLURAL

presente de indicativo
pregunt**o**	pregunt**amos**
pregunt**as**	pregunt**áis**
pregunt**a**	pregunt**an**

perfecto de indicativo
he preguntado	**hemos** preguntado
has preguntado	**habéis** preguntado
ha preguntado	**han** preguntado

imperfecto de indicativo
pregunt**aba**	pregunt**ábamos**
pregunt**abas**	pregunt**abais**
pregunt**aba**	pregunt**aban**

pluscuamperfecto de indicativo
había preguntado	**habíamos** preguntado
habías preguntado	**habíais** preguntado
había preguntado	**habían** preguntado

pretérito
pregunt**é**	pregunt**amos**
pregunt**aste**	pregunt**asteis**
pregunt**ó**	pregunt**aron**

pretérito anterior
hube preguntado	**hubimos** preguntado
hubiste preguntado	**hubisteis** preguntado
hubo preguntado	**hubieron** preguntado

futuro
preguntar**é**	preguntar**emos**
preguntar**ás**	preguntar**éis**
preguntar**á**	preguntar**án**

futuro perfecto
habré preguntado	**habremos** preguntado
habrás preguntado	**habréis** preguntado
habrá preguntado	**habrán** preguntado

condicional simple
preguntar**ía**	preguntar**íamos**
preguntar**ías**	preguntar**íais**
preguntar**ía**	preguntar**ían**

condicional compuesto
habría preguntado	**habríamos** preguntado
habrías preguntado	**habríais** preguntado
habría preguntado	**habrían** preguntado

presente de subjuntivo
pregunt**e**	pregunt**emos**
pregunt**es**	pregunt**éis**
pregunt**e**	pregunt**en**

perfecto de subjuntivo
haya preguntado	**hayamos** preguntado
hayas preguntado	**hayáis** preguntado
haya preguntado	**hayan** preguntado

imperfecto de subjuntivo
pregunt**ara**	pregunt**áramos**
pregunt**aras**	pregunt**arais**
pregunt**ara**	pregunt**aran**
OR	
pregunt**ase**	pregunt**ásemos**
pregunt**ases**	pregunt**aseis**
pregunt**ase**	pregunt**asen**

pluscuamperfecto de subjuntivo
hubiera preguntado	**hubiéramos** preguntado
hubieras preguntado	**hubierais** preguntado
hubiera preguntado	**hubieran** preguntado
OR	
hubiese preguntado	**hubiésemos** preguntado
hubieses preguntado	**hubieseis** preguntado
hubiese preguntado	**hubiesen** preguntado

imperativo
—	preguntemos
pregunta;	preguntad;
no preguntes	no preguntéis
pregunte	pregunten

MUST KNOW VERB

to be worried

SINGULAR	PLURAL	SINGULAR	PLURAL

presente de indicativo

me preocup**o**	nos preocup**amos**		
te preocup**as**	os preocup**áis**		
se preocup**a**	se preocup**an**		

perfecto de indicativo

me he preocupado	**nos hemos** preocupado
te has preocupado	**os habéis** preocupado
se ha preocupado	**se han** preocupado

imperfecto de indicativo

me preocup**aba**	nos preocup**ábamos**
te preocup**abas**	os preocup**abais**
se preocup**aba**	se preocup**aban**

pluscuamperfecto de indicativo

P

me había preocupado	**nos habíamos** preocupado
te habías preocupado	**os habíais** preocupado
se había preocupado	**se habían** preocupado

pretérito

me preocup**é**	nos preocup**amos**
te preocup**aste**	os preocup**asteis**
se preocup**ó**	se preocup**aron**

pretérito anterior

me hube preocupado	**nos hubimos** preocupado
te hubiste preocupado	**os hubisteis** preocupado
se hubo preocupado	**se hubieron** preocupado

futuro

me preocup**aré**	nos preocup**aremos**
te preocup**arás**	os preocup**aréis**
se preocup**ará**	se preocup**arán**

futuro perfecto

me habré preocupado	**nos habremos** preocupado
te habrás preocupado	**os habréis** preocupado
se habrá preocupado	**se habrán** preocupado

condicional simple

me preocup**aría**	nos preocup**aríamos**
te preocup**arías**	os preocup**aríais**
se preocup**aría**	se preocup**arían**

condicional compuesto

me habría preocupado	**nos habríamos** preocupado
te habrías preocupado	**os habríais** preocupado
se habría preocupado	**se habrían** preocupado

presente de subjuntivo

me preocup**e**	nos preocup**emos**
te preocup**es**	os preocup**éis**
se preocup**e**	se preocup**en**

perfecto de subjuntivo

me haya preocupado	**nos hayamos** preocupado
te hayas preocupado	**os hayáis** preocupado
se haya preocupado	**se hayan** preocupado

imperfecto de subjuntivo

me preocup**ara**	nos preocup**áramos**
te preocup**aras**	os preocup**arais**
se preocup**ara**	se preocup**aran**
OR	
me preocup**ase**	nos preocup**ásemos**
te preocup**ases**	os preocup**aseis**
se preocup**ase**	se preocup**asen**

pluscuamperfecto de subjuntivo

me hubiera preocupado	**nos hubiéramos** preocupado
te hubieras preocupado	**os hubierais** preocupado
se hubiera preocupado	**se hubieran** preocupado
OR	
me hubiese preocupado	**nos hubiésemos** preocupado
te hubieses preocupado	**os hubieseis** preocupado
se hubiese preocupado	**se hubiesen** preocupado

imperativo

—	preocupémonos
preocúpate;	preocupaos;
no te preocupes	no os preocupéis
preocúpese	preocúpense

preparar

to prepare

SINGULAR	PLURAL	SINGULAR	PLURAL

presente de indicativo

prepar**o**	prepar**amos**	
prepar**as**	prepar**áis**	
prepar**a**	prepar**an**	

perfecto de indicativo

he preparado	**hemos** preparado
has preparado	**habéis** preparado
ha preparado	**han** preparado

imperfecto de indicativo

prepar**aba**	prepar**ábamos**
prepar**abas**	prepar**abais**
prepar**aba**	prepar**aban**

pluscuamperfecto de indicativo

había preparado	**habíamos** preparado
habías preparado	**habíais** preparado
había preparado	**habían** preparado

pretérito

prepar**é**	prepar**amos**
prepar**aste**	prepar**asteis**
prepar**ó**	prepar**aron**

pretérito anterior

hube preparado	**hubimos** preparado
hubiste preparado	**hubisteis** preparado
hubo preparado	**hubieron** preparado

futuro

prepar**aré**	prepar**aremos**
prepar**arás**	prepar**aréis**
prepar**ará**	prepar**arán**

futuro perfecto

habré preparado	**habremos** preparado
habrás preparado	**habréis** preparado
habrá preparado	**habrán** preparado

condicional simple

prepar**aría**	prepar**aríamos**
prepar**arías**	prepar**aríais**
prepar**aría**	prepar**arían**

condicional compuesto

habría preparado	**habríamos** preparado
habrías preparado	**habríais** preparado
habría preparado	**habrían** preparado

presente de subjuntivo

prepar**e**	prepar**emos**
prepar**es**	prepar**éis**
prepar**e**	prepar**en**

perfecto de subjuntivo

haya preparado	**hayamos** preparado
hayas preparado	**hayáis** preparado
haya preparado	**hayan** preparado

imperfecto de subjuntivo

prepar**ara**	prepar**áramos**
prepar**aras**	prepar**arais**
prepar**ara**	prepar**aran**
OR	
prepar**ase**	prepar**ásemos**
prepar**ases**	prepar**aseis**
prepar**ase**	prepar**asen**

pluscuamperfecto de subjuntivo

hubiera preparado	**hubiéramos** preparado
hubieras preparado	**hubierais** preparado
hubiera preparado	**hubieran** preparado
OR	
hubiese preparado	**hubiésemos** preparado
hubieses preparado	**hubieseis** preparado
hubiese preparado	**hubiesen** preparado

imperativo

—	preparemos
prepara; no prepares	preparad; no preparéis
prepare	preparen

to be prepared, to get ready

SINGULAR	PLURAL	SINGULAR	PLURAL

presente de indicativo

		perfecto de indicativo	
me prepar**o**	nos prepar**amos**	**me he** preparado	**nos hemos** preparado
te prepar**as**	os prepar**áis**	**te has** preparado	**os habéis** preparado
se prepar**a**	se prepar**an**	**se ha** preparado	**se han** preparado

imperfecto de indicativo

		pluscuamperfecto de indicativo	
me prepar**aba**	nos prepar**ábamos**	**me había** preparado	**nos habíamos** preparado
te prepar**abas**	os prepar**abais**	**te habías** preparado	**os habíais** preparado
se prepar**aba**	se prepar**aban**	**se había** preparado	**se habían** preparado

P

pretérito

		pretérito anterior	
me prepar**é**	nos prepar**amos**	**me hube** preparado	**nos hubimos** preparado
te prepar**aste**	os prepar**asteis**	**te hubiste** preparado	**os hubisteis** preparado
se prepar**ó**	se prepar**aron**	**se hubo** preparado	**se hubieron** preparado

futuro

		futuro perfecto	
me preparar**é**	nos preparar**emos**	**me habré** preparado	**nos habremos** preparado
te preparar**ás**	os preparar**éis**	**te habrás** preparado	**os habréis** preparado
se preparar**á**	se preparar**án**	**se habrá** preparado	**se habrán** preparado

condicional simple

		condicional compuesto	
me preparar**ía**	nos preparar**íamos**	**me habría** preparado	**nos habríamos** preparado
te preparar**ías**	os preparar**íais**	**te habrías** preparado	**os habríais** preparado
se preparar**ía**	se preparar**ían**	**se habría** preparado	**se habrían** preparado

presente de subjuntivo

		perfecto de subjuntivo	
me prepar**e**	nos prepar**emos**	**me haya** preparado	**nos hayamos** preparado
te prepar**es**	os prepar**éis**	**te hayas** preparado	**os hayáis** preparado
se prepar**e**	se prepar**en**	**se haya** preparado	**se hayan** preparado

imperfecto de subjuntivo

		pluscuamperfecto de subjuntivo	
me prepar**ara**	nos prepar**áramos**	**me hubiera** preparado	**nos hubiéramos** preparado
te prepar**aras**	os prepar**arais**	**te hubieras** preparado	**os hubierais** preparado
se prepar**ara**	se prepar**aran**	**se hubiera** preparado	**se hubieran** preparado
OR		OR	
me prepar**ase**	nos prepar**ásemos**	**me hubiese** preparado	**nos hubiésemos** preparado
te prepar**ases**	os prepar**aseis**	**te hubieses** preparado	**os hubieseis** preparado
se prepar**ase**	se prepar**asen**	**se hubiese** preparado	**se hubiesen** preparado

imperativo

—	preparémonos
prepárate;	preparaos;
no te prepares	no os preparéis
prepárese	prepárense

| | SINGULAR | PLURAL | | SINGULAR | PLURAL |

SINGULAR   PLURAL   SINGULAR   PLURAL

presente de indicativo
present**o**	present**amos**
present**as**	present**áis**
present**a**	present**an**

perfecto de indicativo
he presentado	**hemos** presentado
has presentado	**habéis** presentado
ha presentado	**han** presentado

imperfecto de indicativo
present**aba**	present**ábamos**
present**abas**	present**abais**
present**aba**	present**aban**

pluscuamperfecto de indicativo
había presentado	**habíamos** presentado
habías presentado	**habíais** presentado
había presentado	**habían** presentado

pretérito
present**é**	present**amos**
present**aste**	present**asteis**
present**ó**	present**aron**

pretérito anterior
hube presentado	**hubimos** presentado
hubiste presentado	**hubisteis** presentado
hubo presentado	**hubieron** presentado

futuro
presentar**é**	presentar**emos**
presentar**ás**	presentar**éis**
presentar**á**	presentar**án**

futuro perfecto
habré presentado	**habremos** presentado
habrás presentado	**habréis** presentado
habrá presentado	**habrán** presentado

condicional simple
presentar**ía**	presentar**íamos**
presentar**ías**	presentar**íais**
presentar**ía**	presentar**ían**

condicional compuesto
habría presentado	**habríamos** presentado
habrías presentado	**habríais** presentado
habría presentado	**habrían** presentado

presente de subjuntivo
present**e**	present**emos**
present**es**	present**éis**
present**e**	present**en**

perfecto de subjuntivo
haya presentado	**hayamos** presentado
hayas presentado	**hayáis** presentado
haya presentado	**hayan** presentado

imperfecto de subjuntivo
present**ara**	present**áramos**
present**aras**	present**arais**
present**ara**	present**aran**
OR	
present**ase**	present**ásemos**
present**ases**	present**aseis**
present**ase**	present**asen**

pluscuamperfecto de subjuntivo
hubiera presentado	**hubiéramos** presentado
hubieras presentado	**hubierais** presentado
hubiera presentado	**hubieran** presentado
OR	
hubiese presentado	**hubiésemos** presentado
hubieses presentado	**hubieseis** presentado
hubiese presentado	**hubiesen** presentado

imperativo
—	presentemos
presenta;	presentad;
no presentes	no presentéis
presente	presenten

MEMORY TiP

The **present**er introduces the guests.

to lend

gerundio **prestando**

participio de pasado **prestado**

SINGULAR	PLURAL

SINGULAR	PLURAL

presente de indicativo

presto	prestamos
prestas	prestáis
presta	prestan

perfecto de indicativo

he prestado	hemos prestado
has prestado	habéis prestado
ha prestado	han prestado

imperfecto de indicativo

prestaba	prestábamos
prestabas	prestabais
prestaba	prestaban

pluscuamperfecto de indicativo

había prestado	habíamos prestado
habías prestado	habíais prestado
había prestado	habían prestado

P

pretérito

presté	prestamos
prestaste	prestasteis
prestó	prestaron

pretérito anterior

hube prestado	hubimos prestado
hubiste prestado	hubisteis prestado
hubo prestado	hubieron prestado

futuro

prestaré	prestaremos
prestarás	prestaréis
prestará	prestarán

futuro perfecto

habré prestado	habremos prestado
habrás prestado	habréis prestado
habrá prestado	habrán prestado

condicional simple

prestaría	prestaríamos
prestarías	prestaríais
prestaría	prestarían

condicional compuesto

habría prestado	habríamos prestado
habrías prestado	habríais prestado
habría prestado	habrían prestado

presente de subjuntivo

preste	prestemos
prestes	prestéis
preste	presten

perfecto de subjuntivo

haya prestado	hayamos prestado
hayas prestado	hayáis prestado
haya prestado	hayan prestado

imperfecto de subjuntivo

prestara	prestáramos
prestaras	prestarais
prestara	prestaran
OR	
prestase	prestásemos
prestases	prestaseis
prestase	prestasen

pluscuamperfecto de subjuntivo

hubiera prestado	hubiéramos prestado
hubieras prestado	hubierais prestado
hubiera prestado	hubieran prestado
OR	
hubiese prestado	hubiésemos prestado
hubieses prestado	hubieseis prestado
hubiese prestado	hubiesen prestado

imperativo

—	prestemos
presta; no prestes	prestad; no prestéis
preste	presten

gerundio **principiando**　　　participio de pasado **principiado**

SINGULAR	PLURAL	SINGULAR	PLURAL

presente de indicativo

		perfecto de indicativo	
principi**o**	principi**amos**	**he** principiado	**hemos** principiado
principi**as**	principi**áis**	**has** principiado	**habéis** principiado
principi**a**	principi**an**	**ha** principiado	**han** principiado

imperfecto de indicativo

		pluscuamperfecto de indicativo	
principi**aba**	principi**ábamos**	**había** principiado	**habíamos** principiado
principi**abas**	principi**abais**	**habías** principiado	**habíais** principiado
principi**aba**	principi**aban**	**había** principiado	**habían** principiado

pretérito

		pretérito anterior	
principi**é**	principi**amos**	**hube** principiado	**hubimos** principiado
principi**aste**	principi**asteis**	**hubiste** principiado	**hubisteis** principiado
principi**ó**	principi**aron**	**hubo** principiado	**hubieron** principiado

futuro

		futuro perfecto	
principiar**é**	principiar**emos**	**habré** principiado	**habremos** principiado
principiar**ás**	principiar**éis**	**habrás** principiado	**habréis** principiado
principiar**á**	principiar**án**	**habrá** principiado	**habrán** principiado

condicional simple

		condicional compuesto	
principiar**ía**	principiar**íamos**	**habría** principiado	**habríamos** principiado
principiar**ías**	principiar**íais**	**habrías** principiado	**habríais** principiado
principiar**ía**	principiar**ían**	**habría** principiado	**habrían** principiado

presente de subjuntivo

		perfecto de subjuntivo	
principi**e**	principi**emos**	**haya** principiado	**hayamos** principiado
principi**es**	principi**éis**	**hayas** principiado	**hayáis** principiado
principi**e**	principi**en**	**haya** principiado	**hayan** principiado

imperfecto de subjuntivo

		pluscuamperfecto de subjuntivo	
principi**ara**	principi**áramos**	**hubiera** principiado	**hubiéramos** principiado
principi**aras**	principi**arais**	**hubieras** principiado	**hubierais** principiado
principi**ara**	principi**aran**	**hubiera** principiado	**hubieran** principiado
OR		OR	
principi**ase**	principi**ásemos**	**hubiese** principiado	**hubiésemos** principiado
principi**ases**	principi**aseis**	**hubieses** principiado	**hubieseis** principiado
principi**ase**	principi**asen**	**hubiese** principiado	**hubiesen** principiado

imperativo

principi**a**	principi**emos**
no principi**es**	principi**ad**; no principi**éis**
principi**e**	principi**en**

to try, to test, to prove

gerundio **probando**   participio de pasado **probado**

SINGULAR	PLURAL	SINGULAR	PLURAL

presente de indicativo

		perfecto de indicativo	
prueb**o**	prob**amos**	**he** probado	**hemos** probado
prueb**as**	prob**áis**	**has** probado	**habéis** probado
prueb**a**	prueb**an**	**ha** probado	**han** probado

imperfecto de indicativo

		pluscuamperfecto de indicativo	
prob**aba**	prob**ábamos**	**había** probado	**habíamos** probado
prob**abas**	prob**abais**	**habías** probado	**habíais** probado
prob**aba**	prob**aban**	**había** probado	**habían** probado

P

pretérito

		pretérito anterior	
prob**é**	prob**amos**	**hube** probado	**hubimos** probado
prob**aste**	prob**asteis**	**hubiste** probado	**hubisteis** probado
prob**ó**	prob**aron**	**hubo** probado	**hubieron** probado

futuro

		futuro perfecto	
probar**é**	probar**emos**	**habré** probado	**habremos** probado
probar**ás**	probar**éis**	**habrás** probado	**habréis** probado
probar**á**	probar**án**	**habrá** probado	**habrán** probado

condicional simple

		condicional compuesto	
probar**ía**	probar**íamos**	**habría** probado	**habríamos** probado
probar**ías**	probar**íais**	**habrías** probado	**habríais** probado
probar**ía**	probar**ían**	**habría** probado	**habrían** probado

presente de subjuntivo

		perfecto de subjuntivo	
prueb**e**	prob**emos**	**haya** probado	**hayamos** probado
prueb**es**	prob**éis**	**hayas** probado	**hayáis** probado
prueb**e**	prueb**en**	**haya** probado	**hayan** probado

imperfecto de subjuntivo

		pluscuamperfecto de subjuntivo	
prob**ara**	prob**áramos**	**hubiera** probado	**hubiéramos** probado
prob**aras**	prob**arais**	**hubieras** probado	**hubierais** probado
prob**ara**	prob**aran**	**hubiera** probado	**hubieran** probado
OR		OR	
prob**ase**	prob**ásemos**	**hubiese** probado	**hubiésemos** probado
prob**ases**	prob**aseis**	**hubieses** probado	**hubieseis** probado
prob**ase**	prob**asen**	**hubiese** probado	**hubiesen**

imperativo

—	prob**emos**
prueba; no pruebes	probad; no probéis
pruebe	prueben

probarse

to try on clothes

SINGULAR	PLURAL	SINGULAR	PLURAL

presente de indicativo
me pruebo	nos probamos
te pruebas	os probáis
se prueba	se prueban

perfecto de indicativo
me he probado	nos hemos probado
te has probado	os habéis probado
se ha probado	se han probado

imperfecto de indicativo
me probaba	nos probábamos
te probabas	os probabais
se probaba	se probaban

pluscuamperfecto de indicativo
me había probado	nos habíamos probado
te habías probado	os habíais probado
se había probado	se habían probado

pretérito
me probé	nos probamos
te probaste	os probasteis
se probó	se probaron

pretérito anterior
me hube probado	nos hubimos probado
te hubiste probado	os hubisteis probado
se hubo probado	se hubieron probado

futuro
me probaré	nos probaremos
te probarás	os probaréis
se probará	se probarán

futuro perfecto
me habré probado	nos habremos probado
te habrás probado	os habréis probado
se habrá probado	se habrán probado

condicional simple
me probaría	nos probaríamos
te probarías	os probaríais
se probaría	se probarían

condicional compuesto
me habría probado	nos habríamos probado
te habrías probado	os habríais probado
se habría probado	se habrían probado

presente de subjuntivo
me pruebe	nos probemos
te pruebes	os probéis
se pruebe	se prueben

perfecto de subjuntivo
me haya probado	nos hayamos probado
te hayas probado	os hayáis probado
se haya probado	se hayan probado

imperfecto de subjuntivo
me probara	nos probáramos
te probaras	os probarais
se probara	se probaran
OR	
me probase	nos probásemos
te probases	os probaseis
se probase	se probasen

pluscuamperfecto de subjuntivo
me hubiera probado	nos hubiéramos probado
te hubieras probado	os hubierais probado
se hubiera probado	se hubieran probado
OR	
me hubiese probado	nos hubiésemos probado
te hubieses probado	os hubieseis probado
se hubiese probado	se hubiesen probado

imperativo
—	probémonos
pruébate;	probaos;
no te pruebes	no os probéis
pruébese	pruébense

to proclaim

gerundio **proclamando**   participio de pasado **proclamado**

SINGULAR	PLURAL	SINGULAR	PLURAL

presente de indicativo

proclamo	proclamamos		
proclamas	proclamáis		
proclama	proclaman		

perfecto de indicativo

he proclamado	hemos proclamado
has proclamado	habéis proclamado
ha proclamado	han proclamado

imperfecto de indicativo

proclamaba	proclamábamos
proclamabas	proclamabais
proclamaba	proclamaban

pluscuamperfecto de indicativo

había proclamado	habíamos proclamado
habías proclamado	habíais proclamado
había proclamado	habían proclamado

P

pretérito

proclamé	proclamamos
proclamaste	proclamasteis
proclamó	proclamaron

pretérito anterior

hube proclamado	hubimos proclamado
hubiste proclamado	hubisteis proclamado
hubo proclamado	hubieron proclamado

futuro

proclamaré	proclamaremos
proclamarás	proclamaréis
proclamará	proclamarán

futuro perfecto

habré proclamado	habremos proclamado
habrás proclamado	habréis proclamado
habrá proclamado	habrán proclamado

condicional simple

proclamaría	proclamaríamos
proclamarías	proclamaríais
proclamaría	proclamarían

condicional compuesto

habría proclamado	habríamos proclamado
habrías proclamado	habríais proclamado
habría proclamado	habrían proclamado

presente de subjuntivo

proclame	proclamemos
proclames	proclaméis
proclame	proclamen

perfecto de subjuntivo

haya proclamado	hayamos proclamado
hayas proclamado	hayáis proclamado
haya proclamado	hayan proclamado

imperfecto de subjuntivo

proclamara	proclamáramos
proclamaras	proclamaras
proclamara	proclamaran
OR	
proclamase	proclamásemos
proclamases	proclamaseis
proclamase	proclamasen

pluscuamperfecto de subjuntivo

hubiera proclamado	hubiéramos proclamado
hubieras proclamado	hubierais proclamado
hubiera proclamado	hubieran proclamado
OR	
hubiese proclamado	hubiésemos proclamado
hubieses proclamado	hubieseis proclamado
hubiese proclamado	hubiesen proclamado

imperativo

—	proclamemos
proclama;	proclamad;
no proclames	no proclaméis
proclame	proclamen

gerundio **produciendo**   participio de pasado **producido**

SINGULAR	PLURAL	SINGULAR	PLURAL

presente de indicativo

produzc**o**	produc**imos**
produc**es**	produc**ís**
produc**e**	produc**en**

perfecto de indicativo

he producido	**hemos** producido
has producido	**habéis** producido
ha producido	**han** producido

imperfecto de indicativo

produc**ía**	produc**íamos**
produc**ías**	produc**íais**
produc**ía**	produc**ían**

pluscuamperfecto de indicativo

había producido	**habíamos** producido
habías producido	**habíais** producido
había producido	**habían** producido

pretérito

produj**e**	produj**imos**
produj**iste**	produj**isteis**
produj**o**	produj**eron**

pretérito anterior

hube producido	**hubimos** producido
hubiste producido	**hubisteis** producido
hubo producido	**hubieron** producido

futuro

producir**é**	producir**emos**
producir**ás**	producir**éis**
producir**á**	producir**án**

futuro perfecto

habré producido	**habremos** producido
habrás producido	**habréis** producido
habrá producido	**habrán** producido

condicional simple

producir**ía**	producir**íamos**
producir**ías**	producir**íais**
producir**ía**	producir**ían**

condicional compuesto

habría producido	**habríamos** producido
habrías producido	**habríais** producido
habría producido	**habrían** producido

presente de subjuntivo

produzc**a**	produzc**amos**
produzc**as**	produzc**áis**
produzc**a**	produzc**an**

perfecto de subjuntivo

haya producido	**hayamos** producido
hayas producido	**hayáis** producido
haya producido	**hayan** producido

imperfecto de subjuntivo

produj**era**	produj**éramos**
produj**eras**	produj**erais**
produj**era**	produj**eran**
OR	
produj**ese**	produj**ésemos**
produj**eses**	produj**eseis**
produj**ese**	produj**esen**

pluscuamperfecto de subjuntivo

hubiera producido	**hubiéramos** producido
hubieras producido	**hubierais** produddo
hubiera producido	**hubieran** producido
OR	
hubiese producido	**hubiésemos** producido
hubieses producido	**hubieseis** producido
hubiese producido	**hubiesen** producido

imperativo

—	produzcamos
produce;	producid;
no produzcas	no produzcáis
produzca	produzcan

to prohibit, to forbid

prohibir

SINGULAR	PLURAL	SINGULAR	PLURAL

presente de indicativo
prohibo	prohibimos
prohibes	prohibís
prohibe	prohiben

perfecto de indicativo
he prohibido	hemos prohibido
has prohibido	habéis prohibido
ha prohibido	han prohibido

imperfecto de indicativo
prohibía	prohibíamos
prohibías	prohibíais
prohibía	prohibían

pluscuamperfecto de indicativo
había prohibido	habíamos prohibido
habías prohibido	habíais prohibido
había prohibido	habían prohibido

pretérito
prohibí	prohibimos
prohibiste	prohibisteis
prohibió	prohibieron

pretérito anterior
hube prohibido	hubimos prohibido
hubiste prohibido	hubisteis prohibido
hubo prohibido	hubieron prohibido

futuro
prohibiré	prohibiremos
prohibirás	prohibiréis
prohibirá	prohibirán

futuro perfecto
habré prohibido	habremos prohibido
habrás prohibido	habréis prohibido
habrá prohibido	habrán prohibido

condicional simple
prohibiría	prohibiríamos
prohibirías	prohibiríais
prohibiría	prohibirían

condicional compuesto
habría prohibido	habríamos prohibido
habrías prohibido	habríais prohibido
habría prohibido	habrían prohibido

presente de subjuntivo
prohiba	prohibamos
prohibas	prohibáis
prohiba	prohiban

perfecto de subjuntivo
haya prohibido	hayamos prohibido
hayas prohibido	hayáis prohibido
haya prohibido	hayan prohibido

imperfecto de subjuntivo
prohibiera	prohibiéramos
prohibieras	prohibierais
prohibiera	prohibieran
OR	
prohibiese	prohibiésemos
prohibieses	prohibieseis
prohibiese	prohibiesen

pluscuamperfecto de subjuntivo
hubiera prohibido	hubiéramos prohibido
hubieras prohibido	hubierais prohibido
hubiera prohibido	hubieran prohibido
OR	
hubiese prohibido	hubiésemos prohibido
hubieses prohibido	hubieseis prohibido
hubiese prohibido	hubiesen prohibido

imperativo
—	prohibamos
prohibe; no prohibas	prohibid; no prohibáis
prohiba	prohiban

P

SINGULAR	PLURAL	SINGULAR	PLURAL

presente de indicativo

		perfecto de indicativo	
pronunci**o**	pronunci**amos**	**he** pronunciado	**hemos** pronunciado
pronunci**as**	pronunci**áis**	**has** pronunciado	**habéis** pronunciado
pronunci**a**	pronunci**an**	**ha** pronunciado	**han** pronunciado

imperfecto de indicativo / **pluscuamperfecto de indicativo**

pronunci**aba**	pronunci**ábamos**	**había** pronunciado	**habíamos** pronunciado
pronunci**abas**	pronunci**abais**	**habías** pronunciado	**habíais** pronunciado
pronunci**aba**	pronunci**aban**	**había** pronunciado	**habían** pronunciado

pretérito / **pretérito anterior**

pronunci**é**	pronunci**amos**	**hube** pronunciado	**hubimos** pronunciado
pronunci**aste**	pronunci**asteis**	**hubiste** pronunciado	**hubisteis** pronunciado
pronunci**ó**	pronunci**aron**	**hubo** pronunciado	**hubieron** pronunciado

futuro / **futuro perfecto**

pronunciar**é**	pronunciar**emos**	**habré** pronunciado	**habremos** pronunciado
pronunciar**ás**	pronunciar**éis**	**habrás** pronunciado	**habréis** pronunciado
pronunciar**á**	pronunciar**án**	**habrá** pronunciado	**habrán** pronunciado

condicional simple / **condicional compuesto**

pronunciar**ía**	pronunciar**íamos**	**habría** pronunciado	**habríamos** pronunciado
pronunciar**ías**	pronunciar**íais**	**habrías** pronunciado	**habríais** pronunciado
pronunciar**ía**	pronunciar**ían**	**habría** pronunciado	**habrían** pronunciado

presente de subjuntivo / **perfecto de subjuntivo**

pronunci**e**	pronunci**emos**	**haya** pronunciado	**hayamos** pronunciado
pronunci**es**	pronunci**éis**	**hayas** pronunciado	**hayáis** pronunciado
pronunci**e**	pronunci**en**	**haya** pronunciado	**hayan** pronunciado

imperfecto de subjuntivo / **pluscuamperfecto de subjuntivo**

pronunci**ara**	pronunci**áramos**	**hubiera** pronunciado	**hubiéramos** pronunciado
pronunci**aras**	pronunci**arais**	**hubieras** pronunciado	**hubierais** pronunciado
pronunci**ara**	pronunci**aran**	**hubiera** pronunciado	**hubieran** pronunciado
OR		OR	
pronunci**ase**	pronunci**ásemos**	**hubiese** pronunciado	**hubiésemos** pronunciado
pronunci**ases**	pronunci**aseis**	**hubieses** pronunciado	**hubieseis** pronunciado
pronunci**ase**	pronunci**asen**	**hubiese** pronunciado	**hubiesen** pronunciado

imperativo

—	pronunci**emos**
pronuncia;	pronunciad;
no pronuncies	no pronunciéis
pronuncie	pronuncien

gerundio **proporcionando**   participio de pasado **proporcionado**

SINGULAR	PLURAL	SINGULAR	PLURAL

presente de indicativo

proporcion**o**	proporcion**amos**	
proporcion**as**	proporcion**áis**	
proporcion**a**	proporcion**an**	

perfecto de indicativo

he proporcionado	**hemos** proporcionado
has proporcionado	**habéis** proporcionado
ha proporcionado	**han** proporcionado

imperfecto de indicativo

proporcion**aba**	proporcion**ábamos**
proporcion**abas**	proporcion**abais**
proporcion**aba**	proporcion**aban**

pluscuamperfecto de indicativo

había proporcionado	**habíamos** proporcionado
habías proporcionado	**habíais** proporcionado
había proporcionado	**habían** proporcionado

P

pretérito

proporcion**é**	proporcion**amos**
proporcion**aste**	proporcion**asteis**
proporcion**ó**	proporcion**aron**

pretérito anterior

hube proporcionado	**hubimos** proporcionado
hubiste proporcionado	**hubisteis** proporcionado
hubo proporcionado	**hubieron** proporcionado

futuro

proporcionar**é**	proporcionar**emos**
proporcionar**ás**	proporcionar**éis**
proporcionar**á**	proporcionar**án**

futuro perfecto

habré proporcionado	**habremos** proporcionado
habrás proporcionado	**habréis** proporcionado
habrá proporcionado	**habrán** proporcionado

condicional simple

proporcionar**ía**	proporcionar**íamos**
proporcionar**ías**	proporcionar**íais**
proporcionar**ía**	proporcionar**ían**

condicional compuesto

habría proporcionado	**habríamos** proporcionado
habrías proporcionado	**habríais** proporcionado
habría proporcionado	**habrían** proporcionado

presente de subjuntivo

proporcion**e**	proporcion**emos**
proporcion**es**	proporcion**éis**
proporcion**e**	proporcion**en**

perfecto de subjuntivo

haya proporcionado	**hayamos** proporcionado
hayas proporcionado	**hayáis** proporcionado
haya proporcionado	**hayan** proporcionado

imperfecto de subjuntivo

proporcion**ara**	proporcion**áramos**
proporcion**aras**	proporcion**arais**
proporcion**ara**	proporcion**aran**
OR	
proporcion**ase**	proporcion**ásemos**
proporcion**ases**	proporcion**aseis**
proporcion**ase**	proporcion**asen**

pluscuamperfecto de subjuntivo

hubiera proporcionado	**hubiéramos** proporcionado
hubieras proporcionado	**hubierais** proporcionado
hubiera proporcionado	**hubieran** proporcionado
OR	
hubiese proporcionado	**hubiésemos** proporcionado
hubieses proporcionado	**hubieseis** proporcionado
hubiese proporcionado	**hubiesen** proporcionado

imperativo

—	proporcion**emos**
proporcion**a**;	proporcion**ad**;
no proporcion**es**	no proporcion**éis**
proporcion**e**	proporcion**en**

gerundio protegiendo   **participio de pasado** protegido

SINGULAR	PLURAL	SINGULAR	PLURAL

presente de indicativo

protejo	protegemos	
proteges	protegéis	
protege	protegen	

perfecto de indicativo

he protegido	hemos protegido	
has protegido	habéis protegido	
ha protegido	han protegido	

imperfecto de indicativo

protegía	protegíamos
protegías	protegíais
protegía	protegían

pluscuamperfecto de indicativo

había protegido	habíamos protegido
habías protegido	habíais protegido
había protegido	habían protegido

pretérito

protegí	protegimos
protegiste	protegisteis
protegió	protegieron

pretérito anterior

hube protegido	hubimos protegido
hubiste protegido	hubisteis protegido
hubo protegido	hubieron protegido

futuro

protegeré	protegeremos
protegerás	protegeréis
protegerá	protegerán

futuro perfecto

habré protegido	habremos protegido
habrás protegido	habréis protegido
habrá protegido	habrán protegido

condicional simple

protegería	protegeríamos
protegerías	protegeríais
protegería	protegerían

condicional compuesto

habría protegido	habríamos protegido
habrías protegido	habríais protegido
habría protegido	habrían protegido

presente de subjuntivo

proteja	protejamos
protejas	protejáis
proteja	protejan

perfecto de subjuntivo

haya protegido	hayamos protegido
hayas protegido	hayáis protegido
haya protegido	hayan protegido

imperfecto de subjuntivo

protegiera	protegiéramos
protegieras	protegierais
protegiera	protegieran
OR	
protegiese	protegiésemos
protegieses	protegieseis
protegiese	protegiesen

pluscuamperfecto de subjuntivo

hubiera protegido	hubiéramos protegido
hubieras protegido	hubierais protegido
hubiera protegido	hubieran protegido
OR	
hubiese protegido	hubiésemos protegido
hubieses protegido	hubieseis protegido
hubiese protegido	hubiesen protegido

imperativo

—	protejamos
protege; no protejas	proteged; no protejáis
proteja	protejan

to rot, to putrefy

gerundio **pudriendo**   participio de pasado **podrido**

SINGULAR	PLURAL	SINGULAR	PLURAL

presente de indicativo
pudro	pudrimos
pudres	pudrís
pudre	pudren

perfecto de indicativo
he podrido	**hemos** podrido
has podrido	**habéis** podrido
ha podrido	**han** podrido

imperfecto de indicativo
pudría	pudríamos
pudrías	pudríais
pudría	pudrían

pluscuamperfecto de indicativo
había podrido	**habíamos** podrido
habías podrido	**habíais** podrido
había podrido	**habían** podrido

P

pretérito
pudrí or podrí	pudrimos
pudriste	pudristeis
pudrió	pudrieron

pretérito anterior
hube podrido	**hubimos** podrido
hubiste podrido	**hubisteis** podrido
hubo podrido	**hubieron** podrido

futuro
pudriré or podriré	pudriremos
pudrirás	pudriréis
pudrirá	pudrirán

futuro perfecto
habré podrido	**habremos** podrido
habrás podrido	**habréis** podrido
habrá podrido	**habrán** podrido

condicional simple
pudriría or podriría	pudriríamos
pudrirías	pudriríais
pudriría	pudrirían

condicional compuesto
habría podrido	**habríamos** podrido
habrías podrido	**habríais** podrido
habría podrido	**habrían** podrido

presente de subjuntivo
pudra	pudramos
pudras	pudráis
pudra	pudran

perfecto de subjuntivo
haya podrido	**hayamos** podrido
hayas podrido	**hayáis** podrido
haya podrido	**hayan** podrido

imperfecto de subjuntivo
pudriera	pudriéramos
pudrieras	pudrierais
pudriera	pudrieran
OR	
pudriese	pudriésemos
pudrieses	pudrieseis
pudriese	pudriesen

pluscuamperfecto de subjuntivo
hubiera podrido	**hubiéramos** podrido
hubieras podrido	**hubierais** podrido
hubiera podrido	**hubieran** podrido
OR	
hubiese podrido	**hubiésemos** podrido
hubieses podrido	**hubieseis** podrido
hubiese podrido	**hubiesen** podrido

imperativo
—	pudramos
pudre; no pudras	pudrid; no pudráis
pudra	pudran

pulir

to polish

SINGULAR	PLURAL	SINGULAR	PLURAL
presente de indicativo		**perfecto de indicativo**	
pul**o**	pul**imos**	**he** pulido	**hemos** pulido
pul**es**	pul**ís**	**has** pulido	**habéis** pulido
pul**e**	pul**en**	**ha** pulido	**han** pulido
imperfecto de indicativo		**pluscuamperfecto de indicativo**	
pul**ía**	pul**íamos**	**había** pulido	**habíamos** pulido
pul**ías**	pul**íais**	**habías** pulido	**habíais** pulido
pul**ía**	pul**ían**	**había** pulido	**habían** pulido
pretérito		**pretérito anterior**	
pul**í**	pul**imos**	**hube** pulido	**hubimos** pulido
pul**iste**	pul**isteis**	**hubiste** pulido	**hubisteis** pulido
pul**ió**	pul**ieron**	**hubo** pulido	**hubieron** pulido
futuro		**futuro perfecto**	
pulir**é**	pulir**emos**	**habré** pulido	**habremos** pulido
pulir**ás**	pulir**éis**	**habrás** pulido	**habréis** pulido
pulir**á**	pulir**án**	**habrá** pulido	**habrán** pulido
condicional simple		**condicional compuesto**	
pulir**ía**	pulir**íamos**	**habría** pulido	**habríamos** pulido
pulir**ías**	pulir**íais**	**habrías** pulido	**habríais** pulido
pulir**ía**	pulir**ían**	**habría** pulido	**habrían** pulido
presente de subjuntivo		**perfecto de subjuntivo**	
pul**a**	pul**amos**	**haya** pulido	**hayamos** pulido
pul**as**	pul**áis**	**hayas** pulido	**hayáis** pulido
pul**a**	pul**an**	**haya** pulido	**hayan** pulido
imperfecto de subjuntivo		**pluscuamperfecto de subjuntivo**	
pul**iera**	pul**iéramos**	**hubiera** pulido	**hubiéramos** pulido
pul**ieras**	pul**ierais**	**hubieras** pulido	**hubierais** pulido
pul**iera**	pul**ieran**	**hubiera** pulido	**hubieran** pulido
OR		OR	
pul**iese**	pul**iésemos**	**hubiese** pulido	**hubiésemos** pulido
pul**ieses**	pul**ieseis**	**hubieses** pulido	**hubieseis** pulido
pul**iese**	pul**iesen**	**hubiese** pulido	**hubiesen** pulido
imperativo			
—	pul**amos**		
pul**e**; no pul**as**	pul**id**; no pul**áis**		
pul**a**	pul**an**		

to stay, to remain

gerundio quedándose   **participio de pasado** quedado

SINGULAR	PLURAL	SINGULAR	PLURAL

presente de indicativo
me quedo
te quedas
se queda

nos quedamos
os quedáis
se quedan

perfecto de indicativo
me he quedado
te has quedado
se ha quedado

nos hemos quedado
os habéis quedado
se han quedado

imperfecto de indicativo
me quedaba
te quedabas
se quedaba

nos quedábamos
os quedabais
se quedaban

pluscuamperfecto de indicativo
me había quedado
te habías quedado
se había quedado

nos habíamos quedado
os habíais quedado
se habían quedado

Q

pretérito
me quedé
te quedaste
se quedó

nos quedamos
os quedasteis
se quedaron

pretérito anterior
me hube quedado
te hubiste quedado
se hubo quedado

nos hubimos quedado
os hubisteis quedado
se hubieron quedado

futuro
me quedaré
te quedarás
se quedará

nos quedaremos
os quedaréis
se quedarán

futuro perfecto
me habré quedado
te habrás quedado
se habrá quedado

nos habremos quedado
os habréis quedado
se habrán quedado

condicional simple
me quedaría
te quedarías
se quedaría

nos quedaríamos
os quedaríais
se quedarían

condicional compuesto
me habría quedado
te habrías quedado
se habría quedado

nos habríamos quedado
os habríais quedado
se habrían quedado

presente de subjuntivo
me quede
te quedes
se quede

nos quedemos
os quedéis
se queden

perfecto de subjuntivo
me haya quedado
te hayas quedado
se haya quedado

nos hayamos quedado
os hayáis quedado
se hayan quedado

imperfecto de subjuntivo
me quedara
te quedaras
se quedara
OR
me quedase
te quedases
se quedase

nos quedáramos
os quedarais
se quedaran

nos quedásemos
os quedaseis
se quedasen

pluscuamperfecto de subjuntivo
me hubiera quedado
te hubieras quedado
se hubiera quedado
OR
me hubiese quedado
te hubieses quedado
se hubiese quedado

nos hubiéramos quedado
os hubierais quedado
se hubieran quedado

nos hubiésemos quedado
os hubieseis quedado
se hubiesen quedado

imperativo
—
quédate;
no te quedes
quédese

quedémonos
quedaos;
no os quedéis
quédense

MUST KNOW VERB

535

quejarse
to complain, to grumble
gerundio quejándose   participio de pasado quejado

SINGULAR	PLURAL	SINGULAR	PLURAL

presente de indicativo

		perfecto de indicativo	
me quejo	nos quejamos	me he quejado	nos hemos quejado
te quejas	os quejáis	te has quejado	os habéis quejado
se queja	se quejan	se ha quejado	se han quejado

imperfecto de indicativo / **pluscuamperfecto de indicativo**

me quejaba	nos quejábamos	me había quejado	nos habíamos quejado
te quejabas	os quejabais	te habías quejado	os habíais quejado
se quejaba	se quejaban	se había quejado	se habían quejado

pretérito / **pretérito anterior**

me quejé	nos quejamos	me hube quejado	nos hubimos quejado
te quejaste	os quejasteis	te hubiste quejado	os hubisteis quejado
se quejó	se quejaron	se hubo quejado	se hubieron quejado

futuro / **futuro perfecto**

me quejaré	nos quejaremos	me habré quejado	nos habremos quejado
te quejarás	os quejaréis	te habrás quejado	os habréis quejado
se quejará	se quejarán	se habrá quejado	se habrán quejado

condicional simple / **condicional compuesto**

me quejaría	nos quejaríamos	me habría quejado	nos habríamos quejado
te quejarías	os quejaríais	te habrías quejado	os habríais quejado
se quejaría	se quejarían	se habría quejado	se habrían quejado

presente de subjuntivo / **perfecto de subjuntivo**

me queje	nos quejemos	me haya quejado	nos hayamos quejado
te quejes	os quejéis	te hayas quejado	os hayáis quejado
se queje	se quejen	se haya quejado	se hayan quejado

imperfecto de subjuntivo / **pluscuamperfecto de subjuntivo**

me quejara	nos quejáramos	me hubiera quejado	nos hubiéramos quejado
te quejaras	os quejarais	te hubieras quejado	os hubierais quejado
se quejara	se quejaran	se hubiera quejado	se hubieran quejado
OR		OR	
me quejase	nos quejásemos	me hubiese quejado	nos hubiésemos quejado
te quejases	os quejaseis	te hubieses quejado	os hubieseis quejado
se quejase	se quejasen	se hubiese quejado	se hubiesen quejado

imperativo

—	quejémonos
quéjate; no te quejes	quejaos; no os quejéis
quéjese	quéjense

gerundio quemando   **participio de pasado** quemado

SINGULAR	PLURAL	SINGULAR	PLURAL
presente de indicativo		perfecto de indicativo	
quem**o**	quem**amos**	**he** quemado	**hemos** quemado
quem**as**	quem**áis**	**has** quemado	**habéis** quemado
quem**a**	quem**an**	**ha** quemado	**han** quemado
imperfecto de indicativo		pluscuamperfecto de indicativo	
quem**aba**	quem**ábamos**	**había** quemado	**habíamos** quemado
quem**abas**	quem**abais**	**habías** quemado	**habíais** quemado
quem**aba**	quem**aban**	**había** quemado	**habían** quemado
pretérito		pretérito anterior	
quem**é**	quem**amos**	**hube** quemado	**hubimos** quemado
quem**aste**	quem**asteis**	**hubiste** quemado	**hubisteis** quemado
quem**ó**	quem**aron**	**hubo** quemado	**hubieron** quemado
futuro		futuro perfecto	
quemar**é**	quemar**emos**	**habré** quemado	**habremos** quemado
quemar**ás**	quemar**éis**	**habrás** quemado	**habréis** quemado
quemar**á**	quemar**án**	**habrá** quemado	**habrán** quemado
condicional simple		condicional compuesto	
quemar**ía**	quemar**íamos**	**habría** quemado	**habríamos** quemado
quemar**ías**	quemar**íais**	**habrías** quemado	**habríais** quemado
quemar**ía**	quemar**ían**	**habría** quemado	**habrían** quemado
presente de subjuntivo		perfecto de subjuntivo	
quem**e**	quem**emos**	**haya** quemado	**hayamos** quemado
quem**es**	quem**éis**	**hayas** quemado	**hayáis** quemado
quem**e**	quem**en**	**haya** quemado	**hayan** quemado
imperfecto de subjuntivo		pluscuamperfecto de subjuntivo	
quemar**a**	quemár**amos**	**hubiera** quemado	**hubiéramos** quemado
quemar**as**	quemar**ais**	**hubieras** quemado	**hubierais** quemado
quemar**a**	quemar**an**	**hubiera** quemado	**hubieran** quemado
OR		OR	
quemas**e**	quemás**emos**	**hubiese** quemado	**hubiésemos** quemado
quemas**es**	quemas**eis**	**hubieses** quemado	**hubieseis** quemado
quemas**e**	quemas**en**	**hubiese** quemado	**hubiesen** quemado

Q

imperativo

—	quememos
quema; no quemes	quemad; no queméis
queme	quemen

querer

to want, to wish

SINGULAR	PLURAL	SINGULAR	PLURAL

presente de indicativo

		perfecto de indicativo	
quier**o**	quer**emos**	**he** querido	**hemos** querido
quier**es**	quer**éis**	**has** querido	**habéis** querido
quier**e**	quier**en**	**ha** querido	**han** querido

imperfecto de indicativo

		pluscuamperfecto de indicativo	
quer**ía**	quer**íamos**	**había** querido	**habíamos** querido
quer**ías**	quer**íais**	**habías** querido	**habíais** querido
quer**ía**	quer**ían**	**había** querido	**habían** querido

pretérito

		pretérito anterior	
quis**e**	quis**imos**	**hube** querido	**hubimos** querido
quis**iste**	quis**isteis**	**hubiste** querido	**hubisteis** querido
quis**o**	quis**ieron**	**hubo** querido	**hubieron** querido

futuro

		futuro perfecto	
querr**é**	querr**emos**	**habré** querido	**habremos** querido
querr**ás**	querr**éis**	**habrás** querido	**habréis** querido
querr**á**	querr**án**	**habrá** querido	**habrán** querido

condicional simple

		condicional compuesto	
querr**ía**	querr**íamos**	**habría** querido	**habríamos** querido
querr**ías**	querr**íais**	**habrías** querido	**habríais** querido
querr**ía**	querr**ían**	**habría** querido	**habrían** querido

presente de subjuntivo

		perfecto de subjuntivo	
quier**a**	quer**amos**	**haya** querido	**hayamos** querido
quier**as**	quer**áis**	**hayas** querido	**hayáis** querido
quier**a**	quier**an**	**haya** querido	**hayan** querido

imperfecto de subjuntivo

		pluscuamperfecto de subjuntivo	
quis**iera**	quis**iéramos**	**hubiera** querido	**hubiéramos** querido
quis**ieras**	quis**ierais**	**hubieras** querido	**hubierais** querido
quis**iera**	quis**ieran**	**hubiera** querido	**hubieran** querido
OR		OR	
quis**iese**	quis**iésemos**	**hubiese** querido	**hubiésemos** querido
quis**ieses**	quis**ieseis**	**hubieses** querido	**hubieseis** querido
quis**iese**	quis**iesen**	**hubiese** querido	**hubiesen** querido

imperativo

—	queramos
quiere; no quieras	quered; no queráis
quiera	quieran

MUST KNOW VERB

538

to take off clothing

gerundio **quitándose**　　　participio de pasado **quitado**

SINGULAR	PLURAL	SINGULAR	PLURAL

presente de indicativo
me quit**o**	nos quit**amos**
te quit**as**	os quit**áis**
se quit**a**	se quit**an**

perfecto de indicativo
me he quitado	**nos hemos** quitado
te has quitado	**os habéis** quitado
se ha quitado	**se han** quitado

imperfecto de indicativo
me quit**aba**	nos quit**ábamos**
te quit**abas**	os quit**abais**
se quit**aba**	se quit**aban**

pluscuamperfecto de indicativo
me había quitado	**nos habíamos** quitado
te habías quitado	**os habíais** quitado
se había quitado	se habían quitado

Q

pretérito
me quit**é**	nos quit**amos**
te quit**aste**	os quit**asteis**
se quit**ó**	se quit**aron**

pretérito anterior
me hube quitado	**nos hubimos** quitado
te hubiste quitado	**os hubisteis** quitado
se hubo quitado	**se hubieron** quitado

futuro
me quitar**é**	nos quitar**emos**
te quitar**ás**	os quitar**éis**
se quitar**á**	se quitar**án**

futuro perfecto
me habré quitado	**nos habremos** quitado
te habrás quitado	**os habréis** quitado
se habrá quitado	**se habrán** quitado

condicional simple
me quitar**ía**	nos quitar**íamos**
te quitar**ías**	os quitar**íais**
se quitar**ía**	se quitar**ían**

condicional compuesto
me habría quitado	**nos habríamos** quitado
te habrías quitado	**os habríais** quitado
se habría quitado	**se habrían** quitado

presente de subjuntivo
me quit**e**	nos quit**emos**
te quit**es**	os quit**éis**
se quit**e**	se quit**en**

perfecto de subjuntivo
me haya quitado	**nos hayamos** quitado
te hayas quitado	**os hayáis** quitado
se haya quitado	**se hayan** quitado

imperfecto de subjuntivo
me quit**ara**	nos quit**áramos**
te quit**aras**	os quit**arais**
se quit**ara**	se quit**aran**
OR	
me quit**ase**	nos quit**ásemos**
te quit**ases**	os quit**aseis**
se quit**ase**	se quit**asen**

pluscuamperfecto de subjuntivo
me hubiera quitado	**nos hubiéramos** quitado
te hubieras quitado	**os hubierais** quitado
se hubiera quitado	**se hubieran** quitado
OR	
me hubiese quitado	**nos hubiésemos** quitado
te hubieses quitado	**os hubieseis** quitado
se hubiese quitado	**se hubiesen** quitado

imperativo
—	quitémonos
quítate; no te quites	quitaos; no os quitéis
quítese	quítense

539

to scrape off

gerundio rayendo   **participio de pasado** raído

SINGULAR	PLURAL	SINGULAR	PLURAL

presente de indicativo

		perfecto de indicativo	
raigo	raemos	he raído	hemos raído
raes	raéis	has raído	habéis raído
rae	raen	ha raído	han raído

imperfecto de indicativo   **pluscuamperfecto de indicativo**

raía	raíamos	había raído	habíamos raído
raías	raíais	habías raído	habíais raído
raía	raían	había raído	habían raído

pretérito   **pretérito anterior**

raí	raímos	hube raído	hubimos raído
raíste	raísteis	hubiste raído	hubisteis raído
rayó	rayeron	hubo raído	hubieron raído

futuro   **futuro perfecto**

raeré	raeremos	habré raído	habremos raído
raerás	raeréis	habrás raído	habréis raído
raerá	raerán	habrá raído	habrán raído

condicional simple   **condicional compuesto**

raería	raeríamos	habría raído	habríamos raído
raerías	raeríais	habrías raído	habríais raído
raería	raerían	habría raído	habrían raído

presente de subjuntivo   **perfecto de subjuntivo**

raiga	raigamos	haya raído	hayamos raído
raigas	raigáis	hayas raído	hayáis raído
raiga	raigan	haya raído	hayan raído

imperfecto de subjuntivo   **pluscuamperfecto de subjuntivo**

rayera	rayéramos	hubiera raído	hubiéramos raído
rayeras	rayerais	hubieras raído	hubierais raído
rayera	rayeran	hubiera raído	hubieran raído
OR		OR	
rayese	rayésemos	hubiese raído	hubiésemos raído
rayeses	rayeseis	hubieses raído	hubieseis raído
rayese	rayesen	hubiese raído	hubiesen raído

imperativo

—	raigamos
rae; no raigas	raed; no raigáis
raiga	raigan

to scratch

gerundio rascando   **participio de pasado** rascado

SINGULAR	PLURAL	SINGULAR	PLURAL

presente de indicativo

		perfecto de indicativo	
rasco	rascamos	he rascado	hemos rascado
rascas	rascáis	has rascado	habéis rascado
rasca	rascan	ha rascado	han rascado

imperfecto de indicativo

pluscuamperfecto de indicativo

rascaba	rascábamos	había rascado	habíamos rascado
rascabas	rascabais	habías rascado	habíais rascado
rascaba	rascaban	había rascado	habían rascado

R

pretérito

pretérito anterior

rasqué	rascamos	hube rascado	hubimos rascado
rascaste	rascasteis	hubiste rascado	hubisteis rascado
rascó	rascaron	hubo rascado	hubieron rascado

futuro

futuro perfecto

rascaré	rascaremos	habré rascado	habremos rascado
rascarás	rascaréis	habrás rascado	habréis rascado
rascará	rascarán	habrá rascado	habrán rascado

condicional simple

condicional compuesto

rascaría	rascaríamos	habría rascado	habríamos rascado
rascarías	rascaríais	habrías rascado	habríais rascado
rascaría	rascarían	habría rascado	habrían rascado

presente de subjuntivo

perfecto de subjuntivo

rasque	rasquemos	haya rascado	hayamos rascado
rasques	rasquéis	hayas rascado	hayáis rascado
rasque	rasquen	haya rascado	hayan rascado

imperfecto de subjuntivo

pluscuamperfecto de subjuntivo

rascara	rascáramos	hubiera rascado	hubiéramos rascado
rascaras	rascarais	hubieras rascado	hubierais rascado
rascara	rascaran	hubiera rascado	hubieran rascado
OR		OR	
rascase	rascásemos	hubiese rascado	hubiésemos rascado
rascases	rascaseis	hubieses rascado	hubieseis rascado
rascase	rascasen	hubiese rascado	hubiesen rascado

imperativo

—	rasquemos
rasca;	rascad;
no rasques	no rasquéis
rasque	rasquen

gerundio **realizando**   participio de pasado **realizado**

SINGULAR	PLURAL	SINGULAR	PLURAL

presente de indicativo
realiz**o**	realiz**amos**
realiz**as**	realiz**áis**
realiz**a**	realiz**an**

perfecto de indicativo
he realizado	**hemos** realizado
has realizado	**habéis** realizado
ha realizado	**han** realizado

imperfecto de indicativo
realiz**aba**	realiz**ábamos**
realiz**abas**	realiz**abais**
realiz**aba**	realiz**aban**

pluscuamperfecto de indicativo
había realizado	**habíamos** realizado
habías realizado	**habíais** realizado
había realizado	**habían** realizado

pretérito
realic**é**	realiz**amos**
realiz**aste**	realiz**asteis**
realiz**ó**	realiz**aron**

pretérito anterior
hube realizado	**hubimos** realizado
hubiste realizado	**hubisteis** realizado
hubo realizado	**hubieron** realizado

futuro
realizar**é**	realizar**emos**
realizar**ás**	realizar**éis**
realizar**á**	realizar**án**

futuro perfecto
habré realizado	**habremos** realizado
habrás realizado	**habréis** realizado
habrá realizado	**habrán** realizado

condicional simple
realizar**ía**	realizar**íamos**
realizar**ías**	realizar**íais**
realizar**ía**	realizar**ían**

condicional compuesto
habría realizado	**habríamos** realizado
habrías realizado	**habríais** realizado
habría realizado	**habrían** realizado

presente de subjuntivo
realic**e**	realic**emos**
realic**es**	realic**éis**
realic**e**	realic**en**

perfecto de subjuntivo
haya realizado	**hayamos** realizado
hayas realizado	**hayáis** realizado
haya realizado	**hayan** realizado

imperfecto de subjuntivo
realizar**a**	realizár**amos**
realizar**as**	realizar**ais**
realizar**a**	realizar**an**
OR	
realizas**e**	realizás**emos**
realizas**es**	realizas**eis**
realizas**e**	realizas**en**

pluscuamperfecto de subjuntivo
hubiera realizado	**hubiéramos** realizado
hubieras realizado	**hubierais** realizado
hubiera realizado	**hubieran** realizado
OR	
hubiese realizado	**hubiésemos** realizado
hubieses realizado	**hubieseis** realizado
hubiese realizado	**hubiesen** realizado

imperativo
—	realicemos
realiza; no realices	realizad; no realicéis
realice	realicen

to receive · recibir

SINGULAR	PLURAL	SINGULAR	PLURAL

presente de indicativo

recib**o**	recib**imos**
recib**es**	recib**ís**
recib**e**	recib**en**

perfecto de indicativo

he recibido	**hemos** recibido
has recibido	**habéis** recibido
ha recibido	**han** recibido

imperfecto de indicativo

recib**ía**	recib**íamos**
recib**ías**	recib**íais**
recib**ía**	recib**ían**

pluscuamperfecto de indicativo

había recibido	**habíamos** recibido
habías recibido	**habíais** recibido
había recibido	**habían** recibido

R

pretérito

recib**í**	recib**imos**
recib**iste**	recib**isteis**
recib**ió**	recib**ieron**

pretérito anterior

hube recibido	**hubimos** recibido
hubiste recibido	**hubisteis** recibido
hubo recibido	**hubieron** recibido

futuro

recibir**é**	recibir**emos**
recibir**ás**	recibir**éis**
recibir**á**	recibir**án**

futuro perfecto

habré recibido	**habremos** recibido
habrás recibido	**habréis** recibido
habrá recibido	**habrán** recibido

condicional simple

recibir**ía**	recibir**íamos**
recibir**ías**	recibir**íais**
recibir**ía**	recibir**ían**

condicional compuesto

habría recibido	**habríamos** recibido
habrías recibido	**habríais** recibido
habría recibido	**habrían** recibido

presente de subjuntivo

recib**a**	recib**amos**
recib**as**	recib**áis**
recib**a**	recib**an**

perfecto de subjuntivo

haya recibido	**hayamos** recibido
hayas recibido	**hayáis** recibido
haya recibido	**hayan** recibido

imperfecto de subjuntivo

recib**iera**	recib**iéramos**
recib**ieras**	recib**ierais**
recib**iera**	recib**ieran**
OR	
recib**iese**	recib**iésemos**
recib**ieses**	recib**ieseis**
recib**iese**	recib**iesen**

pluscuamperfecto de subjuntivo

hubiera recibido	**hubiéramos** recibido
hubieras recibido	**hubierais** recibido
hubiera recibido	**hubieran** recibido
OR	
hubiese recibido	**hubiésemos** recibido
hubieses recibido	**hubieseis** recibido
hubiese recibido	**hubiesen** recibido

imperativo

—	recib**amos**
recibe;	recibid;
no recibas	no recibáis
reciba	reciban

recoger

to pick up, to gather

SINGULAR	PLURAL	SINGULAR	PLURAL

presente de indicativo
recoj**o**	recog**emos**
recog**es**	recog**éis**
recog**e**	recog**en**

perfecto de indicativo
he recogido	**hemos** recogido
has recogido	**habéis** recogido
ha recogido	**han** recogido

imperfecto de indicativo
recog**ía**	recog**íamos**
recog**ías**	recog**íais**
recog**ía**	recog**ían**

pluscuamperfecto de indicativo
había recogido	**habíamos** recogido
habías recogido	**habíais** recogido
había recogido	**habían** recogido

pretérito
recog**í**	recog**imos**
recog**iste**	recog**isteis**
recog**ió**	recog**ieron**

pretérito anterior
hube recogido	**hubimos** recogido
hubiste recogido	**hubisteis** recogido
hubo recogido	**hubieron** recogido

futuro
recoger**é**	recoger**emos**
recoger**ás**	recoger**éis**
recoger**á**	recoger**án**

futuro perfecto
habré recogido	**habremos** recogido
habrás recogido	**habréis** recogido
habrá recogido	**habrán** recogido

condicional simple
recoger**ía**	recoger**íamos**
recoger**ías**	recoger**íais**
recoger**ía**	recoger**ían**

condicional compuesto
habría recogido	**habríamos** recogido
habrías recogido	**habríais** recogido
habría recogido	**habrían** recogido

presente de subjuntivo
recoj**a**	recoj**amos**
recoj**as**	recoj**áis**
recoj**a**	recoj**an**

perfecto de subjuntivo
haya recogido	**hayamos** recogido
hayas recogido	**hayáis** recogido
haya recogido	**hayan** recogido

imperfecto de subjuntivo
recogi**era**	recogi**éramos**
recogi**eras**	recogi**erais**
recogi**era**	recogi**eran**
OR	
recogi**ese**	recogi**ésemos**
recogi**eses**	recogi**eseis**
recogi**ese**	recogi**esen**

pluscuamperfecto de subjuntivo
hubiera recogido	**hubiéramos** recogido
hubieras recogido	**hubierais** recogido
hubiera recogido	**hubieran** recogido
OR	
hubiese recogido	**hubiésemos** recogido
hubieses recogido	**hubieseis** recogido
hubiese recogido	**hubiesen** recogido

imperativo
—	recojamos
recoge;	recoged;
no recojas	no recojáis
recoja	recojan

to recommend

gerundio **recomendando**   participio de pasado **recomendado**

SINGULAR	PLURAL	SINGULAR	PLURAL

presente de indicativo
recomiend**o**	recomend**amos**	
recomiend**as**	recomend**áis**	
recomiend**a**	recomiend**an**	

perfecto de indicativo
he recomendado	**hemos** recomendado
has recomendado	**habéis** recomendado
ha recomendado	**han** recomendado

imperfecto de indicativo
recomend**aba**	recomend**ábamos**
recomend**abas**	recomend**abais**
recomend**aba**	recomend**aban**

pluscuamperfecto de indicativo
había recomendado	**habíamos** recomendado
habías recomendado	**habíais** recomendado
había recomendado	**habían** recomendado

R

pretérito
recomend**é**	recomend**amos**
recomend**aste**	recomend**asteis**
recomend**ó**	recomend**aron**

pretérito anterior
hube recomendado	**hubimos** recomendado
hubiste recomendado	**hubisteis** recomendado
hubo recomendado	**hubieron** recomendado

futuro
recomendar**é**	recomendar**emos**
recomendar**ás**	recomendar**éis**
recomendar**á**	recomendar**án**

futuro perfecto
habré recomendado	**habremos** recomendado
habrás recomendado	**habréis** recomendado
habrá recomendado	**habrán** recomendado

condicional simple
recomendar**ía**	recomendar**íamos**
recomendar**ías**	recomendar**íais**
recomendar**ía**	recomendar**ían**

condicional compuesto
habría recomendado	**habríamos** recomendado
habrías recomendado	**habríais** recomendado
habría recomendado	**habrían** recomendado

presente de subjuntivo
recomiend**e**	recomend**emos**
recomiend**es**	recomend**éis**
recomiend**e**	recomiend**en**

perfecto de subjuntivo
haya recomendado	**hayamos** recomendado
hayas recomendado	**hayáis** recomendado
haya recomendado	**hayan** recomendado

imperfecto de subjuntivo
recomendar**a**	recomendár**amos**
recomendar**as**	recomendar**ais**
recomendar**a**	recomendar**an**
OR	
recomendas**e**	recomendás**emos**
recomendas**es**	recomendas**eis**
recomendas**e**	recomendas**en**

pluscuamperfecto de subjuntivo
hubiera recomendado	**hubiéramos** recomendado
hubieras recomendado	**hubierais** recomendado
hubiera recomendado	**hubieran** recomendado
OR	
hubiese recomendado	**hubiésemos** recomendado
hubieses recomendado	**hubieseis** recomendado
hubiese recomendado	**hubiesen** recomendado

imperativo
—	recomendemos
recomienda;	recomendad;
no recomiendes	no recomendéis
recomiende	recomienden

gerundio recopilando   **participio de pasado** recopilado

SINGULAR	PLURAL	SINGULAR	PLURAL

presente de indicativo
		perfecto de indicativo	
recopil**o**	recopil**amos**	**he** recopilado	**hemos** recopilado
recopil**as**	recopil**áis**	**has** recopilado	**habéis** recopilado
recopil**a**	recopil**an**	**ha** recopilado	**han** recopilado

imperfecto de indicativo
		pluscuamperfecto de indicativo	
recopil**aba**	recopil**ábamos**	**había** recopilado	**habíamos** recopilado
recopil**abas**	recopil**abais**	**habías** recopilado	**habíais** recopilado
recopil**aba**	recopil**aban**	**había** recopilado	**habían** recopilado

pretérito
		pretérito anterior	
recopil**é**	recopil**amos**	**hube** recopilado	**hubimos** recopilado
recopil**aste**	recopil**asteis**	**hubiste** recopilado	**hubisteis** recopilado
recopil**ó**	recopil**aron**	**hubo** recopilado	**hubieron** recopilado

futuro
		futuro perfecto	
recopilar**é**	recopilar**emos**	**habré** recopilado	**habremos** recopilado
recopilar**ás**	recopilar**éis**	**habrás** recopilado	**habréis** recopilado
recopilar**á**	recopilar**án**	**habrá** recopilado	**habrán** recopilado

condicional simple
		condicional compuesto	
recopilar**ía**	recopilar**íamos**	**habría** recopilado	**habríamos** recopilado
recopilar**ías**	recopilar**íais**	**habrías** recopilado	**habríais** recopilado
recopilar**ía**	recopilar**ían**	**habría** recopilado	**habrían** recopilado

presente de subjuntivo
		perfecto de subjuntivo	
recopil**e**	recopil**emos**	**haya** recopilado	**hayamos** recopilado
recopil**es**	recopil**éis**	**hayas** recopilado	**hayáis** recopilado
recopil**e**	recopil**en**	**haya** recopilado	**hayan** recopilado

imperfecto de subjuntivo
		pluscuamperfecto de subjuntivo	
recopil**ara**	recopil**áramos**	**hubiera** recopilado	**hubiéramos** recopilado
recopil**aras**	recopil**arais**	**hubieras** recopilado	**hubierais** recopilado
recopil**ara**	recopil**aran**	**hubiera** recopilado	**hubieran** recopilado
OR		OR	
recopil**ase**	recopil**ásemos**	**hubiese** recopilado	**hubiésemos** recopilado
recopil**ases**	recopil**aseis**	**hubieses** recopilado	**hubieseis** recopilado
recopil**ase**	recopil**asen**	**hubiese** recopilado	**hubiesen** recopilado

imperativo
—	recopilemos
recopila;	recopilad;
no recopiles	no recopiléis
recopile	recopilen

to remember, to remind · recordar

SINGULAR	PLURAL	SINGULAR	PLURAL

presente de indicativo

recuerd**o**	record**amos**
recuerd**as**	record**áis**
recuerd**a**	recuerd**an**

perfecto de indicativo

he recordado	**hemos** recordado
has recordado	**habéis** recordado
ha recordado	**han** recordado

imperfecto de indicativo

record**aba**	record**ábamos**
record**abas**	record**abais**
record**aba**	record**aban**

pluscuamperfecto de indicativo

había recordado	**habíamos** recordado
habías recordado	**habíais** recordado
había recordado	**habían** recordado

R

pretérito

record**é**	record**amos**
record**aste**	record**asteis**
record**ó**	record**aron**

pretérito anterior

hube recordado	**hubimos** recordado
hubiste recordado	**hubisteis** recordado
hubo recordado	**hubieron** recordado

futuro

recordar**é**	recordar**emos**
recordar**ás**	recordar**éis**
recordar**á**	recordar**án**

futuro perfecto

habré recordado	**habremos** recordado
habrás recordado	**habréis** recordado
habrá recordado	**habrán** recordado

condicional simple

recordar**ía**	recordar**íamos**
recordar**ías**	recordar**íais**
recordar**ía**	recordar**ían**

condicional compuesto

habría recordado	**habríamos** recordado
habrías recordado	**habríais** recordado
habría recordado	**habrían** recordado

presente de subjuntivo

recuerd**e**	record**emos**
recuerd**es**	record**éis**
recuerd**e**	recuerd**en**

perfecto de subjuntivo

haya recordado	**hayamos** recordado
hayas recordado	**hayáis** recordado
haya recordado	**hayan** recordado

imperfecto de subjuntivo

record**ara**	record**áramos**
record**aras**	record**arais**
record**ara**	record**aran**
OR	
record**ase**	record**ásemos**
record**ases**	record**aseis**
record**ase**	record**asen**

pluscuamperfecto de subjuntivo

hubiera recordado	**hubiéramos** recordado
hubieras recordado	**hubierais** recordado
hubiera recordado	**hubieran** recordado
OR	
hubiese recordado	**hubiésemos** recordado
hubieses recordado	**hubieseis** recordado
hubiese recordado	**hubiesen** recordado

imperativo

—	recordemos
recuerda;	recordad;
no recuerdes	no recordéis
recuerde	recuerden

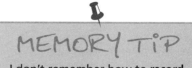

MEMORY TIP

I don't remember how to **record** the show.

SINGULAR	PLURAL	SINGULAR	PLURAL

presente de indicativo

reduz**co**	reduc**imos**
reduc**es**	reduc**ís**
reduc**e**	reduc**en**

perfecto de indicativo

he reducido	**hemos** reducido
has reducido	**habéis** reducido
ha reducido	**han** reducido

imperfecto de indicativo

reduc**ía**	reduc**íamos**
reduc**ías**	reduc**íais**
reduc**ía**	reduc**ían**

pluscuamperfecto de indicativo

había reducido	**habíamos** reducido
habías reducido	**habíais** reducido
había reducido	**habían** reducido

pretérito

reduj**e**	reduj**imos**
reduj**iste**	reduj**isteis**
reduj**o**	reduj**eron**

pretérito anterior

hube reducido	**hubimos** reducido
hubiste reducido	**hubisteis** reducido
hubo reducido	**hubieron** reducido

futuro

reducir**é**	reducir**emos**
reducir**ás**	reducir**éis**
reducir**á**	reducir**án**

futuro perfecto

habré reducido	**habremos** reducido
habrás reducido	**habréis** reducido
habrá reducido	**habrán** reducido

condicional simple

reducir**ía**	reducir**íamos**
reducir**ías**	reducir**íais**
reducir**ía**	reducir**ían**

condicional compuesto

habría reducido	**habríamos** reducido
habrías reducido	**habríais** reducido
habría reducido	**habrían** reducido

presente de subjuntivo

reduz**ca**	reduz**camos**
reduz**cas**	reduz**cáis**
reduz**ca**	reduz**can**

perfecto de subjuntivo

haya reducido	**hayamos** reducido
hayas reducido	**hayáis** reducido
haya reducido	**hayan** reducido

imperfecto de subjuntivo

reduj**era**	reduj**éramos**
reduj**eras**	reduj**erais**
reduj**era**	reduj**eran**
OR	
reduj**ese**	reduj**ésemos**
reduj**eses**	reduj**eseis**
reduj**ese**	reduj**esen**

pluscuamperfecto de subjuntivo

hubiera reducido	**hubiéramos** reducido
hubieras reducido	**hubierais** reducido
hubiera reducido	**hubieran** reducido
OR	
hubiese reducido	**hubiésemos** reducido
hubieses reducido	**hubieseis** reducido
hubiese reducido	**hubiesen** reducido

imperativo

—	reduzcamos
reduce;	reducid;
no reduzcas	no reduzcáis
reduzca	reduzcan

to refer

gerundio **refiriendo**   participio de pasado **referido**

SINGULAR	PLURAL	SINGULAR	PLURAL

presente de indicativo

refiero	referimos
refieres	referís
refiere	refieren

imperfecto de indicativo

refería	referíamos
referías	referíais
refería	referían

pretérito

referí	referimos
referiste	referisteis
refirió	refirieron

futuro

referiré	referiremos
referirás	referiréis
referirá	referirán

condicional simple

referiría	referiríamos
referirías	referiríais
referiría	referirían

presente de subjuntivo

refiera	refiramos
refieras	refiráis
refiera	refieran

imperfecto de subjuntivo

refiriera	refiriéramos
refirieras	refirierais
refiriera	refirieran
OR	
refiriese	refiriésemos
refirieses	refirieseis
refiriese	refiriesen

imperativo

—	refiramos
refiere;	referid;
no refieras	no refiráis
refiera	refieran

perfecto de indicativo

he referido	hemos referido
has referido	habéis referido
ha referido	han referido

pluscuamperfecto de indicativo

había referido	habíamos referido
habías referido	habíais referido
había referido	habían referido

R

pretérito anterior

hube referido	hubimos referido
hubiste referido	hubisteis referido
hubo referido	hubieron referido

futuro perfecto

habré referido	habremos referido
habrás referido	habréis referido
habrá referido	habrán referido

condicional compuesto

habría referido	habríamos referido
habrías referido	habríais referido
habría referido	habrían referido

perfecto de subjuntivo

haya referido	hayamos referido
hayas referido	hayáis referido
haya referido	hayan referido

pluscuamperfecto de subjuntivo

hubiera referido	hubiéramos referido
hubieras referido	hubierais referido
hubiera referido	hubieran referido
OR	
hubiese referido	hubiésemos referido
hubieses referido	hubieseis referido
hubiese referido	hubiesen referido

regañar
to scold, to tell off
gerundio **regañando**   participio de pasado **regañado**

SINGULAR	PLURAL	SINGULAR	PLURAL

presente de indicativo
regañ**o** — regañ**amos**
regañ**as** — regañ**áis**
regañ**a** — regañ**an**

perfecto de indicativo
he regañado — **hemos** regañado
has regañado — **habéis** regañado
ha regañado — **han** regañado

imperfecto de indicativo
regañ**aba** — regañ**ábamos**
regañ**abas** — regañ**abais**
regañ**aba** — regañ**aban**

pluscuamperfecto de indicativo
había regañado — **habíamos** regañado
habías regañado — **habíais** regañado
había regañado — **habían** regañado

pretérito
regañ**é** — regañ**amos**
regañ**aste** — regañ**asteis**
regañ**ó** — regañ**aron**

pretérito anterior
hube regañado — **hubimos** regañado
hubiste regañado — **hubisteis** regañado
hubo regañado — **hubieron** regañado

futuro
regañar**é** — regañar**emos**
regañar**ás** — regañar**éis**
regañar**á** — regañar**án**

futuro perfecto
habré regañado — **habremos** regañado
habrás regañado — **habréis** regañado
habrá regañado — **habrán** regañado

condicional simple
regañar**ía** — regañar**íamos**
regañar**ías** — regañar**íais**
regañar**ía** — regañar**ían**

condicional compuesto
habría regañado — **habríamos** regañado
habrías regañado — **habríais** regañado
habría regañado — **habrían** regañado

presente de subjuntivo
regañ**e** — regañ**emos**
regañ**es** — regañ**éis**
regañ**e** — regañ**en**

perfecto de subjuntivo
haya regañado — **hayamos** regañado
hayas regañado — **hayáis** regañado
haya regañado — **hayan** regañado

imperfecto de subjuntivo
regañ**ara** — regañ**áramos**
regañ**aras** — regañ**arais**
regañ**ara** — regañ**aran**
OR
regañ**ase** — regañ**ásemos**
regañ**ases** — regañ**aseis**
regañ**ase** — regañ**asen**

pluscuamperfecto de subjuntivo
hubiera regañado — **hubiéramos** regañado
hubieras regañado — **hubierais** regañado
hubiera regañado — **hubieran** regañado
OR
hubiese regañado — **hubiésemos** regañado
hubieses regañado — **hubieseis** regañado
hubiese regañado — **hubiesen** regañado

imperativo
— — regañemos
regaña; — regañad;
no regañes — no regañéis
regañe — regañen

550

to water, to sprinkle

SINGULAR	PLURAL	SINGULAR	PLURAL

presente de indicativo

rieg**o**	reg**amos**		
rieg**as**	reg**áis**		
rieg**a**	rieg**an**		

perfecto de indicativo

he regado	**hemos** regado		
has regado	**habéis** regado		
ha regado	**han** regado		

imperfecto de indicativo

reg**aba**	reg**ábamos**
reg**abas**	reg**abais**
reg**aba**	reg**aban**

pluscuamperfecto de indicativo

había regado	**habíamos** regado
habías regado	**habíais** regado
había regado	**habían** regado

R

pretérito

regu**é**	reg**amos**
reg**aste**	reg**asteis**
reg**ó**	reg**aron**

pretérito anterior

hube regado	**hubimos** regado
hubiste regado	**hubisteis** regado
hubo regado	**hubieron** regado

futuro

regar**é**	regar**emos**
regar**ás**	regar**éis**
regar**á**	regar**án**

futuro perfecto

habré regado	**habremos** regado
habrás regado	**habréis** regado
habrá regado	**habrán** regado

condicional simple

regar**ía**	regar**íamos**
regar**ías**	regar**íais**
regar**ía**	regar**ían**

condicional compuesto

habría regado	**habríamos** regado
habrías regado	**habríais** regado
habría regado	**habrían** regado

presente de subjuntivo

rieg**ue**	regu**emos**
rieg**ues**	regu**éis**
rieg**ue**	rieg**uen**

perfecto de subjuntivo

haya regado	**hayamos** regado
hayas regado	**hayáis** regado
haya regado	**hayan** regado

imperfecto de subjuntivo

reg**ara**	reg**áramos**
reg**aras**	reg**arais**
reg**ara**	reg**aran**
OR	
reg**ase**	reg**ásemos**
reg**ases**	reg**aseis**
reg**ase**	reg**asen**

pluscuamperfecto de subjuntivo

hubiera regado	**hubiéramos** regado
hubieras regado	**hubierais** regado
hubiera regado	**hubieran** regado
OR	
hubiese regado	**hubiésemos** regado
hubieses regado	**hubieseis** regado
hubiese regado	**hubiesen** regado

imperativo

—	regu**emos**
rieg**a**; no rieg**ues**	reg**ad**; no regu**éis**
rieg**ue**	rieg**uen**

regatear

to bargain, to haggle

gerundio **regateando**

participio de pasado **regateado**

SINGULAR	PLURAL	SINGULAR	PLURAL

presente de indicativo

regate**o**	regate**amos**
regate**as**	regate**áis**
regate**a**	regate**an**

imperfecto de indicativo

regate**aba**	regate**ábamos**
regate**abas**	regate**abais**
regate**aba**	regate**aban**

pretérito

regate**é**	regate**amos**
regate**aste**	regate**asteis**
regate**ó**	regate**aron**

futuro

regatear**é**	regatear**emos**
regatear**ás**	regatear**éis**
regatear**á**	regatear**án**

condicional simple

regatear**ía**	regatear**íamos**
regatear**ías**	regatear**íais**
regatear**ía**	regatear**ían**

presente de subjuntivo

regate**e**	regate**emos**
regate**es**	regate**éis**
regate**e**	regate**en**

imperfecto de subjuntivo

regate**ara**	regate**áramos**
regate**aras**	regate**arais**
regate**ara**	regate**aran**
OR	
regate**ase**	regate**ásemos**
regate**ases**	regate**aseis**
regate**ase**	regate**asen**

imperativo

—	regate**emos**
regate**a**;	regate**ad**;
no regate**es**	no regate**éis**
regate**e**	regate**en**

perfecto de indicativo

he regateado	**hemos** regateado
has regateado	**habéis** regateado
ha regateado	**han** regateado

pluscuamperfecto de indicativo

había regateado	**habíamos** regateado
habías regateado	**habíais** regateado
había regateado	**habían** regateado

pretérito anterior

hube regateado	**hubimos** regateado
hubiste regateado	**hubisteis** regateado
hubo regateado	**hubieron** regateado

futuro perfecto

habré regateado	**habremos** regateado
habrás regateado	**habréis** regateado
habrá regateado	**habrán** regateado

condicional compuesto

habría regateado	**habríamos** regateado
habrías regateado	**habríais** regateado
habría regateado	**habrían** regateado

perfecto de subjuntivo

haya regateado	**hayamos** regateado
hayas regateado	**hayáis** regateado
haya regateado	**hayan** regateado

pluscuamperfecto de subjuntivo

hubiera regateado	**hubiéramos** regateado
hubieras regateado	**hubierais** regateado
hubiera regateado	**hubieran** regateado
OR	
hubiese regateado	**hubiésemos** regateado
hubieses regateado	**hubieseis** regateado
hubiese regateado	**hubiesen** regateado

gerundio **regresando**   participio de pasado **regresado**

SINGULAR	PLURAL	SINGULAR	PLURAL

presente de indicativo

regreso	regresamos
regresas	regresáis
regresa	regresan

perfecto de indicativo

he regresado	hemos regresado
has regresado	habéis regresado
ha regresado	han regresado

imperfecto de indicativo

regresaba	regresábamos
regresabas	regresabais
regresaba	regresaban

pluscuamperfecto de indicativo

había regresado	habíamos regresado
habías regresado	habíais regresado
había regresado	habían regresado

pretérito

regresé	regresamos
regresaste	regresasteis
regresó	regresaron

pretérito anterior

hube regresado	hubimos regresado
hubiste regresado	hubisteis regresado
hubo regresado	hubieron regresado

futuro

regresaré	regresaremos
regresarás	regresaréis
regresará	regresarán

futuro perfecto

habré regresado	habremos regresado
habrás regresado	habréis regresado
habrá regresado	habrán regresado

condicional simple

regresaría	regresaríamos
regresarías	regresaríais
regresaría	regresarían

condicional compuesto

habría regresado	habríamos regresado
habrías regresado	habríais regresado
habría regresado	habrían regresado

presente de subjuntivo

regrese	regresemos
regreses	regreséis
regrese	regresen

perfecto de subjuntivo

haya regresado	hayamos regresado
hayas regresado	hayáis regresado
haya regresado	hayan regresado

imperfecto de subjuntivo

regresara	regresáramos
regresaras	regresarais
regresara	regresaran
OR	
regresase	regresásemos
regresases	regresaseis
regresase	regresasen

pluscuamperfecto de subjuntivo

hubiera regresado	hubiéramos regresado
hubieras regresado	hubierais regresado
hubiera regresado	hubieran regresado
OR	
hubiese regresado	hubiésemos regresado
hubieses regresado	hubieseis regresado
hubiese regresado	hubiesen regresado

imperativo

—	regresemos
regresa;	regresad;
no regreses	no regreséis
regrese	regresen

gerundio riendo   **participio de pasado** reído

SINGULAR	PLURAL	SINGULAR	PLURAL
presente de indicativo		**perfecto de indicativo**	
río	reímos	**he** reído	**hemos** reído
ríes	reís	**has** reído	**habéis** reído
ríe	ríen	**ha** reído	**han** reído
imperfecto de indicativo		**pluscuamperfecto de indicativo**	
reía	reíamos	**había** reído	**habíamos** reído
reías	reíais	**habías** reído	**habíais** reído
reía	reían	**había** reído	**habían** reído
pretérito		**pretérito anterior**	
reí	reímos	**hube** reído	**hubimos** reído
reíste	reísteis	**hubiste** reído	**hubisteis** reído
rió	rieron	**hubo** reído	**hubieron** reído
futuro		**futuro perfecto**	
reiré	reiremos	**habré** reído	**habremos** reído
reirás	reiréis	**habrás** reído	**habréis** reído
reirá	reirán	**habrá** reído	**habrán** reído
condicional simple		**condicional compuesto**	
reiría	reiríamos	**habría** reído	**habríamos** reído
reirías	reiríais	**habrías** reído	**habríais** reído
reiría	reirían	**habría** reído	**habrían** reído
presente de subjuntivo		**perfecto de subjuntivo**	
ría	riamos	**haya** reído	**hayamos** reído
rías	riáis	**hayas** reído	**hayáis** reído
ría	rían	**haya** reído	**hayan** reído
imperfecto de subjuntivo		**pluscuamperfecto de subjuntivo**	
riera	riéramos	**hubiera** reído	**hubiéramos** reído
rieras	rierais	**hubieras** reído	**hubierais** reído
riera	rieran	**hubiera** reído	**hubieran** reído
OR		OR	
riese	riésemos	**hubiese** reído	**hubiésemos** reído
rieses	rieseis	**hubieses** reído	**hubieseis** reído
riese	riesen	**hubiese** reído	**hubiesen** reído

imperativo

—	riamos
ríe;	reíd;
no rías	no riáis
ría	rían

gerundio **riñendo**   participio de pasado **reñido**

SINGULAR	PLURAL	SINGULAR	PLURAL
presente de indicativo		**perfecto de indicativo**	
riño	reñimos	he reñido	hemos reñido
riñes	reñís	has reñido	habéis reñido
riñe	riñen	ha reñido	han reñido
imperfecto de indicativo		**pluscuamperfecto de indicativo**	
reñía	reñíamos	había reñido	habíamos reñido
reñías	reñíais	habías reñido	habíais reñido
reñía	reñían	había reñido	habían reñido
pretérito		**pretérito anterior**	
reñí	reñimos	hube reñido	hubimos reñido
reñiste	reñisteis	hubiste reñido	hubisteis reñido
riñó	riñeron	hubo reñido	hubieron reñido
futuro		**futuro perfecto**	
reñiré	reñiremos	habré reñido	habremos reñido
reñirás	reñiréis	habrás reñido	habréis reñido
reñirá	reñirán	habrá reñido	habrán reñido
condicional simple		**condicional compuesto**	
reñiría	reñiríamos	habría reñido	habríamos reñido
reñirías	reñiríais	habrías reñido	habríais reñido
reñiría	reñirían	habría reñido	habrían reñido
presente de subjuntivo		**perfecto de subjuntivo**	
riña	riñamos	haya reñido	hayamos reñido
riñas	riñáis	hayas reñido	hayáis reñido
riña	riñan	haya reñido	hayan reñido
imperfecto de subjuntivo		**pluscuamperfecto de subjuntivo**	
riñera	riñéramos	hubiera reñido	hubiéramos reñido
riñeras	riñerais	hubieras reñido	hubierais reñido
riñera	riñeran	hubiera reñido	hubieran reñido
OR		OR	
riñese	riñésemos	hubiese reñido	hubiésemos reñido
riñeses	riñeseis	hubieses reñido	hubieseis reñido
riñese	riñesen	hubiese reñido	hubiesen reñido

R

imperativo

—	riñamos
riñe;	reñid;
no riñas	no riñáis
riña	riñan

gerundio reparando   **participio de pasado** reparado

SINGULAR	PLURAL	SINGULAR	PLURAL

presente de indicativo

reparo	reparamos		
reparas	reparáis		
repara	reparan		

perfecto de indicativo

he reparado	hemos reparado
has reparado	habéis reparado
ha reparado	han reparado

imperfecto de indicativo

reparaba	reparábamos
reparabas	reparabais
reparaba	reparaban

pluscuamperfecto de indicativo

había reparado	habíamos reparado
habías reparado	habíais reparado
había reparado	habían reparado

pretérito

reparé	reparamos
reparaste	reparasteis
reparó	repararon

pretérito anterior

hube reparado	hubimos reparado
hubiste reparado	hubisteis reparado
hubo reparado	hubieron reparado

futuro

repararé	repararemos
repararás	repararéis
reparará	repararán

futuro perfecto

habré reparado	habremos reparado
habrás reparado	habréis reparado
habrá reparado	habrán reparado

condicional simple

repararía	repararíamos
repararías	repararíais
repararía	repararían

condicional compuesto

habría reparado	habríamos reparado
habrías reparado	habríais reparado
habría reparado	habrían reparado

presente de subjuntivo

repare	reparemos
repares	reparéis
repare	reparen

perfecto de subjuntivo

haya reparado	hayamos reparado
hayas reparado	hayáis reparado
haya reparado	hayan reparado

imperfecto de subjuntivo

reparara	reparáramos
repararas	repararais
reparara	repararan
OR	
reparase	reparásemos
reparases	reparaseis
reparase	reparasen

pluscuamperfecto de subjuntivo

hubiera reparado	hubiéramos reparado
hubieras reparado	hubierais reparado
hubiera reparado	hubieran reparado
OR	
hubiese reparado	hubiésemos reparado
hubieses reparado	hubieseis reparado
hubiese reparado	hubiesen reparado

imperativo

—	reparemos
repara;	reparad;
no repares	no reparéis
repare	reparen

to cool, to chill, to grow cold　resfriar

SINGULAR	PLURAL	SINGULAR	PLURAL

presente de indicativo

		perfecto de indicativo	
resfrío	resfriamos	he resfriado	hemos resfriado
resfrías	resfriáis	has resfriado	habéis resfriado
resfría	resfrían	ha resfriado	han resfriado

imperfecto de indicativo

		pluscuamperfecto de indicativo	
resfriaba	resfriábamos	había resfriado	habíamos resfriado
resfriabas	resfriabais	habías resfriado	habíais resfriado
resfriaba	resfriaban	había resfriado	habían resfriado

R

pretérito

		pretérito anterior	
resfrié	resfriamos	hube resfriado	hubimos resfriado
resfriaste	resfriasteis	hubiste resfriado	hubisteis resfriado
resfrió	resfriaron	hubo resfriado	hubieron resfriado

futuro

		futuro perfecto	
resfriaré	resfriaremos	habré resfriado	habremos resfriado
resfriarás	resfriaréis	habrás resfriado	habréis resfriado
resfriará	resfriarán	habrá resfriado	habrán resfriado

condicional simple

		condicional compuesto	
resfriaría	resfriaríamos	habría resfriado	habríamos resfriado
resfriarías	resfriaríais	habrías resfriado	habríais resfriado
resfriaría	resfriarían	habría resfriado	habrían resfriado

presente de subjuntivo

		perfecto de subjuntivo	
resfríe	resfriemos	haya resfriado	hayamos resfriado
resfríes	resfriéis	hayas resfriado	hayáis resfriado
resfríe	resfríen	haya resfriado	hayan resfriado

imperfecto de subjuntivo

		pluscuamperfecto de subjuntivo	
resfriara	resfriáramos	hubiera resfriado	hubiéramos resfriado
resfriaras	resfriarais	hubieras resfriado	hubierais resfriado
resfriara	resfriaran	hubiera resfriado	hubieran resfriado
OR		OR	
resfriase	resfriásemos	hubiese resfriado	hubiésemos resfriado
resfriases	resfriaseis	hubieses resfriado	hubieseis resfriado
resfriase	resfriasen	hubiese resfriado	hubiesen resfriado

imperativo

—	resfriemos
resfría;	resfriad;
no resfríes	no resfriéis
resfríe	resfríen

gerundio resolviendo   **participio de pasado** resuelto

SINGULAR	PLURAL	SINGULAR	PLURAL

presente de indicativo

resuelvo	resolvemos	
resuelves	resolvéis	
resuelve	resuelven	

perfecto de indicativo

he resuelto	hemos resuelto
has resuelto	habéis resuelto
ha resuelto	han resuelto

imperfecto de indicativo

resolvía	resolvíamos
resolvías	resolvíais
resolvía	resolvían

pluscuamperfecto de indicativo

había resuelto	habíamos resuelto
habías resuelto	habíais resuelto
había resuelto	habían resuelto

pretérito

resolví	resolvimos
resolviste	resolvisteis
resolvió	resolvieron

pretérito anterior

hube resuelto	hubimos resuelto
hubiste resuelto	hubisteis resuelto
hubo resuelto	hubieron resuelto

futuro

resolveré	resolveremos
resolverás	resolveréis
resolverá	resolverán

futuro perfecto

habré resuelto	habremos resuelto
habrás resuelto	habréis resuelto
habrá resuelto	habrán resuelto

condicional simple

resolvería	resolveríamos
resolverías	resolveríais
resolvería	resolverían

condicional compuesto

habría resuelto	habríamos resuelto
habrías resuelto	habríais resuelto
habría resuelto	habrían resuelto

presente de subjuntivo

resuelva	resolvamos
resuelvas	resolváis
resuelva	resuelvan

perfecto de subjuntivo

haya resuelto	hayamos resuelto
hayas resuelto	hayáis resuelto
haya resuelto	hayan resuelto

imperfecto de subjuntivo

resolviera	resolviéramos
resolvieras	resolvierais
resolviera	resolvieran
OR	
resolviese	resolviésemos
resolvieses	resolvieseis
resolviese	resolviesen

pluscuamperfecto de subjuntivo

hubiera resuelto	hubiéramos resuelto
hubieras resuelto	hubierais resuelto
hubiera resuelto	hubieran resuelto
OR	
hubiese resuelto	hubiésemos resuelto
hubieses resuelto	hubieseis resuelto
hubiese resuelto	hubiesen resuelto

imperativo

—	resolvamos
resuelve;	resolved;
no resuelvas	no resolváis
resuelva	resuelvan

to respect

SINGULAR	PLURAL	SINGULAR	PLURAL

presente de indicativo

		perfecto de indicativo	
respeto	respetamos	**he** respetado	**hemos** respetado
respetas	respetáis	**has** respetado	**habéis** respetado
respeta	respetan	**ha** respetado	**han** respetado

imperfecto de indicativo / pluscuamperfecto de indicativo

respetaba	respetábamos	**había** respetado	**habíamos** respetado
respetabas	respetabais	**habías** respetado	**habíais** respetado
respetaba	respetaban	**había** respetado	**habían** respetado

R

pretérito / pretérito anterior

respeté	respetamos	**hube** respetado	**hubimos** respetado
respetaste	respetasteis	**hubiste** respetado	**hubisteis** respetado
respetó	respetaron	**hubo** respetado	**hubieron** respetado

futuro / futuro perfecto

respetaré	respetaremos	**habré** respetado	**habremos** respetado
respetarás	respetaréis	**habrás** respetado	**habréis** respetado
respetará	respetarán	**habrá** respetado	**habrán** respetado

condicional simple / condicional compuesto

respetaría	respetaríamos	**habría** respetado	**habríamos** respetado
respetarías	respetaríais	**habrías** respetado	**habríais** respetado
respetaría	respetarían	**habría** respetado	**habrían** respetado

presente de subjuntivo / perfecto de subjuntivo

respete	respetemos	**haya** respetado	**hayamos** respetado
respetes	respetéis	**hayas** respetado	**hayáis** respetado
respete	respeten	**haya** respetado	**hayan** respetado

imperfecto de subjuntivo / pluscuamperfecto de subjuntivo

respetara	respetáramos	**hubiera** respetado	**hubiéramos** respetado
respetaras	respetarais	**hubieras** respetado	**hubierais** respetado
respetara	respetaran	**hubiera** respetado	**hubieran** respetado
OR		OR	
respetase	respetásemos	**hubiese** respetado	**hubiésemos** respetado
respetases	respetaseis	**hubieses** respetado	**hubieseis** respetado
respetase	respetasen	**hubiese** respetado	**hubiesen** respetado

imperativo

—	respetemos
respeta;	respetad;
no respetes	no respetéis
respete	respeten

responder

to answer, to respond

SINGULAR	PLURAL	SINGULAR	PLURAL
presente de indicativo		**perfecto de indicativo**	
respond**o**	respond**emos**	**he** respondido	**hemos** respondido
respond**es**	respond**éis**	**has** respondido	**habéis** respondido
respond**e**	respond**en**	**ha** respondido	**han** respondido
imperfecto de indicativo		**pluscuamperfecto de indicativo**	
respond**ía**	respond**íamos**	**había** respondido	**habíamos** respondido
respond**ías**	respond**íais**	**habías** respondido	**habíais** respondido
respond**ía**	respond**ían**	**había** respondido	**habían** respondido
pretérito		**pretérito anterior**	
respond**í**	respond**imos**	**hube** respondido	**hubimos** respondido
respond**iste**	respond**isteis**	**hubiste** respondido	**hubisteis** respondido
respond**ió**	respond**ieron**	**hubo** respondido	**hubieron** respondido
futuro		**futuro perfecto**	
responder**é**	responder**emos**	**habré** respondido	**habremos** respondido
responder**ás**	responder**éis**	**habrás** respondido	**habréis** respondido
responder**á**	responder**án**	**habrá** respondido	**habrán** respondido
condicional simple		**condicional compuesto**	
responder**ía**	responder**íamos**	**habría** respondido	**habríamos** respondido
responder**ías**	responder**íais**	**habrías** respondido	**habríais** respondido
responder**ía**	responder**ían**	**habría** respondido	**habrían** respondido
presente de subjuntivo		**perfecto de subjuntivo**	
respond**a**	respond**amos**	**haya** respondido	**hayamos** respondido
respond**as**	respond**áis**	**hayas** respondido	**hayáis** respondido
respond**a**	respond**an**	**haya** respondido	**hayan** respondido
imperfecto de subjuntivo		**pluscuamperfecto de subjuntivo**	
respond**iera**	respond**iéramos**	**hubiera** respondido	**hubiéramos** respondido
respond**ieras**	respond**ierais**	**hubieras** respondido	**hubierais** respondido
respond**iera**	respond**ieran**	**hubiera** respondido	**hubieran** respondido
OR		OR	
respond**iese**	respond**iésemos**	**hubiese** respondido	**hubiésemos** respondido
respond**ieses**	respond**ieseis**	**hubieses** respondido	**hubieseis** respondido
respond**iese**	respond**iesen**	**hubiese** respondido	**hubiesen** respondido
imperativo			
—	respond**amos**		
responde;	responded;		
no respondas	no respondáis		
responda	respondan		

to restore, to give back — restituir

R

SINGULAR	PLURAL	SINGULAR	PLURAL

presente de indicativo
restituy**o**	restitu**imos**
restituy**es**	restitu**ís**
restituy**e**	restituy**en**

perfecto de indicativo
he restituido	**hemos** restituido
has restituido	**habéis** restituido
ha restituido	**han** restituido

imperfecto de indicativo
restitu**ía**	restitu**íamos**
restitu**ías**	restitu**íais**
restitu**ía**	restitu**ían**

pluscuamperfecto de indicativo
había restituido	**habíamos** restituido
habías restituido	**habíais** restituido
había restituido	**habían** restituido

pretérito
restitu**í**	restitu**imos**
restitu**iste**	restitu**ísteis**
restituy**ó**	restituy**eron**

pretérito anterior
hube restituido	**hubimos** restituido
hubiste restituido	**hubisteis** restituido
hubo restituido	**hubieron** restituido

futuro
restituir**é**	restituir**emos**
restituir**ás**	restituir**éis**
restituir**á**	restituir**án**

futuro perfecto
habré restituido	**habremos** restituido
habrás restituido	**habréis** restituido
habrá restituido	**habrán** restituido

condicional simple
restituir**ía**	restituir**íamos**
restituir**ías**	restituir**íais**
restituir**ía**	restituir**ían**

condicional compuesto
habría restituido	**habríamos** restituido
habrías restituido	**habríais** restituido
habría restituido	**habrían** restituido

presente de subjuntivo
restituy**a**	restituy**amos**
restituy**as**	restituy**áis**
restituy**a**	restituy**an**

perfecto de subjuntivo
haya restituido	**hayamos** restituido
hayas restituido	**hayáis** restituido
haya restituido	**hayan** restituido

imperfecto de subjuntivo
restituy**era**	restituy**éramos**
restituy**eras**	restituy**erais**
restituy**era**	restituy**eran**
OR	
restituy**ese**	restituy**ésemos**
restituy**eses**	restituy**eseis**
restituy**ese**	restituy**esen**

pluscuamperfecto de subjuntivo
hubiera restituido	**hubiéramos** restituido
hubieras restituido	**hubierais** restituido
hubiera restituido	**hubieran** restituido
OR	
hubiese restituido	**hubiésemos** restituido
hubieses restituido	**hubieseis** restituido
hubiese restituido	**hubiesen** restituido

imperativo
—	restituyamos
restituye;	restituid;
no restituyas	no restituyáis
restituya	restituyan

gerundio **resumiendo**   participio de pasado **resumido**

SINGULAR	PLURAL	SINGULAR	PLURAL

presente de indicativo

resumo	resumimos
resumes	resumís
resume	resumen

perfecto de indicativo

he resumido	hemos resumido
has resumido	habéis resumido
ha resumido	han resumido

imperfecto de indicativo

resumía	resumíamos
resumías	resumíais
resumía	resumían

pluscuamperfecto de indicativo

había resumido	habíamos resumido
habías resumido	habíais resumido
había resumido	habían resumido

pretérito

resumí	resumimos
resumiste	resumisteis
resumió	resumieron

pretérito anterior

hube resumido	hubimos resumido
hubiste resumido	hubisteis resumido
hubo resumido	hubieron resumido

futuro

resumiré	resumiremos
resumirás	resumiréis
resumirá	resumirán

futuro perfecto

habré resumido	habremos resumido
habrás resumido	habréis resumido
habrá resumido	habrán resumido

condicional simple

resumiría	resumiríamos
resumirías	resumiríais
resumiría	resumirían

condicional compuesto

habría resumido	habríamos resumido
habrías resumido	habríais resumido
habría resumido	habrían resumido

presente de subjuntivo

resuma	resumamos
resumas	resumáis
resuma	resuman

perfecto de subjuntivo

haya resumido	hayamos resumido
hayas resumido	hayáis resumido
haya resumido	hayan resumido

imperfecto de subjuntivo

resumiera	resumiéramos
resumieras	resumierais
resumiera	resumieran
OR	
resumiese	resumiésemos
resumieses	resumieseis
resumiese	resumiesen

pluscuamperfecto de subjuntivo

hubiera resumido	hubiéramos resumido
hubieras resumido	hubierais resumido
hubiera resumido	hubieran resumido
OR	
hubiese resumido	hubiésemos resumido
hubieses resumido	hubieseis resumido
hubiese resumido	hubiesen resumido

imperativo

—	resumamos
resume;	resumid;
no resumas	no resumáis
resuma	resuman

to retire, to withdraw   retirar

SINGULAR	PLURAL	SINGULAR	PLURAL

presente de indicativo

retir**o**	retir**amos**		
retir**as**	retir**áis**		
retir**a**	retir**an**		

perfecto de indicativo

he retirado	**hemos** retirado
has retirado	**habéis** retirado
ha retirado	**han** retirado

imperfecto de indicativo

retir**aba**	retir**ábamos**
retir**abas**	retir**abais**
retir**aba**	retir**aban**

pluscuamperfecto de indicativo

había retirado	**habíamos** retirado
habías retirado	**habíais** retirado
había retirado	**habían** retirado

R

pretérito

retir**é**	retir**amos**
retir**aste**	retir**asteis**
retir**o**	retir**aron**

pretérito anterior

hube retirado	**hubimos** retirado
hubiste retirado	**hubisteis** retirado
hubo retirado	**hubieron** retirado

futuro

retirar**é**	retirar**emos**
retirar**ás**	retirar**éis**
retirar**á**	retirar**án**

futuro perfecto

habré retirado	**habremos** retirado
habrás retirado	**habréis** retirado
habrá retirado	**habrán** retirado

condicional simple

retirar**ía**	retirar**íamos**
retirar**ías**	retirar**íais**
retirar**ía**	retirar**ían**

condicional compuesto

habría retirado	**habríamos** retirado
habrías retirado	**habríais** retirado
habría retirado	**habrían** retirado

presente de subjuntivo

retir**e**	retir**emos**
retir**es**	retir**éis**
retir**e**	retir**en**

perfecto de subjuntivo

haya retirado	**hayamos** retirado
hayas retirado	**hayáis** retirado
haya retirado	**hayan** retirado

imperfecto de subjuntivo

retir**ara**	retir**áramos**
retir**aras**	retir**arais**
retir**ara**	retir**aran**
OR	
retir**ase**	retir**ásemos**
retir**ases**	retir**aseis**
retir**ase**	retir**asen**

pluscuamperfecto de subjuntivo

hubiera retirado	**hubiéramos** retirado
hubieras retirado	**hubierais** retirado
hubiera retirado	**hubieran** retirado
OR	
hubiese retirado	**hubiésemos** retirado
hubieses retirado	**hubieseis** retirado
hubiese retirado	**hubiesen** retirado

imperativo

—	retir**emos**
retir**a**; no retir**es**	retir**ad**; no retir**éis**
retir**e**	retir**en**

retrasar to delay

SINGULAR	PLURAL	SINGULAR	PLURAL
presente de indicativo		perfecto de indicativo	
retraso	retrasamos	he retrasado	hemos retrasado
retrasas	retrasáis	has retrasado	habéis retrasado
retrasa	retrasan	ha retrasado	han retrasado
imperfecto de indicativo		pluscuamperfecto de indicativo	
retrasaba	retrasábamos	había retrasado	habíamos retrasado
retrasabas	retrasabais	habías retrasado	habíais retrasado
retrasaba	retrasaban	había retrasado	habían retrasado
pretérito		pretérito anterior	
retrasé	retrasamos	hube retrasado	hubimos retrasado
retrasaste	retrasasteis	hubiste retrasado	hubisteis retrasado
retrasó	retrasaron	hubo retrasado	hubieron retrasado
futuro		futuro perfecto	
retrasaré	retrasaremos	habré retrasado	habremos retrasado
retrasarás	retrasaréis	habrás retrasado	habréis retrasado
retrasará	retrasarán	habrá retrasado	habrán retrasado
condicional simple		condicional compuesto	
retrasaría	retrasaríamos	habría retrasado	habríamos retrasado
retrasarías	retrasaríais	habrías retrasado	habríais retrasado
retrasaría	retrasarían	habría retrasado	habrían retrasado
presente de subjuntivo		perfecto de subjuntivo	
retrase	retrasemos	haya retrasado	hayamos retrasado
retrases	retraséis	hayas retrasado	hayáis retrasado
retrase	retrasen	haya retrasado	hayan retrasado
imperfecto de subjuntivo		pluscuamperfecto de subjuntivo	
retrasara	retrasáramos	hubiera retrasado	hubiéramos retrasado
retrasaras	retrasarais	hubieras retrasado	hubierais retrasado
retrasara	retrasaran	hubiera retrasado	hubieran retrasado
OR		OR	
retrasase	retrasásemos	hubiese retrasado	hubiésemos retrasado
retrasases	retrasaseis	hubieses retrasado	hubieseis retrasado
retrasase	retrasasen	hubiese retrasado	hubiesen retrasado

imperativo	
—	retrasemos
retrasa; no retrases	retrasad; no retraséis
retrase	retrasen

gerundio **reuniéndose**   participio de pasado **reunido**

SINGULAR	PLURAL	SINGULAR	PLURAL

presente de indicativo

me reún**o**	nos reun**imos**
te reún**es**	os reun**ís**
se reún**e**	se reún**en**

imperfecto de indicativo

me reun**ía**	nos reun**íamos**
te reun**ías**	os reun**íais**
se reun**ía**	se reun**ían**

pretérito

me reun**í**	nos reun**imos**
te reun**iste**	os reun**isteis**
se reun**ió**	se reun**ieron**

futuro

me reunir**é**	nos reunir**emos**
te reunir**ás**	os reunir**éis**
se reunir**á**	se reunir**án**

condicional simple

me reunir**ía**	nos reunir**íamos**
te reunir**ías**	os reunir**íais**
se reunir**ía**	se reunir**ían**

presente de subjuntivo

me reún**a**	nos reun**amos**
te reún**as**	os reun**áis**
se reún**a**	se reún**an**

imperfecto de subjuntivo

me reun**iera**	nos reun**iéramos**
te reun**ieras**	os reun**ierais**
se reun**iera**	se reun**ieran**
OR	
me reun**iese**	nos reun**iésemos**
te reun**ieses**	os reun**ieseis**
se reun**iese**	se reun**iesen**

imperativo

—	reun**ámonos**
reún**ete**;	reun**ios**;
no te reún**as**	no os reun**áis**
reún**ase**	reún**anse**

R

perfecto de indicativo

me **he** reunido	nos **hemos** reunido
te **has** reunido	os **habéis** reunido
se **ha** reunido	se **han** reunido

pluscuamperfecto de indicativo

me **había** reunido	nos **habíamos** reunido
te **habías** reunido	os **habíais** reunido
se **había** reunido	se **habían** reunido

pretérito anterior

me **hube** reunido	nos **hubimos** reunido
te **hubiste** reunido	os **hubisteis** reunido
se **hubo** reunido	se **hubieron** reunido

futuro perfecto

me **habré** reunido	nos **habremos** reunido
te **habrás** reunido	os **habréis** reunido
se **habrá** reunido	se **habrán** reunido

condicional compuesto

me **habría** reunido	nos **habríamos** reunido
te **habrías** reunido	os **habríais** reunido
se **habría** reunido	se **habrían** reunido

perfecto de subjuntivo

me **haya** reunido	nos **hayamos** reunido
te **hayas** reunido	os **hayáis** reunido
se **haya** reunido	se **hayan** reunido

pluscuamperfecto de subjuntivo

me **hubiera** reunido	nos **hubiéramos** reunido
te **hubieras** reunido	os **hubierais** reunido
se **hubiera** reunido	se **hubieran** reunido
OR	
me **hubiese** reunido	nos **hubiésemos** reunido
te **hubieses** reunido	os **hubieseis** reunido
se **hubiese** reunido	se **hubiesen** reunido

MEMORY TIP

Everyone gets together at the **reunion**.

gerundio **revocando**   participio de pasado **revocado**

SINGULAR	PLURAL	SINGULAR	PLURAL

presente de indicativo

		perfecto de indicativo	
revoco	revocamos	he revocado	hemos revocado
revocas	revocáis	has revocado	habéis revocado
revoca	revocan	ha revocado	han revocado

imperfecto de indicativo

		pluscuamperfecto de indicativo	
revocaba	revocábamos	había revocado	habíamos revocado
revocabas	revocabais	habías revocado	habíais revocado
revocaba	revocaban	había revocado	habían revocado

pretérito

		pretérito anterior	
revoqué	revocamos	hube revocado	hubimos revocado
revocaste	revocasteis	hubiste revocado	hubisteis revocado
revocó	revocaron	hubo revocado	hubieron revocado

futuro

		futuro perfecto	
revocaré	revocaremos	habré revocado	habremos revocado
revocarás	revocaréis	habrás revocado	habréis revocado
revocará	revocarán	habrá revocado	habrán revocado

condicional simple

		condicional compuesto	
revocaría	revocaríamos	habría revocado	habríamos revocado
revocarías	revocaríais	habrías revocado	habríais revocado
revocaría	revocarían	habría revocado	habrían revocado

presente de subjuntivo

		perfecto de subjuntivo	
revoque	revoquemos	haya revocado	hayamos revocado
revoques	revoquéis	hayas revocado	hayáis revocado
revoque	revoquen	haya revocado	hayan revocado

imperfecto de subjuntivo

		pluscuamperfecto de subjuntivo	
revocara	revocáramos	hubiera revocado	hubiéramos revocado
revocaras	revocarais	hubieras revocado	hubierais revocado
revocara	revocaran	hubiera revocado	hubieran revocado
OR		OR	
revocase	revocásemos	hubiese revocado	hubiésemos revocador
revocases	revocaseis	hubieses revocado	hubieseis revocado
revocase	revocasen	hubiese revocado	hubiesen revocado

imperativo

—	revoquemos
revoca; no revoques	revocad; no revoquéis
revoque	revoquen

to revolve, to turn around

gerundio **revolviendo**   participio de pasado **revuelto**

SINGULAR	PLURAL	SINGULAR	PLURAL

presente de indicativo

		perfecto de indicativo	
revuelv**o**	revolv**emos**	**he** revuelto	**hemos** revuelto
revuelv**es**	revolv**éis**	**has** revuelto	**habéis** revuelto
revuelv**e**	revuelv**en**	**ha** revuelto	**han** revuelto

imperfecto de indicativo

		pluscuamperfecto de indicativo	
revolv**ía**	revolv**íamos**	**había** revuelto	**habíamos** revuelto
revolv**ías**	revolv**íais**	**habías** revuelto	**habíais** revuelto
revolv**ía**	revolv**ían**	**había** revuelto	**habían** revuelto

R

pretérito

		pretérito anterior	
revolv**í**	revolv**imos**	**hube** revuelto	**hubimos** revuelto
revolv**iste**	revolv**isteis**	**hubiste** revuelto	**hubisteis** revuelto
revolv**ió**	revolv**ieron**	**hubo** revuelto	**hubieron** revuelto

futuro

		futuro perfecto	
revolver**é**	revolver**emos**	**habré** revuelto	**habremos** revuelto
revolver**ás**	revolver**éis**	**habrás** revuelto	**habréis** revuelto
revolver**á**	revolver**án**	**habrá** revuelto	**habrán** revuelto

condicional simple

		condicional compuesto	
revolver**ía**	revolver**íamos**	**habría** revuelto	**habríamos** revuelto
revolver**ías**	revolver**íais**	**habrías** revuelto	**habríais** revuelto
revolver**ía**	revolver**ían**	**habría** revuelto	**habrían** revuelto

presente de subjuntivo

		perfecto de subjuntivo	
revuelv**a**	revolv**amos**	**haya** revuelto	**hayamos** revuelto
revuelv**as**	revolv**áis**	**hayas** revuelto	**hayáis** revuelto
revuelv**a**	revuelv**an**	**haya** revuelto	**hayan** revuelto

imperfecto de subjuntivo

		pluscuamperfecto de subjuntivo	
revolv**iera**	revolv**iéramos**	**hubiera** revuelto	**hubiéramos** revuelto
revolv**ieras**	revolv**ierais**	**hubieras** revuelto	**hubierais** revuelto
revolv**iera**	revolv**ieran**	**hubiera** revuelto	**hubieran** revuelto
OR		OR	
revolv**iese**	revolv**iésemos**	**hubiese** revuelto	**hubiésemos** revuelto
revolv**ieses**	revolv**ieseis**	**hubieses** revuelto	**hubieseis** revuelto
revolv**iese**	revolv**iesen**	**hubiese** revuelto	**hubiesen** revuelto

imperativo

—	revolvamos
revuelve;	revolved;
no revuelvas	no revolváis
revuelva	revuelvan

567

gerundio rezando   **participio de pasado** rezado

SINGULAR	PLURAL	SINGULAR	PLURAL
presente de indicativo		**perfecto de indicativo**	
rezo	rezamos	he rezado	hemos rezado
rezas	rezáis	has rezado	habéis rezado
reza	rezan	ha rezado	han rezado
imperfecto de indicativo		**pluscuamperfecto de indicativo**	
rezaba	rezábamos	había rezado	habíamos rezado
rezabas	rezabais	habías rezado	habíais rezado
rezaba	rezaban	había rezado	habían rezado
pretérito		**pretérito anterior**	
recé	rezamos	hube rezado	hubimos rezado
rezaste	rezasteis	hubiste rezado	hubisteis rezado
rezó	rezaron	hubo rezado	hubieron rezado
futuro		**futuro perfecto**	
rezaré	rezaremos	habré rezado	habremos rezado
rezarás	rezaréis	habrás rezado	habréis rezado
rezará	rezarán	habrá rezado	habrán rezado
condicional simple		**condicional compuesto**	
rezaría	rezaríamos	habría rezado	habríamos rezado
rezarías	rezaríais	habrías rezado	habríais rezado
rezaría	rezarían	habría rezado	habrían rezado
presente de subjuntivo		**perfecto de subjuntivo**	
rece	recemos	haya rezado	hayamos rezado
reces	recéis	hayas rezado	hayáis rezado
rece	recen	haya rezado	hayan rezado
imperfecto de subjuntivo		**pluscuamperfecto de subjuntivo**	
rezara	rezáramos	hubiera rezado	hubiéramos rezado
rezaras	rezarais	hubieras rezado	hubierais rezado
rezara	rezaran	hubiera rezado	hubieran rezado
OR		OR	
rezase	rezásemos	hubiese rezado	hubiésemos rezado
rezases	rezaseis	hubieses rezado	hubieseis rezado
rezase	rezasen	hubiese rezado	hubiesen rezado
imperativo			
—	recemos		
reza; no reces	rezad; no recéis		
rece	recen		

to steal, to rob

participio de pasado robado

SINGULAR	PLURAL	SINGULAR	PLURAL

presente de indicativo

robo	robamos
robas	robáis
roba	roban

perfecto de indicativo

he robado	hemos robado
has robado	habéis robado
ha robado	han robado

imperfecto de indicativo

robaba	robábamos
robabas	robabais
robaba	robaban

pluscuamperfecto de indicativo

había robado	habíamos robado
habías robado	habíais robado
había robado	habían robado

R

pretérito

robé	robamos
robaste	robasteis
robó	robaron

pretérito anterior

hube robado	hubimos robado
hubiste robado	hubisteis robado
hubo robado	hubieron robado

futuro

robaré	robaremos
robarás	robaréis
robará	robarán

futuro perfecto

habré robado	habremos robado
habrás robado	habréis robado
habrá robado	habrán robado

condicional simple

robaría	robaríamos
robarías	robaríais
robaría	robarían

condicional compuesto

habría robado	habríamos robado
habrías robado	habríais robado
habría robado	habrían robado

presente de subjuntivo

robe	robemos
robes	robéis
robe	roben

perfecto de subjuntivo

haya robado	hayamos robado
hayas robado	hayáis robado
haya robado	hayan robado

imperfecto de subjuntivo

robara	robáramos
robaras	robarais
robara	robaran
OR	
robase	robásemos
robases	robaseis
robase	robasen

pluscuamperfecto de subjuntivo

hubiera robado	hubiéramos robado
hubieras robado	hubierais robado
hubiera robado	hubieran robado
OR	
hubiese robado	hubiésemos robado
hubieses robado	hubieseis robado
hubiese robado	hubiesen robado

imperativo

—	robemos
roba; no robes	robad; no robéis
robe	roben

MEMORY TIP

The **robber** steals the money.

SINGULAR	PLURAL	SINGULAR	PLURAL

presente de indicativo

rocío	rociamos
rocías	rociáis
rocía	rocían

perfecto de indicativo

he rociado	hemos rociado
has rociado	habéis rociado
ha rociado	han rociado

imperfecto de indicativo

rociaba	rociábamos
rociabas	rociabais
rociaba	rociaban

pluscuamperfecto de indicativo

había rociado	habíamos rociado
habías rociado	habíais rociado
había rociado	habían rociado

pretérito

rocié	rociamos
rociaste	rociasteis
roció	rociaron

pretérito anterior

hube rociado	hubimos rociado
hubiste rociado	hubisteis rociado
hubo rociado	hubieron rociado

futuro

rociaré	rociaremos
rociarás	rociaréis
rociará	rociarán

futuro perfecto

habré rociado	habremos rociado
habrás rociado	habréis rociado
habrá rociado	habrán rociado

condicional simple

rociaría	rociaríamos
rociarías	rociaríais
rociaría	rociarían

condicional compuesto

habría rociado	habríamos rociado
habrías rociado	habríais rociado
habría rociado	habrían rociado

presente de subjuntivo

rocíe	rociemos
rocíes	rociéis
rocíe	rocíen

perfecto de subjuntivo

haya rociado	hayamos rociado
hayas rociado	hayáis rociado
haya rociado	hayan rociado

imperfecto de subjuntivo

rociara	rociáramos
rociaras	rociarais
rociara	rociaran
OR	
rociase	rociásemos
rociases	rociaseis
rociase	rociasen

pluscuamperfecto de subjuntivo

hubiera rociado	hubiéramos rociado
hubieras rociado	hubierais rociado
hubiera rociado	hubieran rociado
OR	
hubiese rociado	hubiésemos rociado
hubieses rociado	hubieseis rociado
hubiese rociado	hubiesen rociado

imperativo

—	rociemos
rocía;	rociad;
no rocíes	no rociéis
rocíe	rocíen

to gnaw

gerundio royendo   participio de pasado **roído**

SINGULAR	PLURAL	SINGULAR	PLURAL

presente de indicativo

		perfecto de indicativo	
roig**o**	ro**emos**	**he** roído	**hemos** roído
ro**es**	ro**éis**	**has** roído	**habéis** roído
ro**e**	ro**en**	**ha** roído	**han** roído

imperfecto de indicativo

		pluscuamperfecto de indicativo	
ro**ía**	ro**íamos**	**había** roído	**habíamos** roído
ro**ías**	ro**íais**	**habías** roído	**habíais** roído
ro**ía**	ro**ían**	**había** roído	**habían** roído

pretérito

		pretérito anterior	
ro**í**	ro**ímos**	**hube** roído	**hubimos** roído
ro**íste**	ro**ísteis**	**hubiste** roído	**hubisteis** roído
roy**ó**	roy**eron**	**hubo** roído	**hubieron** roído

futuro

		futuro perfecto	
roer**é**	roer**emos**	**habré** roído	**habremos** roído
roer**ás**	roer**éis**	**habrás** roído	**habréis** roído
roer**á**	roer**án**	**habrá** roído	**habrán** roído

condicional simple

		condicional compuesto	
roer**ía**	roer**íamos**	**habría** roído	**habríamos** roído
roer**ías**	roer**íais**	**habrías** roído	**habríais** roído
roer**ía**	roer**ían**	**habría** roído	**habrían** roído

presente de subjuntivo

		perfecto de subjuntivo	
roig**a**	roig**amos**	**haya** roído	**hayamos** roído
roy**a**	roy**amos**	**hayas** roído	**hayáis** roído
roig**as**	roig**áis**	**haya** roído	**hayan** roído
roig**a**	roig**an**		

imperfecto de subjuntivo

pluscuamperfecto de subjuntivo

roy**era**	roy**éramos**	**hubiera** roído	**hubiéramos** roído
roy**eras**	roy**erais**	**hubieras** roído	**hubierais** roído
roy**era**	roy**eran**	**hubiera** roído	**hubieran** roído
OR		OR	
roy**ese**	roy**ésemos**	**hubiese** roído	**hubiésemos** roído
roy**eses**	roy**eseis**	**hubieses** roído	**hubieseis** roído
roy**ese**	roy**esen**	**hubiese** roído	**hubiesen** roído

imperativo

—	roig**amos**
ro**e**; no roig**as**	ro**ed**; no roig**áis**
roig**a**	roig**an**

R

571

to beg for, to ask

SINGULAR	PLURAL	SINGULAR	PLURAL

presente de indicativo

		perfecto de indicativo	
ruego	rogamos	he rogado	hemos rogado
ruegas	rogáis	has rogado	habéis rogado
ruega	ruegan	ha rogado	han rogado

imperfecto de indicativo

		pluscuamperfecto de indicativo	
rogaba	rogábamos	había rogado	habíamos rogado
rogabas	rogabais	habías rogado	habíais rogado
rogaba	rogaban	había rogado	habían rogado

pretérito

		pretérito anterior	
rogué	rogamos	hube rogado	hubimos rogado
rogaste	rogasteis	hubiste rogado	hubisteis rogado
rogó	rogaron	hubo rogado	hubieron rogado

futuro

		futuro perfecto	
rogaré	rogaremos	habré rogado	habremos rogado
rogarás	rogaréis	habrás rogado	habréis rogado
rogará	rogarán	habrá rogado	habrán rogado

condicional simple

		condicional compuesto	
rogaría	rogaríamos	habría rogado	habríamos rogado
rogarías	rogaríais	habrías rogado	habríais rogado
rogaría	rogarían	habría rogado	habrían rogado

presente de subjuntivo

		perfecto de subjuntivo	
ruegue	roguemos	haya rogado	hayamos rogado
ruegues	roguéis	hayas rogado	hayáis rogado
ruegue	rueguen	haya rogado	hayan rogado

imperfecto de subjuntivo

		pluscuamperfecto de subjuntivo	
rogara	rogáramos	hubiera rogado	hubiéramos rogado
rogaras	rogarais	hubieras rogado	hubierais rogado
rogara	rogaran	hubiera rogado	hubieran rogado
OR		OR	
rogase	rogásemos	hubiese rogado	hubiésemos rogado
rogases	rogaseis	hubieses rogado	hubieseis rogado
rogase	rogasen	hubiese rogado	hubiesen rogado

imperativo

—	reguemos
ruega; no ruegues	rogad; no roguéis
ruegue	rueguen

to break

gerundio **rompiendo**   participio de pasado **roto**

SINGULAR	PLURAL
presente de indicativo	
romp**o**	romp**emos**
romp**es**	romp**éis**
romp**e**	romp**en**
imperfecto de indicativo	
romp**ía**	romp**íamos**
romp**ías**	romp**íais**
romp**ía**	romp**ían**
pretérito	
romp**í**	romp**imos**
romp**iste**	romp**isteis**
romp**ió**	romp**ieron**
futuro	
romper**é**	romper**emos**
romper**ás**	romper**éis**
romper**á**	romper**án**
condicional simple	
romper**ía**	romper**íamos**
romper**ías**	romper**íais**
romper**ía**	romper**ían**
presente de subjuntivo	
romp**a**	romp**amos**
romp**as**	romp**áis**
romp**a**	romp**an**
imperfecto de subjuntivo	
romp**iera**	romp**iéramos**
romp**ieras**	romp**ierais**
romp**iera**	romp**ieran**
OR	
romp**iese**	romp**iésemos**
romp**ieses**	romp**ieseis**
romp**iese**	romp**iesen**
imperativo	
—	rompamos
rompe;	romped;
no rompas	no rompáis
rompa	rompan

SINGULAR	PLURAL
perfecto de indicativo	
he roto	**hemos** roto
has roto	**habéis** roto
ha roto	**han** roto
pluscuamperfecto de indicativo	
había roto	**habíamos** roto
habías roto	**habíais** roto
había roto	**habían** roto
pretérito anterior	
hube roto	**hubimos** roto
hubiste roto	**hubisteis** roto
hubo roto	**hubieron** roto
futuro perfecto	
habré roto	**habremos** roto
habrás roto	**habréis** roto
habrá roto	**habrán** roto
condicional compuesto	
habría roto	**habríamos** roto
habrías roto	**habríais** roto
habría roto	**habrían** roto
perfecto de subjuntivo	
haya roto	**hayamos** roto
hayas roto	**hayáis** roto
haya roto	**hayan** roto
pluscuamperfecto de subjuntivo	
hubiera roto	**hubiéramos** roto
hubieras roto	**hubierais** roto
hubiera roto	**hubieran** roto
OR	
hubiese roto	**hubiésemos** roto
hubieses roto	**hubieseis** roto
hubiese roto	**hubiesen** roto

R

gerundio roncando | **participio de pasado** roncado

SINGULAR	PLURAL	SINGULAR	PLURAL

presente de indicativo

ronco	roncamos
roncas	roncáis
ronca	roncan

perfecto de indicativo

he roncado	hemos roncado
has roncado	habéis roncado
ha roncado	han roncado

imperfecto de indicativo

roncaba	roncábamos
roncabas	roncabais
roncaba	roncaban

pluscuamperfecto de indicativo

había roncado	habíamos roncado
habías roncado	habíais roncado
había roncado	habían roncado

pretérito

ronqué	roncamos
roncaste	roncasteis
roncó	roncaron

pretérito anterior

hube roncado	hubimos roncado
hubiste roncado	hubisteis roncado
hubo roncado	hubieron roncado

futuro

roncaré	roncaremos
roncarás	roncaréis
roncará	roncarán

futuro perfecto

habré roncado	habremos roncado
habrás roncado	habréis roncado
habrá roncado	habrán roncado

condicional simple

roncaría	roncaríamos
roncarías	roncaríais
roncaría	roncarían

condicional compuesto

habría roncado	habríamos roncado
habrías roncado	habríais roncado
habría roncado	habrían roncado

presente de subjuntivo

ronque	ronquemos
ronques	ronquéis
ronque	ronquen

perfecto de subjuntivo

haya roncado	hayamos roncado
hayas roncado	hayáis roncado
haya roncado	hayan roncado

imperfecto de subjuntivo

roncara	roncáramos
roncaras	roncarais
roncara	roncaran
OR	
roncase	roncásemos
roncases	roncaseis
roncase	roncasen

pluscuamperfecto de subjuntivo

hubiera roncado	hubiéramos roncado
hubieras roncado	hubierais roncado
hubiera roncado	hubieran roncado
OR	
hubiese roncado	hubiésemos roncado
hubieses roncado	hubieseis roncado
hubiese roncado	hubiesen roncado

imperativo

—	ronquemos
ronca;	roncad;
no ronques	no ronquéis
ronque	ronquen

to roar

gerundio rugiendo   **participio de pasado** rugido

SINGULAR	PLURAL	SINGULAR	PLURAL

presente de indicativo
ruj**o**	rug**imos**
rug**es**	rug**ís**
rug**e**	rug**en**

perfecto de indicativo
he rugido	**hemos** rugido
has rugido	**habéis** rugido
habéis rugido	**han** rugido

imperfecto de indicativo
rug**ía**	rug**íamos**
rug**ías**	rug**íais**
rug**ía**	rug**ían**

pluscuamperfecto de indicativo
había rugido	**habíamos** rugido
habías rugido	**habíais** rugido
había rugido	**habían** rugido

R

pretérito
rug**í**	rug**imos**
rug**iste**	rug**isteis**
rug**ió**	rug**ieron**

pretérito anterior
hube rugido	**hubimos** rugido
hubiste rugido	**hubisteis** rugido
hubo rugido	**hubieron** rugido

futuro
rugir**é**	rugir**emos**
rugir**ás**	rugir**éis**
rugir**á**	rugir**án**

futuro perfecto
habré rugido	**habremos** rugido
habrás rugido	**habréis** rugido
habrá rugido	**habrán** rugido

condicional simple
rugir**ía**	rugir**íamos**
rugir**ías**	rugir**íais**
rugir**ía**	rugir**ían**

condicional compuesto
habría rugido	**habríamos** rugido
habrías rugido	**habríais** rugido
habría rugido	**habrían** rugido

presente de subjuntivo
ruj**a**	ruj**amos**
ruj**as**	ruj**áis**
ruj**a**	ruj**an**

perfecto de subjuntivo
haya rugido	**hayamos** rugido
hayas rugido	**hayáis** rugido
haya rugido	**hayan** rugido

imperfecto de subjuntivo
rugi**era**	rugi**éramos**
rugi**eras**	rugi**erais**
rugi**era**	rugi**eran**
OR	
rugi**ese**	rugi**ésemos**
rugi**eses**	rugi**eseis**
rugi**ese**	rugi**esen**

pluscuamperfecto de subjuntivo
hubiera rugido	**hubiéramos** rugido
hubieras rugido	**hubierais** rugido
hubiera rugido	**hubieran** rugido
OR	
hubiese rugido	**hubiésemos** rugido
hubieses rugido	**hubieseis** rugido
hubiese rugido	**hubiesen** rugido

imperativo
—	ruj**amos**
rug**e**; no ruj**as**	rug**id**; no ruj**áis**
ruj**a**	ruj**an**

SINGULAR	PLURAL	SINGULAR	PLURAL

presente de indicativo

		perfecto de indicativo	
sé	sabemos	**he** sabido	**hemos** sabido
sabes	sabéis	**has** sabido	**habéis** sabido
sabe	saben	**ha** sabido	**han** sabido

imperfecto de indicativo   **pluscuamperfecto de indicativo**

sabia	sabíamos	**había** sabido	**habíamos** sabido
sabías	sabíais	**habías** sabido	**habíais** sabido
sabía	sabían	**había** sabido	**habían** sabido

pretérito   **pretérito anterior**

supe	supimos	**hube** sabido	**hubimos** sabido
supiste	supisteis	**hubiste** sabido	**hubisteis** sabido
supo	supieron	**hubo** sabido	**hubieron** sabido

futuro   **futuro perfecto**

sabré	sabremos	**habré** sabido	**habremos** sabido
sabrás	sabréis	**habrás** sabido	**habréis** sabido
sabrá	sabrán	**habrá** sabido	**habrán** sabido

condicional simple   **condicional compuesto**

sabría	sabríamos	**habría** sabido	**habríamos** sabido
sabrías	sabríais	**habrías** sabido	**habríais** sabido
sabría	sabrían	**habría** sabido	**habrían** sabido

presente de subjuntivo   **perfecto de subjuntivo**

sepa	sepamos	**haya** sabido	**hayamos** sabido
sepas	sepáis	**hayas** sabido	**hayáis** sabido
sepa	sepan	**haya** sabido	**hayan** sabido

imperfecto de subjuntivo   **pluscuamperfecto de subjuntivo**

supiera	supiéramos	**hubiera** sabido	**hubiéramos** sabido
supieras	supierais	**hubieras** sabido	**hubierais** sabido
supiera	supieran	**hubiera** sabido	**hubieran** sabido
OR		OR	
supiese	supiésemos	**hubiese** sabido	**hubiésemos** sabido
supieses	supieseis	**hubieses** sabido	**hubieseis** sabido
supiese	supiesen	**hubiese** sabido	**hubiesen** sabido

imperativo

—	sepamos
sabe; no sepas	sabed; no sepáis
sepa	sepan

MUST KNOW VERB

to get out

gerundio **sacando**   participio de pasado **sacado**

SINGULAR	PLURAL	SINGULAR	PLURAL

presente de indicativo

sac**o**	sac**amos**
sac**as**	sac**áis**
sac**a**	sac**an**

perfecto de indicativo

he sacado	**hemos** sacado
has sacado	**habéis** sacado
ha sacado	**han** sacado

imperfecto de indicativo

sac**aba**	sac**ábamos**
sac**abas**	sac**abais**
sac**aba**	sac**aban**

pluscuamperfecto de indicativo

había sacado	**habíamos** sacado
habías sacado	**habíais** sacado
había sacado	**habían** sacado

S

pretérito

saqu**é**	sac**amos**
sac**aste**	sac**asteis**
sac**ó**	sac**aron**

pretérito anterior

hube sacado	**hubimos** sacado
hubiste sacado	**hubisteis** sacado
hubo sacado	**hubieron** sacado

futuro

sacar**é**	sacar**emos**
sacar**ás**	sacar**éis**
sacar**á**	sacar**án**

futuro perfecto

habré sacado	**habremos** sacado
habrás sacado	**habréis** sacado
habrá sacado	**habrán** sacado

condicional simple

sacar**ía**	sacar**íamos**
sacar**ías**	sacar**íais**
sacar**ía**	sacar**ían**

condicional compuesto

habría sacado	**habríamos** sacado
habrías sacado	**habríais** sacado
habría sacado	**habrían** sacado

presente de subjuntivo

saqu**e**	saqu**emos**
saqu**es**	saqu**éis**
saqu**e**	saqu**en**

perfecto de subjuntivo

haya sacado	**hayamos** sacado
hayas sacado	**hayáis** sacado
haya sacado	**hayan** sacado

imperfecto de subjuntivo

sac**ara**	sac**áramos**
sac**aras**	sac**arais**
sac**ara**	sac**aran**
OR	
sac**ase**	sac**ásemos**
sac**ases**	sac**aseis**
sac**ase**	sac**asen**

pluscuamperfecto de subjuntivo

hubiera sacado	**hubiéramos** sacado
hubieras sacado	**hubierais** sacado
hubiera sacado	**hubieran** sacado
OR	
hubiese sacado	**hubiésemos** sacado
hubieses sacado	**hubieseis** sacado
hubiese sacado	**hubiesen** sacado

imperativo

—	saquemos
saca; no saques	sacad; no saquéis
saque	saquen

gerundio sacudiendo   **participio de pasado** sacudido

SINGULAR	PLURAL	SINGULAR	PLURAL

presente de indicativo

		perfecto de indicativo	
sacudo	sacudimos	he sacudido	hemos sacudido
sacudes	sacudís	has sacudido	habéis sacudido
sacude	sacuden	ha sacudido	han sacudido

imperfecto de indicativo / **pluscuamperfecto de indicativo**

sacudía	sacudíamos	había sacudido	habíamos sacudido
sacudías	sacudíais	habías sacudido	habíais sacudido
sacudía	sacudían	había sacudido	habían sacudido

pretérito / **pretérito anterior**

sacudí	sacudimos	hube sacudido	hubimos sacudido
sacudiste	sacudisteis	hubiste sacudido	hubisteis sacudido
sacudió	sacudieron	hubo sacudido	hubieron sacudido

futuro / **futuro perfecto**

sacudiré	sacudiremos	habré sacudido	habremos sacudido
sacudirás	sacudiréis	habrás sacudido	habréis sacudido
sacudirá	sacudirán	habrá sacudido	habrán sacudido

condicional simple / **condicional compuesto**

sacudiría	sacudiríamos	habría sacudido	habríamos sacudido
sacudirías	sacudiríais	habrías sacudido	habríais sacudido
sacudiría	sacudirían	habría sacudido	habrían sacudido

presente de subjuntivo / **perfecto de subjuntivo**

sacuda	sacudamos	haya sacudido	hayamos sacudido
sacudas	sacudáis	hayas sacudido	hayáis sacudido
sacuda	sacudan	haya sacudido	hayan sacudido

imperfecto de subjuntivo / **pluscuamperfecto de subjuntivo**

sacudiera	sacudiéramos	hubiera sacudido	hubiéramos sacudido
sacudieras	sacudierais	hubieras sacudido	hubierais sacudido
sacudiera	sacudieran	hubiera sacudido	hubieran sacudido
OR		OR	
sacudiese	sacudiésemos	hubiese sacudido	hubiésemos sacudido
sacudieses	sacudieseis	hubieses sacudido	hubieseis sacudido
sacudiese	sacudiesen	hubiese sacudido	hubiesen sacudido

imperativo

—	sacudamos
sacude; no sacudas	sacudid; no sacudáis
sacuda	sacudan

gerundio saliendo | **participio de pasado** salido

SINGULAR	PLURAL	SINGULAR	PLURAL

presente de indicativo

		perfecto de indicativo	
salgo	salimos	he salido	hemos salido
sales	salís	has salido	habéis salido
sale	salen	ha salido	han salido

imperfecto de indicativo / **pluscuamperfecto de indicativo**

salía	salíamos	había salido	habíamos salido
salías	salíais	habías salido	habíais salido
salía	salían	había salido	habían salido

S

pretérito / **pretérito anterior**

salí	salimos	hube salido	hubimos salido
saliste	salisteis	hubiste salido	hubisteis salido
salió	salieron	hubo salido	hubieron salido

futuro / **futuro perfecto**

saldré	saldremos	habré salido	habremos salido
saldrás	saldréis	habrás salido	habréis salido
saldrá	saldrán	habrá salido	habrán salido

condicional simple / **condicional compuesto**

saldría	saldríamos	habría salido	habríamos salido
saldrías	saldríais	habrías salido	habríais salido
saldría	saldrían	habría salido	habrían salido

presente de subjuntivo / **perfecto de subjuntivo**

saiga	salgamos	haya salido	hayamos salido
salgas	salgáis	hayas salido	hayáis salido
salga	salgan	haya salido	hayan salido

imperfecto de subjuntivo / **pluscuamperfecto de subjuntivo**

saliera	saliéramos	hubiera salido	hubiéramos salido
salieras	salierais	hubieras salido	hubierais salido
saliera	salieran	hubiera salido	hubieran salido
OR		OR	
saliese	saliésemos	hubiese salido	hubiésemos salido
salieses	salieseis	hubieses salido	hubieseis salido
saliese	saliesen	hubiese salido	hubiesen salido

imperativo

—	salgamos
sal; no salgas	salid; no salgáis
salga	salgan

MUST KNOW VERB

saltar

to jump

SINGULAR	PLURAL	SINGULAR	PLURAL

presente de indicativo

salt**o**	salt**amos**
salt**as**	salt**áis**
salt**a**	salt**an**

perfecto de indicativo

he saltado	**hemos** saltado
has saltado	**habéis** saltado
ha saltado	**han** saltado

imperfecto de indicativo

salt**aba**	salt**ábamos**
salt**abas**	salt**abais**
salt**aba**	salt**aban**

pluscuamperfecto de indicativo

había saltado	**habíamos** saltado
habías saltado	**habíais** saltado
había saltado	**habían** saltado

pretérito

salt**é**	salt**amos**
salt**aste**	salt**asteis**
salt**ó**	salt**aron**

pretérito anterior

hube saltado	**hubimos** saltado
hubiste saltado	**hubisteis** saltado
hubo saltado	**hubieron** saltado

futuro

saltar**é**	saltar**emos**
saltar**ás**	saltar**éis**
saltar**á**	saltar**án**

futuro perfecto

habré saltado	**habremos** saltado
habrás saltado	**habréis** saltado
habrá saltado	**habrán** saltado

condicional simple

saltar**ía**	saltar**íamos**
saltar**ías**	saltar**íais**
saltar**ía**	saltar**ían**

condicional compuesto

habría saltado	**habríamos** saltado
habrías saltado	**habríais** saltado
habría saltado	**habrían** saltado

presente de subjuntivo

salt**e**	salt**emos**
salt**es**	salt**éis**
salt**e**	salt**en**

perfecto de subjuntivo

haya saltado	**hayamos** saltado
hayas saltado	**hayáis** saltado
haya saltado	**hayan** saltado

imperfecto de subjuntivo

saltar**a**	saltár**amos**
saltar**as**	saltar**ais**
saltar**a**	saltar**an**
OR	
salt**ase**	saltás**emos**
salt**ases**	saltas**eis**
salt**ase**	saltas**en**

pluscuamperfecto de subjuntivo

hubiera saltado	**hubiéramos** saltado
hubieras saltado	**hubierais** saltado
hubiera saltado	**hubieran** saltado
OR	
hubiese saltado	**hubiésemos** saltado
hubieses saltado	**hubieseis** saltado
hubiese saltado	**hubiesen** saltado

imperativo

—	saltemos
salta; no saltes	saltad; no saltéis
salte	salten

to greet

gerundio saludando   **participio de pasado** saludado

SINGULAR	PLURAL	SINGULAR	PLURAL

presente de indicativo

saludo	saludamos	
saludas	saludáis	
saluda	saludan	

perfecto de indicativo

he saludado	hemos saludado
has saludado	habéis saludado
ha saludado	han saludado

imperfecto de indicativo

saludaba	saludábamos
saludabas	saludabais
saludaba	saludaban

pluscuamperfecto de indicativo

había saludado	habíamos saludado
habías saludado	habíais saludado
había saludado	habían saludado

S

pretérito

saludé	saludamos
saludaste	saludasteis
saludó	saludaron

pretérito anterior

hube saludado	hubimos saludado
hubiste saludado	hubisteis saludado
hubo saludado	hubieron saludado

futuro

saludaré	saludaremos
saludarás	saludaréis
saludará	saludarán

futuro perfecto

habré saludado	habremos saludado
habrás saludado	habréis saludado
habrá saludado	habrán saludado

condicional simple

saludaría	saludaríamos
saludarías	saludaríais
saludaría	saludarían

condicional compuesto

habría saludado	habríamos saludado
habrías saludado	habríais saludado
habría saludado	habrían saludado

presente de subjuntivo

salude	saludemos
saludes	saludéis
salude	saluden

perfecto de subjuntivo

haya saludado	hayamos saludado
hayas saludado	hayáis saludado
haya saludado	hayan saludado

imperfecto de subjuntivo

saludara	saludáramos
saludaras	saludarais
saludara	saludaran
OR	
saludase	saludásemos
saludases	saludaseis
saludase	saludasen

pluscuamperfecto de subjuntivo

hubiera saludado	hubiéramos saludado
hubieras saludado	hubierais saludado
hubiera saludado	hubieran saludado
OR	
hubiese saludado	hubiésemos saludado
hubieses saludado	hubieseis saludado
hubiese saludado	hubiesen saludado

imperativo

—	saludemos
saluda; no saludes	saludad; no saludéis
salude	saluden

secarse

participio de pasado **secado**

SINGULAR	PLURAL	SINGULAR	PLURAL

presente de indicativo

me sec**o**	nos sec**amos**
te sec**as**	os sec**áis**
se sec**a**	se sec**an**

perfecto de indicativo

me he secado	**nos hemos** secado
te has secado	**os habéis** secado
se ha secado	**se han** secado

imperfecto de indicativo

me sec**aba**	nos sec**ábamos**
te sec**abas**	os sec**abais**
se sec**aba**	se sec**aban**

pluscuamperfecto de indicativo

me había secado	**nos habíamos** secado
te habías secado	**os habíais** secado
se había secado	**se habían** secado

pretérito

me sequ**é**	nos sec**amos**
te sec**aste**	os sec**asteis**
se sec**ó**	se sec**aron**

pretérito anterior

me hube secado	**nos hubimos** secado
te hubiste secado	**os hubisteis** secado
se hubo secado	**se hubieron** secado

futuro

me secar**é**	nos secar**emos**
te secar**ás**	os secar**éis**
se secar**á**	se secar**án**

futuro perfecto

me habré secado	**nos habremos** secado
te habrás secado	**os habréis** secado
se habrá secado	**se habrán** secado

condicional simple

me secar**ía**	nos secar**íamos**
te secar**ías**	os secar**íais**
se secar**ía**	se secar**ían**

condicional compuesto

me habría secado	**nos habríamos** secado
te habrías secado	**os habríais** secado
se habría secado	**se habrían** secado

presente de subjuntivo

me sequ**e**	nos sequ**emos**
te sequ**es**	os sequ**éis**
se sequ**e**	se sequ**en**

perfecto de subjuntivo

me haya secado	**nos hayamos** secado
te hayas secado	**os hayáis** secado
se haya secado	**se hayan** secado

imperfecto de subjuntivo

me secar**a**	nos secár**amos**
te secar**as**	os secar**ais**
se secar**a**	se secar**an**
OR	
me secas**e**	nos secás**emos**
te secas**es**	os secas**eis**
se secas**e**	se seca s**en**

pluscuamperfecto de subjuntivo

me hubiera secado	**nos hubiéramos** secado
te hubieras secado	**os hubierais** secado
se hubiera secado	**se hubieran** secado
OR	
me hubiese secado	**nos hubiésemos** secado
te hubieses secado	**os hubieseis** secado
se hubiese secado	**se hubiesen** secado

imperativo

—	sequémonos; no nos sequemos
sécate; no te seques	secaos; no sequéis
sequése; no se seque	sequénse; no se sequen

gerundio **siguiendo**   participio de pasado **seguido**

SINGULAR	PLURAL	SINGULAR	PLURAL

presente de indicativo

sig**o**	segu**imos**		
sigu**es**	segu**ís**		
sigu**e**	sigu**en**		

perfecto de indicativo

he seguido	**hemos** seguido
has seguido	**habéis** seguido
ha seguido	**han** seguido

imperfecto de indicativo

segu**ía**	segu**íamos**
segu**ías**	segu**íais**
ség**uía**	segu**ían**

pluscuamperfecto de indicativo

había seguido	**habíamos** seguido
habías seguido	**habíais** seguido
había seguido	**habían** seguido

pretérito

segu**í**	segu**imos**
segu**iste**	segu**isteis**
sigu**ió**	sigu**ieron**

pretérito anterior

hube seguido	**hubimos** seguido
hubiste seguido	**hubisteis** seguido
hubo seguido	**hubieron** seguido

futuro

seguir**é**	seguir**emos**
seguir**ás**	seguir**éis**
seguir**á**	seguir**án**

futuro perfecto

habré seguido	**habremos** seguido
habrás seguido	**habréis** seguido
habrá seguido	**habrán** seguido

condicional simple

seguir**ía**	seguir**íamos**
seguir**ías**	seguir**íais**
seguir**ía**	seguir**ían**

condicional compuesto

habría seguido	**habríamos** seguido
habrías seguido	**habríais** seguido
habría seguido	**habrían** seguido

presente de subjuntivo

sig**a**	sig**amos**
sig**as**	sig**áis**
sig**a**	sig**an**

perfecto de subjuntivo

haya seguido	**hayamos** seguido
hayas seguido	**hayáis** seguido
haya seguido	**hayan** seguido

imperfecto de subjuntivo

sigu**iera**	sigu**iéramos**
sigu**ieras**	sigu**ierais**
sigu**iera**	sigu**ieran**
OR	
sigu**iese**	sigu**iésemos**
sigu**ieses**	sigu**ieseis**
sigu**iese**	sigu**iesen**

pluscuamperfecto de subjuntivo

hubiera seguido	**hubiéramos** seguido
hubieras seguido	**hubierais** seguido
hubiera seguido	**hubieran** seguido
OR	
hubiese seguido	**hubiésemos** seguido
hubieses seguido	**hubieseis** seguido
hubiese seguido	**hubiesen** seguido

imperativo

—	sigamos
sigue; no sigas	seguid; no sigáis
siga	sigan

S

gerundio   señalando   participio de pasado   señalado

SINGULAR	PLURAL	SINGULAR	PLURAL
presente de indicativo		**perfecto de indicativo**	
señalo	señalamos	**he** señalado	**hemos** señalado
señalas	señaláis	**has** señalado	**habéis** señalado
señala	señalan	**ha** señalado	**han** señalado
imperfecto de indicativo		**pluscuamperfecto de indicativo**	
señalaba	señalábamos	**había** señalado	**habíamos** señalado
señalabas	señalabais	**habías** señalado	**habíais** señalado
señalaba	señalaban	**había** señalado	**habían** señalado
pretérito		**pretérito anterior**	
señalé	señalamos	**hube** señalado	**hubimos** señalado
señalaste	señalasteis	**hubiste** señalado	**hubisteis** señalado
señaló	señalaron	**hubo** señalado	**hubieron** señalado
futuro		**futuro perfecto**	
señalaré	señalaremos	**habré** señalado	**habremos** señalado
señalarás	señalaréis	**habrás** señalado	**habréis** señalado
señalará	señalarán	**habrá** señalado	**habrán** señalado
condicional simple		**condicional compuesto**	
señalaría	señalaríamos	**habría** señalado	**habríamos** señalado
señalarías	señalaríais	**habrías** señalado	**habríais** señalado
señalaría	señalarían	**habría** señalado	**habrían** señalado
presente de subjuntivo		**perfecto de subjuntivo**	
señale	señalemos	**haya** señalado	**hayamos** señalado
señales	señaléis	**hayas** señalado	**hayáis** señalado
señale	señalen	**haya** señalado	**hayan** señalado
imperfecto de subjuntivo		**pluscuamperfecto de subjuntivo**	
señalara	señaláramos	**hubiera** señalado	**hubiéramos** señalado
señalaras	señalarais	**hubieras** señalado	**hubierais** señalado
señalara	señalaran	**hubiera** señalado	**hubieran** señalado
OR		OR	
señalase	señalásemos	**hubiese** señalado	**hubiésemos** señalado
señalases	señalaseis	**hubieses** señalado	**hubieseis** señalado
señalase	señalasen	**hubiese** señalado	**hubiesen** señalado
imperativo			
—	señalemos		
señala; no señales	señalad; no señaléis		
señale	señalen		

to sit down

gerundio **sentándose**   participio de pasado **sentado**

SINGULAR	PLURAL	SINGULAR	PLURAL

presente de indicativo

me siento	nos sentamos
te sientas	os sentáis
se sienta	se sientan

perfecto de indicativo

me he sentado	nos hemos sentado
te has sentado	os habéis sentado
se ha sentado	se han sentado

imperfecto de indicativo

me sentaba	nos sentábamos
te sentabas	os sentabais
se sentaba	se sentaban

pluscuamperfecto de indicativo

me había sentado	nos habíamos sentado
te habías sentado	os habíais sentado
se había sentado	se habían sentado

S

pretérito

me senté	nos sentamos
te sentaste	os sentasteis
se sentó	se sentaron

pretérito anterior

me hube sentado	nos hubimos sentado
te hubiste sentado	os hubisteis sentado
se hubo sentado	se hubieron sentado

futuro

me sentaré	nos sentaremos
te sentarás	os sentaréis
se sentará	se sentarán

futuro perfecto

me habré sentado	nos habremos sentado
te habrás sentado	os habréis sentado
se habrá sentado	se habrán sentado

condicional simple

me sentaría	nos sentaríamos
te sentarías	os sentaríais
se sentaría	se sentarían

condicional compuesto

me habría sentado	nos habríamos sentado
te habrías sentado	os habríais sentado
se habría sentado	se habrían sentado

presente de subjuntivo

me siente	nos sentemos
te sientes	os sentéis
se siente	se sienten

perfecto de subjuntivo

me haya sentado	nos hayamos sentado
te hayas sentado	os hayáis sentado
se haya sentado	se hayan sentado

imperfecto de subjuntivo

me sentara	nos sentáramos
te sentaras	os sentarais
se sentara	se sentaran
OR	
me sentase	nos sentásemos
te sentases	os sentaseis
se sentase	se sentasen

pluscuamperfecto de subjuntivo

me hubiera sentado	nos hubiéramos sentado
te hubieras sentado	os hubierais sentado
se hubiera sentado	se hubieran sentado
OR	
me hubiese sentado	nos hubiésemos sentado
te hubieses sentado	os hubieseis sentado
se hubiese sentado	se hubiesen sentado

imperativo

—	sentémonos; no nos sentemos
siéntate; no te sientes	sentaos; no os sentéis
siéntese; no se siente	siéntense; no se sienten

SINGULAR	PLURAL	SINGULAR	PLURAL

presente de indicativo

siento	sentimos
sientes	sentís
siente	sienten

perfecto de indicativo

he sentido	**hemos** sentido
has sentido	**habéis** sentido
ha sentido	**han** sentido

imperfecto de indicativo

sentía	sentíamos
sentías	sentíais
sentía	sentían

pluscuamperfecto de indicativo

había sentido	**habíamos** sentido
habías sentido	**habíais** sentido
había sentido	**habían** sentido

pretérito

sentí	sentimos
sentiste	sentisteis
sintió	sintieron

pretérito anterior

hube sentido	**hubimos** sentido
hubiste sentido	**hubisteis** sentido
hubo sentido	**hubieron** sentido

futuro

sentiré	sentiremos
sentirás	sentiréis
sentirá	sentirán

futuro perfecto

habré sentido	**habremos** sentido
habrás sentido	**habréis** sentido
habrá sentido	**habrán** sentido

condicional simple

sentiría	sentiríamos
sentirías	sentiríais
sentiría	sentirían

condicional compuesto

habría sentido	**habríamos** sentido
habrías sentido	**habríais** sentido
habría sentido	**habrían** sentido

presente de subjuntivo

sienta	sintamos
sientas	sintáis
sienta	sientan

perfecto de subjuntivo

haya sentido	**hayamos** sentido
hayas sentido	**hayáis** sentido
haya sentido	**hayan** sentido

imperfecto de subjuntivo

sintiera	sintiéramos
sintieras	sintierais
sintiera	sintieran
OR	
sintiese	sintiésemos
sintieses	sintieseis
sintiese	sintiesen

pluscuamperfecto de subjuntivo

hubiera sentido	**hubiéramos** sentido
hubieras sentido	**hubierais** sentido
hubiera sentido	**hubieran** sentido
OR	
hubiese sentido	**hubiésemos** sentido
hubieses sentido	**hubieseis** sentido
hubiese sentido	**hubiesen** sentido

imperativo

—	sintamos
siente; no sientas	sentid; no sintáis
sienta	sientan

MUST KNOW VERB

SINGULAR	PLURAL	SINGULAR	PLURAL

presente de indicativo

me sient**o**	nos sent**imos**
te sient**es**	os sent**ís**
se sient**e**	se sient**en**

perfecto de indicativo

me he sentido	**nos hemos** sentido
te has sentido	**os habéis** sentido
se ha sentido	**se han** sentido

imperfecto de indicativo

me sent**ía**	nos sent**íamos**
te sent**ías**	os sent**íais**
se sent**ía**	se sent**ían**

pluscuamperfecto de indicativo

me había sentido	**nos habíamos** sentido
te habías sentido	**os habíais** sentido
se había sentido	**se habían** sentido

S

pretérito

me sent**í**	nos sent**imos**
te sent**iste**	os sent**isteis**
se sint**ió**	se sint**ieron**

pretérito anterior

me hube sentido	**nos hubimos** sentido
te hubiste sentido	**os hubisteis** sentido
se hubo sentido	**se hubieron** sentido

futuro

me sentir**é**	nos sentir**emos**
te sentir**ás**	os sentir**éis**
se sentir**á**	se sentir**án**

futuro perfecto

me habré sentido	**nos habremos** sentido
te habrás sentido	**os habréis** sentido
se habrá sentido	**se habrán** sentido

condicional simple

me sentir**ía**	nos sentir**íamos**
te sentir**ías**	os sentir**íais**
se sentir**ía**	se sentir**ían**

condicional compuesto

me habría sentido	**nos habríamos** sentido
te habrías sentido	**os habríais** sentido
se habría sentido	**se habrían** sentido

presente de subjuntivo

me sient**a**	nos sint**amos**
te sient**as**	os sint**áis**
se sient**a**	se sient**an**

perfecto de subjuntivo

me haya sentido	**nos hayamos** sentido
te hayas sentido	**os hayáis** sentido
se haya sentido	**se hayan** sentido

imperfecto de subjuntivo

me sint**iera**	nos sint**iéramos**
te sint**ieras**	os sint**ierais**
se sint**iera**	se sint**ieran**
OR	
me sint**iese**	nos sint**iésemos**
te sint**ieses**	os sint**ieseis**
se sint**iese**	se sint**iesen**

pluscuamperfecto de subjuntivo

me hubiera sentido	**nos hubiéramos** sentido
te hubieras sentido	**os hubierais** sentido
se hubiera sentido	**se hubieran** sentido
OR	
me hubiese sentido	**nos hubiésemos** sentido
te hubieses sentido	**os hubieseis** sentido
se hubiese sentido	**se hubiesen** sentido

imperativo

—	sint**ámonos**
siént**ete**; no te sient**as**	sent**ios**; no os sint**áis**
siént**ase**	siént**anse**

MUST KNOW VERB

to separate

SINGULAR	PLURAL	SINGULAR	PLURAL

presente de indicativo
separo	separamos		
separas	separáis		
separa	separan		

perfecto de indicativo
he separado	hemos separado
has separado	habéis separado
ha separado	han separado

imperfecto de indicativo
separaba	separábamos
separabas	separabais
separaba	separaban

pluscuamperfecto de indicativo
había separado	habíamos separado
habías separado	habíais separado
había separado	habían separado

pretérito
separé	separamos
separaste	separasteis
separó	separaron

pretérito anterior
hube separado	hubimos separado
hubiste separado	hubisteis separado
hubo separado	hubieron separado

futuro
separaré	separaremos
separarás	separaréis
separará	separarán

futuro perfecto
habré separado	habremos separado
habrás separado	habréis separado
habrá separado	habrán separado

condicional simple
separaría	separaríamos
separarías	separaríais
separaría	separarían

condicional compuesto
habría separado	habríamos separado
habrías separado	habríais separado
habría separado	habrían separado

presente de subjuntivo
separe	separemos
separes	separéis
separe	separen

perfecto de subjuntivo
haya separado	hayamos separado
hayas separado	hayáis separado
haya separado	hayan separado

imperfecto de subjuntivo
separara	separáramos
separaras	separarais
separara	separaran
OR	
separase	separásemos
separases	separaseis
separase	separasen

pluscuamperfecto de subjuntivo
hubiera separado	hubiéramos separado
hubieras separado	hubierais separado
hubiera separado	hubieran separado
OR	
hubiese separado	hubiésemos separado
hubieses separado	hubieseis separado
hubiese separado	hubiesen separado

imperativo
—	separemos
separa; no separes	separad; no separéis
separe	separen

gerundio siendo　　　　　　**participio de pasado** sido

SINGULAR	PLURAL	SINGULAR	PLURAL

presente de indicativo
soy	somos
eres	sois
es	son

perfecto de indicativo
he sido	hemos sido
has sido	habéis sido
ha sido	han sido

imperfecto de indicativo
era	éramos
eras	erais
era	eran

pluscuamperfecto de indicativo
había sido	habíamos sido
habías sido	habíais sido
había sido	habían sido

S

pretérito
fui	fuimos
fuiste	fuisteis
fue	fueron

pretérito anterior
hube sido	hubimos sido
hubiste sido	hubisteis sido
hubo sido	hubieron sido

futuro
seré	seremos
serás	seréis
será	serán

futuro perfecto
habré sido	habremos sido
habrás sido	habréis sido
habrá sido	habrán sido

condicional simple
sería	seríamos
serías	seríais
sería	serían

condicional compuesto
habría sido	habríamos sido
habrías sido	habríais sido
habría sido	habrían sido

presente de subjuntivo
sea	seamos
seas	seáis
sea	sean

perfecto de subjuntivo
haya sido	hayamos sido
hayas sido	hayáis sido
haya sido	hayan sido

imperfecto de subjuntivo
fuera	fuéramos
fueras	fuerais
fuera	fueran
OR	
fuese	fuésemos
fueses	fueseis
fuese	fuesen

pluscuamperfecto de subjuntivo
hubiera sido	hubiéramos sido
hubieras sido	hubierais sido
hubiera sido	hubieran sido
OR	
hubiese sido	hubiésemos sido
hubieses sido	hubieseis sido
hubiese sido	hubiesen sido

imperativo
—	seamos
sé; no seas	sed; no seáis
sea	sean

MUST KNOW VERB

gerundio **sirviendo**   participio de pasado **servido**

SINGULAR	PLURAL	SINGULAR	PLURAL
presente de indicativo		**perfecto de indicativo**	
sirvo	servimos	he servido	hemos servido
sirves	servís	has servido	habéis servido
sirve	sirven	ha servido	han servido
imperfecto de indicativo		**pluscuamperfecto de indicativo**	
servía	servíamos	había servido	habíamos servido
servías	servíais	habías servido	habíais servido
servía	servían	había servido	habían servido
pretérito		**pretérito anterior**	
serví	servimos	hube servido	hubimos servido
serviste	servisteis	hubiste servido	hubisteis servido
sirvió	sirvieron	hubo servido	hubieron servido
futuro		**futuro perfecto**	
serviré	serviremos	habré servido	habremos servido
servirás	serviréis	habrás servido	habréis servido
servirá	servirán	habrá servido	habrán servido
condicional simple		**condicional compuesto**	
serviría	serviríamos	habría servido	habríamos servido
servirías	serviríais	habrías servido	habríais servido
serviría	servirían	habría servido	habrían servido
presente de subjuntivo		**perfecto de subjuntivo**	
sirva	sirvamos	haya servido	hayamos servido
sirvas	sirváis	hayas servido	hayáis servido
sirva	sirvan	haya servido	hayan servido
imperfecto de subjuntivo		**pluscuamperfecto de subjuntivo**	
sirviera	sirviéramos	hubiera servido	hubiéramos servido
sirvieras	sirvierais	hubieras servido	hubierais servido
sirviera	sirvieran	hubiera servido	hubieran servido
OR		OR	
sirviese	sirviésemos	hubiese servido	hubiésemos servido
sirvieses	sirvieseis	hubieses servido	hubieseis servido
sirviese	sirviesen	hubiese servido	hubiesen servido

imperativo

—	sirvamos
sirve; no sirvas	servid; no sirváis
sirva	sirvan

SINGULAR	PLURAL	SINGULAR	PLURAL
presente de indicativo		**perfecto de indicativo**	
sofoco	sofocamos	he sofocado	hemos sofocado
sofocas	sofocáis	has sofocado	habéis sofocado
sofoca	sofocan	ha sofocado	han sofocado
imperfecto de indicativo		**pluscuamperfecto de indicativo**	
sofocaba	sofocábamos	había sofocado	habíamos sofocado
sofocabas	sofocabais	habías sofocado	habíais sofocado
sofocaba	sofocaban	había sofocado	habían sofocado
pretérito		**pretérito anterior**	
sofoqué	sofocamos	hube sofocado	hubimos sofocado
sofocaste	sofocasteis	hubiste sofocado	hubisteis sofocado
sofocó	sofocaron	hubo sofocado	hubieron sofocado
futuro		**futuro perfecto**	
sofocaré	sofocaremos	habré sofocado	habremos sofocado
sofocarás	sofocaréis	habrás sofocado	habréis sofocado
sofocará	sofocarán	habrá sofocado	habrán sofocado
condicional simple		**condicional compuesto**	
sofocaría	sofocaríamos	habría sofocado	habríamos sofocado
sofocarías	sofocaríais	habrías sofocado	habríais sofocado
sofocaría	sofocarían	habría sofocado	habrían sofocado
presente de subjuntivo		**perfecto de subjuntivo**	
sofoque	sofoquemos	haya sofocado	hayamos sofocado
sofoques	sofoquéis	hayas sofocado	hayáis sofocado
sofoque	sofoquen	haya sofocado	hayan sofocado
imperfecto de subjuntivo		**pluscuamperfecto de subjuntivo**	
sofocara	sofocáramos	hubiera sofocado	hubiéramos sofocado
sofocaras	sofocarais	hubieras sofocado	hubierais sofocado
sofocara	sofocaran	hubiera sofocado	hubieran sofocado
OR		OR	
sofocase	sofocásemos	hubiese sofocado	hubiésemos sofocado
sofocases	sofocaseis	hubieses sofocado	hubieseis sofocado
sofocase	sofocasen	hubiese sofocado	hubiesen sofocado

S

imperativo

—	sofoquemos
sofoca; no sofoques	sofocad; no sofoquéis
sofoque	sofoquen

soler*

to be in the habit of

SINGULAR	PLURAL	SINGULAR	PLURAL

presente de indicativo

SINGULAR	PLURAL
suel**o**	sol**emos**
suel**es**	sol**éis**
suel**e**	suel**en**

perfecto de indicativo

SINGULAR	PLURAL
he solido	**hemos** solido
has solido	**habéis** solido
ha solido	**han** solido

imperfecto de indicativo

SINGULAR	PLURAL
sol**ía**	sol**íamos**
sol**ías**	sol**íais**
sol**ía**	sol**ían**

presente de subjuntivo

SINGULAR	PLURAL
suel**a**	sol**amos**
suel**as**	sol**áis**
suel**a**	suel**an**

imperativo

—

*The verb **soler** is always followed by an infinitive.

gerundio sollozando   **participio de pasado sollozado**

SINGULAR	PLURAL	SINGULAR	PLURAL

presente de indicativo
sollozo	sollozamos
sollozas	sollozáis
solloza	sollozan

perfecto de indicativo
he sollozado	hemos sollozado
has sollozado	habéis sollozado
ha sollozado	han sollozado

imperfecto de indicativo
sollozaba	sollozábamos
sollozabas	sollozabais
sollozaba	sollozaban

pluscuamperfecto de indicativo
había sollozado	habíamos sollozado
habías sollozado	habíais sollozado
había sollozado	habían sollozado

S

pretérito
sollocé	sollozamos
sollozaste	sollozasteis
sollozó	sollozaron

pretérito anterior
hube sollozado	hubimos sollozado
hubiste sollozado	hubisteis sollozado
hubo sollozado	hubieron sollozado

futuro
sollozaré	sollozaremos
sollozarás	sollozaréis
sollozará	sollozarán

futuro perfecto
habré sollozado	habremos sollozado
habrás sollozado	habréis sollozado
habrá sollozado	habrán sollozado

condicional simple
sollozaría	sollozaríamos
sollozarías	sollozaríais
sollozaría	sollozarían

condicional compuesto
habría sollozado	habríamos sollozado
habrías sollozado	habríais sollozado
habría sollozado	habrían sollozado

presente de subjuntivo
solloce	sollocemos
solloces	sollocéis
solloce	sollocen

perfecto de subjuntivo
haya sollozado	hayamos sollozado
hayas sollozado	hayáis sollozado
haya sollozado	hayan sollozado

imperfecto de subjuntivo
sollozara	sollozáramos
sollozaras	sollozarais
sollozara	sollozaran
OR	
sollozase	sollozásemos
sollozases	sollozaseis
sollozase	sollozasen

pluscuamperfecto de subjuntivo
hubiera sollozado	hubiéramos sollozado
hubieras sollozado	hubierais sollozado
hubiera sollozado	hubieran sollozado
OR	
hubiese sollozado	hubiésemos sollozado
hubieses sollozado	hubieseis sollozado
hubiese sollozado	hubiesen sollozado

imperativo
—	sollecemos
solloza; no solloces	sollozad; no sollocéis
solloce	sollocen

gerundio sometiendo   **participio de pasado** sometido

SINGULAR	PLURAL	SINGULAR	PLURAL

presente de indicativo
someto	sometemos
sometes	sometéis
somete	someten

perfecto de indicativo
he sometido	**hemos** sometido
has sometido	**habéis** sometido
ha sometido	**han** sometido

imperfecto de indicativo
sometía	sometíamos
sometías	sometíais
sometía	sometían

pluscuamperfecto de indicativo
había sometido	**habíamos** sometido
habías sometido	**habíais** sometido
había sometido	**habían** sometido

pretérito
sometí	sometimos
sometiste	sometisteis
sometió	sometieron

pretérito anterior
hube sometido	**hubimos** sometido
hubiste sometido	**hubisteis** sometido
hubo sometido	**hubieron** sometido

futuro
someteré	someteremos
someterás	someteréis
someterá	someterán

futuro perfecto
habré sometido	**habremos** sometido
habrás sometido	**habréis** sometido
habrá sometido	**habrán** sometido

condicional simple
sometería	someteríamos
someterías	someteríais
sometería	someterían

condicional compuesto
habría sometido	**habríamos** sometido
habrías sometido	**habríais** sometido
habría sometido	**habrían** sometido

presente de subjuntivo
someta	sometamos
sometas	sometáis
someta	sometan

perfecto de subjuntivo
haya sometido	**hayamos** sometido
hayas sometido	**hayáis** sometido
haya sometido	**hayan** sometido

imperfecto de subjuntivo
sometiera	sometiéramos
sometieras	sometierais
sometiera	sometieran
OR	
sometiese	sometiésemos
sometieses	sometieseis
sometiese	sometiesen

pluscuamperfecto de subjuntivo
hubiera sometido	**hubiéramos** sometido
hubieras sometido	**hubierais** sometido
hubiera sometido	**hubieran** sometido
OR	
hubiese sometido	**hubiésemos** sometido
hubieses sometido	**hubieseis** sometido
hubiese sometido	**hubiesen** sometido

imperativo
—	sometamos
somete; no sometas	someted; no sometáis
someta	sometan

to ring, to sound

gerundio sonando   **participio de pasado** sonado

SINGULAR	PLURAL	SINGULAR	PLURAL

presente de indicativo

sueno	sonamos
suenas	sonáis
suena	suenan

perfecto de indicativo

he sonado	hemos sonado
has sonado	habéis sonado
ha sonado	han sonado

imperfecto de indicativo

sonaba	sonábamos
sonabas	sonabais
sonaba	sonaban

pluscuamperfecto de indicativo

había sonado	habíamos sonado
habías sonado	habíais sonado
había sonado	habían sonado

S

pretérito

soné	sonamos
sonaste	sonasteis
sonó	sonaron

pretérito anterior

hube sonado	hubimos sonado
hubiste sonado	hubisteis sonado
hubo sonado	hubieron sonado

futuro

sonaré	sonaremos
sonarás	sonaréis
sonará	sonarán

futuro perfecto

habré sonado	habremos sonado
habrás sonado	habréis sonado
habrá sonado	habrán sonado

condicional simple

sonaría	sonaríamos
sonarías	sonaríais
sonaría	sonarían

condicional compuesto

habría sonado	habríamos sonado
habrías sonado	habríais sonado
habría sonado	habrían sonado

presente de subjuntivo

suene	sonemos
suenes	sonéis
suene	suenen

perfecto de subjuntivo

haya sonado	hayamos sonado
hayas sonado	hayáis sonado
haya sonado	hayan sonado

imperfecto de subjuntivo

sonara	sonáramos
sonaras	sonarais
sonara	sonaran
OR	
sonase	sonásemos
sonases	sonaseis
sonase	sonasen

pluscuamperfecto de subjuntivo

hubiera sonado	hubiéramos sonado
hubieras sonado	hubierais sonado
hubiera sonado	hubieran sonado
OR	
hubiese sonado	hubiésemos sonado
hubieses sonado	hubieseis sonado
hubiese sonado	hubiesen sonado

imperativo

—	sonemos
suena; no suenes	sonad; no sonéis
suene	suenen

soñar

to dream

SINGULAR	PLURAL	SINGULAR	PLURAL

presente de indicativo

		perfecto de indicativo	
sueño	soñamos	he soñado	hemos soñado
sueñas	soñáis	has soñado	habéis soñado
sueña	sueñan	ha soñado	han soñado

imperfecto de indicativo / pluscuamperfecto de indicativo

soñaba	soñábamos	había soñado	habíamos soñado
soñabas	soñabais	habías soñado	habíais soñado
soñaba	soñaban	había soñado	habían soñado

pretérito / pretérito anterior

soñé	soñamos	hube soñado	hubimos soñado
soñaste	soñasteis	hubiste soñado	hubisteis soñado
soñó	soñaron	hubo soñado	hubieron soñado

futuro / futuro perfecto

soñaré	soñaremos	habré soñado	habremos soñado
soñarás	soñaréis	habrás soñado	habréis soñado
soñará	soñarán	habrá soñado	habrán soñado

condicional simple / condicional compuesto

soñaría	soñaríamos	habría soñado	habríamos soñado
soñarías	soñaríais	habrías soñado	habríais soñado
soñaría	soñarían	habría soñado	habrían soñado

presente de subjuntivo / perfecto de subjuntivo

sueñe	soñemos	haya soñado	hayamos soñado
sueñes	soñéis	hayas soñado	hayáis soñado
sueñe	sueñen	haya soñado	hayan soñado

imperfecto de subjuntivo / pluscuamperfecto de subjuntivo

soñara	soñáramos	hubiera soñado	hubiéramos soñado
soñaras	soñarais	hubieras soñado	hubierais soñado
soñara	soñaran	hubiera soñado	hubieran soñado
OR		OR	
soñase	soñásemos	hubiese soñado	hubiésemos soñado
soñases	soñaseis	hubieses soñado	hubieseis soñado
soñase	soñasen	hubiese soñado	hubiesen soñado

imperativo

—	soñemos
sueña; no sueñes	soñad; no soñéis
sueñe	sueñen

to smile

SINGULAR	PLURAL

presente de indicativo
sonrío	sonreímos
sonríes	sonreís
sonríe	sonríen

imperfecto de indicativo
sonreía	sonreíamos
sonreías	sonreíais
sonreía	sonreían

pretérito
sonreí	sonreímos
sonreíste	sonreísteis
sonrió	sonrieron

futuro
sonreiré	sonreiremos
sonreirás	sonreiréis
sonreirá	sonreirán

condicional simple
sonreiría	sonreiríamos
sonreirías	sonreiríais
sonreiría	sonreirían

presente de subjuntivo
sonría	sonriamos
sonrías	sonriáis
sonría	sonrían

imperfecto de subjuntivo
sonriera	sonriéramos
sonrieras	sonrierais
sonriera	sonrieran
OR	
sonriese	sonriésemos
sonrieses	sonrieseis
sonriese	sonriesen

imperativo
—	sonriamos
sonríe; no sonrías	sonreíd; no sonriáis
sonría	sonrían

SINGULAR	PLURAL

perfecto de indicativo
he sonreído	hemos sonreído
has sonreído	habéis sonreído
ha sonreído	han sonreído

pluscuamperfecto de indicativo
había sonreído	habíamos sonreído
habías sonreído	habíais sonreído
había sonreído	habían sonreído

pretérito anterior
hube sonreído	hubimos sonreído
hubiste sonreído	hubisteis sonreído
hubo sonreído	hubieron sonreído

futuro perfecto
habré sonreído	habremos sonreído
habrás sonreído	habréis sonreído
habrá sonreído	habrán sonreído

condicional compuesto
habría sonreído	habríamos sonreído
habrías sonreído	habríais sonreído
habría sonreído	habrían sonreído

perfecto de subjuntivo
haya sonreído	hayamos sonreído
hayas sonreído	hayáis sonreído
haya sonreído	hayan sonreído

pluscuamperfecto de subjuntivo
hubiera sonreído	hubiéramos sonreído
hubieras sonreído	hubierais sonreído
hubiera sonreído	hubieran sonreído
OR	
hubiese sonreído	hubiésemos sonreído
hubieses sonreído	hubieseis sonreído
hubiese sonreído	hubiesen sonreído

S

gerundio **soplando**

participio de pasado **soplado**

SINGULAR	PLURAL	SINGULAR	PLURAL

presente de indicativo

		perfecto de indicativo	
soplo	soplamos	**he** soplado	**hemos** soplado
soplas	sopláis	**has** soplado	**habéis** soplado
sopla	soplan	**ha** soplado	**han** soplado

imperfecto de indicativo

		pluscuamperfecto de indicativo	
soplaba	soplábamos	**había** soplado	**habíamos** soplado
soplabas	soplabais	**habías** soplado	**habíais** soplado
soplaba	soplaban	**había** soplado	**habían** soplado

pretérito

		pretérito anterior	
soplé	soplamos	**hube** soplado	**hubimos** soplado
soplaste	soplasteis	**hubiste** soplado	**hubisteis** soplado
sopló	soplaron	**hubo** soplado	**hubieron** soplado

futuro

		futuro perfecto	
soplaré	soplaremos	**habré** soplado	**habremos** soplado
soplarás	soplaréis	**habrás** soplado	**habréis** soplado
soplará	soplarán	**habrá** soplado	**habrán** soplado

condicional simple

		condicional compuesto	
soplaría	soplaríamos	**habría** soplado	**habríamos** soplado
soplarías	soplaríais	**habrías** soplado	**habríais** soplado
soplaría	soplarían	**habría** soplado	**habrían** soplado

presente de subjuntivo

		perfecto de subjuntivo	
sople	soplemos	**haya** soplado	**hayamos** soplado
soples	sopléis	**hayas** soplado	**hayáis** soplado
sople	soplen	**haya** soplado	**hayan** soplado

imperfecto de subjuntivo

		pluscuamperfecto de subjuntivo	
soplara	sopláramos	**hubiera** soplado	**hubiéramos** soplado
soplaras	soplarais	**hubieras** soplado	**hubierais** soplado
soplara	soplaran	**hubiera** soplado	**hubieran** soplado
OR		OR	
soplase	soplásemos	**hubiese** soplado	**hubiésemos** soplado
soplases	soplaseis	**hubieses** soplado	**hubieseis** soplado
soplase	soplasen	**hubiese** soplado	**hubiesen** soplado

imperativo

—	soplemos
sopla; no soples	soplad; no sopléis
sople	soplen

to surprise, to astonish

gerundio **sorprendiendo**   participio de pasado **sorprendido**

SINGULAR	PLURAL	SINGULAR	PLURAL

presente de indicativo

sorprendo	sorprendemos
sorprendes	sorprendéis
sorprende	sorprenden

perfecto de indicativo

he sorprendido	hemos sorprendido
has sorprendido	habéis sorprendido
ha sorprendido	han sorprendido

imperfecto de indicativo

sorprendía	sorprendíamos
sorprendías	sorprendíais
sorprendía	sorprendían

pluscuamperfecto de indicativo

había sorprendido	habíamos sorprendido
habías sorprendido	habíais sorprendido
había sorprendido	habían sorprendido

S

pretérito

sorprendí	sorprendimos
sorprendiste	sorprendisteis
sorprendió	sorprendieron

pretérito anterior

hube sorprendido	hubimos sorprendido
hubiste sorprendido	hubisteis sorprendido
hubo sorprendido	hubieron sorprendido

futuro

sorprenderé	sorprenderemos
sorprenderás	sorprenderéis
sorprenderá	sorprenderán

futuro perfecto

habré sorprendido	habremos sorprendido
habrás sorprendido	habréis sorprendido
habrá sorprendido	habrán sorprendido

condicional simple

sorprendería	sorprenderíamos
sorprenderías	sorprenderíais
sorprendería	sorprenderían

condicional compuesto

habría sorprendido	habríamos sorprendido
habrías sorprendido	habríais sorprendido
habría sorprendido	habrían sorprendido

presente de subjuntivo

sorprenda	sorprendamos
sorprendas	sorprendáis
sorprenda	sorprendan

perfecto de subjuntivo

haya sorprendido	hayamos sorprendido
hayas sorprendido	hayáis sorprendido
haya sorprendido	hayan sorprendido

imperfecto de subjuntivo

sorprendiera	sorprendiéramos
sorprendieras	sorprendierais
sorprendiera	sorprendieran
OR	
sorprendiese	sorprendiésemos
sorprendieses	sorprendieseis
sorprendiese	sorprendiesen

pluscuamperfecto de subjuntivo

hubiera sorprendido	hubiéramos sorprendido
hubieras sorprendido	hubierais sorprendido
hubiera sorprendido	hubieran sorprendido
OR	
hubiese sorprendido	hubiésemos sorprendido
hubieses sorprendido	hubieseis sorprendido
hubiese sorprendido	hubiesen sorprendido

imperativo

—	sorprendamos
sorprende;	sorprended;
no sorprendas	no sorprendáis
sorprenda	sorprendan

gerundio **sospechando**   participio de pasado **sospechado**

SINGULAR	PLURAL	SINGULAR	PLURAL

presente de indicativo

sospech**o**	sospech**amos**		
sospech**as**	sospech**áis**		
sospech**a**	sospech**an**		

perfecto de indicativo

he sospechado	**hemos** sospechado		
has sospechado	**habéis** sospechado		
ha sospechado	**han** sospechado		

imperfecto de indicativo

sospech**aba**	sospech**ábamos**
sospech**abas**	sospech**abais**
sospech**aba**	sospech**aban**

pluscuamperfecto de indicativo

había sospechado	**habíamos** sospechado
habías sospechado	**habíais** sospechado
había sospechado	**habían** sospechado

pretérito

sospech**é**	sospech**amos**
sospech**aste**	sospech**asteis**
sospech**ó**	sospech**aron**

pretérito anterior

hube sospechado	**hubimos** sospechado
hubiste sospechado	**hubisteis** sospechado
hubo sospechado	**hubieron** sospechado

futuro

sospech**aré**	sospech**aremos**
sospech**arás**	sospech**aréis**
sospech**ará**	sospech**arán**

futuro perfecto

habré sospechado	**habremos** sospechado
habrás sospechado	**habréis** sospechado
habrá sospechado	**habrán** sospechado

condicional simple

sospech**aría**	sospech**aríamos**
sospech**arías**	sospech**aríais**
sospech**aría**	sospech**arían**

condicional compuesto

habría sospechado	**habríamos** sospechado
habrías sospechado	**habríais** sospechado
habría sospechado	**habrían** sospechado

presente de subjuntivo

sospech**e**	sospech**emos**
sospech**es**	sospech**éis**
sospech**e**	sospech**en**

perfecto de subjuntivo

haya sospechado	**hayamos** sospechado
hayas sospechado	**hayáis** sospechado
haya sospechado	**hayan** sospechado

imperfecto de subjuntivo

sospech**ara**	sospech**áramos**
sospech**aras**	sospech**arais**
sospech**ara**	sospech**aran**
OR	
sospech**ase**	sospech**ásemos**
sospech**ases**	sospech**aseis**
sospech**ase**	sospech**asen**

pluscuamperfecto de subjuntivo

hubiera sospechado	**hubiéramos** sospechado
hubieras sospechado	**hubierais** sospechado
hubiera sospechado	**hubieran** sospechado
OR	
hubiese sospechado	**hubiésemos** sospechado
hubieses sospechado	**hubieseis** sospechado
hubiese sospechado	**hubiesen** sospechado

imperativo

—	sospechemos
sospecha;	sospechad;
no sospeches	no sospechéis
sospeche	sospechen

to hold, to support

sostener

gerundio **sosteniendo**

participio de pasado **sostenido**

S

SINGULAR	PLURAL	SINGULAR	PLURAL

presente de indicativo

sostengo	sostenemos
sostienes	sostenéis
sostiene	sostienen

perfecto de indicativo

he sostenido	**hemos** sostenido
has sostenido	**habéis** sostenido
ha sostenido	**han** sostenido

imperfecto de indicativo

sostenía	sosteníamos
sostenías	sosteníais
sostenía	sostenían

pluscuamperfecto de indicativo

había sostenido	**habíamos** sostenido
habías sostenido	**habíais** sostenido
había sostenido	**habían** sostenido

pretérito

sostuve	sostuvimos
sostuviste	sostuvisteis
sostuvo	sostuvieron

pretérito anterior

hube sostenido	**hubimos** sostenido
hubiste sostenido	**hubisteis** sostenido
hubo sostenido	**hubieron** sostenido

futuro

sostendré	sostendremos
sostendrás	sostendréis
sostendrá	sostendrán

futuro perfecto

habré sostenido	**habremos** sostenido
habrás sostenido	**habréis** sostenido
habrá sostenido	**habrán** sostenido

condicional simple

sostendría	sostendríamos
sostendrías	sostendríais
sostendría	sostendrían

condicional compuesto

habría sostenido	**habríamos** sostenido
habrías sostenido	**habríais** sostenido
habría sostenido	**habrían** sostenido

presente de subjuntivo

sostenga	sostengamos
sostengas	sostengáis
sostenga	sostengan

perfecto de subjuntivo

haya sostenido	**hayamos** sostenido
hayas sostenido	**hayáis** sostenido
haya sostenido	**hayan** sostenido

imperfecto de subjuntivo

sostuviera	sostuviéramos
sostuvieras	sostuvierais
sostuviera	sostuvieran
OR	
sostuviese	sostuviésemos
sostuvieses	sostuvieseis
sostuviese	sostuviesen

pluscuamperfecto de subjuntivo

hubiera sostenido	**hubiéramos** sostenido
hubieras sostenido	**hubierais** sostenido
hubiera sostenido	**hubieran** sostenido
OR	
hubiese sostenido	**hubiésemos** sostenido
hubieses sostenido	**hubieseis** sostenido
hubiese sostenido	**hubiesen** sostenido

imperativo

—	sostengamos
sostén; no sostengas	sostened; no sostengáis
sostenga	sostengan

601

SINGULAR	PLURAL	SINGULAR	PLURAL

presente de indicativo

		perfecto de indicativo	
subestim**o**	subestim**amos**	**he** subestimado	**hemos** subestimado
subestim**as**	subestim**áis**	**has** subestimado	**habéis** subestimado
subestim**a**	subestim**an**	**ha** subestimado	**han** subestimado

imperfecto de indicativo

		pluscuamperfecto de indicativo	
subestim**aba**	subestim**ábamos**	**había** subestimado	**habíamos** subestimado
subestim**abas**	subestim**abais**	**habías** subestimado	**habíais** subestimado
subestim**aba**	subestim**aban**	**había** subestimado	**habían** subestimado

pretérito

		pretérito anterior	
subestim**é**	subestim**amos**	**hube** subestimado	**hubimos** subestimado
subestim**aste**	subestim**asteis**	**hubiste** subestimado	**hubisteis** subestimado
subestim**ó**	subestim**aron**	**hubo** subestimado	**hubieron** subestimado

futuro

		futuro perfecto	
subestim**aré**	subestim**aremos**	**habré** subestimado	**habremos** subestimado
subestim**arás**	subestim**aréis**	**habrás** subestimado	**habréis** subestimado
subestim**ará**	subestim**arán**	**habrá** subestimado	**habrán** subestimado

condicional simple

		condicional compuesto	
subestim**aría**	subestim**aríamos**	**habría** subestimado	**habríamos** subestimado
subestim**arías**	subestim**aríais**	**habrías** subestimado	**habríais** subestimado
subestim**aría**	subestim**arían**	**habría** subestimado	**habrían** subestimado

presente de subjuntivo

		perfecto de subjuntivo	
subestim**e**	subestim**emos**	**haya** subestimado	**hayamos** subestimado
subestim**es**	subestim**éis**	**hayas** subestimado	**hayáis** subestimado
subestim**e**	subestim**en**	**haya** subestimado	**hayan** subestimado

imperfecto de subjuntivo

		pluscuamperfecto de subjuntivo	
subestim**ara**	subestim**áramos**	**hubiera** subestimado	**hubiéramos** subestimado
subestim**aras**	subestim**arais**	**hubieras** subestimado	**hubierais** subestimado
subestim**ara**	subestim**aran**	**hubiera** subestimado	**hubieran** subestimado
OR		OR	
subestim**ase**	subestim**ásemos**	**hubiese** subestimado	**hubiésemos** subestimado
subestim**ases**	subestim**aseis**	**hubieses** subestimado	**hubieseis** subestimado
subestim**ase**	subestim**asen**	**hubiese** subestimado	**hubiesen** subestimado

imperativo

—	subestim**emos**
subestim**a**;	subestim**ad**;
no subestim**es**	no subestim**éis**
subestim**e**	subestim**en**

to climb, to go up

S

SINGULAR	PLURAL	SINGULAR	PLURAL

presente de indicativo

		perfecto de indicativo	
sub**o**	sub**imos**	**he** subido	**hemos** subido
sub**es**	sub**ís**	**has** subido	**habéis** subido
sub**e**	sub**en**	**ha** subido	**han** subido

imperfecto de indicativo

pluscuamperfecto de indicativo

sub**ía**	sub**íamos**	**había** subido	**habíamos** subido
sub**ías**	sub**íais**	**habías** subido	**habíais** subido
sub**ía**	sub**ían**	**había** subido	**habían** subido

pretérito

pretérito anterior

sub**í**	sub**imos**	**hube** subido	**hubimos** subido
sub**iste**	sub**isteis**	**hubiste** subido	**hubisteis** subido
sub**ió**	sub**ieron**	**hubo** subido	**hubieron** subido

futuro

futuro perfecto

subir**é**	subir**emos**	**habré** subido	**habremos** subido
subir**ás**	subir**éis**	**habrás** subido	**habréis** subido
subir**á**	subir**án**	**habrá** subido	**habrán** subido

condicional simple

condicional compuesto

subir**ía**	subir**íamos**	**habría** subido	**habríamos** subido
subir**ías**	subir**íais**	**habrías** subido	**habríais** subido
subir**ía**	subir**ían**	**habría** subido	**habrían** subido

presente de subjuntivo

perfecto de subjuntivo

sub**a**	sub**amos**	**haya** subido	**hayamos** subido
sub**as**	sub**áis**	**hayas** subido	**hayáis** subido
sub**a**	sub**an**	**haya** subido	**hayan** subido

imperfecto de subjuntivo

pluscuamperfecto de subjuntivo

sub**iera**	sub**iéramos**	**hubiera** subido	**hubiéramos** subido
sub**ieras**	sub**ierais**	**hubieras** subido	**hubierais** subido
sub**iera**	sub**ieran**	**hubiera** subido	**hubieran** subido
OR		OR	
sub**iese**	sub**iésemos**	**hubiese** subido	**hubiésemos** subido
sub**ieses**	sub**ieseis**	**hubieses** subido	**hubieseis** subido
sub**iese**	sub**iesen**	**hubiese** subido	**hubiesen** subido

imperativo

—	subamos
sube; no subas	subid; no subáis
suba	suban

gerundio **subscribiendo**   participio de pasado **subscrito**

SINGULAR	PLURAL	SINGULAR	PLURAL

presente de indicativo

		perfecto de indicativo	
subscribo	subscribimos	**he** subscrito	**hemos** subscrito
subscribes	subscribís	**has** subscrito	**habéis** subscrito
subscribe	subscriben	**ha** subscrito	**han** subscrito

imperfecto de indicativo

		pluscuamperfecto de indicativo	
subscribía	subscnbiamos	**había** subscrito	**habíamos** subscrito
subscribías	subscribíais	**habías** subscrito	**habíais** subscrito
subscribía	subscribían	**había** subscrito	**habían** subscrito

pretérito

		pretérito anterior	
subscribí	subscribimos	**hube** subscrito	**hubimos** subscrito
subscribiste	subscribisteis	**hubiste** subscrito	**hubisteis** subscrito
subscribió	subscribieron	**hubo** subscrito	**hubieron** subscrito

futuro

		futuro perfecto	
subscribiré	subscribiremos	**habré** subscrito	**habremos** subscrito
subscribirás	subscribiréis	**habrás** subscrito	**habréis** subscrito
subscribió	subscribirán	**habrá** subscrito	**habrán** subscrito

condicional simple

		condicional compuesto	
subscribiría	subscribiríamos	**habría** subscrito	**habríamos** subscrito
subscribirías	subscribiríais	**habrías** subscrito	**habríais** subscrito
subscribiría	subscribirían	**habría** subscrito	**habrían** subscrito

presente de subjuntivo

		perfecto de subjuntivo	
subscriba	subscribamos	**haya** subscrito	**hayamos** subscrito
subscribas	subscribáis	**hayas** subscrito	**hayáis** subscrito
subscriba	subscriban	**haya** subscrito	**hayan** subscrito

imperfecto de subjuntivo

		pluscuamperfecto de subjuntivo	
subscribiera	subscribiéramos	**hubiera** subscrito	**hubiéramos** subscrito
subscribieras	subscribierais	**hubieras** subscrito	**hubierais** subscrito
subscribiera	subscribieran	**hubiera** subscrito	**hubieran** subscrito
OR		OR	
subscribiese	subscribiésemos	**hubiese** subscrito	**hubiésemos** subscrito
subscribieses	subscribieseis	**hubieses** subscrito	**hubieseis** subscrito
subscribiese	subscribiesen	**hubiese** subscrito	**hubiesen** subscrito

imperativo

—	subscribamos
subscribe;	subscribid;
no subscribas	no subscribáis
subscriba	subscriban

to suffer

gerundio **sufriendo**   participio de pasado **sufrido**

SINGULAR	PLURAL
presente de indicativo	
sufro	sufrimos
sufres	sufrís
sufre	sufren
imperfecto de indicativo	
sufría	sufríamos
sufrías	sufríais
sufría	sufrían
pretérito	
sufrí	sufrimos
sufriste	sufristeis
sufrió	sufrieron
futuro	
sufriré	sufriremos
sufrirás	sufriréis
sufrirá	sufrirán
condicional simple	
sufriría	sufriríamos
sufrirías	sufriríais
sufriría	sufrirían
presente de subjuntivo	
sufra	suframos
sufras	sufráis
sufra	sufran
imperfecto de subjuntivo	
sufriera	sufriéramos
sufrieras	sufrierais
sufriera	sufrieran
OR	
sufriese	sufriésemos
sufrieses	sufrieseis
sufriese	sufriesen
imperativo	
—	suframos
sufre; no sufras	sufrid; no sufráis
sufra	sufran

SINGULAR	PLURAL
perfecto de indicativo	
he sufrido	hemos sufrido
has sufrido	habéis sufrido
ha sufrido	han sufrido
pluscuamperfecto de indicativo	
había sufrido	habíamos sufrido
habías sufrido	habíais sufrido
había sufrido	habían sufrido
pretérito anterior	
hube sufrido	hubimos sufrido
hubiste sufrido	hubisteis sufrido
hubo sufrido	hubieron sufrido
futuro perfecto	
habré sufrido	habremos sufrido
habrás sufrido	habréis sufrido
habrá sufrido	habrán sufrido
condicional compuesto	
habría sufrido	habríamos sufrido
habrías sufrido	habríais sufrido
habría sufrido	habrían sufrido
perfecto de subjuntivo	
haya sufrido	hayamos sufrido
hayas sufrido	hayáis sufrido
haya sufrido	hayan sufrido
pluscuamperfecto de subjuntivo	
hubiera sufrido	hubiéramos sufrido
hubieras sufrido	hubierais sufrido
hubiera sufrido	hubieran sufrido
OR	
hubiese sufrido	hubiésemos sufrido
hubieses sufrido	hubieseis sufrido
hubiese sufrido	hubiesen sufrido

S

to suggest, to hint

gerundio **sugiriendo**　　participio de pasado **sugerido**

SINGULAR	PLURAL	SINGULAR	PLURAL

presente de indicativo

sugiero	sugerimos
sugieres	sugerís
sugiere	sugieren

perfecto de indicativo

he sugerido	hemos sugerido
has sugerido	habéis sugerido
ha sugerido	han sugerido

imperfecto de indicativo

sugería	sugeríamos
sugerías	sugeríais
sugería	sugerían

pluscuamperfecto de indicativo

había sugerido	habíamos sugerido
habías sugerido	habíais sugerido
había sugerido	habían sugerido

pretérito

sugerí	sugerimos
sugeriste	sugeristeis
sugirió	sugirieron

pretérito anterior

hube sugerido	hubimos sugerido
hubiste sugerido	hubisteis sugerido
hubo sugerido	hubieron sugerido

futuro

sugeriré	sugeriremos
sugerirás	sugeriréis
sugerirá	sugerirán

futuro perfecto

habré sugerido	habremos sugerido
habrás sugerido	habréis sugerido
habrá sugerido	habrán sugerido

condicional simple

sugeriría	sugeriríamos
sugerirías	sugeriríais
sugeriría	sugerirían

condicional compuesto

habría sugerido	habríamos sugerido
habrías sugerido	habríais sugerido
habría sugerido	habrían sugerido

presente de subjuntivo

sugiera	sugiramos
sugieras	sugiráis
sugiera	sugieran

perfecto de subjuntivo

haya sugerido	hayamos sugerido
hayas sugerido	hayáis sugerido
haya sugerido	hayan sugerido

imperfecto de subjuntivo

sugiriera	sugiriéramos
sugirieras	sugirierais
sugiriera	sugirieran
OR	
sugiriese	sugiriésemos
sugirieses	sugirieseis
sugiriese	sugiriesen

pluscuamperfecto de subjuntivo

hubiera sugerido	hubiéramos sugerido
hubieras sugerido	hubierais sugerido
hubiera sugerido	hubieran sugerido
OR	
hubiese sugerido	hubiésemos sugerido
hubieses sugerido	hubieseis sugerido
hubiese sugerido	hubiesen sugerido

imperativo

—	sugiramos
sugiere; no sugieras	sugerid; no sugiráis
sugiera	sugieran

to submerge, to immerse

gerundio **sumergiendo**   participio de pasado **sumergido**

SINGULAR	PLURAL	SINGULAR	PLURAL

presente de indicativo
sumerj**o**	sumerg**imos**
sumerg**es**	sumerg**ís**
sumerg**e**	sumerg**en**

perfecto de indicativo
he sumergido	**hemos** sumergido
has sumergido	**habéis** sumergido
ha sumergido	**han** sumergido

imperfecto de indicativo
sumerg**ía**	sumerg**íamos**
sumerg**ías**	sumerg**íais**
sumerg**ía**	sumerg**ían**

pluscuamperfecto de indicativo
había sumergido	**habíamos** sumergido
habías sumergido	**habíais** sumergido
había sumergido	**habían** sumergido

S

pretérito
sumerg**í**	sumerg**imos**
sumerg**iste**	sumerg**isteis**
sumerg**ió**	sumerg**ieron**

pretérito anterior
hube sumergido	**hubimos** sumergido
hubiste sumergido	**hubisteis** sumergido
hubo sumergido	**hubieron** sumergido

futuro
sumergir**é**	sumergir**emos**
sumergir**ás**	sumergir**éis**
sumergir**á**	sumergir**án**

futuro perfecto
habré sumergido	**habremos** sumergido
habrás sumergido	**habréis** sumergido
habrá sumergido	**habrán** sumergido

condicional simple
sumergir**ía**	sumergir**íamos**
sumergir**ías**	sumergir**íais**
sumergir**ía**	sumergir**ían**

condicional compuesto
habría sumergido	**habríamos** sumergido
habrías sumergido	**habríais** sumergido
habría sumergido	**habrían** sumergido

presente de subjuntivo
sumerj**a**	sumerj**amos**
sumerj**as**	sumerj**áis**
sumerj**a**	sumerj**an**

perfecto de subjuntivo
haya sumergido	**hayamos** sumergido
hayas sumergido	**hayáis** sumergido
haya sumergido	**hayan** sumergido

imperfecto de subjuntivo
sumergi**era**	sumergi**éramos**
sumergi**eras**	sumergi**erais**
sumergi**era**	sumergi**eran**
OR	
sumergi**ese**	sumergi**ésemos**
sumergi**eses**	sumergi**eseis**
sumergi**ese**	sumergi**esen**

pluscuamperfecto de subjuntivo
hubiera sumergido	**hubiéramos** sumergido
hubieras sumergido	**hubierais** sumergido
hubiera sumergido	**hubieran** sumergido
OR	
hubiese sumergido	**hubiésemos** sumergido
hubieses sumergido	**hubieseis** sumergido
hubiese sumergido	**hubiesen** sumergido

imperativo
—	sumerj**amos**
sumerg**e**;	sumerg**id**;
no sumerj**as**	no sumerj**áis**
sumerj**a**	sumerj**an**

gerundio **suponiendo**

participio de pasado **supuesto**

SINGULAR	PLURAL	SINGULAR	PLURAL

presente de indicativo

		perfecto de indicativo	
supongo	suponemos	**he** supuesto	**hemos** supuesto
supones	suponéis	**has** supuesto	**habéis** supuesto
supone	suponen	**ha** supuesto	**han** supuesto

imperfecto de indicativo

		pluscuamperfecto de indicativo	
suponía	suponíamos	**había** supuesto	**habíamos** supuesto
suponías	suponíais	**habías** supuesto	**habíais** supuesto
suponía	suponían	**había** supuesto	**habían** supuesto

pretérito

		pretérito anterior	
supuse	supimos	**hube** supuesto	**hubimos** supuesto
supiste	supisteis	**hubiste** supuesto	**hubisteis** supuesto
supo	supieron	**hubo** supuesto	**hubieron** supuesto

futuro

		futuro perfecto	
supondré	supondremos	**habré** supuesto	**habremos** supuesto
supondrás	supondréis	**habrás** supuesto	**habréis** supuesto
supondrá	supondrán	**habrá** supuesto	**habrán** supuesto

condicional simple

		condicional compuesto	
supondría	supondríamos	**habría** supuesto	**habríamos** supuesto
supondrías	supondríais	**habrías** supuesto	**habríais** supuesto
supondría	supondrían	**habría** supuesto	**habrían** supuesto

presente de subjuntivo

		perfecto de subjuntivo	
suponga	supongamos	**haya** supuesto	**hayamos** supuesto
supongas	supongáis	**hayas** supuesto	**hayáis** supuesto
suponga	supongan	**haya** supuesto	**hayan** supuesto

imperfecto de subjuntivo

		pluscuamperfecto de subjuntivo	
supusiera	supusiéramos	**hubiera** supuesto	**hubiéramos** supuesto
supusieras	supusierais	**hubieras** supuesto	**hubierais** supuesto
supusiera	supusieran	**hubiera** supuesto	**hubieran** supuesto
OR		OR	
supusiese	supusiésemos	**hubiese** supuesto	**hubiésemos** supuesto
supusieses	supusieseis	**hubieses** supuesto	**hubieseis** supuesto
supusiese	supusiesen	**hubiese** supuesto	**hubiesen** supuesto

imperativo

—	supongamos
supón; no supongas	suponed;
	no supongáis
suponga	supongan

to emerge

gerundio surgiendo   **participio de pasado** surgido

SINGULAR	PLURAL	SINGULAR	PLURAL

presente de indicativo

		perfecto de indicativo	
surjo	surgimos	**he** surgido	**hemos** surgido
surges	surgís	**has** surgido	**habéis** surgido
surge	surgen	**ha** surgido	**han** surgido

imperfecto de indicativo

		pluscuamperfecto de indicativo	
surgía	surgíamos	**había** surgido	**habíamos** surgido
surgías	surgíais	**habías** surgido	**habíais** surgido
surgía	surgían	**había** surgido	**habían** surgido

S

pretérito

		pretérito anterior	
surgí	surgimos	**hube** surgido	**hubimos** surgido
surgiste	surgisteis	**hubiste** surgido	**hubisteis** surgido
surgio	surgieron	**hubo** surgido	**hubieron** surgido

futuro

		futuro perfecto	
surgiré	surgiremos	**habré** surgido	**habremos** surgido
surgirás	surgiréis	**habrás** surgido	**habréis** surgido
surgirá	surgirán	**habrá** surgido	**habrán** surgido

condicional simple

		condicional compuesto	
surgiría	surgiríamos	**habría** surgido	**habríamos** surgido
surgirías	surgiríais	**habrías** surgido	**habríais** surgido
surgiría	surgirían	**habría** surgido	**habrían** surgido

presente de subjuntivo

		perfecto de subjuntivo	
surja	surjamos	**haya** surgido	**hayamos** surgido
surjas	surjáis	**hayas** surgido	**hayáis** surgido
surja	surjan	**haya** surgido	**hayan** surgido

imperfecto de subjuntivo

		pluscuamperfecto de subjuntivo	
surgiera	surgiéramos	**hubiera** surgido	**hubiéramos** surgido
surgieras	surgierais	**hubieras** surgido	**hubierais** surgido
surgiera	surgieran	**hubiera** surgido	**hubieran** surgido
OR		OR	
surgiese	surgiésemos	**hubiese** surgido	**hubiésemos** surgido
surgieses	surgieseis	**hubieses** surgido	**hubieseis** surgido
surgiese	surgiesen	**hubiese** surgido	**hubiesen** surgido

imperativo

—	surjamos
surge; no surjas	surgid; no surjáis
surja	surjan

suspirar

to sigh

SINGULAR	PLURAL	SINGULAR	PLURAL

presente de indicativo

suspiro	suspiramos
suspiras	suspiráis
suspira	suspiran

perfecto de indicativo

he suspirado	hemos suspirado
has suspirado	habéis suspirado
ha suspirado	han suspirado

imperfecto de indicativo

suspiraba	suspirábamos
suspirabas	suspirabais
suspiraba	suspiraban

pluscuamperfecto de indicativo

había suspirado	habíamos suspirado
habías suspirado	habíais suspirado
había suspirado	habían suspirado

pretérito

suspiré	suspiramos
suspiraste	suspirasteis
suspiró	suspiraron

pretérito anterior

hube suspirado	hubimos suspirado
hubiste suspirado	hubisteis suspirado
hubo suspirado	hubieron suspirado

futuro

suspiraré	suspiraremos
suspirarás	suspiraréis
suspirará	suspirarán

futuro perfecto

habré suspirado	habremos suspirado
habrás suspirado	habréis suspirado
habrá suspirado	habrán suspirado

condicional simple

suspiraría	suspiraríamos
suspirarías	suspiraríais
suspiraría	suspirarían

condicional compuesto

habría suspirado	habríamos suspirado
habrías suspirado	habríais suspirado
habría suspirado	habrían suspirado

presente de subjuntivo

suspire	suspiremos
suspires	suspiréis
suspire	suspiren

perfecto de subjuntivo

haya suspirado	hayamos suspirado
hayas suspirado	hayáis suspirado
haya suspirado	hayan suspirado

imperfecto de subjuntivo

suspirara	suspiráramos
suspiraras	suspirarais
suspirara	suspiraran
OR	
suspirase	suspirásemos
suspirases	suspiraseis
suspirase	suspirasen

pluscuamperfecto de subjuntivo

hubiera suspirado	hubiéramos suspirado
hubieras suspirado	hubierais suspirado
hubiera suspirado	hubieran suspirado
OR	
hubiese suspirado	hubiésemos suspirado
hubieses suspirado	hubieseis suspirado
hubiese suspirado	hubiesen suspirado

imperativo

—	suspiremos
suspira; no suspires	suspirad; no suspiréis
suspire	suspiren

SINGULAR	PLURAL	SINGULAR	PLURAL

presente de indicativo

tañ**o**	tañ**emos**
tañ**es**	tañ**éis**
tañ**e**	tañ**en**

perfecto de indicativo

he tañido	**hemos** tañido
has tañido	**habéis** tañido
ha tañido	**han** tañido

imperfecto de indicativo

tañ**ía**	tañ**íamos**
tañ**ías**	tañ**íais**
tañ**ía**	tañ**ían**

pluscuamperfecto de indicativo

había tañido	**habíamos** tañido
habías tañido	**habíais** tañido
había tañido	**habían** tañido

T

pretérito

tañ**í**	tañ**imos**
tañ**iste**	tañ**isteis**
tañ**ó**	tañ**eron**

pretérito anterior

hube tañido	**hubimos** tañido
hubiste tañido	**hubisteis** tañido
hubo tañido	**hubieron** tañido

futuro

tañer**é**	tañer**emos**
tañer**ás**	tañer**éis**
tañer**á**	tañer**án**

futuro perfecto

habré tañido	**habremos** tañido
habrás tañido	**habréis** tañido
habrá tañido	**habrán** tañido

condicional simple

tañer**ía**	tañer**íamos**
tañer**ías**	tañer**íais**
tañer**ía**	tañer**ían**

condicional compuesto

habría tañido	**habríamos** tañido
habrías tañido	**habríais** tañido
habría tañido	**habrían** tañido

presente de subjuntivo

tañ**a**	tañ**amos**
tañ**as**	tañ**áis**
tañ**a**	tañ**an**

perfecto de subjuntivo

haya tañido	**hayamos** tañido
hayas tañido	**hayáis** tañido
haya tañido	**hayan** tañido

imperfecto de subjuntivo

tañer**a**	tañér**amos**
tañer**as**	tañer**ais**
tañer**a**	tañer**an**
OR	
tañe**se**	tañé**semos**
tañe**ses**	tañe**seis**
tañe**se**	tañe**sen**

pluscuamperfecto de subjuntivo

hubiera tañido	**hubiéramos** tañido
hubieras tañido	**hubierais** tañido
hubiera tañido	**hubieran** tañido
OR	
hubiese tañido	**hubiésemos** tañido
hubieses tañido	**hubieseis** tañido
hubiese tañido	**hubiesen** tañido

imperativo

—	tañamos
tañe; no tañas	tañed; no tañáis
taña	tañan

tardar

to delay, to be delayed

SINGULAR	PLURAL	SINGULAR	PLURAL
presente de indicativo		**perfecto de indicativo**	
tardo	tardamos	he tardado	hemos tardado
tardas	tardáis	has tardado	habéis tardado
tarda	tardan	ha tardado	han tardado
imperfecto de indicativo		**pluscuamperfecto de indicativo**	
tardaba	tardábamos	había tardado	habíamos tardado
tardabas	tardabais	habías tardado	habíais tardado
tardaba	tardaban	había tardado	habían tardado
pretérito		**pretérito anterior**	
tardé	tardamos	hube tardado	hubimos tardado
tardaste	tardasteis	hubiste tardado	hubisteis tardado
tardó	tardaron	hubo tardado	hubieron tardado
futuro		**futuro perfecto**	
tardaré	tardaremos	habré tardado	habremos tardado
tardarás	tardaréis	habrás tardado	habréis tardado
tardará	tardarán	habrá tardado	habrán tardado
condicional simple		**condicional compuesto**	
tardaría	tardaríamos	habría tardado	habríamos tardado
tardarías	tardaríais	habrías tardado	habríais tardado
tardaría	tardarían	habría tardado	habrían tardado
presente de subjuntivo		**perfecto de subjuntivo**	
tarde	tardemos	haya tardado	hayamos tardado
tardes	tardéis	hayas tardado	hayáis tardado
tarde	tarden	haya tardado	hayan tardado
imperfecto de subjuntivo		**pluscuamperfecto de subjuntivo**	
tardara	tardáramos	hubiera tardado	hubiéramos tardado
tardaras	tardarais	hubieras tardado	hubierais tardado
tardara	tardaran	hubiera tardado	hubieran tardado
OR		OR	
tardase	tardásemos	hubiese tardado	hubiésemos tardado
tardases	tardaseis	hubieses tardado	hubieseis tardado
tardase	tardasen	hubiese tardado	hubiesen tardado
imperativo			
tarda	tardemos		
no tardes	tardad; no tardéis		
tarde	tarden		

SINGULAR	PLURAL	SINGULAR	PLURAL

presente de indicativo

		perfecto de indicativo	
tiemblo	temblamos	**he** temblado	**hemos** temblado
tiemblas	tembláis	**has** temblado	**habéis** temblado
tiembla	tiemblan	**ha** temblado	**han** temblado

imperfecto de indicativo   **pluscuamperfecto de indicativo**

T

temblaba	temblábamos	**había** temblado	**habíamos** temblado
temblabas	temblabais	**habías** temblado	**habíais** temblado
temblaba	temblaban	**había** temblado	**habían** temblado

pretérito   **pretérito anterior**

temblé	temblamos	**hube** temblado	**hubimos** temblado
temblaste	temblasteis	**hubiste** temblado	**hubisteis** temblado
tembló	temblaron	**hubo** temblado	**hubieron** temblado

futuro   **futuro perfecto**

temblaré	temblaremos	**habré** temblado	**habremos** temblado
temblarás	temblaréis	**habrás** temblado	**habréis** temblado
temblará	temblarán	**habrá** temblado	**habrán** temblado

condicional simple   **condicional compuesto**

temblaría	temblaríamos	**habría** temblado	**habríamos** temblado
temblarías	temblaríais	**habrías** temblado	**habríais** temblado
temblaría	temblarían	**habría** temblado	**habrían** temblado

presente de subjuntivo   **perfecto de subjuntivo**

tiemble	temblemos	**haya** temblado	**hayamos** temblado
tiembles	tembléis	**hayas** temblado	**hayáis** temblado
tiemble	tiemblen	**haya** temblado	**hayan** temblado

imperfecto de subjuntivo   **pluscuamperfecto de subjuntivo**

temblara	tembláramos	**hubiera** temblado	**hubiéramos** temblado
temblaras	temblarais	**hubieras** temblado	**hubierais** temblado
temblara	temblaran	**hubiera** temblado	**hubieran** temblado
OR		OR	
temblase	temblásemos	**hubiese** temblado	**hubiésemos** temblado
temblases	temblaseis	**hubieses** temblado	**hubieseis** temblado
temblase	temblasen	**hubiese** temblado	**hubiesen** temblado

imperativo

—	temblemos
tiembla; no tiembles	temblad; no tembléis
tiemble	tiemblen

gerundio teniendo   **participio de pasado** tenido

SINGULAR	PLURAL	SINGULAR	PLURAL

presente de indicativo
tengo	tenemos
tienes	tenéis
tiene	tienen

perfecto de indicativo
he tenido	hemos tenido
has tenido	habéis tenido
ha tenido	han tenido

imperfecto de indicativo
tenía	teníamos
tenías	teníais
tenía	tenían

pluscuamperfecto de indicativo
había tenido	habíamos tenido
habías tenido	habíais tenido
había tenido	habían tenido

pretérito
tuve	tuvimos
tuviste	tuvisteis
tuvo	tuvieron

pretérito anterior
hube tenido	hubimos tenido
hubiste tenido	hubisteis tenido
hubo tenido	hubieron tenido

futuro
tendré	tendremos
tendrás	tendréis
tendrá	tendrán

futuro perfecto
habré tenido	habremos tenido
habrás tenido	habréis tenido
habrá tenido	habrán tenido

condicional simple
tendría	tendríamos
tendrías	tendríais
tendría	tendrían

condicional compuesto
habría tenido	habríamos tenido
habrías tenido	habríais tenido
habría tenido	habrían tenido

presente de subjuntivo
tenga	tengamos
tengas	tengáis
tenga	tengan

perfecto de subjuntivo
haya tenido	hayamos tenido
hayas tenido	hayáis tenido
haya tenido	hayan tenido

imperfecto de subjuntivo
tuviera	tuviéramos
tuvieras	tuvierais
tuviera	tuvieran
OR	
tuviese	tuviésemos
tuvieses	tuvieseis
tuviese	tuviesen

pluscuamperfecto de subjuntivo
hubiera tenido	hubiéramos tenido
hubieras tenido	hubierais tenido
hubiera tenido	hubieran tenido
OR	
hubiese tenido	hubiésemos tenido
hubieses tenido	hubieseis tenido
hubiese tenido	hubiesen tenido

imperativo
—	tengamos
ten; no tengas	tened; no tengáis
tenga	tengan

MUST KNOW VERB

to tempt

gerundio **tentando**　　　participio de pasado **tentado**

SINGULAR	PLURAL
presente de indicativo	
tient**o**	tent**amos**
tient**as**	tent**áis**
tient**a**	tient**an**
imperfecto de indicativo	
tent**aba**	tent**ábamos**
tent**abas**	tent**abais**
tent**aba**	tent**aban**
pretérito	
tent**é**	tent**amos**
tent**aste**	tent**asteis**
tent**ó**	tent**aron**
futuro	
tentar**é**	tentar**emos**
tentar**ás**	tentar**éis**
tentar**á**	tentar**án**
condicional simple	
tentar**ía**	tentar**íamos**
tentar**ías**	tentar**íais**
tentar**ía**	tentar**ían**
presente de subjuntivo	
tient**e**	tent**emos**
tient**es**	tent**éis**
tient**e**	tient**en**
imperfecto de subjuntivo	
tent**ara**	tent**áramos**
tent**aras**	tent**arais**
tent**ara**	tent**aran**
OR	
tent**ase**	tent**ásemos**
tent**ases**	tent**aseis**
tent**ase**	tent**asen**

imperativo

tient**a**	tent**emos**
no tient**es**	tent**ad**; no tent**éis**
tient**e**	tient**en**

SINGULAR	PLURAL
perfecto de indicativo	
he tentado	**hemos** tentado
has tentado	**habéis** tentado
ha tentado	**han** tentado
pluscuamperfecto de indicativo	
había tentado	**habíamos** tentado
habías tentado	**habíais** tentado
había tentado	**habían** tentado
pretérito anterior	
hube tentado	**hubimos** tentado
hubiste tentado	**hubisteis** tentado
hubo tentado	**hubieron** tentado
futuro perfecto	
habré tentado	**habremos** tentado
habrás tentado	**habréis** tentado
habrá tentado	**habrán** tentado
condicional compuesto	
habría tentado	**habríamos** tentado
habrías tentado	**habríais** tentado
habría tentado	**habrían** tentado
perfecto de subjuntivo	
haya tentado	**hayamos** tentado
hayas tentado	**hayáis** tentado
haya tentado	**hayan** tentado
pluscuamperfecto de subjuntivo	
hubiera tentado	**hubiéramos** tentado
hubieras tentado	**hubierais** tentado
hubiera tentado	**hubieran** tentado
OR	
hubiese tentado	**hubiésemos** tentado
hubieses tentado	**hubieseis** tentado
hubiese tentado	**hubiesen** tentado

T

terminar

to terminate

SINGULAR	PLURAL	SINGULAR	PLURAL

presente de indicativo
termino	terminamos
terminas	termináis
termina	terminan

perfecto de indicativo
he terminado	**hemos** terminado
has terminado	**habéis** terminado
ha terminado	**han** terminado

imperfecto de indicativo
terminaba	terminábamos
terminabas	terminabais
terminaba	terminaban

pluscuamperfecto de indicativo
había terminado	**habíamos** terminado
habías terminado	**habíais** terminado
había terminado	**habían** terminado

pretérito
terminé	terminamos
terminaste	terminasteis
terminó	terminaron

pretérito anterior
hube terminado	**hubimos** terminado
hubiste terminado	**hubisteis** terminado
hubo terminado	**hubieron** terminado

futuro
terminaré	terminaremos
terminarás	terminaréis
terminará	terminarán

futuro perfecto
habré terminado	**habremos** terminado
habrás terminado	**habréis** terminado
habrá terminado	**habrán** terminado

condicional simple
terminaría	terminaríamos
terminarías	terminaríais
terminaría	terminarían

condicional compuesto
habría terminado	**habríamos** terminado
habrías terminado	**habríais** terminado
habría terminado	**habrían** terminado

presente de subjuntivo
termine	terminemos
termines	terminéis
termine	terminen

perfecto de subjuntivo
haya terminado	**hayamos** terminado
hayas terminado	**hayáis** terminado
haya terminado	**hayan** terminado

imperfecto de subjuntivo
terminara	termináramos
terminaras	terminarais
terminara	terminaran
OR	
terminase	terminásemos
terminases	terminaseis
terminase	terminasen

pluscuamperfecto de subjuntivo
hubiera terminado	**hubiéramos** terminado
hubieras terminado	**hubierais** terminado
hubiera terminado	**hubieran** terminado
OR	
hubiese terminado	**hubiésemos** terminado
hubieses terminado	**hubieseis** terminado
hubiese terminado	**hubiesen** terminado

imperativo
termina	terminemos
no termines	terminad; no terminéis
termine	terminen

to testify

gerundio **testificando** participio de pasado **testificado**

SINGULAR	PLURAL	SINGULAR	PLURAL

presente de indicativo

		perfecto de indicativo	
testifico	testificamos	**he** testificado	**hemos** testificado
testificas	testificáis	**has** testificado	**habéis** testificado
testifica	testifican	**ha** testificado	**han** testificado

imperfecto de indicativo

		pluscuamperfecto de indicativo	
testificaba	testificábamos	**había** testificado	**habíamos** testificado
testificabas	testificabais	**habías** testificado	**habíais** testificado
testificaba	testificaban	**había** testificado	**habían** testificado

T

pretérito

		pretérito anterior	
testifiqué	testificamos	**hube** testificado	**hubimos** testificado
testificaste	testificasteis	**hubiste** testificado	**hubisteis** testificado
testificó	testificaron	**hubo** testificado	**hubieron** testificado

futuro

		futuro perfecto	
testificaré	testificaremos	**habré** testificado	**habremos** testificado
testificarás	testificaréis	**habrás** testificado	**habréis** testificado
testificará	testificarán	**habrá** testificado	**habrán** testificado

condicional simple

		condicional compuesto	
testificaría	testificaríamos	**habría** testificado	**habríamos** testificado
testificarías	testificaríais	**habrías** testificado	**habríais** testificado
testificaría	testificarían	**habría** testificado	**habrían** testificado

presente de subjuntivo

		perfecto de subjuntivo	
testifique	testifiquemos	**haya** testificado	**hayamos** testificado
testifiques	testifiquéis	**hayas** testificado	**hayáis** testificado
testifique	testifiquen	**haya** testificado	**hayan** testificado

imperfecto de subjuntivo

		pluscuamperfecto de subjuntivo	
testificara	testificáramos	**hubiera** testificado	**hubiéramos** testificado
testificaras	testificarais	**hubieras** testificado	**hubierais** testificado
testificara	testificaran	**hubiera** testificado	**hubieran** testificado
OR		OR	
testificase	testificásemos	**hubiese** testificado	**hubiésemos** testificado
testificases	testificaseis	**hubieses** testificado	**hubieseis** testificado
testificase	testificasen	**hubiese** testificado	**hubiesen** testificado

imperativo

testifica	testifiquemos
no testifiques	testificad; no testifiquéis
testifique	testifiquen

to classify

gerundio **tipificando**　　　　participio de pasado **tipificado**

SINGULAR	PLURAL	SINGULAR	PLURAL

presente de indicativo

		perfecto de indicativo	
tipific**o**	tipific**amos**	**he** tipificado	**hemos** tipificado
tipific**as**	tipific**áis**	**has** tipificado	**habéis** tipificado
tipific**a**	tipific**an**	**ha** tipificado	**han** tipificado

imperfecto de indicativo

		pluscuamperfecto de indicativo	
tipific**aba**	tipific**ábamos**	**había** tipificado	**habíamos** tipificado
tipific**abas**	tipific**abais**	**habías** tipificado	**habíais** tipificado
tipific**aba**	tipific**aban**	**había** tipificado	**habían** tipificado

pretérito

		pretérito anterior	
tipifiqu**é**	tipific**amos**	**hube** tipificado	**hubimos** tipificado
tipific**aste**	tipific**asteis**	**hubiste** tipificado	**hubisteis** tipificado
tipific**ó**	tipific**aron**	**hubo** tipificado	**hubieron** tipificado

futuro

		futuro perfecto	
tipificar**é**	tipificar**emos**	**habré** tipificado	**habremos** tipificado
tipificar**ás**	tipificar**éis**	**habrás** tipificado	**habréis** tipificado
tipificar**á**	tipificar**án**	**habrá** tipificado	**habrán** tipificado

condicional simple

		condicional compuesto	
tipificar**ía**	tipificar**íamos**	**habría** tipificado	**habríamos** tipificado
tipificar**ías**	tipificar**íais**	**habrías** tipificado	**habríais** tipificado
tipificar**ía**	tipificar**ían**	**habría** tipificado	**habrían** tipificado

presente de subjuntivo

		perfecto de subjuntivo	
tipifiqu**e**	tipifiqu**emos**	**haya** tipificado	**hayamos** tipificado
tipifiqu**es**	tipifiqu**éis**	**hayas** tipificado	**hayáis** tipificado
tipifiqu**e**	tipifiqu**en**	**haya** tipificado	**hayan** tipificado

imperfecto de subjuntivo

		pluscuamperfecto de subjuntivo	
tipific**ara**	tipific**áramos**	**hubiera** tipificado	**hubiéramos** tipificado
tipific**aras**	tipific**arais**	**hubieras** tipificado	**hubierais** tipificado
tipific**ara**	tipific**aran**	**hubiera** tipificado	**hubieran** tipificado
OR		OR	
tipific**ase**	tipific**ásemos**	**hubiese** tipificado	**hubiésemos** tipificado
tipific**ases**	tipific**aseis**	**hubieses** tipificado	**hubieseis** tipificado
tipific**ase**	tipific**asen**	**hubiese** tipificado	**hubiesen** tipificado

imperativo

tipifica	tipifiquemos
no tipifiques	tipificad; no tipifiquéis
tipifique	tipifiquen

to tyrannize

tiranizar

gerundio **tiranizando**   participio de pasado **tiranizado**

SINGULAR	PLURAL	SINGULAR	PLURAL

presente de indicativo

tiraniz**o**	tiraniz**amos**
tiraniz**as**	tiraniz**áis**
tiraniz**a**	tiraniz**an**

perfecto de indicativo

he tiranizado	**hemos** tiranizado
has tiranizado	**habéis** tiranizado
ha tiranizado	**han** tiranizado

imperfecto de indicativo

tiraniz**aba**	tiraniz**ábamos**
tiraniz**abas**	tiraniz**abais**
tiraniz**aba**	tiraniz**aban**

pluscuamperfecto de indicativo

había tiranizado	**habíamos** tiranizado
habías tiranizado	**habíais** tiranizado
había tiranizado	**habían** tiranizado

T

pretérito

tiranic**é**	tiraniz**amos**
tiraniz**aste**	tiraniz**asteis**
tiraniz**ó**	tiraniz**aron**

pretérito anterior

hube tiranizado	**hubimos** tiranizado
hubiste tiranizado	**hubisteis** tiranizado
hubo tiranizado	**hubieron** tiranizado

futuro

tiranizar**é**	tiranizar**emos**
tiranizar**ás**	tiranizar**éis**
tiranizar**á**	tiranizar**án**

futuro perfecto

habré tiranizado	**habremos** tiranizado
habrás tiranizado	**habréis** tiranizado
habrá tiranizado	**habrán** tiranizado

condicional simple

tiranizar**ía**	tiranizar**íamos**
tiranizar**ías**	tiranizar**íais**
tiranizar**ía**	tiranizar**ían**

condicional compuesto

habría tiranizado	**habríamos** tiranizado
habrías tiranizado	**habríais** tiranizado
habría tiranizado	**habrían** tiranizado

presente de subjuntivo

tiranic**e**	tiranic**emos**
tiranic**es**	tiranic**éis**
tiranic**e**	tiranic**en**

perfecto de subjuntivo

haya tiranizado	**hayamos** tiranizado
hayas tiranizado	**hayáis** tiranizado
haya tiranizado	**hayan** tiranizado

imperfecto de subjuntivo

tiraniz**ara**	tiraniz**áramos**
tiraniz**aras**	tiraniz**arais**
tiraniz**ara**	tiraniz**aran**
OR	
tiraniz**ase**	tiraniz**ásemos**
tiraniz**ases**	tiraniz**aseis**
tiraniz**ase**	tiraniz**asen**

pluscuamperfecto de subjuntivo

hubiera tiranizado	**hubiéramos** tiranizado
hubieras tiranizado	**hubierais** tiranizado
hubiera tiranizado	**hubieran** tiranizado
OR	
hubiese tiranizado	**hubiésemos** tiranizado
hubieses tiranizado	**hubieseis** tiranizado
hubiese tiranizado	**hubiesen** tiranizado

imperativo

tiraniza	tiranicemos
no tiranices	tiranizad; no tiranicéis
tiranice	tiranicen

619

tocar

to touch, to play an instrument

SINGULAR	PLURAL	SINGULAR	PLURAL

presente de indicativo

		perfecto de indicativo	
toco	tocamos	he tocado	hemos tocado
tocas	tocáis	has tocado	habéis tocado
toca	tocan	ha tocado	han tocado

imperfecto de indicativo

		pluscuamperfecto de indicativo	
tocaba	tocábamos	había tocado	habíamos tocado
tocabas	tocabais	habías tocado	habíais tocado
tocaba	tocaban	había tocado	habían tocado

pretérito

		pretérito anterior	
toqué	tocamos	hube tocado	hubimos tocado
tocaste	tocasteis	hubiste tocado	hubisteis tocado
tocó	tocaron	hubo tocado	hubieron tocado

futuro

		futuro perfecto	
tocaré	tocaremos	habré tocado	habremos tocado
tocarás	tocaréis	habrás tocado	habréis tocado
tocará	tocarán	habrá tocado	habrán tocado

condicional simple

		condicional compuesto	
tocaría	tocaríamos	habría tocado	habríamos tocado
tocarías	tocaríais	habrías tocado	habríais tocado
tocaría	tocarían	habría tocado	habrían tocado

presente de subjuntivo

		perfecto de subjuntivo	
toque	toquemos	haya tocado	hayamos tocado
toques	toquéis	hayas tocado	hayáis tocado
toque	toquen	haya tocado	hayan tocado

imperfecto de subjuntivo

		pluscuamperfecto de subjuntivo	
tocara	tocáramos	hubiera tocado	hubiéramos tocado
tocaras	tocarais	hubieras tocado	hubierais tocado
tocara	tocaran	hubiera tocado	hubieran tocado
OR		OR	
tocase	tocásemos	hubiese tocado	hubiésemos tocado
tocases	tocaseis	hubieses tocado	hubieseis tocado
tocase	tocasen	hubiese tocado	hubiesen tocado

imperativo

—	toquemos
toca; no toques	tocad; no toquéis
toque	toquen

to tolerate

gerundio **tolerando**   participio de pasado **tolerado**

SINGULAR	PLURAL	SINGULAR	PLURAL

presente de indicativo

toler**o**	toler**amos**		
toler**as**	toler**áis**		
toler**a**	toler**an**		

perfecto de indicativo

he tolerado	**hemos** tolerado
has tolerado	**habéis** tolerado
ha tolerado	**han** tolerado

imperfecto de indicativo

toler**aba**	toler**ábamos**
toler**abas**	toler**abais**
toler**aba**	toler**aban**

pluscuamperfecto de indicativo

había tolerado	**habíamos** tolerado
habías tolerado	**habíais** tolerado
había tolerado	**habían** tolerado

T

pretérito

toler**é**	toler**amos**
toler**aste**	toler**asteis**
toler**ó**	toler**aron**

pretérito anterior

hube tolerado	**hubimos** tolerado
hubiste tolerado	**hubisteis** tolerado
hubo tolerado	**hubieron** tolerado

futuro

toler**aré**	toler**aremos**
toler**arás**	toler**aréis**
toler**ará**	toler**arán**

futuro perfecto

habré tolerado	**habremos** tolerado
habrás tolerado	**habréis** tolerado
habrá tolerado	**habrán** tolerado

condicional simple

toler**aría**	toler**aríamos**
toler**arías**	toler**aríais**
toler**aría**	toler**arían**

condicional compuesto

habría tolerado	**habríamos** tolerado
habrías tolerado	**habríais** tolerado
habría tolerado	**habrían** tolerado

presente de subjuntivo

toler**e**	toler**emos**
toler**es**	toler**éis**
toler**e**	toler**en**

perfecto de subjuntivo

haya tolerado	**hayamos** tolerado
hayas tolerado	**hayáis** tolerado
haya tolerado	**hayan** tolerado

imperfecto de subjuntivo

toler**ara**	toler**áramos**
toler**aras**	toler**arais**
toler**ara**	toler**aran**
OR	
toler**ase**	toler**ásemos**
toler**ases**	toler**aseis**
toler**ase**	toler**asen**

pluscuamperfecto de subjuntivo

hubiera tolerado	**hubiéramos** tolerado
hubieras tolerado	**hubierais** tolerado
hubiera tolerado	**hubieran** tolerado
OR	
hubiese tolerado	**hubiésemos** tolerado
hubieses tolerado	**hubieseis** tolerado
hubiese tolerado	**hubiesen** tolerado

imperativo

toler**a**	toler**emos**
no toler**es**	toler**ad**; no toler**éis**
toler**e**	toler**en**

tomar

to take

SINGULAR	PLURAL	SINGULAR	PLURAL

presente de indicativo

tom**o**	tom**amos**
tom**as**	tom**áis**
tom**a**	tom**an**

perfecto de indicativo

he tomado	**hemos** tomado
has tomado	**habéis** tomado
ha tomado	**han** tomado

imperfecto de indicativo

tom**aba**	tom**ábamos**
tom**abas**	tom**abais**
tom**aba**	tom**aban**

pluscuamperfecto de indicativo

había tomado	**habíamos** tomado
habías tomado	**habíais** tomado
había tomado	**habían** tomado

pretérito

tom**é**	tom**amos**
tom**aste**	tom**asteis**
tom**ó**	tom**aron**

pretérito anterior

hube tomado	**hubimos** tomado
hubiste tomado	**hubisteis** tomado
hubo tomado	**hubieron** tomado

futuro

tomar**é**	tomar**emos**
tomar**ás**	tomar**éis**
tomar**á**	tomar**án**

futuro perfecto

habré tomado	**habremos** tomado
habrás tomado	**habréis** tomado
habrá tomado	**habrán** tomado

condicional simple

tomar**ía**	tomar**íamos**
tomar**ías**	tomar**íais**
tomar**ía**	tomar**ían**

condicional compuesto

habría tomado	**habríamos** tomado
habrías tomado	**habríais** tomado
habría tomado	**habrían** tomado

presente de subjuntivo

tom**e**	tom**emos**
tom**es**	tom**éis**
tom**e**	tom**en**

perfecto de subjuntivo

haya tomado	**hayamos** tomado
hayas tomado	**hayáis** tomado
haya tomado	**hayan** tomado

imperfecto de subjuntivo

tom**ara**	tom**áramos**
tom**aras**	tom**arais**
tom**ara**	tom**aran**
OR	
tom**ase**	tom**ásemos**
tom**ases**	tom**aseis**
tom**ase**	tom**asen**

pluscuamperfecto de subjuntivo

hubiera tomado	**hubiéramos** tomado
hubieras tomado	**hubierais** tomado
hubiera tomado	**hubieran** tomado
OR	
hubiese tomado	**hubiésemos** tomado
hubieses tomado	**hubieseis** tomado
hubiese tomado	**hubiesen** tomado

imperativo

—	tomemos
toma; no tomes	tomad; no toméis
tome	tomen

MUST KNOW VERB

gerundio **torciendo**   participio de pasado **torcido**

SINGULAR	PLURAL	SINGULAR	PLURAL

presente de indicativo

		perfecto de indicativo	
tuerzo	torcemos	**he** torcido	**hemos** torcido
tierces	torcéis	**has** torcido	**habéis** torcido
tuerce	tuercen	**ha** torcido	**han** torcido

imperfecto de indicativo

		pluscuamperfecto de indicativo	
torcía	torcíamos	**había** torcido	**habíamos** torcido
torcías	torcíais	**habías** torcido	**habíais** torcido
torcía	torcían	**había** torcido	**habían** torcido

pretérito

		pretérito anterior	
torcí	torcimos	**hube** torcido	**hubimos** torcido
torciste	torcisteis	**hubiste** torcido	**hubisteis** torcido
torció	torcieron	**hubo** torcido	**hubieron** torcido

futuro

		futuro perfecto	
torceré	torceremos	**habré** torcido	**habremos** torcido
torcerás	torceréis	**habrás** torcido	**habréis** torcido
torcerá	torcerán	**habrá** torcido	**habrán** torcido

condicional simple

		condicional compuesto	
torcería	torceríamos	**habría** torcido	**habríamos** torcido
torcerías	torceríais	**habrías** torcido	**habríais** torcido
torcería	torcerían	**habría** torcido	**habrían** torcido

presente de subjuntivo

		perfecto de subjuntivo	
tuerza	torzamos	**haya** torcido	**hayamos** torcido
tuerzas	torzáis	**hayas** torcido	**hayáis** torcido
tuerza	tuerzan	**haya** torcido	**hayan** torcido

imperfecto de subjuntivo

		pluscuamperfecto de subjuntivo	
torciera	torciéramos	**hubiera** torcido	**hubiéramos** torcido
torcieras	torcierais	**hubieras** torcido	**hubierais** torcido
torciera	torcieran	**hubiera** torcido	**hubieran** torcido
OR		OR	
torciese	torciésemos	**hubiese** torcido	**hubiésemos** torcido
torcieses	torcieseis	**hubieses** torcido	**hubieseis** torcido
torciese	torciesen	**hubiese** torcido	**hubiesen** torcido

imperativo

—	torzamos
tuerce; no tuerzas	torced; no torzáis
tuerza	tuerzan

T

gerundio **toreando**   participio de pasado **toreado**

SINGULAR	PLURAL	SINGULAR	PLURAL

presente de indicativo
tore**o**	tore**amos**
tore**as**	tore**áis**
tore**a**	tore**an**

perfecto de indicativo
he toreado	**hemos** toreado
has toreado	**habéis** toreado
ha toreado	**han** toreado

imperfecto de indicativo
tore**aba**	tore**ábamos**
tore**abas**	tore**abais**
tore**aba**	tore**aban**

pluscuamperfecto de indicativo
había toreado	**habíamos** toreado
habías toreado	**habíais** toreado
había toreado	**habían** toreado

pretérito
tore**é**	tore**amos**
tore**aste**	tore**asteis**
tore**ó**	tore**aron**

pretérito anterior
hube toreado	**hubimos** toreado
hubiste toreado	**hubisteis** toreado
hubo toreado	**hubieron** toreado

futuro
torear**é**	torear**emos**
torear**ás**	torear**éis**
torear**á**	torear**án**

futuro perfecto
habré toreado	**habremos** toreado
habrás toreado	**habréis** toreado
habrá toreado	**habrán** toreado

condicional simple
torear**ía**	torear**íamos**
torear**ías**	torear**íais**
torear**ía**	torear**ían**

condicional compuesto
habría toreado	**habríamos** toreado
habrías toreado	**habríais** toreado
habría toreado	**habrían** toreado

presente de subjuntivo
tore**e**	tore**emos**
tore**es**	tore**éis**
tore**e**	tore**en**

perfecto de subjuntivo
haya toreado	**hayamos** toreado
hayas toreado	**hayáis** toreado
haya toreado	**hayan** toreado

imperfecto de subjuntivo
tore**ara**	tore**áramos**
tore**aras**	tore**arais**
tore**ara**	tore**aran**
OR	
tore**ase**	tore**ásemos**
tore**ases**	tore**aseis**
tore**ase**	tore**asen**

pluscuamperfecto de subjuntivo
hubiera toreado	**hubiéramos** toreado
hubieras toreado	**hubierais** toreado
hubiera toreado	**hubieran** toreado
OR	
hubiese toreado	**hubiésemos** toreado
hubieses toreado	**hubieseis** toreado
hubiese toreado	**hubiesen** toreado

imperativo
tore**a**	tore**emos**
no tore**es**	tore**ad**; no tore**éis**
tore**e**	tore**en**

to cough

gerundio **tosiendo**   participio de pasado **tosido**

SINGULAR	PLURAL	SINGULAR	PLURAL

presente de indicativo
tos**o**	tos**emos**
tos**es**	tos**éis**
tos**e**	tos**en**

imperfecto de indicativo
tos**ía**	tos**íamos**
tos**ías**	tos**íais**
tos**ía**	tos**ían**

pretérito
tos**í**	tos**imos**
tos**iste**	tos**isteis**
tos**ió**	tos**ieron**

futuro
toser**é**	toser**emos**
toser**ás**	toser**éis**
toser**á**	toser**án**

condicional simple
toser**ía**	toser**íamos**
toser**ías**	toser**íais**
toser**ía**	toser**ían**

presente de subjuntivo
tos**a**	tos**amos**
tos**as**	tos**áis**
tos**a**	tos**an**

imperfecto de subjuntivo
tos**iera**	tos**iéramos**
tos**ieras**	tos**ierais**
tos**iera**	tos**ieran**
OR	
tos**iese**	tos**iésemos**
tos**ieses**	tos**ieseis**
tos**iese**	tos**iesen**

imperativo
tose	tosamos
no tosas	tosed; no tosáis
tosa	tosan

perfecto de indicativo
he tosido	**hemos** tosido
has tosido	**habéis** tosido
ha tosido	**han** tosido

pluscuamperfecto de indicativo
había tosido	**habíamos** tosido
habías tosido	**habíais** tosido
había tosido	**habían** tosido

pretérito anterior
hube tosido	**hubimos** tosido
hubiste tosido	**hubisteis** tosido
hubo tosido	**hubieron** tosido

futuro perfecto
habré tosido	**habremos** tosido
habrás tosido	**habréis** tosido
habrá tosido	**habrán** tosido

condicional compuesto
habría tosido	**habríamos** tosido
habrías tosido	**habríais** tosido
habría tosido	**habrían** tosido

perfecto de subjuntivo
haya tosido	**hayamos** tosido
hayas tosido	**hayáis** tosido
haya tosido	**hayan** tosido

pluscuamperfecto de subjuntivo
hubiera tosido	**hubiéramos** tosido
hubieras tosido	**hubierais** tosido
hubiera tosido	**hubieran** tosido
OR	
hubiese tosido	**hubiésemos** tosido
hubieses tosido	**hubieseis** tosido
hubiese tosido	**hubiesen** tosido

T

gerundio **tostando**   participio de pasado **tostado**

SINGULAR	PLURAL	SINGULAR	PLURAL

presente de indicativo
tuest**o**	tost**amos**
tuest**as**	tost**áis**
tuest**a**	tuest**an**

perfecto de indicativo
he tostado	**hemos** tostado
has tostado	**habéis** tostado
ha tostado	**han** tostado

imperfecto de indicativo
tost**aba**	tost**ábamos**
tost**abas**	tost**abais**
tost**aba**	tost**aban**

pluscuamperfecto de indicativo
había tostado	**habíamos** tostado
habías tostado	**habíais** tostado
había tostado	**habían** tostado

pretérito
tost**é**	tost**amos**
tost**aste**	tost**asteis**
tost**ó**	tost**aron**

pretérito anterior
hube tostado	**hubimos** tostado
hubiste tostado	**hubisteis** tostado
hubo tostado	**hubieron** tostado

futuro
tostar**é**	tostar**emos**
tostar**ás**	tostar**éis**
tostar**á**	tostar**án**

futuro perfecto
habré tostado	**habremos** tostado
habrás tostado	**habréis** tostado
habrá tostado	**habrán** tostado

condicional simple
tostar**ía**	tostar**íamos**
tostar**ías**	tostar**íais**
tostar**ía**	tostar**ían**

condicional compuesto
habría tostado	**habríamos** tostado
habrías tostado	**habríais** tostado
habría tostado	**habrían** tostado

presente de subjuntivo
tuest**e**	tost**emos**
tuest**es**	tost**éis**
tuest**e**	tuest**en**

perfecto de subjuntivo
haya tostado	**hayamos** tostado
hayas tostado	**hayáis** tostado
haya tostado	**hayan** tostado

imperfecto de subjuntivo
tost**ara**	tost**áramos**
tost**aras**	tost**arais**
tost**ara**	tost**aran**
OR	
tost**ase**	tost**ásemos**
tost**ases**	tost**aseis**
tost**ase**	tost**asen**

pluscuamperfecto de subjuntivo
hubiera tostado	**hubiéramos** tostado
hubieras tostado	**hubierais** tostado
hubiera tostado	**hubieran** tostado
OR	
hubiese tostado	**hubiésemos** tostado
hubieses tostado	**hubieseis** tostado
hubiese tostado	**hubiesen** tostado

imperativo
—	tost**emos**
tuest**a**; no tuest**es**	tost**ad**; no tost**éis**
tuest**e**	tuest**en**

to work

gerundio **trabajando**   participio de pasado **trabajado**

SINGULAR	PLURAL

presente de indicativo

trabaj**o**	trabaj**amos**
trabaj**as**	trabaj**áis**
trabaj**a**	trabaj**an**

imperfecto de indicativo

trabaj**aba**	trabaj**ábamos**
trabaj**abas**	trabaj**abais**
trabaj**aba**	trabaj**aban**

pretérito

trabaj**é**	trabaj**amos**
trabaj**aste**	trabaj**asteis**
trabaj**ó**	trabaj**aron**

futuro

trabajar**é**	trabajar**emos**
trabajar**ás**	trabajar**éis**
trabajar**á**	trabajar**án**

condicional simple

trabajar**ía**	trabajar**íamos**
trabajar**ías**	trabajar**íais**
trabajar**ía**	trabajar**ían**

presente de subjuntivo

trabaj**e**	trabaj**emos**
trabaj**es**	trabaj**éis**
trabaj**e**	trabaj**en**

imperfecto de subjuntivo

trabajar**a**	trabajár**amos**
trabajar**as**	trabajar**ais**
trabajar**a**	trabajar**an**
OR	
trabajas**e**	trabajás**emos**
trabajas**es**	trabajas**eis**
trabajas**e**	trabajas**en**

imperativo

—	trabaj**emos**
trabaj**a**; no trabaj**es**	trabaj**ad**; no trabaj**éis**
trabaj**e**	trabaj**en**

SINGULAR	PLURAL

perfecto de indicativo

he trabajado	**hemos** trabajado
has trabajado	**habéis** trabajado
ha trabajado	**han** trabajado

pluscuamperfecto de indicativo

había trabajado	**habíamos** trabajado
habías trabajado	**habíais** trabajado
había trabajado	**habían** trabajado

pretérito anterior

hube trabajado	**hubimos** trabajado
hubiste trabajado	**hubisteis** trabajado
hubo trabajado	**hubieron** trabajado

futuro perfecto

habré trabajado	**habremos** trabajado
habrás trabajado	**habréis** trabajado
habrá trabajado	**habrán** trabajado

condicional compuesto

habría trabajado	**habríamos** trabajado
habrías trabajado	**habríais** trabajado
habría trabajado	**habrían** trabajado

perfecto de subjuntivo

haya trabajado	**hayamos** trabajado
hayas trabajado	**hayáis** trabajado
haya trabajado	**hayan** trabajado

pluscuamperfecto de subjuntivo

hubiera trabajado	**hubiéramos** trabajado
hubieras trabajado	**hubierais** trabajado
hubiera trabajado	**hubieran** trabajado
OR	
hubiese trabajado	**hubiésemos** trabajado
hubieses trabajado	**hubieseis** trabajado
hubiese trabajado	**hubiesen** trabajado

T

627

gerundio traduciendo   **participio de pasado** traducido

SINGULAR	PLURAL	SINGULAR	PLURAL

presente de indicativo

traduzco	traducimos
traduces	traducís
traduce	traducen

perfecto de indicativo

he traducido	hemos traducido
has traducido	habéis traducido
ha traducido	han traducido

imperfecto de indicativo

traducía	traducíamos
traducías	traducíais
traducía	traducían

pluscuamperfecto de indicativo

había traducido	habíamos traducido
habías traducido	habíais traducido
había traducido	habían traducido

pretérito

traduje	tradujimos
tradujiste	tradujisteis
tradujo	traduejeron

pretérito anterior

hube traducido	hubimos traducido
hubiste traducido	hubisteis traducido
hubo traducido	hubieron traducido

futuro

traduciré	traduciremos
traducirás	traduciréis
traducirá	traducirán

futuro perfecto

habré traducido	habremos traducido
habrás traducido	habréis traducido
habrá traducido	habrán traducido

condicional simple

traduciría	traduciríamos
traducirías	traduciríais
traduciría	traducirían

condicional compuesto

habría traducido	habríamos traducido
habrías traducido	habríais traducido
habría traducido	habrían traducido

presente de subjuntivo

traduzca	traduzcamos
traduzcas	traduzcáis
traduzca	traduzcan

perfecto de subjuntivo

haya traducido	hayamos traducido
hayas traducido	hayáis traducido
haya traducido	hayan traducido

imperfecto de subjuntivo

tradujera	tradujéramos
tradujeras	tradujerais
tradujera	tradujeran
OR	
tradujese	tradujésemos
tradujeses	tradujeseis
tradujese	tradujesen

pluscuamperfecto de subjuntivo

hubiera traducido	hubiéramos traducido
hubieras traducido	hubierais traducido
hubiera traducido	hubieran traducido
OR	
hubiese traducido	hubiésemos traducido
hubieses traducido	hubieseis traducido
hubiese traducido	hubiesen traducido

imperativo

—	traduzcamos
traduce; no traduzcas	traducid; no traduzcáis
traduzca	traduzcan

gerundio trayendo   **participio de pasado** traído

SINGULAR	PLURAL	SINGULAR	PLURAL

presente de indicativo

		perfecto de indicativo	
traig**o**	tra**emos**	**he** traído	**hemos** traído
tra**es**	tra**éis**	**has** traído	**habéis** traído
tra**e**	tra**en**	**ha** traído	**han** traído

imperfecto de indicativo

pluscuamperfecto de indicativo

T

tra**ía**	tra**íamos**	**había** traído	**habíamos** traído
tra**ías**	tra**íais**	**habías** traído	**habíais** traído
tra**ía**	tra**ían**	**había** traído	**habían** traído

pretérito

pretérito anterior

traj**e**	traj**imos**	**hube** traído	**hubimos** traído
traj**iste**	traj**isteis**	**hubiste** traído	**hubisteis** traído
traj**o**	traj**eron**	**hubo** traído	**hubieron** traído

futuro

futuro perfecto

traer**é**	traer**emos**	**habré** traído	**habremos** traído
traer**ás**	traer**éis**	**habrás** traído	**habréis** traído
traer**á**	traer**án**	**habrá** traído	**habrán** traído

condicional simple

condicional compuesto

traer**ía**	traer**íamos**	**habría** traído	**habríamos** traído
traer**ías**	traer**íais**	**habrías** traído	**habríais** traído
traer**ía**	traer**ían**	**habría** traído	**habrían** traído

presente de subjuntivo

perfecto de subjuntivo

traig**a**	traig**amos**	**haya** traído	**hayamos** traído
traig**as**	traig**áis**	**hayas** traído	**hayáis** traído
traig**a**	traig**an**	**haya** traído	**hayan** traído

imperfecto de subjuntivo

pluscuamperfecto de subjuntivo

traj**era**	traj**éramos**	**hubiera** traído	**hubiéramos** traído
traj**eras**	traj**erais**	**hubieras** traído	**hubierais** traído
traj**era**	traj**eran**	**hubiera** traído	**hubieran** traído
OR		OR	
traj**ese**	traj**ésemos**	**hubiese** traído	**hubiésemos** traído
traj**eses**	traj**eseis**	**hubieses** traído	**hubieseis** traído
traj**ese**	traj**esen**	**hubiese** traído	**hubiesen** traído

imperativo

—	traigamos
trae; no traigas	traed; no traigáis
traiga	traigan

MUST KNOW VERB

SINGULAR	PLURAL	SINGULAR	PLURAL

presente de indicativo

traiciono	traicionamos		
traicionas	traicionáis		
traiciona	traicionan		

perfecto de indicativo

he traicionado	**hemos** traicionado		
has traicionado	**habéis** traicionado		
ha traicionado	**han** traicionado		

imperfecto de indicativo

traicionaba	traicionábamos
traicionabas	traicionabais
traicionaba	traicionaban

pluscuamperfecto de indicativo

había traicionado	**habíamos** traicionado
habías traicionado	**habíais** traicionado
había traicionado	**habían** traicionado

pretérito

traicioné	traicionamos
traicionaste	traicionasteis
traicionó	traicionaron

pretérito anterior

hube traicionado	**hubimos** traicionado
hubiste traicionado	**hubisteis** traicionado
hubo traicionado	**hubieron** traicionado

futuro

traicionaré	traicionaremos
traicionarás	traicionaréis
traicionará	traicionarán

futuro perfecto

habré traicionado	**habremos** traicionado
habrás traicionado	**habréis** traicionado
habrá traicionado	**habrán** traicionado

condicional simple

traicionaría	traicionaríamos
traicionarías	traicionaríais
traicionaría	traicionarían

condicional compuesto

habría traicionado	**habríamos** traicionado
habrías traicionado	**habríais** traicionado
habría traicionado	**habrían** traicionado

presente de subjuntivo

traicione	traicionemos
traiciones	traicionéis
traicione	traicionen

perfecto de subjuntivo

haya traicionado	**hayamos** traicionado
hayas traicionado	**hayáis** traicionado
haya traicionado	**hayan** traicionado

imperfecto de subjuntivo

traicionara	traicionáramos
traicionaras	traicionarais
traicionara	traicionaran
OR	
traicionase	traicionásemos
traicionases	traicionaseis
traicionase	traicionasen

pluscuamperfecto de subjuntivo

hubiera traicionado	**hubiéramos** traicionado
hubieras traicionado	**hubierais** traicionado
hubiera traicionado	**hubieran** traicionado
OR	
hubiese traicionado	**hubiésemos** traicionado
hubieses traicionado	**hubieseis** traicionado
hubiese traicionado	**hubiesen** traicionado

imperativo

—	traicionemos
traiciona;	traicionad;
no traiciones	no traicionéis
traicione	traicionen

gerundio **trascendiendo**   participio de pasado **trascendido**

SINGULAR	PLURAL	SINGULAR	PLURAL

presente de indicativo

		perfecto de indicativo	
trasciendo	trascendemos	**he** trascendido	**hemos** trascendido
trasciendes	trascendéis	**has** trascendido	**habéis** trascendido
trasciende	trascienden	**ha** trascendido	**han** trascendido

imperfecto de indicativo

		pluscuamperfecto de indicativo	
trascendía	trascendíamos	**había** trascendido	**habíamos** trascendido
trascendías	trascendíais	**habías** trascendido	**habíais** trascendido
trascendía	trascendían	**había** trascendido	**habían** trascendido

pretérito

		pretérito anterior	
trascendí	trascendimos	**hube** trascendido	**hubimos** trascendido
trascendiste	trascendisteis	**hubiste** trascendido	**hubisteis** trascendido
trascendió	trascendieron	**hubo** trascendido	**hubieron** trascendido

futuro

		futuro perfecto	
trascenderé	trascenderemos	**habré** trascendido	**habremos** trascendido
trascenderás	trascenderéis	**habrás** trascendido	**habréis** trascendido
trascenderá	trascenderán	**habrá** trascendido	**habrán** trascendido

condicional simple

		condicional compuesto	
trascendería	trascenderíamos	**habría** trascendido	**habríamos** trascendido
trascenderías	trascenderíais	**habrías** trascendido	**habríais** trascendido
trascendería	trascenderían	**habría** trascendido	**habrían** trascendido

presente de subjuntivo

		perfecto de subjuntivo	
trascienda	trascendamos	**haya** trascendido	**hayamos** trascendido
trasciendas	trascendáis	**hayas** trascendido	**hayáis** trascendido
trascienda	trasciendan	**haya** trascendido	**hayan** trascendido

imperfecto de subjuntivo

		pluscuamperfecto de subjuntivo	
trascendiera	trascendiéramos	**hubiera** trascendido	**hubiéramos** trascendido
trascendieras	trascendierais	**hubieras** trascendido	**hubierais** trascendido
trascendiera	trascendieran	**hubiera** trascendido	**hubieran** trascendido
OR		OR	
trascendiese	trascendiésemos	**hubiese** trascendido	**hubiésemos** trascendido
trascendieses	trascendieseis	**hubieses** trascendido	**hubieseis** trascendido
trascendiese	trascendiesen	**hubiese** trascendido	**hubiesen** trascendido

imperativo

—	trascendamos
trasciende;	trascended;
no trasciendas	no trascendáis
trascienda	trasciendan

T

gerundio tratando   **participio de pasado** tratado

SINGULAR	PLURAL	SINGULAR	PLURAL
presente de indicativo		**perfecto de indicativo**	
trato	tratamos	he tratado	hemos tratado
tratas	tratáis	has tratado	habéis tratado
trata	tratan	ha tratado	han tratado
imperfecto de indicativo		**pluscuamperfecto de indicativo**	
trataba	tratábamos	había tratado	habíamos tratado
tratabas	tratabais	habías tratado	habíais tratado
trataba	trataban	había tratado	habían tratado
pretérito		**pretérito anterior**	
traté	tratamos	hube tratado	hubimos tratado
trataste	tratasteis	hubiste tratado	hubisteis tratado
trató	trataron	hubo tratado	hubieron tratado
futuro		**futuro perfecto**	
trataré	trataremos	habré tratado	habremos tratado
tratarás	trataréis	habrás tratado	habréis tratado
tratará	tratarán	habrá tratado	habrán tratado
condicional simple		**condicional compuesto**	
trataría	trataríamos	habría tratado	habríamos tratado
tratarías	trataríais	habrías tratado	habríais tratado
trataría	tratarían	habría tratado	habrían tratado
presente de subjuntivo		**perfecto de subjuntivo**	
trate	tratemos	haya tratado	hayamos tratado
trates	tratéis	hayas tratado	hayáis tratado
trate	traten	haya tratado	hayan tratado
imperfecto de subjuntivo		**pluscuamperfecto de subjuntivo**	
tratara	tratáramos	hubiera tratado	hubiéramos tratado
trataras	tratarais	hubieras tratado	hubierais tratado
tratara	trataran	hubiera tratado	hubieran tratado
OR		OR	
tratase	tratásemos	hubiese tratado	hubiésemos tratado
tratases	trataseis	hubieses tratado	hubieseis tratado
tratase	tratasen	hubiese tratado	hubiesen tratado
imperativo			
—	tratemos		
trata; no trates	tratad; no tratéis		
trate	traten		

to shake, to hesitate

gerundio trepidando   **participio de pasado** trepidado

SINGULAR	PLURAL	SINGULAR	PLURAL
presente de indicativo		**perfecto de indicativo**	
trepido	trepidamos	**he** trepidado	**hemos** trepidado
trepidas	trepidáis	**has** trepidado	**habéis** trepidado
trepida	trepidan	**ha** trepidado	**han** trepidado
imperfecto de indicativo		**pluscuamperfecto de indicativo**	
trepidaba	trepidábamos	**había** trepidado	**habíamos** trepidado
trepidabas	trepidabais	**habías** trepidado	**habíais** trepidado
trepidaba	trepidaban	**había** trepidado	**habían** trepidado
pretérito		**pretérito anterior**	
trepidé	trepidamos	**hube** trepidado	**hubimos** trepidado
trepidaste	trepidasteis	**hubiste** trepidado	**hubisteis** trepidado
trepidó	trepidaron	**hubo** trepidado	**hubieron** trepidado
futuro		**futuro perfecto**	
trepidaré	trepidaremos	**habré** trepidado	**habremos** trepidado
trepidarás	trepidaréis	**habrás** trepidado	**habréis** trepidado
trepidará	trepidarán	**habrá** trepidado	**habrán** trepidado
condicional simple		**condicional compuesto**	
trepidaría	trepidaríamos	**habría** trepidado	**habríamos** trepidado
trepidarías	trepidaríais	**habrías** trepidado	**habríais** trepidado
trepidaría	trepidarían	**habría** trepidado	**habrían** trepidado
presente de subjuntivo		**perfecto de subjuntivo**	
trepide	trepidemos	**haya** trepidado	**hayamos** trepidado
trepides	trepidéis	**hayas** trepidado	**hayáis** trepidado
trepide	trepiden	**haya** trepidado	**hayan** trepidado
imperfecto de subjuntivo		**pluscuamperfecto de subjuntivo**	
trepidara	trepidáramos	**hubiera** trepidado	**hubiéramos** trepidado
trepidaras	trepidarais	**hubieras** trepidado	**hubierais** trepidado
trepidara	trepidaran	**hubiera** trepidado	**hubieran** trepidado
OR		OR	
trepidase	trepidásemos	**hubiese** trepidado	**hubiésemos** trepidado
trepidases	trepidaseis	**hubieses** trepidado	**hubieseis** trepidado
trepidase	trepidasen	**hubiese** trepidado	**hubiesen** trepidado

imperativo

—	trepidemos
trepida; no trepides	trepidad; no trepidéis
trepide	trepiden

T

gerundio tronchando   **participio de pasado** tronchado

SINGULAR	PLURAL	SINGULAR	PLURAL

presente de indicativo

		perfecto de indicativo	
troncho	tronchamos	**he** tronchado	**hemos** tronchado
tronchas	troncháis	**has** tronchado	**habéis** tronchado
troncha	tronchan	**ha** tronchado	**han** tronchado

imperfecto de indicativo

		pluscuamperfecto de indicativo	
tronchaba	tronchábamos	**había** tronchado	**habíamos** tronchado
tronchabas	tronchabais	**habías** tronchado	**habíais** tronchado
tronchaba	tronchaban	**había** tronchado	**habían** tronchado

pretérito

		pretérito anterior	
tronché	tronchamos	**hube** tronchado	**hubimos** tronchado
tronchaste	tronchasteis	**hubiste** tronchado	**hubisteis** tronchado
tronchó	troncharon	**hubo** tronchado	**hubieron** tronchado

futuro

		futuro perfecto	
troncharé	troncharemos	**habré** tronchado	**habremos** tronchado
troncharás	troncharéis	**habrás** tronchado	**habréis** tronchado
tronchará	troncharán	**habrá** tronchado	**habrán** tronchado

condicional simple

		condicional compuesto	
troncharía	troncharíamos	**habría** tronchado	**habríamos** tronchado
troncharías	troncharíais	**habrías** tronchado	**habríais** tronchado
troncharía	troncharían	**habría** tronchado	**habrían** tronchado

presente de subjuntivo

		perfecto de subjuntivo	
tronche	tronchemos	**haya** tronchado	**hayamos** tronchado
tronches	tronchéis	**hayas** tronchado	**hayáis** tronchado
tronche	tronchen	**haya** tronchado	**hayan** tronchado

imperfecto de subjuntivo

		pluscuamperfecto de subjuntivo	
tronchara	troncháramos	**hubiera** tronchado	**hubiéramos** tronchado
troncharas	troncharais	**hubieras** tronchado	**hubierais** tronchado
tronchara	troncharan	**hubiera** tronchado	**hubieran** tronchado
OR		OR	
tronchase	tronchásemos	**hubiese** tronchado	**hubiésemos** tronchado
tronchases	tronchaseis	**hubieses** tronchado	**hubieseis** tronchado
tronchase	tronchasen	**hubiese** tronchado	**hubiesen** tronchado

imperativo

—	tronchemos
troncha; no tronches	tronchad; no tronchéis
tronche	tronchen

to stumble, to blunder   tropezar

SINGULAR	PLURAL	SINGULAR	PLURAL

presente de indicativo

tropiez**o**	tropez**amos**		
tropiez**as**	tropez**áis**		
tropiez**a**	tropiez**an**		

perfecto de indicativo

he tropezado	**hemos** tropezado		
has tropezado	**habéis** tropezado		
ha tropezado	**han** tropezado		

imperfecto de indicativo

tropez**aba**	tropez**ábamos**
tropez**abas**	tropez**abais**
tropez**aba**	tropez**aban**

pluscuamperfecto de indicativo

había tropezado	**habíamos** tropezado
habías tropezado	**habíais** tropezado
había tropezado	**habían** tropezado

pretérito

tropec**é**	tropez**amos**
tropez**aste**	tropez**asteis**
tropez**ó**	tropez**aron**

pretérito anterior

hube tropezado	**hubimos** tropezado
hubiste tropezado	**hubisteis** tropezado
hubo tropezado	**hubieron** tropezado

futuro

tropezar**é**	tropezar**emos**
tropezar**ás**	tropezar**éis**
tropezar**á**	tropezar**án**

futuro perfecto

habré tropezado	**habremos** tropezado
habrás tropezado	**habréis** tropezado
habrá tropezado	**habrán** tropezado

condicional simple

tropezar**ía**	tropezar**íamos**
tropezar**ías**	tropezar**íais**
tropezar**ía**	tropezar**ían**

condicional compuesto

habría tropezado	**habríamos** tropezado
habrías tropezado	**habríais** tropezado
habría tropezado	**habrían** tropezado

presente de subjuntivo

tropiec**e**	tropec**emos**
tropiec**es**	tropec**éis**
tropiec**e**	tropiec**en**

perfecto de subjuntivo

haya tropezado	**hayamos** tropezado
hayas tropezado	**hayáis** tropezado
haya tropezado	**hayan** tropezado

imperfecto de subjuntivo

tropezar**a**	tropezár**amos**
tropezar**as**	tropezar**ais**
tropezar**a**	tropezar**an**
OR	
tropezas**e**	tropezás**emos**
tropezas**es**	tropezas**eis**
tropezas**e**	tropeza**sen**

pluscuamperfecto de subjuntivo

hubiera tropezado	**hubiéramos** tropezado
hubieras tropezado	**hubierais** tropezado
hubiera tropezado	**hubieran** tropezado
OR	
hubiese tropezado	**hubiésemos** tropezado
hubieses tropezado	**hubieseis** tropezado
hubiese tropezado	**hubiesen** tropezado

imperativo

—	tropecemos
tropieza; no tropieces	tropezad; no tropecéis
tropiece	tropiecen

T

gerundio tumbando   **participio de pasado** tumbado

SINGULAR	PLURAL	SINGULAR	PLURAL

presente de indicativo

tumbo	tumbamos	
tumbas	tumbáis	
tumba	tumban	

perfecto de indicativo

he tumbado	hemos tumbado
has tumbado	habéis tumbado
ha tumbado	han tumbado

imperfecto de indicativo

tumbaba	tumbábamos
tumbabas	tumbabais
tumbaba	tumbaban

pluscuamperfecto de indicativo

había tumbado	habíamos tumbado
habías tumbado	habíais tumbado
había tumbado	habían tumbado

pretérito

tumbé	tumbamos
tumbaste	tumbasteis
tumbó	tumbaron

pretérito anterior

hube tumbado	hubimos tumbado
hubiste tumbado	hubisteis tumbado
hubo tumbado	hubieron tumbado

futuro

tumbaré	tumbaremos
tumbarás	tumbaréis
tumbará	tumbarán

futuro perfecto

habré tumbado	habremos tumbado
habrás tumbado	habréis tumbado
habrá tumbado	habrán tumbado

condicional simple

tumbaría	tumbaríamos
tumbarías	tumbaríais
tumbaría	tumbarían

condicional compuesto

habría tumbado	habríamos tumbado
habrías tumbado	habríais tumbado
habría tumbado	habrían tumbado

presente de subjuntivo

tumbe	tumbemos
tumbes	tumbéis
tumbe	tumben

perfecto de subjuntivo

haya tumbado	hayamos tumbado
hayas tumbado	hayáis tumbado
haya tumbado	hayan tumbado

imperfecto de subjuntivo

tumbara	tumbáramos
tumbaras	tumbarais
tumbara	tumbaran
OR	
tumbase	tumbásemos
tumbases	tumbaseis
tumbase	tumbasen

pluscuamperfecto de subjuntivo

hubiera tumbado	hubiéramos tumbado
hubieras tumbado	hubierais tumbado
hubiera tumbado	hubieran tumbado
OR	
hubiese tumbado	hubiésemos tumbado
hubieses tumbado	hubieseis tumbado
hubiese tumbado	hubiesen tumbado

imperativo

—	tumbemos
tumba; no tumbes	tumbad; no tumbéis
tumbe	tumben

tutear   to address another informally, using tú

SINGULAR	PLURAL

presente de indicativo
tute**o**	tute**amos**
tute**as**	tute**áis**
tute**a**	tute**an**

imperfecto de indicativo
tute**aba**	tute**ábamos**
tute**abas**	tute**abais**
tute**aba**	tute**aban**

pretérito
tute**é**	tute**amos**
tute**aste**	tute**asteis**
tute**ó**	tute**aron**

futuro
tutear**é**	tutear**emos**
tutear**ás**	tutear**éis**
tutear**á**	tutear**án**

condicional simple
tutear**ía**	tutear**íamos**
tutear**ías**	tutear**íais**
tutear**ía**	tutear**ían**

presente de subjuntivo
tute**e**	tute**emos**
tute**es**	tute**éis**
tute**e**	tute**en**

imperfecto de subjuntivo
tute**ara**	tute**áramos**
tute**aras**	tute**arais**
tute**ara**	tute**aran**
OR	
tute**ase**	tute**ásemos**
tute**ases**	tute**aseis**
tute**ase**	tute**asen**

imperativo
—	tute**emos**
tute**a**; no tute**es**	tute**ad**; no tute**éis**
tute**e**	tute**en**

SINGULAR	PLURAL

perfecto de indicativo
he tuteado	**hemos** tuteado
has tuteado	**habéis** tuteado
ha tuteado	**han** tuteado

pluscuamperfecto de indicativo
había tuteado	**habíamos** tuteado
habías tuteado	**habíais** tuteado
había tuteado	**habían** tuteado

pretérito anterior
hube tuteado	**hubimos** tuteado
hubiste tuteado	**hubisteis** tuteado
hubo tuteado	**hubieron** tuteado

futuro perfecto
habré tuteado	**habremos** tuteado
habrás tuteado	**habréis** tuteado
habrá tuteado	**habrán** tuteado

condicional compuesto
habría tuteado	**habríamos** tuteado
habrías tuteado	**habríais** tuteado
habría tuteado	**habrían** tuteado

perfecto de subjuntivo
haya tuteado	**hayamos** tuteado
hayas tuteado	**hayáis** tuteado
haya tuteado	**hayan** tuteado

pluscuamperfecto de subjuntivo
hubiera tuteado	**hubiéramos** tuteado
hubieras tuteado	**hubierais** tuteado
hubiera tuteado	**hubieran** tuteado
OR	
hubiese tuteado	**hubiésemos** tuteado
hubieses tuteado	**hubieseis** tuteado
hubiese tuteado	**hubiesen** tuteado

T

gerundio **uniendo**   participio de pasado **unido**

SINGULAR	PLURAL	SINGULAR	PLURAL

presente de indicativo

uno	unimos
unes	unís
une	unen

perfecto de indicativo

he unido	hemos unido
has unido	habéis unido
ha unido	han unido

imperfecto de indicativo

unía	uníamos
unías	uníais
unía	unían

pluscuamperfecto de indicativo

había unido	habíamos unido
habías unido	habíais unido
había unido	habían unido

pretérito

uní	unimos
uniste	unisteis
unió	unieron

pretérito anterior

hube unido	hubimos unido
hubiste unido	hubisteis unido
hubo unido	hubieron unido

futuro

uniré	uniremos
unirás	uniréis
unirá	unirán

futuro perfecto

habré unido	habremos unido
habrás unido	habréis unido
habrá unido	habrán unido

condicional simple

uniría	uniríamos
unirías	uniríais
uniría	unirían

condicional compuesto

habría unido	habríamos unido
habrías unido	habríais unido
habría unido	habrían unido

presente de subjuntivo

una	unamos
unas	unáis
una	unan

perfecto de subjuntivo

haya unido	hayamos unido
hayas unido	hayáis unido
haya unido	hayan unido

imperfecto de subjuntivo

uniera	uniéramos
unieras	unierais
uniera	unieran
OR	
uniese	uniésemos
unieses	unieseis
uniese	uniesen

pluscuamperfecto de subjuntivo

hubiera unido	hubiéramos unido
hubieras unido	hubierais unido
hubiera unido	hubieran unido
OR	
hubiese unido	hubiésemos unido
hubieses unido	hubieseis unido
hubiese unido	hubiesen unido

imperativo

—	unamos
une; no unas	unid; no unáis
una	unan

to spread

gerundio **untando**   participio de pasado **untado**

SINGULAR	PLURAL
presente de indicativo	
unt**o**	unt**amos**
unt**as**	unt**áis**
unt**a**	unt**an**
imperfecto de indicativo	
unt**aba**	unt**ábamos**
unt**abas**	unt**abais**
unt**aba**	unt**aban**
pretérito	
unt**é**	unt**amos**
unt**aste**	unt**asteis**
unt**ó**	unt**aron**
futuro	
untar**é**	untar**emos**
untar**ás**	untar**éis**
untar**á**	untar**án**
condicional simple	
untar**ía**	untar**íamos**
untar**ías**	untar**íais**
untar**ía**	untar**ían**
presente de subjuntivo	
unt**e**	unt**emos**
unt**es**	unt**éis**
unt**e**	unt**en**
imperfecto de subjuntivo	
unt**ara**	unt**áramos**
unt**aras**	unt**arais**
unt**ara**	unt**aran**
OR	
unt**ase**	unt**ásemos**
unt**ases**	unt**aseis**
unt**ase**	unt**asen**
imperativo	
—	unt**emos**
unt**a**; no unt**es**	unt**ad**; no unt**éis**
unt**e**	unt**en**

SINGULAR	PLURAL
perfecto de indicativo	
he untado	**hemos** untado
has untado	**habéis** untado
ha untado	**han** untado
pluscuamperfecto de indicativo	
había untado	**habíamos** untado
habías untado	**habíais** untado
había untado	**habían** untado
pretérito anterior	
hube untado	**hubimos** untado
hubiste untado	**hubisteis** untado
hubo untado	**hubieron** untado
futuro perfecto	
habré untado	**habremos** untado
habrás untado	**habréis** untado
habrá untado	**habrán** untado
condicional compuesto	
habría untado	**habríamos** untado
habrías untado	**habríais** untado
habría untado	**habrían** untado
perfecto de subjuntivo	
haya untado	**hayamos** untado
hayas untado	**hayáis** untado
haya untado	**hayan** untado
pluscuamperfecto de subjuntivo	
hubiera untado	**hubiéramos** untado
hubieras untado	**hubierais** untado
hubiera untado	**hubieran** untado
OR	
hubiese untado	**hubiésemos** untado
hubieses untado	**hubieseis** untado
hubiese untado	**hubiesen** untado

U

gerundio usando | **participio de pasado** usado

SINGULAR	PLURAL	SINGULAR	PLURAL

presente de indicativo

		perfecto de indicativo	
uso	usamos	he usado	hemos usado
usas	usáis	has usado	habéis usado
usa	usan	ha usado	han usado

imperfecto de indicativo

		pluscuamperfecto de indicativo	
usaba	usábamos	había usado	habíamos usado
usabas	usabais	habías usado	habíais usado
usaba	usaban	había usado	habían usado

pretérito

		pretérito anterior	
usé	usamos	hube usado	hubimos usado
usaste	usasteis	hubiste usado	hubisteis usado
usó	usaron	hubo usado	hubieron usado

futuro

		futuro perfecto	
usaré	usaremos	habré usado	habremos usado
usarás	usaréis	habrás usado	habréis usado
usará	usarán	habrá usado	habrán usado

condicional simple

		condicional compuesto	
usaría	usaríamos	habría usado	habríamos usado
usarías	usaríais	habrías usado	habríais usado
usaría	usarían	habría usado	habrían usado

presente de subjuntivo

		perfecto de subjuntivo	
use	usemos	haya usado	hayamos usado
uses	uséis	hayas usado	hayáis usado
use	usen	haya usado	hayan usado

imperfecto de subjuntivo

		pluscuamperfecto de subjuntivo	
usara	usáramos	hubiera usado	hubiéramos usado
usaras	usarais	hubieras usado	hubierais usado
usara	usaran	hubiera usado	hubieran usado
OR		OR	
usase	usásemos	hubiese usado	hubiésemos usado
usases	usaseis	hubieses usado	hubieseis usado
usase	usasen	hubiese usado	hubiesen usado

imperativo

—	usemos
usa; no uses	usad; no uséis
use	usen

to utilize

gerundio **utilizando**   participio de pasado **utilizado**

SINGULAR | PLURAL

presente de indicativo
utiliz**o**   utiliz**amos**
utiliz**as**   utiliz**áis**
utiliz**a**   utiliz**an**

imperfecto de indicativo
utiliz**aba**   utiliz**ábamos**
utiliz**abas**   utiliz**abais**
utiliz**aba**   utiliz**aban**

pretérito
utilic**é**   utiliz**amos**
utiliz**aste**   utiliz**asteis**
utiliz**ó**   utiliz**aron**

futuro
utilizar**é**   utilizar**emos**
utilizar**ás**   utilizar**éis**
utilizar**á**   utilizar**án**

condicional simple
utilizar**ía**   utilizar**íamos**
utilizar**ías**   utilizar**íais**
utilizar**ía**   utilizar**ían**

presente de subjuntivo
utilic**e**   utilic**emos**
utilic**es**   utilic**éis**
utilic**e**   utilic**en**

imperfecto de subjuntivo
utilizar**a**   utilizár**amos**
utilizar**as**   utilizar**ais**
utilizar**a**   utilizar**an**
OR
utilizas**e**   utilizás**emos**
utilizas**es**   utilizas**eis**
utilizas**e**   utilizas**en**

imperativo
—   utilicemos
utiliza; no utilices   utilizad; no utilicéis
utilice   utilicen

SINGULAR | PLURAL

perfecto de indicativo
he utilizado   **hemos** utilizado
has utilizado   **habéis** utilizado
ha utilizado   **han** utilizado

pluscuamperfecto de indicativo
había utilizado   **habíamos** utilizado
habías utilizado   **habíais** utilizado
había utilizado   **habían** utilizado

U

pretérito anterior
hube utilizado   **hubimos** utilizado
hubiste utilizado   **hubisteis** utilizado
hubo utilizado   **hubieron** utilizado

futuro perfecto
habré utilizado   **habremos** utilizado
habrás utilizado   **habréis** utilizado
habrá utilizado   **habrán** utilizado

condicional compuesto
habría utilizado   **habríamos** utilizado
habrías utilizado   **habríais** utilizado
habría utilizado   **habrían** utilizado

perfecto de subjuntivo
haya utilizado   **hayamos** utilizado
hayas utilizado   **hayáis** utilizado
haya utilizado   **hayan** utilizado

pluscuamperfecto de subjuntivo
hubiera utilizado   **hubiéramos** utilizado
hubieras utilizado   **hubierais** utilizado
hubiera utilizado   **hubieran** utilizado
OR
hubiese utilizado   **hubiésemos** utilizado
hubieses utilizado   **hubieseis** utilizado
hubiese utilizado   **hubiesen** utilizado

vaciar

to empty

SINGULAR	PLURAL	SINGULAR	PLURAL

presente de indicativo
vacío / vaciamos
vacías / vaciáis
vacía / vacían

perfecto de indicativo
he vaciado / hemos vaciado
has vaciado / habéis vaciado
ha vaciado / han vaciado

imperfecto de indicativo
vaciaba / vaciábamos
vaciabas / vaciabais
vaciaba / vaciaban

pluscuamperfecto de indicativo
había vaciado / habíamos vaciado
habías vaciado / habíais vaciado
había vaciado / habían vaciado

pretérito
vacié / vaciamos
vaciaste / vaciasteis
vació / vaciaron

pretérito anterior
hube vaciado / hubimos vaciado
hubiste vaciado / hubisteis vaciado
hubo vaciado / hubieron vaciado

futuro
vaciaré / vaciaremos
vaciarás / vaciaréis
vaciará / vaciarán

futuro perfecto
habré vaciado / habremos vaciado
habrás vaciado / habréis vaciado
habrá vaciado / habrán vaciado

condicional simple
vaciaría / vaciaríamos
vaciarías / vaciaríais
vaciaría / vaciarían

condicional compuesto
habría vaciado / habríamos vaciado
habrías vaciado / habríais vaciado
habría vaciado / habrían vaciado

presente de subjuntivo
vacíe / vaciemos
vacíes / vaciéis
vacíe / vacíen

perfecto de subjuntivo
haya vaciado / hayamos vaciado
hayas vaciado / hayáis vaciado
haya vaciado / hayan vaciado

imperfecto de subjuntivo
vaciara / vaciáramos
vaciaras / vaciarais
vaciara / vaciaran
OR
vaciase / vaciásemos
vaciases / vaciaseis
vaciase / vaciasen

pluscuamperfecto de subjuntivo
hubiera vaciado / hubiéramos vaciado
hubieras vaciado / hubierais vaciado
hubiera vaciado / hubieran vaciado
OR
hubiese vaciado / hubiésemos vaciado
hubieses vaciado / hubieseis vaciado
hubiese vaciado / hubiesen vaciado

imperativo
— / vaciemos
vacía; no vacíes / vaciad; no vaciéis
vacíe / vacíen

to be worth and to cost

valer

SINGULAR	PLURAL	SINGULAR	PLURAL

presente de indicativo

		perfecto de indicativo	
valgo	valemos	he valido	hemos valido
vales	valéis	has valido	habéis valido
vale	valen	ha valido	han valido

imperfecto de indicativo

		pluscuamperfecto de indicativo	
valía	valíamos	había valido	habíamos valido
valías	valíais	habías valido	habíais valido
valía	valían	había valido	habían valido

pretérito

		pretérito anterior	
valí	valimos	hube valido	hubimos valido
valiste	valisteis	hubiste valido	hubisteis valido
valió	valieron	hubo valido	hubieron valido

futuro

		futuro perfecto	
valdré	valdremos	habré valido	habremos valido
valdrás	valdréis	habrás valido	habréis valido
valdrá	valdrán	habrá valido	habrán valido

condicional simple

		condicional compuesto	
valdría	valdríamos	habría valido	habríamos valido
valdrías	valdríais	habrías valido	habríais valido
valdría	valdrían	habría valido	habrían valido

presente de subjuntivo

		perfecto de subjuntivo	
valga	valgamos	haya valido	hayamos valido
valgas	valgáis	hayas valido	hayáis valido
valga	valgan	haya valido	hayan valido

imperfecto de subjuntivo

		pluscuamperfecto de subjuntivo	
valiera	valiéramos	hubiera valido	hubiéramos valido
valieras	valierais	hubieras valido	hubierais valido
valiera	valieran	hubiera valido	hubieran valido
OR		OR	
valiese	valiésemos	hubiese valido	hubiésemos valido
valieses	valieseis	hubieses valido	hubieseis valido
valiese	valiesen	hubiese valido	hubiesen valido

imperativo

—	valgamos
val or vale;	valed;
no valgas	no valgáis
valga	valgan

vedar

to prohibit

gerundio **vedando**   participio de pasado **vedado**

SINGULAR	PLURAL	SINGULAR	PLURAL

presente de indicativo

		perfecto de indicativo	
ved**o**	ved**amos**	**he** vedado	**hemos** vedado
ved**as**	ved**áis**	**has** vedado	**habéis** vedado
ved**a**	ved**an**	**ha** vedado	**han** vedado

imperfecto de indicativo — **pluscuamperfecto de indicativo**

ved**aba**	ved**ábamos**	**había** vedado	**habíamos** vedado
ved**abas**	ved**abais**	**habías** vedado	**habíais** vedado
ved**aba**	ved**aban**	**había** vedado	**habían** vedado

pretérito — **pretérito anterior**

ved**é**	ved**amos**	**hube** vedado	**hubimos** vedado
ved**aste**	ved**asteis**	**hubiste** vedado	**hubisteis** vedado
ved**ó**	ved**aron**	**hubo** vedado	**hubieron** vedado

futuro — **futuro perfecto**

ved**aré**	ved**aremos**	**habré** vedado	**habremos** vedado
ved**arás**	ved**aréis**	**habrás** vedado	**habréis** vedado
ved**ará**	ved**arán**	**habrá** vedado	**habrán** vedado

condicional simple — **condicional compuesto**

ved**aría**	ved**aríamos**	**habría** vedado	**habríamos** vedado
ved**arías**	ved**aríais**	**habrías** vedado	**habríais** vedado
ved**aría**	ved**arían**	**habría** vedado	**habrían** vedado

presente de subjuntivo — **perfecto de subjuntivo**

ved**e**	ved**emos**	**haya** vedado	**hayamos** vedado
ved**es**	ved**éis**	**hayas** vedado	**hayáis** vedado
ved**e**	ved**en**	**haya** vedado	**hayan** vedado

imperfecto de subjuntivo — **pluscuamperfecto de subjuntivo**

ved**ara**	ved**áramos**	**hubiera** vedado	**hubiéramos** vedado
ved**aras**	ved**arais**	**hubieras** vedado	**hubierais** vedado
ved**ara**	ved**aran**	**hubiera** vedado	**hubieran** vedado
OR		OR	
ved**ase**	ved**ásemos**	**hubiese** vedado	**hubiésemos** vedado
ved**ases**	ved**aseis**	**hubieses** vedado	**hubieseis** vedado
ved**ase**	ved**asen**	**hubiese** vedado	**hubiesen** vedado

imperativo

—	ved**emos**
ved**a**;	ved**ad**;
no ved**es**	no ved**éis**
ved**e**	ved**en**

to stay awake, to guard, to watch over   velar

SINGULAR	PLURAL	SINGULAR	PLURAL

presente de indicativo

		perfecto de indicativo	
vel**o**	vel**amos**	**he** velado	**hemos** velado
vel**as**	vel**áis**	**has** velado	**habéis** velado
vel**a**	vel**an**	**ha** velado	**han** velado

imperfecto de indicativo

		pluscuamperfecto de indicativo	
vel**aba**	vel**ábamos**	**había** velado	**habíamos** velado
vel**abas**	vel**abais**	**habías** velado	**habíais** velado
vel**aba**	vel**aban**	**había** velado	**habían** velado

pretérito

		pretérito anterior	
vel**é**	vel**amos**	**hube** velado	**hubimos** velado
vel**aste**	vel**asteis**	**hubiste** velado	**hubisteis** velado
vel**ó**	vel**aron**	**hubo** velado	**hubieron** velado

futuro

		futuro perfecto	
vel**aré**	vel**aremos**	**habré** velado	**habremos** velado
vel**arás**	vel**aréis**	**habrás** velado	**habréis** velado
vel**ará**	vel**arán**	**habrá** velado	**habrán** velado

condicional simple

		condicional compuesto	
vel**aría**	vel**aríamos**	**habría** velado	**habríamos** velado
vel**arías**	vel**aríais**	**habrías** velado	**habríais** velado
vel**aría**	vel**arían**	**habría** velado	**habrían** velado

presente de subjuntivo

		perfecto de subjuntivo	
vel**e**	vel**emos**	**haya** velado	**hayamos** velado
vel**es**	vel**éis**	**hayas** velado	**hayáis** velado
vel**e**	vel**en**	**haya** velado	**hayan** velado

imperfecto de subjuntivo

		pluscuamperfecto de subjuntivo	
vel**ara**	vel**áramos**	**hubiera** velado	**hubiéramos** velado
vel**aras**	vel**arais**	**hubieras** velado	**hubierais** velado
vel**ara**	vel**aran**	**hubiera** velado	**hubieran** velado
OR		OR	
vel**ase**	vel**ásemos**	**hubiese** velado	**hubiésemos** velado
vel**ases**	vel**aseis**	**hubieses** velado	**hubieseis** velado
vel**ase**	vel**asen**	**hubiese** velado	**hubiesen** velado

imperativo

—	velemos
vela; no veles	velad; no veléis
vele	velen

V

to conquer, to overcome, to defeat

gerundio **venciendo**   participio de pasado **vencido**

SINGULAR	PLURAL	SINGULAR	PLURAL

presente de indicativo

		perfecto de indicativo	
venz**o**	venc**emos**	**he** vencido	**hemos** vencido
venc**es**	venc**éis**	**has** vencido	**habéis** vencido
venc**e**	venc**en**	**ha** vencido	**han** vencido

imperfecto de indicativo

		pluscuamperfecto de indicativo	
venc**ía**	venc**íamos**	**había** vencido	**habíamos** vencido
venc**ías**	venc**íais**	**habías** vencido	**habíais** vencido
venc**ía**	venc**ían**	**había** vencido	**habían** vencido

pretérito

		pretérito anterior	
venc**í**	venc**imos**	**hube** vencido	**hubimos** vencido
venc**iste**	venc**isteis**	**hubiste** vencido	**hubisteis** vencido
venc**ió**	venc**ieron**	**hubo** vencido	**hubieron** vencido

futuro

		futuro perfecto	
vencer**é**	vencer**emos**	**habré** vencido	**habremos** vencido
vencer**ás**	vencer**éis**	**habrás** vencido	**habréis** vencido
vencer**á**	vencer**án**	**habrá** vencido	**habrán** vencido

condicional simple

		condicional compuesto	
vencer**ía**	vencer**íamos**	**habría** vencido	**habríamos** vencido
vencer**ías**	vencer**íais**	**habrías** vencido	**habríais** vencido
vencer**ía**	vencer**ían**	**habría** vencido	**habrían** vencido

presente de subjuntivo

		perfecto de subjuntivo	
venz**a**	venz**amos**	**haya** vencido	**hayamos** vencido
venz**as**	venz**áis**	**hayas** vencido	**hayáis** vencido
venz**a**	venz**an**	**haya** vencido	**hayan** vencido

imperfecto de subjuntivo

		pluscuamperfecto de subjuntivo	
venc**iera**	venc**iéramos**	**hubiera** vencido	**hubiéramos** vencido
venc**ieras**	venc**ierais**	**hubieras** vencido	**hubierais** vencido
venc**iera**	venc**ieran**	**hubiera** vencido	**hubieran** vencido
OR		OR	
venc**iese**	venc**iésemos**	**hubiese** vencido	**hubiésemos** vencido
venc**ieses**	venc**ieseis**	**hubieses** vencido	**hubieseis** vencido
venc**iese**	venc**iesen**	**hubiese** vencido	**hubiesen** vencido

imperativo

—	venzamos
vence; no venzas	venced; no venzáis
venza	venzan

SINGULAR	PLURAL	SINGULAR	PLURAL

presente de indicativo

vend**o**	vend**emos**
vend**es**	vend**éis**
vend**e**	vend**en**

perfecto de indicativo

he vendido	**hemos** vendido
has vendido	**habéis** vendido
ha vendido	**han** vendido

imperfecto de indicativo

vend**ía**	vend**íamos**
vend**ías**	vend**íais**
vend**ía**	vend**ían**

pluscuamperfecto de indicativo

había vendido	**habíamos** vendido
habías vendido	**habíais** vendido
había vendido	**habían** vendido

V

pretérito

vend**í**	vend**imos**
vend**iste**	vend**isteis**
vend**ió**	vend**ieron**

pretérito anterior

hube vendido	**hubimos** vendido
hubiste vendido	**hubisteis** vendido
hubo vendido	**hubieron** vendido

futuro

vender**é**	vender**emos**
vender**ás**	vender**éis**
vender**á**	vender**án**

futuro perfecto

habré vendido	**habremos** vendido
habrás vendido	**habréis** vendido
habrá vendido	**habrán** vendido

condicional simple

vender**ía**	vender**íamos**
vender**ías**	vender**íais**
vender**ía**	vender**ían**

condicional compuesto

habría vendido	**habríamos** vendido
habrías vendido	**habríais** vendido
habría vendido	**habrían** vendido

presente de subjuntivo

vend**a**	vend**amos**
vend**as**	vend**áis**
vend**a**	vend**an**

perfecto de subjuntivo

haya vendido	**hayamos** vendido
hayas vendido	**hayáis** vendido
haya vendido	**hayan** vendido

imperfecto de subjuntivo

vend**iera**	vend**iéramos**
vend**ieras**	vend**ierais**
vend**iera**	vend**ieran**
OR	
vend**iese**	vend**iésemos**
vend**ieses**	vend**ieseis**
vend**iese**	vend**iesen**

pluscuamperfecto de subjuntivo

hubiera vendido	**hubiéramos** vendido
hubieras vendido	**hubierais** vendido
hubiera vendido	**hubieran** vendido
OR	
hubiese vendido	**hubiésemos** vendido
hubieses vendido	**hubieseis** vendido
hubiese vendido	**hubiesen** vendido

imperativo

—	vendamos
vende; no vendas	vended; no vendáis
venda	vendan

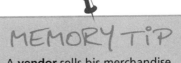

MEMORY TIP

A **<u>vendor</u>** sells his merchandise.

gerundio viniendo   **participio de pasado** venido

SINGULAR	PLURAL	SINGULAR	PLURAL

presente de indicativo
		perfecto de indicativo	
vengo	venimos	he venido	hemos venido
vienes	venís	has venido	habéis venido
viene	vienen	ha venido	han venido

imperfecto de indicativo
		pluscuamperfecto de indicativo	
venía	veníamos	había venido	habíamos venido
venías	veníais	habías venido	habíais venido
venía	venían	había venido	habían venido

pretérito
		pretérito anterior	
vine	vinimos	hube venido	hubimos venido
viniste	vinisteis	hubiste venido	hubisteis venido
vino	vinieron	hubo venido	hubieron venido

futuro
		futuro perfecto	
vendré	vendremos	habré venido	habremos venido
vendrás	vendréis	habrás venido	habréis venido
vendrá	vendrán	habrá venido	habrán venido

condicional simple
		condicional compuesto	
vendría	vendríamos	habría venido	habríamos venido
vendrías	vendríais	habrías venido	habríais venido
vendría	vendrían	habría venido	habrían venido

presente de subjuntivo
		perfecto de subjuntivo	
venga	vengamos	haya venido	hayamos venido
vengas	vengáis	hayas venido	hayáis venido
venga	vengan	haya venido	hayan venido

imperfecto de subjuntivo
		pluscuamperfecto de subjuntivo	
viniera	viniéramos	hubiera venido	hubiéramos venido
vinieras	vinierais	hubieras venido	hubierais venido
viniera	vinieran	hubiera venido	hubieran venido
OR		OR	
viniese	viniésemos	hubiese venido	hubiésemos venido
vinieses	vinieseis	hubieses venido	hubieseis venido
viniese	viniesen	hubiese venido	hubiesen venido

imperativo
—	vengamos
ven; no vengas	venid; no vengáis
venga	vengan

MUST KNOW VERB

gerundio viendo   **participio de pasado** visto

SINGULAR	PLURAL	SINGULAR	PLURAL
presente de indicativo		**perfecto de indicativo**	
veo	vemos	he visto	hemos visto
ves	veis	has visto	habéis visto
ve	ven	ha visto	han visto
imperfecto de indicativo		**pluscuamperfecto de indicativo**	
veía	veíamos	había visto	habíamos visto
veías	veíais	habías visto	habíais visto
veía	veían	había visto	habían visto
pretérito		**pretérito anterior**	
vi	vimos	hube visto	hubimos visto
viste	visteis	hubiste visto	hubisteis visto
vio	vieron	hubo visto	hubieron visto
futuro		**futuro perfecto**	
veré	veremos	habré visto	habremos visto
verás	veréis	habrás visto	habréis visto
verá	verán	habrá visto	habrán visto
condicional simple		**condicional compuesto**	
vería	veríamos	habría visto	habríamos visto
verías	veríais	habrías visto	habríais visto
vería	verían	habría visto	habrían visto
presente de subjuntivo		**perfecto de subjuntivo**	
vea	veamos	haya visto	hayamos visto
veas	veáis	hayas visto	hayáis visto
vea	vean	haya visto	hayan visto
imperfecto de subjuntivo		**pluscuamperfecto de subjuntivo**	
viera	viéramos	hubiera visto	hubiéramos visto
vieras	vierais	hubieras visto	hubierais visto
viera	vieran	hubiera visto	hubieran visto
OR		OR	
viese	viésemos	hubiese visto	hubiésemos visto
vieses	vieseis	hubieses visto	hubieseis visto
viese	viesen	hubiese visto	hubiesen visto

V

imperativo

—	veamos
ve; no veas	ved; no veáis
vea	vean

MUST KNOW VERB

SINGULAR	PLURAL	SINGULAR	PLURAL

presente de indicativo

verane**o**	verane**amos**
verane**as**	verane**áis**
verane**a**	verane**an**

perfecto de indicativo

he veraneado	**hemos** veraneado
has veraneado	**habéis** veraneado
ha veraneado	**han** veraneado

imperfecto de indicativo

verane**aba**	verane**ábamos**
verane**abas**	verane**abais**
verane**aba**	verane**aban**

pluscuamperfecto de indicativo

había veraneado	**habíamos** veraneado
habías veraneado	**habíais** veraneado
había veraneado	**habían** veraneado

pretérito

verane**é**	verane**amos**
verane**aste**	verane**asteis**
verane**ó**	verane**aron**

pretérito anterior

hube veraneado	**hubimos** veraneado
hubiste veraneado	**hubisteis** veraneado
hubo veraneado	**hubieron** veraneado

futuro

veranear**é**	veranear**emos**
veranear**ás**	veranear**éis**
veranear**á**	veranear**án**

futuro perfecto

habré veraneado	**habremos** veraneado
habrás veraneado	**habréis** veraneado
habrá veraneado	**habrán** veraneado

condicional simple

veranear**ía**	veranear**íamos**
veranear**ías**	veranear**íais**
veranear**ía**	veranear**ían**

condicional compuesto

habría veraneado	**habríamos** veraneado
habrías veraneado	**habríais** veraneado
habría veraneado	**habrían** veraneado

presente de subjuntivo

verane**e**	verane**emos**
verane**es**	verane**éis**
verane**e**	verane**en**

perfecto de subjuntivo

haya veraneado	**hayamos** veraneado
hayas veraneado	**hayáis** veraneado
haya veraneado	**hayan** veraneado

imperfecto de subjuntivo

verane**ara**	veraneár**amos**
verane**aras**	veranear**ais**
verane**ara**	veranear**an**
OR	
verane**ase**	veraneás**emos**
verane**ases**	veranea**seis**
verane**ase**	veranea**sen**

pluscuamperfecto de subjuntivo

hubiera veraneado	**hubiéramos** veraneado
hubieras veraneado	**hubierais** veraneado
hubiera veraneado	**hubieran** veraneado
OR	
hubiese veraneado	**hubiésemos** veraneado
hubieses veraneado	**hubieseis** veraneado
hubiese veraneado	**hubiesen** veraneado

imperativo

—	veraneemos
veranea;	veranead;
no veranees	no veraneéis
veranee	veraneen

SINGULAR	PLURAL	SINGULAR	PLURAL
presente de indicativo		**perfecto de indicativo**	
me vist**o**	nos vest**imos**	**me he** vestido	**nos hemos** vestido
te vist**es**	os vest**ís**	**te has** vestido	**os habéis** vestido
se vist**e**	se vist**en**	**se ha** vestido	**se han** vestido
imperfecto de indicativo		**pluscuamperfecto de indicativo**	
me vest**ía**	nos vest**íamos**	**me había** vestido	**nos habíamos** vestido
te vest**ías**	os vest**íais**	**te habías** vestido	**os habíais** vestido
se vest**ía**	se vest**ían**	**se había** vestido	se **habían** vestido
pretérito		**pretérito anterior**	
me vest**í**	nos vest**imos**	**me hube** vestido	**nos hubimos** vestido
te vest**iste**	os vest**isteis**	**te hubiste** vestido	**os hubisteis** vestido
se vist**ió**	se vist**ieron**	**se hubo** vestido	**se hubieron** vestido
futuro		**futuro perfecto**	
me vestir**é**	nos vestir**emos**	**me habré** vestido	**nos habremos** vestido
te vestir**ás**	os vestir**éis**	**te habrás** vestido	**os habréis** vestido
se vestir**á**	se vestir**án**	**se habrá** vestido	**se habrán** vestido
condicional simple		**condicional compuesto**	
me vestir**ía**	nos vestir**íamos**	**me habría** vestido	**nos habríamos** vestido
te vestir**ías**	os vestir**íais**	**te habrías** vestido	**os habríais** vestido
se vestir**ía**	se vestir**ían**	**se habría** vestido	**se habrían** vestido
presente de subjuntivo		**perfecto de subjuntivo**	
me vist**a**	me vist**amos**	**me haya** vestido	**nos hayamos** vestido
te vist**as**	os vist**áis**	**te hayas** vestido	**os hayáis** vestido
se vist**a**	se vist**an**	**se haya** vestido	**se hayan** vestido
imperfecto de subjuntivo		**pluscuamperfecto de subjuntivo**	
me vist**iera**	nos vist**iéramos**	**me hubiera** vestido	**nos hubiéramos** vestido
te vist**ieras**	os vist**ierais**	**te hubieras** vestido	**os hubierais** vestido
se vist**iera**	se vist**ieran**	**se hubiera** vestido	**se hubieran** vestido
OR		OR	
me vist**iese**	nos vist**iésemos**	**me hubiese** vestido	**nos hubiésemos** vestido
te vist**ieses**	os vist**ieseis**	**te hubieses** vestido	**os hubieseis** vestido
se vist**iese**	se vist**iesen**	**se hubiese** vestido	**se hubiesen** vestido

V

imperativo

—	vistámonos; no nos vistamos
vístete; no te vistas	vestíos; no os vistáis
vístase; no se vista	vístanse; no se vistan

viajar

to travel

SINGULAR	PLURAL	SINGULAR	PLURAL

presente de indicativo

viaj**o**	viaj**amos**	
viaj**as**	viaj**áis**	
viaj**a**	viaj**an**	

perfecto de indicativo

he viajado	**hemos** viajado
has viajado	**habéis** viajado
ha viajado	**han** viajado

imperfecto de indicativo

viaj**aba**	viaj**ábamos**
viaj**abas**	viaj**abais**
viaj**aba**	viaj**aban**

pluscuamperfecto de indicativo

había viajado	**habíamos** viajado
habías viajado	**habíais** viajado
había viajado	**habían** viajado

pretérito

viaj**é**	viaj**amos**
viaj**aste**	viaj**asteis**
viaj**ó**	viaj**aron**

pretérito anterior

hube viajado	**hubimos** viajado
hubiste viajado	**hubisteis** viajado
hubo viajado	**hubieron** viajado

futuro

viajar**é**	viajar**emos**
viajar**ás**	viajar**éis**
viajar**á**	viajar**án**

futuro perfecto

habré viajado	**habremos** viajado
habrás viajado	**habréis** viajado
habrá viajado	**habrán** viajado

condicional simple

viajar**ía**	viajar**íamos**
viajar**ías**	viajar**íais**
viajar**ía**	viajar**ían**

condicional compuesto

habría viajado	**habríamos** viajado
habrías viajado	**habríais** viajado
habría viajado	**habrían** viajado

presente de subjuntivo

viaj**e**	viaj**emos**
viaj**es**	viaj**éis**
viaj**e**	viaj**en**

perfecto de subjuntivo

haya viajado	**hayamos** viajado
hayas viajado	**hayáis** viajado
haya viajado	**hayan** viajado

imperfecto de subjuntivo

viaj**ara**	viaj**áramos**
viaj**aras**	viaj**arais**
viaj**ara**	viaj**aran**
OR	
viaj**ase**	viaj**ásemos**
viaj**ases**	viaj**aseis**
viaj**ase**	viaj**asen**

pluscuamperfecto de subjuntivo

hubiera viajado	**hubiéramos** viajado
hubieras viajado	**hubierais** viajado
hubiera viajado	**hubieran** viajado
OR	
hubiese viajado	**hubiésemos** viajado
hubieses viajado	**hubieseis** viajado
hubiese viajado	**hubiesen** viajado

imperativo

—	viajemos
viaja; no viajes	viajad; no viajéis
viaje	viajen

SINGULAR	PLURAL	SINGULAR	PLURAL

presente de indicativo

vigil**o**	vigil**amos**
vigil**as**	vigil**áis**
vigil**a**	vigil**an**

perfecto de indicativo

he vigilado	**hemos** vigilado
has vigilado	**habéis** vigilado
ha vigilado	**han** vigilado

imperfecto de indicativo

vigil**aba**	vigil**ábamos**
vigil**abas**	vigil**abais**
vigil**aba**	vigil**aban**

pluscuamperfecto de indicativo   V

había vigilado	**habíamos** vigilado
habías vigilado	**habíais** vigilado
había vigilado	**habían** vigilado

pretérito

vigil**é**	vigil**amos**
vigil**aste**	vigil**asteis**
vigil**ó**	vigil**aron**

pretérito anterior

hube vigilado	**hubimos** vigilado
hubiste vigilado	**hubisteis** vigilado
hubo vigilado	**hubieron** vigilado

futuro

vigilar**é**	vigilar**emos**
vigilar**ás**	vigilar**éis**
vigilar**á**	vigilar**án**

futuro perfecto

habré vigilado	**habremos** vigilado
habrás vigilado	**habréis** vigilado
habrá vigilado	**habrán** vigilado

condicional simple

vigilar**ía**	vigilar**íamos**
vigilar**ías**	vigilar**íais**
vigilar**ía**	vigilar**ían**

condicional compuesto

habría vigilado	**habríamos** vigilado
habrías vigilado	**habríais** vigilado
habría vigilado	**habrían** vigilado

presente de subjuntivo

vigil**e**	vigil**emos**
vigil**es**	vigil**éis**
vigil**e**	vigil**en**

perfecto de subjuntivo

haya vigilado	**hayamos** vigilado
hayas vigilado	**hayáis** vigilado
haya vigilado	**hayan** vigilado

imperfecto de subjuntivo

vigil**ara**	vigil**áramos**
vigil**aras**	vigil**arais**
vigil**ara**	vigil**aran**
OR	
vigil**ase**	vigil**ásemos**
vigil**ases**	vigil**aseis**
vigil**ase**	vigil**asen**

pluscuamperfecto de subjuntivo

hubiera vigilado	**hubiéramos** vigilado
hubieras vigilado	**hubierais** vigilado
hubiera vigilado	**hubieran** vigilado
OR	
hubiese vigilado	**hubiésemos** vigilado
hubieses vigilado	**hubieseis** vigilado
hubiese vigilado	**hubiesen** vigilado

imperativo

—	vigil**emos**
vigil**a**; no vigil**es**	vigil**ad**; no vigil**éis**
vigil**e**	vigil**en**

gerundio visitando   **participio de pasado** visitado

SINGULAR	PLURAL	SINGULAR	PLURAL

presente de indicativo
visito	visitamos
visitas	visitáis
visita	visitan

perfecto de indicativo
he visitado	hemos visitado
has visitado	habéis visitado
ha visitado	han visitado

imperfecto de indicativo
visitaba	visitábamos
visitabas	visitabais
visitaba	visitaban

pluscuamperfecto de indicativo
había visitado	habíamos visitado
habías visitado	habíais visitado
había visitado	habían visitado

pretérito
visité	visitamos
visitaste	visitasteis
visitó	visitaron

pretérito anterior
hube visitado	hubimos visitado
hubiste visitado	hubisteis visitado
hubo visitado	hubieron visitado

futuro
visitaré	visitaremos
visitarás	visitaréis
visitará	visitarán

futuro perfecto
habré visitado	habremos visitado
habrás visitado	habréis visitado
habrá visitado	habrán visitado

condicional simple
visitaría	visitaríamos
visitarías	visitaríais
visitaría	visitarían

condicional compuesto
habría visitado	habríamos visitado
habrías visitado	habríais visitado
habría visitado	habrían visitado

presente de subjuntivo
visite	visitemos
visites	visitéis
visite	visiten

perfecto de subjuntivo
haya visitado	hayamos visitado
hayas visitado	hayáis visitado
haya visitado	hayan visitado

imperfecto de subjuntivo
visitara	visitáramos
visitaras	visitarais
visitara	visitaran
OR	
visitase	visitásemos
visitases	visitaseis
visitase	visitasen

pluscuamperfecto de subjuntivo
hubiera visitado	hubiéramos visitado
hubieras visitado	hubierais visitado
hubiera visitado	hubieran visitado
OR	
hubiese visitado	hubiésemos visitado
hubieses visitado	hubieseis visitado
hubiese visitado	hubiesen visitado

imperativo
—	visitemos
visita; no visites	visitad; no visitéis
visite	visiten

to live   vivir

SINGULAR	PLURAL	SINGULAR	PLURAL

presente de indicativo

viv**o**	viv**imos**
viv**es**	viv**ís**
viv**e**	viv**en**

perfecto de indicativo

he vivido	**hemos** vivido
has vivido	**habéis** vivido
ha vivido	**han** vivido

imperfecto de indicativo

viv**ía**	viv**íamos**
viv**ías**	viv**íais**
viv**ía**	viv**ían**

pluscuamperfecto de indicativo

había vivido	**habíamos** vivido
habías vivido	**habíais** vivido
había vivido	**habían** vivido

V

pretérito

viv**í**	viv**imos**
viv**iste**	viv**isteis**
viv**ió**	viv**ieron**

pretérito anterior

hube vivido	**hubimos** vivido
hubiste vivido	**hubisteis** vivido
hubo vivido	**hubieron** vivido

futuro

vivir**é**	vivir**emos**
vivir**ás**	vivir**éis**
vivir**á**	vivir**án**

futuro perfecto

habré vivido	**habremos** vivido
habrás vivido	**habréis** vivido
habrá vivido	**habrán** vivido

condicional simple

vivir**ía**	vivir**íamos**
vivir**ías**	vivir**íais**
vivir**ía**	vivir**ían**

condicional compuesto

habría vivido	**habríamos** vivido
habrías vivido	**habríais** vivido
habría vivido	**habrían** vivido

presente de subjuntivo

viv**a**	viv**amos**
viv**as**	viv**áis**
viv**a**	viv**an**

perfecto de subjuntivo

haya vivido	**hayamos** vivido
hayas vivido	**hayáis** vivido
haya vivido	**hayan** vivido

imperfecto de subjuntivo

viv**iera**	viv**iéramos**
viv**ieras**	viv**ierais**
viv**iera**	viv**ieran**
OR	
viv**iese**	viv**iésemos**
viv**ieses**	viv**ieseis**
viv**iese**	viv**iesen**

pluscuamperfecto de subjuntivo

hubiera vivido	**hubiéramos** vivido
hubieras vivido	**hubierais** vivido
hubiera vivido	**hubieran** vivido
OR	
hubiese vivido	**hubiésemos** vivido
hubieses vivido	**hubieseis** vivido
hubiese vivido	**hubiesen** vivido

imperativo

—	vivamos
vive; no vivas	vivid; no viváis
viva	vivan

MUST
KNOW
VERB

volar

to fly

SINGULAR	PLURAL	SINGULAR	PLURAL

presente de indicativo

vuelo	volamos	
vuelas	voláis	
vuela	vuelan	

perfecto de indicativo

he volado	hemos volado
has volado	habéis volado
ha volado	han volado

imperfecto de indicativo

volaba	volábamos
volabas	volabais
volaba	volaban

pluscuamperfecto de indicativo

había volado	habíamos volado
habías volado	habíais volado
había volado	habían volado

pretérito

volé	volamos
volaste	volasteis
voló	volaron

pretérito anterior

hube volado	hubimos volado
hubiste volado	hubisteis volado
hubo volado	hubieron volado

futuro

volaré	volaremos
volarás	volaréis
volará	volarán

futuro perfecto

habré volado	habremos volado
habrás volado	habréis volado
habrá volado	habrán volado

condicional simple

volaría	volaríamos
volarías	volaríais
volaría	volarían

condicional compuesto

habría volado	habríamos volado
habrías volado	habríais volado
habría volado	habrían volado

presente de subjuntivo

vuele	volemos
vueles	voléis
vuele	vuelen

perfecto de subjuntivo

haya volado	hayamos volado
hayas volado	hayáis volado
haya volado	hayan volado

imperfecto de subjuntivo

volara	voláramos
volaras	volarais
volara	volaran
OR	
volase	volásemos
volases	volaseis
volase	volasen

pluscuamperfecto de subjuntivo

hubiera volado	hubiéramos volado
hubieras volado	hubierais volado
hubiera volado	hubieran volado
OR	
hubiese volado	hubiésemos volado
hubieses volado	hubieseis volado
hubiese volado	hubiesen volado

imperativo

—	volemos
vuela; no vueles	volad; no voléis
vuele	vuelen

to return, to go back

gerundio **volviendo**   participio de pasado **volver**

SINGULAR	PLURAL	SINGULAR	PLURAL

presente de indicativo

		perfecto de indicativo	
vuelv**o**	volv**emos**	**he** vuelto	**hemos** vuelto
vuelv**es**	volv**éis**	**has** vuelto	**habéis** vuelto
vuelv**e**	vuelv**en**	**ha** vuelto	**han** vuelto

imperfecto de indicativo

		pluscuamperfecto de indicativo	
volv**ía**	volv**íamos**	**había** vuelto	**habíamos** vuelto
volv**ías**	volv**íais**	**habías** vuelto	**habíais** vuelto
volv**ía**	volv**ían**	**había** vuelto	**habían** vuelto

V

pretérito

		pretérito anterior	
volv**í**	volv**imos**	**hube** vuelto	**hubimos** vuelto
volv**iste**	volv**isteis**	**hubiste** vuelto	**hubisteis** vuelto
volv**ió**	volv**ieron**	**hubo** vuelto	**hubieron** vuelto

futuro

		futuro perfecto	
volver**é**	volver**emos**	**habré** vuelto	**habremos** vuelto
volver**ás**	volver**éis**	**habrás** vuelto	**habréis** vuelto
volver**á**	volver**án**	**habrá** vuelto	**habrán** vuelto

condicional simple

		condicional compuesto	
volver**ía**	volver**íamos**	**habría** vuelto	**habríamos** vuelto
volver**ías**	volver**íais**	**habrías** vuelto	**habríais** vuelto
volver**ía**	volver**ían**	**habría** vuelto	**habrían** vuelto

presente de subjuntivo

		perfecto de subjuntivo	
vuelv**a**	volv**amos**	**haya** vuelto	**hayamos** vuelto
vuelv**as**	volv**áis**	**hayas** vuelto	**hayáis** vuelto
vuelv**a**	vuelv**an**	**haya** vuelto	**hayan** vuelto

imperfecto de subjuntivo

		pluscuamperfecto de subjuntivo	
volv**iera**	volv**iéramos**	**hubiera** vuelto	**hubiéramos** vuelto
volv**ieras**	volv**ierais**	**hubieras** vuelto	**hubierais** vuelto
volv**iera**	volv**ieran**	**hubiera** vuelto	**hubieran** vuelto
OR		OR	
volv**iese**	volv**iésemos**	**hubiese** vuelto	**hubiésemos** vuelto
volv**ieses**	volv**ieseis**	**hubieses** vuelto	**hubieseis** vuelto
volv**iese**	volv**iesen**	**hubiese** vuelto	**hubiesen** vuelto

imperativo

—	volvamos
vuelve; no vuelvas	volved; no volváis
vuelva	vuelvan

MUST
KNOW
VERB

votar

to vote

SINGULAR	PLURAL	SINGULAR	PLURAL

presente de indicativo

		perfecto de indicativo	
vot**o**	vot**amos**	**he** votado	**hemos** votado
vot**as**	vot**áis**	**has** votado	**habéis** votado
vot**a**	vot**an**	**ha** votado	**han** votado

imperfecto de indicativo

		pluscuamperfecto de indicativo	
vot**aba**	vot**ábamos**	**había** votado	**habíamos** votado
vot**abas**	vot**abais**	**habías** votado	**habíais** votado
vot**aba**	vot**aban**	**había** votado	**habían** votado

pretérito

		pretérito anterior	
vot**é**	vot**amos**	**hube** votado	**hubimos** votado
vot**aste**	vot**asteis**	**hubiste** votado	**hubisteis** votado
vot**ó**	vot**aron**	**hubo** votado	**hubieron** votado

futuro

		futuro perfecto	
vot**aré**	vot**aremos**	**habré** votado	**habremos** votado
vot**arás**	vot**aréis**	**habrás** votado	**habréis** votado
vot**ará**	vot**arán**	**habrá** votado	**habrán** votado

condicional simple

		condicional compuesto	
vot**aría**	vot**aríamos**	**habría** votado	**habríamos** votado
vot**arías**	vot**aríais**	**habrías** votado	**habríais** votado
vot**aría**	vot**arían**	**habría** votado	**habrían** votado

presente de subjuntivo

		perfecto de subjuntivo	
vot**e**	vot**emos**	**haya** votado	**hayamos** votado
vot**es**	vot**éis**	**hayas** votado	**hayáis** votado
vot**e**	vot**en**	**haya** votado	**hayan** votado

imperfecto de subjuntivo

		pluscuamperfecto de subjuntivo	
vot**ara**	vot**áramos**	**hubiera** votado	**hubiéramos** votado
vot**aras**	vot**arais**	**hubieras** votado	**hubierais** votado
vot**ara**	vot**aran**	**hubiera** votado	**hubieran** votado
OR		OR	
vot**ase**	vot**ásemos**	**hubiese** votado	**hubiésemos** votado
vot**ases**	vot**aseis**	**hubieses** votado	**hubieseis** votado
vot**ase**	vot**asen**	**hubiese** votado	**hubiesen** votado

imperativo

—	votemos
vota; no votes	votad; no votéis
vote	voten

to lie down, to be situated

gerundio **yaciendo**   participio de pasado **yacido**

SINGULAR	PLURAL	SINGULAR	PLURAL

presente de indicativo

yazco (yazgo/yago)	yacemos
yaces	yacéis
yace	yacen

imperfecto de indicativo

yacía	yacíamos
yacías	yacíais
yacía	yacían

pretérito

yací	yacimos
yaciste	yacisteis
yació	yacieron

futuro

yaceré	yaceremos
yacerás	yaceréis
yacerá	yacerán

condicional simple

yacería	yaceríamos
yacerías	yaceríais
yacería	yacerían

presente de subjuntivo

yazca	yazcamos
yazcas	yazcáis
yazca	yazcan

imperfecto de subjuntivo

yaciera	yaciéramos
yacieras	yacierais
yaciera	yacieran
OR	
yaciese	yaciésemos
yacieses	yacieseis
yaciese	yaciesen

imperativo

—	yazcamos
	yazgamos
yace; no yazcas	yaced; no yazcáis
no yasgas	no yazgáis
yazca	yazcan

perfecto de indicativo

he yacido	hemos yacido
has yacido	habéis yacido
ha yacido	han yacido

pluscuamperfecto de indicativo

Y

había yacido	habíamos yacido
habías yacido	habíais yacido
había yacido	habían yacido

pretérito anterior

hube yacido	hubimos yacido
hubiste yacido	hubisteis yacido
hubo yacido	hubieron yacido

futuro perfecto

habré yacido	habremos yacido
habrás yacido	habréis yacido
habrá yacido	habrán yacido

condicional compuesto

habría yacido	habríamos yacido
habrías yacido	habríais yacido
habría yacido	habrían yacido

perfecto de subjuntivo

haya yacido	hayamos yacido
hayas yacido	hayáis yacido
haya yacido	hayan yacido

pluscuamperfecto de subjuntivo

hubiera yacido	hubiéramos yacido
hubieras yacido	hubierais yacido
hubiera yacido	hubieran yacido
OR	
hubiese yacido	hubiésemos yacido
hubieses yacido	hubieseis yacido
hubiese yacido	hubiesen yacido

zumbar

to buzz, to hum

SINGULAR	PLURAL	SINGULAR	PLURAL

presente de indicativo

		perfecto de indicativo	
zumbo	zumbamos	he zumbado	hemos zumbado
zumbas	zumbáis	has zumbado	habéis zumbado
zumba	zumban	ha zumbado	han zumbado

imperfecto de indicativo

		pluscuamperfecto de indicativo	
zumbaba	zumbábamos	había zumbado	habíamos zumbado
zumbabas	zumbabais	habías zumbado	habíais zumbado
zumbaba	zumbaban	había zumbado	habían zumbado

pretérito

		pretérito anterior	
zumbé	zumbamos	hube zumbado	hubimos zumbado
zumbaste	zumbasteis	hubiste zumbado	hubisteis zumbado
zumbó	zumbaron	hubo zumbado	hubieron zumbado

futuro

		futuro perfecto	
zumbaré	zumbaremos	habré zumbado	habremos zumbado
zumbarás	zumbaréis	habrás zumbado	habréis zumbado
zumbará	zumbarán	habrá zumbado	habrán zumbado

condicional simple

		condicional compuesto	
zumbaría	zumbaríamos	habría zumbado	habríamos zumbado
zumbarías	zumbaríais	habrías zumbado	habríais zumbado
zumbaría	zumbarían	habría zumbado	habrían zumbado

presente de subjuntivo

		perfecto de subjuntivo	
zumbe	zumbemos	haya zumbado	hayamos zumbado
zumbes	zumbéis	hayas zumbado	hayáis zumbado
zumbe	zumben	haya zumbado	hayan zumbado

imperfecto de subjuntivo

		pluscuamperfecto de subjuntivo	
zumbara	zumbáramos	hubiera zumbado	hubiéramos zumbado
zumbaras	zumbarais	hubieras zumbado	hubierais zumbado
zumbara	zumbaran	hubiera zumbado	hubieran zumbado
OR		OR	
zumbase	zumbásemos	hubiese zumbado	hubiésemos zumbado
zumbases	zumbaseis	hubieses zumbado	hubieseis zumbado
zumbase	zumbasen	hubiese zumbado	hubiesen zumbado

imperativo

—	zumbemos
zumba; no zumbes	zumbad; no zumbéis
zumbe	zumben

gerundio zurciendo | **participio de pasado** zurcido

SINGULAR	PLURAL	SINGULAR	PLURAL

presente de indicativo

zurzo	zurcimos
zurces	zurcís
zurce	zurcen

perfecto de indicativo

he zurcido	hemos zurcido
has zurcido	habéis zurcido
ha zurcido	han zurcido

imperfecto de indicativo

zurcía	zurcíamos
zurcías	zurcíais
zurcía	zurcían

pluscuamperfecto de indicativo

Z

había zurcido	habíamos zurcido
habías zurcido	habíais zurcido
había zurcido	habían zurcido

pretérito

zurcí	zurcimos
zurciste	zurcisteis
zurció	zurcieron

pretérito anterior

hube zurcido	hubimos zurcido
hubiste zurcido	hubisteis zurcido
hubo zurcido	hubieron zurcido

futuro

zurciré	zurciremos
zurcirás	zurciréis
zurcirá	zurcirán

futuro perfecto

habré zurcido	habremos zurcido
habrás zurcido	habréis zurcido
habrá zurcido	habrán zurcido

condicional simple

zurciría	zurciríamos
zurcirías	zurciríais
zurciría	zurcirían

condicional compuesto

habría zurcido	habríamos zurcido
habrías zurcido	habríais zurcido
habría zurcido	habrían zurcido

presente de subjuntivo

zurza	zurzamos
zurzas	zurzáis
zurza	zurzan

perfecto de subjuntivo

haya zurcido	hayamos zurcido
hayas zurcido	hayáis zurcido
haya zurcido	hayan zurcido

imperfecto de subjuntivo

zurciera	zurciéramos
zurcieras	zurcierais
zurciera	zurcieran
OR	
zurciese	zurciésemos
zurcieses	zurcieseis
zurciese	zurciesen

pluscuamperfecto de subjuntivo

hubiera zurcido	hubiéramos zurcido
hubieras zurcido	hubierais zurcido
hubiera zurcido	hubieran zurcido
OR	
hubiese zurcido	hubiésemos zurcido
hubieses zurcido	hubieseis zurcido
hubiese zurcido	hubiesen zurcido

imperativo

—	zurzamos
zurce; no zurzas	zurcid; no zurzáis
zurza	zurzan

601 Spanish Verb Activities

Exercise 1

Choose the form of the verb that corresponds to the subject in each sentence. The first one is done for you.

1. Los chicos _____corren_____ en el parque todos los días.

   (A) corro
   (B) corren
   (C) corres
   (D) corremos
   (E) corre

2. Nosotros _____ muchas tarjetas postales a los amigos.

   (A) escribo
   (B) escriben
   (C) escribes
   (D) escribe
   (E) escribimos

3. Mi mamá _____ a una clase de ejercicios aeróbicos.

   (A) asistes
   (B) asiste
   (C) asisto
   (D) asistimos
   (E) asisten

4. ¿ _____ tú muchas cartas de amor?

   (A) Recibo
   (B) Recibimos
   (C) Reciben
   (D) Recibes
   (E) Recibe

5. Los estudiantes _____ un libro de William Shakespeare.

   (A) leo
   (B) leemos
   (C) leen
   (D) lee
   (E) lees

6. El chico _____ los zapatos en el mercado.

   (A) vende
   (B) vendo
   (C) vendemos
   (D) venden
   (E) vendes

7. Ustedes _____ mucho en la clase de español.

   (A) aprenden
   (B) aprendes
   (C) aprende
   (D) aprendo
   (E) aprendemos

8. Yo _____ en la clase de arte.

   (A) dibuja
   (B) dibujo
   (C) dibujamos
   (D) dibujan
   (E) dibujas

Exercise 2

Fill in the spaces with the present form of the verb in parentheses. The first one is done for you.

1. Elisa y yo _____ pedimos _____ (pedir) comida rápida a veces.

2. Nadie _____ (recordar) la fecha.

3. Ellos _____ (divertirse) en el parque.

4. Yo _____ (devolver) el libro a la biblioteca.

5. Mi madre _____ (servir) sopa todos los días.

6. Tú _____ (conseguir) buenos regalos.

Exercise 3

Read each dialog below. Choose the verb in the correct tense from the selection of choices. The first one is done for you.

1. Estudiante A: Conocí al nuevo alumno en la clase de estudios sociales.
   Estudiante B: ¿De verdad? ¿Cuándo lo conociste?

   Estudiante A **replies:**   Lo conocí ayer.
   (A) Lo conozco ayer.
   (B) Lo he conocido ayer.
   (C) Lo conocí ayer.
   (D) Lo voy a conocer ayer.

2. Señora A: ¿Te gustan las películas de amor?
Señora B: No. No me gustan para nada.
Señora A: ¿Por qué?

Señora B **replies:**
(A) ¡Me aburrieron!
(B) ¡Me están aburriendo!
(C) ¡Me aburren!
(D) ¡Me hayan aburrido!

3. Muchacho A: ¿A qué país hispanohablante te interesaría visitar?

Muchacho B **replies:**
(A) Siempre quiero ver Argentina.
(B) Siempre he querido ver Argentina.
(C) Siempre quiera ver Argentina.
(D) Siempre haya querido ver Argentina.

4. Estudiante A: ¿Para cuándo tienes que entregar esa tarea?
Estudiante B: El profesor la quiere para mañana.
Estudiante A: ¿La has comenzado?
Estudiante B: Mejor que eso…

Estudiante B **continues:**
(A) ¡Ya la entregué!
(B) ¡Ya la entregue!
(C) ¡Ya la entregaría!
(D) ¡Ya la entregaba!

Exercise 4

Fill in the spaces with the correct form of the imperfect verb in parentheses. The first one is done for you.

1. Él siempre _____seguía_____ todas las reglas.

(A) seguía
(B) seguían
(C) seguíamos
(D) seguías

2. Yo les _____ mucho trabajo.

(A) exigíamos
(B) exigían
(C) exigía
(D) exigías

3. Su éxito me _____ mucho celos.

    (A) provocaba
    (B) provocabas
    (C) provocaban
    (D) provocábamos

4. Tú me _____ tu calculadora.

    (A) prestaba
    (B) prestaban
    (C) prestabas
    (D) prestábamos

5. Él me _____ todas las noches.

    (A) llamaba
    (B) llamábamos
    (C) llamaban
    (D) llamabas

6. Ustedes _____ las tradiciones de la casa.

    (A) mantenían
    (B) mantenías
    (C) manteníamos
    (D) mantenía

7. Ella _____ más dinero.

    (A) merecías
    (B) merecían
    (C) merecía
    (D) merecíamos

8. Nosotros _____ los veranos juntos.

    (A) pasábamos
    (B) pasaban
    (C) pasabas
    (D) pasaba

Exercise 5

In each sentence, change the underlined term el otro día to
a menudo. You must also change the verb from the preterite tense
to the imperfect tense. The first one is done for you.

1. Mi amigo *vino* el otro día. → Mi amigo *venía* a menudo.

2. Marisol lo vio el otro día.

3. Tú me lo repetiste el otro día.

4. Almorzamos en un restaurante elegante el otro día.

5. Ustedes me regañaron el otro día.

6. Yo te busqué el otro día.

7. Nosotros nos reímos mucho el otro día.

Exercise 6

In each sentence, change the underlined term <u>repetidamente</u> to <u>ayer</u>. You must also change the verb from the imperfect tense to the preterite tense. The first one is done for you.

1. Él nos mentía repetidamente. → Él nos *mintió* ayer.

2. Ella llegaba tarde repetidamente.

3. Yo iba allá repetidamente.

4. Ellos me lo decían repetidamente.

5. Tú cenabas en casa repetidamente.

6. Usted ofrecía ayuda repetidamente.

7. Ustedes enfrentaban muchos desafíos repetidamente.

Exercise 7

Fill in the spaces with the preterite form of the verb in parentheses. The first one is done for you.

Querido Diario:

Ayer yo ____fui____ (ir) al parque de atracciones con mis amigos. Fue una experiencia interesante para todos.

¡Nosotros _____ (montar) la montaña rusa más alta del país! A mí me _____ (encantar) las montañas rusas y _____ (aprovechar) del día en el parque para montar varias veces. No tuve miedo – pero a algunos de mis amigos les dio mucho susto.

Por ejemplo, mi amiga Yesenia no _____ (pasar) un día muy feliz. Ella se _____ (enfermar). A lo mejor ella _____ (comer) algo pesado para el desayuno que no le _____ (caer) bien. ¡Qué lástima!

Para mí, ¡ _____ (ser) un día inolvidable!

- Rafael

Exercise 8

Fill in the spaces with the imperfect form of the verb in parentheses. The first one is done for you.

Cuando yo _____era_____ niño (ser), yo _____ (conocer) a todos los niños de mi vecindario. Todos los días nos _____ (encontrar) en la playa. Me _____ (fascinar) jugar en la arena. Mi mejor amigo y yo _____ (hacer) castillos y _____ (nadar) en las olas. Me acuerdo que _____ (comer) bocadillos y _____ (tomar) jugo de piña. Mi mamá siempre _____ (leer) el periódico y mi papá _____ (descansar) en su silla. Los veranos de mi juventud _____ (ser) unos veranos idílicos.

Exercise 9

Fill in the conversation with the correct form of the underlined verb in the preterite tense. The first one is done for you.

Estudiante A: ¿Hablas con la profesora en español?
Estudiante B: ¡Claro! Ayer, yo _____hablé_____ con ella en español.
Estudiante A: ¿Siempre trabajas mucho en su clase?
Estudiante B: Ayer mi amigo y yo _____ muchísimo.
Estudiante A: ¿No crees que recibimos mucha tarea en el texto?
Estudiante B: Sí, anoche nosotros _____ demasiada tarea.
Estudiante A: ¿Haces la tarea todos los días?
Estudiante B: Bueno… ayer _____ mi tarea, pero no lo hago siempre.
Estudiante A: ¿Tú crees que los estudiantes escuchan la lección?
Estudiante B: Ayer, todos _____ la lección.

Exercise 10

Fill in the spaces with the correct form of the verb in parentheses.
The first one is done for you.

1. Él ____venía_____ aquí a menudo.

   (A) venía
   (B) vino

2. Yo le _____ con frecuencia.

   (A) hablé
   (B) hablaba

3. Carlos me lo _____ varias veces.

   (A) repetía
   (B) repitió

4. Anoche él _____ muchos regalos.

   (A) recibió
   (B) recibía

5. Él me _____ todas las noches.

   (A) llamaba
   (B) llamó

6. Uds. _____ atención en la clase ayer.

   (A) prestaron
   (B) prestaban

7. Ella _____ a su amiga el martes pasado.

   (A) ayudaba
   (B) ayudó

8. Yo _____ la clase ayer.

   (A) empezaba
   (B) empecé

Exercise 11

Fill in the spaces with the future form of the verb in parentheses.
The first one is done for you.

1. (asistir) Mañana yo __asistiré__ al concierto en el parque.

2. (tener) Beto _____ que estudiar para pasar esa clase tan difícil.

3. (poder) Rosa no _____ jugar tenis en el campeonato. Se lastimó la rodilla.

4. (convertir) Ellos _____ esa basura en una obra de arte.

5. (andar) Mis amigos y yo _____ por toda la cuidad la semana que viene.

6. (mantener) Ellos _____ la casa limpia mientras sus padres están de vacaciones.

7. (hacer) Ella _____ su tarea después de hacer sus quehaceres.

8. (decir) Usted _____ la verdad, como siempre.

Exercise 12

Fill in the conversations with the correct form of the verb in parentheses in the conditional tense. The first one is done for you.

1. **Estudiante A:** ¿Te __gustaría__ ir al cuarto de computadoras? (gustar)

   Estudiante B: Sí, pero _____ que ir primero a mi gaveta. (tener)

   Estudiante A: Yo te _____, pero tengo que comenzar mi trabajo. ¿Te veo allá? (acompañar)

   Estudiante B: Vale. Te veo.

2. **Estudiante A:** ¿Cómo te _____ si tuvieras que irse de este país a vivir en otro? (sentir)

   Estudiante B: No sé qué emociones _____ (tendría). ¿Qué crees tú?

   Estudiante A: Creo que _____ al no estar cerca de mi familia. (sufrir)

   Estudiante B: Yo también. Pero también pienso que _____ una oportunidad para crecer. (ser)

   Estudiante A: Puede ser. De todos modos, _____ mucho para aprender el idioma del nuevo país. (estudiar)

Exercise 13

Read the dialog below. Fill in the blanks with the correct form of the verb in parentheses. The first one is done for you.

Situation: You are lost in Mexico City. You are trying to find the Palacio de Bellas Artes. You stop a woman on the street to ask for directions.

Tú: Perdón, Señora. ¿Me puedes ____decir____ (decir) dónde queda el Palacio de Bellas Artes?

Señora: A ver. ¿Dónde se _____ (encontrar)? _____ (haber) que mirar en el mapa.

Tú: Aquí tenemos uno. Yo ya _____ (buscar), pero no lo _____ (alcanzar) a ver.

Señora: Ah, sí. Ahora _____ (recordar). _____ (ir) al Zócalo, y _____ (seguir) derecho hasta el Parque Alameda. Esta en el lado este del parque.

Exercise 14

Choose the correct form of the verb to complete each sentence. The first one is done for you.

1. Llegué tarde, pero no perdí el examen. "Más ____vale____ tarde que nunca."

    (A) valdrá
    (B) valga
    (C) valió
    (D) vale

2. Mi mejor amiga no ha decidido todavía a qué universidad quiere asistir. Quiero que _____ la mía para estar juntos.

    (A) escoja
    (B) escoge
    (C) escogió
    (D) haya escogido

3. Martina y Juan van a viajar a Colombia este verano. Deben de _____ del viaje para visitar el Museo de Oro en Bogotá.

    (A) aprovechan
    (B) aprovecharían

(C) aprovechar
(D) aprovechen

4. A veces sueño con ganar la lotería. Si tuviera más dinero, _____ un viaje alrededor del mundo.

(A) haría
(B) está haciendo
(C) hizo
(D) hace

5. ¿No te gustan las verduras? Son sabrosas, y además, _____ muchas vitaminas.

(A) proveer
(B) proveen
(C) proveerían
(D) proveyeran

Exercise 15

Read this passage from the Puerto Rican folktale "*Juan Bobo y el caldero*". Fill in the blanks with the correct form of each verb. The first one is done for you.

Toda la gente del pueblo conocía a Juan Bobo. El era famoso por sus actos poco inteligentes y por su pereza. No le ___gustaba___ trabajar y siempre se

_____ cuando su mamá lo llamaba para ayudarle con algo.

Un día, la mamá de Juan Bobo quería hacer una sopa de gallina, que era su favorito. La mamá buscaba y buscaba por toda la cocina, pero no

_____ un caldero sufiente grande para cocinar la sopa. Entonces,

_____ a su hijo:

"Juan, ven acá. ¡Te necesito!", gritó ella, pero Juan no _____ . Trató de nuevo. "Ven, Juan. ¡Juancito!", pero nada.

1.

(A) gustó
(B) gustaba
(C) gustaría
(D) gustaron

2.

(A) escondía
(B) escondió
(C) haya escondido
(D) ha escondió

3.

(A) encontraría
(B) encontró
(C) encuentra
(D) encontraría

4.

(A) llamó
(B) llamará
(C) llamaría
(D) ha llamado

5.

(A) aparecía
(B) apareció
(C) aparecería
(D) aparecerá

Exercise 16

Read this passage from the Mexican folktale "*El perezoso dichoso*". Fill in the blanks with the correct form of each verb. The first one is done for you.

En el mercado, el muchacho perezoso trató de vender su ceniza. Cuando una señora lo vio se 1. __sorprendió__ y le dijo:

—"Mi'jo, nadie te va a comprar eso. 2. _____ esta.moneda ..me das pesar."

Satsifecho, el muchacho dejó su mercancía y 3. _____ en seguida de compras. Lo primero que vio fue una bonita máscara en la forma del Diablo y la 4. _____.

Contento con su compra, el muchacho fue al bosque y se hizo un fuego. Un grupo de ladrones, al ver las llamas, 5. _____ y decidió calentarse junto al fuego. Pronto se durmieron todos.

1.

    (A) sorpenderá
    (B) sorprendió
    (C) ha sorprendido
    (D) sorprendía

2.

    (A) Tiene
    (B) Ten
    (C) Tenga
    (D) Tenemos

3.

    (A) fui
    (B) fue
    (C) fuiste
    (D) fueron

4.

    (A) compra
    (B) compro
    (C) compró
    (D) compré

5.

    (A) se acercaron
    (B) se acerqué
    (C) se acerca
    (D) se acercó

Exercise 17

Read this passage from the Colombian folktale "*Cómo el sapo llegó a ser aplastado*". Fill in the blanks with the correct form of each verb. The first one is done for you.

Por todo el bosque, los animales 1. __hablaban__ con mucha anticipación de la fiesta de los dioses. Todos iban a ir, vestidos en sus mejores trajes. Todos, menos el sapo.

—"¿Cómo 2. _____ al Cielo?", pensaba. "Yo siempre quería ir para hablar con los dioses. Les tengo muchas cosas importantes que decir. Pero, ¿cómo puedo yo 3. _____ al cielo como mis hermanos los pájaros?"

Día tras día el sapo 4. _____ a los gavilanes volar por las nubes y les tenía celos.

1.

(A) hablaba
(B) hablaban
(C) hablabas
(D) hablabamos

2.

(A) llegué
(B) llegaba
(C) llegaría
(D) llegaré

3.

(A) subir
(B) subo
(C) subí
(D) subía

4.

(A) vio
(B) veía
(C) viste
(D) vieron

Exercise 18

Read this passage from the Argentinian folktale "*La costurera malvada*". Fill in the blanks with the correct form of each verb. The first one has been done for you.

Al día siguiente, se 1. ___despertó___ y vió el vestido colgado en el armario, ¡pero no era el vestido bonito de la señora! Era el viejo, él que creía que le 2. _____ a la señora pobre.

Al contemplar el misterio, la costurera 3. _____ muy raro. Tocó sus piernas y los sintió bien y puntudas. Cuando se 4. _____ en el espejo de su dormitorio, vio una escena increíble: Como castigo por su maldad, ¡ella se 5. _____ en unas tijeras!

1.

    (A) despertó
    (B) despertará
    (C) despertaba
    (D) despierta

2.

    (A) dio
    (B) daba
    (C) ha dado
    (D) había dado

3.

    (A) se siente
    (B) se sienta
    (C) se sintió
    (D) se ha sentado

4.

    (A) mira
    (B) miró
    (C) mire
    (D) mirará

5.

    (A) convierte
    (B) convirtió
    (C) había convertido
    (D) ha convertido

Must Know Verbs

1. abrir
2. acabar
3. andar
4. aprender
5. ayudar
6. bajar
7. bañar
8. beber
9. botar
10. caber
11. caer/caerse
12. callarse
13. caminar
14. cantar
15. cenar
16. cerrar
17. cocinar
18. coger
19. comenzar
20. comer
21. comprar
22. conducir
23. conocer
24. construir
25. contar
26. convencer
27. creer
28. dar
29. deber
30. decir
31. dejar
32. devolver
33. dormir/dormirse
34. ducharse
35. encontrar
36. enfermarse
37. entender
38. entrar
39. escoger
40. escribir
41. estar
42. estudiar
43. gastar
44. gustar
45. haber
46. hablar
47. hacer
48. ir/irse
49. leer
50. limpiar
51. llamar
52. llevar
53. mirar/mirarse
54. oír
55. pagar
56. partir
57. pasar
58. pensar
59. perder
60. poder
61. poner/ponerse
62. preguntar
63. quedarse
64. querer
65. saber
66. salir
67. sentir/sentirse
68. ser
69. tener
70. tomar
71. traer
72. venir
73. ver
74. vivir
75. volver

1. acercarse	26. estar	51. poder
2. alcanzar	27. exigir	52. poner
3. apoyar	28. exisitir	53. prestar
4. aprovechar	29. fabricar	54. proponer
5. aumentar	30. ganar	55. protegerse
6. buscar	31. haber	56. proveer
7. caber	32. hacer	57. provocar
8. comparar	33. introducir	58. querer
9. confiar	34. ir	59. realizar
10. conocer	35. jugar	60. reconstruir
11. contribuir	36. limpiar	61. recordar
12. convertir	37. llegar	62. reducir
13. crear	38. llevar	63. reirse
14. crecer	39. llover	64. requerir
15. dar	40. mandar	65. revelar
16. deber	41. mantener	66. saber
17. decir	42. merecer	67. sacar
18. dejar	43. morirse	68. seguir
19. demostrar	44. ofrecer	69. sentir
20. doler	45. oir	70. ser
21. empezar	46. olvidar	71. sufrir
22. encontrar	47. pasar	72. tener
23. enfrentar	48. pedir	73. valer
24. escoger	49. pensar	74. venir
25. esperar	50. perder	75. ver

Tech **VERB** list

Useful tech verbs in *español*.

TECH VERBS ;)

apply	**aplicar**
back up	**hacer copia de seguridad**
boldface	**poner en negrita**
cancel	**cancelar**
choose	**elegir**
clear	**borrar**
click	**hacer clic**
close	**cerrar**
copy	**copiar**
create shortcut	**crear acceso directo**
delete	**eliminar**

Tech **VERB** list

Useful tech verbs in *español*.

dock	**acoplar**
double-click	**hacer doble clic**
download (music)	**descargar (música)**
drag	**arrastrar**
drag-and-drop	**arrastrar y colocar**
edit	**editar, modificar**
exit	**salir**
explore	**explorar**
file	**archivar**
find	**buscar**
find next	**buscar siguiente**
finish	**finalizar**

spanish TEXT messaging

Text your friends in *español*.

110pre	siempre	*always*
a10, a2, bye, chao, chau, dew, dw	adiós	*goodbye*
ac	hace	*(form of hacer: to do)*
		Ex: you are doing
		Ex: he/she is doing
aki	aquí	*here*
amr	amor	*love*
aora	ahora	*now*
asdc	al salir de clase	*after class*
asias	gracias	*thanks*
b	bien	*good*
bb	bebé	*baby*
bbr	beber	*to drink*
bs, bss	beso(s)	*kiss(es)*
b7s	besitos	*kisses*
c	sé, se	*i know (reflexive pronoun)*
cam	cámara	*camera*
d	de	*from, of*
d2	dedos	*fingers*
dcr	decir	*to say*
dfcl	difícil	*difficult*
dim	dime	*tell me*
dnd	¿dónde?	*where?*
exo	hecho	*act*
ems	hemos	*we have*
ers	eres/¿eres?	*you are/are you?*
ers2	eres tú/¿eres tú?	*you are/are you?*
eys	ellos/as	*they (pl.)*
grrr	enfadado	*angry*
finde	fin de semana	*weekend*

Spanish TEXT messaging

Text your friends in *español*.

fsta	fiesta	*party*
hl	hasta luego	*see you later*
hla	hola	*hello*
iwal	igual	*the same*
k	que, ¿qué?	*what, what?*
kbza	cabeza	*head*
kls	clase	*class*
kntm	cuéntame	*tell me*
kyat	cállate	*shut up*
km	como	*as, like*
m1ml	mándame un mensaje luego	*send me a message later*
mim	misión imposible	*mission impossible*
msj	mensaje	*message*
mxo	mucho	*a lot*
nph	no puedo hablar	*i can't talk now*
npn	no pasa nada	*nothing is happening*
pa	para, padre	*for, father*
pco	poco	*a little*
pdt	piérdete	*get lost*
pf, pls	por favor	*please*
pq	porque, ¿por qué?	*because, why?*
q	¿qué?	*what?*
q acs?	¿qué haces?	*what are you doing?*
qand, qando, cnd	cuando, ¿cuándo?	*when, when?*
qdms	quedamos	*we're staying*
q plomo!	¡qué plomo!	*what a drag!*
q qrs?	¿qué quieres?	*what do you want?*
q risa!	¡qué risa!	*what a laugh!*
q sea	que sea	*whatever*
q tal?	¿qué tal?	*what's up?*
sbs?	¿sabes?	*do you know?*
salu2	saludos	*hello, goodbye*

SPANISH TEXTING :)

sms	mensaje	*message*
spro	espero	*i hope*
tq	te quiero	*i love you*
tqi	tengo que irme	*i have to go*
tas OK?	¿estás bien?	*are you OK?*
tb	también	*also*
uni	universidad	*university, college*
vns?	¿vienes?	*are you coming?*
vos	vosotros	*you (p.)*
wpa	¡guapa!	*sweet!*
xdon	perdón	*sorry*
xfa	por favor	*please*
xo	pero	*but*
xq	porque, ¿por qué?	*because, why?*
ymam, ymm	llámame	*call me*
zzz	dormir	*to sleep*
+	más	*more*
:)	feliz, alegre	*happy*
:(	triste	*sad*
+o-	más o menos	*more or less*
-	menos	*less*
:p	sacar lengua	*tongue sticking out*
;)	guiño	*wink*
cm	cómo	*how*
cuant	¿cuánto(s)?	*how much?, how many?*
cn	con	*with*
cnt	contesta	*answer*
cox	coche	*car*
cda	cada	*each*
dl	del	*of, from*
dsd	desde	*from, since*
gent	gente	*people*
ay	hay	*is there?, there is…*

spanish **TEXT** messaging

Text your friends in *español*.

kien	quién	*who*
ksa	casa	*house, home*
kdar	quedar	*to stay*
k+l	¿qué tal?	*what's up?*
l	él	*he*
ls	ellos/as	*they*
mññ	mañana	*tomorrow*
mx	mucho	*a lot*
mu	muy	*very*
na	nada	*nothing*
nox	noche	*night*
n	en, no	*in, no*
sta	esta	*this*
tng	tengo	*i have*
t	te	*you*
s	sí, si	*yes, if*
tkm	te quiero mucho	*i love you a lot*
vy	voy	*i am going*
kcs	¿qué haces?	*what are you doing?*
bin	bien	*good*
to2	todos	*all, everyone*
tb	también	*also*
KO	estoy muerto	*i'm in big trouble (lit. i'm dead)*

SPANISH TEXTING :)

Test Prep Guide

Taking a Spanish test or a quiz soon? Preparing for a test is not only about studying content such as Spanish verbs, reading, vocabulary, useful expressions or culture, it is also about practicing and using your learning skills.

The Berlitz author, review and editorial team would like to share with you some test-taking strategies that have worked for them. Many of these strategies may be familiar to you but it's always helpful to review them again. Remember that enhancing your learning skills will help you with all of your classes!

¡Buena suerte!

General Test Taking Tips: Before the Test

- Review test-taking strategies to help you get a head start on the test.
- Prepping for an exam really begins on your first day of class. Reading, reviewing and keeping up with your class work is the first step to test prep.
- Take good notes in class, especially when your teacher suggests that you write something down.
- Review your notes on a regular basis (at least twice a week).
- Review additional classroom assignments such as worksheets, in class activities, assignments or readings.
- Review previous quizzes, tests and any test preparation materials related to your class.
- Study with a partner or with a small group of classmates.
- If your teacher has a review session be sure that you attend the review session.
- During the review session be sure to ask questions, ask for clarification and for additional practice activities.
- Prepare a brief tip sheet for yourself in which you summarize important information, conjugation endings, vocabulary definitions and ideas so that you can review at a glance.
- Spend additional time on material that is more challenging for you and remember there is material that you do know and probably know quite well!
- Get a good night of sleep. Remember that "all nighters" deprive you of the sleep you need to perform well.
- Be sure to eat well before your test.

Test Taking Tips: During the Test

- Be sure to bring extra pencils, pens, paper, erasers or any other materials and resources that your teacher has allowed you to use for the test.
- Arrive early so that you are not stressed.
- Bring a watch to class so that you can manage your time.
- Scan the entire test before you begin so that you know what you will need to do to manage your time.
- Read instruction lines carefully. Be sure that you answer what you are being asked.
- Do the sections that you know well first so that you can move to the sections that are more challenging.
- Balance the amount of time that you spend on each question. If you find that you are spending too much time on one question, skip the question and come back to it later.
- Be sure that you save about 10 minutes at the end of the test to review. You may be able to catch your own mistakes.

Test Taking Tips: After the Test

- Review your test and see if you can identify your own mistakes. If you can't identify your mistakes, ask your teacher.
- Correct your test mistakes in your notebook for future reference.
- Review the test to see what sections you did well on and what sections you need to review again. Make a list so that you can begin to prepare for your next quiz or test.
- Keep your test for future reference and for review and practice.

Verb Activities Answer Key

Exercise 1

1. (B) corren

2. (E) escribimos

3. (B) asiste

4. (D) recibes

5. (C) leen

6. (A) vende

7. (A) aprenden

8. (B) dibujo

Exercise 2

1. pedimos

2. recuerda

3. se divierten

4. devuelvo

5. sirve

6. consigues

Exercise 3

1. (C) conocí

2. (C) aburren

3. (B) he querido

4. (A) entregué

Verb Activities Answer Key

Exercise 4

1. (A) seguía
2. (C) exigía
3. (A) provocaba
4. (C) prestabas
5. (A) llamaba
6. (A) mantenían
7. (C) merecía
8. (A) pasábamos

Exercise 5

1. Mi amigo *venía* a menudo.
2. Marisol lo veía a menudo.
3. Tú me lo repetías a menudo.
4. Almorzábamos en un restaurante elegante a menudo.
5. Ustedes me regañaban a menudo.
6. Yo te buscaba a menudo.
7. Nosotros nos reíamos a menudo.

Exercise 6

1. Él nos *mintió* ayer.
2. Ella llegó tarde ayer.
3. Yo fui a la playa ayer.
4. Ellos me lo dijeron ayer.
5. Tú cenaste en casa ayer.
6. Usted ofreció ayuda ayer.
7. Ustedes enfrentaron muchos desafíos ayer.

Verb Activities Answer Key

Exercise 7

1. fui
2. montamos
3. encantaron
4. aproveché
5. pasó
6. enfermó
7. comió
8. cayó
9. Fue

Exercise 8

1. era
2. conocía
3. encontrábamos
4. fascinaba
5. hacíamos
6. nadábamos
7. comía
8. tomaba
9. leía
10. descansaba
11. eran

Exercise 9

1. hablé
2. trabajamos
3. recibimos
4. hice
5. escuchamos

Exercise 10

1. (A) venía
2. (B) hablaba
3. (A) repetía
4. (A) recibió

5. (A) llamaba

6. (A) prestaron

7. (B) ayudó

8. (B) empecé

Exercise 11

1. asistiré

2. tendá

3. podrá

4. convertirán

5. andaremos

6. mantendrán

7. hará

8. dirá

Exercise 12

1. gustaría, tendría, acompañaría

2. sentirías, tendría, sufriría, sería, estudiaría

Exercise 13

1. decir

2. encuentra

3. Hay

4. busqué

5. alcanzo

6. recuerdo

7. Ve

8. Sigue

Verb Activities Answer Key

Exercise 14

1. (D) vale

2. (A) escoja

3. (D) aprovechen

4. (A) haría

5. (B) proveen

Exercise 15

1. (B) gustaba

2. (A) escondía

3. (C) encontraba

4. (A) llamó

5. (A) aparecía

Exercise 16

1. (B) sorprendió

2. (B) Ten

3. (B) fue

4. (C) compró

5. (A) se acercaron

Exercise 17

1. (B) hablaban

2. (D) llegaré

3. (A) subir

4. (A) lleven

5. (B) veía

Exercise 18

1. (A) despertó

2. (D) había dado

3. (C) se sintió

4. (B) miró

5. (C) había convertido

Notes

Below you will find a list of model verbs. We have included these verbs since most other Spanish verbs are conjugated like one of these model forms. We suggest that you study these model verbs; once you know their conjugations you will be able to conjugate most any verb!

On the following pages you will find an index of an additional 2500 verbs. Each verb is followed by an English translation. The English translation is followed by a number, for example: *abalanzar*, to balance, 67. The number 67 refers to the page number where you will find the conjugation of the verb *colgar*. The verb *abalanzar* is conjugated like the model verb colgar.

A

abalanzar to balance (67)

abalanzarse to hurl oneself (67)

abalar to move, shake (127)

abalear to shoot at, to wound or kill by gunshot (127)

abanar to cool with a fan (127)

abanderar to register (127)

abanicar to fan (62)

abaratar to make cheaper, reduce prices (127)

abarquillarse to warp (189)

abarrotar to overstock (127)

abastecer to supply (242)

abatir to shoot down (655)

abducir to abduct (528)

aberrar to err, be mistaken (127)

abismar to amaze (127)

abjurar to abjure, renounce (127)

ablandecer to soften (242)

abnegar to abnegate, forego (199)

abnegarse to go without, deny oneself (199)

abofetear to slap in the face (127)

abollar to dent (127)

abominar to abominate (127)

abonar to buy a subscription (127)

abonarse to subscribe oneself (127)

abordar to board (127)

aborrecer to abhor, detest (242)

abotonarse to button up (62)

abreviar to reduce, shorten (127)

abrigar to shelter, protect (62)

abrochar to button up, fasten (127)

abrogar to abrogate, revoke, annul (62)

abrumar, **brumar** to crush, oppress, overwhelm (127)

absorber to absorb (217)

abstraer to abstract (629)

abundar to abound, be plentiful (127)

acachetear to slap in the face (127)

acaecer to happen (3rd person only) (242)

acallar to silence, quiet, hush, pacify, calm down (127)

acalorar to warm up (127)

acamar to flatten (127)

acampar to camp (127)

acaparar to buy up, hoard (127)

acarrear to transport, cause (127)

acatar to obey, respect the law, notice, realize (127)

acatarrarse to catch a cold (127)

acaudalar to accumulate (127)

acceder to accede, agree (217)

accidentar to have an accident, be hurt or injured (127)

acechar to watch, spy on (127)

aceitar to oil (127)

acentuar to accentuate, mark with an accent (92)

aceptar to accept (127)

acerar to pave, turn into steel (127)

achatar to flatten (127)

achicar to reduce, lessen, shorten (62)

acicalarse to dress up, spruce up (62)

aclimatar to acclimatize (127)

acobardarse to become frightened, turn cowardly (62)

acocear to kick, to wince, to flinch (127)

acochambrar to make filthy (127)

acomodar to accommodate (127)

acompasar to measure (127)

atolondrar to bewilder (127)

atontar to stun, confuse (127)

atorar to obstruct, clog, stop up (127)

atormentar to torture, trouble, distress (127)

atosigar to poison (62)

atracar to hold up, assault (62)

atraer to attract, to lure (629)

atrapar to catch (127)

atrasar to retard, delay, slow down (127)

atribuir to attribute (227)

atrofiar to atrophy (127)

atropellar to trample down, run over, knock down (127)

aturdir to daze, stun, bewilder, confuse (655)

augurar to predict (127)

aumentar to augment, increase (127)

ausentarse to be absent, absent oneself (127)

autorizar to authorize (67)

auxiliar to help (127)

avalar to guarantee, be the guarantor of (127)

avenir to reconcile (648)

aventurarse to venture, risk (127)

averiar to damage, spoil, break (321)

avisar to advise, inform, warn, notify (127)

avivar to spur on, brighten, arouse (127)

ayunar to fast, go without food (127)

azorar to embarrass, (to get embarrassed) (127)

azotar to whip, to spank(127)

azuzar to stir up, arouse, incite (67)

B

babosear to slobber (127)

balancear to balance, rock, vacillate (127)

balar to bleat (127)

balbucir to stammer (528)

baldear to wash down (127)

balear to shoot (127)

bambolear to wobble (127)

bandear to cross (127)

banderillear to stick the "banderillas" in to the bull's neck (127)

bañar to bathe (127)

baquetear to harden (127)

barajar to shuffle, mix together, quarrel (127)

barnizar to varnish, (67)

barraquear to bawl, grunt (127)

barrenar to drill (127)

barritar to trumpet (127)

barruntar to guess, suspect (127)

basar to base, support, be based, rely on (127)

bascular to tilt (127)

batallar to fight, battle, struggle (127)

batear to bat, to hit (127)

beatificar to beatify (62)

becar to give a scholarship (62)

bifurcarse to fork, branch (62)

biografiar to write a biography (321)

birlar to swipe, to steal (127)

bisar to repeat, to encore (127)

biselar to bevel (127)

bizquear to be cross-eyed, to squint (127)

blandir to brandish (655)

blanquear to whiten, bleach (127)

blasfemar to blaspheme, curse (127)

blindar to armor, shield (127)

bobear to be silly (127)

bogar to row (62)

bolear to polish (127)

bolsear to pickpocket (127)

desconfiar to distrust, mistrust (127)

descongelar to thaw, defrost, unfreeze (127)

descongestionar to decongest (127)

desconocer to not know, not recognize (242)

descontaminar to decontaminate (127)

descontar to discount, deduct, disregard (127)

descontinuar to discontinue, cease, suspend (127)

descontrolarse to lose control (127)

descorazonar to dishearten (127)

desconcentrar to lose concentration (127)

descorchar to uncork (127)

descremar to skim (127)

descuartizar to quarter (67)

descuidar to neglect, forget (127)

descuidarse to be negligent, careless (127)

desdecir to fall short of, not live up to (252)

desdeñar to disdain (127)

desdeñarse to be disdainful (127)

desear to desire, to wish (127)

desechar to reject (127)

desembalar to unpack (127)

desembarcar to disembark, unload (127)

desembarazar to clear, get rid of obstacles (67)

desembocar to flow (river), run (street) (62)

desembolsar to pay out (127)

desempacar to unpack, unwrap (127)

desempeñar to carry out (127)

desempolvar to dust (127)

desencadenar to trigger, to be triggered off (127)

desencantar to disenchant (127)

desenchufar to unplug, disconnect (127)

desengañar to disillusion (127)

desenganchar to unhook (127)

desenlazar to unfasten, untie, unravel (lit.) (67)

desenredar to unravel (127)

desenrollar to unroll, unwind (127)

desensamblar to disassemble (127)

desenterrar to exhume, unearth (127)

desentonar to be out of tune (127)

desentrañar to unravel (127)

desentumecer to get the stiffness out (242)

desenvolver to unwrap (657)

desenvainar to unsheathe (127)

desequilibrar to throw off balance, unbalance (127)

desertar to desert, abandon (127)

desesperar to discourage, exasperate (127)

desesperarse to become or get desperate, lose hope (127)

desestimar to reject (127)

desfalcar to embezzle (127)

desfallecer to weaken, faint (242)

desfavorecer to put at a disadvantage, not to flatter or suit (242)

desfigurar to disfigure (127)

desfijar to pull out, unfix (127)

desfilar to parade (127)

desfondar to give way (62)

desgajar to rip off, tear off (127)

desganarse to lose one's appetite (127)

desgarrar to rip (127)

encaramar to climb (127)

encarar to approach, to face up to (127)

encarcelar to imprison (127)

encarecer to raise prices (242)

encargar to put in charge, entrust (62)

encariñar to become fond of (127)

encartar to implicate (127)

encasillar to categorize (127)

encerar to polish (127)

encestar to score a basquet (127)

encharcar to waterlog (62)

enchufar to connect, plug in (127)

encoger to shrink (212)

encomendar to entrust (497)

encuadernar to bind (127)

encubrir to hide, conceal (655)

enderezar to straighten (67)

endeudarse to get into debt (127)

endosar to endorse (127)

endulzar to sweeten, soften (67)

endurecer to harden (242)

enervar to enervate, weaken (127)

enfatizar emphasize (67)

enfermar to fall ill, to sicken, to get sick (127)

enfilar to line up, line (127)

enflaquecer to lose weight, slim down (242)

enfrentar to confront, face (127)

enfriar to cool, chill (321)

enfundar to sheathe (127)

enfurecer to make furious, infuriate (242)

engalanar to decorate (127)

enganchar to hook, to attach, to get caught (127)

engañar to deceive (127)

engordar to fatten, grow fat, put on weight (127)

engrandecer to increase (242)

engrasar to grease, oil (127)

enharinar to flour (127)

enjabonar to soap, wash, lather (127)

enjaular to cage, imprison (127)

enjuagar to rinse (62)

enlazar to tie together, connect (67)

enloquecer to go crazy or mad, become enchanted with (242)

enmendar to amend, revise, correct (497)

ennoblecer to ennoble (242)

enojar to annoy, irritate (127)

enorgullecer to be proud (242)

enredar to tangle, entangle, confuse (127)

enriquecer to become rich, prosper (242)

enrojecer to blush, turn red (242)

enrolar to sign on, enlist (127)

enrollar to wind, roll up (127)

ensalzar to exalt, glorify (67)

ensamblar to connect, join (127)

ensañar to infuriate, enrage (127)

ensanchar to enlarge (127)

ensangrentar to stain with blood, shed blood (497)

ensayar to test, try, rehearse (127)

ensillar to saddle (127)

ensolver to include, reduce, condense (657)

ensombrecer to darken, overshadow (242)

ensordecer to deafen (242)

esterilizar to sterilize (67)

estigmatizar to stigmatize, brand (67)

estilar to be in fashion, in use (127)

estimar to esteem (127)

estimular to stimulate, encourage (127)

estirar to stretch, extend (127)

etiquetar to label (127)

estorbar to obstruct, hinder, bother (127)

estornudar to sneeze (127)

estrechar to narrow, tighten (127)

estrangular to strangle (127)

estrellar to smash, shatter (127)

estructurar to structure, organize (127)

evacuar to evacuate (127)

evadir to evade, avoid (655)

evaporar to evaporate, disappear (127)

evaporizar to vaporize (67)

evitar to avoid (127)

evocar to evoke, recall (62)

evolucionar to evolve (127)

exacerbar to exacerbate, aggravate (127)

exagerar to exaggerate (127)

exaltar to glorify, extol, praise (127)

examinar to examine (127)

exasperar to exasperate (127)

excavar to excavate (127)

ceder (exceed), to exceed (217)

excitar to excite, stimulate (127)

exclamar to exclaim (127)

excluir to exclude (227)

excusar to excuse (127)

exhalar to exhale (127)

exhibir to exhibit, display (655)

existir to exist (655)

expedir to expedite (494)

experimentar to experience (127)

explicar to explain, to understand (62)

explorar to explore (127)

explotar to exploit, to burst, to explode (127)

exponer to expose (511)

exportar to export (127)

exprimir to squeeze, wring out (655)

expulsar to expel, drive out (127)

extender to extend (499)

extinguir to extinguish (46, 260)

extirpar to extirpate (127)

extraer to extract, draw out (629)

extrañar to surprise (127)

F

fabular to make things up (127)

facilitar to facilitate (127)

facturar to invoice, (127)

facultar to authorize (127)

fallar to trump, fail (127)

fallecer to die (242)

falsear to falsify, misrepresent (127)

falsificar to falsify (62)

familiarizar to familiarize (67)

familiarizarse to familiarize oneself with (67)

fantasear to daydream (127)

farsar to boast, to brag (127)

farolear to boast, brag, show off (127)

fascinar to fascinate (127)

fastidiar to annoy, pester (127)

fatigar to fatigue, tire (127)

fechar to date (127)

invocar to appeal, call upon, invoke (62)

involucrar to involve, introduce, bring in (127)

ir a la deriva to drift (30, 410)

irradiar to irradiate (127)

irrigar to irrigate (62)

irritar to irritate (127)

izar to hoist (67)

J

jabonar to soap, lather (127)

jacarear to annoy, to roam the streets at night making merry (127)

jactar to boast, brag (127)

jadear to pant (127)

jalar to pull (127)

jalear to encourage, cheer on (127)

jalonar to mark, stake out, dot (127)

jamar to eat (127)

jarapotear to stuff with drugs, medicines (127)

jerarquizar to arrange hierarchically, to hierarchize (67)

jetar to dilute, dissolve (127)

jipiar to hiccup (321)

jorobar to bother, to pester (127)

jubilar to retire (127)

juguetear to play around, to romp (127)

justar to joust, tilt (127)

justiciar to condemn, execute (62)

L

laborar to work, till, plow (127)

labrar to work, carve, bring about (127)

lacerar to lacerate, tear, damage (127)

lactar to nurse, breast-feed (127)

ladear to lean, tilt, incline (127)

ladrar to bark (127)

ladrillar to brick (127)

ladronear to shoplift (127)

lagrimar to cry, weep, shed tears (127)

lagrimear to water (eyes), weep (127)

laicizar to laicize (67)

lamentar to lament (127)

lamer to lick (217)

laminar to laminate (127)

lancear to spear, lance (127)

languidecer to languish (242)

lapidar to stone (127)

largar to let go, release, loosen, give (62)

lastimarse to hurt, to get hurt (127)

latir to beat, to palpitate (655)

laurear to crown with laurels, honor (127)

lavarse to wash (127)

legalizar to legalize (67)

legar to delegate, bequeath (62)

legislar to legislate (127)

legitimar to legitimize (127)

lesionar to damage, wound (127)

levantarse to get up, to rise, to stand up (127)

liar to tie, bind, roll (321)

liberar to liberate, free, release (127)

libertar to liberate, free, release (127)

librar to save, rescue, release (127)

licenciar to graduate (127)

licuar to liquefy (158)

lidiar to fight, combat, fight bulls (127)

ligar to bind, to tie, to unite, to make out with (17)

lijar to sandpaper (127)

limar to file, polish, smooth (127)

limitar to limit, reduce, border on (127)

lindar to border, to adjoin (127)

mentalizarse to prepare oneself mentally (67)

mentar to mention, name (497)

merendar to have a snack, refreshment (497)

mermar to dwindle, to decrease, to reduce (127)

merodear to rove in search of plunder (127)

metamorfosear to metamorphose, change (127)

metodizar to organize, systematize, methodize (67)

mezclar to mix (127)

militar to serve in the army (127)

mimar to pamper, spoil, indulge (127)

minar to mine, bore, tunnel through, undermine (127)

minimizar to reduce, lessen, diminish (67)

minorar to diminish, lessen, reduce (127)

mirar fijamente to stare (127)

mistificar to falsify, trick, deceive (62)

mitigar to mitigate, allay, alleviate (62)

mochar to cut off, to chop off (127)

modelar to model, pattern, shape (127)

moderar to moderate, control (127)

modernizar to modernize (67)

modificar to modify, change (62)

modular to modulate (127)

moler to grind, crush, mill (657)

mofarse to mock, to scoff, jeer (127)

molar to dampen, to wet, to moisten, to get wet (127)

moldear to mold (127)

momificar to mummify (62)

mondar to pare, to peel (127)

monear to clown (monkey) around (127)

monitorear to monitor (127)

monopolizar to monopolize, to corner (67)

moralizar to moralize (67)

morar to reside, dwell (127)

mordisquear to nibble (127)

mortificar to mortify, humiliate, wound, hurt (62)

mosquear to annoy, to get annoyed (127)

motivar to motivate (127)

movilizar to mobilize (67)

mudar to change, remove, molt, move (127)

mugir to moo, low (283)

multicopiar to duplicate (127)

multiplicar to multiply, increase (62)

murmurar to murmur, mutter (127)

musar to wait (127)

musitar to whisper, to mumble (62)

mutilar to mutilate (127)

N

nacionalizar to nationalize, naturalize (67)

narcotizar to dope, to drug with narcotics (67)

narrar to narrate (127)

naufragar to sink, be wrecked, shipwrecked (62)

nausear to feel nauseated, sick (127)

necear to talk nonsense (127)

negociar to negotiate (127)

neutralizar to neutralize, to counteract (67)

neviscar to snow lightly (127)

niñear to behave childishly (127)

nivelar to level, make even (127)

nombrar to name, appoint (127)

palatalizar to palatalize (67)

palear to shovel (127)

paliar to palliate (127)

palidecer to turn pale (242)

palmear to clap hands (127)

palmotear to clap, to applaud (127)

palpar to feel, touch (127)

palpitar to palpitate, beat, throb (127)

papar to swallow soft food without chewing (127)

paralizar to paralyze (67)

parangonar to compare (127)

parcelar to parcel out (62)

parear to pair, match (127)

parir to give birth (655)

parlamentar to converse, to parley to discuss terms with an enemy (127)

parlotear to chatter, to chat (127)

parodiar to parody (127)

parpadear to blink, wink (127)

parquear to park (127)

participar to participate (127)

parrandear to revel, make merry, go on a spree (127)

particularizar to specify, particularize (67)

pasar hambre to starve (127)

pasear to walk, take a walk (127)

pasmar to leave flabbergasted, astound, astonish, amaze (127)

pasteurizar to pasteurize (67)

patalear to kick (127)

patear to kick (127)

patentar to patent (127)

patinar to skate, skid, slide (127)

patrocinar to sponsor (62)

patrullar to patrol (127)

pausar to pause (127)

pavimentar to pave (127)

pavonearse to strut, swagger (127)

payasear to clown, play the fool (127)

pecar to sin (62)

pechar to bump, push, shove with the chest (127)

pedalear to pedal (127)

peinar to comb, comb one's hair (127)

pelar to peel (127)

pelear to fight (127)

peligrar to be in danger, be threatened (127)

pellizcar to pinch, nibble (62)

penar to punish, suffer, worry, fret (127)

pelotear to kick (a ball), audit (127)

penalizar to penalize (67)

pender to hang (217)

penetrar to penetrate (127)

pensionar to pension (127)

perdurar to last a long time (127)

perecer to perish (242)

peregrinar to go on a pilgrimage, journey (127)

perfeccionar to perfect, improve, brush up (knowledge) (127)

perfilar to silhouette, outline, be outlined (127)

perforar to perforate, pierce (127)

perfumar to perfume (127)

perifrasear to paraphrase (127)

perjudicar to damage, harm (62)

perjurar to commit perjury (127)

permutar to exchange, change, swap (127)

perorar to make or deliver a speech (127)

perpetrar to perpetrate a crime (127)

perpetuar to perpetuate (92)

subyugar to subjugate, captivate (62)
suceder to happen (217)
sudar to sweat, perspire (127)
suicidarse to commit suicide (127)
sujetar to secure, fasten, subdue, subject (127)
sumar to add, add up (127)
suministrar to furnish, provide, supply (127)
superar to surpass, exceed (127)
superponer to superpose (511)
supervenir to happen, take place (648)
suplantar to supplant, take the place of (127)
suplicar to supplicate, entreat, implore (62)
suprimir to suppress, to abolish (655)
surcar to plow (62)
surfear to surf (internet) slang (127)
surtir to supply, stock, provide (655)
suscitar to provoke, cause, arouse (127)
suspender to suspend, hang (217)
sustituir to substitute (227)
sustraer to subtract, take away (629)
susurrar to murmur, whisper (127)
sutilizar to file, refine, polish, taper (67)

T

tacar to mark, stain (127)
tachar to cross out, strike out, eliminate (127)
tajar to slice, carve, chop (127)
talar to fell, cut down (127)
tallar to carve, engrave, cut (127)
tambalear to stagger (127)
tamborear to drum, beat, pitter-patter (rain) (127)
tamizar to sift (67)
tantear to probe, test, sound out (127)
tapar to cover (127)
tapiar to wall up, wall in (127)
tapizar to upholster, hang tapestry (67)
taponar to plug, stop up (127)
tararear to hum (127)
tarjar to tally (127)
tartamudear to stammer, stutter (127)
tascar to gnaw, nibble (62)
teclear to play piano, type, run one's fingers over piano or typewriter keys (127)
tejar to tile (127)
tejer to weave (217)
telecargar to download (internet) (127)

teledirigir to operate by remote control (283)
telefonear to telephone (127)
teleguiar to guide by remote control (321)
televisar to televise (127)
temer to fear, dread, be afraid (217)
templar to temper, moderate, cool down (127)
tender to spread out, hang to dry, lie down (499)
teñir to dye, stain (363)
teorizar to theorize (67)
tergiversar to distort, twist, misrepresent (127)
testar to make a will, testament (127)
testimoniar to give testimony of (127)
tildar to brand (127)
timar to cheat, swindle (127)
timarse to flirt with (127)
timbrar to put a seal or stamp on (127)
timonear to steer (127)
tintar to tint, dye (127)
tiritar to shiver (127)
tironear to pull, to jerk (127)

Index Of Over 2500 Spanish Verbs

tirotear to shoot around, to shoot at random (127)

titubear to stagger, totter, hesitate (127)

titular to title, entitle (127)

titularse to be titled, called (127)

tiznar to blacken, smudge (127)

tontear to act foolishly (127)

topar to butt, bump into (127)

tornar to turn (127)

tornear to go round (127)

torpedear to torpedo (127)

torturar to torture (127)

torturarse to worry excessively (127)

tostarse to become sunburned (596)

trabar to bind, join, lock (127)

trabarse to insult each other (127)

trafagar to traffic, trade, roam about, bustle, hustle (17)

traficar to deal, trade, traffic (62)

tragar to swallow (62)

trajinar to rush about (127)

tramar to plot (127)

tramitar to negotiate, transact (127)

trampear to trick, cheat (127)

trancar to stride along (62)

tranquilizar to tranquilize (67)

transcribir to transcribe (655)

transcurrir to pass, elapse (time) (655)

transferir to transfer (586)

transformar to transform (127)

transfregar to rub together (127)

transigir con to agree to (283)

transmitir to transmit (655)

transitar to journey, travel (127)

translimitar to go beyond the limits (127)

transmigrar to transmigrate (127)

transpirar to perspire, sweat (127)

transportar to transport (127)

transponer to transfer (511)

tranzar to break off, cut off, braid (67)

trapear to mop, to beat up (127)

trasnochar to stay awake all night (127)

trascender to transcend (499)

trascolar to filter, strain (127)

trascolarse to percolate (127)

trascordarse to remember incorrectly, forget (127)

trasegar to decant (127)

trasferir to transfer (586)

trashumar to migrate, move to new land (127)

trasladar to transfer, move (127)

trasladarse to move, change residence (127)

traspasar to pierce (127)

trasplantar to transplant (127)

trasquilar to shear, clip, crop (hair) (127)

trastornar to turn upside down, upset, disturb (127)

trasvolar to fy over, fly across (127)

tratarse de to be a question of (127)

travesar to cross, cross over, go through (127)

travesear to be mischievous (127)

trazar to trace, draw, sketch (67)

trenzar to braid (67)

trepar to climb, mount (127)

triangular to triangulate (127)

tributar to pay tribute (127)

tricotar to knit (127)

trillar to make frequent use of (127)

trinar to trill, warble (127)

Introduction

Berlitz® Spanish Essential Words and Phrases for iPod® is a unique digital e-phrase book that contains 300 travel-related words and phrases—all for use on your iPod.

Simply download the software on the CD-ROM to your iPod through iTunes and, instantly, your iPod is loaded with words, phrases, pictures and audio for your trip—no need to carry a phrase book, CD or separate audio device! The program is easily organized into thematic menus, so you can quickly scroll to find the phrase you're looking for. This easy-to-navigate technology ensures you can communicate in a variety of situations immediately: at the airport, train station, hotel, restaurant, shopping area, internet cafe and more.

System Requirements

Computer Requirements:
Windows 2000, XP or Vista, CD-ROM or CD-ROM/DVD Drive, Internet Explorer.
Mac OS 10.3.9 or later, CD-ROM or CD-ROM/DVD Drive, Safari.
25MB of available hard disk space.

iTunes Requirements: Windows or Mac Version 7.0.2 or later.

iPod Requirements: For iPod Classic, iPod (5th generation) V1.2 or later and iPod Nano (3rd generation). Can also be used on iPod with color display, iPod Photo, iPod Nano (2nd generation), iPod Mini V1.4.1 and iPod with click wheel, but images will not display.

Installation Instructions

> For error-free installation, make sure your iPod is connected and iTunes is open. Wait until your iPod appears in the iTunes Source Menu.
> In iTunes, make sure your iPod has the Options boxes checked as illustrated here:

Be sure to click "Apply" to save changed settings.
> Insert the CD-ROM.

For PC iPods

> On Windows PCs, the CD-ROM installer screen will automatically launch. Follow the installer menus to properly install the text into the Notes section of your iPod and into your iTunes. Note: If you have "Manually manage songs and playlists" selected in your iTunes, you will have to drag the image/audio files from iTunes Library to your iPod after installation.
> Eject your iPod and go to iPod Extras, then the Notes folder. You'll find Berlitz® Spanish there.

For Mac iPods

> On your Mac, open the CD-ROM folder called Berlitz_ES_unzipped.
> Double click the MaceBook Installer icon. Follow the installation menus as they lead you through the process.
> Eject your iPod and go to the iPod Extras, then the Notes folder. You'll find Berlitz® Spanish there.

Technichal Support

For technical support please contact iPREPpress by phone at 1-866-439-5032 (toll free U.S. only) or 1-215-321-0447 Monday through Friday, 9 a.m. to 6 p.m. EST, or by email at support@ipreppress.com. You can also refer to http://www.ipreppress.com/Pages/Berlitz/help.htm